Studien zum Internationalen Wirtschaftsrecht/
Studies on International Economic Law

Herausgegeben von
Prof. Dr. Marc Bungenberg, LL.M., Universität Siegen
Prof. Dr. Christoph Herrmann, LL.M., Universität Passau
Prof. Dr. Markus Krajewski, Friedrich-Alexander-Universität
Erlangen-Nürnberg
Prof. Dr. Carsten Nowak, Europa Universität Viadrina,
Frankfurt/Oder
Prof. Dr. Jörg Philipp Terhechte,
Leuphana Universität Lüneburg
Prof. Dr. Wolfgang Weiß, Deutsche Universität
für Verwaltungswissenschaften, Speyer

Band 12

Louise Eva Mossner

Westafrikanische Wirtschaftsintegration im Mehrebenensystem

Normkonflikte und Koordinierung

Nomos

Die Deutsche Nationalbibliothek verzeichnet diese Publikation in
der Deutschen Nationalbibliografie; detaillierte bibliografische
Daten sind im Internet über http://dnb.d-nb.de abrufbar.

Zugl.: Erlangen-Nürnberg, FAU, Diss., 2015

ISBN 978-3-8487-2632-5 (Print)
ISBN 978-3-8452-6749-4 (ePDF)

1. Auflage 2016
© Nomos Verlagsgesellschaft, Baden-Baden 2016. Printed in Germany. Alle Rechte, auch
die des Nachdrucks von Auszügen, der fotomechanischen Wiedergabe und der Übersetzung, vorbehalten. Gedruckt auf alterungsbeständigem Papier.

Inhaltsübersicht

Inhaltsverzeichnis

Abkürzungsverzeichnis

ABl.	Amtsblatt
AEC	African Economic Community (Afrikanische Wirtschaftsgemeinschaft)
AECV	Vertrag zur Gründung der Afrikanischen Wirtschaftsgemeinschaft
AKP-Staaten	Gruppe von 37 afrikanischen, sechs karibischen und drei pazifischen Staaten, die aus historischen Gründen besonders enge Beziehungen zur EU pflegt
AoA	Agreement on Agriculture (Übereinkommen über die Landwirtschaft)
APS	Allgemeines Präferenzsystem der EU
APS-plus	Sonderregelung des APS für nachhaltige Entwicklung und verantwortungsvolle Staatsführung
AU	Afrikanische Union
AUV	Gründungsakte der Afrikanischen Union
BCEAO	Banque Centrale des Etats de l'Afrique de l'Ouest (Zentralbank der Westafrikanischen Staaten)
BOAD	Banque Ouest Africaine de Développement (Westafrikanische Entwicklungsbank)
BVerfG	Bundesverfassungsgericht
CA	Cotonou-Abkommen
CEAO	Communauté Economique de l'Afrique de l'Ouest
CEEAC	Economic Communit of Central African States (Wirtschaftsgemeinschaft der zentralafrikanischen Staaten)
CEMAC	Communauté Économique et Monétaire de l'Afrique Centrale (Zentralafrikanische Wirtschafts- und Währungsgemeinschaft)
CEN-SAD	Community of Sahel-Saharian States (Gemeinschaft der Sahel- und Sahara-Staaten)
CITES	Übereinkommen über den internationalen Handel mit gefährdeten Arten freilebender Tiere und Pflanzen
COMESA	Common Market of Eastern and Southern Africa (Gemeinsamer Markt für Ost- und Südafrika)
EAC	East African Community (Ostafrikanische Gemeinschaft)
EBA	europäische Sonderregelung, die den am wenigsten entwickelten Ländern weitgehende Handelspräferenzen einräumt
ECCAS	Economic Community of Central African States (Wirtschaftsgemeinschaft der Zentralafrikanischen Staaten)
ECOSOC	Wirtschafts- und Sozialrat der Vereinten Nationen

ECOWAS	Economic Community of Western African States (Wirtschaftsgemeinschaft der Westafrikanischen Staaten)
ECOWAS-GH	Gerichtshof der ECOWAS
ECOWASV	Vertrag der Wirtschaftsgemeinschaft der Westafrikanischen Staaten
EFTA	European Free Trade Association (Europäische Freihandelsvereinigung)
EG	Europäische Gemeinschaften
EGKS	Europäische Gemeinschaft für Kohle und Stahl
EGMR	Europäischer Gerichtshof für Menschenrechte
EMRK	Europäische Menschenrechtskonvention
ER	Europarat
EU	Europäische Union
EuG	Gericht der Europäischen Union
EuGH	Gerichtshof der Europäischen Union
EWR	Europäischer Wirtschaftsraum
EWRA	Abkommen über den Europäischen Wirtschaftsraum
FAO	Food and Agriculture Organization of the United Nations (Landwirtschaftsorganisation der Vereinten Nationen)
GATT	General Agreement on Tariffs and Trade (Allgemeines Zoll- und Handelsabkommen)
GATS	General Agreement on Trade in Services (Allgemeines Übereinkommen über den Handel mit Dienstleistungen)
GAZ	Gemeinsamer Außenzoll
IAEA	International Atomic Energy Agency (Internationale Atom-Energie-Organisation)
IGAD	Intergovernmental Authority on Development (Zwischenstaatliche Entwicklungsbehörde)
IGH	Internationaler Gerichtshof
ILO	International Labour Organisation (Internationale Arbeitsorganisation)
ISGH	Internationaler Seegerichtshof
IStrGH	Internationaler Strafgerichtshof
IWF	Internationaler Währungsfonds
IWPA	Interim-Wirtschaftspartnerschaftsabkommen
LDCs	Least Developed Countries (Gruppe der am wenigsten entwickelten Länder)
MRU	Mano River Union
NAFTA	North American Free Trade Agreement (Nordamerikanisches Freihandelsabkommen)
OAS	Organisation Amerikanischer Staaten
OAU	Organisation of African Unity (Organisation für Afrikanische Einheit)

OECD	Organisation for Economic Co-operation and Development (Organisation für wirtschaftliche Zusammenarbeit und Entwicklung)
OHADA	Organisation pour l'Harmonisation en Afrique du Droit des Affaires (Organisation zur Harmonisierung des Wirtschaftsrechts in Afrika)
RWG	Regionale Wirtschaftsgemeinschaften
SADC	Southern African Development Community (Entwicklungsgemeinschaft des Südlichen Afrika)
SCM	Agreement on Subsidies and Countervailing Measures (Übereinkommen über Subventionen und Ausgleichsmaßnahmen)
Slg.	Sammlung
SPS	Übereinkommen über die Anwendung gesundheitspolizeilicher und pflanzenschutzrechtlicher Maßnahmen
StIGH	Ständiger Internationaler Gerichtshof
TRIPS	Agreement on Trade-Related Aspects of Intellectual Property Rights (Übereinkommen über handelsbezogene Aspekte und Rechte des geistigen Eigentums)
UMA/AMU	Union du Maghreb Arabe (Union des Arabischen Maghreb)
UEMOA	Union Économique et Monétaire Ouest Africaine (Westafrikanische Wirtschafts- und Währungsunion)
UEMOA-GH	Gerichtshof der Westafrikanischen Wirtschafts- und Währungsunion
UEMOAV	Vertrag der Westafrikanischen Wirtschafts- und Währungsunion
UMOA	Union Monétaire Ouest-Africaine (Westafrikanische Währungsunion)
UNCTAD	United Nations Conference on Trade and Development (Handels- und Entwicklungskonferenz der Vereinten Nationen)
UNECA	United Nations Economic Commission for Africa (Wirtschaftskommission der Vereinten Nationen für Afrika)
VN	Vereinte Nationen
VNC	Charta der Vereinten Nationen
WHO	World Health Organisation (Weltgesundheitsorganisation)
WIPO	World Intellectual Property Organisation (Weltorganisation für geistiges Eigentum)
WPA	Wirtschaftspartnerschaftsabkommen
WTO	World Trade Organisation (Welthandelsorganisation)
WVK	Wiener Übereinkommen über das Recht der Verträge
WVK II	Wiener Übereinkommen über das Recht der Verträge zwischen Staaten und internationalen Organisationen oder zwischen Internationalen Organisationen

Einleitung

Untersuchungsgegenstand und -problem

Westafrika war traditionell ein eng integrierter Wirtschaftsraum.[1] Seit dem Ende des Kolonialismus sucht es diese Tradition neu zu beleben und im Rahmen regionaler Organisationen die Voraussetzungen wirtschaftlicher Aktivität zu legen und den Handel zu liberalisieren. Gleichzeitig pflegen die westafrikanischen Staaten engen Austausch mit der EU und streben im Rahmen der Afrikanischen Union (AU) die kontinentale Integration und vermittels der WTO die Einbindung in den Welthandel an.

Damit setzt sich das Recht der westafrikanischen Wirtschaftsintegration, versteht man es als das Recht, das den wirtschaftlichen Austausch westafrikanischer Staaten untereinander und mit anderen Staaten regelt, aus mehreren Regulierungsschichten zusammen: Dem Recht der Economic Community of West African States (ECOWAS) und der Union Economique et Monétaire Ouest Africaine (UEMOA) als den bedeutendsten regionalen Organisationen, dem AU-Recht, dem WTO-Recht und bilateralen Handelsregeln. Eine solche Überlagerung von Regulierungsschichten ist auch in anderen afrikanischen Regionen für das Recht der Wirtschaftsintegration zu beobachten (siehe den kartographischen *Überblick über die wichtigsten Integrationsabkommen der afrikanischen Länder* zum Ende der Einleitung). Als Beispiel für bilaterale Handelsregime sollen die im Verhältnis zur EU bestehenden Regelungen dienen: Die EU gewährt

---

1 AMICHIA BILEY, *Wirtschafts- und Währungsintegration im westafrikanischen Raum unter Berücksichtigung der Besonderheiten informeller Aktivitäten.* Dissertation. Göttingen 2001, S. 63 ff. stellt etwa die westafrikanische Integrationsgeschichte ab dem 8. Jhd. und damit dem Entstehen des Kaiserreichs Ghana, das einen beachtlichen Teil der Region umfasste, dar. Er nimmt bereits ab dem 15. Jhd. eine stetige Desintegration an, die in engem Zusammenhang mit dem europäischen Expansionismus bzw. der Kolonisierung stand, ebd., S. 73 f., 76 ff. Unter Westafrika werden in dieser Arbeit ausschließlich die Mitgliedstaaten der ECOWAS verstanden, das sind Benin, Burkina Faso, Cap Verde, die Elfenbeinküste, Gambia, Ghana, Guinea, Guinea-Bissau, Liberia, Mali, Niger, Nigeria, Senegal, Sierra Leone und Togo. Mauretanien zog sich 1999 aus der ECOWAS zurück und verhandelt seit einigen Jahren über einen ECOWAS-Beitritt. Aus diesem Grund ist es Teil der von der ECOWAS geleiteten westafrikanischen WPA-Verhandlungsgruppe.

einerseits Entwicklungsländern einseitig Zollerleichterungen auf Importe und verhandelt andererseits mit den westafrikanischen Ländern (wie mit anderen AKP-Staaten) sog. Wirtschaftspartnerschaftsabkommen (WPA). Diese sollen den gegenseitigen präferentiellen Marktzugang regeln. Nachdem die EU zwischenzeitlich mit der Elfenbeinküste und Ghana sog. Interim-WPA abgeschlossen hatte, hat die Region 2014 ein gesamtregionales WPA mit der EU ausgehandelt, dessen Ratifizieung durch einige westafrianische Länder noch aussteht.

Den unvoreingenommenen Beobachter mag vor allem das Nebeneinander zwischen dem kontinentalen und mehreren regionalen Integrationsprojekten, aber auch die Überlagerung von verschiedenen Handelsregimen im Verhältnis zur EU überraschen. In dieser Arbeit soll der Frage nachgegangen werden, ob sich aus diesen verschiedenen Regelungsschichten Normkonflikte ergeben. Weiterhin soll untersucht werden, inwiefern Maßnahmen der Koordinierung (potentiellen) Normkonflikten abhelfen.

Die Überlagerung von in Beziehung stehenden Regelungsschichten wird in der Sozial- bzw. Politikwissenschaft wie auch in der Rechtswissenschaft mit dem Schlagwort des Mehrebenensystems beschrieben. Der Begriff wurde für die europäische Integration geprägt.[2] Er hat den Vorteil, dass er lediglich eine Form von Interdependenz kennzeichnet, ohne die gegenseitige Beziehung zwischen verschiedenen Regulierungsordnungen näher zu definieren und insbesondere ohne deren hierarchische Ordnung vorauszusetzen.[3] Insofern impliziert „System" in diesem Zusammenhang lediglich eine rechtlich verfasste Struktur, die nicht näher bestimmt wird.[4] Diese Struktur besteht aus den (zumindest zwei) Ebenen, die jeweils durch das Recht von unterscheidbaren Trägern von Entscheidungskompetenzen

---

2 FRANZ C. MAYER, *Kompetenzüberschreitung und Letztentscheidung. Das Maastricht-Urteil des Bundesverfassungsgerichts und die Letztentscheidung über Ultra vires-Akte in Mehrebenensystemen eine rechtsvergleichende Betrachtung von Konflikten zwischen Gerichten am Beispiel der EU und der USA*, München 2000, S. 32 f. m.w.N.

3 ebd., S. 34 „erscheint der Begriff als neutraler „Platzhalter" zur Vermeidung von theoretischen Festlegungen außerhalb der jeweils in den Blick genommenen spezifischen theoretischen Fragestellung."

4 ebd., S. 37: „Im Übrigen ist das Bild von unterschiedlichen Ebenen nicht zwingend mit der Vorstellung von Über-/Unterordnung verbunden. Vielmehr lassen sich diese Ebenen als Plattformen beschreiben, die nebeneinander auf gleicher Höhe stehen können, in anderen Fällen auf unterschiedlicher Höhe angesiedelt sind, vielleicht sogar flexibel umeinander kreisen."

gebildet werden. Denn auf den einzelnen Ebenen üben Entitäten Hoheits-
gewalt in Form von rechtserheblichen Entscheidungen aus. Der (Sys-
tem-)Zusammenhang ergibt sich zwischen diesen verschiedenen Rechtsordnungen zumindest aus der faktischen Interdependenz, die daraus folgt,
dass das Recht der Entitäten jeweils Geltung auf demselben Territorium
beansprucht und denselben Personenkreis adressiert.[5] Zusammenfassend
soll hier Sauers Definition aufgegriffen werden: Danach besteht ein Mehrebenensystem „aus mindestens zwei Ebenen, auf denen ein Verband oder
mehrere gleichgeordnete Verbände Entscheidungskompetenzen durch ihre
Organe wahrnehmen, wobei die einzelnen Ebenen dadurch miteinander
rechtlich vernetzt sind, dass mindestens die Entscheidungen einer Ebene
bestimmte Rechtsbeziehungen zu der bzw. einer anderen Ebene feststellen
oder gestalten können".[6] Der letzte Halbsatz dieser Definition bezieht sich
auf die Anforderung der Interdependenz, die eng mit dem potentiellen
Regime-Konflikt verbunden ist: Soweit mehrere Rechtsordnungen dieselbe Materie regeln und denselben Personenkreis adressieren, laufen sie
Gefahr widersprüchliche Normen zu erlassen und in der Folge ihr Recht
den Bewertungen konkurrierender Regime unterworfen zu sehen. Dann
kann es zu einer einseitigen Feststellung der Rechtsbeziehungen zu einer
anderen Ebene kommen. Die (insbesondere gegenseitige) Gestaltung der
Rechtsbeziehungen kann aber in Form von Koordinierungsmechanismen
auch zur Vereinbarkeit verschiedener Vertragsordnungen führen. Das
Spannungsfeld Konflikt – Koordinierung bildet die Folie, vor der das
Recht der westafrikanischen Wirtschaftsintegration, ein Mehrebenensystem, betrachtet werden soll.

Da diese Arbeit das Recht der westafrikanischen Wirtschaftsintegration
zum Gegenstand hat, werden alle relevanten Organisationen und Regime
wie insbesondere die ECOWAS, UEMOA und AU nur mit Blick auf ihre
im Zusammenhang mit dem Handel stehenden Regelungen analysiert,

---

5 ebd., S. 57. Nach HEIKO SAUER, *Jurisdiktionskonflikte in Mehrebenensystemen. Die
Entwicklung eines Modells zur Lösung von Konflikten zwischen Gerichten unterschiedlicher Ebenen in vernetzten Rechtsordnungen*, Berlin, Heidelberg 2008, S. 80
bedeutet dies „nicht notwendigerweise, dass jeder Verband jeder Ebene in der Lage
sein muss mit Durchgriffswirkung gegenüber dem Individuum zu handeln."
6 ebd., S. 80.

auch wenn sie ebenfalls andere Bereiche regulieren, etwa friedens- und sicherheitspolitische Fragen.[7] Da das Recht sowohl der ECOWAS als auch der UEMOA und der AU in der Literatur bisher wenig Aufmerksamkeit erfahren haben, sollen diese Organisationen ausführlich und ohne die Blickverengung auf kollidierende Normen dargestellt werden. Dabei wird oftmals auf EU-rechtliche Kategorien zurückgegriffen. Diese Bezugnahme erscheint angemessen, weil sich sowohl die Verfasser der jeweiligen Verträge als auch die regionalen Gerichtshöfe, Autoren und Rechtsanwender an den europarechtlichen Kategorien orientieren.[8] Denn die Verträge verfolgen grundsätzlich den Anspruch, supranationale Organisationen nach europarechtlichem Zuschnitt zu schaffen, wenn sie auch in einigen Punkten von diesem Konzept abweichende Regelungen vorsehen.

Methodische Anmerkungen

Die Quellenlage hinsichtlich des Rechts der westafrikanischen Wirtschaftsintegration ist prekär, da die betreffenden regionalen Organisationen (noch) nicht systematisch ihre Rechtsakte ins Netz stellen. Weiterhin ist das Rechtsgebiet nur äußerst gering wissenschaftlich durchdrungen und dadurch gezeichnet, dass das „gelebte" von dem geschriebenen Recht sehr erheblich abweicht. Dies hat mich veranlasst, in Westafrika Rechtstexte und Literatur zu recherchieren sowie mit verschiedenen Akteuren der regionalen Integration Interviews zu führen. Dafür habe ich Gesprächspartner in Senegal, Burkina Faso, Ghana und Nigeria und damit in vier

---

7   Nachdem die ECOWAS eine überregionale Bekanntheit für ihre innovative Sicherheitspolitik erreicht hat und zumindest auf diesem Gebiet als alleiniger Regionalakteur eine Vorreiterrolle einnahm, hat nun auch die UEMOA eine Sicherheitspolitik verabschiedet und tritt mithin auch darin in Konkurrenz zur ECOWAS, Acte additionnel n° 4/2013/CCEG/UEMOA instituant une politique commune de l'UEMOA dans le domaine de la paix et la sécurité, Oktober 2013.

8   Siehe etwa ANNE-SOPHIE CLAEYS und ALICE SINDZINGRE, *Regional integration as a transfer of rules. The case of the relationship between the European Union and the West African Economic and Monetary Union (WAEMU)*, 2003, LAURENCE BURGORGUE-LARSEN, Prendre les droits communautaires au sérieux ou la force d'attraction de l'expérience européenne en Afrique et en Amérique latine, in: *Dynamiques du droit européen en début de siècle. Études en l'honneur de Jean-Claude Gautron*, hg. von PEDONE, Paris 2004, S. 563–580 und SANOUSSI BILAL, *Economic partnership agreements (EPAs): the ACP regions and their relations with the EU*, 2005, S. 34 ff.

Ländern aufgesucht, die politisch und wirtschaftlich sehr unterschiedlich ausgerichtet sind und damit stark voneinander abweichende Perspektiven auf die regionale Integration einnehmen. So ist das frankophone Burkina Faso als eines der ärmsten Länder der Region und Land ohne Meereszugang, hochgradig abhängig vom Austausch mit den benachbarten Ländern und gilt als Musterschüler der UEMOA und ECOWAS, während etwa das anglophone, ressourcen- und bevölkerungsreiche Nigeria, die größte afrikanische Volkswirtschaft, das sein Erdöl vorrangig außerhalb der Region exportiert, wesentlich zögerlicher regionales Recht beachtet und umsetzt, dafür aber bei den WPA-Verhandlungen mit der EU wichtige Verhandlungsziele durchgesetzt hat.

Interviewpartner waren Beamte der nationalen Wirtschaftsministerien und nationaler Zolldirektorate, Mitarbeiter der UEMOA- und der ECOWAS-Kommission, daneben Repräsentanten von NGOs, Unternehmerinnen- und Händlerverbänden und Handelsförderungsinitiativen sowie Professoren der Universitäten Dakar und Ouagadougou. Ziel der Interviews war, Spezialwissen der Interviewten abzurufen, um die mir zur Verfügung stehenden Informationen zu überprüfen und zu vervollständigen, aber auch Einschätzungen zu Fragen der Integration, etwa der praktischen Relevanz konkurrierender Handelsregime, zu erhalten. Diese Experteninterviews wurden als Leitfaden- bzw. teilstandardisierte Interviews geführt. Kennzeichnend für solche Interviews ist, dass der Interviewte auf die im Vorhinein in Form eines Leitfadens formulierten, mehr oder minder offenen Fragen frei antworten soll.[9] Leitfaden-Interviews haben den Vorteil, dass sie die Konzentration auf bestimmte Gesprächsgegenstände erlauben und die Vergleichbarkeit der erhobenen Daten erhöhen.[10]

Wirtschaftliche Rahmenbedingungen

Die Region vereint wirtschaftlich schwache – mit der Elfenbeinküste, Ghana, Nigeria und Cap Verde werden nur vier der 15 ECOWAS-Mitgliedstaaten nicht als Least Developed Countries (LDCs) eingeordnet[11] –

---

9 UWE FLICK, *Qualitative Sozialforschung. Eine Einführung*, 4. Aufl. 2006, S. 143.
10 Ebd., S. 144 f.
11 Siehe UNITED NATIONS CONFERENCE ON TRADE AND DEVELOPMENT, *The Least Developed Countries Report 2013. Growth with employment for inclusive and sustainable development*. New York, Geneva 2013, S. 6.

und politisch instabile Länder. Im letzten Jahrzehnt weisen die ECOWAS-Mitgliedstaaten allerdings kontinuierlich Wachstumsraten von durchschnittlich 5-6 % auf, wenn das Wirtschaftswachstum auch noch immer zu einem hohen Anteil auf den Export von Rohstoffen und deren Wertsteigerung und nur zu einem sehr geringen Anteil auf die Herstellung von verarbeiteten Produkten zurückzuführen ist.[12] Der Anteil des intra-regionalen Handels an den gesamten westafrikanischen Ein- und Ausfuhren ist – wie in anderen afrikanischen Regionen[13] – geringer als in den anderen Weltregionen, unabhängig davon, ob letztere Industrie- oder Entwicklungsländer umfassen.[14] Seit den 1980er Jahren steigt der Anteil intra-regionalen Handels, wenn er auch zwischenzeitlich zu Beginn der 1990er Jahre zurückging,[15] um sich in der Dekade 2000-2010 zwischen 17-18 % zu konsolidieren. Innerhalb der UEMOA ist der Anteil noch ein wenig höher.[16] Die westafrikanischen Länder haben sehr ungleiche Anteile am intra-regionalen Handel: So vereinen die Elfenbeinküste, Nigeria und Senegal 90 % der intra-regionalen Exporte und 50 % der intra-regionalen Importe auf sich.[17] Letztlich geben aber diese Zahlen nicht das wahre Ausmaß des Regionalhandels wieder, da circa 15 % des Handels nicht erfasst wird.[18] Dieser informelle Handel ist Teil der informellen Wirtschaft, der wirtschaftlichen

---

12 African Development Fund und African Development Bank, *Regional Integration Strategy Paper for West Africa 2011-2015* 2011, S. 3 ff. und Lelio Iapadre, Philippe de Lombaerde und Giovanni Mastronardi, Measuring Trade Regionalisation in Africa: The Case of ECOWAS, in: *Regional Trade and Monetary Integration in West Africa and Europe*, hg. von Rike Sohn und Ama Konadu Oppong, 2013, S. 57–86, 80. Vgl. für 2013 die ECOWAS-Presseerklärung 057/2014, West Africa still the most dynamic Regional Economic Community in Africa, 28. März 2014.

13 UNCTAD, *Economic Development in Africa Report 2009. Strengthening Regional Economic Integration for Africa's Development* 2009, S. 20.

14 Iapadre, Lombaerde und Mastronardi, (Fn. 12), S. 79.

15 Biley (Fn. 1), S. 112 f.

16 George Owusu, Factors Shaping Economic Integration and Regional Trade in West Africa, in: *Regional Trade and Monetary Integration in West Africa and Europe*, hg. von Rike Sohn und Ama Konadu Oppong, (WAI-ZEI Paper), 2013, S. 9–32, S. 24 f. und Iapadre, Lombaerde und Mastronardi (Fn. 12), S. 74 f.

17 UNCTAD (Fn. 11), S. 14.

18 African Development Bank (Fn. 12), S. 6.

Aktivitäten also, die außerhalb staatlicher Regulierung, Besteuerung und Aufsicht erbracht werden.[19] Das Phänomen der informellen Wirtschaft ist in Entwicklungsländern weit verbreitet und macht für die UEMOA-Mitgliedstaaten sehr viele Arbeitsplätze (in den Hauptstädten der UEMOA-Mitgliedstaaten gar 76 % der Arbeitsplätze) und 22-28 % des BIP aus.[20]

In den letzten Jahren ist der Handel mit anderen (vor allem benachbarten) afrikanischen Regionen und dem Rest der Welt, mit Ausnahme der EU, leicht angestiegen.[21] So suchen insbesondere China, Indien und Brasilien die Handelsbeziehungen zu intensivieren.[22] Die EU bleibt aber trotz des schleichenden Bedeutungsverlusts immer noch wichtigster Handelspartner[23], Modell und Finanzgeber.[24]

Theoretischer Rahmen: Fragmentierung und Koordinierung

Die Überlagerung verschiedener Regime, die den Anspruch haben, (teilweise) dieselbe Materie zu regeln, wird in der völkerrechtlichen Literatur unter dem Schlagwort der Fragmentierung diskutiert.[25] Dabei können grob

---

19 Vgl. ILO, Resolution concerning decent work and the informal economy, Ziffer 3 Conclusions concerning decent work and the informal economy, 90. Tagung der Allgemeinen Konferenz, 2002, verfügbar unter http://www.ilo.org/wcmsp5/ groups/public/---asia/---ro-bangkok/documents/meetingdocument/wcms_09831 4.pdf, zuletzt eingesehen am 20.03.2014: „[T]he term "informal economy" refers to all economic activities by workers and economic units that are – in law or in practice – not covered or insufficiently covered by formal arrangements. Their activities are not included in the law, which means that they are operating outside the formal reach of the law; or they are not covered in practice, which means that – although they are operating within the formal reach of the law, the law is not applied or not enforced; or the law discourages compliance because it is inappropriate, burdensome, or imposes excessive costs."

20 BLAISE LEENHARDT, *Le poids de l'informel en UEMOA, premières leçons en termes de comptabilité nationale des enquêtes 1-2-3 de 2001-2003,* 2005, S. 4. Siehe zu den spezifischen Gründen informeller Wirtschaft in Westafrika BILEY (Fn. 1), S. 175 ff.

21 IAPADRE, LOMBAERDE und MASTRONARDI (Fn. 12), S. 69, 79.

22 BILAL (Fn. 8), S. 42 ff. und IAPADRE, LOMBAERDE und MASTRONARDI (Fn. 12), S. 70.

23 ebd., S. 68 f.

24 BILAL (Fn. 8), S. 34 ff.

25 Siehe von der überbordenden Literatur nur PIERRE-MARIE DUPUY, The Danger of Fragmentation or Unification of the International Legal System and the International Court of Justice, in: *International Law and Politics* 31 (1999), S. 791–807,

zwei Herangehensweisen unterschieden werden, wie mit Fragmentierung bzw. Normkonflikten umzugehen ist. Die Vertreter des Konstitutionalismus verstehen das Völkerrecht als überwiegend kohärente Rechtsordnung, die auf gemeinsamen Grundstrukturen, -regeln und -werten beruht und deren Einheitlichkeit durch eine Normenhierarchie gewährleistet wird.[26] Eben diese Hierarchie erlaube es Konflikte durch Vorrangregeln zu lösen – soweit denn übergeordnete Normen existieren.[27] Im Gegensatz dazu

---

MARTTI KOSKENNIEMI und PÄIVI LEINO, Fragmentation of International Law? Postmodern Anxities, in: *Leiden Journal of International Law* 15 (2002), S. 553–579, ANDREAS FISCHER-LESCANO und GUNTHER TEUBNER, Regime-Collisions: The Vain Search for Legal Unity in the Fragmentation of Global Law, in: *Michigan Journal of International Law* 25 (2004), S. 999–1046 und ILC STUDY GROUP, *Fragmentation of International Law: Difficulties Arising from the Diversification and Expansion of International Law. Report of the Study Group of the International Law Commission finalized by Martti Koskenniemi*, 2006. Der Begriff des Regimes wird in der vorliegenden Arbeit synonym mit (völkerrechtlichen) Vertragsordnungen und Rechtsordnungen internationaler Organisationen gebraucht. Insofern weicht der Gebrauch von dem der Vertreter der Regime-Theorie und Teilen der Völkerrechtslehre ab, die unter Regimen die Gesamtheit von Normen und Verfahren eines bestimmten Bereichs der internationalen Beziehungen bzw. des Völkerrechts verstehen, und folglich etwa das Umweltvölkerrecht und das Wirtschaftsvölkerrecht als Regime betrachten. Siehe STEPHEN D. KRASNER, Structural causes and regime consequences: regimes as intervening variables, in: *International regimes*, hg. von STEPHEN D. KRASNER, Ithaca 1983, S. 2: „Regimes can be defined as sets of implicit or explicit principles, norms, rules and decision-making procedures around which actors' expectations converge in a given area of international relations." Siehe auch NELE MATZ, *Wege zur Koordinierung völkerrechtlicher Verträge. Völkervertragsrechtliche und institutionelle Ansätze*, Berlin, Heidelberg 2005, S. 361: „Eher noch als nur einen einzelnen institutionalisierten Vertrag kennzeichnet der Begriff des Regimes mehrere thematisch in einem Regelungszusammenhang stehende Verträge."

26 Kants Kosmopolitismus' findet insbesondere in seiner Schrift Zum ewigen Frieden. Ein philosophischer Entwurf, 1. Auflage 1795, Ausdruck. Siehe für den starken Konstitutionalismus CHRISTIAN TOMUSCHAT, Obligations Arising for States Without or Against their Will, in: *Recueil des Cours* 1993, S. 195–374, BRUNO SIMMA, From Bilateralism to Community Interest in International Law, in: *Recueil des Cours* 1994, ERIKA DE WET, The International Constitutional Order, in: *International and Comparative Law Quarterly* 55 (2006), S. 51–76 und ANNE PETERS, Compensatory Constitutionalism: The Function and Potential of Fundamental International Norms and Structures, in: *Leiden Journal of International Law* 19 (2006), S. 579–610.

27 Bisher wird hauptsächlich der Vorrang von Normen anerkannt, die bestimmte Menschenrechte bzw. den internationalen Frieden schützen. Siehe Teil IV.Kapitel 3.B.IV.

konzipieren Pluralisten das (Völker-)Recht als eine Vielzahl unabhängiger und von verschiedenartigen Rechtsgemeinschaften errichteten Rechtsordnungen, und betonen den Wert autonomer Regime, da diese jeweils unterschiedliche Interessen und Ziele verfolgten.[28] Danach spiegeln Norm- vor allem Interessenkonflikte und sind in erster Linie durch politische Kompromisse lösbar. Insoweit innerhalb dieses Ansatzes die Universalität einiger Grundnormen und die Existenz gemeinsamer Kommunikationsprinzipien bzw. Verfahren betont wird[29] – de Búrca bezeichnet dies als *soft constitutionalism*, der von einer einheitlichen internationalen Gemeinschaft ausgeht, die allerdings nicht hierarchisch strukturiert ist[30] –, bilden diese eine Grundlage für den Umgang mit Konflikten und erlauben deren Lösung durch die Koordinierung völkerrechtlicher Vertragsordnungen und Regime. Damit ist der *soft constitutionalism* der geeignete Ansatz für die vorliegende Arbeit, da er mit der Koordinierung eine Herangehensweise bietet, die es ermöglicht, auf die für die Rechtsanwendung erforderliche Kohärenz des Rechts hinzuwirken, ohne auf eine politische Lösung von Normkonflikten zu verweisen. Gleichzeitig setzt er im Gegensatz zum starken Konstitutionalismus keine Hierarchisierung voraus, und ist daher für das grundsätzlich nicht-hierarchische Völkerrecht in weitaus höherem Maße fruchtbar zu machen. Der Ansatz befriedigt das Erfordernis einer

---

28 FISCHER-LESCANO und TEUBNER (Fn. 25), WILLIAM W. BURKE-WHITE, International Legal Pluralism, in: *Minnesota Journal of International Law* 25 (2004), S. 963–979, NICO KRISCH, The Pluralism of Global Administrative Law, in: *European Journal of International Law* 17 (2006), S. 247–278, PAUL SCHIFF BERMAN, A Pluralist Approach to International Law, in: *Yale Journal of International Law* 32 (2007), S. 301–329.

29 JÜRGEN HABERMAS, *Der gespaltene Westen*, Frankfurt am Main 2004, S. 113 ff. und MARTTI KOSKENNIEMI, Constitutionalism as Mindset: Reflections on Kantian Themes about International Law and Globalization, in: *Theoretical Inquiries in Law* 8 (2007), S. 9–36. Zusammenfassend NEIL WALKER, *Making a World of Difference? Habermas, Cosmopolitanism and the Constitutionalization of International Law*, 2005, S. 4 f. und GRÁINNE DE BÚRCA, The European Court of Justice and the International Legal Order After Kadi, in: Harvard International Law Journal 51 (2010), S. 1-49, 37 ff.

30 BÚRCA, (Fn. 29), S. 39.

Mindestkohärenz der Völkerrechtsordnung, die Voraussetzung für Rechtssicherheit, Gerechtigkeit sowie die Effektivität (und damit verbunden die Legitimität) des Völkerrechts ist.[31]

Die Koordinierung als umfassende Konfliktvermeidungs- und -lösungsmethode erfährt in der völkerrechtlichen Literatur seit einigen Jahren, teilweise auch unter dem Begriff der Regime-Interaktion, mehr und mehr Aufmerksamkeit.[32] Zwar wird der Koordinierungsbegriff bereits seit den 1950er Jahren verwendet, um verschiedene Methoden der Interaktion zwischen Völkerrechtssubjekten, insbesondere internationalen Organisationen, bzw. zwischen Vertragsordnungen darzustellen.[33] Allerdings hat erst Young in den letzten Jahren allgemein Rechtsgrundlagen für und Anforderungen an die Koordinierung von Völkerrechtssubjekten formuliert.[34] Die vorliegende Arbeit sucht einerseits, einen Beitrag zur völkerrechtlichen Diskussion zu einem Rechtsrahmen für die Koordinierung internationaler Regime zu leisten, um andererseits die Koordinierung innerhalb des Rechts der westafrikanischen Wirtschaftsintegration zu analysieren. Dabei soll das Problem nationaler bzw. regierungsinterner Koordinierung ausge-

---

31 Siehe zu dem Erfordernis der Kohärenz des Völkerrecht MATZ (Fn. 25), S. 1 und ALBERTO DO AMARAL JÚNIOR, Le "dialogue" des sources: Fragmentation et cohérence dans le droit international contemporain, in: *Regards d'une génération de juristes sur le droit international*, hg. von EMMANUELLE JOUANNET, Paris 2008, S. 7–33, 7 f.

32 Siehe etwa JAN NEUMANN, *Die Koordination des WTO-Rechts mit anderen völkerrechtlichen Ordnungen (Diss.). Konflikte des materiellen Rechts und Konkurrenzen der Streitbeilegung*, Berlin 2002, MATZ (Fn. 25), MARGARET A. YOUNG, *Trading fish, saving fish. The interaction between regimes in international law*, Cambridge, UK, New York 2011 und MARGARET A. YOUNG, *Regime interaction in international law. Facing fragmentation*, Cambridge 2012.

33 Siehe bereits WILFRED JENKS, Co-Ordination: A New Problem of International Organization. A preliminary Survey of the Law and Practice of Inter-organizational Relationships, in: *Recueil des Cours,* 77 (1950), S. 151–301, WILFRED JENKS, Co-ordination in International Organization: An Introductor Survey, in: *British Yearbook of International Law* 28 (1951), S. 29–89 und RENÉ-JEAN DUPUY, Le droit des relations entre organisations internationales, in: *Recueil des Cours 100 (1960-II), 461* (1960), S. 461–589. In der neueren Literatur haben vor allem NEUMANN (Fn. 32) und MATZ (Fn. 25) zur Koordinierung gearbeitet.

34 YOUNG (Fn. 32), S. 267 ff. Überlegungen zu Koordinierungspflichten finden sich auch bei SAUER (Fn. 5), S. 402 ff.

klammert werden, obwohl viele Konflikte zwischen völkerrechtlichen Vertragsordnungen durch die mangelnde Kohärenz nationaler Politiken bedingt werden.[35]

Gang der Untersuchung

Gegenstand der ersten beiden Teile sind die internationalen Organisationen, die die westafrikanische und die panafrikanische Wirtschaftsintegration bestimmen. Im Vordergrund der Kapitel zu den zwei wichtigsten regionalen Wirtschaftsgemeinschaften, der ECOWAS und der UEMOA, sowie zu der AU, stehen deren Handelsregelungen, also insbesondere zur Personen-, Warenverkehrs-, Dienstleistungs- und Kapitalverkehrsfreiheit. Da bisher die relativ geringen Handelsflüsse vor allem darauf zurückzuführen sind, dass die Voraussetzungen wirtschaftlicher Tätigkeiten nicht vorliegen, also insbesondere die Verkehrs-, Energie- und Kommunikationsinfrastruktur die Produktion und den Transport von Gütern kaum erlauben, sollen auch Sektorpolitiken dargestellt werden, in deren Rahmen diese Voraussetzungen geschaffen bzw. ausgebaut werden.[36] Die Kapitel zu ECOWAS, UEMOA und AU enthalten des Weiteren Ausführungen zum Recht der jeweiligen Organisation und zu deren Institutionen.

Der zweite Teil ist den Regelungen, die den Handel mit der EU normieren, und der WTO als globalem Regime gewidmet. Die Regelungen im Verhältnis zur EU sollen als Beispiel für besonders komplexe bilaterale Handelsregelungen dargestellt werden: Sie bestehen aus einseitigen Zoll-

---

35 Verfolgten alle Länder durchgehend kohärente (nationale) Politiken in den verschiedenen internationalen Foren, würde sich das Problem konfligierender völkerrechtlicher Pflichten und Rechte seltener stellen. Vgl. Marrakesh Ministerial Declaration on Coherence, WTO-Dok. WT/L/194 and Add.1 und WT/L/195: „The task of achieving harmony between [...] policies falls primarily on governments at the national level." MARGARET A. YOUNG, Regime Interaction in creating, implementing and enforcing international law, in: *Regime interaction in international law. Facing fragmentation*, hg. von YOUNG, (Fn. 32), S. 85–110, S. 93 f. betont, dass die Koordinierung auf nationaler Ebene nicht die Koordinierung von Vertragsordnungen hinfällig macht.

36 Vgl. COLIN MCCARTHY, African Regional Economic Integration: Is the Paradigm Relevant and Appropriate?, in: *Euopean Yearbook of International Economic Law* 2011, S. 345–368, der einen Paradigmenwechsel für Wirtschaftsgemeinschaften zwischen (insbesondere afrikanischen) Entwicklungsländern anmahnt, insofern als diese erst Sektorpolitiken umsetzen und dann den Handel liberalisieren sollten.

präferenzen, die je nach Entwicklungsstand und der Selbstbindung an bestimmte internationale soziale und politische Standards in drei unterschiedlich weitgehende Regelungen zu unterteilen sind, und Wirtschaftspartnerschaftsabkommen, von denen zwei mit einzelnen westafrikanischen Ländern und eines mit der gesamten Region abgeschlossen wurden. Das WTO-Recht macht sowohl Vorgaben für die den Entwicklungsländern gewährten einseitigen Präferenzen, als auch für Handelsabkommen, die (gegenseitig) den Waren- bzw. Dienstleistungshandel erleichtern. Als globaler Ordnungsrahmen für bilaterale bzw. regionale Handelsregelungen wird das WTO-Recht zum Abschluss des zweiten Teils behandelt.

Im dritten Teil soll analysiert werden, inwiefern die Normen der verschiedenen Regime in Konflikt treten. Dafür wird der Begriff des Normkonflikts definiert und zwischen vertikalen und horizontalen Konflikten unterschieden. Konfliktkonstellationen zwischen den Regimen, insbesondere zwischen der ECOWAS und der UEMOA, werden beispielhaft dargestellt.

Der vierte Teil analysiert mit Blick auf die Vermeidung bzw. Lösung von Normkonflikten die Koordinierung von Regimen. Die ersten Kapitel stellen allgemeine Überlegungen an zu der Grundlage möglicher Koordinierungspflichten, den Anforderungen, die an Koordinierungsmechanismen zu richten sind, und der Gestaltung von Koordinierungsinstrumenten. Schließlich werden die verschiedenen Regimekonstellationen, in denen Konflikte festgestellt worden sind, daraufhin untersucht, inwiefern die zuvor herausgearbeiteten Koordinierungsmethoden verwirklicht werden.

Überblick über die wichtigsten Integrationsabkommen der afrikanischen Länder

AU

ECOWAS

UEMOA

CEN-SAD

UMA — Algerien, Tunesien, Marokko, Mauretanien

Libyen

MRU

Ghana Nigeria Kap Verde Gambia
Benin Niger Burkina Faso Senegal
Togo Elfenbeinküste Mali
Guinea-Bissau
Liberia Guinea
Sierra Leone

CEMAC — Tschad, Kamerun, Zentralafrika, Gabun, Äquatorial-Guinea, Kongo

Sao Tome und P.

IGAD

COMESA

Süd-Sudan, Somalia
Dschibuti, Äthiopien, Eritrea, Sudan

Ägypten

Kenia, Uganda — CAE

CEPGL — DR Kongo, Burundi, Ruanda — Tansania

Angola

CEEAC

COI — Komoren, Seychellen, Mauritius, Madagaskar, Reunion

Mosambik

Malawi, Sambia, Simbabwe

SACU — Südafrika, Botsuana, Lesotho, Swasiland, Namibia

SADC

AU=Afrikanische Union
ECOWAS=Economic Community of Western African States
UEMOA=Union Economique et Monétaire Ouest Africaine

41

Teil I Organisationen der westafrikanischen und kontinentalen Wirtschaftsintegration

Die Organisationen, die das Recht der westafrikanischen Wirtschaftsintegration prägen, sind die UEMOA und die ECOWAS. Ihre Mitgliedsländer decken sich teilweise: Während die ECOWAS alle Staaten der Region umfasst, sind von diesen lediglich die frankophonen Staaten und Guinea-Bissau UEMOA-Mitglieder.[37] Alle westafrikanischen Länder sind dagegen Mitglieder der Afrikanische Union, die den Rechtsrahmen für die panafrikanische Integration vorgibt. Im Folgenden sollen die UEMOA, ECOWAS und AU mit Blick auf die westafrikanische und kontinentale Wirtschaftsintegration untersucht werden. Dem wird ein geschichtlicher Überblick vorangestellt.

Kapitel 1 Geschichte der westafrikanischen Wirtschaftsintegration

Westafrika weist wie andere afrikanische Regionen eine Vielzahl von Wirtschaftsgemeinschaften auf, die sich überlagern. Zum Großteil stammen sie aus der Zeit der Entkolonialisierung, wenn ihre Wurzeln auch teilweise in koloniale Zeiten zurückreichen.[38] Gegenstand dieses Kapitels ist die westafrikanische Integrationsgeschichte ab der zweiten Hälfte des 20. Jahrhunderts. Diese spiegelt den – zwischen Entwicklungsländern geführten – Diskurs über die Funktion und Ausgestaltung regionaler Wirtschaftsgemeinschaften im Hinblick auf den wirtschaftlichen und sozialen Fortschritt dieser Länder wider.

---

37 Das portugiesischsprachige Guinea-Bissau war nicht Gründungsmitglied, trat aber am 2. Mai 1997 der UEMOA bei, siehe Accord d'adhésion, 5. März 1997.
38 So baut die UMOA auf die von den französischen Kolonisatoren eingeführte gemeinsame Währung ihrer Mitgliedstaaten auf. Siehe dazu Teil I Kapitel 2 A.

A. Integrationsbestrebungen und Panafrikanismus der unabhängig
    gewordenen Staaten

Westafrika war bereits in der Übergangszeit zur Unabhängigkeit Hort vielfältiger politischer wie wirtschaftlicher Integrationsbestrebungen. Ende
der 1950er, Anfang der 1960er Jahre wurden mehrere politische Unionen
vereinbart und teilweise auch gebildet. Soweit sie zur Entstehung gelang-
ten, zerfielen sie rasch wieder, so etwa die Mali-Föderation zwischen
Senegal und Mali, die ursprünglich auch Obervolta (das heutige Burkina
Faso) und Dahomey (Benin) umfassen sollte.[39]

Während mehrere politische Unionen noch vor Anlauf oder kurz
danach scheiterten, wurden im selben Zeitraum auch Organisationen wie
der Rat der Entente (Conseil de l'Entente) ins Leben gerufen, die sich auf
die wirtschaftliche Integration beschränkten.[40] Aus dieser Zeit stammen
auch mehrere Vorgängerinstitutionen der UEMOA: Die 1959 gegründete
Union Douanière de l'Afrique de l'Ouest (UDAO) sah den freien Warenverkehr innerhalb der Union und einen gemeinsamen Außenzoll vor und
wurde bereits 1966 von der Union Douanière des Etats de l'Afrique de
l'Ouest (UDEAO) abgelöst, deren Vertrag die Frage der Kompensationszahlungen auch zur Zufriedenheit der Binnenstaaten regeln sollte. Die
UDEAO sollte wiederum 1973 durch die Communauté Economique de
l'Afrique de l'Ouest (CEAO) ersetzt werden, die mit der Wirtschaftsgemeinschaft ein umfassenderes Ziel verfolgte und nicht nur Handelserleichterungen vorsah, sondern auch Sektorpolitiken.[41] Neben diesen Organisationen bestand und besteht seit 1962 die Union Monétaire Ouest Africaine
(UMOA), in deren Rahmen die gemeinsame Währung und Währungspolitik der frankophonen Staaten geregelt wird.

Parallel zu den regionalen Integrationsprojekten gab es unter dem Ban-
ner des Panafrikanismus auch kontinentale Integrationsbestrebungen. So
wurde bereits 1960 die Errichtung eines gemeinsamen Afrikanischen
Marktes auf einer vom vormaligen Unabhängigkeitskämpfer und nunmehr
ghanaischen Präsidenten Kwame Nkrumah organisierten Panafrikanismus-

---

39 SHIRIFU BALIMO JALLOH, *Die Bestrebungen der westafrikanischen Staaten zur wirt-
    schaftlichen Integration unter besonderer Berücksichtigung der Währungsintegra-
    tion*, Dissertation, Köln 1983, S. 35 f.
40 ebd., S. 36. Ihr gehörten und gehören die Elfenbeinküste, Niger, Burkina Faso,
    Benin und Togo an.
41 BILEY (Fn. 1), S. 82 f., 89 ff.

Konferenz angeregt.[42] 1963 wurde die Organisation für Afrikanische Einheit (Organization of African Unity, OAU) gegründet, der bald alle afrikanischen Staaten angehörten. Jedoch gab es zwischen den Mitgliedstaaten verschiedene Ansichten über Funktion und Ziel der OAU: Während Kwame Nkrumah eine politische Einheit Afrikas in Form einer föderalen Organisation anstrebte, sperrte sich die Mehrzahl der Mitgliedstaaten dagegen. Sie bevorzugten eine klassischere Organisation, die auf intergouvernementaler Ebene zusammenarbeitet.[43] Auch über die Rolle regionaler Integrationsgemeinschaften gingen die Meinungen auseinander.[44] Daher fand sich in dem Gründungsvertrag der OUA keine Bestimmung über das Verhältnis zu regionalen Gemeinschaften. Allerdings bewertete der Ministerrat schon in einer seiner ersten Entschließungen vom 10. August 1963 die regionale Kooperation und Integration als Beitrag zur kontinentalen Einheit, soweit sie den Zielen und Prinzipien der OUA entsprechen.[45] Nichtsdestotrotz wurde die regionale Integration als Grundlage des kontinentalen Integrationsprojekts erst ab den späten 1970er Jahren von der OUA unterstützt.[46] Bis dahin hatte sich vor allem die Wirtschaftskommission der Vereinten Nationen für Afrika (United Nations Economic Commission for Africa, UNECA) um die Förderung der wirtschaftlichen Integration verdient gemacht.

---

42 SAMUEL K. B. ASANTE, *Regionalism and Africa's development. Expectations, reality, and challenges*, New York 1997, S. 33.

43 AHMED MAHIOU, La Communauté Economique Africaine, in: *Annuaire français de droit international* 39 (1993), S. 798–819, 798 f. und VICTOR A.O ADETULA, *Regional Integration in Africa: Prospect for closer cooperation between West, East and Southern Africa*, Johannesburg, Südafrika 2004, S. 9.

44 MAHIOU (Fn. 43), S. 799.

45 AHMED MAHIOU, Le Cadre Juridique de la Coopération Sud-Sud. Quelques Expériences ou Tentatives d'Intégration, in: *Recueil des Cours* 77 (1993-IV), S. 9–194, 146.

46 MAHIOU (Fn. 43), S. 800.

B. Förderung durch die UNECA und das Ziel der Neuen Weltwirtschaftsordnung

1958 war die Wirtschaftskommission für Afrika durch eine Resolution des ECOSOC geschaffen worden.[47] Als dessen Organ soll die UNECA wirtschaftliche Kooperationsprojekte fördern, die der Wirtschaftsentwicklung und der Steigerung des Wohlstand zuträglich wären.[48] Bereits in ihrem Gründungsjahr 1958 empfahl sie die Errichtung einer Wirtschaftsunion, die ganz Westafrika umschlösse.[49] In den 1960ern Jahren intensivierte sie ihre Bemühungen. So legte die UNECA den westafrikanischen Staaten mit den Resolutionen 142 (VII) und 145 (VII) eine verstärkte wirtschaftliche Zusammenarbeit und die Harmonisierung der Wirtschafts- und Sozialpolitiken auf subregionaler Ebene nahe. Auf Grundlage der ersten Resolution eröffnete die UNECA 1965 in Nord-, West-, Zentral- und Ostafrika regionale Büros.[50]

Unter ihrer Schirmherrschaft trafen sich zwischen 1963 und 1967 westafrikanische Staats- und Regierungschefs in Lagos, Freetown und Niamey, um über einzelne Projekte einer künftigen industriellen Kooperation und die Gründung einer Wirtschaftsgemeinschaft in Westafrika zu verhan-

---

47 Res. 671 A (XXV) vom 29. April 1958, Y.B.U.N. 1958, 191 f. Damit war die UNECA Nachzügler der knapp ein Jahrzehnt vorher gegründeten Wirtschaftskommissionen für Europa, Asien, den Fernen Osten und Lateinamerika, SAMUEL K. B. ASANTE, African development. Adebayo Adedeji's alternative strategies. London, New York 1991, S. 18 f.

48 Y.B.U.N. 1958, 191: „The main functions of the Commission, as set out in the Council's resolution of 29 April 1958 are: (1) to initiate and take part in measures to facilitate concerted action for Africa's economic development, including the social aspects of such development, with a view to raising the level of economic activity and levels of living in Africa, and to maintain and strengthen economic relations of African countries and territories, both among themselves and with other parts of the world; (2) to make or sponsor studies of African economic and technological problems and developments; (3) to undertake or sponsor the collection, evaluation and dissemination of appropriate economic, technological and statistical information; (4) to perform advisory services desired by the countries and territories of the region; (5) to help formulate and develop co-ordinated policies as a basis for practical action in promoting the region's economic and technological development; and (6) to deal, as appropriate, with the social aspects of economic development and the interrelationship of economic and social factors."

49 CHRISTIANE GANS, *Die ECOWAS. Wirtschaftsintegration in Westafrika,* 2006, S. 25 m.w.N.

50 Resolution 142 (VII) ECA. Für Westafrika war der Sitz in Niamey, Niger.

deln.[51] So wirkte die Kommission mit Hintergrundpapieren und Verhandlungs- und Umsetzungshilfen nicht nur auf die Gründung der ECOWAS hin, sondern unterstütze auch andere westafrikanische Organisationen wie die CEAO und das West Africa Clearing House.[52] Die frankophone CEAO und die ECOWAS wurden Mitte der 1970er Jahre im Geiste der Neuen Weltwirtschaftsordnung errichtet.[53] Die beiden Organisationen schrieben sich also in eine Bewegung ein, die den Entwicklungsländern die gerechte Teilhabe an den Vorteilen des internationalen Handels sichern sollte.[54] Wichtiger Bestandteil dieses Konzepts war die Süd-Süd-Kooperation, sollte sie doch die wirtschaftliche Unabhängigkeit von den Industriestaaten und die Konkurrenzfähigkeit der Entwicklungsstaaten stärken.[55] Damit verfolgten die Entwicklungsländer unter dem Begriff der *collective self-reliance* den Aufbau einer eigenständigen, untereinander vernetzten Wirtschaft bei hohem Schutz vor der Konkurrenz durch Waren aus Industrieländern. In diesem Zusammenhang praktizierten viele (auch westafrikanische) Länder eine Strategie der Importsubstitution.[56]

---

51 Gans(Fn. 49), S. 26.
52 ebd., S. 26 mit Hinweis auf John P. Renninger, *Multinational cooperation for development in West Africa*, New York 1979, S. 83.
53 Edwini Kessie, Trade Liberalisation under ECOWAS. Prospects, Challenges and WTO Compatbility, in: *African Yearbook of International Law* 7 (1999), S. 31–59, 32 f.
54 Den Begriff der Neuen Weltwirtschaftsordnung (New International Economic Order) hatte die Gruppe der 77 als wichtigste Vertretung von – bald wesentlich mehr als 77 – Entwicklungsländern eingeführt, um ein Konzept für eine wirtschaftliche Zusammenarbeit zu entwerfen, das die Interessen aller Staaten berücksichtigen sollte.
55 Siehe 6. Sondergeneralversammlung der Vereinten Nationen, Deklaration und Aktionsprogramm vom 1. Mai 1974, UN-Resolution 3201 (S-VI) und UN-Resolution 3202 (S-VI). Dazu Sabine Pellens, *Entwicklungsgemeinschaften in der WTO. Die internen Rechtsordnungen der regionalen Integrationsgemeinschaften zwischen Entwicklungsländern und ihre Stellung im Recht der Welthandelsorganisation*, Berlin 2008, S. 40 f.
56 ebd., S. 42 und Chibuike Uche, *The European Union and Monetary Integration in West Africa*, Bonn 2011, S. 33. Im Gründungsvertrag der ECOWAS, 28. Mai 1975, in Kraft getreten am 20. Juni 1975, findet sich ein Bezug auf das Prinzip der *self-reliance* in der Präambel: „Convinced that the promotion of harmonious economic development of their states call for effective economic co-operation largely through a determined and concerted policy of self-reliance".

Die Diskussionen um die Neue Weltwirtschaftsordnung dürfte auch den Bewusstseinswandel in der OAU befördert haben.[57] In den 1970ern begann sie sich schließlich auch mit Fragen der wirtschaftlichen Integration zu beschäftigen. Ihr Ministerrat entwarf in mehreren Entschließungen eine neue ökonomische Strategie der Kooperation und Integration unter Berücksichtigung regionaler und sub-regionaler Ansätze.[58] Nach jahrelangen Vorarbeiten wurde auf dem Sondergipfel der OAU im April 1980 der Lagos-Aktionsplan verabschiedet. Dieser wirbt für eine enge regionale Wirtschaftskooperationen und sieht die Gründung einer panafrikanischen Wirtschaftsgemeinschaft als Fernziel vor. Nachdem die OAU-Staats- und Regierungschefs im Sommer 1991 den Abuja-Vertrag zur Gründung der Afrikanischen Wirtschaftsgemeinschaft unterzeichnet hatten, trat dieser im Mai 1994 in Kraft.

C. Erneuerung der Wirtschaftsgemeinschaften und das Konzept des open regionalism in den 1990er Jahren

Nachdem die Integrationsprozesse in den 1980ern nicht die erhofften Erfolge in Afrika gezeitigt hatten, – die Schuldenkrise und die Abhängigkeit von Rohstoffexporten in Industrieländer prägten das sog. „verlorene Jahrzehnt" – setzte in den 1990er Jahren eine Renaissance regionaler Integrationsabkommen ein: Bestehende Wirtschaftsvereinbarungen wurden wiederbelebt und neue abgeschlossen.[59] So wurde beispielsweise die ECOWAS 1993 reformiert und die UEMOA 1994 als Nachfolgeorganisation der CEAO gegründet.

---

57 Die Begriffe der Neuen Weltwirtschaftsordnung und der *collective self-reliance* wurden von der OAU aufgegriffen, siehe etwa OAU-Versammlung, Monrovia Declaration of Commitment of the Heads of State and Government of the Organization of African Unity on Guidelines and measures for national and collective self-reliance in social and economic development for the establishment of a New International Economic Order, OAU-Dok. AHG/ST.3 (XVI) Rev. 1., Sitzung vom 17.-20. Juli 1979.

58 Hervorzuheben ist die African Declaration of Co-operation, Development and Economic Independance, OAU-Dok. CM/ST/12 (XXI), 25. Mai 1973, die bei der 10. Ordentlichen Sitzung der OAU angenommen wurde.

59 PELLENS (Fn. 55), S. 42 ff.

Die Wiederbelebung und Intensivierung regionaler Integrationsgemeinschaften war dadurch bedingt, dass sich einerseits die afrikanischen Staaten dem wachsenden Druck der Globalisierung ausgesetzt sahen und sich andererseits erfolgreiche Integrationsmodelle, insbesondere die EG, herausgebildet hatten.[60] Gleichzeitig bemühten sich ab dem Ende des Ost-West-Konflikts wichtige Industriestaaten wie besonders die USA weniger um die Belange der Entwicklungsländer.[61] Infolgedessen gehen die Integrationsvereinbarungen der 90er Jahre weiter als die der vorigen Jahrzehnte. Dafür wurde der Begriff des *open regionalism* geprägt, der die Bestrebungen der Entwicklungsländer fasst, sich fortschreitend in die Weltwirtschaft zu integrieren und ihre Märkte – besonders auch für Investoren – zu öffnen.[62] Nicht die Abschottung ihrer Märkte sollte nunmehr die Konkurrenzfähigkeit ihrer Waren steigern, sondern der – auch von außen vermittelte – technologische Fortschritt.[63] In Westafrika setzte nach der Jahrtausendwende eine erneute Reformwelle ein, dank derer sich die UEMOA und die ECOWAS supranationaler ausrichteten als zuvor, um die Wirksamkeit ihres Rechts zu steigern.

---

60 DIRK VAN DEN BOOM, Die "Economic Community of West African States" - Regionale Integration unter schlechten Rahmenbedingungen, in: *Regionale Integration - neue Dynamiken in Afrika, Asien und Lateinamerika*, hg. von DIRK NABERS, Hamburg 2005, S. 95–113, S. 101 und PELLENS (Fn. 55), S. 45.

61 CHAD DAMRO, The Political Economy of Regional Trade Agreements, in: *Regional trade agreements and the WTO legal system*, hg. von LORAND BARTELS und FEDERICO ORTINO, Oxford, New York 2006, S. 23–42.

62 African Development Bank, African Development Report, Abidjan, 2000, S. 13. Vgl. die Präambel des UEMOAV: „Déterminés à se conformer aux principes d'une économie de marché ouverte, concurrentielle et favorisant l'allocation optimale des ressources".

63 African Development Bank, African Development Report, Abidjan, 2000, S. 13; Pellens (Fn. 55), S. 45.

Kapitel 2 Die UEMOA

Die Union Économique et Monétaire Ouest Africaine ist die kleinere der beiden Regionalorganisationen, zeichnet sich aber durch die vergleichsweise hohe Effektivität ihrer Institutionen, Verfahren und Politiken aus. Damit hat sie der ECOWAS – wie auch anderen afrikanischen Regionalgemeinschaften – viel voraus.[64]

A. Entstehung

Die UEMOA blickt auf eine lange, in die Kolonialzeit zurückreichende Geschichte mit mehreren Vorgängerinstitutionen zurück und bezieht ihr identitätsstiftendes Moment aus der gemeinsamen Währung. Sie wird eng mit den Bestrebungen Frankreichs verbunden, die besonderen politischen und wirtschaftlichen Beziehungen zu seinen ehemaligen Kolonien zu pflegen und der Realisierung des nigerianischen Führungsanspruch in der Region entgegen zu wirken.[65] In der UEMOA vereinen sich zwei, vorher getrennt institutionalisierte Integrationsprojekte des frankophonen Westafrikas: Die Währungsunion und der Abbau von Handelsbarrieren, ergänzt um Förderungsmaßnahmen für wichtige Sektoren.

Schon vor dem zweiten Weltkrieg gab die private *Banque de l'Afrique Occidentale (BAO)* die in den französischen Kolonien in West- und Zentralafrika zirkulierende Währung heraus.[66] Ab Mitte der 1940er übernahm die französische *Caisse Centrale de la France d'Outre-Mer* die Ausgabe

---

64 ECDPM, Overview of the regional EPA negotiations. West-Africa-EU Economic Partnership Agreement, (InBrief) 2006, S. 2: „The WAEMU [West African Economic and Monetary Union] is so far the deepest and most advanced and solid regional integration process in West Africa in terms of institutions, decision processes, policy implementation and financial resources."

65 JULIUS EMEKA OKOLO, Integrative and cooperative regionalism: the Economic Community of West African States, in: *International Organization (39)* (1985), S. 121–153, S. 132 und DIRK KOHNERT, Die UEMOA und die CFA-Zone - Eine neue Kooperationskultur im frankophonen Afrika?, in: *Regionale Integration - neue Dynamiken in Afrika, Asien und Lateinamerika*, hg. von DIRK NABERS, Hamburg 2005, S. 115–136, 115 f.

66 CLAEYS und SINDZINGRE (Fn. 8), S. 7. Noch heute handelt es sich um eine gemeinsame Währungszone

des neu eingeführten CFA.[67] Fragen der Währungspolitik wurden ab 1962 durch die UMOA geregelt.[68] Seit der Gründung der *Union Douanière de l'Afrique de l'Ouest (UDAO)* 1959 verfolgten die frankophonen Staaten in wechselnden Organisationen (ergänzend zur Währungsunion) das Ziel, den Regionalhandel zu liberalisieren und einen gemeinsamen Außenzoll einzuführen. Die Mandate der Nachfolgeorganisationen der UDAO, der Union Douanière des Etats de l'Afrique de l'Ouest (UDEAO) und der Communauté Economique de l'Afrique de l'Ouest (CEAO), wurden mit jeder Reform bzw. Ablösung erweitert.[69]

Letztlich gab der in der UMOA verkörperte Pfeiler der Währungsintegration den Ausschlag für die Gründung der UEMOA: Nachdem während der 1980er Jahre die Rohstoffpreise rasant gefallen waren und der CFA wegen seines festen Wechselkurses zum französischen Franc überbewertet war, hatte sich die Wirtschaft der Mitglieder der CFA-Währungszone ausweislich negativen Zahlungsbilanzen und hohen Budgetdefiziten destabilisiert.[70] Dies führte Anfang der 1990er Jahre zu der Entscheidung, einerseits den CFA um 50 % abzuwerten, andererseits verstärkt die Wirtschaftspolitiken abzustimmen. Mit einem Übereinkommen vom 10. Januar 1994 wurde die – an der EU orientierte[71] – UEMOA geschaffen.[72] Sie soll in einem ersten Schritt die UMOA ergänzen und schließlich alle Fragen der Wirtschafts- und Währungsunion regeln.[73] Die UMOA besteht jedoch weiterhin, wenn die UEMOA auch in der Praxis Währungs-

---

67 ebd., S. 7. CFA bedeutete ursprünglich „Franc des Colonies Françaises d'Afrique". Später wurde es zum Akronym für „Franc de la Communauté Financière d'Afrique".

68 Traité de l'Union Monétaire Ouest Africaine Unterzeichnung des Gründungsvertrags 1962, mit Vertragsreformen vom 14. November 1973 und vom 20. Januar 2007.

69 Siehe Teil I Kapitel 1 A.

70 CLAEYS und SINDZINGRE (Fn. 8), S. 7.

71 Der langjährige Generalsekretär der Europäischen Kommission Émile Noël wirkte am Vertragsentwurf mit, PIERRE VIAUD, Union Européenne et Union Économique et Monétaire de l'Ouest Africain: Une symétrie raisonnée, in: *Revue du Marché commun et de l'Union européenne* 1998, S. 15–24, 15.

72 Traité de l'Union Economique et Monétaire Ouest Africaine, unterzeichnet am 10. Januar 1994 und am 1. August 1994 Inkraft getreten [im Folgenden UEMOAV a.F.].

73 Art. 2 UEMOAV bestimmt: „ Par le present Traité les Hautes Parties Contractantes complètent l'Union Monétaire Ouest Africaine (UMOA) instituée entre elles, de manière à la transformer en Union Economique et Monétaire Ouest Afriaine

fragen regelt. 2003 wurde der Gründungsvertrag der UEMOA einer Revision unterzogen.[74] Dabei gingen die meisten Änderungen auf die Schaffung des UEMOA-Parlaments zurück.

B. Ziele

Die Präambel des UEMOAV bringt zum Ausdruck, dass sich die Mitgliedstaaten enger als bisher im Rahmen der UMOA binden und nunmehr der UEMOA Kompetenzen übertragen wollen, mit denen sie die Währungs- durch eine Wirtschaftsunion komplettieren kann.[75] Ausdrücklich erkennen die Vertragsparteien die gegenseitige Interdependenz ihrer Wirtschaftspolitiken an und sehen die Notwendigkeit, die Konvergenz ihrer Wirtschaftspolitiken zu gewährleisten.[76] Das Ziel einer wirtschaftlichen und sozialen Entwicklung der Staaten soll im Rahmen der Union durch die Harmonisierung der nationalen Gesetzgebung[77], die Vereinigung der nationalen Märkte und die Einführung gemeinsamer Sektorpolitiken in den wichtigen Wirtschaftsbereichen gefördert werden.[78] Artikel 4 UEMOAV konkretisiert diese Zielvorgaben und verlangt insbesondere die Stärkung der Wettbewerbsfähigkeit der Mitgliedstaaten im Rahmen eines

---

(UEMOA)". Art. 112 Abs. 1 UEMOAV lautet: „En temps opportun, la Conférence des Chefs d'Etats et de Gouvernement adoptera un Traité fusionnant le Traité de l'UMOA et le présent Traité."

74 Siehe Traité modifié de l'Union Economique et Monétaire Ouest Africaine, unterzeichnet am 29. Januar 2003, Datum des Inkrafttretens nicht offizialisiert [im Folgenden UEMOAV].

75 „Désireux de compléter à cet effet l'Union Monétaire Ouest Africaine (UMOA) par de nouveaux transfers de souveraineté et de transformer cette Union en Union Union Economique et Monétaire Ouest Africaine (UEMOA), dotée de compétences nouvelles".

76 „Reconnaissant l'interdépendance de leurs politiques économiques et la nécessité d'assurer leur convergence". Gemäß Art. 4 lit. b UEMOAV soll diese Konvergenz durch die Einführung eines Verfahrens der multilateralen Überwachung erreicht werden.

77 Siehe auch Art. 4 lit. e UEMOAV, der die Harmonisierung der für einen gemeinsamen Markt wesentlichen Vorschriften, insbesondere des Steuerrechts, vorsieht.

78 Der vierte Erwägungsgrund der UEMOAV-Präambel lautet: „Affirmant la nécessité de favoriser le développement économique et social des États membres, grâce [...] à la mise en œuvre de politique sectorielles communes dans les secteurs essentiels de leurs économies". Siehe auch Art. 4 lit. d UEMOAV.

offenen und wettbewerblichen Marktes sowie die Schaffung eines gemeinsamen Marktes mit den vier wesentlichen Marktfreiheiten und einem gemeinsamen Außenzoll sowie einer gemeinsamen Wirtschaftspolitik.[79]

Während die UMOA, auf deren Ziele sich Art. 4 UEMOAV bezieht, vor allem auf die Harmonisierung der Währungs- und Bankengesetzgebung – und damit auf die für eine Währungsunion unerlässlichen Bereiche – abzielte,[80] verfolgt die UEMOA das Ziel, einen gemeinsamen Markt auf Grundlage des freien Verkehrs von Personen, Waren, Dienstleistungen und Kapital zu errichten. Daraus folgt ein sehr viel weitergehendes Harmonisierungserfordernis, das alle für die Schaffung eines gemeinsamen Marktes relevante Gesetzgebung erfasst.[81]

---

79 Artikel 4 UEMOAV bestimmt: „Sans préjudice des objectifs définis dans le Traité de l'UMOA, l'Union poursuit, dans les conditions établies par le présent Traité, la réalisation des objectifs ci-après: a) renforcer la compétitivité des activités économiques et financières des Etats membres dans le cadre d'un marché ouvert et concurrentiel et d'un environnement juridique rationalisé et harmonisé; b) assurer la convergence des performances et des politiques économiques des Etats membres par l'institution d'une procédure de surveillance multilatérale; c) créer entre les Etats membres un marché commun basé sur la libre circulation des personnes, des biens, des services, des capitaux et le droit d'établissement des personnes exerçant une activité indépendante ou salariée, ainsi que sur un tarif extérieur commun et une politique commerciale commune; d) instituer une coordination des politiques sectorielles nationales, par la mise en œuvre d'actions communes et éventuellement de politiques communes notamment dans les domaines suivants: ressources humaines, aménagement du territoire, transports et télécommunications, environnement, agriculture, énergie, industrie et mines; e) harmoniser dans la mesure nécessaire au bon fonctionnement du marché commun, les législations des États membres et particulièrement le régime de la fiscalité."

80 Vgl. Art. 22 des Vertrags der UMOA vom 14. November 1973: „Afin de permettre la pleine application des principes d'union monétaire définis ci-dessus, les gouvernements des États membres conviennent d'adopter une réglementation uniforme dont les dispositions seront arrêtées par le Conseil des ministres de l'Union concernant notamment: l'exécution et le contrôle de leurs relations financières avec les pays n'appartenant pas à l'Union, l'organisation générale de la distribution et du contrôle du crédit; les règles générales d'exercices de la profession bancaire et des activités s'y rattachant; les effets de commerce, la répression et la falsification des signes monétaires et de l'usage des signes falsifiés."

81 JOSEPH ISSA-SAYEGH, L'ordre juridique de l'UEMOA et l'intégration juridique africaine, in: *Dynamiques du droit européen en début de siècle. Études en l'honneur de Jean-Claude Gautron*, hg. von PEDONE, Paris 2004, S. 663–679, 663, 666.

C. Das Recht der Union

I. Die Rechtsquellen

Wie das Recht anderer supranationaler internationaler Organisationen besteht das Recht der UEMOA aus dem Verfassungs- oder Primärrecht und dem auf dieser Grundlage verabschiedeten Sekundärrecht.[82] Insbesondere bedient sich die UEMOA der dem EU-Recht entliehenen sekundärrechtlichen Rechtsakte Verordnung, Richtlinien, Entscheidungen und Empfehlungen und unterstellt sie der gerichtlichen Kontrolle durch den UEMOA-Gerichtshof.[83] Eine UEMOA-Invention ist dagegen der Zusatzakt, mittels dessen die Konferenz der Staats- und Regierungschefs gesetzgeberisch tätig wird. Die UEMOA setzt die verschiedenen primär- und sekundärrechtlichen Instrumente recht nachlässig ein und lässt dadurch Raum für Ambivalenzen. Dies betrifft insbesondere die Zusatzprotokolle und Zusatzakte, deren Zuordnung zum Primär- oder Sekundärrecht Probleme bereitet.

1. Der UMOAV als Teil des UEMOA-Primärrechts

Die enge Verbundenheit der UEMOA mit der UMOA wirft die Frage auf, ob der UMOAV Teil des Rechts der UEMOA ist. Grundsätzlich handelt es sich um den Gründungsvertrag einer anderen internationalen Organisation. Während Art. 2 UEMOAV die „Vervollständigung" der UMOA vorsieht, indem diese in die UEMOA umgewandelt wird, bestimmt Art. 112, dass ein Vertrag, der beide Verträge fusioniert erst noch angenommen werden muss, und modifiziert den UMOA-Vertrag. Mithin gilt dieser parallel zum UEMOAV. Der Bezug des Art. 4 Abs. 1 auf die UMOA-Ziele, die Tatsache, dass die Organe der UEMOA auch die vom UMOA zugewiesenen Kompetenzen ausüben,[84] sowie der Umstand, dass er im

---

82 Vgl. für die EU THOMAS OPPERMANN, CLAUS DIETER CLASSEN und MARTIN NETTESHEIM, *Europarecht*, München, 5. Aufl. 2011, § 10 Rn. 22 ff. Zum Primärrecht gehören neben den Gründungs-, Änderungsverträgen und Beitrittsabkommen auch – je nach ihrem Inhalt – Gewohnheitsrecht und allgemeine Rechtsgrundsätze. Es genießt gegenüber dem sekundären Gemeinschaftsrecht, ähnlich wie im innerstaatlichen Recht die Verfassung gegenüber einfachen Gesetzen, Vorrang.

83 Art. 42, 43 UEMOAV.

84 Art. 16 Abs. 2 UEMOAV.

Rahmen des UEMOA-Vertrags modifiziert wird,[85] legen nahe, dass das UEMOA-Primärrecht den UMOAV umfasst. Da dieselben Staaten Mitgliedstaaten sind, kann der UEMOAV im Verhältnis zum UMOAV als Änderungsvertrag im Sinne des Art. 39 WVK qualifiziert werden.

2. Die Zusatzprotokolle, a priori Primärrecht

Zum Primärrecht gehören völkervertragliche, ratifizierte Rechtsakte, wenn dies der Gründungsvertrag bestimmt oder sich dies aus ihrem Regelungsgehalt erschließt.[86] Der rechtliche Status von Zusatzprotokollen ist im Vertrag nicht allgemein geregelt, sondern nur für einige spezielle Fälle. So sollen beispielsweise das Statut des Gerichtshofs bzw. Rechnungshofs sowie die Sektorpolitiken durch Zusatzprotokolle geregelt werden, die einen integralen Bestandteil des Vertrags bilden.[87] Nach ihrer Funktion sind die Zusatzprotokolle Annexe des UEMOAV, die technische Details regeln bzw. seine Vorschriften konkretisieren, und teilen dessen Rechtsnatur.[88] Das heißt, dass sie nicht durch ein Gemeinschaftsorgan, insbesondere das Leitungsorgan der Konferenz der Staats- und Regierungschefs, sondern nur von den Staats- und Regierungschefs als Vertragsparteien verabschiedet und nach dem in Art. 106 vorgesehen Vertragsänderungsverfahren modifiziert werden können. Dies ergibt sich daraus, dass die Zusatzprotokolle im UEMAOV nicht unter den erschöpfend geregelten Rechtsakten figurieren, die die Konferenz der Staats- und Regierungschefs und andere Organe verabschieden dürfen. Gegenstand von Diskussionen sind die UEMOA-Zusatzprotokolle deshalb geworden, weil das Vertragsänderungsverfahren bei der Annahme des Zusatzprotokolls n° 3 über die Ursprungsregeln der UEMOA nicht angewandt worden ist. Das Protokoll wie auch das entsprechende Änderungsprotokoll wurde vielmehr von der

---

85 Art. 112 Abs. 2 und Art. 113-115 UEMOAV.
86 OPPERMANN, CLASSEN und NETTESHEIM (Fn. 82), § 10 Rn. 25 für die EU.
87 Art. 38 Abs. 2, 39 und Art. 101 Abs. 2, 102 UEMOAV.
88 ISSA-SAYEGH (Fn. 81), S. 668.

Konferenz der Staats- und Regierungschefs verabschiedet und sieht sein automatisches Inkrafttreten, unabhängig von eventuellen mitgliedstaatlichen Ratifizierungen, vor.[89]

3. Zusatzakte, a priori Sekundärrecht

Die Konferenz kann ausschließlich Zusatzakte verabschieden.[90] Auch wenn im Vertrag an einigen Stellen der Rückgriff auf Zusatzakte vorgesehen ist, wenn es sich um grundlegende Fragen handelt,[91] sollen die Zusatzakte den Vertrag ergänzen, ohne ihn zu modifizieren.[92] In der Literatur wird kritisiert, dass auch klassische Entscheidungen der Konferenz wie die Ernennung eines Kommissionsmitglieds in der Form von Zusatzakten ergehen.[93] Dies ist Folge der – kritikwürdigen[94] – Tatsache, dass der Konferenz nach dem Vertrag nur das Instrument des Zusatzakts zur Verfügung steht.[95] Der UEMOA-Gerichtshof behilft sich bei der Bestimmung seiner Prüfungskompetenzen damit, zwischen „individuellen" und „allgemeinen" Zusatzakten zu unterscheiden.

Der UEMOAV bestimmt weder den Anwendungsbereich von Zusatzakten – er macht einzig die Vorgabe, Zusatzakte sollten nicht den Vertrag modifizieren, daher die Bezeichnung der Zusatzakte als *„acte à tout*

---

89 ebd., S. 668 f. Es handelt sich um das Zusatzprotokoll vom 19. Dezember 2001, UEMOA-Dok. III/2001 und sein Nachfolgeprotokoll zu den Ursprungsregeln, UEMOA-Dok. III/2009, vom 17. März 2009.

90 Art. 19 und 42 UEMOAV.

91 Gemäß Art. 40 Abs. 2 können beispielsweise beratende Einrichtungen mittels Zusatzakten geschaffen werden.

92 Art. 19 Abs. 2 UEMOAV.

93 Issa-Sayegh (Fn. 81),S. 668.

94 Alioune Sall, *La justice de l'intégration. Réflexions sur les institutions judiciaires de la CEDEAO et de l'UEMOA,* 2011, S. 236 f. sieht darin, dass sämtlichen Rechtsakten der Konferenz ein herausragender Status eignet, einen Ausdruck des sog. Präsidentialismus.

95 Robert Yougbare, De la nature juridique de l'acte aditionnel dans le système juridique de l'UEMOA à la lumière de l'affaire "Yaï, in: *Revue trimestrielle de droit africain* (2008), S. 340–362, 350 und Samuel Priso-Essawe, L'Inamovibilité de l'exécutif dans les Communautés économiques d'Afrique francophone: De la maitrise politique au respect du droit, in: *Revue trimestrielle de droit africain* 2008, S. 317–339, 334.

faire[96] – noch deren Verfahrensanforderungen. So ist etwa unklar, ob auch für Zusatzakte das Initiativrecht der Kommission gilt. Zudem werden in der Praxis einige Zusatzakte von allen Staats- und Regierungschefs der Konferenz bzw. ihren Vertretern, andere nur vom Präsidenten der Konferenz unterzeichnet.[97] Den Anwendungsbereichs hat der UEMOA-Gerichtshof zumindest insoweit beschränkt, dass er den Erlass eines Zusatzakts ausschließt, soweit der Vertrag ausdrücklich den Ministerrat zur Gesetzgebung befugt.[98]

Wegen seiner ambivalenten Natur zwischen dem Primär-und Sekundärrecht war lange Zeit umstritten, inwiefern Zusatzakte der Kontrolle des Gerichtshofs unterliegen. In der Rechtssache *Yaï* hat das Gericht den Zusatzakt als Sekundärrecht eingeordnet, das grundsätzlich mit dem Vertrag vereinbar sein muss und gerichtlich überprüfbar ist.[99] Dass es sich bei Zusatzakten nicht um völkerrechtliche Verträge handelt, sondern um Sekundärrecht der UEMOA, geht aus dem UEMOAV hervor. Zwar bestimmt dieser, dass Zusatzakte den Vertrag vervollständigen, nicht ohne aber zu präzisieren, dass sie ihn nicht modifizieren, das heißt zumindest nicht widersprechen, dürfen.[100] Diese Formulierung impliziert, dass die Zusatzakte mit dem Vertrag vereinbar sein müssen und an diesem zu überprüfen sind.[101] Zudem verabschiedet die Konferenz Zusatzakte als Unionsorgan.[102] Sie unterliegen auch nicht Ratifikationserfordernissen, sondern zeitigen, einmal angenommen und im Amtsblatt veröffentlicht, ihre rechtliche Wirkung.[103]

Die Einordnung als sekundärrechtlichen Rechtsakt führte den Gerichtshof allerdings nicht zwangsläufig dazu, Zusatzakte seiner Kontrolle zu unterstellen. Vielmehr begrenzte der Gerichtshof seine Zuständigkeit einerseits auf „individuelle" Zusatzakte, andererseits auf von natürlichen oder juristischen Personen eingeleitete Verfahren, unter Ausschluss eventueller Rechtsbehelfe der Organe und Mitgliedstaaten der Union. Dieser

---

96 YOUGBARE (Fn. 95), S. 350
97 ebd., S. 351.
98 UEMOA-GH, Gutachten n° 1/97 vom 20. Mai 1997, Ohadata J-02-61.
99 UEMOA-GH, Urteil n° 03/2005 vom 27. April 2005 und Urteil n° 1/2006 vom 5. April 2006.
100 Art. 19 Abs. 2 UEMOAV.
101 UEMOA-GH, Urteil n° 03/2005 vom 27. April 2005. So auch YOUGBARE (Fn. 95), S. 353.
102 YOUGBARE (Fn. 95), S. 353.
103 Art. 45 Abs. 1 UEMOAV.

Kompromiss zwischen den Theorien, die entweder Zusatzakte gänzlich der Kontrolle des Gerichtshofs unterstellen oder sie ihr gänzlich entziehen wollen, wird von vielen Seiten kritisiert.[104] Festzuhalten bleibt, dass gegen eine gerichtliche Kontrolle spricht, dass der Gerichtshof im ersten Zusatzprotokoll ausdrücklich nur für die Rechtmäßigkeitskontrolle der Richtlinien, Verordnungen und Entscheidungen zuständig erklärt wird.[105] Allerdings wird dort gleichzeitig bestimmt, der Gerichtshof sei „außerdem" für Nichtigkeitsklagen natürlicher oder juristischer Personen gegen „alle Rechtsakte der Unionsorgane, die sie in ihren Rechten beeinträchtigen" zuständig.[106] Zudem sieht Art. 1 desselben Zusatzprotokolls sehr allgemein vor, dass der Gerichtshof für „die Beachtung des Rechts hinsichtlich der Auslegung und Anwendung des Vertrags Sorge zu tragen hat".[107] Allerdings spricht gegen die These, dass die Zusatzakte nur wegen eines Redaktionsversehens in Art. 8 Zusatzprotokoll n° 1 nicht genannt seien, dass auch dessen Art. 11 das Erheben einer Einrede der Rechtswidrigkeit und damit einer impliziten Kontrollmöglichkeit nach Ablauf der Frist für das Nichtigkeitsverfahren ausdrücklich auf die Rechtsakte des Ministerrats und der Kommission beschränkt. Der Umstand, dass mithin die direkte wie auch die implizite Rechtmäßigkeitskontrolle auf vom Ministerrat bzw. der Kommission erlassene Rechtsakte begrenzt wurde, spricht für eine klare gesetzgeberische Entscheidung gegen die Kontrolle der Zusatzakte. In der Literatur wird trotzdem kritisiert, der Gerichtshof habe seine Zuständigkeit übermäßig und unnötig begrenzt.[108] Angesichts der widersprüchlichen primärrechtlichen Vorgaben ist seine Vorsicht allerdings verständlich. Die ausdrückliche Regelung der Kontrollkompetenz des UEMOA-GH für alle Zusatzakte (auch auf Antrag der Unionsorgane und Mitgliedsländer), ist angesichts der grundlegenden Regelungen, die durch

---

104 Yougbare (Fn. 95), S. 355 ff.

105 Art. 8 Abs. 1 Protocole additionnel n° 1 relatif aux Organes de contrôle de l'UEMOA, undatiert. Sall (Fn. 94), S. 237 mahnt – mit Bedauern ob der mangelhaften Regelung – eine Auslegung der Kompetenznormen des UEMOA-GH an, die sich eng an deren Text orientiert und nicht etwaige rechtspolitische Überlegungen berücksichtigt.

106 Art. 8 Abs. 2 Zusatzprotokoll n° 1 über die Kontrollorgane der UEMOA.

107 „La Cour de Justice veille au respect du droit quant à l'interprétation et à l'application du Traité de l'Union."

108 Yougbare (Fn. 95), S. 356 ff. und Priso-Essawe (Fn. 95), S. 336 f.

Zusatzakte getroffen werden können, und die jeglicher Kontrolle durch die Parlamente der Mitgliedstaaten wie auch der Union entzogen sind, wünschenswert.[109]

II. Die Kompetenzen der UEMOA

Die UEMOA verfügt nur über die ihr ausdrücklich zugewiesenen Kompetenzen. Dieses Prinzip der begrenzten Einzelermächtigung bekräftigt Art. 16 Abs. 2 UEMOAV, der bestimmt, dass die Unionsorgane im Rahmen der ihnen vom UEMOAV und UMOAV verliehenen Kompetenzen handeln. Allerdings sind die Kompetenzzuweisungen im UEMOAV nicht klar und präzise, sondern eher vage und aus den Zielen der Organisation abzuleiten.[110] Dazu kommt, dass Art. 5 eine Art Subsidiaritätsklausel einführt, nämlich das Prinzip der minimalen bzw. Rahmengesetzgebung. Danach soll die Union bei der Ausübung ihrer normativen Kompetenzen, soweit es mit den Zielen des Vertrags vereinbar ist, minimale Vorgaben und Rahmenvorschriften machen, die die Mitgliedstaaten nach ihren Bedürfnissen und entsprechend ihrem Verfassungsrecht ausfüllen können. Im Gegensatz zum europarechtlichen Subsidiaritätsprinzip ist das Prinzip der Minimalregelung nicht auf bestimmte Materien begrenzt, sondern gilt

---

109 So auch SALL (Fn. 94), S. 238: „L'immunité juridictionnelle des décisions adoptées par les chefs d'Etat et de Gouvernement relève d'un autre âge. Elle ne s'inscrit pas dans la logique du règne du droit, qui paraît pourtant être le credo de l'union, si l'on en juge par d'autres signes." Nach dem Vertrag über die Gründung des UEMOA-Parlaments ist das Parlament nur in einigen abschließend aufgezählten Materien zu konsultieren. Seine Zustimmung ist nach Art. 25 des Parlamentsvertrags nur für den Beitritt neuer Mitgliedstaaten, den Abschluss von Assoziierungsabkommen mit Drittstaaten und gesetzgeberische Aktivitäten im Bereich der Niederlassungsfreiheit und der Freizügigkeit erforderlich.

110 UEMOA-GH, Gutachten n° 03/2000 vom 27. Juni 2000, Ohadata J-02-32, S. 7: „Les dispositions du Traité de l'UEMOA ne sont pas très explicites en matière de répartition des compétences entre l'Union et les Etats […]. Les principes en ce domaine sont dégagés de l'esprit et de la lettre des différentes dispositions du Traité, qui en effet, s'est en général contenté de mettre en évidence certains principes de base, de fixer des objectifs précis à l'Union dont notamment la réalisation de l'union douanière […]." PIERRE MEYER und LUC MARIUS IBRIGA, La place du droit communautaire UEMOA dans le droit interne des Etats membres, in: *Revue burkinabé de droit* 37 (2000), S. 28–46, 30 f.

allgemein. Das heißt, dass grundsätzlich die UEMOA und ihre Mitgliedstaaten dieselben Bereiche regeln und sie mithin parallele Kompetenzen
haben.[111]

Der Vertrag bestimmt nicht, ob die UEMOA in bestimmten Bereichen
ausschließlich zuständig ist. Allerdings hat der UEMOA-Gerichtshof festgestellt, dass einige Vertragsnormen, die der Verwirklichung des gemeinsamen Marktes dienen, wie insbesondere die Wettbewerbsregeln des
Art. 88, die ausschließliche Kompetenz der Union voraussetzen. Wenn die
Einheit des gemeinsamen Marktes und die einheitliche Rechtsanwendung
durch nationale Gesetzgebungskompetenzen konterkariert würde, verfüge
die Union über die ausschließliche Gesetzgebungszuständigkeit. Das
heißt, die Mitgliedstaaten können diesen Bereich nur normieren, wird
ihnen dazu die Kompetenz von der Union übertragen.[112] Für die Materien
des Art. 88 erkennt der Gerichtshof mit Blick auf dessen – von den im
europäischen Primärrecht geregelten Wettbewerbsregeln abweichender –
Formulierung, die die vorgesehen Verbote bestimmter wettbewerbsbe-
schränkender Verhaltensweisen nicht unter den Vorbehalt einer etwaigen
Beeinträchtigung des Unionsmarkts stellt,[113] eine ausschließliche Kompetenz der Union an. Kritiker monieren, dass erstens die einzelnen Tatbestände des Art. 88 ihren räumlichen Anwendungsbereich unterschiedlich
bestimmen und zweitens weder dieser, noch andere Artikel eine ausschließliche Kompetenz der Union hinsichtlich des Wettbewerbsrechts
implizieren.[114] Der Gerichtshof hat eine ausschließliche Kompetenz der

---

111 ebd., S. 32.

112 UEMOA-GH, Gutachten n° 03/2000 vom 27. Juni 2000, Ohadata J-02-32, S. 8.

113 Art. 88 UEMOAV lautet wie folgt: Un (1) an après l'entrée en vigueur du présent
Traité, sont interdits de plein droit :
a) les accords, associations et pratiques concertées entre entreprises, ayant pour
objet ou pour effet de restreindre ou de fausser le jeu de la concurrence à
l'intérieur de l'Union ;
b) toutes pratiques d'une ou de plusieurs entreprises, assimilables à un abus de
position dominante sur le marché commun ou dans une partie significative de
celui-ci ;
c) les aides publiques susceptibles de fausser la concurrence en favorisant certaines entreprises ou certaines productions.

114 JOSEPH ISSA-SAYEGH und MICHEL FILIGA SAWADOGO, *Observations sur l'avis n
°3/2000*, Ohadata J-02-32, undatiert, S. 13 ff.

UEMOA auch für den Abschluss von handelspolitischen Abkommen nach Art. 84 und die Handelspolitik allgemein nach Art. 82, 83 UEMOAV angenommen.[115]

III. Verhältnis zu nationalem Recht

Der UEMOAV regelt die Frage der unmittelbaren Anwendbarkeit für Verordnungen ausdrücklich und bestimmt den Vorrang der Rechtsakte gegenüber der mitgliedstaatlichen Gesetzgebung. Offen ist, ob über Verordnungen hinaus anderem Unionsrecht eine unmittelbare Anwendbarkeit zukommt und inwieweit das Unionsrecht auch vor mitgliedstaatlichem Verfassungsrecht Vorrang genießt.

1. Unmittelbare Anwendbarkeit und direkte Wirkung des Unionsrecht

Die vom Ministerrat und der Kommission verabschiedeten Verordnungen sind laut Vertrag direkt in den Mitgliedstaaten anwendbar und bedürfen mithin keiner Umsetzung durch die Mitgliedstaaten.[116] Mangels ausdrücklicher Regelung stellt sich die Frage, ob andere Rechtsakte der Union, insbesondere Richtlinien und Zusatzakte, und das UEMOA-Primärrecht ebenfalls unmittelbar anwendbar sind. Während die Praxis darauf keine Rückschlüsse erlaubt – es liegt keine mitgliedstaatliche Rechtsprechung zu der Frage vor – spricht die Systematik des UEMOAV eher für eine unmittelbare Anwendbarkeit des Unionsrechts. Für die EWG schloss der EuGH von der wichtigen Rolle, die die Einzelnen bei der europäischen Integration spielen und die insbesondere in der EWG-Präambel, den Zielbestimmungen, dem Vorabentscheidungsverfahren und der Gestaltung von Gemeinschaftsorganen zum Ausdruck kommt, auf die unmittelbare Anwendbarkeit des EWG-Rechts.[117] Unter Zuhilfenahme der vom EuGH aufgestellten Kriterien ist die unmittelbare Anwendbarkeit des UEMOA-Rechts zu bejahen. Das Ziel, einen rationalisierten und harmonisierten

---

115 UMEOA-GH, Gutachten n° 2/2000 vom 2. Februar 2000, Recueil de jurisprudence de la Cour de l'UEMOA 01-2002, S. 111, 116.

116 Art. 43 Abs. 1 UEMOAV.

117 EuGH, Urteil vom 5. Februar 1963, Rs. 26/62, Slg. 1963 I-3, 24 f. - *Van Gend en Loos.*

Rechtsrahmen und einen auf den Wirtschaftsfreiheiten basierenden gemeinsamen Markt zu schaffen,[118] lässt ebenso wie die Schaffung der supranationalen Unionsorgane Kommission und Gerichtshof und die Existenz des Vorabscheidungsverfahrens den Schluss auf die unmittelbare Anwendbarkeit des Unionsrechts zu.[119] Dies nimmt auch der UEMOA-Gerichtshof an.[120]

Mithin kann der Einzelne sich vor Behörden und Gerichten auf unionsrechtliche Normen berufen. Um dem Einzelnen Rechte zu gewähren, muss die jeweilige Norm präzise, vollständig und unbedingt sein.[121] In der Literatur wird angemerkt, dass es genau daran fehle: Wegen des Prinzips der unionsrechtlichen Minimalregelung nach Art. 5 UEMOAV[122] gäbe es nicht genügend klare und unbedingte Normen, die direkt angewendet werden könnten.[123] In der Tat gibt es bisher keine mitgliedstaatliche Rechtsprechung zum Unionsrecht. Dass dies allerdings dem Prinzip der Minimalregelung geschuldet ist, ist unwahrscheinlich. Denn einerseits enthält der UEMOAV selber bereits direkt anwendbare Vorschriften. Und andererseits steht das Prinzip der Minimalregelung unter dem Vorbehalt der Verwirklichung der Vertragsziele. So hat der UEMOA-Gerichtshof trotz

---

118 Art. 4 lit. a, c UEMOAV.

119 So auch ISSA-SAYEGH (Fn. 81), S. 674, MEYER und IBRIGA (Fn. 110), S. 42 und MICHEL FILIGA SAWADOGO und LUC MARIUS IBRIGA, *L'application des droits communautaires UEMOA et OHADA par le juge national*, 2003, S. 11 f.

120 Der UEMOA-GH hat die unmittelbare Anwendbarkeit des Unionsrechts in seinem Gutachten n° 2/2000 vom 2. Februar 2000, Recueil de jurisprudence de la Cour de l'UEMOA 01-2002, S. 110, 116, durch die Aufnahme einer vom EuGH bekannten Formulierung und ohne eigene Begründung festgestellt: „Il importe de souligner tout d'abord que l'union contiue en droit une organisation de durée illimitée, dotée d'institutions propres, de la personnalité et de la capacité juridique et surtout de pouvoirs issus d'une limitation de compétences et d'un transfert d'attributions des Etats membres qui lui ont délibérément concédé une partie de leurs droits souverains pour créer *un ordre juridique autonome qui leur est applicable ainsi qu'à leurs ressortissant* [Hervorhebung durch die Autorin]".

121 Vgl. für die EU EuGH, Urteil vom 3. April 1968, Rechtssache 28/67, Slg. 1968, 216 - *Molkerei*, und Urteil vom 4. Dezember 1974, Rs. 41/74, Slg. 1974, 1337 - *Van Duyn*.

122 Die Bestimmung lautet: „Dans l'exercice des pouvoirs normatifs que le présent Traité leur attribue et dans la mesure compatible avec les objectifs de celui-ci, les organes de l'union favorisent l'édiction de prescriptions minimales et de réglementations-cadres qu'il appartient aux Etats membres de compléter en tant que de besoin, conformément à leurs règles constitutionnelles respectives."

123 MEYER und IBRIGA (Fn. 110), S. 44 ff.

des Grundsatzes der Minimalvorschrift verschiedentlich zur Harmonisierung mittels Verordnung statt durch Richtlinien geraten, da Verordnungen detailliertere und daher leichter direkt anwendbare Regelungen treffen.[124]

2. Vorrang

Der Vorrang der Rechtsakte der UEMOA gegenüber jeglicher mitgliedstaatlicher Gesetzgebung ist ausdrücklich in Art. 6 UEMOAV bestimmt. Danach sind die in Übereinstimmung mit den Zielen des Vertrags und den dort festgelegten Verfahrensanforderungen verabschiedeten Rechtsakte in allen Mitgliedstaaten ungeachtet etwaiger früherer oder späterer nationaler Gesetzgebung anzuwenden. Es stellt sich die Frage, ob unter „Gesetzgebung" auch die Verfassungen der Mitgliedstaaten zu verstehen sind. Während einige Autoren sich für eine zurückhaltende Auslegung aussprachen, die die Souveränitätsorientierung der Mitgliedstaaten berücksichtigt,[125] hat der UEMOA-Gerichtshof nicht gezögert den Vorrang des Unionsrechts auch vor dem Verfassungsrecht der Mitgliedstaaten anzunehmen.[126] Der Gerichtshof stützte sich dabei ausschließlich auf Art. 6 UEMOAV und die malische Verfassung und schien zumindest mit dem zweiten Argument den Vorrang vom mitgliedstaatlichem Recht abhängig zu machen.[127]

---

124 UEMOA-GH, Gutachten n° 1/97 vom 20. Mai 1997, Ohadata J-02-61, zur Haushaltsgesetzgebung und Gutachten n° 1/2000 vom 2. Februar 2000 zum Entwurf eines Investitions-Code der Union, Ohadata J-02-62.

125 MEYER und IBRIGA (Fn. 110), S. 43.

126 UEMOA-GH, Gutachten n° 1/2003 vom 18. März 2003: „La primauté bénéficie à toutes les normes communautaires, primaires comme dérivées, immédiatement applicables ou non, et s'exerce à l'encontre de toutes les normes nationales administratives, législatives, juridictionnelles et, même constitutionnelles parce que l'ordre juridique communautaire l'emporte dans son intégralité sur les ordres juridiques nationaux." Dabei hat sich der Gerichtshof offensichtlich an der Rechtsprechung des EuGH, Urteil vom 15. Juli 1964, Rs. 6/64, Slg. 1964, 1253 - *Costa*, und *Simmenthal,* Entscheidung vom 9. März 1978, Rs. 106/77, Slg. 1978, 629, orientiert, wenn er dies auch nicht explizit macht, EMILIE CHEVALIER, La déclinaison du principe de primauté dans les ordres communautaires l'exemple de l'union économique et monétaire ouest africaine, in: *Cahiers de Droit Européen* (2007), S. 343–362, S. 347.

127 Kritisch daher auch CHEVALIER (Fn. 126), S. 354: „Le choix de l'article 116 de la Constitution malienne comme fondement à la primauté par la Cour de l'UEMOA n'est pas très pertinent dans l'optique d'une application uniforme et générale du principe de primauté assurée au sein de ses États membres."

Allerdings lässt sich der Vorrang des Unionsrechts vor dem mitgliedstaatlichen Verfassungsrecht auch mit dem Argument annehmen, der UEMOAV weise auf das Ziel hin, eine kohärente und solidarische Wirtschafts- und Währungseinheit zu entwickeln.[128] Dem liefe der Vorrang mitgliedstaatlichen Rechts zuwider.[129]

D. Institutionelle Struktur und Entscheidungsmechanismen

Artikel 16 UEMOAV zählt die wichtigsten Organe der UEMOA auf. Dabei handelt es sich um die Konferenz der Staats- und Regierungschefs (im Folgenden „Konferenz"), wie sie in Art. 5 UMOAV vorgesehen ist, den Ministerrat, in Art. 6 UMOAV definiert, die Kommission, das Parlament, den Gerichtshof sowie den Rechnungshof. Daneben unterstützen beratende Einrichtungen und autonome Sonderorgane die Arbeit der UEMOA, insbesondere die Regionalvertretung wirtschaftlicher Interessengruppen (*Chambre consulaire régionale*).

I. Leitgesichtspunkte und Prinzipien der Institutionenordnung

Der UEMOAV weist den verschiedenen Organen Funktionen wie die Leitung, Beratung oder Kontrolle der Union zu. Dies erinnert entfernt an eine staatliche Gewaltenteilung, bei der sich die verschiedenen Organe gegenseitig kontrollieren und mäßigen sollen („checks and balances"). Als Leitungsorgane fungieren die Konferenz, der Ministerrat und die Kommission, während der Gerichtshof und Rechnungshof die gerichtliche Kontrolle und das Parlament die politische Kontrolle übernehmen sollen. Wichtigstes beratendes Organ ist die Regionalvertretung wirtschaftlicher Interessengruppen. Während die Konferenz sowohl durch ihre Zusammensetzung, als auch durch ihre einstimmige Entscheidungsfindung ein intergouvernementales Organ ist, fasst der Ministerrat mit der Mehrheit der Stimmen seine Beschlüsse und weist damit ein supranationales Element auf. Der Konferenz kommt mit der Möglichkeit, in allen Bereichen

---

128 Vgl. für die EWG EuGH, Urteil v. 15. Juli 1964, Rs. C-6/64, Slg. 1964, 1253, 1269 ff. - *Costa E.N.E.L.* und Urteil v. 17. Dezember 1970, Rs. C-11/70, Slg. 1970, 1125, Rn. 3 - *Internationale Handelsgesellschaft*.

129 Issa-Sayegh (Fn. 81), S. 675.

Zusatzakte zu verabschieden, sowie ihrer Letztklärungskompetenz für im Ministerrat nicht einstimmig entschiedene Fragen ein großes Gewicht zu. Die nationalen Interessen wiegen mithin in der UEMOA schwer. Immerhin spielt die Kommission als supranationales Organ sowohl bei der Rechtssetzung als auch bei der Umsetzung des Unionsrechts eine wichtige Rolle. Im Unterschied zur ECOWAS, in der die Hohe Behörde der Staats- und Regierungschefs das wichtigste Gesetzgebungsorgan ist, erlässt der Ministerrat den Großteil des UEMOA-Sekundärrechts.[130]

Die Mitwirkungsrechte des Parlaments bzw. des derzeitigen Interparlamentarischen Komitees bei der Gesetzgebung sind (noch) bescheiden. Neben dem Parlament soll die westafrikanische Bevölkerung durch die Regionalvertretung wirtschaftlicher Interessengruppen in den Integrationsprozess eingebunden werden. Die Regionalvertretung wird allerdings nur beratend tätig, während das Parlament (mit bisher geringen Kompetenzen) an der Rechtssetzung der Union mitwirkt und die Kommission und teilweise auch den Ministerrat kontrolliert.

Viele grundlegende Fragen der Institutionenordnung werden vom UEMOAV nicht geregelt, vom Gesetzgebungsverfahren, der Beschlussfassung bis zur Anzahl der Kommissare. Dies könnte auf den Willen der Vertragsparteien deuten, institutionelle Fragen möglichst flexibel zu regeln.[131]

II. Die Konferenz der Staats- und Regierungschefs

Die Konferenz ist das oberste Organ der UEMOA. Als solches bestimmt sie die politischen Richtlinien[132] und entscheidet die Fragen, die im Ministerrat nicht einstimmig gelöst werden können und ihr unterbreitet werden.[133]

---

130 Guidado Sow, Direktor der Abteilung Regulierung und internationale Zusammenarbeit der senegalesischen Oberzolldirektion und ehemaliger Leiter des Zolldirektorats der UEMOA-Kommission, Interview mit der Autorin, 5. April 2012, Dakar.

131 Vgl. Viaud (Fn. 71), S. 19.

132 Art. 8 und 17 UEMOAV.

133 Vgl. den nach Art. 114 UEMOAV modifizierten Art. 5 Abs. 3 UMOAV. Da diese Bestimmung allein in dem UMOAV vorgesehen ist, könnte man annehmen, dass sie auch nur für die in diesem Vertrag geregelten Fragen gilt. Allerdings bezieht

1. Organisation

Die Konferenz tritt mindestens einmal jährlich zusammen.[134] Dies ist für ein Leitungsorgan sehr selten. Bei Bedarf können auf Initiative des jeweiligen Konferenzpräsidenten bzw. auf Antrag anderer Regierungschefs zusätzliche Sitzungen einberufen werden.[135] Im Eilfall kann der Präsident die anderen Staats- bzw. Regierungschefs schriftlich konsultieren.[136] Der Konferenz sitzen reihum die jeweiligen Staats- bzw. Regierungschefs der verschiedenen Länder vor.[137] Der Kommissionspräsident, die Präsidenten der Banque Centrale des Etats de l'Afrique de l'Ouest (BCEAO) und der Banque Ouest Africaine de Développement (BOAD) dürfen sich bei Sitzungen der Konferenz zu Tagespunkten äußern, die ihre Institutionen betreffen.[138]

2. Aufgaben

Die Konferenz der Staats- und Regierungschefs legt mit Blicke auf die Ziele der Union die allgemeine Leitlinien der Unionspolitik fest. In regelmäßigen Abständen prüft sie den Integrationsstand und justiert gegebenenfalls die Ausrichtung der Union.[139] Die Konferenz belässt es aber nicht nur bei allgemeinen Leitlinien, sondern regelt auch detailliertere Fragen. So entscheidet sie über den Beitritt neuer Mitgliedstaaten und passt den Vertrag nach Beitritt bzw. Austritt eines Mitgliedslands an die neuen Gegebenheiten an.[140] Zudem bestimmt sie die Leitprinzipien für die Harmonisierung der mitgliedstaatlichen Gesetzgebung.[141] Die Konferenz hat

---

sich Art. 16 UEMOAV auf die nach dem UMOA gebildete Konferenz und regelt auch Art. 18 UEMOAV, dass die im Rahmen der UMOA bestehende Konferenz die Aufgaben erfüllt, die ihr der UEMOAV zuweist.
134 Art. 17 UEMOAV.
135 Art. 5 Abs. 6 UMOAV.
136 Art. 5 Abs. 9 UMOAV.
137 Art. 5 Abs. 7 und 5 UMOAV.
138 Art. 5 Abs. 10 UMOAV, modifiziert durch Art. 114 UEMOAV.
139 Art. 8 UEMOAV.
140 Art. 5 Abs. 2 UMOAV, Art. 103 Abs. 1, 4 und Art. 107 Abs. 3 UEMOAV. Soweit die Vertragsanpassungen wegen des Beitritts rein „technischer" Natur sind, müssen sie nicht von den Mitgliedstaaten ratifiziert werden.
141 Art. 60 UEMOAV.

die Kompetenz, den Vertrag durch den Erlass von Zusatzakten zu vervollständigen.[142] In einigen Bereichen ist dies ausdrücklich vorgesehen; so soll sie beispielsweise die Zusammensetzung, Organisation und Arbeitsweise des Parlaments durch Zusatzakt regeln[143] und zusätzliche Beratungsorgane und Maßnahmen zur Vervollständigung des Mechanismus' der multilateralen Überwachung schaffen.[144]

Sie nimmt nicht nur durch die Bestimmung der Arbeitsweise, Zusammensetzung und Organisation verschiedener Organe auf deren Arbeit Einfluss,[145] sondern ernennt auch die Kommissare und deren Präsidenten,[146] entlässt sie nach erfolgreichem Misstrauensvotum des Parlaments und kann das Parlament auflösen.[147] Die Konferenz kann sich vom Gerichtshof in Rechtsfragen beraten lassen, indem sie Gutachten bei ihm einholt.[148]

3. Beschlussfassung

Der einzig verbindliche Rechtsakt, welcher der Konferenz zur Verfügung steht, ist der Zusatzakt. Seine Verabschiedung bedarf der Einstimmigkeit innerhalb der Konferenz.[149] Damit ist die Konferenz auch in ihrer Entscheidungsfindung ein intergouvernementales Organ.

III. Der Ministerrat

Der Ministerrat ist das wichtigste Gesetzgebungsorgan der Union. Dabei hält er sich an die von der Konferenz vorgegebenen Leitlinien.

---

142 Art. 19 UEMOAV.
143 Art. 37 Abs. 1 UEMOAV.
144 Art. 40 Abs. 2 und Art. 74 letzter Abs. UEMOAV.
145 Beispielsweise legt sie auch die Arbeitsweise der *Chambre consulaire régionale*, einer Art regionaler Handelskammer, fest und kann die Zahl der Kommissare ändern, Art. 40 Abs. 1 und Art. 27 Abs. 4 UEMOAV.
146 Art. 27 Abs. 1 S. 2 und Art. 33 Abs. 1 UEMOAV.
147 Art. 37 Abs. 2 UEMOAV.
148 Art. 15 Ziffer 7) Règlement n° 1/96/CM portant Règlement des procédures de la Cour de Justice de l'UEMOA, 5. Juli 1996.
149 Art. 16, 21 UEMOAV i.V.m. Art. 5 Abs. 4 UMOAV.

1. Organisation

Mindestens zwei Mal im Jahr tritt der Ministerrat zusammen.[150] Er besteht aus den Finanzministern und jeweils einem anderen Minister der Mitgliedstaaten.[151] Nur wenn Entscheidungen getroffen werden sollen, die nicht eng mit der Wirtschafts- und Finanzpolitik verbunden sind, stimmen die zuständigen Minister statt der Finanzminister ab.[152] Allerdings werden solche Entscheidungen erst nach Zustimmung der Finanzminister wirksam. Dass in jedem Fall die Finanzminister beteiligt werden, könnte geeignet sein, die Umsetzung der Beschlüsse des Ministerrats wahrscheinlicher und effektiver zu machen als beispielsweise in der ECOWAS. Jeweils für zwei Jahre präsidieren die Finanzminister der verschiedenen Mitgliedsländer.[153] Die Sitzungen des Ministerrats werden von einem Expertenausschuss vorbereitet, der aus Vertretern aller Mitgliedsländer besteht und bei dessen Treffen auch die Kommission vertreten ist.[154] Wie bei den Sitzungen der Konferenz können Vertreter der Kommission, der BCEAO und der BOAD an den Ministerratssitzungen teilnehmen.[155]

2. Zuständigkeiten

Der Ministerrat gewährleistet die Umsetzung der von der Konferenz vorgegeben allgemeinen Leitlinien.[156] Dazu wird er gesetzgeberisch tätig und erlässt Verordnungen, Richtlinien sowie Entscheidungen. Er kann die Kommission ermächtigen, Verordnungen zur Durchführung der von ihm verabschiedeten Rechtsakte zu erlassen.[157] Der Ministerrat beschließt den Haushalt und entscheidet über handelspolitische Verhandlungen.[158]

---

150 Art. 20 Abs. 2 UEMOAV.
151 Art. 16, 21 UEMOAV i.V.m. Art. 6 Abs. 2 UMOAV
152 Art. 23 UEMOAV.
153 Art. 16, 21 UEMOAV i.V.m. Art. 7 UMOAV.
154 Art. 25 Abs. 1 UEMOAV.
155 Art. 8 UMOAV, modifiziert durch Art. 115 UEMOA.
156 Art. 20 Abs. 1 UEMOAV.
157 Art. 24 Abs. 1 UEMOAV.
158 Art. 47 und Art. 84 UEMOAV.

3. Beschlussfassung

Der UEMOAV bestimmt nicht, wie der Ministerrat seine Beschlüsse fasst. Allerdings regelt er Fälle, in denen der Ministerrat einstimmig oder mit Zweidrittel-Mehrheit entscheidet.[159] Insofern spricht Einiges dafür, dass der Ministerrat Rechtsakte grundsätzlich mit der einfachen Mehrheit seiner Mitglieder verabschiedet. Auch die Entscheidungskompetenz der Konferenz für Fragen, die der Ministerrat nicht einstimmig hat lösen können und ihm vorlegt, weist auf einen Mehrheitsbeschluss hin.[160] Denn danach ist es auch möglich, dass der Ministerrat Beschlüsse mit der Mehrheit seiner Mitglieder annimmt, ohne sie der Konferenz vorzulegen. Wichtigste Ausnahme zum Mehrheitsbeschluss ist die Regelung des Art. 22 UEMOAV. Danach kann der Ministerrat, soweit der Vertrag für seine Rechtsakte das ausschließliche Initiativrecht der Kommission vorsieht, deren Vorschlag nur einstimmig abändern.

IV. Die Kommission

Die Kommission ist die treibende Kraft der Integration. Sie soll „Hüterin des Vertrags" wie auch Impulsgeberin sein. Obwohl sie durch Initiativen auch bei der Rechtsetzung eine wichtige Rolle spielt, gilt sie in erster Linie als Exekutivorgan, das das Funktionieren der Union gewährleistet.[161]

1. Organisation

Die Kommission vertritt die Interessen der Gemeinschaft.[162] Daher soll sie sich aus kompetenten und integren Mitgliedern zusammensetzen, die von den Mitgliedstaaten und den Unionsorganen, insbesondere der Konferenz als verlängertem Arm der Regierungen, unabhängig sind. Die Unabhän-

---

159 Beispiele für das Einstimmigkeitserfordernis bzw. das Erfordernis einer Zweidrittel-Mehrheit bilden Art. 71, Art. 47 und Art. 84 UEMOAV.
160 Siehe den durch Art. 114 UEMOAV modifizierten Art. 5 Abs. 3 UMOAV.
161 LUC MARIUS IBRIGA, SAIB ABOU COULIBALY und DRAMANE SANOU, *Droit communautaire ouest-africain*, Ouagadougou 2008, Rn. 138.
162 Art. 28 Abs. 1 UEMOAV.

gigkeit der Kommissare soll dadurch gewährleistet werden, dass sie keinen Weisungen unterliegen, keiner anderen Berufstätigkeit nachgehen und nicht beliebig abberufen werden können.[163] Im Gegensatz zum EUV legt der UEMOAV die Zahl der Kommissare nicht fest. Bis zur Vertragsreform 2003 war geregelt, dass die Kommission sich aus sieben Kommissaren zusammensetzen sollte, der Anzahl der Mitgliedstaaten entsprechend. Dies ließ darauf schließen, dass jedes Mitgliedsland einen Kommissar stellen sollte.[164] Nach dem Beitritt Guinea-Bissaus wurde diese Regelung durch die Regelung, die Konferenz könne die Zahl der Kommissare verändern, ersetzt.[165] Den verschiedenen Kommissaren ist jeweils ein Fachbereich zugewiesen.

Auch das genaue Verfahren der Ernennung ist nicht vertraglich normiert.[166] Gemäß Art. 27 Abs. 1 ist lediglich sicher, dass die Konferenz die Kommissare ernennt und dabei die Kompetenz und Integritätder Kandidaten ausschlaggebend sein sollen. In der Praxis schlägt jeder Mitgliedstaat einen Kommissar vor, der von der Konferenz angenommen oder zurückgewiesen werden kann. Lehnt die Konferenz einen Kandidaten ab, muss dessen Herkunftsland eine andere Person vorschlagen.[167] Die ebenfalls von der Konferenz für vier Jahre ernannten Kommissionspräsidenten stammen abwechselnd aus den verschiedenen Mitgliedsländern; ihre Ernennung unterliegt dem Rotationsprinzip.[168]

In der Vergangenheit hat die Konferenz immer wieder Kommissionspräsidenten und -mitglieder außerhalb der abschließenden Abberufungstatbestände des Art. 27 Abs. 2 bzw. Art. 30 UEMOAV[169] und im Widerspruch zu dem dort vorgesehenen Verfahren entlassen.[170] Dieses sieht eine

---

163 Art. 28 Abs. 1 S. 1, Abs. 2 S. 2 und Art. 30 Abs. 1 UEMOAV.
164 Priso-Essawe (Fn. 95), S. 321.
165 Art. 27 Abs. 4 UEMOAV.
166 Auch in Art. 17 EUV ist der genaue Ablauf des Ernennungsverfahren nicht geregelt.
167 Priso-Essawe (Fn. 95), S. 324.
168 Art. 33 Abs. 1 UEMOAV; vgl. Priso-Essawe (Fn. 95), S. 322.
169 Artikel 27 Abs. 2 bestimmt ausdrücklich die Unabrufbarkeit der Kommissare mit Ausnahme der dort aufgezählten Fälle. Artikel 30 Abs. 3 i.V.m. Art. 27 Abs. 2 UEMOAV regeln das Abberufungsverfahren umfassend und schreiben neben materiellen Anforderungen (grobes Verschulden oder Unfähigkeit) ein bestimmtes Verfahren vor.
170 Prominente Beispiele sind die Abberufung des Kommissionspräsidenten Moussa Touré 2004 und des Kommissars Eugène Yaï 2005, Priso-Essawe (Fn. 95), S. 329 und Yougbare (Fn. 95), S. 340 ff.

Intervention der Konferenz nicht vor.[171] Nachdem sich erstmals der Kommissar Eugène Yaï gegen seine wiederholten, vertragswidrigen Abberufungen gerichtlich gewehrt hat,[172] besteht die Hoffnung, die Konferenz werde künftig die Unabhängigkeit der Kommissare achten. Allerdings sind die Abberufungsgründe derart unscharf formuliert, dass sie von Anfang an die Unabhängigkeit der Kommissare schlecht gewährleisten. Gemäß Art. 27 Abs. 2 kann ein Kommissar einerseits wegen groben Verschuldens und anderseits wegen „Unfähigkeit" entlassen werden. Während das grobe Verschulden wohl durch Art. 30 Abs. 3 als ebenfalls weit formulierte „Verkennung der Pflichten eines Kommissionsmitglieds" umschrieben wird, ist die „Unfähigkeit" nirgends definiert.[173]

---

171 Nach Art. 30 Abs. 3 UEMOAV soll der Gerichtshof auf Antrag des Ministerrats die Abberufung erklären. Allerdings ist dieses Verfahren so ausdrücklich nur für den Fall der Abberufung wegen der „Verkennung der Pflichten eines Kommissars" vorgesehen. Der Gerichtshof hat das Verfahren bei der auf die angebliche Unfähigkeit des Eugène Yaï gestützten Abberufung verletzt gesehen, UEMOA-GH, Urteil n° 03/2005 vom 27. April 2005 und Urteil n° 1/2006 vom 5. April 2006. Von der Anwendbarkeit des in Art. 30 Abs. 3 UEMOAV vorgesehenen Verfahrens geht YOUGBARE (Fn. 95), S. 347 f. aus. Dafür spricht der Schutz der Unabhängigkeit der Kommissare.

172 Siehe insbesondere UEMOA-GH, Urteil n° 03/2005 vom 27. April 2005 und Urteil n° 1/2006 vom 5. April 2006. Letztlich hat der UEMOA-GH Eugène Yaï aber nicht vor der unrechtmäßigen Abberufung bewahrt, da er den vorläufigen Rechtsschutz gegen den Zusatzakt der Konferenz, mit dem ein neuer Kommissar berufen wurde, unter Hinweis auf die Funktionsfähigkeit der Union verwehrte, UEMOA-GH, Beschluss n° 05/2005 vom 2. Juni 2005. In der Folge sollte der UEMOA-GH dann den Antrag des Eugène Yaï auf vorläufigen Rechtsschutz gegen seine dritte Abberufung wegen fehlenden Rechtsschutzinteresses ablehnen. Kritisch dazu Sall (Fn. 94), S. 248 ff., S. 258 ff. Dass die Konferenz trotz der durch den gerichtlich festgestellten Unrechtmäßigkeit ihres Vorgehens auf die Abberufung des unliebsamen Kommissars beharrte, sieht Sall (Fn. 94), S. 260 als Kräftemessen mit dem UEMOA-GH an, das zu Gunsten der Konferenz ausging: „le problème [...][est] comment les décisions antérieures de la Cour ont pu être superbement ignorées, à travers une «politique du fait accompli», traduite par la réitération d'un acte additionnel qui confine à la voie de fait. Tout indique que l'organe politique de l'Union a entendu engager une «épreuve de force» contre l'organe judiciaire, et qu'elle a remporté celle-ci."

173 YOUGBARE (Fn. 95), S. 345.

2. Zuständigkeiten

Artikel 26 UEMOAV gibt den Aufgabenkatalog der Kommission vor. Schwerpunkt der Kommissionsarbeit bildet ihre Mitwirkung bei der Unionsrechtssetzung sowie die Umsetzung der Unionspolitiken und -rechtsakte.

Bei der Rechtssetzung nimmt die Kommission eine fundamentale Rolle ein, da sie einen Großteil, wenn nicht alle, Rechtsakte des Ministerrats initiiert. Wie die EU-Kommission hat die Kommission der UEMOA ein Initiativrecht; ob sie allerdings ein Initiativmonopol genießt, ist im Vertrag nicht geregelt. Dies wird von einigen Stimmen zumindest für die Rechtsakte des Ministerrats bejaht.[174] Solchen Entwürfen der Kommission kommt insofern ein besonderes Gewicht zu, als sie der Ministerrat nur einstimmig modifizieren darf.[175] Durch unverbindliche Stellungnahmen und Empfehlungen wie auch durch Vorschläge zu Vertragsänderungen kann die Kommission den Integrationsprozess beschleunigen.[176]

Die Kommission verantwortet die Durchführung der Unionspolitiken und -rechtsakte. Sie bringt durch Bekanntmachung im Amtsblatt die Rechtsakte zur allgemeinen Kenntnis,[177] sammelt Informationen der Mitgliedstaaten über die Umsetzung[178] und bewertet die Anstrengungen der

---

174 SVEN GRIMM, Institutional change in the West African Economic and Monetary Union (WAEMU) since 1994: A fresh start after the devaluation shock?, in: *afrika spectrum 34* (1999), S. 5–32, 10. IBRIGA, COULIBALY UND SANOU (Fn. 161), Rn. 140 sprechen von einem „faktischen Quasi-Monopol".

175 Dies gilt nach Art. 22 UEMOAV, sofern der Vertrag die Verabschiedung eines Rechtsaktes auf Initiative der Kommission vorsieht. Dies ist sehr, sehr häufig der Fall.

176 Art. 26 und Art. 106 Abs. 1 UEMOAV.

177 Art. 26 UEMOAV.

178 Die Mitgliedstaaten müssen der Kommission zahlreiche Maßnahmen und Umstände notifizieren. So sind sie etwa gemäß Art. 70 UEMOAV verpflichtet, der Kommission entsprechend deren Festlegung die zur multilateralen Überwachung erforderlichen Informationen zu übermitteln. Nach Art. 79 Abs. 3 müssen die vertraglich gerechtfertigte nicht-tarifäre Handelsbeschränkungen notifizieren sowie gemäß Art. 94 Abs. 2 Mitteilung über vertraglich gerechtfertigte Einschränkungen der Dienstleistungsfreiheit erstatten.

Mitgliedstaaten in Berichten, die dem Rat teilweise als Grundlage weiterer Rechtsakte dienen.[179] Sie fördert die Umsetzung des Unionsrechts, indem sie die von den Mitgliedstaaten zu diesem Zweck getroffenen Maßnahmen überprüft, das Vorliegen von Ausnahmetatbeständen verifiziert,[180] säumigen Staaten bei der Korrektur assistiert[181] und die Achtung des Wettbewerbsrechts gegebenenfalls mit Entscheidungen gegenüber Unternehmen durchsetzt.[182] Dies ist allerdings der einzige Bereich, in dem die Kommission das Unionsrecht durch bindende Entscheidungen durchsetzen kann. Auf Ermächtigung des Rats erlässt die Kommission weiterhin Durchführungsverordnungen.[183] Die Kommission vertritt die Union, insbesondere in Verhandlungen zum Abschluss völkerrechtlicher Verträge.[184]

3. Beschlussfassung

Die Kommission verabschiedet Verordnungen zur Umsetzung der Rechtsakte des Ministerrats und erlässt Entscheidungen. Daneben gibt sie Empfehlungen und Stellungnahmen ab.[185] Alle Beschlüsse trifft die Kommission gemäß Art. 32 UEMOAV mit einfacher Mehrheit. Bei Stimmengleichheit ist die Stimme des Kommissionspräsidenten ausschlaggebend.

---

179 Die Kommission verfasst beispielsweise nach Art. 71 Abs. 3 UEMOAV Berichte über die Entwicklung in Mitgliedstaaten, die aufgrund außergewöhnlicher Ereignisse finanziellen und wirtschaftlichen Schwierigkeiten begegnen und deshalb von den im Rahmen der multilateralen Überwachung geltenden Vorschriften befreit werden. Ein anderes Beispiel stellen die gemäß Art. 72 Abs. 1 halbjährlich abzugebenden Durchführungsberichte über die multilaterale Überwachung dar.

180 Die Kommission überprüft etwa gemäß Art. 68 Abs. 3 S. 2 UEMOAV die Zuverlässigkeit der von den Mitgliedstaaten zur Ermöglichung der multilateralen Überwachung gewählten Verfahren. Sie autorisiert Schutzmaßnahmen nach Art. 86 Abs. 2 UEMOAV.

181 So erarbeitet die Kommission etwa gemeinsam mit Mitgliedstaaten, die die Anforderungen der multilateralen Überwachung nicht erfüllen, Verbesserungsmaßnahmen nach Art. 74 lit. b) UEMOAV.

182 Art. 90 UEMOAV.

183 Art. 26, 24 UEMOAV.

184 Art. 12, vgl. Art. 84 UEMOAV für die Handelspolitik.

185 Art. 42 UEMOAV. Nach Art. 44 sind die Verordnungen und Entscheidungen zu begründen.

V. Das Parlament der Union

Bereits 1994 im Unionsvertrag vorgesehen, sollte das Unionsparlament durch einen Vertrag vom 29. Januar 2003 geschaffen werden.[186] Es soll dazu beitragen, dass weite Teile der Bevölkerung am Integrationsprojekt beteiligt werden und die Union belebt wird.[187] Nachdem nun auch die Elfenbeinküste als letzter Mitgliedstaat den Vertrag ratifiziert hat,[188] soll sich die Vorläuferinstitution, das interparlamentarische Komitee in ein Parlament wandeln. Dies wird insbesondere die Organisation von Wahlen für das Unionsparlament erfordern. Parlamentssitz ist die malische Hauptstadt Bamako.[189] Derzeit tagt noch das interparlamentarische Komitee, das 1998 auf Grundlage des Unionsvertrags von 1994 geschaffen wurde und aus jeweils fünf von den Parlamenten der acht Mitgliedstaaten bestimmten Vertretern besteht.[190] Im Folgenden werden die für das noch zu schaffende Parlament geltenden Regeln dargestellt.

1. Organisation

Das Parlament setzt sich aus in allgemeinen und direkten Wahlen bestimmten Vertretern der westafrikanischen Bevölkerung zusammen, die ihr Mandat jeweils für fünf Jahre wahrnehmen.[191] Sie genießen Unabhängigkeit und unterliegen nicht den Weisungen ihrer Herkunftsländer.[192] Ihr Mandat kann nur durch Ausschluss oder Parlamentsauflösung vorzeitig

---

186 Vgl. Art. 35 Abs. 1 UEMOAV.

187 Vgl. Präambel des Traité portant création du Parlement de l'UEMOA, 29. Januar 2003 [im Folgenden: Vertrag über das Parlament].

188 Siehe La Presse du jour, Entretien avec l'honorable Victor M. Dangnon, *nouveau Président du CIP-UEMOA*: « Mon Ambition: transformer le CIP-UEMOA en Parlement plénier », 23. Januar 2014, verfügbar unter http://www.lapressedujour.net/?p=31368, zuletzt eingesehen am 11.02.2014. Gemäß seinem Art. 35 tritt der Vertrag über das Parlament erst nach der Ratifizierung durch alle Mitgliedstaaten in Kraft.

189 Art. 3 Vertrag über das Parlament.

190 Art. 35 UEMOAV in der Fassung von 1994 und Art. 31 Vertrag über das Parlament.

191 Art. 5 Vertrag über das Parlament. Die näheren Modalitäten der Wahl wie auch die Zahl der pro Mitgliedstaat zu vergebenden Sitze regelt ein Zusatzakt.

192 Art. 6 Vertrag über das Parlament.

und unfreiwillig beendet werden.[193] Denn die Konferenz kann das Parlament ohne materielle Anforderungen nach Absprache mit dem Parlamentsbüro und dem Ministerrat auflösen.[194]

Die Mitglieder des Parlaments wählen einen der ihren für jeweils zweieinhalb Jahre zum Präsidenten.[195] Das Parlament bildet ständige und „ad hoc"-Ausschüsse. Es tagt auf Einberufung seines Präsidenten während zweier ordentlicher Sitzungen im Jahr.[196] Das Parlament hat einen eigenen Haushalt.[197]

2. Zuständigkeiten

Das Parlament kontrolliert die Tätigkeit der anderen Unionsorgane und wirkt am Rechtsetzungsprozess mit.[198]

Die demokratische Kontrolle der Unionsorgane beschränkt sich allerdings weitestgehend auf die Kommission. Dieser gegenüber steht dem Parlament ein weitreichendes Instrumentarium zur Verfügung: Es nimmt nicht nur jährlich Berichte entgegen, bewertet sie und äußert sich zu Aktionsprogrammen, sondern kann den Präsidenten sowie die Mitglieder der Kommission in Sitzungen bitten und schriftlich oder mündlich befragen.[199] Sieht das Parlament die Kommissionspflichten als unzureichend erfüllt an, kann es die Kommission mahnen, den Ministerrat davon in Kenntnis setzen sowie schließlich ein Misstrauensvotum initiieren.[200] Verliert die Kommission es, kann die Konferenz die Kommission entlassen.[201] Ähnlich starke Instrumente stehen dem Parlament gegenüber den anderen Unionsorganen nicht zur Disposition. Immerhin kann es sich zu den vom

---

193 Art. 8 Vertrag über das Parlament.
194 Art. 37 Abs. 2 UEMOAV und Art. 20 Vertrag über das Parlament. Nach der Neuwahl darf das Parlament allerdings ein Jahr lang nicht aufgelöst werden.
195 Art. 9 Vertrag über das Parlament.
196 Art. 35 Abs. 4 und 5 UEMOAV, vgl. Art. 10 Vertrag über das Parlament. Nach Art. 35 Abs. 6 UEMOAV können außerordentliche Sitzungen zur Erörterung im Vorhinein festgelegter Punkte einberufen werden.
197 Art. 35 Abs. 3 UEMOAV und Art. 14 Abs. 2 Vertrag über das Parlament.
198 Art. 35 Abs. 1, 2 UEMOAV sowie Art. 14 Abs. 1 Vertrag über das Parlament.
199 Art. 36 Abs. 2, 3, Art. 26 UEMOAV und Art. 11, 15, 16, 17 Vertrag über das Parlament.
200 Art. 18 Vertrag über das Parlament.
201 Art. 19 Abs. 4 Vertrag über das Parlament.

Rechnungshof übermittelten Berichten über die Ausführung des Haushaltsplans äußern.[202] Es kann auch die jeweiligen Präsidenten des Ministerrats, der BCEAO, der BOAD und der konsularischen Regionalkammer befragen.[203] Bei der Ausübung seiner Kontrollfunktionen kann sich das Parlament mittels Resolutionen und Berichten äußern.[204]

Bei der Rechtsetzung ist die Rolle des Parlaments (noch) bescheiden. Zwar kann es zu allen Entwürfen von Zusatzakten, Verordnungen und Richtlinien befragt werden, aber nur in wenigen Bereichen ist die Konsultation obligatorisch.[205] Und in noch geringerem Maße erfordert die Verabschiedung eines Rechtsakts tatsächlich die Zustimmung des Parlaments: Lediglich beim Beitritt neuer Staaten, Assoziierungsabkommen mit Drittstaaten und Rechtsakten über die Niederlassungsfreiheit sowie die Freizügigkeit bestimmt das Parlament wegen des Zustimmungserfordernis effektiv mit.[206] Außer bei diesen Gegenständen muss das Parlament hinsichtlich Vorhaben, die den Haushaltsplan der Union, die sektoriellen Politiken, das Parlamentswahlverfahren und Gemeinschaftssteuern und -abgaben betreffen, befragt werden. Das Parlament kann Empfehlungen, Zustimmungen und Änderungsvorschläge äußern.[207] Weiterhin kann es unabhängig von etwaigen Konsultationen die Kommission aufrufen, bestimmte Politiken zu initiieren, zu intensivieren oder zu verändern.[208]

3. Beschlussfassung

Gemäß Art. 37 Abs. 1 UEMOAV soll ein Zusatzakt die Arbeitsweise des Parlaments regeln. Bisher wurde ein solcher Rechtsakt scheinbar nicht verabschiedet. Im Vertrag über das Parlament ist allerdings ausdrücklich vorgesehen, wann Entscheidungen mit absoluter Mehrheit der Mitglieder

---

202 Art. 21 i.V.m. Art. 24 Vertrag über das Parlament.
203 Art. 23 Vertrag über das Parlament.
204 Art. 24 Vertrag über das Parlament.
205 Art. 25 Vertrag über das Parlament zählt die Bereich auf, in denen das Parlament zwingend zu konsultieren ist. Dazu gehören der Unionsbeitritt, Assoziationsabkommen mit Drittstaaten, der Unionshaushalt, die gemeinsamen Sektorpolitiken, die Niederlassungsfreiheit und die Freizügigkeit, das Verfahren zur Wahl der Parlamentsmitglieder, Steuern, Abgaben und Gemeinschaftsabgaben.
206 Vgl. Art. 25 Vertrag über das Parlament.
207 Art. 26 Vertrag über das Parlament.
208 Art. 27 Vertrag über das Parlament.

getroffen werden müssen[209] bzw. eine bestimmte Mindestanzahl Abgeordneter anwesend sein muss.[210] Daraus lässt sich die Vermutung ableiten, dass das Parlament grundsätzlich mit einfacher Mehrheit entscheidet, wobei seine Beschlussfähigkeit nicht an eine Mindestzahl an Abgeordneten geknüpft wird.

VI. Der Gerichtshof der Union

1996 hat der im Gründungsvertrag vorgesehene Gerichtshof seine Arbeit aufgenommen.[211] Seitdem hat er eine beachtliche Anzahl von Gutachten abgegeben, aber nur selten Gelegenheit gehabt, Streitfälle zu entscheiden.[212] Auch die rare Inanspruchnahme durch Einzelne bzw. die geringe Anzahl von Vorabentscheidungsverfahren[213] hat zur Folge, dass er die bei seiner Schaffung geäußerte Hoffnung, er könne wie der EuGH ein Motor der Integration werden,[214] bisher nicht hat einlösen können.

Der Sitz des Gerichtshofs befindet sich in Ouagadougou, Burkina Faso.[215] Der Gerichtshof nimmt als ständige Gerichtsbarkeit[216] zu ihm vorgelegten Rechtsfragen Stellung und entscheidet Rechtsstreitigkeiten. Damit ist er das wichtigste Kontrollorgan der Union und gewährleistet die einheitliche Auslegung und Anwendung des Unionsrechts.

---

209 So etwa nach Art. 19 Abs. 3 zur Annahme eines Misstrauensvotums und zur Schaffung von Untersuchungsausschüssen gemäß Art. 22 Abs. 2.

210 Vgl. Art. 19 Abs. 2 UEMOAV.

211 Art. 38 UEMOAV in der Fassung von 1994.

212 SALL (Fn. 94), S. 21 ff.

213 2005 wurde das erste Vorabentscheidungsverfahren eingeleitet, UEMOA-GH, Urteil n° 2/2005 vom 12. Januar 2005.

214 VIAUD (Fn. 71), S. 20 nährte diese Hoffnung unter Verweis auf die vielfachen Ähnlichkeiten mit dem EuGH, insbesondere hinsichtlich des Status und der Zuständigkeiten.

215 Art. 3 Acte additionnel n° 10/96 portant Statuts de la Cour de Justice de l'UEMOA, 10. Mai 1996, i.V.m. Art. 111 UEMOAV.

216 Art. 14 Zusatzakt n° 10/96.

1. Organisation

Die Mitglieder des Gerichtshofs werden jeweils für ein Mandat von sechs Jahren von der Konferenz ernannt, das einmal verlängerbar ist.[217] Sie müssen Gewähr für ihre fachliche Kompetenz und ihre Unabhängigkeit bieten.[218] Untereinander bestimmen sie für drei Jahre einen Gerichtspräsidenten und legen fest, wer als Richter und wer als Generalanwalt arbeitet.[219] Derzeit besteht der Gerichtshof aus sechs Richtern und zwei Generalanwälten.[220] Er verhandelt Streitsachen im Regelfall als Plenum mit mindestens drei Richtern und einem Generalanwalt.[221] Der Gerichtshof hat ein eigenes Budget.[222]

2. Zuständigkeiten

Der Gerichtshof äußert sich beratend zu Rechtsfragen, die ihm die Unionsorgane vorlegen. So gibt er auf Antrag der Kommission Empfehlungen bzw. Gutachten zu Entwürfen ab. Neben der Kommission können die Konferenz und der Ministerrat sowie Mitgliedstaaten ein Gutachten zur Vereinbarkeit eines (bestehenden bzw. verhandelten) internationalen Übereinkommens mit dem UEMOAV bzw. zur Auslegung des Vertrags

---

217 Art. 2 Protocole additionnel n° 1 relatif aux Organes de contrôle de l'UEMOA, undatiert, und Art. 4 Zusatzakt 10/96.

218 Art. 5, 6, 9 Zusatzakt n° 10/96. Zur Wahrung der Unabhängigkeit sind den Gerichtsmitgliedern politische, administrative und gerichtliche Tätigkeiten außerhalb des Gerichtshofs verboten, Art. 9 Zusatzakt n° 10/96 und Art. 3 Règlement n° 1/96/CM/UEMOA portant Règlement des procédures de la Cour de Justice de l'UEMOA. Zudem dürfen sie nicht Streitigkeiten beurteilen, bei denen sie bereits – etwa als Anwalt oder Mitglied eines Gerichts – interveniert haben, Art. 18 Zusatzakt n° 10/96.

219 Art. 7 Zusatzakt n° 10/96 und Art. 6 Règlement n° 1/96/CM/UEMOA portant Règlement des procédures de la Cour de Justice de l'UEMOA.

220 Vgl. Homepage der UEMOA, Les organes de contrôle, 2010, verfügbar unter http://www.uemoa.int/Pages/UEMOA/Organes%20de%20l_UEMOA/LesOrganescontrole.aspx, zuletzt eingesehen am 24.01.2014.

221 Art. 16 Zusatzakt n° 10/96. Vgl. auch Art. 17 Règlement n° 1/96/CM/UEMOA portant Règlement des procédures de la Cour de Justice de l'UEMOA.

222 Art. 47 Abs. 4 UEMOAV.

wie auch des Sekundärrechts erhalten[223]. Bisher bilden diese Gutachten den Schwerpunkt der gerichtlichen Tätigkeit, obwohl der Gerichtshof eine Vielzahl von Rechtsstreitigkeiten verbindlich regeln kann.

So ist der Gerichtshof für die von der Kommission oder Mitgliedstaaten gegen andere Mitgliedstaaten eingeleitete Vertragsverletzungsverfahren zuständig.[224]

Auf Antrag von Mitgliedstaaten, des Ministerrats, der Kommission oder einer natürlichen bzw. juristischen Person kann der Gerichtshof im sogenannten Nichtigkeitsverfahren Rechtsakte der Gemeinschaftsorgane wegen ihrer Unvereinbarkeit mit dem Unionsvertrag bzw. vorrangiger Rechtsakte der Unionsorgane für nichtig erklären.[225] Gegenstand einer solchen Kontrolle können die ausdrücklich in Art. 8 Zusatzprotokoll n° 1 genannten Verordnungen, Richtlinien und Entscheidungen sein. Ob auch Zusatzakte für nichtig erklärt werden können, ist umstritten. Der Gerichtshof der UEMOA sieht sich lediglich für die Kontrolle von „individuellen" Zusatzakten zuständig, die von einer individuell betroffenen natürlichen oder juristischen Person angegriffen werden.[226] Nach Ablauf der für das Nichtigkeitsverfahren vorgesehen Zwei-Monats-Frist[227] kann sich ein Verfahrensbeteiligter auch in anderen Verfahren auf die Nichtigkeit einer vom Ministerrat oder der Kommission erlassenen sekundärrechtlichen Norm vor dem Gerichtshof berufen; der Gerichtshof überprüft dann implizit deren Rechtmäßigkeit.[228]

---

223 Art. 27 Zusatzakt n° 10/96 und Art. 15 Abs. 7 Verordnung n° 1/96/CM über die Verfahrensordnung des Gerichtshofs.

224 Art 5-7 Protocole additionnel n° 1 relatif aux Organes de contrôle de l'UEMOA, undatiert. Als Sonderform des Vertragsverletzungsverfahren kann Art. 14 Zusatzprotokoll n° 1 eingeordnet werden, der vorsieht, dass der Gerichtshof auf Antrag der Kommission feststellen kann, dass ein Mitgliedstaat die gerichtliche Entscheidung zu einem Vorabentscheidungsverfahren nicht genügend beachtet und dadurch die Umsetzung einer fehlerhafter Auslegung des Unionsrechts erlaubt. In diesem Fall übermittelt der Gerichtshof dem höchsten nationalen Gericht sein Urteil mit der korrekten Auslegung des Unionsrechts. Diese bindet dann alle Behörden und Gerichte des betroffenen Mitgliedstaats.

225 Art. 8 Zusatzprotokoll n° 1.

226 Siehe Teil I Kapitel 2 C I 3.

227 Gemäß Art. 8 Abs. 3 Zusatzprotokoll n° 1 muss das Nichtigkeitsverfahren binnen zwei Monaten ab Bekanntgabe des angegriffenen Rechtsakts bzw. seiner Mitteilung an den Kläger oder, falls dies nicht erfolgt ist, ab dem Zeitpunkt, zu dem der Kläger von dem Rechtsakt Kenntnis erlangt hat, eingeleitet werden.

228 Art. 11 Zusatzprotokoll n° 1.

Weiterhin legt der Gerichtshof im Rahmen von Vorabentscheidungs-verfahren das Unionsrecht aus und entscheidet über die Gültigkeit der Handlungen der Organe. Zur Vorlage einer entscheidungsrelevanten Rechtsfrage sind alle nationalen Gerichte der Mitgliedstaaten berechtigt und die in letzter Instanz entscheidenden Gerichte verpflichtet.[229] Nach der Rechtsprechung des UEMOA-GH können wohl Schiedsgerichte der Mitgliedstaaten eine Vorlage einreichen, nicht aber das Schiedsgericht der OHADA.[230]

Im Übrigen ist der Gerichtshof für alle Streitigkeiten zwischen Mitgliedstaaten zuständig, die ihm kraft einer Vereinbarung unterbreitet werden und einen Bezug zum Unionsvertrag aufweisen.[231] Er entscheidet auch über Amtshaftungsansprüche gegen die Union[232] sowie über Streitigkeiten zwischen der UEMOA und ihren Bediensteten.[233]

3. Verfahrensregeln

Das Gericht verhandelt grundsätzlich öffentlich, berät geheim und trifft seine Entscheidungen mit der einfachen Mehrheit.[234] Den vor dem Gerichtshof eingeleiteten Verfahren kommt keine Suspensivwirkung zu, es sei denn der Gerichtshof ordnet die Aussetzung des Vollzugs ausdrücklich an.[235] Er kann einstweilige Maßnahmen anordnen.[236]

---

229 Art. 12 Zusatzprotokoll n° 1.
230 UEMOA-GH, Gutachten n°1/2000 vom 2. Februar 2000, Ohadata J-02-62.
231 Art. 17 Protocole additionnel n° 1 relatif aux Organes de contrôle de l'UEMOA, undatiert.
232 Art. 15 Zusatzprotokoll n° 1.
233 Art. 16 Zusatzprotokoll n° 1. Solche Streitigkeiten machen das Gros der Entscheidungen aus.
234 Art. 18-20 Règlement n° 1/96 portant Règlement des procédures de la Cour de Justice de l'UEMOA, 5. Juli 1996.
235 Art. 18 Zusatzprotokoll n° 1.
236 Art. 19 Zusatzprotokoll n° 1.

VII. Der Rechnungshof

Der in Art. 38 UEMOAV vorgesehene Rechnungshof kontrolliert die Haushaltsführung aller Unionsorgane, das heißt insbesondere die Ordnungsmäßigkeit und die Wirtschaftlichkeit von deren Mittelverwendung.[237]

VIII. Die Regionalvertretung wirtschaftlicher Interessengruppen

Die aus Vertretern nationaler Berufskammern, Berufsverbänden und Arbeitgeberverbänden bestehende Regionalvertretung[238] soll die Einbeziehung des Privatsektors in den Integrationsprozess gewährleisten.[239] Sie stellt eine Art Scharnier zwischen der Union und den nationalen wirtschaftlichen Interessenverbänden dar. Denn einerseits berät sie auf eigene Initiative sowie auf Antrag der Kommission die Union zu allen, insbesondere aber wirtschaftlichen Fragen der Gesetzgebung, andererseits regt sie in den nationalen Berufsverbänden die Reflexion über den Integrationsprozess an und unterstützt die Verbände technisch.[240] Die Beratungen nehmen die Form von Empfehlungen und Berichten an, die im Amtsblatt veröffentlicht werden können.[241]

---

237 Art. 23 Zusatzprotokoll n° 1.
238 Art. 6 Acte additionnel n° 2/97 fixant les attributions, la composition et les principes d'organisation et de fonctionnement de la Chambre consulaire régionale de l'UEMOA, 23. Juni 1997.
239 Art. 3 Zusatzakt n° 2/97.
240 Art. 40 UEMOAV und Art. 3 Zusatzakt n° 2/97.
241 Art. 27 Zusatzakt n° 2/97.

E. Wirtschaftsintegration: Von der Währungsunion zur Wirtschafts- und Währungsunion

I. Die Westafrikanische Währungsunion

Die Währungsunion der frankophonen Staaten Westafrikas ist älter als die UEMOA.[242] Währungsfragen liegen in der Zuständigkeit der noch immer bestehenden UMOA.[243] Deren Vertrag bestimmt, dass die Zentralbank der Staaten Westafrikas (Banque Centrale des Etats de l'Afrique de l'Ouest, BCEAO) ausschließlich befugt ist, den CFA als gemeinsame Währung herauszugeben.[244] Des Weiteren legt sie die Währungs- und Wechselkurspolitik der UMOA fest. Sie trägt für die Stabilität des Banken- und Finanzsystems Sorge, überwacht das Zahlungssystem und verwaltet die Währungsreserven.[245] Übergeordnetes Ziel ihrer Aktivitäten ist es, die Preisstabilität zu gewährleisten.[246] Der BCEAO obliegt auch die Aufsicht über die Banken und Finanzinstitute, die sie durch die 1990 geschaffene Bankenkommission wahrnimmt.[247] Der UMOAV sieht weiterhin die Harmonisierung der für die Währungsunion wesentlichen Vorschriften wie die Regulierung des Bankenwesens und die Überwachung der Finanzbeziehungen zu Drittstaaten vor.[248]

Die Besonderheit der Westafrikanischen Währungsunion besteht in ihrer historisch bedingten Abhängigkeit von Frankreich. Die Bindung des CFA an den französischen Franc (FF) wurde durch mehreren Übereinkommen geregelt.[249] Danach garantiert Frankreich den unbegrenzten

---

242 Siehe Teil I Kapitel 2 A.

243 Entsprechend verweist Art. 62 UEMOAV hinsichtlich der Währungspolitik auf den UMOAV.

244 Art. 15 UMOAV. Siehe auch Art. 12 der zuletzt 2010 modifizierten Statuts de la Banque Centrales des Etats de l'Afrique de l'Ouest (im Folgenden BCEAO-Satzung) i.V.m. Art. 16 UMOAV.

245 Art. 9 BCEAO-Satzung i.V.m. Art. 16 UMOAV.

246 Art. 8 Abs. 1 BCEAO-Satzung i.V.m. Art. 16 UMOAV.

247 Art. 30 BCEAO-Satzung i.V.m. Art. 16 UMOAV. Siehe auch CHIBUIKE U. UCHE, *The Politics of Monetary Sector Cooperation Among the Economic Community of West African States Members*, 2001, S. 4.

248 Art. 22 UMOAV.

249 Das erste Abkommen über das Sonderkonto schloss die BCEAO am 2. März 1963 mit dem französischen Schatzamt ab. Es wurde durch das am 4. Dezember 1973 zwischen der UMOA und Frankreich geschlossene Abkommen ersetzt. Am selben Tag verabschiedeten die Mitgliedstaaten der UMOA und Frankreich ein

Umtausch von CFA in französische Francs (bzw. mittlerweile Euro) und damit die Konvertibilität der Währung.[250] Dafür wurde der 1973 geltende Wechselkurs zwischen den beiden Währungen eingefroren.[251] Im Gegenzug hinterlegen die westafrikanischen Staaten durch die BCEAO 65 % ihrer Devisenreserven beim französischen Schatzamt.[252] Diese Regelungen haben für die BCEAO den Nachteil, dass sie das Geldvolumen praktisch nur durch die Überziehung des Sonderkredits verändern kann.[253] Nachdem die westafrikanische Inflation höher als die französische und der CFA durch die feste Bindung an den FF lange Jahre überbewertet gewesen war, wurde der CFA 1994 um 50 % abgewertet.[254] Die Einführung des Euro hat die Abkommen mit Frankreich nicht beeinflusst: Frankreich darf nach einer Entscheidung des EU-Rats weiterhin den CFA stützen, weil dies keine wesentlichen Wirkungen für die Geld- und Wechselkurspolitik des Euro-Raums zeitige.[255]

Kooperationsabkommen, das am 29. Mai 1984 um einen Zusatz ergänzt wurde. BCEAO, Textes juridiques et dates, unter http://www.bceao.int/internet/bcweb.nsf/pages/bc2, eingesehen am 21.7.2011. Mit den genannten Abkommen wurde das vor der Unabhängigkeit der westafrikanischen Staaten bestehende Währungsarrangement verlängert.

250 Art. 1 Kooperationsabkommen vom 4. Dezember 1973 i.V.m. dem Abkommen über das Sonderkonto der UMOA (*Convention de Compte d'opération*) vom selben Tag.

251 Art. 2 Abs. 1 Kooperationsabkommen vom 4. Dezember 1973.

252 Art. 3 Kooperationsabkommen vom 4. Dezember 1973 i.V.m. Art. 2 Abkommen über das Sonderkonto vom 4. Dezember 1973.

253 Uche (Fn. 56), S. 7.

254 Grimm (Fn. 174), S. 8. Zugleich wurde die UEMOA gegründet.

255 Art. 1 und Erwägungsgrund 7 der Entscheidung des Rates vom 23. November 1998 über Wechselkursfragen in Zusammenhang mit dem CFA-Franc und dem Komoren-Franc, EG-Dok. 98/683/EG. Nach Art. 3 der Entscheidung sind die Kommission, die Europäische Zentralbank und der Wirtschafts- und Finanzausschuss über die Umsetzung der Vereinbarungen wie auch vor Paritätsänderungen zwischen dem Euro und dem CFA-Franc zu informieren. Weiter bestehen Informationspflichten vor nicht-wesentlichen Änderungen der Vereinbarungen, Art. 4. Sollen die Vereinbarungen in ihrer Natur bzw. ihrem Geltungsbereich modifiziert werden, bedarf dies gemäß Art. 5 der Zustimmung der Rats.

II. Die multilaterale Überwachung der nationalen Wirtschaftspolitiken

Jahrzehntelang bildete die westafrikanische Franc-Zone eine Währungsunion, ohne die wirtschaftlichen Voraussetzungen einer optimalen Währungseinheit zu erfüllen.[256] Das Ziel einer stabilen Wirtschafts- und Währungsunion sucht nunmehr die UEMOA mit ihren Sektorpolitiken, der
Harmonisierung insbesondere der Steuerpolitik sowie mit der Koordinierung und Konvergenz der nationalen Wirtschafts- und Währungspolitiken
zu verwirklichen.[257] Zu diesem Zweck sollen die Wirtschafts- und Währungspolitiken der Mitgliedstaaten einer multilateralen Überwachung
unterzogen werden.

Auf Basis der von den Mitgliedstaaten übermittelten Informationen
berichtet die Kommission halbjährlich, ob die Mitgliedstaaten die Wirt-
schaftsleitlinien, die der Rat gemäß Art. 64 UEMOAV vorgibt, beachten
und die vom Rat zur Preis- und Einkommenspolitik der Mitgliedstaaten
auf Vorschlag der Kommission verabschiedeten Empfehlungen oder Stellungnahmen respektieren,[258] Ist dies nicht der Fall schlägt die Kommission einen Rechtsakt über Korrekturmaßnahmen vor, den der Rat mit einer
Zweidrittel-Mehrheit annehmen oder verändern kann. Die Kommission
kann ihren Entwurf veröffentlichen, findet sich im Rat keine Mehrheit
dafür.[259] Adressiert der Rat hingegen seine Entscheidung an den säumigen
Mitgliedstaat, ist dieser verpflichtet, innerhalb von 30 Tagen mit der Kommission ein Programm mit Korrekturmaßnahmen zu erarbeiten[260]. Gemäß
Art. 74 lit. a UEMOAV kann ein Mitgliedstaat, der ein solches – von der
Kommission geprüftes – Programm auf den Weg bringt, durch Unterstützung „belohnt" werden, etwa bei der Suche nach Finanzierungsquellen für
das Programm. Der Vertrag sieht auch für den Fall der fehlenden Entwicklung eines Korrekturprogramms Konsequenzen vor: Der Rat kann nicht
nur durch die Bekanntmachung zusätzlicher Informationen den Staat an
den Pranger stellen, sondern ihm auch die direkt von der Union oder durch

---

256 GRIMM (Fn. 174), S. 17. Zu den in der Literatur, etwa bei Grimm, genannten Prä-
     missen einer Währungseinheit gehören insbesondere eine hohe Mobilität der Pro-
     duktionsfaktoren, eine diversifizierte Exportwirtschaft und eine gewisse Lohn-
     Preis-Flexibilität.
257 Art. 63, Art. 75 Abs. 3 UEMOAV.
258 Art. 72 Abs. 1, Art. 65 Abs. 1, Art. 66 UEMOAV.
259 Art. 72 Abs. 2 UEMOAV.
260 Art. 73 Abs. 1 UEMOAV.

die Westafrikanische Entwicklungsbank (Banque Ouest Africaine de Développement, BOAD) bewilligten Mittel streichen.[261] Ein solches Verfahren stellt sich mithin bedrohlicher für unterstützungsabhängige Staaten dar als für wirtschaftlich starke Staaten, obwohl auch diesen ein Reputationsverlust droht.[262] Bisher scheint ein solches Verfahren nicht durchgeführt worden zu sein.

III. Der Pakt für Konvergenz, Stabilität, Wachstum und Solidarität

1999 haben die Mitgliedstaaten einen Pakt für Konvergenz, Stabilität, Wachstum und Solidarität geschlossen, um ihre makroökonomische Stabilität und Wettbewerbsfähigkeit zu verbessern und das Wirtschaftswachstum zu beschleunigen.[263] In diesem Rahmen wurden vier primäre und vier sekundäre Konvergenzkriterien festgelegt. Die primären Kriterien berühren das Verhältnis des geplanten oder tatsächlichen öffentlichen Defizits zum Bruttoinlandsprodukt (das sog. Schlüsselkriterium), die Inflation, das Verhältnis des öffentlichen Schuldenstands zum Bruttoinlandsprodukt und die Zahlungsrückstände.[264] Dagegen beziehen sich die sekundären Konvergenzkriterien auf die Lohnkosten, die Finanzierung der öffentlichen Investitionen, den Außensaldo und die Steuerquote.[265] Während bei Missachtung des Schlüsselkriteriums der Sanktionsmechanismus ausgelöst wird, zieht die Verletzung anderer primärer Kriterien die Aufforderung der Rats nach sich, ein Korrekturprogramm zu verabschieden. Die sekundären Kriterien dienen lediglich als Indikatoren struktureller Defizite und finden insbesondere im Falle der Verletzung primärer Kriterien bei der Entscheidung des Rats Berücksichtigung.[266]

---

261 Art. 73 lit. d) sieht genau vor, dass der Rat der BOAD lediglich empfehlen kann, ihre Unterstützung der betroffenen Staates einer erneuten Prüfung zu unterziehen bzw. sie zu überdenken.

262 GRIMM (Fn. 174), S. 18.

263 Acte aditionnel n° 04/99 portant Pacte de convergence, de stabilité, de croissance et de solidarité entre les États membres de l'Union Économique et Monétaire Ouest Africaine (UEMOA), 8. Dezember 1999, modifiziert durch den Acte aditionnel n° 03/2003 vom 29. Januar 2003.

264 Art. 18 Zusatzakt n° 4/99.

265 Art. 19 Zusatzakt n° 4/99.

266 Art. 1 Zusatzakt n° 4/99.

Der Pakt sieht vor, dass alle Mitgliedstaaten mehrjährige Programme auflegen, um bis Ende 2002 die Konvergenzkriterien zu erfüllen.[267] Diese Frist wurde bis Ende 2005 verlängert.[268] Wenn die Konvergenzkriterien erfüllt werden, sollen die Staaten in einer Stabilitätsphase weiterhin Programme durchführen, um ihren Haushalt ausgeglichen zu halten.[269] Bisher hat kein westafrikanisches Land je die primären und sekundären Kriterien erfüllt.[270]

IV. Die Grundfreiheiten im Binnenmarkt

Die Union strebt gemäß Art. 4 lit. c UEMOAV die Schaffung eines gemeinsamen Markts auf Basis des freien Waren-, Personen-, Dienstleistungs- und Kapitalverkehrs an.

1. Die Warenverkehrsfreiheit

Nach Art. 76 lit. a UEMOAV verfolgt die Union mit der Abschaffung der Zölle, mengenmäßigen Beschränkungen, Abgaben zollgleicher Wirkung und aller anderen Maßnahmen, die den freien Warenverkehr beeinträchtigen können, das Ziel, alle intraregionalen Handelshemmnisse abzuschaffen. Umfang und Zeitrahmen der Binnenliberalisierung legt der Ministerrat fest.[271] Nachdem aus dem Vertrag selber lediglich das an die Mitgliedstaaten gerichtete Verbot hervorgeht, neue tarifäre oder nicht-tarifäre Import- und Exportbeschränkungen einzuführen,[272] hat die Konferenz schrittweise alle Zölle und Abgaben gleicher Wirkung sowie sämtliche nicht-tarifären Handelsbeschränkungen abgeschafft. Der Ministerrat verabschiedet gemäß Art. 80 UEMOAV Maßnahmen zur Harmonisierung

---

267 Art. 4 Zusatzakt n° 4/99.
268 Art. 3 Zusatzakt n°03/2003 vom 29. Januar 2003.
269 Art. 9 Abs. 2, 3 Zusatzakt n° 4/99. Der Beginn der Phase wurde gemäß Art. 3 Zusatzakt n° 03/2003 auf den 1. Januar 2006 verschoben.
270 Siehe etwa UEMOA-Kommission, Rapport semestriel d'exécution de la surveillance multilatérale, Juni 2013, S. 101 ff., und Rapport semestriel d'exécution de la surveillance multilatérale, Dezember 2011, S. 100 f.
271 Art. 78 Abs. 1 ECOWASV.
272 Art. 77 lit. a) und b) UEMOAV.

und Anerkennung technischer und gesundheitspolizeilicher Normen.[273] Artikel 58 UEMOAV sieht vor, dass Verluste, die den Mitgliedstaaten durch die Einführung der Zollunion entstehen, während einer Übergangszeit kompensiert werden.[274] Für Verluste auf Grund des Wegfalls der Binnenzollgrenzen vereinbarte die Konferenz Ausgleichszahlungen.[275]

Vom Schutzbereich der Warenverkehrsfreiheit werden alle Waren, die aus den Mitgliedsländern stammen, erfasst. Im intraregionalen Handel sind nicht-tarifäre Handelsbeschränkungen für Produkte, die aus den Mitgliedsländern stammen, unzulässig.[276] Zölle und andere tarifäre Handelsschranken bestehen für Rohstoffe, traditionelle Handwerksgüter und seit 2000 auch für Industrieprodukte nicht mehr, die in den Mitgliedstaaten hergestellt wurden.[277] Als Ursprungswaren gelten Industriegüter, die zu mehr als 60 % aus Unions-Rohstoffen bestehen, sowie Industrieprodukte, die durch innerhalb der Union vorgenommene Arbeitsschritte einen Wertzuwachs von zumindest 30 % des Herstellungspreis erfahren haben oder zu einem wesentlich anderen Produkt verarbeitet wurden.[278] Damit decken sich die Ursprungsregeln weitgehend mit denen der ECOWAS. Um als

---

273 So hat der Ministerrat mit dem Règlement n° 07/2007/CM/UEMOA relatif à la sécurité sanitaire des végétaux, des animaux et des aliments dans l'UEMOA, 6. April 2007, die Regulierung, Akkreditierung und Zertifizierung im Bereich der Gesundheitssicherheit von Pflanzen, Tieren und Lebensmitteln vereinheitlicht.

274 Nach Art. 78 Abs. 2 UEMOAV errichtet der Ministerrat auf Vorschlag der Kommission und mit der Zweidrittel-Mehrheit den Kompensations- und Entwicklungsfonds.

275 Acte additionnel n° 06/99 instituant un dispositif de compensations financières au sein de l'UEMOA, 8. Dezember 1998. Die Ausgleichszahlungen sollen nach Art. 6 des Zusatzakts nur bis Ende 2005 geleistet werden.

276 Art. 3 Acte additionnel n° 4/96 instituant un régime tarifaire préférentiel transitoire des échanges au sein de l'UEMOA et son mode de financement, 10. Mai 1996.

277 Art. 10 Zusatzakt n° 04/96 bestimmt die Abschaffung sämtlicher Zölle und Abgaben gleicher Wirkung für Handwerksprodukte und Rohstoffe, während Art. 12 Zusatzakt n° 04/96, nach Änderung durch den Acte additionnel n° 04/98 instituant une Taxe Préférentielle sur les produits industriels originaires, industrielle Ursprungswaren von tarifären Beschränkungen freistellt.

278 Art. 4 Abs. 1 lit. k) und Art. 5 Protocole additionnel n° III instituant les règles d'origine des produits de l'UEMOA, 19. Dezember 2001, verdrängt die sekundärrechtliche Vorgängerregelung des Art. 7 Acte additionnel n° 4/96 instituant un régime tarifaire préférentiel transitoire des échanges au sein de l'UEMOA et son mode de financement, 10. Mai 1996. Wie die Wertsteigerung im Einzelnen zu bestimmen ist, regelt der Ministerrat nach Art. 6 Zusatzprotokoll n° III.

Ursprungsware zu gelten, muss ein Produkt als solche zertifiziert sein. Dies erfordert, dass die Behörden des Herstellungslandes eine entsprechende Ursprungsbescheinigung ausstellen und die Kommission über das jeweilige Produkt entscheidet.[279] Das ist ein umständliches Verfahren, das die Interessenten viel Zeit kosten kann. Hat das Herstellungsland den Gemeinschaftsursprung bescheinigt, wird darin aber nicht von der Kommission bestätigt, genießt die jeweilige Ware eine Zollreduktion von 5 % im Vergleich zu Drittwaren.[280]

In Anlehnung an die europarechtliche Dogmatik kann jede nationale Maßnahme, die geeignet ist, den Handel innerhalb der Union unmittelbar oder mittelbar, tatsächlich oder potentiell zu behindern, einen Eingriff darstellen.[281] Handelsbeschränkungen können gemäß Art. 79 UEMOAV gerechtfertigt werden, sofern einer der dort aufgezählten Rechtfertigungsgründe vorliegt, der betreffende Bereich noch nicht harmonisiert worden ist, weder eine willkürliche Diskriminierung noch eine verschleierte Beschränkung des Warenverkehrs innerhalb der Union vorgenommen wird und der jeweilige Mitgliedstaat die Kommission benachrichtigt. Als Rechtfertigungsgründe kommen der Schutz der öffentlichen Ordnung, Sicherheit oder Sittlichkeit, der Gesundheitsschutz, der Schutz des Lebens von Mensch und Tier, der Umweltschutz, der Schutz des nationalen Kulturguts von künstlerischem, historischem oder archäologischem Wert sowie der Schutz des gewerblichen und kommerziellen Eigentums in Betracht. Die Kommission sucht die Handelsbeschränkungen durch Vorschläge zu deren Harmonisierung bzw. schrittweisen Abschaffung abzubauen.[282]

Tatsächlich bestehen noch tarifäre sowie nicht-tarifäre Handelshemmnisse fort. Einige Staaten erheben, insbesondere auf Industrieprodukte, andere Zollsätze als unionsrechtlich vereinbart. Zudem erschweren weiter-

---

279 Art. 9 und 14 Zusatzakt n° 04/96.
280 Art. 13 Zusatzakt n° 04/96.
281 Vgl. EuGH, Urteil vom 11. Juli 1974, Rs. C-8/74, Slg. 1974, 837 Rn. 5 - *Dassonville*. Wie in der EU sollten nicht-diskriminierende Verkaufsbeschränkungen als Bereichsausnahmen nicht als Eingriff qualifiziert werden, vgl. EuGH, Urteil vom 24. November 1993, Rs. C-267 und C-268/91, Slg. 1993, I-6097, Rn. 16 f. - *Keck*.
282 Art. 79 Abs. 3 S. 2 UEMOAV.

hin Straßensperren, willkürliche behördliche Kontrollen sowie Korruption den Handel. In einigen Staaten bestehen UEMOA-inkompatible Anforderungen wie die Verpflichtung, eine gewisse Mindestmenge einzuführen.[283]

2. Die Personenverkehrsfreiheit

Der Unionsvertrag nennt den freien Personenverkehr sowie die Niederlassungsfreiheit als Ziel[284] und bestimmt, dass die Unionsbürger grundsätzlich frei in andere Mitgliedsländer einreisen, sich dort aufhalten und wirtschaftlich tätig werden dürfen.[285]

Die Union hat sekundärrechtlich nur wenige, bruchstückhafte Regelungen zur Freizügigkeit getroffen. Dies ist weniger darauf zurückzuführen, dass bereits die ECOWAS wichtige Aspekte geregelt hätte, wie etwa die Fahrzeugversicherung und den ECOWAS-Pass, als vielmehr darauf, dass nur für bestimmte Freizügigkeitsfragen eine Einigung erzielt werden konnte. Zwar verweist der Unionsvertrag für die Verwirklichung des gemeinsamen Marktes ausdrücklich auf die *acquis* anderer subregionaler Organisationen.[286] Allerdings umreißt der Unionsvertrag den etwaigen Gehalt der an die Freizügigkeit geknüpften Rechte genauer als das ECOWAS-Primärrecht es tut und weist damit auf einen erheblichen Regelungsbedarf hin, den die ECOWAS nicht befriedigt. So wirft der UEMOAV etwa Fragen zum Status von Familienangehörigen der grenzüberschreitend Beschäftigten, Erwerbstätigen und Dienstleistungserbringern und zur sozialen Absicherung auf.[287]

Bisher hat die UEMOA derartige Fragen aber nicht gelöst, geschweige denn ein Konzept zur Verwirklichung der Freizügigkeit vorgestellt. Vielmehr hat sie nach einem gescheiterten umfassenden Verordnungsprojekt

---

283 Siehe etwa Lori Brock, Ometere Omoluabi und Nate van Dusen, *Mali Gap Analysis. ECOWAS Free Trade Area*, 2011, S. 33 ff. und Lori Brock, Ometere Omoluabi und Nate van Dusen, *Togo Gap Analysis. ECOWAS Free Trade Area*, 2011, S. 33 ff.

284 Art. 76 lit. d UEMOAV.

285 Art. 91 und Art. 92 UEMOAV. Seit der Vertragsreform von 2003 bedürfen die Rechtsakte zur Freizügigkeit der Zustimmung durch das Parlament.

286 Art. 100 UEMOAV. Auch Grimm (Fn. 174), S. 20 vertritt, dass die Freizügigkeit bereits durch die ECOWAS gewährleistet werden sollte.

287 Art. 91 Abs. 3 lit. a), lit. b) i.V.m. Art. 92 Abs. 5 und Art. 93 Abs. 2 UEMOAV.

sich auf die Regelung punktueller Fragen zurückgezogen.[288] So hat sie in mehreren Richtlinien den Zugang zu freien Berufen und zur Universität geregelt.[289]

Im Übrigen hat die UEMOA eine gemeinsame Politik zur Einreise von Drittstaatenangehörigen verabschiedet. Um den Tourismus sowie Investitionen zu fördern, will sie ein einheitliches Visum sowie einheitliche Einreise- und Aufenthaltsbestimmungen einführen.[290] Noch vor der – ursprünglich bereits für den Herbst 2011 geplanten – Einführung des einheitlichen UEMOA-Visums sollten die Mitgliedstaaten gegenseitig die von ihnen ausgestellten Visa anerkennen. Das bedeutett, dass ein Dritt-

---

288 Der Kommissionsentwurf einer Verordnung ist 1998 im Ministerrat aufgrund der Einwände der Elfenbeinküste, die sich nach eigenen Angaben damals einem Ansturm von Einwandern aus Nachbarländern ausgesetzt sah, der 30 % ihrer Bevölkerung entsprach, abgelehnt worden, LAMA KABBANJI, *Politiques migratoires et intégration régionale en Afrique de l'Ouest*, 2005, S. 11 f. unter Hinweis auf UEMOA-Kommission, Note sur l'état des libertés de circulation des personnes, de résidence, de prestation de services et du droit d'établissement au sein de l'UEMOA, 11. Januar 2005.

289 Directive n° 06/2005/CM/UEMOA relative à la libre circulation et l'établissement des médecins ressortssants de l'Union au sein de l'espace UEMOA, 16. Dezember 2005; Directive n° 07/2005/CM/UEMOA relative à la libre circulation et l'établissement des architectes ressortssants de l'Union au sein de l'espace UEMOA, 16. Dezember 2005; Règlement n° 05/2006/CM/UEOMA relatif à la libre circulation et à l'établissement des experts-comptables et des comptables agréés ressortssants de l'Union au sein de l'espace UEMOA, 2. Mai 2006; Règlement n° 10/2006/CM/UEOMA relatif à la libre circulation et à l'établissement des avocats ressortssants de l'union au sein de l'espace UEMOA, 25. Juli 2006; Directive n° 06/2008 relative à la libre circulation et à l'établissement des pharmaciens ressortssants de l'Union au sein de l'espace UEMOA, 26. Juni 2008; Directive n° 07/2008/CM/UEMOA relative à la libre circulation et à l'établissement des chirurgiens-dentistes ressortissants de l'Union au sein de l'espace UEMOA, 26. Juni 2008; Directive n° 1/2005/CM/UEMOA sur l'égalité de traitement des étudiants ressortissants de l'UEMOA, dans la détermination des conditions et des droits d'accès aux institutions publiques d'enseignement supérieur des Etats membres de l'Union, 16. September 2005.

290 Art. 2 und Art. 3 Acte additionnel n° 01/2009/CCEG/UEMOA instituant une politique commune de l'UEMOA dans le domaine de la circulation et du séjour des personnes non ressortsantes de l'Union, 17. März 2009.

staatenangehöriger im Besitz des Visums eines Mitgliedstaats in der ganzen Union reisen und sich aufhalten darf.[291] Bisher erkennen weder alle Mitgliedstaaten die Visa der anderen Mitgliedstaaten an, noch geben sie ein gemeinsames Visum heraus.

a. Freizügigkeit als Recht aller Unionsbürger

Alle Bürger der Mitgliedstaaten haben nach dem UEMOAV das Recht, sich frei innerhalb der Union zu bewegen und aufzuhalten.[292] Dies impliziert, dass sie frei in andere Mitgliedsländer einreisen können.[293] Für welchen Zeitraum das Aufenthaltsrecht unabhängig von etwaigen wirtschaftlichen Aktivitäten besteht, wird nicht bestimmt. Allerdings lässt das – ebenfalls in Art. 91 UEMOAV vorgesehene – Recht, nach Beendigung einer Beschäftigung in einem anderen Mitgliedsland weiter dort zu leben, darauf schließen, dass die allgemeine Freizügigkeit kein unbegrenztes Aufenthaltsrechts umfasst, sondern grundsätzlich an die zumindest zeitweise Arbeit in dem betreffenden Mitgliedsland geknüpft ist.

Der Ministerrat kann mit der Zweidrittel-Mehrheit seiner Mitglieder Rechtsakte verabschieden, die die Inanspruchnahme des Einreise- und Aufenthaltsrechts erleichtern.[294] Insbesondere soll der Status der mitreisenden Familienmitglieder bestimmt werden.[295]

Artikel 91 UEMOAV stellt das freie Einreise- und Aufenthaltsrecht unter den Vorbehalt etwaiger Beschränkungen aus Gründen der öffentlichen Ordnung, der öffentlichen Sicherheit oder der Gesundheit der Bevölkerung. Der Umfang etwaiger Schranken soll nach Art. 91 Abs. 3 lit. c UEMOAV durch den Ministerrat präzisiert werden.

---

291 Art. 2 und Art. 3 Règlement n° 06/2009/CM/UEMOA portant reconnaissance mutuelle des visas délivrés par les Etats membres de l'UEMOA, 26. Juni 2009. Die Verordnung trat am 1. Oktober 2009 in Kraft.
292 Art. 91 Abs. 1 UEMOAV. Die Bestimmung ist direkt anwendbar, da sie klar und unbedingt ist. A.A.IBRIGA, COULIBALY und SANOU (Fn. 161), Rn. 475.
293 Der UEMOAV bestimmt nicht ausdrücklich die Abschaffung des Visums für Unionsbürger. Nach IBRIGA, COULIBALY und SANOU (Fn. 161), Rn. 473, wurden Visa bereits im Rahmen der CEAO abgeschafft.
294 Art. 91 Abs. 2 UEMOAV.
295 Art. 91 Abs. 3 lit. a UEMOAV.

b. Die Arbeitnehmerfreizügigkeit

Die Angehörigen der Mitgliedstaaten haben das Recht, in den anderen Mitgliedsländern eine Beschäftigung aufzunehmen und auszuüben, ohne dabei diskriminiert zu werden. Eine Bereichsausnahme gilt für den öffentlichen Dienst.[296] Weiterhin haben die Unionsbürger das Recht, auch nach Ende ihrer Beschäftigung in dem Mitgliedsland zu wohnen, in dem sie gearbeitet haben.[297] Der Rat verabschiedet die zur effektiven Geltendmachung der Arbeitnehmerfreizügigkeit erforderlichen Regelungen.[298] Insbesondere soll er die besonderen Belange der Wanderarbeitnehmer berücksichtigen und ihnen den Genuss der aus Arbeitsaufenthalten in verschiedenen Mitgliedstaaten erwachsenden Leistungsansprüche gewährleisten.[299]

Das Recht, in einem anderen Mitgliedstaat diskriminerungsfrei eine Beschäftigung zu suchen und auszuüben wie auch dort zu leben, unterliegt dem Vorbehalt etwaiger Beschränkungen aus Gründen der öffentlichen Ordnung, der öffentlichen Sicherheit oder der Gesundheit der Bevölkerung.[300]

c. Die Niederlassungsfreiheit

Die Niederlassungsfreiheit umfasst die Aufnahme und Ausübung selbständiger Erwerbstätigkeiten sowie die Gründung und Leitung von Unternehmen entsprechend der für die Angehörigen des Niederlassungstaats geltenden Bestimmungen.[301] Neben den Unionsangehörigen genießen auch Gesellschaften und juristische Personen die Niederlassungsfreiheit, sofern sie entsprechend der Gesetze eines Mitgliedstaats gebildet und in demselben ihren Sitz, ihre Verwaltung oder ihre Hauptniederlassung haben.[302] Der Ministerrat erlässt die notwendigen Vorschriften, um die tat-

---

296 Art. 91 Abs. 1, 1. Gedankenstrich UEMOAV.
297 Art. 91 Abs. 1, 3. Gedankenstrich UEMOAV.
298 Art. 91 Abs. 2 UEMOAV.
299 Art. 91 Abs. 3 lit. b UEMOAV.
300 Art. 91 Abs. 1 UEMOAV.
301 Art. 92 Abs. 3 UEMOAV. Die Bestimmung ist direkt anwendbar, IBRIGA, COULIBALY und SANOU (Fn. 161), Rn. 478.
302 Art. 92 Abs. 1 und 2 UEMOAV.

sächliche Inanspruchnahme der Niederlassungsfreiheit zu erleichtern.[303] In diesem Zug hat er den Zugang zu einigen freien Berufen, etwa für Anwälte, Architekten und Ärzte geregelt.

Die Niederlassungsfreiheit steht unter dem Vorbehalt eventueller Einschränkungen aus Gründen der öffentlichen Sicherheit und Ordnung, der Gesundheit der Bevölkerung oder anderen Gründen des Gemeinwohls.[304] Beschränkt ein Staat den Zugang von natürlichen oder juristischen Personen anderer Mitgliedstaaten zu bestimmten Tätigkeiten, hat er dies der Kommission mitzuteilen. Diese überprüft jährlich die Schranken und wirkt auf deren Harmonisierung bzw. schrittweisen Abbau hin.[305]

3. Die Dienstleistungsfreiheit

Wie die ECOWAS regelt die UEMOA mit der aktiven Dienstleistungsfreiheit ausschließlich das Recht Dienstleistungen in einem anderen Mitgliedstaat als dem Wohnsitzstaat zu erbringen.

Die Unionsangehörigen dürfen Dienstleistungen in anderen Mitgliedstaaten erbringen und unterliegen dabei den gleichen gesetzlichen Bedingungen wie deren Staatsbürger.[306] Auch Gesellschaften und juristische Personen genießen die Dienstleistungsfreiheit.[307] Der Begriff der Dienstleitung wird nicht im UEMOA-Recht definiert. Allerdings schränkt der Vertrag den Schutzbereich der Dienstleistungsfreiheit ausdrücklich auf die Erbringung von Dienstleistungen ein. Reisen, um Dienstleistungen in Anspruch zu nehmen (sog. passive Dienstleistungsfreiheit) werden daher nicht umfasst. Die nationalen Reglementierungen bestimmter Tätigkeiten und Berufe sollen harmonisiert und Regelungen erlassen werden, die die effektive Inanspruchnahme der Dienstleistungsfreiheit erleichtern.[308]

Soweit die Union den Bereich noch nicht harmonisiert hat, können Mitgliedstaaten die freie Erbringung bestimmter Dienstleistungen aus Gründen der öffentlichen Ordnung und Sicherheit, des Gesundheitsschutzes

---

303 Art. 92 Abs. 4 und 5 i.V.m. Art. 91 Abs. 3 UEMOAV.
304 Art. 92 Abs. 3 und Art. 94 Abs. 1 UEMOAV.
305 Art. 94 Abs. 2 S. 2 UEMOAV.
306 Art. 93 Abs. 1 UEMOAV.
307 Art. 93 Abs. 2 i.V.m. Art. 92 Abs. 2 UEMOAV.
308 Art. 95 und Art. 93 Abs. 2 i.V.m. Art. 91 Abs. 3 UEMOAV.

sowie anderer Gründe des Allgemeinwohls einschränken.[309] Artikel 99 UEMOAV verbietet den Staaten ausdrücklich, neue Beschränkungen „der in Art. 93 […] vorgesehenen Rechte" nach Inkrafttreten des Vertrags einzuführen. Allerdings stellt schon Art. 93 UEMOAV selber die Dienstleistungsfreiheit unter den Vorbehalt gerechtfertigter Schranken.

4. Umsetzung der Freizügigkeit und Dienstleistungsfreiheit

Nicht nur in der ECOWAS, sondern auch in der UEMOA verletzten einige Staaten immer wieder die Freizügigkeit der Unionsangehörigen. So soll die Elfenbeinküste 1998 die Gebühren für die Aufenthaltserlaubnis verdreifacht und es damit faktisch vielen UEMOA-Bürgern unmöglich gemacht haben, sich legal im Land aufzuhalten.[310] Es mangelt an unionsrechtlichen Regelungen zur effektiven Durchsetzung bzw. Harmonisierung der mit der Dienstleistungs- und Niederlassungsfreiheit verbundenen Aspekte. Die Richtlinien zur Niederlassungsfreiheit freier Berufe werden kaum von den Mitgliedsländern umgesetzt.[311]

5. Die Kapital- und Zahlungsverkehrsfreiheit

Der UEMOAV benennt das Ziel der Kapitalverkehrsfreiheit und regelt diese, ohne auf die Zahlungsverkehrsfreiheit einzugehen.[312] Diese wird aber von der sekundärrechtlich definierten Kapitalverkehrsfreiheit erfasst und durch die gemeinsame Währung erleichtert.[313]

---

309 Art. 93 Abs. 1, Art. 94 UEMOAV. Die Kommission muss darüber informiert werden.

310 GRIMM (Fn. 174), S. 21.

311 UEMOA-Kommission, Rapport 2011 sur le fonctionnement et l'évolution de l'Union, Juni 2012, S. 77. Nach diesem Bericht setzt keiner der Mitgliedstaaten die Richtlinien zur Niederlassungsfreiheit von Ärzten, Apothekern und Zahnchirurgen um.

312 Art. 76 lit. d UEMOAV nennt das Ziel der Kapitalverkehrsfreiheit und Art. 96 UEMOAV trifft die entsprechenden Regelungen.

313 Art. 6 Règlement n° 09/2010/CM/UEMOA relatif aux relations financières extérieures des Etats membres de l'Union Economique et Monétaire Ouest Africaine (UEMOA), 1. Oktober 2010: „Les opérations d'investissement, d'emprunt, de placement et d'une manière générale, tous les mouvements de capitaux entre

Nach Art. 96 UEMOAV sind Beschränkungen der Kapitalströme, soweit das Kapital den Unionsbürgern gehört, grundsätzlich verboten.[314] Damit ist der grenzüberschreitende Transfer von Geld- und Sachkapital geschützt, der regelmäßig der Vermögensanlage dient.[315] Im Gegensatz zum AEUV liberalisiert damit der Unionsvertrag den Kapitalverkehr nicht auch im Verhältnis zu dritten Ländern.[316] Die finanziellen Beziehungen der Union zu Drittstaaten sind in einer Verordnung geregelt.[317]

Der freie Kapitalverkehr kann durch staatliche Maßnahmen zur Verhinderung von Verstößen gegen das Steuerrecht oder aus Gründen der öffentlichen Ordnung und Sicherheit eingeschränkt werden, soweit diese Maßnahmen nicht willkürlich diskriminieren oder ihren Beschränkungscharakter verschleiern.[318] Die UEMOA selber hat mehrere Rechtsakte erlassen, die die Zahlungsverkehrs- und Kapitalfreiheit einschränken, insbesondere zum Kampf gegen die Geldwäsche.[319]

Etats membres de l'UEMOA sont libres et sans restriction aucune, conformément aux Article 76 paragraphe d, 96 et 97 du Traité modifié de l'UEMOA et à l'Article 3 du Traité de l'UMOA."

314 Die Regelung ist wegen ihrer Klarheit und Unbedingtheit direkt anwendbar, auch wenn Art. 99 UEMOAV dem zu widersprechen scheint, da er lediglich verbietet, neue Barrieren einzuführen bzw. willkürlich diskriminierende oder verschleierte Beschränkungen des Kapitalverkehrs aufrecht zuhalten. Mit diesem Argument gegen die direkte Anwendbarkeit IBRIGA, COULIBALY und SANOU (Fn. 161), Rn. 488. Das Verbot willkürliche bzw. verschleierte Beschränkungen aufrechtzuhalten, ist als Schranke-Schranke bei der Bewertung von Eingriffen zu berücksichtigen.

315 Siehe die Definition in Art. 6 Règlement n° 09/2010/CM/UEMOA relatif aux relations financières extérieures des Etats membres de l'Union Economique et Monétaire Ouest Africaine (UEMOA), 1. Oktober 2010. Vgl. MATTHIAS HERDEGEN, *Europarecht*, München, 15. Aufl. 2013, § 18 Rn. 1 für die EU.

316 Vgl. Art. 63 Abs. 1 AEUV und dazu OPPERMANN, CLASSEN und NETTESHEIM (Fn. 82), § 31 Rn. 18.

317 Ministerrat, Règlement n° 09/2010/CM/UEMOA relatif aux relations financières extérieures des Etats membres de l'Union Economique et Monétaire Ouest Africaine (UEMOA), 1. Oktober 2010.

318 Art. 97 Abs. 1 lit. a und lit. c UEMOAV.

319 Directive n° 07/2002/CM/UEMOA relative à la lutte contre le blanchiment de capitaux dans les Etats membres de l'Union Economique et Monétaire Ouest Africaine, 19. September 2002. Directive n° 04/2007/CM/UEMOA relative à la lutte contre le financement du terrorisme dans les Etats membres de l'Union Economique et Monétaire Ouest Africaine (UEMOA), 4. Juli 2007.

V. Die Zollunion

Eine Zollunion wird durch das Verbot von Einfuhr- und Ausfuhrzöllen und Abgaben zollgleicher Wirkung, d.h. den Wegfall der Binnenzollgrenzen, sowie die Einführung eines gemeinsamen Zolltarifs gegenüber dritten Ländern verwirklicht. Diese zwei Elemente sind Vertragsziele der UEMOA.[320] Nach Art. 82 verabschiedet der Ministerrat auf Vorschlag der Kommission Maßnahmen zur Harmonisierung der Rechts- und Verwaltungsvorschriften, die zum Funktionieren der Zollunion erforderlich sind. Zudem legt er den Außenzoll und die Handelspolitik gegenüber Drittstaaten fest.

Ursprünglich für den Januar 1998 vorgesehen, wurde der Gemeinsame Außenzoll zum 1. Januar 2000 durch Entscheidung des Ministerrats eingeführt.[321] Dabei wurden vier Warenkategorien mit unterschiedlichen Zollsätzen (0, 5, 10, 20%) gebildet, denen die Waren vorrangig je nach dem Grad ihrer Verarbeitung und ihrer *nature sociale*, d.h. ihrer Bedeutung für das Wirtschaftsleben bzw. die Befriedigung der Grundbedürfnisse der Bevölkerung, zugeordnet werden.[322] Zusätzlich werden auf die Importe eine Gemeinschaftssteuer sowie eine Statistikgebühr erhoben.[323] Der 2002 vom Ministerrat erlassene Zollkodex regelt insbesondere die Organisation

---

320 Art. 4 lit. c, Art. 76 lit. a), lit. b) UEMOAV.

321 Règlement n° 02/97/CM/UEMOA portant adoption du Tarif Extérieur Commun de l'Union Economique et Monétaire Ouest Africaine (UEMOA), 28. November 1997.

322 Art. 6 und Art. 7 Règlement n° 02/97/CM/UEMOA portant adoption du Tarif Extérieur Commun de l'Union Economique et Monétaire Ouest Africaine (UEMOA), 28. November 1997.

323 Die Gemeinschaftssteuer regelt der Acte Additionnel n° 07/99 portant relèvement du Prelèvement Communautaire de Solidarité (PCS), 8. Dezember 1999. Das Règlement n° 02/97/CM/UEMOA erlaubt die Erhebung weiterer Abgaben auf den Import außerregionaler Waren. Nach Art. 9 Règlement n° 02/97/CM/ UEMOA legt der Ministerrat die Bemessungsgrundlage, den Satz, die Dauer und andere Modalitäten der Gestaffelten Schutzsteuer (Taxe Dégressive de Production) fest. Gegebenenfalls kann auch noch eine Konjunkturelle Importsteuer (Taxe conjoncturelle à l'importation) erhoben werden, Art. 5 Règlement n ° 02/97/CM/UEMOA. Die beiden letzten Steuern sollen aber lediglich kurzzeitig, Zollausfälle kompensieren. Nach der Art. 1 Règlement n° 25/2002/CM/UEMOA modifiant les articles 4 et 5 du Règlement n° 03/99/CM/UEMOA du 25 mars 1999 portant adoption du mécanisme de la Taxe Dégressive de Protection (TDP) au sein de l'UEMOA, 19. Dezember 2002, sollte die Gestaffelte Schutzsteuer nur bis zum Ende des Jahres 2002 erhoben werden.

und Arbeitsweise der Zollbehörde und das Zollverfahren.[324] Artikel 58 UEMOAV sieht vor, dass Verluste, die den Mitgliedstaaten durch die Einführung der Zollunion entstehen, während einer Übergangszeit kompensiert werden sollen.[325] Allerdings wurden bisher Ausgleichszahlungen nur für Verluste auf Grund des Wegfalls der Binnenzollgrenzen geleistet und nicht wegen der Einführung des Gemeinsamen Außenzolls.[326] Die bisherigen Kompensationsmechanismen sind ausgelaufen.[327] Die Regelung des Außenzolls umfasst weitere Abgaben, die Zoll- und Statistiknomenklatur[328], den Zollwert[329], Antidumping- und Schutzmaßnahmen. In Übereinstimmung mit Art. 86 UEMOAV hat der Ministerrat in einer Verordnung die Bedingungen festgelegt, nach denen es den Mitgliedstaaten erlaubt ist, Schutzmaßnahmen in Abweichung von den Regeln der Zollunion und der

---

324 Règlement n° 09/2001/CM/UEMOA portant adoption du code des douanes de l'Union Economique et Monétaire Ouest Africaine (UEMOA), 26. November 2002.

325 Nach Art. 78 Abs. 2 UEMOAV errichtet der Ministerrat auf Vorschlag der Kommission und mit der Zweidrittel-Mehrheit den Kompensations- und Entwicklungsfonds.

326 Zwar sollen nach Art. 3 Acte additionnel n° 06/99 instituant un dispositif de compensations financières au sein de l'UEMOA, 8. Dezember 1998, sowohl die durch den Wegfall des Binnenzolls als auch durch Einführung des Gemeinsamen Außenzolls bedingten Ausfälle kompensiert werden. Allerdings regelt der Zusatzakt nur den Ausgleich von Verlusten wegen der Binnenliberalisierung und verweist in seinem Art. 5 für eine Regelung des Ausgleichs auf Grund der Gemeinsamen Außenzolls auf den Ministerrat, MASSA COULIBALY und DANIEL J. PLUNKETT, Lessons from the Implementation of the WAEMU/UEMOA Common External Tariff since 2000 for the Implementation of the ECOWAS Common External Tariff by the end of 2007, 2006, S. 23, Rn. 72.

327 Guidado Sow, Direktor der Abteilung Regulierung und internationale Zusammenarbeit der senegalesischen Oberzolldirektion und ehemaliger Leiter des Zolldirektorats der UEMOA-Kommission, Interview mit der Autorin, 5. April 2012, Dakar.

328 Die Zoll- und Statistiknomenklatur wird regelmäßig den Änderungen angepasst, die im Rahmen des Internationalen Übereinkommens über das Harmonisierte System zur Bezeichnung und Codierung v. 14. Juni 1983 erfolgen, siehe bspw. Règlement n° 08/2007/CM/UEMOA portant adoption de la nomenclature tarifaire et statistique du Tarif Extérieur Commun de l'UEMOA, basée sur la version 2007 du Système Harmonisé de désignation et codification des marchandises, 6. April 2007.

329 Ministerrat, Règlement n° 05/1999/CM/UEMOA portant valeur en douane des marchandises, 6. August 1999.

gemeinsamen Handelspolitik einzuführen.[330] Die Union selber hat mit der degressiven Schutzsteuer und der – ausschließlich Waren aus Drittstaaten erfassenden – konjunkturellen Importsteuer Abweichungen von dem Zollsatz geregelt.[331] Des Weiteren erlaubt eine Verordnung des Ministerrats den Mitgliedstaaten einen Pauschalzoll auf Produkte aus Drittstaaten zu erheben, wenn der eigentlich auf sie zu entrichtende Zollsatz aus vermuteter Preismanipulation niedriger ist. Damit will die Union gegen Betrug bei der Wertangabe und unlauteren Wettbewerb vorgehen.[332] Die UEMOA schützt ihren Markt mit Antidumpingzöllen vor unlauterer Konkurrenz aus Drittstaaten.[333]

---

330 Ministerrat, Règlement n° 14/98/CM/UEMOA portant adoption des modalités de la mise en œuvre de la dérogation prévue à l'article 86 du traité de l'UEMOA, 22. Dezember 1998.

331 Règlement n° 3/99/CM/UEMOA portant adoption du mécanisme de la Taxe Dégressive de Protection (TDP) au sein de l'UEMOA, 25. März 1999. Die dort vorgesehene Anwendungsfrist wurde durch das Règlement n° 16/2005/CM/UEMOA portant modification du Règlement n° 19/2003/CM/UEMOA du 22 décembre 2003 modifiant le Règlement n° 03/99/CM/UEMOA du 25 mars 1999, portant adoption du mécanisme de la Taxe Dégressive de Protection au sein de l'Union Economique et Monétaire Ouest Africaine, 16. Dezember 2005, bis zum 31. Dezember 2006 verlängert. Règlement n° 06/99/CM/UEMOA portant adoption du mécanisme de la Taxe Conjoncturelle à l'Importation (TCI) au sein de l'UEMOA, 17. September 1999.

332 Règlement n° 04/99/CM/UEMOA portant institution d'un système de détermination de la valeur en douane dénommé valeur de référence au sein de l' UEMOA, 25. März 1999.

333 Diese Zölle werden von den Mitgliedstaaten auf Entscheidung der Kommission oder des Rats, der ein Verfahren mit der Möglichkeit zur Stellungnahmen vorausgeht, erhoben, Art. 23 ff., Art. 46 Règlement n° 09/2003/CM/UEMOA portant adoption du Code communautaire anti-dumping, 23. Mai 2003.

Trotz des Gemeinsamen Außenzolls zirkulieren Drittwaren nicht frei in der Union.[334] Dies ist der Tatsache geschuldet, dass die Zolleinnahmen nicht von der UEMOA erhoben werden, sondern von den Mitgliedstaaten, die sich noch nicht über einen Verteilungsmodus geeinigt haben.[335] Während die ECOWAS grundsätzlich Re-Exporte zollfrei stellt, können diese in der UEMOA unter bestimmten Bedingungen als Transitwaren von der Verzollungspflicht suspendiert werden.[336] Theoretisch wird der UEMOA-Außenzoll seit Januar 2015 von dem im Rahmen der ECOWAS vereinbarten Gemeinsamen Außenzoll abgelöst.[337] Ob bereits alle UEMOA-Mitgliedstaaten die ECOWAS-Regeln anwenden, ist offen.

VI. Die gemeinsame Handelspolitik

Die UEMOA hat das Mandat, eine gemeinsame Handelspolitik gegenüber Drittstaaten festzulegen.[338] Zu diesem Zweck erlässt der Rat auf Vorschlag der Kommission Verordnungen.[339] Gemäß Art. 84 schließt die Union Handelsabkommen mit Drittstaaten. So hat sie beispielsweise 2002 mit den USA ein Rahmenabkommen über Handel und Investitionen geschlossen.[340] Sie verhandelte auch – gemeinsam mit der ECOWAS - mit der EU die Wirtschaftspartnerschaftsabkommen. Werden solche Überein-

---

334 Die UEMOA-Kommission arbeitet an dem Thema, führt Studien durch und erarbeitet einen Rechtsrahmen, Dr. Alain Faustin Bocco, Kabinettsdirektor des UEMOA-Kommissars für die Entwicklung des privaten Sektors, Energie und Telekommunikation, zuvor Direktor des Außenhandels im UEMOA-Kommissariat für den Regionalmarkt, den Handel, die Konkurrenz und die Kooperation, Interview mit der Autorin, 26. April 2012, Ouagadougou.

335 Guidado Sow, Direktor der Abteilung Regulierung und internationale Zusammenarbeit der senegalesischen Oberzolldirektion und ehemaliger Leiter des Zolldirektorats der UEMOA-Kommission, Interview mit der Autorin, 5. April 2012, Dakar.

336 Art. 105, 118 Zollkodex, verabschiedet durch Ministerrat, Règlement n ° 09/2001/CM/UEMOA portant adoption du Code des douanes de l'Union Economique et Monétaire Ouest Africaine, 26. November 2002. Siehe zu den Unterschieden der Regelungen Teil III Kapitel 2 A I 1 b.

337 Siehe dazu unter Teil I Kapitel 3 E II 1.

338 Art. 4 lit. c und Art. 82 ff. UEMOAV.

339 Art. 82 lit. c UEMOAV.

340 Trade and Investment Framework Agreement (TIFA) between the West African Economic and Monetary Union (WAEMU) and the Government of the United States of America vom 24. April 2002. Andere Beispiele sind Verhandlungen mit

kommen im Rahmen von internationalen Organisationen ausgehandelt, bei denen die Union nicht Mitglied ist und nicht über eine eigene Vertretung verfügt, stimmen die Mitgliedstaaten ihre Verhandlungspositionen entsprechend der vom Rat festgelegten Richtlinien ab.[341] Das prominenteste Anwendungsbeispiel für diese Koordinierung bilden die Verhandlungen in der WTO.[342] In deren Ausschuss für Handel und Entwicklung hat die UEMOA den Status eines *Ad-hoc*-Beobachters.[343]

Der UEMOA-Gerichtshof sieht die Kompetenz, mit Drittstaaten Handelsabkommen zu schließen, als ausschließliche Zuständigkeit der Union an.[344] Daraus folgert er, dass die Mitgliedstaaten der UEMOA grundsätzlich weder einzeln noch kollektiv Handelsverträge schließen dürfen.[345]

VII. Die sektoriellen Wirtschaftspolitiken

Die Union strebt die Koordinierung der nationalen Sektorpolitiken an. Dazu sollen in den für die wirtschaftliche und soziale Entwicklung der Mitgliedstaaten wichtigsten Bereichen gemeinsame Politiken eingeführt werden. Dies betrifft insbesondere die Sozialpolitik, die Raumordnung, den Verkehr und die Telekommunikation, die Umwelt, Landwirtschaft, Energie, Industrie und den Bergbau.[346] Durch Zusatzakt kann die Konfe-

---

Marokko (2000), Tunesien (2001), Ägypten (2004) und Algerien (2006), ALAIN FAUSTIN BOCCO, *Politique commerciale commune et rôle de l'UEMOA dans les négociations commerciales*, Bamako 2007, S. 30 ff.

341 Art. 85 Abs. 1 UEMOAV.

342 Um die ständigen Vertretungen der Mitgliedstaaten der Union besser zu koordinieren, bestimmen die UEMOA-Mitgliedstaaten für WTO-Verhandlungen einen Sprecher, Ministerrat, Directive n° 03/2005/CM/UEMOA relative aux modalités de désignation d'un Porte-parole des Etats membres de l'UEMOA au sein de l'OMC, 16. September 2005. Dieser wird nach Art. 2 der Directive n° 03/2005/CM/UEMOA immer von der Delegation des Staates gestellt, der gerade satzungsgemäß dem Ministerrat vorsitzt. Gemäß Art. 4 der Richtlinie äußert sich während der Beratungen der Unionssprecher für die Mitgliedstaaten der UEMOA, denen es obliegt, bei ihren Beiträgen dem Standpunkt der UEMOA Nachdruck zu verleihen.

343 BOCCO (Fn. 340), S. 33.

344 UEMOA-GH, Gutachten n° 2/2000 vom 2. Februar 2000, CJ-UEMOA, Recueil de la Jurisprudence de la Cour, 01 – 2002, S. 111, 117.

345 UEMOA-GH, Gutachten n° 2/2000 vom 2. Februar 2000.

346 Art. 4 lit. d und Art. 101 Abs. 1 und 2 UEMOAV i.V.m. Protocole additionnel n° II relatif aux politiques sectorielles de l'UEMOA, undatiert.

renz weitere Sektorpolitiken festlegen, die zur Verwirklichung der Unionsziele erforderlich sind.[347] Vor Verabschiedung von Rechtsakten, die die gemeinsamen Politiken konkretisieren, ist das Parlament anzuhören.[348] Nachdem die UEMOA jahrelang den Sektorpolitiken wenig Aufmerksamkeit gewidmet hatte, hat sie 2004 ein Regionales Wirtschaftsprogramm (*Programme Economique Régional, PER*) auf den Weg gebracht, das Maßnahmen im Bereich (Verkehrs-)Infrastruktur, Landwirtschaft, Bildung und Industrie umfasst.[349] Damit soll nach dem Ende der Kompensationszahlungen für Zollverlust, die zwei Drittel des UEMOA-Haushalts ausmachten, in die mitgliedstaatliche Infrastruktur und Wettbewerbsfähigkeit investiert werden. Die Sektorpolitiken sind allerdings nicht den gleichnamigen Politiken der EU vergleichbar, sondern stellen eher Bündel von Investitionsanreizen für die Mitgliedstaaten dar.[350] Bisher ist die Union bei der Regelung des Verkehrs und der Landwirtschaft am aktivsten.[351] Dabei haben sich die Politiken der UEMOA in einigen Bereichen als wegweisend für die ECOWAS erwiesen.[352]

---

347 Art. 24 Protocole additionnel n° II relatif aux politiques sectorielles de l'UEMOA, undatiert.

348 Art. 1 Protocol additionnel n° IV modifiant et complétant le Protocole additionnel n° II relatif aux politiques sectorielles de l'UEMOA, 29. Januar 2003.

349 Décision n°01/2004/CM/UEMOA portant adoption du Programme Economique Régional (PER) 2004-2008, 18. Mai 2004. Siehe zu den vorrangigen Achsen Punkt 3.6. des Anhangs.

350 Guidado Sow, Direktor der Abteilung Regulierung und internationale Zusammenarbeit der senegalesischen Oberzolldirektion und ehemaliger Leiter des Zolldirektorats der UEMOA-Kommission, Interview mit der Autorin, 5. April 2012, Dakar.

351 JAN CERNICKY, *Regionale Integration in Westafrika. Eine Analyse der Funktionsweise von ECOWAS und UEMOA*, Bonn 2008, S. 223, 227.

352 So insbesondere im Bereich Landwirtschaft und dem Qualitätsprogramm für die Industrie.

1. Verkehr

Die Verkehrspolitik der UEMOA zielt zum einen auf die Angleichung bzw. Vereinheitlichung der gesetzlichen Regulierungen und zum anderen auf den Bau und die Erneuerung der Verkehrsverbindungen zwischen den Mitgliedstaaten.[353]

2001 hat der Ministerrat eine gemeinsame Politik mit Maßnahmen zum Straßenbau und zur Reglementierung des Straßenverkehrs verabschiedet.[354] Im Rahmen des Regionalen Wirtschaftsprogramms sind weitere Maßnahmen zum Straßenbau vorgesehen. Daneben sind auch einzelne Projekte zur besseren Verbindung der Eisenbahnnetze geplant.[355] Der Luftverkehr wird durch eine Ratsentscheidung von 2002 geregelt.[356] Danach übernehmen die Mitgliedstaaten internationale Sicherheitsstandards, insbesondere die der Internationalen Zivilluftfahrt-Organisation, geben sich in Bereichen wie der Sicherheit der Passagiere gemeinsame Regeln und liberalisieren die mit der Luftfahrt verbundenen Dienstleistungen.[357] Die Union hat den Bereich der Zivilluftfahrt umfassend geregelt und beispielsweise gemeinsame Vorschriften zur Ausbildung und Lizenzvergabe für Luftfahrtpersonal und zur gemeinsamen Überwachung des Luftraums erlassen.[358] Wie die ECOWAS[359] hat sich die UEMOA die Schaffung einer regionalen Fluglinie zum Ziel gesetzt.[360]

---

353 Gemäß Art. 7 Protocole additionnel n° II relatif aux politiques sectorielles de l'UEMOA erlässt der Ministerrat ein Programm zur Verbesserung der Infrastruktur und der Verkehrssysteme.

354 Décision n° 07/2001/CM/UEMOA portant adoption de la stratégie communautaire et d'un réseau d'infrastrucutres routières au sein de l'UEMOA, 20. September 2001.

355 Punkt 3.6 Anhang Décision n°01/2004/CM/UEMOA portant adoption du Programme Economique Régional (PER) 2004-2008, 18. Mai 2004.

356 Décision n° 08/2002/CM/UEMOA portant adoption du programme commun du transport aérien des Etats membres de l'UEMOA, 27. Juni 2002.

357 Punkt B) Anhang zur Entscheidung n° 08/2002/CM/UEMOA.

358 Décision n° 13/2005/CM/UEMOA portant adoption d'un mécanisme communautaire de supervision de la sécurité de l'aviation civile dans les Etats membres de l'UEMOA, 16. September 2005, und Règlement n° 01/2007/CM/UEMOA portant adoption du Code communautaire de l'aviation civile des Etats membres de l'UEMOA, 6. April 2007.

359 Siehe Teil I Kapitel 3 E III 1.

360 Punkt 3.6 Anhang Décision n°01/2004/CM/UEMOA portant adoption du Programme Economique Régional (PER) 2004-2008, 18. Mai 2004.

2. Landwirtschaft

Die Union misst der Landwirtschaft eine hohe strategische Bedeutung zu, weil zwei Drittel ihrer Bevölkerung im ländlichen Raum leben und sie 34 % des BIP innerhalb der UEMOA ausmacht.[361] Die gemeinsame Agrarpolitik verfolgt primär die Ziele, die Lebensmittelsicherheit zu gewährleisten, die Produktivität der regionalen Landwirtschaft zu steigern und einen für die Produzenten und Konsumenten funktionierenden Markt zu schaffen.[362] Das heißt, der Verkauf von Agrarprodukten soll den Bauern ein solides Einkommen einbringen; daneben sollen ihre Lebensbedingungen verbessert werden.[363]

Nach der umfangreichen Beteiligung zahlreicher regionaler und nationaler Akteure hat die Konferenz Ende 2001 einen Zusatzakt verabschiedet, der den Anwendungsbereich, die Leitprinzipien, die Handlungsfelder und die Mittel der Gemeinsamen Landwirtschaftspolitik der UEMOA bestimmt.[364] Danach soll die Union auf drei Feldern aktiv werden: Sie soll die Produktionsbedingungen verbessern und die Produktionssysteme an die Anforderungen des regionalen und internationalen Markts heranführen. Des Weiteren sollen der Gemeinsame Markt im Bereich der Landwirtschaft vertieft und bestimmte Ressourcen wie insbesondere Wasser gemeinsam verwaltet werden. Die Landwirtschaft der Mitgliedsländer soll so in den subregionalen sowie globalen Markt eingebunden werden.[365] Die Union hat zwei Dreijahresprogramme verabschiedet, um diese Ziele zu erreichen. Die im Rahmen des Dreijahresprogramms 2009-2011 pro-

---

361 UEMOA, Einleitung Programme triennal d'activités 2002-2004 pour la mise en œuvre de la Politique agricole de l'UEMOA, Juni 2002, S. 3.

362 Art. 14 Abs. 1 Protocole additionnel n° II relatif aux politiques sectorielles de l'UEMOA, undatiert.

363 Art. 3 lit. b) Acte additionnel n° 03/2001 portant adoption de la Politique Agricole de l'Union (PAU), 19. Dezember 2001.

364 Acte additionnel n° 03/2001 portant adoption de la Politique Agricole de l'Union (PAU), 19. Dezember 2001.

365 Welche Maßnahmen dies im Einzelnen impliziert, beschreibt Art. 8 Acte additionnel n° 03/2001 portant adoption de la Politique Agricole de l'Union (PAU), 19. Dezember 2001. Siehe dazu auch BÉNÉDICTE HERMELIN, *La politique agricole de l'UEMOA: aspects institutionnels et politiques,* 2003, S. 30 ff.

jektierten Aktivitäten sind Teil der dritten Achse des Regionalen Wirtschaftsprogramms, von deren 63 Projekten vier die Landwirtschaftspolitik betreffen.[366]

Auf Grundlage des ersten Dreijahresprogramms für den Zeitraum 2002-2004 wurden bisher grundlegende Institutionen geschaffen, besondere Förderungsprogramme eingeführt und einige Bereiche der mitgliedstaatlichen Gesetzgebung angeglichen.[367] So wurde der Regionale Fonds für die Entwicklung der Landwirtschaft errichtet, in dem Mittel für die Landwirtschaftsprojekte der Union bereitgestellt werden sollen.[368] Ein Regionales Sonderprogramm für die Lebensmittelsicherheit wurde aufge-

---

366 UEOMA, Punkt 5 der Zusammenfassung Deuxième Programme triennal (2009-2011) sur la mise en œuvre de la Politique agricole de l'UEMOA, Januar 2009, S. 5.

367 Zu dem bisherigen Erreichten ausführlich UEOMA, Punkt I Stand der Umsetzung der PAU Deuxième Programme triennal (2009-2011) sur la mise en œuvre de la Politique agricole de l'UEMOA, Januar 2009, S. 8 ff.

368 Acte additionnel n° 03/2006 vom 27. März 2006 [relatif au] Fonds Régional de Développement Agricole dénommé «FRDA». Das Règlement n° 06/2006/CM/UEMOA fixant les modalités d'intervention, d'organisation et de fonctionnement du Fonds Régional de Développement Agricole, 2. Mai 2006, regelt die Organisation und Arbeitsweise des Fonds. Die Förderungskriterien und das Bewilligungsverfahren sollen in Zusammenarbeit mit der FAO bestimmt werden. Ein *Projet de Coopération Technique* wurde im September 2008 mit der FAO unterzeichnet, Punkt I.1.5 Deuxième Programme triennal (2009-2011) sur la mise en œuvre de la Politique agricole de l'UEMOA, Januar 2009, S. 10.
Des Weiteren wurde durch das Règlement n° 04/2007/CM/UEMOA portant création et modalités de fonctionnement du Comité consultatif sur l'harmonisation des politiques et des législations des Etats membres de l'UEMOA en matière de pêche et de l'aquaculture, 6. April 2007, ein Beratender Ausschuss geschaffen, der federführend bei der Harmonisierung der nationalen Politiken und Gesetzgebungen der Mitgliedstaaten im Bereich Fischerei und Aquakultur vorangehen soll. Daneben wurde ein Beratender Regionalausschuss für die Agrarsektoren durch das Règlement n° 12/2007/CM/UEMOA portant création et modalité de fonctionnement du Comité consultatif régional des filières agricoles au sein de l'UEMOA, errichtet.
Mit dem Règlement n° 1/2006/CM/UEMOA portant création et modalités de fonctionnement d'un comité vétérinaire au sein de l'UEMOA, 23. März 2006, wurde der Veterinärausschuss der UEMOA geschaffen. Die Einrichtung eines Unterausschuss des Regionalen Beratender Ausschusses für internationale Handelsabkommen, der sich mit Fragen der Landwirtschaft beschäftigt, ist vorgesehen, Punkt I.3.1. Deuxième Programme triennal (2009-2011) sur la mise en œuvre de la Politique agricole de l'UEMOA, Januar 2009, S. 13.

legt.[369] Daneben sollen fünf vorrangige Bereiche der Landwirtschaft, nämlich der Anbau von Reis, Mais und Baumwolle sowie die Zucht von Fleischvieh und Geflügel gefördert werden, um wettbewerbsfähiger zu werden.[370] Die Gesetzgebung der Mitgliedstaaten wurde in den Bereichen des Gesundheitsschutzes bei pflanzlichen Erzeugnissen, Tieren und Lebensmitteln und der Veterinärmedizin angeglichen.[371]

3. Industrie

Die Mitgliedstaaten der UEMOA sind nur in geringem Maße industrialisiert.[372] Dies will die Union mit ihrer Industriepolitik ändern. Den Rahmen dafür steckt das Zusatzprotokoll zu den Sektorpolitiken ab. Danach soll die Unionspolitik besonders auf das Entstehen leistungsstarker Unternehmen, die die Binnennachfrage befriedigen und auf dem Weltmarkt konkurrenzfähig sind, die Harmonisierung der auf industrielle Aktivitäten anwendbaren Gesetze, insbesondere für Investitionen, und eine ausgeglichene wirtschaftliche Entwicklung der verschiedenen Unionsregionen hinwirken.[373] Ein Zusatzakt vom Dezember 1999 präzisiert diese Ziele und sieht sechs Programme zur Verwirklichung der Gemeinsamen Industriepolitik vor.[374] Diese beinhalten Maßnahmen zur Qualitätsförderung, zur

---

369 Punkt I.1.1. Deuxième Programme triennal (2009-2011) sur la mise en œuvre de la Politique agricole de l'UEMOA, Januar 2009, S. 8.

370 Das Règlement n° 06/2007/CM/UEMOA portant adoption du plan directeur des filières agricoles prioritaires dans l'espace UEMOA, 6. April 2007 bestimmt die Leitlinien der Förderungsmaßnahmen. Vgl. Punkt I.1.2. Deuxième Programme triennal (2009-2011) sur la mise en œuvre de la Politique agricole de l'UEMOA, Januar 2009, S. 9.

371 Siehe etwa das Règlement n° 07/2007/CM/UEMOA relatif à la sécurité sanitaire des végétaux, des animaux et des aliments dans l'UEMOA, 6. April 2007, und Règlement n° 2/2006/CM/UEMOA établissant des procédures communautaires pour l'autorisation de mise sur le marché et la surveillance des médicaments vétérinaires en instituant un Comité régionale du médicament vétérinaire, 23. März 2006.

372 Punkt III Anhang zum Acte additionel n° 05/99 portant adoption de la Politique Industrielle Commune de l'UEMOA, 8. Dezember 1999.

373 Art. 21 Protocole additionnel n° II relatif aux politiques sectorielles de l'UEMOA, undatiert.

374 Art. 2 Acte additionnel n° 05/99 portant adoption de la Politique Industrielle Commune der l'UEMOA, 8. Dezember 1999, nennt als konkrete Ziele die Verbesserung der Konkurrenzfähigkeit der Industrieunternehmen der UEMOA, die

Stärkung von Unternehmen und ihres Umfelds, zur Förderung von Informationsnetzwerken, zur Förderung von Investitionen und Exporten, zur Entwicklung von kleinen und mittelständischen Unternehmen sowie zur verstärkten Abstimmung innerhalb der westafrikanischen Subregion.[375] Der Ministerrat soll auf Vorschlag der Kommission die konkreten Maßnahmen zur Umsetzung der Industriepolitik verabschieden.[376] Das Regionale Wirtschaftsprogramm umfasst ein Pilotprogramm zur Umstrukturierung von Industrieunternehmen und zur Förderung kleiner und mittelständischer Unternehmen.[377] Die Industriepolitik der UEMOA, und insbesondere ihr Qualitätsprogramm, dient der ECOWAS als Blaupause.

4. Energie

Fast zwei Jahrzehnte nach der ECOWAS hat auch die UEMOA 2001 eine gemeinsame Energiepolitik auf den Weg gebracht.[378] Da die ECOWAS zur Jahrtausendwende in diesem Bereich schon beachtliche Erfolge erzielt hatte,[379] ist die Gemeinsame Energiepolitik der UEMOA komplementär. Sie zielt insbesondere darauf ab, ein System der integrierten Energieplanung einzuführen, erneuerbare Energien zu fördern und die Verbindung zwischen Stromnetzen in Zusammenarbeit mit der ECOWAS zu beschleu-

---

beschleunigte Anpassung der Industrie an strukturelle Veränderungen, die Entwicklung und Stärkung der Exportfähigkeit der Mitgliedstaaten, die Schaffung eines Umfelds, das die private Initiative fördert und insbesondere kleine und mittelständische Unternehmen, die Unterstützung einer breiten, ineinander greifenden Wirtschaft, die insbesondere aus kleinen und mittelständischen Unternehmen besteht, sowie die Verdichtung und Diversifizierung dieses Wirtschaftsnetzes.

375 Art. 4 Acte additionnel n° 05/99 portant adoption de la Politique Industrielle Commune der l'UEMOA, 8. Dezember 1999. Zu den genauen Programminhalten und den jeweiligen Unterprogrammen VI. des zugehörigen Anhangs.

376 Art. 7 Acte additionnel n° 05/99 portant adoption de la Politique Industrielle Commune der l'UEMOA, 8. Dezember 1999. So hat er etwa das Règlement n° 03/2010/CM/UEMOA portant schema d'harmonisation des activités d'accréditation, de certification, de normalisation et de métrologie dans l'UEMOA, 21. Juni 2010, erlassen.

377 Art. 1 i.V.m. Anhang Décision n° 01/2004/CM/UEMOA portant adoption du Programme Economique Régional (PER) 2004-2008, 18. Mai 2004, S. 15, 25 f.

378 Acte Additionnel n° 4/2001 portant adoption de la Politique Energétique Commune de l'UEMOA, 19. Dezember 2001.

379 Siehe zur Energiepolitik der ECOWAS Teil I Kapitel 3 E III 4.

nigen.[380] Das von den beiden Organisationen im August 2005 geschlossene Energie-Partnerschaftsabkommen soll insbesondere die Landbevölkerung an moderne Energienetze anschließen, grenzüberschreitende Öl- und Gasnetze verbessern, erneuerbare Energien fördern und ein regionales Energieinformationssystem schaffen.[381]

5. Bildung

Primärrechtlich ist eine gemeinsame Bildungspolitik vorgesehen.[382] Allerdings konzentriert sich das Protokoll zu den Sektorpolitiken mit dem Ziel der Errichtung gemeinsamer Hochschulen bzw. Berufsausbildungsstätten und der Anerkennung von Abschlüssen auf die universitäre Bildung und die Berufsausbildung. In der Literatur wird diese Beschränkung teilweise beklagt und die Ausdehnung der Politiken auf die allgemeine Schulbildung gefordert.[383]

Teile des Regionalen Wirtschaftsprogramms sind der (Hochschul-)Bildung gewidmet: Universitäre Exzellenzzentren sollen durch eine Verbesserung der personellen wie technologischen Ausstattung, Partnerschaften mit der Arbeitswelt sowie Forschungsförderung unterstützt werden. Das Hochschulsystem der Mitgliedstaaten soll einer Evaluierung unterzogen werden, um eventuelle Förderungspotentiale zu ermitteln.[384] 2007 haben

---

380 ECOWAS-UEMOA, White Paper, 2005, S. 18. Siehe etwa Décision n °06/2009/CM/UEMOA portant adoption de la stratégie de l'UEMOA dénommée « Initiative Régionale pour l'Energie Durable » (IRED), 25. September 2009. Die IRED-Projekte sollen durch den Energieentwicklungsfonds finanziert werden, Décision n°08/2009/CM/UEMOA portant création du Fonds de Développement Energie (FDE), 25. September 2009.

381 ECOWAS-UEMOA, White Paper, 2005, S. 19. Siehe auch Entscheidung der Hohen Behörde der ECOWAS, Decision adopting an ECOWAS/UEMOA regional policy on access to energy Services for populations in rural and peri-urban areas for poverty reduction in line with achieving the MDGs in Member States, ECOWAS-Dok. A/DEC.24/01/06.

382 Art. 4, Art. 101 und Art. 102 UEMOAV i.V.m. Art. 1 Protocole additionnel n° II relatif aux politiques sectorielles de l'UEMOA, undatiert.

383 CERNICKY (Fn. 351), S. 226.

384 Art. 1 i.V.m. Anhang Décision n° 01/2004/CM/UEMOA portant adoption du Programme Economique Régional (PER) 2004-2008, 18. Mai 2004, S. 15, 26. Im März 2006 wurden nach ebd., S. 226 Verträge zwischen der UEMOA und ihren Exzellenzzentren unterzeichnet.

sich die Mitgliedstaaten geeinigt, die französischen Abschlüsse Licence –
Master und Doktorat als Referenzrahmen für die Hochschulbildung zu setzen.[385]

6. Gesundheit

Die Union will ihrer Bevölkerung nicht nur eine bessere Hochschulbildung, sondern auch einen verbesserten Gesundheitsschutz angedeihen lassen.[386] Im Rahmen des Regionalen Wirtschaftsprogramms sind Mittel für
den Kampf gegen Aids und Malaria sowie die Bildung eines subregionalen Netzes herausragender Regionaler Referenzzentren für Medizin und
Chirurgie eingeplant. Daneben sollen ein regionaler Impfstoffvorrat sowie
ein regionales Klinikum nach internationalem Maßstab geschaffen werden.[387]

VIII. Die Wettbewerbsordnung

Ein harmonisiertes Wettbewerbsrecht gehört nach Art. 76 lit. c UEMOAV
zu den Zielen der Union. Der Vertrag selber beinhaltet mit seinem Art. 88
bereits materielle Regeln. Für die im Unionsvertrag vorgesehene Wettbe-
werbsordnung sieht der UEMOA-Gerichtshof die Union als ausschließlich
zuständig an.[388]. Der Ministerrat hat gemäß Art. 89 UEMOAV die grundlegenden Fragen des Wettbewerbsrechts geregelt. Drei 2002 erlassene
Verordnungen präzisieren das in Art. 88 vorgesehene grundsätzliche Ver-

---

385 Directive n° 03/2007/CM/UEMOA portant adoption du Système License, Mas-
    ter, Doctorat (LMD) dans les universités et établissement d'enseignement
    supérieur au sein de l'UEMOA, 4. Juli 2007.
386 Art. 3 Protocole additionnel n° II relatif aux politiques sectorielles de l'UEMOA,
    undatiert, i.V.m. Art. 4, Art. 101 und Art. 102 UEMOAV.
387 Art. 1 i.V.m. Anhang Décision n° 01/2004/CM/UEMOA portant adoption du Pro-
    gramme Economique Régional (PER) 2004-2008, S. 15, 26 f.
388 UEMOA-GH, Gutachten 03/2000 vom 27. Juni 2000, Ohadata J-02-32, S. 8.
    Siehe dazu oben unter Teil I Kapitel 3 C II.

bot der Kartelle, des Missbrauchs einer marktbeherrschenden Stellung sowie staatlicher Beihilfen.[389] Des Weiteren hat der Ministerrat eine Richtlinie zur Zusammenarbeit der Kommission mit den nationalen Kartellbehörden und eine weitere über die Transparenz in den finanziellen Beziehungen der Mitgliedstaaten und staatlichen Unternehmen sowie zwischen Mitgliedstaaten und internationalen Organisationen verabschiedet.[390] Nach Art. 90 UEMOAV ist die Kommission mit der Anwendung der Wettbewerbsregeln betraut und kann in diesem Zusammenhang Entscheidungen erlassen.[391]

F. Die Rechtsangleichung

Die UEMOA setzt sich in Art. 4 lit. e ihres Vertrags zum Ziel, die Gesetzgebung ihrer Mitgliedstaaten zu harmonisieren, soweit dies für das Funktionieren des gemeinsamen Marktes erforderlich ist, insbesondere aber die Steuergesetzgebung. Der Vertrag beinhaltet zudem Vorschriften, die der Gemeinschaft für bestimmte Fragen ausdrücklich die Kompetenz zuweisen, die Gesetzgebungen anzugleichen. Ein wichtiges Beispiel bietet Art. 82 lit. a UEMOAV, der dem Ministerrat die Harmonisierung aller für

---

389 Règlement n° 02/2002/CM/UEMOA sur les pratiques commerciales anti-concurrentielles, 23. Mai 2002; Règlement n° 03/2002/CM/UEMOA relatif aux procédures applicables aux ententes et abus de position dominante à l'intérieur de l'Union Economique et Monétaire Ouest Africaine, 23. Mai 2002; Règlement n ° 04/2002/CM/UEMOA relatif aux aides d'Etat à l'intérieur de l'UEMOA et aux modalités d'application de l'article 88 (c) du Traité, 23. Mai 2002. Die Verordnungen sind am 1. Januar 2003 in Kraft getreten.

390 Directive n° 01/2002/CM/UEMOA relative à la transparence des relations financières d'une part entre les Etats membres et les entreprises publiques et d'autre part entre les Etats membres et les organisations internationales ou étrangères, 23. Mai 2002. Directive n° 02/2002/CM/UEMOA relative à la coopération entre la Commission et les structurres nationales de concurrence des Etats membres pour l'application des articles 88, 89 et 90 du Traité de l'UEMOA, 23. Mai 2002.

391 Ausführlich zum Wettbewerbsrecht der UEMOA ABOU SAÏB COULIBALY, Le droit de la concurrence de l'Union Economique et monétaire Ouest Africaine, in: *Revue burkinabé de droit* 43-44 (2003) und GUY CHARRIER und ABOU SAÏB COULIBALY, *Examen collégial volontaire des politiques de concurrence de l'UEMOA, du Bénin et du Sénégal*, UN-Dok. UNCTAD/CITC/CLP/2007/1 2007.

das Funktionieren der Zollunion erforderlichen Vorschriften aufgibt. Das öffentliche Rechnungswesen ist etwa nach Art. 67 UEMOAV zu harmonisieren, damit die multilaterale Überwachung durchgeführt werden kann.

Außerhalb dieser besonders geregelten Fälle gibt die Konferenz gemäß Art. 60 UEMOAV Leitlinien für die Harmonisierung der Gesetzgebung der Mitgliedstaaten vor. Dazu macht sie vorrangige Bereiche aus, in denen die Angleichung der Gesetzgebung erforderlich ist, damit die Unionsziele erreicht werden können. Die Konferenz legt weiterhin die in den jeweiligen Gebieten zu erreichenden Ziele sowie die dabei zu beachtenden Grundsätze fest. Nachdem die Konferenz derart den Rahmen abgesteckt hat, ist der Rat mit dem Erlass der Richtlinien oder Verordnungen betraut.[392] Trotz des Grundsatzes der Minimalvorschrift hat der Gerichtshof verschiedentlich der Harmonisierung durch Verordnungen als den detaillierteren und regelungsintensiveren Rechtsakten den Vorzug gegeben.[393] Bisher hat die Union insbesondere das Bilanzrecht,[394] indirekte und direkte Steuern[395] sowie die Haushaltsgesetzgebung[396] angeglichen. Dabei sind ihre Regelungen teilweise in Konflikt mit denen der Organisa-

---

392 Art. 61 UEMOAV.

393 UEMOA-GH, Gutachten n° 1/97 vom 20. Mai 1997, Ohadata J-02-61, zur Haushaltsgesetzgebung. So auch im Gutachten n° 1/2000 vom 2. Februar 2000 zum Entwurf eines Investitions-Code der Gemeinschaft, Ohadata J-02-62.

394 Règlement n° 04/96/CM/UEMOA portant adoption d'un Référentiel Commun au sein de l'UEMOA dénommé Système Comptable Ouest Africain (SYSCOA), 20. Dezember 1996.

395 Mit der Décision n° 01/98/CM/UEMOA portant adoption du programme d'harmonisation des fiscalités indirectes intérieures au sein de l'UEMOA, 3. Juli 1998, hatte der Ministerrat ein Programm der Angleichung der indirekten Steuergesetzgebung verabschiedet. Dieses wurde durch die Directive n° 2/98/CM/UEMOA portant harmonisation des législations des Etats membres en matière de Taxe sur la Valeur Ajoutée (TVA), 22. Dezember 1998, sowie die Directive n° 3/98/CM/ UEMOA portant harmonisation des législations des Etats membres en matière de droits d'accises, 22. Dezember 1998, konkretisiert. Direkte Steuern wurden etwa durch die Directive n° 6/2001/CM/UEMOA portant harmonisation de la taxation des produits pétroliers au sein de l'UEMOA, 26. November 2001, über die Harmonisierung der Besteuerung von Erdölprodukten angeglichen. Zu alldem ELOI DIARRA, Coopération ou intégration fiscale au sein de l'Union Economique et Monétaire Ouest-Africaine (UEMOA), in: *Revue burkinabé de droit* 45 (2004), S. 35–58.

396 Directive n° 05/97/CM/UEMOA relative aux lois de finances, 16. Dezember 1997.

tion pour l'Harmonisation en Afrique du Droit des Affaires (OHADA) getreten,[397] die mit großer Effizienz das Wirtschaftsrecht ihrer Mitglieder harmonisiert, zu denen auch UEMOA-Mitgliedstaaten gehören.

G. Finanzierung

Die Union finanziert sich durch eine auf die Importe aus Drittstaaten erhobene Steuer, einen Teil der von den Mitgliedstaaten erhobenen indirekten Steuern und aus externen Beiträgen und Darlehen.[398] Etwa zur Hälfte wird die UEMOA damit von außen, insbesondere von der EU und Frankreich finanziert.[399] 1996 mit den Handelserleichterungen für Unionsprodukte eingeführt, wird die Gemeinschaftssteuer (*Prélèvement communautaire de solidarité*) von den Mitgliedstaaten auf Drittwaren erhoben.[400] Sie wurde zum 1. Januar 2000 von 0,5% auf 1% des Zollwerts angehoben.[401] Im Gegensatz zur ECOWAS, die oft unter der schlechten Zahlungsmoral ihrer Mitglieder zu leiden hatte, hat sich die UEMOA den direkten Zugriff auf die von den Mitgliedstaaten erhobene Gemeinschaftssteuer einräumen lassen.[402] So sind die Staaten verpflichtet, im Namen der Union ein Konto

---

397 Ein Beispiel bildete das Bilanzrecht, Issa-Sayegh (Fn. 81), S. 676 f.

398 Art. 54 UEMOAV.

399 Nach Dirk van den Boom, *ECOWAS. How regional integration works in West Africa. A handbook for journalists,* 2009, S. 62 bestand das Budget der UEMOA 2008 zu 54 % aus internen Quellen, insbesondere der Gemeinschaftssteuer, und zu 46 % aus externen Quellen.

400 Art. 16 ff. Acte additionnel n° 4/1996 instituant un régime tarifaire préférentiel transitoire des échanges au sein de l'UEMOA et son mode de financement, 10. Mai 1996. Zur Verwendung der Gemeinschaftssteuer siehe Art. 23 desselben Zusatzakts.

401 Art. 1 und 2 Acte additionnel n° 07/1999 portant relèvement du Prélèvement Communautaire de Solidarité (PCS), 8. Dezember 1999.

402 Patrick F.J Macrory, Arthur E. Appleton und Michael G. Plummer, *The World Trade Organization: Legal Economic and Political Analysis,* New York, NY 2005, S. 16 f.

bei der BCEAO zu eröffnen, das die Union kontrollieren kann. Wird die Gemeinschaftssteuer nicht überwiesen, ist die BCEAO befugt, sie bei dem jeweiligen Mitgliedstaat einzuziehen.[403]

Kapitel 3 Die ECOWAS

Die ECOWAS umfasst alle Länder der Region und damit frankophone, anglophone und lusophone Staaten. Daher wurde ihre Gründung im Gegensatz zu der der UEMOA nicht durch eine gemeinsame Vergangenheit als einheitliches Kolonialreich erleichtert. Bereits seit ihrer Schaffung 1975 leidet die ECOWAS an der geringen Wirksamkeit ihres Rechts, die auch nach mehreren institutionellen Reformen fortbesteht. So zirkuliert trotz der auf dem Papier verwirklichten Freihandelszone die große Mehrheit der regionalen Waren nicht frei innerhalb der Region. Im Zusammenhang mit den Verhandlungen zum Abschluss eines Wirtschaftspartnerschaftsabkommen (WPA) mit der EU hat die ECOWAS die Einführung eines Gemeinsamen Außenzolls beschlossen und damit einen wichtigen Schritt in Richtung der anvisierten Wirtschafts- und Währungsunion getan. Es bleibt abzuwarten, inwieweit dies zu neuem Integrationselan und zur verstärkten Umsetzung des Gemeinschaftsrechts in den Mitgliedstaaten führen wird.

A. Entstehung

Die ECOWAS hat in drei Phasen zu ihrer heutigen Struktur gefunden: Nach der Gründung in den 1970er Jahren wurde sie zu Beginn der 90er Jahre sowie in den 2000ern reformiert.[404] Bereits Mitte der 1960er Jahre

---

403 Art. 21 Acte additionnel n° 4/1996 instituant un régime tarifaire préférentiel transitoire des échanges au sein de l'UEMOA et son mode de financement, 10. Mai 1996. Nach Art. 26 desselben Zusatzakts hat die Kommission ein Einsicht- und Kontrollrecht.

404 Siehe für den Gründungsvertrag Treaty of the Economic Community of West African States (ECOWAS), vom 28. Mai 1975, am 20. Juni 1976 in Kraft getreten, United States Treaty Series Vol. 1010 (1976), I-14843 [im Folgenden: ECOWASV a.F. bzw. ECOWAS-Gründungsvertrag]. Siehe weiterhin für den reformierten Vertrag Economic Community of West African States (ECOWAS). Revised Treaty, vom 24. Juli 1993, am 23. August 1995 in Kraft getreten, United

hatte die UNECA den Zusammenschluss von 14 westafrikanischen Ländern vorgeschlagen[405] und regionale Treffen organisiert, bei denen die Errichtung einer Wirtschaftsgemeinschaft ins Auge gefasst wurde. Dazu führten die Sondierungen aber letztlich zu diesem Zeitpunkt nicht, da die frankophonen Länder sich nicht ernsthaft beteiligten und Nigeria als wichtigste Regionalmacht Ende der 60er Jahre durch einen Bürgerkrieg gelähmt war.[406] Ein bis heute wiederkehrendes, damals noch bestimmendes Motiv ist die – lange Jahre durch Frankreich genährte – Skepsis des frankophonen Westafrikas gegenüber dem mit Abstand größten, bevölkerungs- und ölreichsten Land der Region, Nigeria. Das geringe Interesse der frankophonen Staaten der Region erklärt sich auch durch deren bereits relativ weit gediehene Integration im Rahmen der UMOA und UDEAO bzw. CEAO.[407]

Die Gründung der ECOWAS sollte schließlich auf eine Initiative des frankophonen, aber nicht allzu frankreichnahen Togo[408] mit dem anglophonen Nigeria zurückgehen. Zwischen beiden Ländern war schon 1964 die Abschaffung des Visazwangs und 1966 die gegenseitige Meistbegünstigung vereinbart worden.[409] Im April 1972 kamen der nigerianische General Gowon und der togoische General Eyadema überein, eine „West African Economic Community" (WAEC) mit den beiden Staaten als Kern und dem Ziel, alle westafrikanischen Staaten in die neue Gemeinschaft einzubeziehen, zu gründen. Nach vorbereitenden Ministertreffen in den Jahren 1973 bis 1975 wurde schließlich im Mai 1975 der Gründungsvertrag von 15 Staatsoberhäuptern und Regierungschefs unterzeichnet.[410] Er trat im Juni 1976 in Kraft. Zwei Jahre nach der Gründungszeremonie in

---

States Treaty Series Vol. 2373, I-42835 [im Folgenden: ECOWASV]. Da es trotz der Reform von 2006 und 2010 seit 1993 keine offizielle Fassung des konsolidierten Vertrag gibt, wird es im Folgenden „ECOWASV, modifiziert durch das Zusatzprotokoll A/SP.1/06/06" bzw. „ECOWASV, modifiziert durch den Zusatzakt A/SA.3/01/10" heißen, wenn es auf eine Änderungen durch das Protokoll bzw. den Zusatzakt ankommt.

405 Guinea-Bissau und Cap Verde waren noch kolonialisiert und daher nicht Teil der Pläne.
406 Ausführlich zu der UNECA-Initiative Gans (Fn. 49), S. 26 ff.
407 Siehe zu den Vorgängerorganisationen der UEMOA Teil I Kapitel 2 A.
408 Togo war als ehemalige deutsche Kolonie ab 1918 unter dem Mandat der Vereinten Nationen verwaltet worden und damit nicht vollständig in französische Westafrika eingegliedert worden van den Boom (Fn. 399), S. 30.
409 van den Boom (Fn. 60), S. 96.
410 Jalloh (Fn. 39), S. 136 und Kessie (Fn. 53), S. 34.

Lagos, der damaligen Hauptstadt Nigerias, nahm die ECOWAS offiziell ihre Arbeit auf. Die ECOWAS-Gründung bedeutete aber keineswegs die Überwindung aller zwischen den franko- und anglophonen Staaten bestehenden politischen Differenzen.[411] Querelen um den Sitz der Organisation und um die mögliche Öffnung auch für zentralafrikanische Staaten verzögerten die effektive Arbeitsaufnahme und die Errichtung der Gemeinschaftsinstitutionen.[412]

Wie in anderen afrikanischen Regionen fand eine neue Dynamik Anfang der 1990er Jahre Ausdruck in zahlreichen neuen Abkommen und Ergänzungsakten, die schließlich nach Einsetzung eines „Ausschusses wichtiger Persönlichkeiten"[413] unter dem Vorsitz des ECOWAS-Mitbegründers Yakubu Gowon in die Reform des Gemeinschaftsvertrags mündete. Die ECOWAS hatte zudem 1990 mit der ECOMOG (Economic Community of Western African States Monitoring Group) erstmals multilaterale Streitkräfte auf Friedensmission (in den liberianischen Bürgerkrieg) entsandt und war sich dabei der Reformbedürftigkeit ihrer Institutionen bewusst geworden.[414] Der Ausschuss wichtiger Persönlichkeiten machte in seinem Bericht Defizite insbesondere bei den Befugnissen der Hohen Behörde, den Entscheidungsprozessen, der Finanzierung und dem Budget der Gemeinschaftsinstitutionen aus.[415]

1993 wurde der neue Vertrag verabschiedet, der vorrangig die Gemeinschaftsinstitutionen reformierte. Mit einem Zusatzprotokoll 2006 wurden die Institutionen, insbesondere das Exekutivsekretariat, sowie die Rechtssetzung der ECOWAS abermals stark verändert.[416] Das Exekutivsekretariat wurde in eine Kommission mit neuer Zusammensetzung und erweiter-

---

411 Zu den Gründen für die Annäherung, die die Entstehung der ECOWAS ermöglichten VAN DEN BOOM (Fn. 60), S. 96 f. und GANS (Fn. 49), S. 33 f.

412 VAN DEN BOOM (Fn. 399), S. 31.

413 Hohe Behörde, Decision relating to the establishment of a Committee of Eminent Persons to submit proposals for the review of the Treaty, 30. Mai 1990, ECOWAS-Dok. A/DEC.10/5/90.

414 GEORG NOLTE, Restoring Peace by Restoring Peace by Regional Action: International Legal Aspects of the Liberian Conflicts, in: *Zeitschrift für ausländisches öffentliches Recht und Völkerrecht* 53 (1993), S. 603–637, 617.

415 ECOWAS-Sekretariat, Final report of the Committee of Eminent Persons for the Review of the ECOWAS Treaty, 1992, in KOFI OTENG KUFUOR, *The Institutional Transformation of the Economic Community of West African States,* Hampshire 2006, Appendix. Dazu ebd., S. 29.

416 Hohe Behörde, Zusatzprotokoll vom 14. Juni 2006, Supplementary Protocol amending the revised Treaty, ECOWAS-Dok. A/SP.1/06/06.

ten Kompetenzen umgewandelt. Nach der erneuten Reform der Gemeinschaftsrechtsakte 2010[417] nähert sich die ECOWAS mit der Einführung direkt anwendbarer Rechtsakte, darunter der Zusatzakt, einerseits der EU, andererseits der UEMOA an.[418]

B. Ziele

Die ECOWAS verfolgt das Ziel einer wirtschaftlichen Entwicklung, die zur Hebung des Lebensstandards der Bevölkerung, zur Aufrechterhaltung und Steigerung der wirtschaftlichen Stabilität wie auch zur Intensivierung der Beziehungen zwischen den Mitgliedstaaten beiträgt. Das soll durch eine stetig intensivierte Wirtschaftsintegration erreicht werden. So soll die Integration über die Freihandelszone und die Zollunion in einen gemeinsamen Markt und schließlich in eine Wirtschafts- und Währungsunion münden.[419] Dabei geht das Ziel der Währungsunion deutlich über den im Gründungsvertrag von 1975 angestrebten Integrationsgrad hinaus. Im reformierten Vertrag werden für die einzelnen Integrationsstufen ehrgeizige Fristen vorgegeben, die sich als zu ambitioniert herausgestellt haben. So sollte bis zum Jahre 2000 bereits eine Zollunion[420] und 2005 die Wirtschaftsgemeinschaft geschaffen sein. Unrealistischen Zielvorgaben und deren Nichterreichen hatten bereits für den Gründungsvertrag zu einer Einbuße an Autorität geführt.

Die Vertragsreform spiegelt die Bereitschaft wider, nach den mäßigen Erfolgen der vorigen Dekaden der Gemeinschaft ein breiteres Aufgabenfeld zuzuweisen, ihre Institutionen effizienter zu gestalten bzw. mit dem

---

417 Hohe Behörde, Zusatzakt vom 16. Februar 2010, Supplementary Act amending new Article 9 of the ECOWAS Treaty as amended by Supplementary Protocol A/SP.1/06/06, ECOWAS-Dok. A/SA.3/01/10.

418 Siehe dazu Teil I Kapitel 3 C I.

419 Art. 3 Abs. 2 lit. (d) und (e) ECOWASV beschreibt die einzelnen Schritte, die für die Erreichung der Integrationsphasen umgesetzt werden müssen, genauer als der Gründungsvertrag.

420 Art. 35 ECOWASV.

Parlament und dem Gerichtshof neue zu errichten und vor allem der Gemeinschaft – in bescheidenem Umfang – supranationale Kompetenzen zu übertragen.[421]

So werden die Politikfelder erweitert, die harmonisiert und koordiniert und für die gemeinsame Programme initiiert werden sollen, unter anderem um die Bereiche der Nahrungsmittel, Besteuerung, Bildung, Information, Wissenschaft, Technologien, Gesundheit, Tourismus, rechtliche Angelegenheiten und Umwelt.[422] Auch die Bereiche, in denen gemeinsame Politiken entwickelt werden sollen, werden ausgeweitet und umfassen nunmehr Wirtschaft, Finanzen, Soziales und Kultur.[423] Die ECOWAS nimmt zudem neue Maßnahmen zur Wirtschaftsförderung in ihr Aufgabenprogramm auf. Der Privatwirtschaft und insbesondere kleinen und mittelständischen Unternehmen soll eine investitionsfreundliche Regulierung, die Harmonisierung nationaler Investitionsschutzpolitiken und die Entwicklung eines gemeinschaftlichen Investitionskodex zu Gute kommen.[424] Grenzüberschreitende Unternehmen sollen durch ein Regionalabkommen über grenzübergreifende Investitionen unterstützt werden.[425] Damit fördert die ECOWAS nicht mehr nur staatliche Unternehmen und trägt der grundlegenden Bedeutung privater Unternehmen für die wirtschaftliche Entwicklung Rechnung.[426]

Weiterhin sucht die ECOWAS ihre Akzeptanz bei den Mitgliedstaaten zu steigern, indem sie sich einer regional ausgewogenen Entwicklung verschreibt, bei der die besonderen Belange der kleinen und landumschlossenen Staaten berücksichtigt werden.[427] Daher wird der Fonds für Kooperation, Kompensation und Entwicklung eingerichtet, aus dem Entwicklungsprojekte und Ausgleichszahlungen für Einnahmeverluste durch die regionale Integration finanziert werden sollen.[428]

---

421 Vgl. Erwägungsgründe 5 und 6 der Präambel des ECOWASV lauten: „*Convinced* that the integration of the Member States into a viable regional Community may demand the partial and gradual pooling of national sovereignties to the Community within the context of a collective political will; *Accepting* the need to establish Community Institutions vested with relevant and adequate powers".
422 Art. 3 Abs. 2 lit. (a) und (b) ECOWASV.
423 Art. 3 Abs. 2 lit. (e) ECOWASV.
424 Art. 3 Abs. 2 lit. (g), (h) und (i).
425 Art. 3 Abs. 2 lit. (c) und (f).
426 GANS (Fn. 49), S. 46 f.
427 Vorletzter Erwägungsgrund der Präambel und Art. 3 Abs. 2 lit. (k).
428 Art. 3 Abs. 2 lit. (n) ECOWASV.

Der ECOWASV nimmt in seiner Präambel Bezug auf afrikanische Erklärungen und Verträge, etwa auf die Afrikanische Charta der Menschenrechte und Rechte der Völker von 1981,[429] die Erklärung politischer Prinzipien der ECOWAS von 1991,[430] den Lagos-Aktionsplan und die Schlussakte von Lagos von 1980 wie auch den Gründungsvertrag der Afrikanischen Wirtschaftsgemeinschaft von 1991.[431] Damit ordnet sich die ECOWAS in den Kontext afrikanischer Integrations- und Menschenrechtspolitik ein und bringt ihre Solidarität und Bereitschaft zur Unterstützung afrikanischer Fortschrittsbemühungen zum Ausdruck.[432]

Die ECOWAS erkennt in der Präambel weiterhin andere bilaterale und multilaterale Kooperationsformen an. Aus Art. 2 Abs. 1 ECOWASV geht jedoch hervor, dass die ECOWAS sich als letztlich („ultimately") einzige westafrikanische Wirtschaftsintegrationsgemeinschaft sieht. Damit meldet die ECOWAS an prominenter Stelle – insbesondere gegenüber der UEMOA – ihren regionalen Führungsanspruch an.[433] Allerdings ist für dessen Realisierung kein Zeitplan vorgesehen.[434]

---

429 African Charter on Human and People's Rights, vom 27. Juni 1981, am 21. Oktober 1986 in Kraft getreten, OAU-Dok. CAB/LEG/67/3 rev. 5, 21 I.L.M. 58 (1982).

430 Hohe Behörde, Declaration of Political Principles of the Economic Community of West African States, 6. Juli 1991, ECOWAS-Dok. A/DCL.1/7/91.

431 Treaty Establishing the African Economic Community, vom 3. Juni 1991, am 12. Mai 1994 in Kraft getreten, verfügbar unter http://www.wipo.int/wipolex/en/other_treaties/text.jsp?file_id=173333, zuletzt eingesehen am 28.04.2014.

432 Art. 3 Abs. 1 ECOWASV, vgl. GANS (Fn. 49), S. 44.

433 ebd., S. 44.

434 In vorigen Versionen zur Vertragsreform war das auf unbestimmte Zeit aufschiebende Adverb „ultimately" noch nicht Teil der Formulierung gewesen. Dass die UEMOA aber keine zwei Jahre nach der Reform der ECOWAS als Erneuerung der UMOA und CEAO ins Leben gerufen werden sollte, wurde bei der Endfassung des reformierten Vertragstextes mit der Abschwächung des Führungsanspruchs der ECOWAS berücksichtigt. Roger Laloupo, Leiter des Juristischen Dienstes der ECOWAS-Kommission, Interview mit der Autorin, 10. Mai 2012, Abuja.

C. Das Recht der Gemeinschaft

Das Recht der ECOWAS nimmt Formen an, die aus anderen Integrationskontexten, insbesondere der EU, bekannt sind und orientiert sich an letzteren. Dennoch weisen sowohl die Rechtsquellen als auch die Kompetenzbestimmungen Eigenheiten auf. Sie bilden wie auch das Verhältnis des Gemeinschaftsrechts zum Recht der Mitgliedstaaten den Gegenstand des folgenden Abschnitts.

I. Die Rechtsquellen

Das Recht der ECOWAS kann grundsätzlich ähnlich dem anderer internationaler Organisationen in Primär- und Sekundärrecht unterteilt werden, d.h. in das Verfassungsrecht und das Recht, das auf Grundlage der Organisationsverfassung verabschiedet wird.[435] Der Rechtsrahmen für die Verabschiedung von Sekundärrecht ist zweimal innerhalb des letzten Jahrzehnts geändert worden. Die Reform von 2006 hat die Bandbreite von Rechtsakten, die die Gemeinschaftsorgane und die Mitgliedstaaten binden, erweitert und damit die ECOWAS anderen supranationalen Organisationen angenähert. Gleichzeitig wurde aber das Instrument der Zusatzakte eingeführt und mit der Reform von 2010 bestätigt, das als westafrikanisches Phänomen den Rahmen der üblichen Charakteristika von Sekundärrecht sprengt.

---

435 IGNAZ SEID-HOHENVELDERN und GERHARD LOIBL, *Das Recht der Internationalen Organisationen einschließlich der Supranationalen Gemeinschaften* Köln Berlin, 7. Aufl. 2000, Rn. 1502. Zum Primärrecht gehören neben dem Gründungsvertrag, Zusatzprotokollen, Änderungsverträgen und Beitrittsabkommen auch Gewohnheitsrecht und allgemeine Rechtsgrundsätze, HENRY G. SCHERMERS und NIELS BLOKKER, *International institutional law. Unity within diversity,* Leiden, Boston, 4. Aufl. 2003, §§ 1336 ff. Es genießt gegenüber dem sekundären Gemeinschaftsrecht, ähnlich wie im innerstaatlichen Recht die Verfassung gegenüber einfachen Gesetzen, Vorrang, SEID-HOHENVELDERN und LOIBL , Rn. 1611.

1. Kontinuierliche Erweiterung der bindenden Rechtsakte

Erst seit der Vertragsrevision von 1993 binden die Entscheidungen der Hohen Behörde nicht nur die Gemeinschaftsorgane, sondern auch die Mitgliedstaaten und sind in deren Rechtsordnungen direkt anwendbar.[436] Die Beschlüsse des Ministerrats fanden dagegen auch nach 1993 nur auf die Gemeinschaftsorgane Anwendung und banden nur diese. Seit 2006 verfügt der Ministerrat nun über verschiedenen Instrumente, die die Mitgliedstaaten binden: Richtlinien und Verordnungen. Letztere sind in den Mitgliedstaaten unmittelbar anwendbar.[437] Entscheidungen sind auch direkt anwendbar, binden aber ausschließlich die jeweiligen Adressaten.[438] Die Kommission kann nunmehr nicht nur Empfehlungen und Stellungnahmen abgeben, sondern auch Umsetzungsbestimmungen zu den vom Ministerrat verabschiedeten Rechtsakten erlassen, die deren Rechtsnatur teilen, also unter Umständen auch direkt anwendbar sind.[439] Die Rechtsakte dürfen einstimmig, im Konsens oder durch eine Zweidrittel-Mehrheit angenommen werden.[440]

2. Zwischen Primär- und Sekundärrecht: Zusatzakte

Seit der Reform von 2006 durfte die Hohe Behörde ausschließlich Zusatzakte erlassen, während der Ministerrat die Wahl zwischen Verordnungen, Richtlinien, Entscheidungen, Empfehlungen und Stellungnahmen hatte.[441]

---

436 Art. 9 Abs. 4 ECOWASV; dazu SUNDAY BABALOLA AJULO, Sources of the Law of the Economic Community Of West African States (ECOWAS), in: *Journal of African Law* 45 (2001), S. 73-96, 87.

437 Siehe Art. 9 Abs. 2 lit. b, Abs. 4 ECOWASV in der von Art. 2 Zusatzprotokoll vom 14. Juni 2006 geänderten Fassung, Supplementary Protocol amending the revised Treaty, ECOWAS-Dok. A/SP.1/06/06.

438 Art. 9 Abs. 6 ECOWASV in der von Art. 2 Zusatzprotokoll vom 14. Juni 2006 geänderten Fassung, Supplementary Protocol amending the revised Treaty, ECOWAS-Dok. A/SP.1/06/06.

439 Siehe Art. 9 Abs. 2 lit. c, d ECOWASV in der von Art. 2 Zusatzprotokoll vom 14. Juni 2006 geänderten Fassung, Supplementary Protocol amending the revised Treaty, ECOWAS-Dok. A/SP.1/06/06.

440 Art. 9 Abs. 8 ECOWASV in der von Art. 2 Zusatzprotokoll vom 14. Juni 2006 geänderten Fassung, ECOWAS-Dok. A/SP.1/06/06.

441 Art. 9 Abs. 2 lit. a, b ECOWASV in der von Art. 2 Zusatzprotokoll vom 14. Juni 2006 geänderten Fassung, ECOWAS-Dok. A/SP.1/06/06.

Diese Beschränkung hatte in der Praxis dazu geführt, dass die Hohe Behörde eine Reihe von als Zusatzakte bezeichnete Rechtsakte verabschiedete, die der Definition bzw. Funktion von Zusatzakten nicht entsprachen. Sie wurde 2010 aufgehoben. Seitdem kann die Hohe Behörde Zusatzakte oder Entscheidungen verabschieden und Erklärungen und Empfehlungen abgeben.[442]

Bedauerlicherweise blieb jedoch der Zusatzakt als Gesetzgebungsinstrument bestehen. Zwar sollen Zusatzakte den ECOWASV lediglich ergänzen.[443] In der Praxis beinhalten sie aber weitreichende grundlegende Regelungen und modifizieren ihn. So wurde die Reform der ECOWAS-Rechtsakte 2010 durch einen Zusatzakt geregelt.[444] Letztlich entspricht die Regelung des Verfassungsrechts der ECOWAS durch Zusatzakte auch der Intention der ECOWAS-Mitgliedstaaten, die mit der Reform 2006 den Schwerpunkt der Gesetzgebung von den Zusatzprotokollen und Abkommen primärrechtlicher Natur zu sekundärrechtlichen Rechtsakten verlagern wollten, um mangels Ratifikationserfordernis schneller und effizienter Recht zu setzen.[445]

Für die UEMOA, nach deren Vorbild das Institut der Zusatzakte eingeführt worden ist,[446] ist umstritten, inwiefern Zusatzakte der gerichtlichen Überprüfung unterliegen. Der UEMOA-Gerichtshof unterscheidet zwischen allgemeinen und individuellen Zusatzakten und unterwirft nur letztere seiner Gerichtsbarkeit.[447] In der ECOWAS ist diese Frage zwar noch nicht geklärt worden, die Zuständigkeitsbestimmungen des ECOWAS-Gerichtshofs sind aber in dieser Hinsicht weiter gefasst als die seines

---

442 Art. 9 Abs. 2 lit. a ECOWASV in der von Art. 1 Zusatzakt vom 16. Februar 2010 geänderten Fassung, Supplementary Act amending new Article 9 of the ECOWAS Treaty as amended by Supplementary Protocol A/SP.1/06/06, ECOWAS-Dok. A/SA.3/01/10.

443 Art. 9 Abs. 3 ECOWASV in der von Art. 1 Zusatzakt vom 16. Februar 2010 geänderten Fassung, Supplementary Act amending new Article 9 of the ECOWAS Treaty as amended by Supplementary Protocol A/SP.1/06/06, ECOWAS-Dok. A/SA.3/01/10.

444 Art. 5 Abs. 2 des Zusatzakts vom 16. Februar 2010 sieht vor, dass dieser einen integralen Bestandteil des ECOWASV bildet. Mithin teilt dieser Zusatzakt die primärrechtliche Natur des ECOWASV.

445 ECOWAS-Kommission, ECOWAS Commission at a glance, Stand 26. Februar 2012, einsehbar unter http://www.comm.ecowas.int/dept/index.php?id=p_p1_commission&lang=en (eingesehen am 15.3.2012).

446 YOUGBARE (Fn. 95), S. 349.

447 Siehe dazu ausführlicher Teil I Kapitel 2 C I 3.

UEMOA-Pendants. So bestimmt das Protokoll über den ECOWAS-Gerichtshof, dass der Gerichtshof für die Überprüfung der Rechtmäßigkeit von Verordnungen, Richtlinien, Entscheidungen und aller anderen im Rahmen der ECOWAS verabschiedeten Rechtsakte zuständig ist.[448] Diese Regelung erfasst auch Zusatzakte.

Wenn die Zusatzakte aber auch das Primärrecht modifizieren können, stellt sich die Frage, an welchem Maßstab sie zu überprüfen sind. Diese Frage ist nicht geklärt. Wegen ihrer hybriden Natur bergen Zusatzakte daher das Risiko eines weder demokratisch durch die Ratifikation, noch gerichtlich kontrollierten Rechts. Dieses Risiko ist umso größer als die Bereiche, in denen Zusatzakte verabschiedet werden können, nicht geregelt sind und Zusatzakte mithin einen potentiell unbegrenzten Anwendungsbereich haben.[449] Einzelne Mitgliedstaaten scheinen sich mittlerweile dem systematischen Einsatz von Zusatzakten zu widersetzen. So gehen etwa die ghanaischen Ministerien von einem Ratifikationserfordernis aus und ziehen die Umsetzung – nicht-ratifizierter – Zusatzakte in Zweifel.[450]

II. Die Kompetenzen der ECOWAS

Internationale Organisationen unterscheiden sich von Staaten wesentlich darin, dass sie nur die ihnen ausdrücklich zugewiesenen Funktionen ausüben dürfen (Prinzip der begrenzten Einzelermächtigung oder *doctrine of attributed powers*).[451] Im ECOWAS-Vertrag greift Art. 6 Abs. 2 dieses Prinzip auf.[452] Allerdings werden einerseits die Kompetenzvorschriften

---

448 Art. 9 Abs. 1 lit. c in der von Art. 3 Zusatzprotokoll vom 19. Januar 2005, Supplementary Protocol amending the Preamble and Articles 1, 2, 9, 22 and 30 of Protocol A/P.1/7/91 relating to the Community Court of Justice and Articles 4 Pragraph 1 of the English version of the said Protocol, ECOWAS-Dok. A/SP. 1/01/05, veränderten Fassung.

449 Vgl. YOUGBARE (Fn. 95), S. 360 f. für die UEMOA.

450 Perpetua Dufu, stellvertretende Direktorin der Abteilung Regionale Integration, Ghanaisches Außenministerium, Interview mit der Autorin, 7. Mai 2012, Accra.

451 MATTHIAS RUFFERT und CHRISTIAN WALTER, *Institutionalisiertes Völkerrecht. Das Recht der Internationalen Organisationen und seine wichtigsten Anwendungsfelder ; ein Studienbuch*, München, 1. Aufl. 2009, § 6 Rn. 197.

452 „The Institutions of the Community shall perform their functions and act within the limits of the powers conferred on them by the Treaty and by the Protocols relating thereto."

teleologisch und insbesondere nach dem Grundsatz des *effet utile* ausgelegt und damit derjenigen Auslegung Vorrang eingeräumt, die die Verwirklichung des Organisationsziels am besten gewährleistet.[453] Andererseits werden internationalen Organisationen mit der Lehre von den *Implied Powers* die Befugnisse eingeräumt, die zur Erfüllung ihrer vertragliche festgelegten Aufgaben erforderlich sind, auch wenn sie nicht ausdrücklich vorgesehen sind.[454]

Die Kompetenzen der ECOWAS sind sehr vage geregelt. Einen Kompetenzkatalog gibt es nicht. Oft werden der Gemeinschaft Aufgaben zugewiesen, ohne die entsprechenden Kompetenzen zu regeln. Um die Kompetenzen der ECOWAS zu bestimmen, ist mithin die Lehre von den *implied powers* heranzuziehen. Angesichts der nicht-vorhandenen Kompetenzbestimmung verwundert es nicht, dass auch kompetenzabschichtende Regelungen, wie etwa das Subsidiaritätsprinzip und die Differenzierung zwischen ausschließlichen und konkurrierenden Kompetenzen nicht vorgesehen werden.[455] Für die UEMOA hat der UEMOA-GH ausschließliche Kompetenzen aus der Natur der Aufgaben hergeleitet.[456] Ähnlich könnte man bei der ECOWAS vorgehen: Wenn der ECOWAS etwa die Aufgabe obliegt, einen gemeinsamen Binnenmarkt und die Zollunion zu schaffen sowie eine Gemeinsame Handelspolitik zu verabschieden, so können diese Fragen nur auf Gemeinschaftsebene geregelt werden und erfordern den Ausschluss konkurrierender Rechtsetzung auf nationaler Ebene. Das Gebot der effektiven Aufgabenerledigung kann mithin, auch in Abwesenheit ausdrücklicher vertraglicher Regelungen, zur Begründung ausschließlicher Zuständigkeiten für die ECOWAS führen.

---

453 RUFFERT und WALTER (Fn. 451), § 6 Rn. 201.
454 ebd., § 6 Rn. 20
455 Vgl. im Gegensatz dazu für die EU NETTESHEIM, Kompetenzen, in: *Europäisches Verfassungsrecht. Theoretische und dogmatische Grundzüge*, hg. von ARMIN von BOGDANDY, Dordrecht, 2. Aufl. 2009, S. 389–439, 423 ff.
456 Siehe Teil I Kapitel 2 C II.

III. Verhältnis zum nationalen Recht der Mitgliedstaaten

Der ECOWASV sieht lediglich für Verordnungen ausdrücklich deren unmittelbare Anwendbarkeit in den mitgliedstaatlichen Rechtsordnungen vor.[457] Richtlinien, Entscheidungen und Zusatzakte binden zwar ihre Adressaten, insbesondere die Mitgliedstaaten und Gemeinschaftsinstitutionen, werden aber nicht ausdrücklich für unmittelbar anwendbar erklärt.[458] Damit stellt sich die Frage, ob Bestimmungen des Primär- und Sekundärrechts, über die Verordnungen hinaus, unmittelbar anwendbar sind und Vorrang genießen. Weder der ECOWAS-Gerichtshof noch die Gerichte der Mitgliedstaaten sind dieser Frage bisher nachgegangen. Zieht man die vom EuGH für die unmittelbare Anwendung herausgearbeiteten Kriterien heran, spricht Vieles für die unmittelbare Anwendbarkeit und den Vorrang des Rechts der ECOWAS.

1. Unmittelbare Anwendbarkeit

Der EuGH hatte von der wichtigen Rolle des Einzelnen für die europäische Integration, wie sie in der EWG-Präambel, den Zielbestimmungen, dem Vorabentscheidungsverfahren und der Gestaltung von Gemeinschaftsorganen zum Ausdruck kommt, auf die unmittelbare Anwendbarkeit des EWG-Rechts geschlossen.[459] Auch die ECOWAS verfolgt das Ziel, einen gemeinsamen Markt zu errichten.[460] Zwar richtet sich die Präambel nicht direkt an die regionalen Völker, so wie es der EWG getan

---

457 Art. 9 Abs. 4 ECOWASV in der von Art. 1 Zusatzakt vom 16. Februar 2010 geänderten Fassung, Supplementary Act amending new Article 9 of the ECOWAS Treaty as amended by Supplementary Protocol A/SP.1/06/06, ECOWAS-Dok. A/SA.3/01/10.

458 Die Zusatzakte wurde bei ihrer Einführung 2006 ausdrücklich für unmittelbar anwendbar erklärt. In der neuen Regelung von 2010 wird die unmittelbare Anwendbarkeit nicht mehr erwähnt.

459 EuGH, Urteil vom 5. Februar 1963, Rs. 26/62, Slg. 1963 I-3, 24 f. - *Van Gend en Loos.*

460 Art. 3 Abs. 2 lit. d ECOWASV.

hatte, sie betont aber die (ab 1993) supranationalere Ausrichtung der Gemeinschaft[461], die sich in den letzten Jahren immer mehr verstärkt hat. Dies äußert sich sowohl in der Möglichkeit, Entscheidungen mit einer Zweidrittelmehrheit zu verabschieden[462] und unmittelbar anwendbare Verordnungen (sowie zeitweise auch Zusatzakte) zu erlassen, als auch in der Schaffung supranationaler Organe – der Kommission, des Parlaments und des Gerichtshofs – und der Existenz des Vorabentscheidungsverfahrens. Vor allem das Vorabentscheidungsverfahren, das sogar eine Prozesspartei mittels Antrag einleiten kann,[463] belegt, dass dem Einzelnen eine primordiale Rolle bei der Verwirklichung der Ziele der ECOWAS zukommen soll. Dass die ECOWAS-Gemeinschaftsbürger bisher in der Praxis diese Rolle nicht gespielt haben, und insbesondere kein Vorabentscheidungsverfahren eingeleitet haben, ändert nichts an der insofern eindeutigen Vertragskonzeption.

2. Vorrang

Der Vorrang des Gemeinschaftsrechts ist weder im Vertrag noch in Protokollen ausdrücklich vorgesehen. Allerdings ist die Idee, dass das Gemeinschaftsrecht vor unvereinbarem nationalen Recht Anwendungsvorrang genießt und mithin im Einzelfall die nationale Regel verdrängt, eng mit dem Konzept der unmittelbaren Anwendung des Gemeinschaftsrechts verbunden. Denn wenn das Recht einer Gemeinschaft wie der E(W)G unmittelbar anwendbare Normen umfasst, insbesondere um bestimmte Vertragsziele zu verwirklichen, implizieren eben auch diese Ziele die effektive Anwendung der unmittelbar anwendbaren Normen, unabhängig von even-

---

461 Siehe folgende Erwägungsgründe: „Convinced that the integration of the Member States into a viable regional Community may demand the partial and gradual pooling of national sovereignties to the Community within the context of a collective political will; Accepting the need to establish Community Institutions vested with relevant and adequate powers; [...] Considering also the need to modify the Community's strategies in order to accelerate the economic integration process in the region"

462 Neuer Art. 9 Abs. 8 ECOWASV, Art. 2 Zusatzprotokoll vom 14. Juni 2006, ECOWAS-Dok. A/SP.1/06/06.

463 Art. 10 Protokoll über den Gerichtshofs der Gemeinschaft, ECOWAS-Dok. A/P. 1/7/91, in der von Art. 4 Zusatzprotokoll vom 19. Januar 2005, ECOWAS-Dok. A/SP.1/01/05, geänderten Fassung.

tuell widersprüchlichen nationalen Vorschriften.[464] Das Protokoll von 2006, das die direkte Anwendbarkeit von Verordnungen (und Zusatzakten) ausdrücklich anerkennt, verpflichtet dann auch in seinem Art. 5 die Mitgliedstaaten, die volle Anwendung des Protokolls zu gewährleisten,[465] mithin nationales Recht gegenüber widersprüchlichen direkt anwendbaren Rechtsakten nicht anzuwenden.

D. Institutionelle Struktur und Entscheidungsmechanismen

Artikel 6 Abs. 1 ECOWASV gibt einen Überblick über die „Gemeinschaftsinstitutionen" und zählt dazu nicht nur die *Authority of Heads of State and Government*, im Folgenden „Hohe Behörde (der Staats und Regierungschefs)"[466], den Ministerrat, das Gemeinschaftsparlament, den Wirtschafts- und Sozialrat, den Gerichtshof und die Kommission (bis 2006 Exekutivsekretariat), sondern auch den Fonds für Kooperation, Kompensation und Entwicklung (*Fund for Cooperation, Compensation and Development*), Technische Fachausschüsse und alle eventuell von der Hohen Behörde errichteten (Sub-)Organe. In der Literatur wurde Verwunderung darüber geäußert, dass so wichtige Organe wie etwa die Hohe Behörde und der Gerichtshof gleichermaßen als ECOWAS-„Institutionen" eingeordnet werden wie Sonderausschüsse, ohne dass zwischen Entscheidungs- bzw. Exekutivorganen und Unterorganen bzw. solchen Organen, die ausschließlich technische Fragen bearbeiten, unterschieden würde.[467] Das Monopol der Hohen Behörde, nachgeordnete Organe – der Vertrag nennt sie „Institutionen" – zu errichten, wird als zu restriktiv kritisiert.[468]

---

464 Vgl. für die EWG EuGH, Urteil vom 15. Juli 1964, Rs. C-6/64, Slg. 1964, 1253, 1269 ff. - *Costa vs. E.N.E.L.*
465 Zusatzprotokoll vom 14. Juni 2006, ECOWAS-Dok. A/SP.1/06/06.
466 Damit übernehme ich die Übersetzung von GANS (Fn. 48), S. 49.
467 ALIOUNE SALL, Aspects institutionnels de l'intégration en Afrique de l'Ouest, in: *Regards croisés sur les intégrations régionales. Europe, Amériques, Afrique*, hg. von, CATHERINE FLAESCH-MOUGIN und JOËL LEBULLENGER, Bruxelles 2010, S. 158–183, 163.
468 ebd., S. 163.

I. Leitgesichtspunkte und Prinzipien der Institutionenordnung

Wie bei vielen afrikanischen Regionalorganisationen sind auch in der ECOWAS die Regierungen bestrebt, möglichst wenig Entscheidungsbefugnisse an supranationale Organe abzugeben. Diese Kompetenzkonzentration reproduziert die Verfassungsmodelle der Mitgliedstaaten und wird als „Präsidentialismus" bezeichnet.[469] Die ECOWAS ist folglich sehr kopflastig. Das heißt, dass die Hohe Behörde als intergouvernementales Organ sehr weite Befugnisse hat, während den supranationalen Organen nur bescheidene Kompetenzen zugewiesen wurden. Mit der Vertragsreform wurden allerdings einige Elemente eingeführt, die eine gewisse Integrationsdynamik auslösen könnten. Die Hohe Behörde entscheidet nunmehr nicht mehr einstimmig. Die Bevölkerung wird durch ein Parlament in den Entscheidungsprozess einbezogen. Mit dem Wirtschafts- und Sozialrat wird den privaten wirtschaftlichen und sozialen Akteuren – neben dem Parlament – ein weiteres Forum geboten, in dem sie Einfluss auf die Geschicke der Gemeinschaft nehmen können. Üben diese Organe bisher nur beratende Funktionen aus, bergen sie doch das Potential, die ECOWAS „von unten" zu beleben. Darauf zielt auch die 2005 eingeführte Neuerung, Klagen von Privatpersonen zur Verletzung von Menschenrechten vor dem Gerichtshof zuzulassen. Zeitgleich wurde auch ein Vorabentscheidungsverfahren eingeführt, das geeignet ist, die Durchsetzung des Gemeinschaftsrechts durch die Beteiligung der Gemeinschaftsbürger zu fördern. Damit wurde nicht nur die Rolle der Bürger gestärkt, sondern auch die des Gerichtshofs als Kontrollorgan. Auch das Exekutivsekretariat ist mit der Wandlung zur Kommission gestärkt worden. Während der Kommission nur wenig neue Kompetenzen zugeteilt wurden,[470] hat die organisatorische Neuausrichtung die Wirksamkeit ihrer Arbeit verbessert.

---

469 P. F. GONIDEC, *Les organisations internationales africaines. Étude comparative*, Paris 1987, S. 124.

470 Siehe Entscheidung der Hohen Behörde vom 12. Januar 2006, Decision transforming the Executive Secretariat into a Commission, ECOWAS-Dok. A/Dec. 16/01/06 und Art. 19 ECOWASV in der von Art. 2 Zusatzprotokoll vom 14. Juni 2006, ECOWAS-Dok. A/SP.1/06/06 veränderten Fassung.

II. Die Hohe Behörde der Staats- und Regierungschefs

Die Hohe Behörde ist das höchste Organ der Gemeinschaft. Ihre herausgehobene Stellung wird nicht nur in Art. 7 Abs. 1 ECOWASV ausdrücklich anerkannt („supreme institution"), sie spiegelt sich auch in ihrer Verantwortlichkeit für die allgemeine Ausrichtung und Führung der Gemeinschaft wider.

1. Organisation

Die Hohe Behörde setzt sich aus den Staats- und Regierungschefs der Mitglieder zusammen.[471] Sie tritt mindestens zweimal jährlich zu einer ordentlichen Sitzung zusammen. Außerordentliche Sitzungen können vom Vorsitzenden der Hohen Behörde oder auf Antrag eines Mitgliedslands, der durch die einfache Mehrheit der Mitgliedstaaten unterstützt wird, einberufen werden.[472] Dies stellt zwar eine Verbesserung zur Situation vor 2006 dar, ist aber immer noch eine recht geringe Frequenz, insbesondere wenn man berücksichtigt, dass der Hohen Behörde mit der Vertragsänderung neue Aufgaben im Bereich der politischen Kooperation und Entwicklung gemeinsamer Politiken erwachsen sind.[473]

Für jeweils ein Jahr übernimmt der Mitgliedstaat den Vorsitz, der von der Hohen Behörde gewählt wird.[474] Nach Art. 9 Abs. 2 lit. a ECOWASV kann die Hohe Behörde Zusatzakte, Richtlinien und Entscheidungen verabschieden und Erklärungen und Empfehlungen abgeben.[475]

---

471 Art. 7 Abs. 1 ECOWASV.
472 Art. 8 Abs. 1 ECOWASV, durch Art. 2 Zusatzprotokoll vom 14. Juni 2006 zur Vertragsänderung, ECOWAS-Dok. A/SP.1/06/06, eingeführt.
473 ECOWAS, Final Report of the Committee of Eminent Persons for the Review of the ECOWAS Treaty, 1992, ECOWAS Secretariat, Lagos, Nigeria, Chapter II a. (xii). Zum Vergleich: Der Europäische Rat tritt vier Mal im Jahr zusammen, Art. 15 Abs. 3 Satz 1 EUV.
474 Art. 8 Abs. 3, durch Art. 2 Zusatzprotokoll vom 14. Juni 2006 zur Vertragsänderung, ECOWAS-Dok. A/SP.1/06/06, eingeführt. Grundsätzlich rotiert der Vorsitz nach der alphabetischen Reihenfolge der Mitgliedstaaten. Ausnahmen nach Art. 8 Abs. 4 – 6 ECOWASV gelten nur, wenn ein Staat auf den Vorsitz verzichtet, wegen eines Putsches bzw. nicht-verfassungskonformen Regierungswechsels disqualifiziert wird oder die Gemeinschaftssteuer nicht abführt.
475 Die Vorschrift wurde durch den Zusatzakt vom 16. Februar 2010, ECOWAS-Dok. A/SP.1/06/06, modifiziert.

2. Zuständigkeiten

Die Hohe Behörde verantwortet die allgemeine Ausrichtung der Gemeinschaft, kontrolliert sie und ergreift alle Maßnahmen, die für ihre stetige Entwicklung und die Verwirklichung ihrer Ziele erforderlich sind.[476] Damit ist die Hohe Behörde das wichtigste Rechtssetzungsorgan und Gremium für die grundlegenden Entscheidungen der Gemeinschaft.[477] Mit der Vertragsrevision 1993 wurde in Art. 7 Abs. 3 ECOWASV ein Aufgabenkatalog eingefügt. Zuvor hatte der Gründungsvertrag lediglich eine vage Umschreibung der Zuständigkeiten der Hohen Behörde enthalten.[478]

Mit der Festlegung der Leitlinien und der Überprüfung der Funktionsweise der Gemeinschaft, der Verfolgung der Gemeinschaftsziele sowie der Koordinierung und Harmonisierung wesentlicher nationaler Politiken nimmt die Hohe Behörde die wichtigsten Leitungsaufgaben wahr. Bei der Erfüllung ihrer Funktionen kann sie sich – durch die Delegation bestimmter Befugnisse, insbesondere auch der Befugnis, Zusatzakte zu erlassen[479] – auf den Ministerrat stützen.

Daneben bestimmt sie durch die Ernennung des Kommissionspräsidenten[480], der Mitglieder des Gerichtshofs[481] und der externen Rechnungsprüfer[482] die Zusammensetzung der maßgeblichen supranationalen Institutionen. Da die Hohe Behörde den Gerichtshof anrufen kann, obliegt ihr gemeinsam mit der Kommission die Gewährleistung der Rechtmäßigkeit des gemeinschaftlichen Handelns.

---

476 Art. 7 Abs. 2 ECOWASV.
477 GANS (Fn. 49), S. 52.
478 Art. 5 Abs. 5 ECOWASV a.F.: The Authority shall be responsible for, and have the general direction and control of the performance of the executive functions of the Community for the progressive development of the Community and the achievement of its aims.
479 Art. 7 Abs. 3 lit. f ECOWASV.
480 Art. 18 Abs. 1 ECOWASV.
481 Art. 3 Abs. 1 und 4 Protocol on the Community Court of Justice, ECOWAS-Dok. A/P.1/7/91, 6. Juli 1991, in Kraft getreten am 5. November 1996.
482 Art. 7 Abs. 3 lit. e ECOWASV.

3. Beschlussfassung

Die von der Hohen Behörde erlassenen Zusatzakte, Richtlinien und Entscheidungen wie auch ihre Erklärungen und Empfehlungen können mittlerweile grundsätzlich nicht mehr nur einstimmig oder im Konsens, sondern auch durch eine Zweidrittel-Mehrheit angenommen werden.[483] Abweichende Mehrheitserfordernisse können im Vertrag, in Protokollen oder Zusatzakten festgelegt werden.

Vor der Vertragsreform 2006 hatte die Hohe Behörde ihre Beschlüsse stets einstimmig oder im Konsens, d.h. ohne formelle Abstimmung, sodass Enthaltungen unberücksichtigt blieben,[484] gefasst.[485] Die Beschlussfassung dauerte entsprechend lange.[486] Inwiefern die neuen Möglichkeiten einer mehrheitlichen Beschlussfassung auch tatsächlich genutzt werden, kann nicht eingeschätzt werden. Einmal verabschiedet, müssen die Entscheidungen innerhalb von 30 Tagen nach ihrer Unterzeichnung durch die Kommission veröffentlicht werden und treten 60 Tage nach ihrer Veröffentlichungen im Amtsblatt der Gemeinschaft bzw. an dem jeweils bestimmten Termin in Kraft.[487]

Die Hohe Behörde kann in allen Bereichen der Gemeinschaftspolitik Recht setzen, ohne dass die genauen Anforderungen etwa hinsichtlich eines eventuellen Initiativmonopols der Kommission oder bezüglich der Beschlussfassung bestimmt wären.

---

483 Art. 9 Abs. 12 ECOWASV in der Fassung nach Änderung durch das Zusatzprotokoll vom 16. Februar 2010, ECOWAS-Dok. A/SA.3/01/10.

484 SCHERMERS und BLOKKER (Fn. 435), § 771.

485 KUFUOR (Fn. 415), S. 31, ECOWAS, Final Report of the Committee of Eminent Persones for the Review of the ECOWAS Treaty, 1992, ECOWAS Secretariat, Lagos, Nigeria, Chapter II a. (vi).

486 ebd., S. 31.

487 Art. 12 Abs. 1 u. 2 ECOWASV in der Fassung nach Art. 2 Zusatzprotokoll vom 14. Juni 2006 zur Vertragsänderung, ECOWAS-Dok. A/SP.1/06/06.

III. Der Ministerrat

1. Organisation

Der Ministerrat setzt sich aus mindestens zwei Ministern pro Mitglieds-land zusammen, dem Finanzminister und dem für die Angelegenheiten der ECOWAS zuständigen Minister.[488] Hinzu können gegebenenfalls andere Minister kommen. Damit wurde die Zusammensetzung des Ministerrats der ihres UEMOA-Pendants angeglichen.[489]

Zweimal jährlich tritt der Ministerrat zu ordentlichen Sitzungen zusammen. Da er die Treffen der Hohen Behörde vorbereitet, finden die Sitzungen unmittelbar vor diesen statt. Wie bei der Hohen Behörde können außerordentliche Sitzungen auf Antrag eines Mitgliedstaates, der eine einfache Mehrheit findet, oder vom Vorsitzenden des Ministerrats angesetzt werden.[490] Den Ratsvorsitz hat jeweils der für ECOWAS-Angelegenheiten zuständige Minister des Staats inne, der den Vorsitz in der Hohen Behörde führt.[491]

2. Zuständigkeiten

Seit der Vertragsrevision 1993 hat der Ministerrat neue Entscheidungsbefugnisse und eine aktivere Rolle bei der Fortentwicklung der Gemeinschaft übertragen bekommen.[492] Er ist nun für das Funktionieren und die Entwicklung der Gemeinschaft zuständig. Das heißt, er soll – bis auf die der Hohen Behörde vorbehaltenen grundlegenden Entscheidungen – die zur Erreichung der Vertragsziele erforderliche Rechtsetzung auf den Weg

---

488 Art. 10 Abs. 2 ECOWASV, modifiziert durch Art. 2 Protokoll A/SP.1/06/06.

489 Das Komitee wichtiger Persönlichkeiten hatte die Beteiligung der Finanzministers, zumindest in den Sitzungen zu Budgetfragen, vorgeschlagen, Chapter II a. (vii) ECOWAS-Sekretariat, *Final Report of the Committee of Eminent Persons for the Review of the ECOWAS Treaty*, 1992.

490 Art. 11 Abs. 1 ECOWASV.

491 Art. 11 Abs. 2 ECOWASV.

492 Vgl. Art. 6 Abs. 2 ECOWASV a.F. und Art. 10 Abs. 3 S. 1 ECOWASV n.F. So auch GANS (Fn. 49), S. 56.

bringen. Damit wird dem Rat insbesondere die Konkretisierung der Entscheidungen der Hohen Behörde und die Kontrolle der nachgeordneten Organe übertragen.[493]

In Fragen der Handelsliberalisierung hat der Ministerrat wichtige eigenständige Entscheidungsbefugnisse.[494] Daneben bereitet er die Beschlüsse der Hohen Behörde vor, die vielfach auf seine Empfehlung ergehen.[495] Der Rat überwacht und koordiniert die regelmäßigen Abläufe in der Gemeinschaft und bildet eine Art Anlauf- und Informationsstelle für die ihm nachgeordneten Organe sowie für die Mitgliedstaaten.[496] So kann er etwa die Sonderausschüsse auffordern, Gemeinschaftsvorhaben und -programme zu erarbeiten.[497] Seine Verantwortung für das Tagesgeschäft spiegelt sich in den maßgeblichen Zuständigkeiten hinsichtlich des Personals, der Organisationsstruktur, der Arbeitsprogramme und -abläufe und des Haushaltsplans der Institutionen wider.[498] So wirkt der Rat an der Ernennung wie auch Entlassung wichtiger Gemeinschaftsbeamter mit, insbesondere der beiden Stellvertreter des Kommissionspräsidenten, der internen Rechnungsprüfer der Kommission, der externen Rechnungsprüfer, dem Leitenden Direktor des Fonds für Kooperation, Kompensation und Entwicklung und dessen Stellvertreter.[499] Da sich der Ministerrat einerseits mit den alltäglichen Fragen der Wirtschaftsintegration und insbesondere der Organisation der Gemeinschaftsinstitutionen beschäftigt, andererseits, als der Hohen Behörde unmittelbar nachgeordnet, deren Sitzungen und

---

493 ebd., S. 55.

494 Der Rat kann die Ursprungsregeln überarbeiten, Art. 38 Abs. 3. Nach Art. 39 Abs. 2 und 3 ECOWASV trifft der Ministerrat Maßnahmen, um den Gründen einer Verlagerung der Handelsströme nach Abs. 1 der Vorschrift zu begegnen und ausgeglichene Lösungen für eine solche Verlagerung aufgrund missbräuchlichem Abbau von Zollgebühren zu finden. Unter welchen Bedingungen der Fonds für Kooperation, Kompensation und Entwicklung Ausgleichszahlungen leistet, bestimmt – neben anderen Fragen in diesem Zusammenhang, vgl. Art. 48 Abs. 2 - der Ministerrat nach Art. 48 Abs. 1 ECOWASV. Der Rat entscheidet auch über das Vorgehen bei Dumping, Art. 42 Abs. 3.

495 Vgl. die Aufzählung bei ebd., S. 59 und Art. 36 Abs. 4, Art. 41 Abs. 2, Art. 55 Abs. 2 ECOWASV.

496 GANS (Fn. 49), S. 58.

497 Art. 23 lit. a ECOWASV.

498 Siehe Art. 10 Abs. 3 lit. (f) und (g), Art. 24, Art. 74 ECOWASV.

499 Art. 10 Abs. 3 lit. (b) i.V. m. Art. 1, Art. 18 Abs. 4 lit. (a), Art. 7 Abs. 3 lit. (e).

Entscheidungen vorbereitet, bildet er eine wichtige Schnittstelle zwischen der Hohen Behörde und den anderen Organen und Institutionen der Gemeinschaft.[500]

Von Kommentatoren wird teilweise moniert, der Ministerrat sei zwar theoretisch mit der Umsetzung der Gipfelbeschlüsse betraut, übe – wegen des „stark präsidialen und personalisierten politischen System[s]" – praktisch aber nur eine erweiterte beratende Tätigkeit aus.[501]

3. Beschlussfassung

Für den Ministerrat gelten die gleichen Regeln zur Beschlussfassung wie für die Hohe Behörde. Damit werden Entscheidungen einstimmig, durch Konsens oder mit einer Zwei-Drittel-Mehrheit getroffen.[502]

Seit der Vertragsreform 1993 konnte der Rat mit seinen Entscheidungen nicht mehr nur die ihm unterstehenden Organe binden, sondern auch die Mitgliedstaaten.[503] Mit der erneuten Reform 2006 wurde der Rechtsrahmen für Entscheidungen des Ministerrats differenziert und die Wirkung einzelner Rechtsakte abermals verstärkt. Die Regelung der Rechtsakte orientiert sich am EU-Recht: Der Ministerrat kann Verordnungen, Richtlinien, Entscheidungen erlassen sowie unverbindliche Stellungnahmen und Empfehlungen abgeben. Mit Richtlinien, Verordnungen und Entscheidungen stehen dem Ministerrat drei Instrumente zur Verfügung, mittels derer er die Gemeinschaftsinstitutionen sowie die Mitgliedstaaten binden kann.[504] Die Verordnungen sind – wie in der EU – ausdrücklich direkt in den Mitgliedstaaten anwendbar.

---

500 ebd., S. 60.

501 VAN DEN BOOM (Fn. 60), S. 102.

502 Art. 12 Abs. 2 ECOWASV, modifiziert durch Art. 2 Protokoll A/SP.1/06/06. Wie bei der Hohen Behörde war vor der Vertragsreform der Abstimmungsmodus nicht bestimmt und dies Gegenstand der Kritik des „Komitees bedeutender Persönlichkeiten", Chapter II a. (vi) ECOWAS-Sekretariat, Final Report of the Committee of Eminent Persons for the Review of the ECOWAS Treaty, 1992.

503 Nach Art. 12 Abs. 3 ECOWASV entfalteten die Beschlüsse des Rats gegenüber Mitgliedstaaten Wirkung, wenn sie von der Hohen Behörde genehmigt worden bzw. wenn sie auf Grundlage einer Ermächtigung durch die Hohe Behörde ergangen waren. So sieht Art. 10 Abs. 3 lit. c ECOWASV die Koordinierung und Harmonisierung der wirtschaftlichen Integrationspolitiken der Mitgliedsländer durch den Ministerrat nach Maßgabe der Ermächtigungen der Hohen Behörde vor.

504 Die Entscheidungen können auch gegenüber Privaten Rechtswirkung entfalten.

IV. Die Kommission

Die Kommission ist 2006 aus dem Exekutivsekretariat hervorgegangen. Nachdem die Hohe Behörde im Januar 2006 die Umwandlung beschlossen hatte, hat das Zusatzprotokoll vom Juni 2006 entsprechend den Vertrag modifiziert.[505] Obwohl sie als Neukonzeption des supranationalen Exekutivorgans und damit Stärkung des Integrationsprozess präsentiert wurde,[506] erschöpfte sich die Transformation größtenteils in der Neuregelung der Zusammensetzung.[507]

1. Zusammensetzung

Die Kommission besteht aus ihrem Präsidenten und Vizepräsidenten sowie sieben Kommissaren.[508] Den einzelnen Kommissaren sind nunmehr besser abgegrenzte Bereiche übertragen.[509] Dazu gehören folgende Fachbereiche: Verwaltung und Finanzen; Landwirtschaft, Umwelt und Wasserressourcen; Entwicklung des menschlichen Potentials und Gleichstellung von Frauen und Männern; Infrastruktur; Makroökonomische Politiken; Politische Angelegenheiten, Frieden und Sicherheit; Handel, Zoll und Freizügigkeit. Die Hohe Behörde kann die Kommission jederzeit umstrukturieren und insbesondere die Anzahl der Kommissare ändern.[510] Da ihre

---

505 Hohe Behörde, Entscheidung vom 12. Januar 2006, Decision transforming the Executive Secretariat into a Commission, ECOWAS-Dok. A/DEC.16/01/06 und Zusatzprotokoll vom 14. Juni 2006, Supplementary Protocol amending the Revised Treaty, ECOWAS-Dok. A/SP.1/06/06.

506 ECOWAS, Presseerklärung Nr. 65/2006 vom 14. Juni 2006. Siehe auch ECOWAS-Kommission, ECOWAS Commission at A Glance, verfügbar unter http://www.comm.ecowas.int/dept/stand.php?id=a__about&lang=en, zuletzt am 26.2.2012 aktualisiert, eingesehen am 19.3.2012.

507 Am Anfang der Reform stand die Entscheidung der Hohen Behörde vom 19. Januar 2005, ECOWAS-Dok. A/DEC.19/01/05, nach der die Neugestaltung des Exekutivsekretariats vor allem die umfassende Repräsentation der Mitgliedsländer auf der Leitungsebene des ECOWAS-Exekutivsekretariats gewährleisten sollte. Entsprechend ist die Erhöhung der Anzahl der Kommissare das sichtbarste Ergebnis der Reform.

508 Art. 17 Abs. 2 ECOWASV, Art. 2 Protokoll A/SP.1/06/06.

509 Siehe für die Details Ministerrat, Verordnung vom 13. Juni 2006, Regulation approving the organisational structure of the Commission of the Economic Community of Western African States, ECOWAS-Dok. C/REG.1/06/06.

510 Art. 17 Abs. 3 ECOWASV, Art. 2 Protokoll A/SP.1/06/06.

Zahl derzeit die der Mitgliedstaaten unterschreitet, darf jeweils nur der nach dem Rotationsprinzip vorher bestimmte Mitgliedstaat Personalien für eine neu zu besetzende Stelle vorschlagen.[511] Der Kommissionspräsident wird durch die Hohe Behörde ernannt, während die stellvertretenden Kommissionspräsidenten und das weitere Sekretariatspersonal vom Ministerrat ernannt werden.[512]

Das Mandat sowohl der Kommissare als auch des Kommissionspräsidenten dauert vier Jahre und ist nicht erneuerbar.[513] Die Kommissare sollen unabhängig von mitgliedstaatlicher Einflussnahme und im Interesse der Gemeinschaft ihre Aufgaben erfüllen.[514] Daher können sie vor Ablauf ihres Mandats ausschließlich wegen Unfähigkeit oder aufgrund schwerwiegenden persönlichen Verschuldens entlassen werden.[515] Die schwache finanzielle und personelle Ausstattung der Kommission gilt nach wie vor als einer der Hauptgründe für die geringe Wirksamkeit des ECOWAS-Rechts.[516]

2. Aufgaben

Die Kommission soll die tägliche Geschäftsführung und Verwaltungstätigkeit der Gemeinschaft gewährleisten und die Entscheidungen der Hohen Behörde sowie die Verordnungen des Ministerrats ausführen.[517] Vor der Reform 2006 regelte der Vertrag lediglich die Aufgaben des Exekutivsekretärs bzw. Kommissionspräsidenten, die 1993 erweitert worden waren. Nunmehr umreißt Art. 19 Abs. 5 ECOWASV grob die Rolle und Aufga-

---

511 Art. 18 Abs. 3 lit. a ECOWASV, Art. 2 Protokoll A/SP.1/06/06. Siehe für den Kommissionspräsidenten Art. 18 Abs. 1 ECOWASV: „The President of the Commission shall be appointed by the Authority [...]. The appointment shall be done to ensure that Member States can successively occupy the position of President." Die Einzelheiten des Rotationssystems werden nicht im ECOWASV geregelt.

512 Art. 18 Abs. 1, 3 lit. a ECOWASV.

513 Art. 18 Abs. 1, 3 lit. b ECOWASV, geändert durch Art. 2 Protokoll A/SP.1/06/06.

514 Art. 18 Abs. 3 lit c ECOWASV.

515 Art. 18 Abs. 3 lit. b ECOWASV.

516 Ken Ukaoha, Präsident der National Association of Nigerian Traders (NANTS), Interview mit der Autorin, 11. Mai 2012, Abuja.

517 Art. 19 Abs. 3 lit. (a) ECOWASV, geändert durch Art. 1 Zusatzakt vom 18. Januar 2008, Supplementary Act amending Articles 19, new paragraph 3, and 89 of the ECOWAS Treaty, ECOWAS-Dok. A/SA.5/01/08.

ben der Kommission.[518] Danach gewährleistet die Kommission die reibungslose Arbeit der Gemeinschaft und fördert die Interessen der Gemeinschaft.

Um die Gemeinschaft zu entwickeln, kann die Kommission der Hohen Behörde bzw. dem Ministerrat Empfehlungen unterbreiten. Ihr obliegt mithin die umfassende Beratung der beiden Organe. Daneben entwirft die Kommission Vorschläge, die der Hohen Behörde sowie dem Ministerrat erlauben sollen, die Leitlinien für die Politiken der Mitgliedstaaten und der Gemeinschaft festzulegen. Zudem sorgt die Kommission mittels Informationssammlung und Konsultationen für die Vernetzung der Gemeinschaftsorgane mit nationalen Institutionen.

Die Reichweite ihrer Befugnisse bei der Rechtssetzung ist weder primär- noch sekundärrechtlich geregelt. Der Vertrag sieht kein allgemeines Rechtsetzungsverfahren noch Verfahren für bestimmte Regelungsgebiete – mit Befugnissen und einem Initiativmonopol für die Kommission – vor. Nach dem Vertrag kann die Kommission der Konferenz und dem Ministerrat zu beliebigen Themen Empfehlungen unterbreiten, ohne dass die beiden Organe verpflichtet wären, diesen zu folgen oder sie auch nur zu prüfen.

Ein weiteres Defizit ist, dass die Kommission der ECOWAS zwar das gute Funktionieren der Gemeinschaft gewährleisten und die Gemeinschaftsinteressen schützen soll,[519] allerdings keine Durchsetzungsbefugnisse hat. D.h. sie kann keine bindenden Entscheidungen gegenüber den Mitgliedstaaten oder anderen Adressaten des Gemeinschaftsrechts treffen. Das einzige Mittel, das ihr zur wirksamen Durchsetzung zur Verfügung steht, ist die Einleitung eines Vertragsverletzungsverfahrens. Sie setzt es bisher nicht ein. Die Wirksamkeit des ECOWAS-Rechts ist entsprechend schwach.

---

518 Geändert durch Art. 1 Zusatzakt vom 18. Januar 2008, Supplementary Act amending Articles 19, new paragraph 3, and 89 of the ECOWAS Treaty, ECOWAS-Dok. A/SA.5/01/08.
519 Art. 19 Abs. 5 lit. i) ECOWASV.

3. Beschlussfassung

Die Geschäftsordnung regelt Abstimmungen, aber nicht die Frage, welche Mehrheit Entscheidungen erfordern.[520] Im Zweifel wird wohl die einfache Mehrheit ihrer Mitglieder zur Beschlussfassung genügen und bei Stimmgleichheit die Stimme des Kommissionspräsidenten den Ausschlag geben.

V. Das Parlament der Gemeinschaft

Der reformierte ECOWASV sieht als neues Gemeinschaftsorgan das Parlament vor und verweist für die Regelung der Organisation, Zuständigkeiten und Befugnisse auf das entsprechende Protokoll.[521] Das Protokoll über das Gemeinschaftsparlament wurde zwar bereits 1994 unterschrieben, trat aber erst im März 2000 in Kraft.[522] Inzwischen wurde es durch ein Protokoll von 2006 modifiziert.[523] Sitz des Parlaments ist Abuja, Nigeria.[524] Im November 2000 wurde die Eröffnungssitzung abgehalten.[525]

---

520 Ministerrat, Regulation approving the Rules of procedure of the Commission of the Economic Community of West African States, 2. Juni 2010, ECOWAS-Dok. C/REG.13/06/10.

521 Art. 13 ECOWASV.

522 Protocol relating to the Community Parliament, 6. August 1994, ECOWAS-Dok. A/P2/8/94. Das Protokoll ist am 14. März 2002 nach der Ratifizierung durch die neun Mitgliedstaaten Benin, Burkina Faso, Gambia, Ghana, Guinea, Mali, Nigeria, Senegal und Sierra Leone in Kraft getreten.

523 Hohe Behörde, Supplementary Protocol amending Protocol A/P.2/8/94 relating to the Community Parliament, 14. Juni 2006, ECOWAS-Dok. A/SP.3/06/06. Gemäß Art. 7 ist das Protokoll vorläufig durch die Unterzeichnung der Staats- und Regierungsoberhäupter in Kraft getreten. Das endgültige Inkrafttreten erfordert die Ratifizierung durch neun Unterzeichnerstaaten.

524 Hohe Behörde, Decision relating to the Seat of the Community Parliament, 21. Dezember 2001, ECOWAS-Dok. A/DEC.19/12/01.

525 ECOWAS-Parlament, Strategic Plan of the ECOWAS Parliament – (Third Legislature) 2011-2015, verfügbar unter http://www.parl.ecowas.int/doc/Strategic_Plan_Final_Eng.pdf (eingesehen am 28.01.2014), S. 6.

1. Organisation

Die Mitglieder des Gemeinschaftsparlaments sollen die westafrikanischen Völker vertreten. Das Parlament besteht aus 115 Vertretern, die zu unterschiedlichen Anteilen je nach Bevölkerungszahl aus den verschiedenen Mitgliedstaaten kommen. Jedes Land schickt aber mindestens fünf Abgeordnete.[526] Diese werden durch eine universelle, direkte Wahl bzw. während der Interimszeit vom jeweiligen nationalen Parlament oder von äquivalenten Institutionen für vier Jahre bestimmt.[527] Als Repräsentanten der Bevölkerung der Gemeinschaft, und nicht der nationalen Regierungen, dürfen die Abgeordneten keinen Weisungen unterliegen und sind nur ihrem Gewissen verpflichtet.[528] Um diese Unabhängigkeit zu wahren, dürfen sie während des Mandats weder Regierungs- noch öffentliche Aufgaben wahrnehmen und nicht für die Gemeinschaft noch für eine andere internationale Organisation wichtige Ämter bekleiden.[529] Alle Abgeordneten genießen grundsätzlich Immunität und Indemnität.[530] Das Parlament tritt jährlich zu zwei Sitzungsperioden zusammen, die nicht länger als drei Monate dauern.[531] Es tagt grundsätzlich öffentlich.[532]

---

526 Art. 5 Protokoll über das Gemeinschaftsparlament vom 6. August 1994, ECOWAS-Dok. A/P2/8/94.

527 Art. 7 Protokoll über das Gemeinschaftsparlament vom 6. August 1994, ECOWAS-Dok. A/P2/8/94, geändert durch das Zusatzprotokoll vom 14. Juni 2006, ECOWAS-Dok. A/SP.3/06/06.

528 Art. 11 Abs. 1 Protokoll über das Gemeinschaftsparlament vom 6. August 1994, ECOWAS-Dok. A/P2/8/94.

529 Art. 12 Protokoll über das Gemeinschaftsparlament vom 6. August 1994, ECOWAS-Dok. A/P2/8/94.

530 Art. 9 Protokoll über das Gemeinschaftsparlament vom 6. August 1994, ECOWAS-Dok. A/P2/8/94.

531 Art. 13 Protokoll über das Gemeinschaftsparlament vom 6. August 1994, ECOWAS-Dok. A/P2/8/94.

532 Art. 17 Protokoll über das Gemeinschaftsparlament vom 6. August 1994, ECOWAS-Dok. A/P2/8/94.

2. Zuständigkeiten

Das Parlament nimmt bisher eine beratende Tätigkeit wahr, seine Rolle bei der Rechtsetzung soll aber, insbesondere durch die Einführung eines Mitentscheidungserfordernis', künftig gestärkt werden.[533] Es kann sich mit allen Angelegenheiten der Gemeinschaft befassen und Empfehlungen an die anderen Gemeinschaftsorgane, insbesondere die Hohe Behörde, abgeben. Zu einer Stellungnahme kann das Parlament auch aufgefordert werden.[534] In bestimmten Bereichen ist das Parlament obligatorisch zu konsultieren.[535] Die Stellungnahme des Parlaments bleibt aber konsequenzlos, da ein Abweichen davon keinerlei erhöhten Begründungs- oder sonstigen Verfahrensaufwand, geschweige denn ein Hindernis für die Rechtssetzung bedeutet. Damit hat das Parlament keine eigentlichen Entscheidungsbefugnisse.[536]

Künftig sollen die Kompetenzen des Parlaments bei der Rechtssetzung – vom Stellungnahme- zum Mitentscheidungsrecht bis hin zu einer echten Mitwirkung bei der Rechtsetzung in von der Hohen Behörde definierten Bereichen – erweitert werden.[537] Welche Kompetenzen dies impliziert und ob damit etwa ein Initiativrecht einhergeht, ist unklar; allerdings ist zu vermuten, dass darunter etwa die zwingende Zustimmung oder zumindest der fehlende Einspruch des Parlaments zu Gesetzgebungsvorhaben fallen.

---

533 Art. 6 Abs. 2 Protokoll über das Gemeinschaftsparlament vom 6. August 1994, ECOWAS-Dok. A/P2/8/94, geändert durch das Zusatzprotokoll vom 14. Juni 2006, ECOWAS-Dok. A/SP.3/06/06.

534 Art. 6 des Protokolls A/P2/8/94. Siehe zu dem Verfahren einer vom Parlament initiierten Stellungnahme Hohe Behörde, Decision relating to the modalitites for the effective implementation of Article 6 of Protocol A/P.2/8/94 relating to the Community Parliament, 12. Januar 2006, ECOWAS-Dok. A/DEC.6/01/06.

535 So nach Art. 6 Abs. 3 Protokoll A/P2/8/94, geändert durch das Zusatzprotokoll vom 14. Juni 2006, ECOWAS-Dok. A/SP.3/06/06, im Bereich Kommunikationsanbindung zur Verbesserung des freien Waren- und Personenverkehrs; Telekommunikation; Energie; Kooperation im Bereich von Radio, Fernsehen und anderen intraregionalen bzw. internationalen Medien; Gesundheitswesen; Bildung; Jugend und Sport; naturwissenschaftliche und technische Forschung; Umwelt; Vertragsänderung; Gemeinschaftsbürgerschaft; soziale Integration und Menschenrechte.

536 SALL (Fn. 467), S. 164.

537 Art. 6 Abs. 2 Protokoll A/P.2/8/94 nach der Reform durch das Protokoll A/SP. 3/06/06. Seit der Reform durch das Protokoll A/SP.2/06/06 soll nach Art. 13 Abs. 2 ECOWASV die Gemeinschaft die effektive Beteiligung des Parlaments an der Entscheidungsfindung sicherstellen.

Während in der UEMOA die „demokratische Kontrolle der andere Unionsorgane" primärrechtlich vorgesehen ist, weisen weder der ECOWASV noch die relevanten Protokolle auf die Kontrollfunktion des Parlaments hin. Immerhin sieht die parlamentarische Geschäftsordnung ein Frage- und Auskunftsrecht des Parlaments gegenüber der Kommission vor, insbesondere nach der Ernennung eines neuen Kommissionspräsidenten. Dieser bedarf aber nicht des Vertrauens des Parlaments.[538] Die Möglichkeit den Kommissionspräsidenten oder die Kommission abzuberufen, hat das Parlament nicht.[539]

Das Parlament soll der Einbeziehung der Gemeinschaftsbürger in die Arbeit der ECOWAS gewährleisten und die Beziehungen der Gemeinschaft zu den nationalen Parlamenten stärken, insbesondere indem es diesen regelmäßig über seine Aktivitäten berichtet.[540]

3. Entscheidungsfindung

Eine allgemeine Regel, mit welcher Mehrheit das Parlament Entscheidungen annimmt, ist weder primärrechtlich noch in der parlamentarischen Geschäftsordnung vorgesehen. Letztere sieht für bestimmte Entscheidungen spezifische Mehrheitserfordernisse vor.[541] Im Zweifel wird das Parlament Beschlüsse mit einfacher Mehrheit fassen.

---

538 Regel 88, 94 Geschäftsordnung des ECOWAS-Parlaments vom 16. August 2011.
539 Die Kontrollbefugnisse des UEMOA-Parlaments gegenüber der Kommission reichen dagegen wesentlich weiter: Es kann insbesondere die Kommission einbestellen und nach Beteiligung des Ministerrats und der Konferenz einen Misstrauensantrag stellen, SALL (Fn. 467), S. 166.
540 Regel 91 Geschäftsordnung des ECOWAS-Parlaments vom 16. August 2011.
541 Siehe beispielsweise Regel 37 Abs. 4 Geschäftsordnung des ECOWAS-Parlaments für Entscheidungen der Ausschüsse.

VI. Der Gerichtshof der Gemeinschaft

2001 hat der erstmals im reformierten ECOWASV[542] vorgesehene Gerichtshof seine Arbeit aufgenommen.[543] Artikel 15 ECOWASV und das Protokoll vom 6. Juli 1991 sowie die Zusatzprotokolle von 2005 und 2006 regeln die Zusammensetzung, Organisation, die Zuständigkeiten und die Verfahrensregeln des Gerichtshofs.[544] Zu dem Protokoll von 2005 hatte der erste vom Gerichtshof verhandelte Fall Anlass gegeben, bei dem sich das Gericht als unzuständig für von natürlichen Personen eingereichte Klagen erklärt hatte.[545]

Bisher haben sich die Hoffnungen, der Gerichtshof würde ähnlich dem EuGH die Rolle eines Integrationsmotors spielen, nicht erfüllt. Denn der ECOWAS-GH hat sich bisher praktisch ausschließlich mit Menschenrechtsfragen und nicht mit Fragen der Wirtschaftsintegration beschäftigt. Das einzige Verfahren, dessen Gegenstand Wirtschaftsfreiheiten bildeten, war unzulässig.[546] Mittlerweile ist die ausschließliche Beschäftigung des ECOWAS-GH mit Menschenrechten derart ausgeprägt, dass die Kläger alle erdenklichen Rechtsverletzungen durch die Mitgliedstaaten als Verletzung von Menschenrechten vor das Gericht bringen und dabei oftmals die üblichen Verfahrenswege und -voraussetzungen ignorieren.[547] So haben Kläger versucht, ihre Freizügigkeit und Dienstleistungsfreiheit nicht vor

---

542 Art. 6, 15 und Art. 76 Abs. 2 ECOWASV.

543 ADEWALE BANJO, The ECOWAS Court and the Politics of Access to Justice in West Africa, in: *Africa Development, Vol. XXXII, No. 1* (2007), S. 69-87, 73. Der Gründungsvertrag sah in seinen Art. 4 und 11 lediglich ein Gericht (*Tribunal*) vor, das im nach Art. 56 unterbreitete Streitigkeiten entscheiden sollte.

544 Das Protokoll über den Gemeinschaftsgerichtshof A/P1/7/91 vom 6. Juli 1991 trat am 5. November 1996 in Kraft und wurde durch die Zusatzprotokolle A/SP. 1/11/05 vom 19. Januar 2005 und A/SP.2/06/06 vom 14. Juni 2006 modifiziert. Dieses sind bisher lediglich vorläufig in Kraft getreten.

545 ECOWAS-GH, Entscheidung vom 27. April 2004, Beschwerdenr. ECW/CCJ/APP/01/03 - *Afolabi Olajide* war mangels Parteifähigkeit einer natürlichen Person unzulässig. Der Kläger hatte die Verletzung seiner Freizügigkeit und der Warenverkehrsfreiheit gerügt. Auf Anraten der ECOWAS-Richter wurden die Bestimmungen des Protokolls über den Gemeinschaftsgerichtshof zur Parteifähigkeit daraufhin geändert. Dazu BANJO (Fn. 543), S. 83 ff.

546 Es handelt sich um die bereits zitierte Entscheidung in der Rechtssache *Afolabi Olajide*.

547 SALL (Fn. 94), S. 25 ff. Sall beklagt die schlechte Qualität vieler Klagen: „Bien des requêtes adressées à la Cour brillent par l'inconsistance de leurs imputations."

nationalen Gerichten und gegebenenfalls mittels Vorabentscheidungsverfahren, sondern als Klage gegen die Verletzung ihrer Menschenrechte durch den Mitgliedstaat durchzusetzen.[548]

1. Organisation

Das Gericht besteht aus sieben unabhängigen Richtern, die für fünf Jahre bei einmaliger Verlängerbarkeit des Mandats ernannt werden. Die Ernennung nimmt die Hohe Behörde vor, indem sie aus einer vom Ministerrat auf Vorschlag der Mitgliedstaaten etablierten Liste auswählt.[549] Die Richter müssen charakterliche wie auch professionelle Anforderungen erfüllen und zwischen 40 und 60 Jahre alt sein.[550]

2. Gerichtsbarkeit

Der Gerichtshof hat eine weite Gerichtsbarkeit. Er äußert sich in Streitverfahren sowie in Gutachten zur Auslegung und Anwendung des Gemeinschaftsrechts. In Anbetracht der einseitigen Anrufung wegen (vermeintlicher) Menschenrechtsverletzungen und der praktischen Nicht-Existenz eines Großteils der vorgesehenen Verfahren, insbesondere von Vertrags-

---

548 ECOWAS-GH, Entscheidung vom 24. Januar 2012, Beschwerdenr. ECW/CCJ/APP/10/07 – *Femi Falana*.
549 Art. 3 Abs. 2, 4, 6 und Art. 5 Protokoll A/P.1/7/91 über den Gemeinschaftsgerichtshof. Mittlerweile überprüft der Justizrat der Gemeinschaft die Kandidaten und unterbreitet der Hohen Behörde Ernennungsvorschläge, Hohe Behörde, Decision establishing the Judicial Council of the Community, 14. Juni 2006, ECOWAS-Dok. A/DEC.2/06/06.
550 Art. 3 Abs. 1 und 7 Protokoll A/P.1/7/91 über den Gemeinschaftsgerichtshof. SALL (Fn. 94), S. 48 ff. bedauert, dass bisher nur Personen Gemeinschaftsrichter werden, die bereits als Richter in nationalen Gerichten gedient haben, und Hochschullehrer ausgeschlossen bleiben. Damit würden nicht unbedingt die Personen mit den größten Kenntnissen des Gemeinschaftsrechts Richter am ECOWAS-GH.

verletzungs-, Vorabentscheidungsverfahren, Nichtigkeitsklagen und Gutachten, wird teilweise die Einschränkung seiner umfangreichen Gerichtsbarkeit gefordert.[551]

Seine Gerichtsbarkeit umfasst mit Streitigkeiten über die Auslegung oder Anwendung des Gemeinschaftsrechts, Vorabentscheidungsverfahren, Vertragsverletzungsverfahren und Nichtigkeitsklagen die für eine am EU-Modell orientierte Wirtschaftsgemeinschaft typischen Gerichtsverfahren.[552] Das Vorabentscheidungsverfahren weist die Besonderheit auf, dass auch die letztinstanzlich entscheidenden mitgliedstaatlichen Gerichte nicht verpflichtet sind, es einzuleiten, wenn sich Fragen über die Auslegung einer Norm des Gemeinschaftsrechts stellen.[553] Allerdings können die Streitparteien die Einleitung anregen. Über die originäre Zielsetzung einer Wirtschaftsgemeinschaft hinausgehend, ist der Gerichtshof seit 2005 auch für Menschenrechtsverletzungen durch die Mitgliedstaaten zuständig.[554] Dabei ist seine Gerichtsbarkeit nicht auf bestimmte Instrumente zum Schutz der Menschenrechte begrenzt. Mit der Reform von 2005 wurde der Kreis der Parteifähigen erweitert. Seitdem können natürliche oder juristische Personen Nichtigkeitsklagen gegen Gemeinschaftsrechtsakte erheben und gegen Menschenrechtsverletzungen klagen.[555] Weitere Streitverfahren

---

551 SALL (Fn. 94), S. 29 f. Vgl. auch KOFI OTENG KUFUOR, Securing Compliance with the Judgements of the ECOWAS Court of Justice, in: *RADIC (8)* (1996), S. 1–11, 10, der diese Einschränkung bereits vor der Erweiterung der Zuständigkeiten 2005 gefordert hatte.

552 Art. 9 Abs. 1 Protokoll A/P.1/7/91, geändert durch Art. 3 Zusatzprotokoll A/SP.I/01/05.

553 Art. 10 lit. f Protokoll A/P.1/7/91, geändert durch Art. 4 Zusatzprotokoll A/SP.I/01/05: „Where in any action before a court of a Member State, an issue arises as to the interpretation of a provision ofthe Treaty, or the other Protocols or Regulations, the national court may on its own or at the request of any of the parties to the action refer the issue to the Court for interpretation." Vgl. dagegen Art. 267 Abs. 3 AEUV: „Wird eine derartige Frage [über die Auslegung der Verträge oder die Gültigkeit und Auslegung der Handlungen der Organe, Einrichtungen oder sonstigen Stellen der Union] in einem schwebenden Verfahren bei einem einzelstaatlichen Gericht gestellt, dessen Entscheidungen selbst nicht mehr mit Rechtsmitteln des innerstaatlichen Rechts angefochten werden können, so ist dieses Gericht zur Anrufung des Gerichtshofs verpflichtet."

554 Art. 9 Abs. 4 Protokoll A/P.1/7/91, eingefügt durch Art. 3 Zusatzprotokoll A/SP.I/01/05: „The Court has jurisdiction to determine cases of violation of human rights that occur in any Member State."

555 Art. 10 lit. c, d Protokoll A/P.1/7/91, eingefügt durch Art. 4 Zusatzprotokoll A/SP.I/01/05.

vor dem Gemeinschaftsgerichtshof können das Verhältnis der ECOWAS zu ihrem Personal wie auch eine etwaige Verantwortlichkeit der ECOWAS für Schadensfälle betreffen.[556] Bis zur Schaffung eines Schiedsgerichts erfüllt der Gerichtshof auch schiedsgerichtliche Funktionen.[557] Gutachterlich äußert sich das Gericht, wenn ihm die Hohe Behörde, der Ministerrat, Mitgliedstaaten oder die Kommission Rechtsfragen zum Vertrag vorlegen.[558]

3. Verfahrensregeln

Das Gerichtsverfahren wird jeweils schriftlich und mündlich geführt.[559] Grundsätzlich wird öffentlich verhandelt. Die jeweilige Kammer muss mindestens den Gerichtspräsidenten und zwei weitere Richter umfassen, immer aber eine ungerade Zahl von Richtern.[560] Denn die Entscheidungen des Gerichts werden durch eine Mehrheit der Richter angenommen.[561] Mitgliedstaaten, die ihre Interessen berührt sehen, können die Erlaubnis zu intervenieren beim Gericht beantragen.[562] Das Gericht kann einstweilige Maßnahmen anordnen.[563]

---

556 Art. 9 Abs. 1 lit. f, g, Abs. 3 Protokoll A/P.1/7/91, geändert durch Art. 3 Zusatzprotokoll A/SP.I/01/05.

557 Art. 9 Abs. 5 Protokoll A/P.1/7/91, geändert durch Art. 3 Zusatzprotokoll A/SP.I/01/05. Vgl. Art. 16 ECOWASV. SALL (Fn. 94), S. 29 ff. kritisiert die Möglichkeit einer bilateralen Streitschlichtung durch ein Schiedsgericht, da sie der Rolle des ECOWAS-GH als Gericht einer Integrationsgemeinschaft, das für den Integrationsprozess wegweisende Entscheidungen erlässt, abträglich ist.

558 Art. 8 Abs. 1 Protokoll A/P.1/7/91 über den Gemeinschaftsgerichtshof. Artikel 7 Abs. 3 lit. h ECOWASV sieht entsprechend die Befugnis der Hohen Behörde vor, Rechtsrat beim Gericht einzuholen.

559 Art. 13 Abs. 1 Protokoll A/P.1/7/91 über den Gemeinschaftsgerichtshof.

560 Art. 14 Abs. 2 und 3, 27 Abs. 5 Protokoll A/P.1/7/91 über den Gemeinschaftsgerichtshof.

561 Art. 19 Abs. 3 S. 2 Protokoll A/P.1/7/91 über den Gemeinschaftsgerichtshof.

562 Art. 21 Protokoll A/P.1/7/91 über den Gemeinschaftsgerichtshof.

563 Art. 20 Protokoll A/P.1/7/91 über den Gemeinschaftsgerichtshof.

VII. Der Wirtschafts- und Sozialrat

Der Wirtschafts- und Sozialrat wurde mit der Vertragsreform 1993 eingeführt.[564] Er vereint Vertreter unterschiedlicher wirtschaftlicher und sozialer Interessengruppen. Mit dem ihm inhärenten Expertenwissen soll er die
Gemeinschaftsorgane beraten, soweit deren Entscheidungen die in ihm
vertretenen Interessengruppen berühren.[565] Damit erfüllt er eine ähnliche
Funktion wie der Europäische Wirtschafts- und Sozialausschuss und sorgt
neben dem Parlament für eine Rückkopplung mit der Zivilgesellschaft.[566]

E. Vom Freihandelsabkommen zur Währungsunion? Die
Wirtschaftsintegration

Die ECOWAS hat sich das ambitionierte Ziel gegeben, eine Wirtschafts-
und Währungsunion zu verwirklichen. Das setzt als erste Schritte die
Liberalisierung des regionalen Personen-, Waren-, Dienstleistungs- und
Kapitalverkehrs voraus. Dann soll die Einführung des Gemeinsamen
Außenzolls und einer gemeinsamen Außenhandelspolitik folgen. Parallel
zur Binnenliberalisierung und handelspolitischen Öffnung gegenüber
Drittstaaten sollen durch gemeinsame Politiken der Aufbau, die Wettbewerbsfähigkeit und die Komplementarität der wichtigsten Wirtschaftszweige der Mitgliedstaaten unterstützt werden und damit die Voraussetzung einer erfolgreichen Integrationsgemeinschaft gelegt werden. Die
gemeinsame Währung und die Harmonisierung weiterer Politiken, wie
insbesondere der Wettbewerbspolitik, sollen schließlich für die Einheitlichkeit der Wirtschaftsbedingungen sorgen und den regionalen Austausch
erleichtern.[567] Bisher hat die ECOWAS vor allem den internen Waren-
und Personenverkehr liberalisiert, wenn sie dabei auch auf massive
Umsetzungsprobleme stößt, und in einigen Bereichen Sektorpolitiken auf
den Weg gebracht. Der 2015 eingeführte Gemeinsame Außenzoll wird
noch nicht durchgängig von allen Mitgliedstaaten angewandt. Die gesamtregionale Währungsunion ist noch immer in weiter Ferne.

---

564 Art. 14 ECOWASV.
565 GANS (Fn. 49), S. 75.
566 KUFUOR (Fn. 415), S. 48 f. und GANS (Fn. 49), S. 75.
567 Siehe die Zielbestimmung des Art. 3 ECOWASV.

I. Der Binnenmarkt: Die Marktfreiheiten

Der ECOWASV setzt in seinem Art. 3 Abs. 2 lit. d. iii) das Ziel, alle Barrieren des Personen-, Waren-, Kapital- und Dienstleistungsverkehrs zu beseitigen und die Aufenthalts- und Niederlassungsfreiheit innerhalb der Gemeinschaft zu verwirklichen. Der Gemeinschaftsvertrag gewährt die Marktfreiheiten aber nicht von Anfang an. Vielmehr sieht er vor, dass durch die gesetzgeberischen Aktivitäten der ECOWAS die Freiheitsräume nach und nach erweitert werden. Und tatsächlich hat die Gemeinschaft die wichtigsten Rechtsakte verabschiedet. In der Praxis ergeben sich allerdings einerseits aus der mangelhaften Ratifizierung der relevanten Protokolle und andererseits aus der inkonsequenten Umsetzung Probleme.

1. Warenverkehrsfreiheit

Bereits der Gründungsvertrag von 1975 sah die Errichtung einer Zollunion durch den Abbau tarifärer und nicht-tarifärer Handelshemmnisse binnen zehn Jahre sowie die Einführung eines einheitlichen Außenzolls innerhalb von 15 Jahren vor.[568] Nachdem lediglich die Zölle für Rohstoffe und traditionelle Handwerkswaren rasch gesenkt worden waren, bestimmte eine Entscheidung von 1983, in welchem Umfang und Rhythmus die Zölle für Industrieprodukte abgebaut werden sollten.[569] Danach mussten die Mitgliedsländer abhängig von ihrem Entwicklungsstand und der Klassifizierung der jeweiligen Produkte als prioritäre oder nicht-prioritäre Waren[570] bis spätestens zehn Jahre nach Inkrafttreten, also bis 1993, die Zölle auf

---

568 Art. 12 ECOWASV a.F. Artikel 13 und 14 Gründungsvertrag sah die Verwirklichung der Zollunion in verschiedenen Phasen vor. Insbesondere sollten die Zölle während der ersten zwei Jahre nach Inkrafttreten lediglich konsolidiert werden. Dazu GANS (Fn. 49), S. 114 ff.

569 Hohe Behörde, Decision relating to the adoption and the implementation of a Single Trade Liberalisation Scheme for Industrial Products originating from Member States, 30. Mai 1983, ECOWAS-Dok. A/DEC.1/5/83. Mit der Vertragsrevision wurde die Entscheidung in Art. 54 ECOWASV übernommen.

570 Die Unterscheidung zwischen den Waren wurden mit der Ministerrat-Entscheidung, Decision reating to the List of Priority Industrial Products for the Implementation of the Trade Liberalisation Programme, 26. Mai 1982, ECOWAS-Dok. C/DEC.3/5/82, eingeführt.

Industrieprodukte abschaffen.[571] Nachdem das Datum für das Inkrafttreten des Programms zur Handelsliberalisierung auf 1990 geändert worden war,[572] wurde es erneut 1992 modifiziert.[573] Die Unterscheidung zwischen verschiedenen Kategorien von Industrieprodukten wurde aufgehoben und ein neuer Liberalisierungsrhythmus für die drei Kategorien von Mitgliedsländern festgelegt. Am 1. Januar 2000 hätten danach die letzten Zollbarrieren gefallen sein sollen. Nachdem viele Mitgliedsländer auch drei Jahre nach diesem Termin noch Zölle erhoben, setzte der Ministerrat eine letzte Frist bis 2004.[574] Das heißt, dass ab Januar 2004 keine Zölle und Abgaben gleicher Wirkung auf Gemeinschaftswaren erhoben werden dürfen.

Der reformierte ECOWAS-Vertrag sieht in Art. 35 Abs. 2 S. 1 die baldige Abschaffung nicht-tarifärer Schranken wie mengenmäßige Beschränkungen vor. Nachdem der in Art. 41 ECOWASV vorgesehene Zeitplan nicht eingehalten worden war, wurden mittlerweile auch nicht-tarifäre Importbeschränkungen abgeschafft.[575]

---

571 Nach Art. 9 Entscheidung A/DEC.1/5/83 der Hohen Behörde vom 30. Mai 1983 sollte das *Trade Liberalisation Scheme* am 28. Mai 1983 in Kraft treten.

572 Hohe Behörde, Decision amending Article 9 of Decision A/DEC.1/5/83 relating to the adoption and implementation of a Single Trade Liberalisation Scheme for Industrial Products originating from Member States, 30. Juni 1989, ECOWAS-Dok. A/DEC.6/6/89. Art. 35 ECOWASV n.f. übernimmt diese Regelung.

573 Hohe Behörde, Decision amending Decision A/DEC.1/5/83 relating to the adoption and implementation of a Single Trade Liberalisation Scheme for Industrial Products originating from Member States, 29. Juli 1992, ECOWAS-Dok. A/DEC.6/7/92.

574 Art. 1 ECOWAS-Ministerrat, Regulation adopting measures to ensure [the] effective realisation of a Free Trade Zone in the ECOWAS region, 2. September 2003, ECOWAS-Dok. C/REG.3/9/03. In den Erwägungsgründen wird als Grund für die mangelhafte Umsetzung u.a. die Existenz unterschiedlicher Liberalisierungsprogramme bzw. die Konkurrenz zur UEMOA genannt.

575 Artikel 41 Abs. 1 ECOWASV verpflichtet die Mitgliedstaaten, binnen vier Jahre nach Inkrafttreten des in Art. 54 vorgesehenen *Trade Liberalisation Scheme (TLS)* jegliche Quoten, mengenmäßigen Beschränkungen und Importverbote abzuschaffen. Artikel 54 Abs. 1 ECOWASV bestimmt dabei noch das Inkrafttreten des TLS für den 1. Januar 1990. Danach wären die nicht-tarifären Barrieren mithin bis 1994 aufzuheben gewesen. Auch wenn man das spätere Inkrafttreten des TLS berücksichtigt, dürfen die Mitgliedstaaten mittlerweile keine nicht-tarifären Importbarrieren aufrechterhalten: Nach der Entscheidung der Hohen Behörde, Decision on the Minimum Agenda for Action (1992/1993) on Free Movement of Persons and Goods, 29. Juli 1992, ECOWAS-Dok. A/DEC.5/7/92, sind sämtliche nicht-tarifäre Importbeschränkungen sofort abzuschaffen.

Von der Warenverkehrsfreiheit können alle Erbringer oder Inhaber einer Ware profitieren. Unter Waren sind alle körperlichen Gegenstände zu verstehen, die einen Geldwert haben und Gegenstand von Handelsgeschäften sein können.[576] Als Gemeinschaftswaren werden aus den Mitgliedsländern stammende Rohstoffe und traditionelle Handwerksgüter betrachtet, aber auch industrielle Produkte, soweit sie vollständig hergestellt bzw. wesentliche Verarbeitungsschritte in einem Mitgliedsland erfahren haben.[577] Gemäß Art. 4 Protokoll vom 31. Januar 2003[578] kann eine Ware durch Be- oder Verarbeitung in der ECOWAS die Ursprungseigenschaft erlangen, wenn sie dadurch in einer der vier ersten Ziffern des Tarifierungssystems eine Neueinordnung oder einen mindestens 30%-igen Wertzuwachs erfährt. Nur die Produkte von Gemeinschaftsunternehmen kommen in den Genuss des zollfreien Verkehrs, die nach einem Überprüfungsverfahren durch ein nationales Gremium und die Kommission zertifiziert worden sind.[579] Dieses Prüfverfahren ist mit einer Dauer von vier bis sechs Monaten aufwendig und schrecktl viele Firmen ab.[580]

Rohstoffe, traditionelle Handwerksarbeiten und industrielle Gemeinschaftswaren zirkulieren frei von Zöllen und Abgaben gleicher Wirkung in den ECOWAS-Mitgliedstaaten.[581] Um den reibungslosen Ablauf zu

---

576 Vgl. für die EU Ulrich Karpenstein, *Praxis des EU-Rechts. Anwendung und Durchsetzung des Unionsrechts in der Bundesrepublik Deutschland*, München, 2. Aufl. 2013, Rn. 163 unter Verweis insbesondere auf EuGH, Urteil v. 9. Juli 1992, Rs. C-2/90, Slg. 1992, I-4431, Rn. 26 - *Kommission/Belgien*.

577 Mit der Verordnung des Ministerrats vom 23. April 2002, Regulation adopting an ECOWAS Certificate of Origin, ECOWAS-Dok. C/REG.4/4/02, wurde eine einheitliche Ursprungsbescheinigung für die ECOWAS und UEMOA eingeführt.

578 Protocol relating to the definition of the concept of products originating from Member States of the Economic Community of West African States, 31. Januar 2003, ECOWAS-Dok. A/P1/1/03.

579 Siehe zum Verfahren für die Anerkennung als Ursprungsware Ministerrat, Regulation Establishing Procedure for the Approval of Originating Products to Benefit under the ECOWAS Trade Liberalisation Scheme, 23. April 2002, ECOWAS-Dok. REG.3/4/02. Die Gestaltung des Ursprungszertifikats wird durch die Ministerrat-Verordnung vom 23. April 2002, ECOWAS-Dok. C/REG.4/4/02, geregelt.

580 Mombert Hoppe und Francis Aidoo, *Removing Barriers to Trade between Ghana and Nigeria: Strengthening Regional Integration by Implementing ECOWAS Commitments*, 2012, S. 3.

581 Für Handwerksarbeiten und Rohstoffe bestimmt dies Art. 36 Abs. 2 ECOWASV. Damit wird ein frühes *acquis* der ECOWAS aufgegriffen: Die Entscheidung des Ministerrats Decision on the Trade Liberalization of Unprocessed Products, 26. November 1979, ECOWAS-Dok. C/DEC.8/11/79, und die Entscheidung der

gewährleisten, hat die Gemeinschaft die zolltarifliche und statistische Nomenklatur, den Ursprungsnachweis und die Zollerklärung harmonisiert.[582]

Gemeinschaftswaren dürfen nicht Importverboten und -beschränkungen unterworfen werden.[583] Zudem dürfen gleichartige Waren nicht durch interne Gesetze und Regulierungen diskriminiert werden.[584]

Der Vertrag sieht hinsichtlich mengenmäßiger Beschränkungen und Importverbote großzügig formulierte Rechtfertigungstatbestände und eine allgemeine Schutzklausel vor. Gemäß Art. 41 Abs. 3 ECOWASV dürfen Mitgliedstaaten Importbeschränkungen bzw. -verbote einführen bzw. aufrechterhalten, wenn dies den üblichen Schutzgütern des Gemeinwohls, beispielsweise der öffentlichen Gesundheitspflege, Moral oder nationalen Sicherheit, dient. Handelspolitische Schutzmaßnahmen dürfen nach Notifizierung und unter Vorbehalt der Zustimmung des Ministerrats eingeführt werden, wenn schwerwiegende Störungen im Wirtschaftsleben eines Mitgliedstaats durch die Anwendung der gemeinschaftlichen Bestimmungen zum Freihandel bzw. der Zollunion auftreten, Art. 49 ECOWASV.

Im westafrikanischen Alltag hemmen vor allem korrupte Grenzbeamte, die willkürlich Ursprungszertifikate nicht anerkennen, Zölle bzw. Bestechungsgeld verlangen, stunden- oder tagelange Wartezeiten verursachen, sowie Straßenkontrollposten mit ähnlichen Verhaltensweisen den Han-

---

Hohen Behörde, Decision relating to Trade Liberalization in respect of Traditional Handicrafts, 29. Mai 1981, ECOWAS-Dok. A/DEC.1/5/81, hatten bereits den Handel mit Rohstoffe bzw. Handwerksprodukte liberalisiert. Der freie Verkehr von industriellen Produkten ist in der Entscheidung der Hohen Behörde, Decision amending Decision A/DEC.1/5/83 relating to the adoption and implemetation of a single ECOWAS Trade Liberalisation Scheme, 29. Juli 1992, ECOWAS-Dok. A/DEC.6/7/92 i.V.m. Ministerrats, Regulation adopting measures to ensure [the] effective realisation of a Free trade zone in the ECOWAS region, 2. September 2003, ECOWAS-Dok. C/REG.3/9/03 für spätestens den 1. Januar 2004 vorgesehen.

582 So wurde etwa mit der Verordnung des Ministerrats vom 23. April 2002, Regulation adopting an ECOWAS Certificate of Origin, ECOWAS-Dok. C/REG. 4/4/02, wurde eine einheitliche Ursprungsbescheinigung für die ECOWAS und UEMOA eingeführt.

583 Nach der Entscheidung der Hohen Behörde vom 29. Juli 1992, Decision on the Minimum Agenda for Action (1992/1993) on Free Movement of Persons and Goods, 29. Juli 1992, ECOWAS-Dok. A/DEC.5/7/92, ECOWAS-Dok. A/DEC. 5/7/92, sind sämtliche nicht-tarifäre Importbeschränkungen sofort auszuräumen.

584 Art. 44 ECOWASV.

del.[585] Darüber hinaus setzt die Mehrheit der ECOWAS-Mitgliedstaaten nicht konsequent die gemeinschaftsrechtlichen Regelungen um, erhebt etwa Zölle[586] und wendet mengenmäßige Beschränkungen und Importverbote an. Viele Mitgliedstaaten akzeptieren auch nicht die vereinheitlichten Handelsdokumente, wie insbesondere den Ursprungsnachweis, und geben sie nicht heraus.[587]

2. Die Personenverkehrsfreiheit

Noch vor Gründung der ECOWAS hatten einige westafrikanische Staaten untereinander die Visapflicht aufgehoben.[588] Die Abschaffung von Hindernissen des freien Personenverkehrs bzw. die Gewährleistung der Aufenthalts- und Niederlassungsfreiheit gehören bereits seit ihrer Gründung zu den Zielen der Gemeinschaft.[589] Gemäß Art. 59 ECOWASV sollen die ECOWAS-Bürger entsprechend dem relevanten Protokoll das Recht auf freie Einreise, Aufenthalt und Niederlassung haben. Bereits der Vertrag von 1975 sah die Freizügigkeit als einen zentralen Aspekt und Ziel der Wirtschaftsgemeinschaft an.[590] Nur wenige Jahre nach Gründung der ECOWAS wurde das Protokoll über die Freizügigkeit verabschiedet, nach dem Freizügigkeit innerhalb von 15 Jahren ab seinem Inkrafttreten in drei

---

585 Siehe bspw. HOPPE und FRANCIS AIDOO (Fn. 580), S. 4, LORI BROCK, OMETERE OMOLUABI und NATE VAN DUSEN, *Nigeria Gap Analysis. ECOWAS Free Trade Area*, 2010, S. 36 f., BROCK, OMOLUABI und VAN DUSEN (Fn. 283), S. 26 f., Observatoire des Pratiques Anormales, 11ème Rapport de l'OPA/UEMOA, 25. April 2010, verfügbar unter http://www.cgeci.org/cgeci/docs/documents/opa_11-report-french-final.pdf, eingesehen am 30.01.2014.

586 IWA AKINRINSOLA, Legal and Institutional Requirements for West African Economic Integration, in: *Law and Business Review of the Americas Vol. 10* (2004), S. 493–514, 496 und CERNICKY (Fn. 351), S. 142 kamen vor einigen Jahren zu dem Ergebnis, dass nur Benin und Sierra Leone alle Zölle auf industrielle Produkte abgebaut hätten.

587 Siehe bspw. BROCK, OMOLUABI und VAN DUSEN (Fn. 585), S. 36 f., BROCK, OMOLUABI und VAN DUSEN (Fn. 282), S. 26 f. und HOPPE und AIDOO (Fn. 580), S. 4.

588 Für die Staaten des Conseil de l'Entente hatte sie nie bestanden. Nigeria schaffte die Visapflicht für Staatsangehörige aus Dahomey (heute Benin), Guinea, Niger, Togo und die Elfenbeinküste ab. ERNEST ARYEETEY, *Regional Integration in West Africa*, 2001, S. 24 und GANS (Fn. 49), S. 147.

589 Art. 3 Abs. 2 lit. d iii) ECOWASV a.F.

590 Art. 2 Abs. 2, Art. 27 Abs. 1 und 2 ECOWASV a.F.

Schritten gewährt werden sollte: In einem ersten Schritt soll die (visa-)freie Einreise, dann in der zweiten Phase der unbegrenzte Wohn- und Arbeitsaufenthalt und schließlich auch die freie Niederlassung ermöglicht werden.[591]

a. Die Freizügigkeit als Recht der Gemeinschaftsbürger

Ähnlich wie Art. 20 Abs. 2 lit. a AEU sieht Art. 59 ECOWASV in Anknüpfung an die Eigenschaft als Gemeinschaftsbürger und damit unabhängig von etwaigen wirtschaftlichen Aktivitäten für alle Staatsbürger der Mitgliedstaaten das Recht vor, sich frei in allen Gemeinschaftsländern aufzuhalten und zu bewegen. Dies gilt allerdings nur, soweit das entsprechende Protokoll es vorsieht. Mit dem Freizügigkeitsprotokoll von 1979 wurde jedem ECOWAS-Bürger eine freie Einreise ohne Visum gewährt, sofern er ein gültiges Reisedokument[592] und ein internationales Gesundheitszeugnis bei sich führt und nicht länger als 90 Tage bleibt.[593] Um ihren Bürgern Grenzüberschreitungen zu erleichtern, hat die ECOWAS 1985 ein Reisezertifikat („ECOWAS Travel Certificate") eingeführt.[594] Jeder ECOWAS-Bürger über 15 kann es in seinem Heimatland beantragen und sich damit von der Pflicht befreien, Formulare bei der Aus- und Einreise auszufüllen.[595] Ab 2016 wird es durch nationale biometrische Personal-

---

591 Art. 2 Protocol relating to Free Movement of Persons, Residence and Establishment (im Folgenden „Freizügigkeitsprotokoll"), ECOWAS-Dok. A/P.1/5/79, Official Journal of the ECOWAS, Vol. 1 (June 1979), S. 3, am 29. Mai 1979 unterzeichnet und am 8. April 1980 in Kraft getreten.

592 Gemäß Art. 1 Freizügigkeitsprotokoll gelten Pässe sowie alle Dokumente, die die Identität des Inhabers mit einem Foto belegen und von dem Mitgliedstaat herausgegeben wurden, dessen Staatsbürgerschaft der Betroffene hat und auf welche Vermerke von Einwanderungsbehörden angebracht werden können, sowie daneben Passierscheine, die die ECOWAS ihren Angestellten ausstellt, als gültige Reisedokumente. Eine weite Definition der Reisedokumente ist von Nöten, weil viele Westafrikaner keinen Reisepass besitzen.

593 Art. 3 Freizügigkeitsprotokoll.

594 Hohe Behörde, Decision relating to the establishment of ECOWAS Travel certificate for Member States, 6. Juli 1985, ECOWAS-Dok. A/DEC.2/7/85.

595 Coopération Autrichienne pour le Développement, *Guide on the free movement of people and goods in southern Senegambia*, 2009, S. 14.

ausweise ersetzt.[596] Ergänzt wird es schon jetzt durch die im Mai 2000 vereinbarte Einführung eines ECOWAS-Passes.[597] Die harmonisierten Einwanderungs- und Auswanderungsformulare sollen wohl Personen, die nicht in Besitz eines gültigen Reisedokuments sind, den Grenzübertritt erlauben.[598] In der Praxis stellen die Anforderungen der Reisedokumente und Impfpässe aber große Hürden dar, weil viele Westafrikaner weder Geburtsurkunde noch andere Identitätsnachweise besitzen.[599]

Die ECOWAS hat auch den Grenzübertritt von privaten Fahrzeugen und Nutzfahrzeugen geregelt. Während Privatfahrzeuge, in Übereinstimmung mit den für Personen geltenden Regeln, bis zu 90 Tage in anderen Mitgliedstaaten genutzt werden können, wenn ihr jeweiliger Fahrer eine gültige Fahrerlaubnis, die Zulassung bzw. den Fahrzeugbrief, eine von den Mitgliedstaaten anerkannte Versicherungspolice und internationale Zollpapiere vorweisen kann, ist dies für Nutzfahrzeuge nur während fünfzehn Tagen möglich.[600] Mit der „ECOWAS brown card" wurde 1982 eine Versicherung für motorisierte Fahrzeuge während ihrer Nutzung in anderen Mitgliedsländern eingeführt.[601]

---

596 Hohe Behörde, Decision amending Decision A/DEC.2/7/85 establishing a Travel certificate for ECOWAS Member States, 15. Dezember 2014, ECOWAS-Dok. A/DEC.01/12/14.

597 Hohe Behörde, Decision relating to the adoption of an ECOWAS Passport, 29. Mai 2000, ECOWAS-Dok. A/DEC.1/5/2000. Im Dezember 2003 sollte mit der Umsetzung dieses Vorhabens begonnen worden sein, AKINRINSOLA (Fn. 586), S. 499.

598 COOPÉRATION AUTRICHIENNE POUR LE DÉVELOPPEMENT (Fn. 595), S. 14. Dass diese Formulare eine Ergänzungsfunktion zu den gültigen Reisedokumenten zukommt, geht aus der Entscheidung des Ministerrats, Decision on the Introduction of a Harmonised Immigration and Emigration Form in ECOWAS Member States, 5. Dezember 1992, ECOWAS-Dok. C/DEC.3/12/92, nicht ausdrücklich hervor. Dessen Art. 1 Abs. 2 lit. a bestimmt lediglich, dass die Formulare nur in Ausnahmefällen von Gemeinschaftsbürgern benutzt werden dürfen.

599 Pietro Mona, Berater in der Direktorat Freizügigkeit und Tourismus der ECOWAS-Kommission, Interview mit der Autorin vom 15. Mai 2012, Abuja.

600 Art. 5 Freizügigkeitsprotokoll A/P.1/5/79.

601 Protocol on the establishment of an ECOWAS Brown Card relating to motor vehicle third party liability insurance, 29. Mai 1982, ECOWAS-Dok. A/P1/5/82.

Jeder Gemeinschaftsbürger hat das Recht, visafrei in einen anderen ECOWAS-Staat einzureisen und sich dort bis zu 90 Tage aufzuhalten.[602] Als Gemeinschaftsbürger gelten alle Personen, die die Staatsbürgerschaft von einem oder mehreren ECOWAS-Mitgliedstaaten haben, ohne die Nationalität eines Drittstaats zu besitzen.[603] Der Ausschluss von Bürgern mit doppelter Staatsbürgerschaft, zu der auch die eines Drittstaats gehört, wird als restriktiv kritisiert.[604]

In das Einreise- und Aufenthaltsrecht wird eingegriffen, wenn durch eine staatliche Tätigkeit die Einreise oder der Aufenthalt erschwert bzw. unmöglich gemacht wird. Allerdings sieht das Freizügigkeitsprotokoll in seinem Art. 4 einen weiten Rechtfertigungstatbestand vor: Die Mitgliedstaaten dürfen Gemeinschaftsbürger abweisen, die nach ihren Gesetzen nicht einreiseberechtigte Immigranten sind.[605] Wann es sich um eine nicht zuzulassende Person handelt, definiert nicht das Freizügigkeitsprotokoll; vielmehr verweist es ausdrücklich auf die Gesetze der Mitgliedstaaten und stellt diesen damit anheim, das Einreise- und Aufenthaltsrecht der ECOWAS-Bürger beliebig einzuschränken.[606] Immerhin regelt ein Protokoll aus dem Jahr 1985 bestimmte Mindeststandards, insbesondere die Achtung fundamentaler Menschenrechte, die beim Eintritt des Ausnahmefalls, der Ausweisung oder der Schließung der Grenzen, von den staatlichen Autoritäten zu beachten sind.[607]

Zwar haben alle 16 Mitgliedstaaten das Freizügigkeitsprotokoll von 1979 ratifiziert, aber nicht alle setzten das Recht zum freien Aufenthalt befriedigend um, so dass sich die Hohe Behörde kurz vor Ablauf der ers-

---

602 Art. 3 Freizügigkeitsprotokoll A/P.1/5/79. Das Protocol relating to the definition of Community Citizen, 29. Mai 1982, ECOWAS-Dok. A/P3/5/82, definiert den Begriff des Gemeinschaftsbürgers und legt die Modalitäten des Erwerbs, Verlusts, der Verwirkung und des Entzugs fest.

603 Art. 1 Protokoll zur Definition des Gemeinschaftsbürgers vom 29. Mai 1982, ECOWAS-Dok. A/P3/5/82.

604 IBRIGA, COULIBALY und SANOU (Fn. 161), Rn. 321.

605 Art. 4 Freizügigkeitsprotokoll A/P.1/5/79 lautet: „Notwithstanding the, provisions of Article 3 above. Member States shall reserve the right to refuse admission into their territory Community any citizen who comes within the category of inadmissible immigrants under its laws."

606 Kritisch dazu auch IBRIGA, COULIBALY und SANOU (Fn. 161), Rn. 308.

607 Supplementary Protocol on the Code of conduct for the implementation of the Protocol on Free movement of persons, the Right of residence and establishment, ECOWAS-Dok. A/SP.1/7/85, Official Journal of the ECOWAS Vol. 7 S. 11, unterzeichnet am 6. Juli 1985 und am 28. Juni 1989 in Kraft getreten.

ten Umsetzungsfrist im November 1984 bemüßigt fühlte, die effektive Implementierung anzumahnen.[608] Seit 1986 haben offiziell alle Länder die Visumpflicht abgeschafft.[609] Trotzdem trifft der Reisende auf vielfältige Hindernisse, insbesondere Kontrollpunkte und Straßensperren.[610] Die einheitlichen Reisezertifikate werden lediglich von der Hälfte der Staaten ausgegeben.[611] Dennoch gilt das Recht auf visafreie Einreise als effektiv.[612]

b. Die Arbeitnehmerfreizügigkeit

Ein Protokoll aus dem Jahr 1986, noch im selben Jahr in Kraft getreten,[613] garantiert allen Gemeinschaftsbürgern das Recht, in anderen Mitgliedstaaten zu arbeiten, zu reisen und zu leben, auch über eine Dauer von 90 Tagen hinaus.[614] Dazu bedürfen sie keines Visums, sondern lediglich einer Aufenthaltsgenehmigung,[615] einer sogenannten „ECOWAS Residence Card" oder „Residence Permit". 1990 wurde die ECOWAS-Aufenthaltserlaubnis („Residence Card") durch eine Entscheidung der Hohen Behörde eingeführt.[616] Darin sind die Bedingungen der Erteilung für jeweils drei Jahre geregelt und ist bestimmt, dass sie nicht bei Verlust des Arbeitsplat-

---

608 Hohe Behörde, Resolution on the implementation of the first phase of the protocol relating to the free movement of persons, the right of residence and establishment, 23. November 1984, ECOWAS-Dok. A/RES. 2/11/84.

609 ABASS BUNDU, Chapter 2. ECOWAS and the Future of Regional Integration in West Africa, in: *Regional Integration and Cooperation in West Africa. A Multidimensional Perspective*, hg. von RÉAL LAVERGNE, Ottawa 1997, S. 29–48, 35.

610 GANS (Fn. 49), S. 150.

611 CERNICKY (Fn. 351), S. 147; GANS (Fn. 49), S. 150.

612 IBRIGA, COULIBALY UND SANOU (Fn. 161), Rn. 308. LORI BROCK, OMETERE OMOLUABI und NATE VAN DUSEN, *Gap Analysis ECOWAS Free Trade Area*, 2009, S. 12.

613 Supplementary Protocol on the Second Phase (Right of Residence) of the Protocol on free movement of persons, the right of residence and establishment, ECOWAS-Dok. A/SP.1/7/86, Official Journal of the ECOWAS Vol. 9 S. 1, am 1. Juli 1986 unterzeichnet und 5. Juni 1986 in Kraft getreten.

614 Art. 2 Protokoll A/SP.1/7/86.

615 Art. 5 Protokoll A/SP.1/7/86.

616 Entscheidung der Hohen Behörde über die Einführung einer ECOWAS *Residence Card* vom 30. Mai 1990, ECOWAS-Dok. A/DEC.2/5/90.

zes entzogen wird.[617] Allerdings ist die Ablehnung eines entsprechenden Antrags auf Erteilung in das Ermessen der ausstellenden Behörde gestellt.[618]

ECOWAS-Bürger genießen nicht nur dann das Recht, sich frei in anderen Mitgliedsländern zu bewegen und dort zu wohnen, wenn sie bereits eine Arbeit haben, sondern auch wenn sie sich auf eine ausgeschriebene Stelle bewerben und ihr Arbeitsverhältnis beendet ist.[619] Halten sie sich länger als 90 Tage in einem anderen ECOWAS-Mitgliedsland auf, sind sie verpflichtet, sich dort eine ECOWAS-Aufenthaltserlaubnis zu beschaffen.[620] Da eine solche von den Aufenthaltsstaaten grundlos verweigert werden kann,[621] ist diese Voraussetzung geeignet, das Aufenthalts- und Niederlassungsrecht der Gemeinschaftsbürger zu konterkarieren und es – wie kritische Stimmen anmerken – auf ein Zugeständnis der Behörden zu reduzieren.[622] Auch die ECOWAS-Kommission sieht in der Aufenthaltsgenehmigung eine potentiell diskriminierende Beschränkung und wirkt auf ihre Abschaffung hin.[623]

Mit Ausnahme der politischen Rechte genießen ECOWAS-Bürger in ihrem Gastland dieselben Rechte und Freiheiten wie dessen Bürger.[624] Ungeregelt ist jedoch, ob sie auch Sozialleistungen in ihrem Aufenthaltsland in Anspruch nehmen dürfen. Zwar sieht Art. 61 Abs. 2 lit. b

---

617 Art. 4, 13 Abs. 1, Art. 8 Entscheidung A/DEC.2/5/90.
618 Art. 15 Entscheidung A/DEC.2/5/90.
619 Art. 2 und 3 Protokoll A/SP.1/7/86.
620 Art. 5 Zusatzprotokoll A/SP.1/7/86.
621 Art. 15 Hohe Behörde, Decision establishing a Residence Card in ECOWAS Member States, 30. Mai 1990, ECOWAS-Dok. A/DEC.2/5/90.
622 So IBRIGA, COULIBALY und SANOU (Fn. 161), Rn. 312.
623 ECOWAS-Presseerklärung n° 87/2014, ECOWAS Flagship Free Movement Protocol for Review, 14. Mai 2014: „ECOWAS has launched the process for review of its flagship Free movement protocol to eliminate the requirement for residence permit which has been a source of „discrimination and harassment" of community citizens, the President of the ECOWAS Commission, His Excellency Kadré Desiré Ouédraogo has said."
624 Art. 18 Entscheidung A/DEC.2/5/90 vom 30. Mai 1990. Zuvor waren in Art. 23 Zusatzprotokoll A/SP.1/7/86 den Arbeitsmigranten die gleichen Rechte lediglich hinsichtlich bestimmter Aspekte zugesprochen worden: So waren ihnen zumindest Beschäftigungssicherheit, Teilnahmemöglichkeiten bei sozialen und kulturellen Aktivitäten, Wiederanstellungsmöglichkeiten nach dem Verlust des Arbeitsplatzes wie auch Weiterbildungsmöglichkeiten und der Zugang zu Kultur- und Gesundheitseinrichtungen wie Inländern zu gewähren. Grenzpendlern und Wanderarbeitnehmern werden die Rechte, die aus dem Wohnsitz bzw. für Wan-

ECOWASV die Harmonisierung der Sozialgesetzgebung vor; Maßnahmen für Gemeinschaftsbürger in anderen Mitgliedstaaten sind bisher aber noch nicht verabschiedet worden. In der Literatur wird die soziale Absicherung der Bewegungsfreiheit angeregt, gleichzeitig aber darauf hingewiesen, dass viele ECOWAS-Länder kein oder nur ein gering entwickeltes Sozialsystem haben.[625] Auch die Rechte von Familienmitgliedern des jeweiligen Arbeitnehmers wurden bisher nicht gemeinschaftsrechtlich bestimmt.

Beschäftigungen im öffentlichen Dienst sind grundsätzlich vom Schutzbereich des Protokolls ausgeschlossen.[626] Daneben wird auch die große Mehrheit afrikanischer Migranten, die im informellen Sektor arbeitet, nicht erfasst.[627]

Arbeitsmigranten und ihre Familienmitglieder dürfen nur aus den abschließend aufgezählten Gründen und unter Einhaltung bestimmter Verfahrensanforderungen ausgewiesen werden. Dies kann zur Aufrechterhaltung der öffentlichen Ordnung und Sicherheit, zum Wohle der Gesundheit der Bevölkerung[628] geschehen oder wenn der Erteilung einer Aufenthalts- bzw. Arbeitserlaubnis wesentliche Hinderungsgründe entgegen stehen.[629] Gruppenausweisungen bzw. willkürliche Ausweisungen sind unzuläs-

---

derarbeitnehmer auch der Anstellung in dem Gastland folgen, mit der Begründung verwährt, dass sie ihrer nicht bedürften, Art. 10 und 12 Protokoll A/SP. 1/7/86.

625 Gans (Fn. 49), S. 154 f.

626 Art. 4 Zusatzprotokoll A/SP.1/7/86. Der Begriff der Beschäftigung im öffentlichen Dienst wurde bisher nicht vom ECOWAS-GH definiert. Für die EU hat der EuGH, Entscheidung vom 17. Dezember 1980, Rechtssache 149/79, Slg. 1979, S. 3883, 3900, Rn. 10 dies getan. Danach liegt eine Beschäftigung in der öffentlichen Verwaltung vor, wenn Stellen, „eine unmittelbare oder mittelbare Teilnahme an der Ausübung hoheitlicher Befugnisse und an der Wahrnehmung solcher Aufgaben mit sich bringen, die auf die Wahrung der allgemeinen Belange des Staates oder anderer öffentlicher Körperschaften gerichtet sind".

627 Der Begriff des Arbeitnehmers schließt Personen aus, die keinen Arbeitsvertrag mit einem Arbeitgeber des Aufnahmestaats haben, Art. 1 Abs. 2 lit. c Zusatzprotokoll A/SP.1/7/86. International Organization for Immigration (IOM), La libre circulation, le droit de résidence et d'établissement dans l'espace CEDEAO : acquis communautaire, effectivité et enjeux 2007, S. 5.

628 Wenn der Betroffene trotz Aufklärung über die Folgen seiner Weigerung sich der Anordnung einer Gesundheitsbehörde widersetzt, kann er zum Schutz der Gesundheit der Bevölkerung ausgewiesen werden.

629 Art. 14 Zusatzprotokoll A/SP.1/7/86.

sig.[630] Da die Ausstellung von Aufenthaltsgenehmigungen genauso wie die Definition des „illegalen" Einwanderers im Ermessen der Behörden des Aufnahmestaats liegt, können letztlich die ECOWAS-Mitgliedstaaten den Anwendungsbereich der Arbeitnehmerfreizügigkeit beliebig beschneiden, ohne Rechtfertigungsgründe anführen zu müssen.[631]

Wie auch bei der Warenverkehrsfreiheit hemmen Korruption und willkürliche behördliche Weigerungen, die erforderlichen Dokumente herauszugeben, die Effektivität der Arbeitnehmerfreizügigkeit.[632] In Westafrika kam und kommt es immer wieder in wirtschaftlich schwierigen Zeiten zu Ausweisungen „illegaler" Einwanderer, etwa 1999 aus der Elfenbeinküste.[633] Dagegen bietet das Freizügigkeitsprotokoll wenig Schutz, da es den Mitgliedstaaten die Beschränkung des Anwendungsbereich erlaubt.

c. Niederlassungsfreiheit

Unter der Niederlassungsfreiheit ist das Recht der Gemeinschaftsangehörigen zu verstehen, sich in einem anderen als ihrem Herkunftsland anzusiedeln und unter den gleichen Bedingungen wie die Angehörigen des Gastlandes Zugang zu selbstständigen wirtschaftlichen Tätigkeiten zu erhalten und diese, insbesondere im Rahmen von Unternehmen, auszuüben.[634] Diese Freiheit soll durch ein Protokoll aus dem Jahre 1990 verwirklicht werden, das die Mitgliedstaaten verpflichtet, Gemeinschaftsangehörige und eigene Staatsbürger hinsichtlich ihrer wirtschaftlichen Tätigkeit gleich

---

630 Art. 13 Zusatzprotokoll A/SP.1/7/86.
631 Die Entscheidung A/DEC.2/5/90 bekräftigt in ihrem Art. 19 das Recht, „unzulässige" Immigranten abzuschieben: „The rights and liberties referred to above do not in any way affect the sovereign right of a Member State to expel nationals of another Member State whose situation is irregular as unacceptable migrants."
632 Brock, Omoluabi und van Dusen (Fn. 612), S. 12.
633 Aderanti Adepoju, Fostering Free Movement of Persons in West Africa: Achievements, Constraints, and Prospects for Intraregional Migration, in: *International Migration Vol. 40* (2002), S. 12.
634 Art. 1 Supplementary Protocol on the Implementation of the Third Phase (Right of Establishment) of the Protocol on Free Movement of persons, right of residence and establishment, ECOWAS-Dok. A/SP.2/5/90. Das Protokoll ist in Kraft getreten, auch wenn es immer noch einige Mitgliedstaaten nicht ratifiziert haben, International Organization for Immigration (IOM) (Fn. 627), S. 8.

zu behandeln. Die Niederlassungsfreiheit soll weiterhin durch die Angleichung des mitgliedstaatlichen Wirtschaftsrechts[635] und die Anerkennung von Diplomen und Berufsabschlüssen[636] wirksam werden.

Auf das Recht, sich in einem anderen Mitgliedstaat niederzulassen und dort eine selbstständige Erwerbstätigkeit – auch mittels eines Unternehmens – aufzunehmen bzw. auszuüben, können sich alle Gemeinschaftsbürger berufen. Da auch die Gründung und Aktivität von Unternehmen in einem anderen Mitgliedstaat geschützt ist, können des Weiteren in den Mitgliedstaaten gesetzeskonform gegründete Unternehmen als juristische Personen, die ihren Sitz, ihre Hauptverwaltung oder ihre Hauptniederlassung innerhalb der Gemeinschaft haben, die Niederlassungsfreiheit geltend machen.[637] Auch Unternehmen, die lediglich ihren satzungsgemäßen Sitz in einem Mitgliedstaat haben, profitieren von der Niederlassungsfreiheit, sofern sie eine effektive und anhaltende Verbindung zu der Wirtschaft des Sitzstaats aufweisen.[638]

Nach dem Protokoll von 1990 dürfen selbständige Erwerbstätigkeiten sowie die Unternehmenstätigkeit von Gemeinschaftsbürgern nur den Gesetzen unterworfen werden, die für die entsprechende Betätigung der

---

635 Art. 4 Abs. 4 Zusatzprotokoll A/SP.2/5/90 sieht die Harmonisierung in Bereichen vor, in denen zumindest ein Mitgliedsland den Zugang sowie die Ausübung selbstständiger Tätigkeiten mittels „protektionistischer oder restriktiver Maßnahmen" beschränkt. Bisher hat die ECOWAS bei der Harmonisierung der Gesetzgebungen wenig Erfolge vorzuweisen. Die Ministerrat-Entscheidung, Decision relating to the harmonisation of commercial law of Member States, 27. Juli 1995, ECOWAS-Dok. C/DEC.7/7/95, sieht erste Schritte zur Harmonisierung des Handelsrechts vor. Wesentlich effizienter gestaltet sich die Arbeit der *Organisation pour l'Harmonisation en Afrique du Droit des Affaires* (OHADA), der die frankophonen Mitgliedstaaten der ECOWAS angehören.

636 Art. 4 Abs. 5 Zusatzprotokoll A/SP.2/5/90. Hohe Behörde, Decision A/DEC. 4/01/03 relating to the adoption of a general Convention on recognition and equivalence of degrees, diplomas, certificates and other qualifications in ECOWAS Member States, 31. Januar 2003, ECOWAS-Dok A/DEC.4/01/03.

637 Art. 3 S. 1 Protokoll A/SP.2/5/90. So auch die gemeinschaftsrechtlich normierten *Community Enterprises,* Protocol relating to Community Enterprises, November 1984, ECOWAS-Dok. A/P.1/11/84.

638 Art. 3 S. 2 Protokoll A/SP.2/5/90.

Staatsangehörigen des Aufnahmelands gelten.[639] Mithin liegt der Gewähr-leistungsgehalt der Niederlassungsfreiheit in dem Gebot der Gleichbe-handlung.[640]

Tätigkeiten, die der Ausübung hoheitlicher Befugnisse zuzuordnen sind, sind gemäß dessen Art. 4 Abs. 6 von der Anwendung des Protokolls ausgeschlossen.[641]

Selbstständig erwerbstätigen Gemeinschaftsangehörigen bzw. Gemein-schaftsunternehmen kann aus Gründen der öffentlichen Ordnung und Sicherheit sowie der Gesundheit der Bevölkerung die Gleichbehandlung versagt werden.[642] Zudem kann ein Mitgliedstaat bestimmte Tätigkeitsfel-der von der Gleichbehandlung ausnehmen, sofern er sich zur Gleichbe-handlung außer Stande sieht und dies der Kommission mitteilt. Anderen Mitgliedstaaten steht es darauf frei, die Angehörigen und Unternehmen des betreffenden Staats entsprechend zu diskriminieren.[643]

Das Niederlassungsrecht findet nur auf eine Minderheit westafrikani-scher Migranten Anwendung.[644] In der Praxis erleben Freiberufler Diskri-minierungen, insbesondere wegen der mangelhaften Umsetzung gemein-schaftsrechtlicher Bestimmungen, etwa im Bereich der Anerkennung beruflicher Qualifikationen.[645] Ghana behält beispielsweise einige Wirt-schaftszweige Ghanaern vor bzw. führt für Nicht-Ghanaer ein (schwer zu erreichendes) minimales Investitionserfordernis ein.[646] Da das ECOWAS-Protokoll den Mitgliedstaaten praktisch unbegrenzte Beschränkungsmög-

---

639 Art. 1 und 2 Protokoll A/SP.2/5/90.

640 Art. 4 Abs. 1 Protokoll A/SP.2/5/90: „In matters of establishment and services, each Member State shall undertake to accord non-discriminatory treatment to nationals and companies of other Member States."

641 Der Begriff der in Ausübung öffentlicher Gewalt wahrgenommenen Tätigkeiten ist mangels Bestimmung im Protokoll durch den ECOWAS-GH zu definieren. Vgl. die Definition des EuGH, Rechtssache 2/74, 21. Juni 1974, Slg. 1974, S. 631, 654, Rn. 44/45 - *Reyners*, bestätigt in der Rechtssache C-42/92, 13. Juli 1993, Slg. 1993, S. I-04047, Rn. 8 - *Thijssen*: „Tätigkeiten, die in sich selbst selbst betrachtet, eine unmittelbare und spezifische Teilnahme an der Ausübung öffentlicher Gewalt darstellen".

642 Art. 4 Abs. 3 Protokoll A/SP.2/5/90.

643 Art. 4 Abs. 2 Protokoll A/SP.2/5/90.

644 INTERNATIONAL ORGANIZATION FOR IMMIGRATION (IOM) (Fn. 627), S. 10.

645 ebd., S. 10.

646 HOPPE und AIDOO (Fn. 580), S. 4 f.

lichkeiten einräumt, wird bei Diskriminierungsfällen wie diesem lediglich die Verletzung etwaiger Notifizierungspflichten bzw. des Geists des Protokolls diskutiert.[647]

Auch beim Niederlassungsrecht machen sich die Probleme bemerkbar, die bereits der Verwirklichung der Arbeitnehmerfreizügigkeit im Wege stehen, insbesondere behördlichen Weigerungen, die ECOWAS-Aufenthaltsgenehmigung auszustellen.[648] Weiterhin wird die Niederlassungsfreiheit durch die fehlende Harmonisierung der handels- und gesellschaftsrechtlichen Gesetzgebungen beeinträchtigt.

3. Die Dienstleistungsfreiheit

Unter der Dienstleistungsfreiheit wird im europäischen Integrationskontext das Recht zur vorübergehenden Dienstleistungserbringung in einem anderen Mitgliedstaat als dem Wohnsitzstaat (aktive Dienstleistungsfreiheit), das Recht zur Grenzüberschreitung nur durch die Dienstleistung (Korrespondenzdienstleistung) sowie das Recht zur Grenzüberschreitung des Dienstleistungsempfängers zur Entgegennahme der Dienstleistung (passive Dienstleistungsfreiheit) verstanden.[649] Zwar zählt der ECOWASV auch die Verwirklichung der Dienstleistungsfreiheit zu seinen Zielen und bezieht sich wiederholt auf sie. So sehen Art. 3 Abs. 2 lit. d ii) und Art. 55 Abs. 1 ii) die vollständige Abschaffung aller Barrieren für den Dienstleistungsverkehr vor, während Art. 34 lit. c den Mitgliedstaaten die Beseitigung aller diskriminierenden Maßnahmen und Praktiken gegenüber Gemeinschaftsbürgern für den Bereich des Tourismus und des Hotelgewerbes aufgibt. Allerdings erfährt nur die aktive Dienstleistungsfreiheit eine Regelung, und dies eher beiläufig in den Zusatzprotokollen von 1986 und 1990. Die genannten Normen des ECOWASV sind, anders als teil-

---

647 Perpetua Dufu, Stellvertretende Direktorin der Abteilung Regionale Integration im Ghanaischen Außenministerium, Interview mit der Autorin, 7. Mai 2012, Accra, und Sunday Oghayei, Leiter der Abteilung Regionale Integration im nigerianischen Handels- und Investitionsministeriums, Interview mit der Autorin, 16. Mai 2012, Abuja.

648 INTERNATIONAL ORGANIZATION FOR IMMIGRATION (IOM) (Fn. 627), S. 10.

649 Vgl. für die EU HERDEGEN (Fn. 315), § 17 Rn. 1. Vgl. Art. I Abs. 2 GATS, wo auch das Recht Dienstleistungen durch eine Niederlassung auf dem Gebiet eines anderen Mitgliedstaats zu erbringen umfasst wird. Dieser Modus fällt auch im Europarecht unter die Niederlassungsfreiheit.

weise angenommen,[650] nicht direkt anwendbar, weil sie die Verwirklichung der Dienstleistungsfreiheit ausdrücklich vom Tätigwerden der Gemeinschaft bzw. der Mitgliedstaaten abhängig machen.

Vom persönlichen Schutzbereich sind Personen umfasst, die entgeltlich Leistungen erbringen und dabei ein grenzüberschreitendes Element verwirklichen. Das Zusatzprotokoll von 1986 bezieht sich ausdrücklich auf Grenzpendler bzw. Wanderarbeitnehmer, die in einem Mitgliedstaat wohnen, aber regelmäßig (so die Grenzpendler) oder sporadisch (die Wanderarbeitnehmer) Leistungen in einem anderen Mitgliedstaat erbringen.[651]

Das Protokoll von 1986 gesteht Grenzpendlern und Wanderarbeitnehmern alle an ihre Präsenz und Arbeit im Aufnahmeland geknüpften Rechte zu, insbesondere das Recht eine Arbeit frei zu wählen, soweit der Aufnahmestaat den Zugang zu bestimmten Arbeiten und Positionen nicht für Migranten beschränkt.[652] Eine abschließende Liste der Tatbestände, die eine Zugangsbeschränkung erlauben, sieht das Protokoll nicht vor. Damit ist der Gewährleistungsgehalt der Dienstleistungsfreiheit im Sinne eines Beschränkungsverbots gering.

In dem Protokoll zum Niederlassungsrecht von 1990 lässt sich aber mit Art. 4 eine Norm finden, die bestimmt, dass die Mitgliedstaaten in Fragen der Niederlassung und Dienstleistungen Gemeinschaftsbürger nicht diskriminieren dürfen. Nach der Überschrift geht es in der Norm zwar um Bereiche, die besonderen Maßnahmen unterliegen; die übrigen Absätze des Art. 4 sehen dann auch Tatbestände für die Einschränkung der im Protokoll gewährten Rechte vor. Der erste Absatz ist dennoch ganz allgemein formuliert und erst die übrigen Absätze greifen die in der Überschrift genannten besonderen Bereiche wieder auf. Dies erlaubt den Schluss, dass das Protokoll von 1990, *en passant,* ein Diskriminierungsverbot für Dienstleistungserbringer aus der ECOWAS aufstellt.

Das Diskriminierungsverbot unterliegt großzügig formulierten Schranken. Ausnahmen zum Diskriminierungsverbot können aus Gründen der öffentlichen Sicherheit und Ordnung sowie zum Schutz der Volksgesundheit gerechtfertigt werden.[653] Daneben können ganze Bereiche ausgenom-

---

650 IBRIGA, COULIBALY und SANOU (Fn. 161), Rn. 320.
651 Vgl. Definition der Grenzpendler und Wanderarbeitnehmer in Art. 1 Protokoll A/SP.1/7/86.
652 Art. 10 und 12 Protokoll A/SP.1/7/86.
653 Art. 4 Abs. 3 Zusatzprotokoll A/SP.2/5/90.

men werden, sofern der betreffende Staat sich außer Stande zur Gewährleistung der Nicht-Diskriminierung sieht und dies der Kommission zur
Kenntnis bringt.[654]

Die Staaten können die Nicht-Diskriminierung von Dienstleistungserbringern in großem Umfang ausschließen. Wie bei der Niederlassungsfreiheit steht in der Praxis auch die fehlende Anerkennung von Berufsqualifi-
kationen der Verwirklichung der Dienstleistungsfreiheit entgegen.

4. Die Kapital- und Zahlungsverkehrsfreiheit

Wie schon der Gründungsvertrag von 1975 umfasst auch der reformierte
ECOWASV die Zielvorgabe des freien Zahlungs- und Kapitalverkehrs.[655]
Allerdings definiert der ECOWASV die Kapitalverkehrsfreiheit nicht und
schafft auch nicht die relevanten Hindernisse ab.[656] Mit dem freien Kapitalverkehr soll gemeinhin der grenzüberschreitende Transfer von Geld-
und Sachkapital primär zu Anlage- und Investitionszwecken gewährleistet
werden.[657] Die Zahlungsverkehrsfreiheit besteht in der freien Erbringung
von Gegenleistungen im Zusammenhang mit dem Waren- und Dienstleistungsverkehr und ist daher eng mit der Verwirklichung des freien Waren-
und Dienstleistungsverkehrs verbunden. Das ECOWAS-Sekundärrecht
reguliert Zahlungen und Investitionen.[658]

---

654 Art. 4 Abs. 2 Zusatzprotokoll A/SP.2/5/90.

655 Art. 3 Abs. 2 lit. d (iii) und Art. 55 Abs. 1 lit. (ii) ECOWASV. Vgl. Präambel,
Art. 2 Abs. 2 lit. d und Art. 39 ECOWASV a.F. Der freie Zahlungsverkehr soll
nach Art. 51 lit. d ECOWASV der Währungsunion vorausgehen.

656 Der Begriff kann indirekt durch den Aufgabenkatalog des Kapitalmarktausschus-
ses (*Capital Issues Committee*) näher bestimmt werden, der die Verwirklichung
des freien Kapitalverkehrs sicherstellen soll. Nach Art. 53 Abs. 3 ECOWASV
berühren die Aufgaben des Ausschuss' den nationalen und regionalen Wertpa-
pierhandel, den Kauf von Aktien, Anteilen und anderen Wertpapieren und Investitionen in Unternehmen, die in Mitgliedstaaten angesiedelt sind.

657 Vgl. HERDEGEN (Fn. 315), § 18 Rn. 1.

658 Der Investitionsschutz wurde bereits vage im. Zusatzprotokoll zur Niederlassungsfreiheit von 1990 verankert, ECOWAS-Dok. A/SP.2/5/90: Artikel 5 ff.
sehen die Förderung ausländischer Investitionen vor, Art. 10 und 11 Protokoll
A/SP.2/5/90 verbieten einerseits Eingriffe in den Kapitalverkehr bzw. Zahlungsverkehr, die mit dem Gemeinschaftsrecht, insbesondere Protokoll A/P.1/11/84
unvereinbar sind, und andererseits - „soweit wie möglich" - die Diskriminierung
ausländischer Investoren und das Zugeständnis von Vorzugsbedingungen an

Gemeinschaftsbürger dürfen regionale Währungen verwenden, wenn sie Dienstleistungen bezahlen, die im Zusammenhang mit Regionalreisen erbracht werden, etwa Flugtickets und Hotelrechnungen.[659] Zudem besteht die Möglichkeit, mit dem von der ECOWAS eingeführten Reisescheck zu zahlen.[660]

Die Mitgliedstaaten gewähren ECOWAS-Investoren, und das erfasst nicht nur Gemeinschaftsbürger, sondern auch Unternehmen, die in einem der Mitgliedstaaten investiert haben,[661] bei deren Investitionen die gleiche Behandlung wie Inländern sowie eine meistbegünstigende Behandlung.[662] Zudem wenden sie einen regionalen Investitionsschutzstandard an, der sich am Völkergewohnheitsrecht und insbesondere dem Grundsatz der billigen und angemessenen Behandlung orientiert.[663] Weiterhin dürfen die Mitgliedstaaten nur begründet nach ordnungsgemäßen rechtsstaatlichen Verfahren und unter Entschädigung enteignen.[664]

Investoren aus Drittstaaten. Artikel 10 Abs. 2 erlaubt Ausnahmen bei schweren wirtschaftlichen Schwierigkeiten bzw. bei großen Zahlungsbilanzdefiziten. Die Regelungen des Zusatzakts der Hohen Behörde, Supplementary Act adopting Community Rules on Investment and the Modalities for their Implementation with ECOWAS, 19. Dezember 2008, ECOWAS-Dok. A/SA.3/12/08, gehen darüber hinaus. Auch in Art. 17 Zusatzprotokoll von 1986, ECOWAS-Dok. A/SP.1/786, wurde bereits das Recht der Wanderarbeitsnehmer umrissen, die aus ihrer Arbeit resultierenden Ersparnisse in andere Mitgliedsländer zu transferieren.

659 Art. 3 Ministerrat, Decision relating to the Use of Local Currencies by Community Citizens for Payment of Srvices rendered in conenction with Travel within the Region, 5. Dezember 1992, ECOWAS-Dok. C/DEC.1/12/92.

660 Hohe Behörde, Decision on the Introduction of the ECOWAS Traveller's Cheque, 30. Oktober 1998, ECOWAS-Dok. A/DEC.1/10/98.

661 Art. 1 lit. d Zusatzakt der Hohen Behörde, Supplementary Act adopting Community Rules on Investment and the Modalities for their Implementation with ECOWAS, 19. Dezember 2008, ECOWAS-Dok. A/SA.3/12/08.

662 Art. 5 und 6 Zusatzakt der Hohen Behörde, Supplementary Act adopting Community Rules on Investment and the Modalities for their Implementation with ECOWAS, ECOWAS-Dok. A/SA.3/12/08, 19. Dezember 2008.

663 Art. 7 Zusatzakt vom 19. Dezember 2008, ECOWAS-Dok. A/SA.3/12/08.

664 Art. 8 Zusatzakt vom 19. Dezember 2008, ECOWAS-Dok. A/SA.3/12/08.

Der Kapitalverkehr kann beschränkt werden. So können die Mitgliedstaaten Maßnahmen zum Schutz ihrer Zahlungsbilanz erlassen.[665] Weiterhin steht das Gemeinschaftsrecht der Einführung von Maßnahmen positiver Diskriminierung, die der Beseitigung historisch bedingter Ungleichheiten zwischen Personengruppen dienen, nicht entgegen.[666]

Grenzüberschreitende Transaktionen werden wohl mittlerweile recht problemlos vorgenommen. Teilweise wird bezweifelt, dass dies auf den Einfluss der ECOWAS-Regulierung zurückgeht und angeführt, dies sei der Tatsache zu verdanken, dass mittlerweile mehrere private Banken Filialen in mehreren Mitgliedstaaten unterhielten.[667] Wie der Investitionsschutz in der Praxis umgesetzt wird, kann nicht eingeschätzt werden.

II. Die Handelspolitik

Seit Jahren arbeitet die ECOWAS an der Verwirklichung einer Zollunion. Denn nach dem ECOWASV ist die Festlegung eines gemeinsamen Außenzolls für Waren aus Drittstaaten und die Verabschiedung einer gemeinsamen Handelspolitik eine wichtige Etappe auf dem Weg zur Wirtschafts- und Währungsunion.[668] Die gemeinsame Handelspolitik soll insbesondere zur Verbesserung der Austauschrelation für westafrikanische Rohstoffe führen und den regionalen Produkten einen verbesserten Zugang zum Weltmarkt verschaffen.[669] Im Rahmen der gemeinsamen Handelspolitik einigen sich die ECOWAS-Mitglieder auf gemeinsame Verhandlungspositionen, die sie in den handelspolitischen Foren vertreten, in denen die ECOWAS nicht an Verhandlungen teilnehmen kann.[670]

---

665 Art. 38 Abs. 2 Zusatzakt vom 19. Dezember 2008, ECOWAS-Dok. A/SA. 3/12/08.

666 Art. 38 Abs. 1 Zusatzakt vom 19. Dezember 2008, ECOWAS-Dok. A/SA. 3/12/08.

667 Cᴇʀɴɪᴄᴋʏ (Fn. 351), S. 153.

668 Art. 3 Abs. 2 lit. d (ii) und Art. 35 Abs. 2 S. 2, Art. 37 ECOWASV.

669 Art. 50 Abs. 2 lit. f ECOWASV.

670 Art. 85 ECOWASV. Nach Art. 50 Abs. 2 lit. g ECOWASV nimmt die ECOWAS gegebenenfalls an Verhandlungen in handelspolitischen Foren teil.

1. Gemeinsamer Außenzoll

Bereits 2006 hatte die Hohe Behörde die Einführung eines gemeinsamen Außenzolls (GAZ) vereinbart, der dem der UEMOA angeglichen werden sollte und vier verschiedene Zollsätze aufwies.[671] Dabei blieben viele Fragen offen, insbesondere die Kategorisierung von Produkten und die Gestaltung von Schutzmaßnahmen. Diese Fragen sollten bis 2008 geregelt werden.[672] Dazu wurde ein Komitee aus Vertretern der ECOWAS, der UEMOA und der Mitgliedstaaten gebildet.[673] Nachdem die Differenzen zwischen den Mitgliedstaaten nicht überwunden werden konnten, modifizierte die Hohe Behörde 2009 die Grundstruktur des GAZ, indem sie auf Betreiben Nigerias einen fünften Zollsatz einführte.[674] Auch nach dieser Entscheidung sollte es noch Jahre dauern, bis die Hohe Behörde im Oktober 2013 den GAZ, einschließlich der Produktkategorien, verabschiedete. Er ist am 1. Januar 2015 in Kraft getreten und wird bisher von acht Mitgliedstaaten angewandt.[675]

Der Gemeinsame Außenzoll regelt die Zoll- und Statistiknomenklatur, den Zollwert, Sonderregelungen für Zollsuspensionen, Schutzmaßnahmen, Ausgleichsmaßnahmen zur Abhilfe unzulässiger Subventionen, Antidumpingmaßnahmen und zusätzliche Schutzmaßnahmen für eine Übergangsfrist von fünf Jahren.[676] Während die Subventionsausgleich- und. Anti-

---

671 Hohe Behörde, Decision adopting the ECOWAS Common External Tariff, 12. Januar 2006, ECOWAS-Dok. A/DEC.17/01/06.

672 Vgl. Art. 9, 10 Entscheidung vom 12. Januar 2006, ECOWAS-Dok. A/DEC. 17/01/06.

673 Hohe Behörde, Decision on the creation, organisation and functioning of the ECOWAS-UEMOA Joint Managment Committee on the ECOWAS Common External Tariff, 12. Januar 2006, ECOWAS-Dok. A/DEC.14/01/06.

674 Hohe Behörde, Supplementary Act Amending Decision A/DEC.14/01/06 of 12 January 2006 Adopting the ECOWAS Common External Tariff, 22. Juni 2009, ECOWAS-Dok. A/SA1/06/09.

675 Rn. 8, 9 Final Communiqué of the Extraordinary Session of the ECOWAS Authority of Heads of State and Government, 25. Oktober 2013. Salifou Tiemtore, Leiter des ECOWAS-Zolldirektorats, E-Mail-Austausch mit der Autorin vom 25.12.2015.

676 Ministerrat, Regulation defining the list comprising the categories of products contained in the ECOWAS Tariff and Statistical Nomenclature, 21. Juni 2013, ECOWAS-Dok. C/REG.1/06/13; Regulation determining the Customs Value of Products in ECOWAS, 21. Juni 2013, ECOWAS-Dok. C/REG.2/06/13; Regulation determining the procedure applicable to goods heavily taxed than certain finished products, 21. Juni 2013, ECOWAS-Dok. C/REG.3/06/13; Regulation

dumpingmaßnahmen in weiten Teilen die entsprechenden WTO-Regelungen übernehmen und sich auf diese beziehen,[677] sind die *Import Adjustment Tax* (IAT) und die *Supplementary Protection Tax* (SPT) weniger übliche Maßnahmen, wenngleich ähnliche Abgaben auch schon in der UEMOA erhoben wurden. Die IAT kann während fünf Jahren zusätzlich zum vereinbarten ECOWAS-Außenzoll von den Mitgliedstaaten auf Drittwaren erhoben werden, sofern entweder dieser unter dem von dem Mitgliedstaat bei Verabschiedung des GAZ angewandten Zollsatz liegt oder die ECOWAS die Erhebung für die betroffene Drittware erlaubt hat.[678] Die SPT kann dagegen von Mitgliedstaaten angewandt werden, wenn die Einfuhr einer bestimmten Ware innerhalb eines Jahres um 25 % über dem vorigen Dreijahresschnitt liegt oder die durchschnittlichen Preise der Fracht, Kosten, Versicherung (CIF) um 80 % gefallen sind.[679] Das ECOWAS-Recht regelt das Verfahren und Grenzwerte für die Erhebung solcher Abgaben. Die Möglichkeit, durch Erhebung der IAT den Gemeinsamen Außenzoll für bis zu 3 % aller Drittwaren auszusetzen, soll die Einführung des Gemeinsamen Außenzolls für die Mitgliedstaaten erleichtern.[680]

---

relating to safeguard measures, 21. Juni 2013, ECOWAS-Dok. C/REG.4/06/13; Regulation relating to the imposition of countervailing duties, 21. Juni 2013, ECOWAS-Dok. C/REG.5/06/13; Regulation relative to defense measures to be imposed on imports which are dumped from non-member states of the ECOWAS, 21. Juni 2013, ECOWAS-Dok. C/REG.6/06/13, und Regulation on Supplementary Protection Measures for the Implementation of the ECOWAS Common External Tariff, 30. September 2013, ECOWAS-Dok. C/REG.1/09/13.

677 So verlangt Art. 3 Regulation C/REG.6/06/13 vom 21. Juni 2013 ausdrücklich die Übereinstimmung eventueller Antidumpingmaßnahmen mit Art. VI GATT und dem Übereinkommen zur Durchführung des Artikels VI des Allgemeinen Zoll- und Handelsabkommens 1994 (sog. Antidumpingübereinkommen).

678 Art. 3 Abs. 1 bis 3 Regulation C/REG.1/09/13 vom 30. September 2013.

679 Art. 4 Abs. 1 Regulation C/REG.1/09/13 vom 30. September 2013.

680 Zum Jahresende 2015 hat Nigeria als einziger Mitgliedstaat eine solche Abgabe eingeführt, Salifou Tiemtore, Leiter des ECOWAS-Zolldirektorats, E-Mail-Austausch mit der Autorin vom 25.12.2015.

2. Vertretung der Mitgliedstaaten in handelspolitischen Verhandlungen

Der ECOWASV gibt das Ziel einer gemeinsamen Handelspolitik vor, ohne der ECOWAS die dazu erforderlichen (ausschließlichen) Kompetenzen zu übertragen. Artikel 85 sieht lediglich die Abstimmung der mitgliedstaatlichen Verhandlungspositionen und Art. 50 Abs. 2 lit. g ECOWASV „gegebenenfalls" die Teilnahme an Verhandlungen vor. Wegen der Zielvorgabe einer gemeinsamen Handelspolitik wird in der Literatur teilweise die (ausschließliche) Kompetenz der ECOWAS in diesem Bereich angenommen.[681] Die ECOWAS sucht mangels WTO-Mitgliedschaft die Positionen ihrer Mitgliedstaaten vor WTO-Verhandlungsrunden abzustimmen. Die Gemeinschaft führte in Abstimmung mit der EU und den Mitgliedstaaten die WPA-Verhandlungen mit der EU.[682]

III. Die sektoriellen Wirtschaftspolitiken

Westafrika ist eine arme Region, die an der durch ihre Kolonialvergangenheit bedingte wirtschaftlichen Ausrichtung auf Europa, schwacher Bildung und mangelhafter Infrastruktur krankt. Deshalb kann eine Liberalisierung der wesentlichen Produktionsfaktoren nicht allein zu einem Aufschwung führen. Vielmehr müssen die Voraussetzung wirtschaftlicher Tätigkeit erst noch geschaffen bzw. konsolidiert werden.[683] Dies hat die ECOWAS erkannt.[684] Folgerichtig hat sie es sich zur Aufgabe gemacht, gemeinsame Politiken, insbesondere in den Bereichen Verkehr, Telekommunikation, Energie und Landwirtschaft, zu entwickeln.[685] Zu großen Teilen bestehen

---

681 IBRIGA, COULIBALY und SANOU (Fn. 161), Rn. 300.

682 Hohe Behörde, Decision relating to the negotiation of a Regional Economic Partnership Agreement between West African ACP Member States and the European Union, 21. Dezember 2001, ECOWAS-Dok. A/DEC.11/12/01, und Decision relating to preparation for negotiations between West Africa and the European Union on Economic Partnership Agreements, 31. Januar 2003, ECOWAS-Dok. A/DEC.8/01/03.

683 CERNICKY (Fn. 351), S. 147. Vgl. dazu allgemein zur afrikanischen Integration MCCARTHY (Fn. 36).

684 Vgl. die Präambel des ECOWASV: „ *Accepting* the need to face together the political, economic and sociocultural challenges of the present and the future, and to pool together the resources of our peoples while respecting our diversities for the most rapid and optimum expansion of the region's productive capacity".

685 Art. 3 Abs. 2 lit. e, Art. 55 Abs. 1 lit. i ECOWASV.

diese in der Formulierung vorrangiger Ziele und der Empfehlung von Maßnahmen, die von den Mitgliedstaaten zu konkretisieren und finanzieren sind.[686] Oft wird aber zumindest ein Teil der Projektkosten von der ECOWAS bzw. von externen Geldgebern wie der Weltbank, der Afrikanischen Entwicklungsbank oder der EU übernommen. Im Folgenden soll ein Überblick über die wichtigsten Sektorpolitiken verschafft werden.

1. Verkehr

Eine wichtige und erfolgreiche Sektorpolitik ist der Verkehr.[687] Angesichts des vormalig maroden Straßennetzes und der lückenhaften Flug- und Bahnverbindungen zwischen den Mitgliedstaaten kommt dieser Politik eine große Bedeutung für den intraregionalen Handel zu. Die ECOWAS hat sich daher seit ihrer Gründung zur Aufgabe gesetzt, das Straßen- und Schienennetz zu verbessern und den Straßen-, Schienen-, Schifffahrts- sowie Luftverkehr zu fördern.[688] Außerdem bezweckt sie die Vereinheitlichung der für den Verkehr geltenden rechtlichen Bestimmungen, die Standardisierung der verwendeten Ausstattungen und Anlagen sowie die finanzielle Förderung von deren Produktion, Unterhaltung und Reparatur.[689] So hat die Gemeinschaft zahlreiche Protokolle, Verordnungen und Entscheidungen verabschiedet, die insbesondere die Sicherheit

---

686 Dies stößt in den Mitgliedstaaten auf Kritik, Abdou Aziz Sow, Ehemaliger senegalesischer Minister für NEPAD, gute Regierungsführung und afrikanische Wirtschaftsintegration, Interview mit der Autorin, 10. April 2012, Dakar.

687 CERNICKY (Fn. 351), S. 161.

688 Art. 32 Abs. 1 lit. b - d, f u. g ECOWASV. Vgl. Art. 40 ECOWASV a.F. Siehe auch die Entscheidungen der Hohen Behörde, Decision relating to the Transport Programme, 28. Mai 1980, ECOWAS-Dok. A/DEC.20/5/1980, und Decision relating to the Establishment of a Regional Road Transport and Transit Facilitation Programme in support of intra-community Trade and Cross-border Movements, 31. Januar 2003, ECOWAS-Dok. A/DEC.13/01/03.

689 Art. 32 Abs. 1 lit. (a), (i) ECOWASV. Vgl. auch hier die grundlegende Entscheidung A/DEC.20/5/1980 vom 28. Mai 1980 zum Verkehrsprogramm der Gemeinschaft.

der Fahrzeuge,[690] deren Versicherung,[691] die Straßenverkehrssicherheit und Unfallverhütung[692] und den Warentransit[693] betreffen und Teile der Straßenverkehrsgesetzgebung vereinheitlichen.

Das westafrikanische Straßennetz ist durch die Bauaktivitäten wesentlich verbessert worden. Vorzeigeprojekte sind die neu errichtete Küsten- und die Subsahara-Autobahn. Diese Autobahnen verbinden als regionale Hauptverkehrsadern alle Mitgliedstaaten bis auf Cap Verde und wurden zu großen Teilen fertiggestellt.[694] Daneben gibt es weitere Projekte zur Kon-

---

690 Das als Convention regulating Interstate Road Transportation between ECOWAS Member States betitelte Protokoll vom 29. Mai 1982, ECOWAS-Dok. A/P2/5/82, vereinheitlicht die an Fahrzeuge zu stellenden Mindestanforderungen. Die Entscheidung der Hohen Behörde, Decision relating to the Harmonisation of Highway Legislations in the Community, 29. Mai 1981, ECOWAS-Dok. A/DEC.2/5/81, empfiehlt lediglich unverbindlich die Einführung des Rechtsverkehrs, die Standardisierung der Fahrerlaubnis, Fahrzeugpapiere und der Fahrzeugausstattung.

691 Protokoll A/P.1/5/82 über die Einführung der *ECOWAS Brown Card* für Kraftfahrzeuge vom 29. Mai 1982. Siehe dazu auch Ministerrat, Decision relating to the Implementation of the ECOWAS Insurance Brown Card, 7. Mai 1983, ECOWAS-Dok. C/DEC.2/5/83.

692 Ministerrat, Decision relating to the Road Transit Regulations based on the 11.5 tons maximum Axle Load to protect road infrastructures and road transport vehicles, 3. Juli 1991, ECOWAS-Dok. C/DEC.7/7/91; Resolution on the Setting up of National Road Safety Bodies in all ECOWAS Member States, 25. Juli 1992, ECOWAS-Dok. C/RES. 8/7/92; Hohe Behörde, Decision relating to the Community Programme on Road Safety and Accident Prevention in ECOWAS Member States, ECOWAS-Dok. A/DEC.2/8/94, 6. August 1994.

693 Die *Convention relating to Interstate Road Transit of Goods* vom 29. Mai 1982, ECOWAS-Dok. A/P.4/5/1982, sollte durch die Einführung einer einheitlichen Transiterklärung den Transit von Waren erleichtern. Das 2003 verabschiedete Transiterleichterungsprogramm sieht verschiedene Maßnahmen vor, darunter die Errichtung einheitlicher Grenzkontrollposten, die Sensibilisierung von Zollbeamten und die Überprüfung auf missbräuchliche Praktiken, die die Freizügigkeit wie auch den freien Warenverkehr behindern, Hohe Behörde, Decision relating to the establishment of a Regional Road Transport and Transit Facilitation Programme in support of Intra-Community Trade and Cross-border Movements, 31. Januar 2003, ECOWAS-Dok. A/DEC.13/01/03.

694 CERNICKY (Fn. 351), S. 162 geht 2008 unter Hinweis auf Angaben der ECOWAS davon aus, dass die Küstenautobahn zu 83% und die Trans-Sahel-Autobahn zu 87% fertiggestellt wurden.

struktion bzw. Erneuerung weiterer für den Gemeinschaftshandel und den Personenverkehr wichtiger Straßen.[695] Die ECOWAS hat sich mit der Förderung einer regionalen (privaten) Schifffahrtslinie und der Harmonisierung des Rechtsrahmens auch der Schifffahrt gewidmet.[696] Es bestehen ebenfalls Projekte für die Erneuerung und die Verbindung regionaler Eisenbahnstrecken, die sich derzeit in einem desolaten Zustand befinden.[697]

Abgesehen von Projekten zur Verbesserung der Sicherheit in der Luftfahrt soll der Flugverkehr durch eine bessere Abstimmung der Fluglinien gefördert werden.[698] Außerdem sucht die ECOWAS, den Flugverkehr zu liberalisieren.[699] In diesem Bereich kooperiert sie mit anderen internatio-

---

695 Hohe Behörde, Decision relating to the Transport Programme, 28. Mai 1980, ECOWAS-Dok. A/DEC.20/5/1980, und Ministerrat, Decision on the Second Phase of ECOWAS Road Projects relating to Inter-connecting Roads for the opening up of the land-locked countries, 6. Dezember 1988, ECOWAS-Dok. C/DEC.8/12/88. Ministerrat, Regulation on Roads that have asumed greater importance in supporting Intra-Community Trade and Cross-border Movements, 17. Dezember 2001, ECOWAS-Dok. C/REG.12/12/01.

696 Schon 1984 war die Einführung einer Küstenschifffahrtslinie beschlossen worden, Hohe Behörde, Decision relating to maritime transportation, 23. November 1984, ECOWAS-Dok. A/DEC.4/11/84. Die Mitgliedstaaten wurden in der Folge insbesondere verpflichtet, der privaten Schifffahrtslinie ECOMARINE die gleichen Vorteile wie staatlichen Linien zu gewähren, Hohe Behörde, Decision relating to the Grant of certain advantages to the private Shipping Company ECOMARINE, 21. Dezember 2001, ECOWAS-Dok. A/DEC.10/12/01. Die ECOMARINE nahm 2003 die Arbeit auf und wird auch von anderen internationalen Organisationen wie u.a. der West and Central Africa Maritime Organisation unterstützt, GANS (Fn. 49), S. 143. Hohe Behörde, Decision setting out the Legal Regime for Coastal Shipping within the Community, 19. Januar 2005, ECOWAS-Dok. A/DEC.8/01/05.

697 Ministerrat, Decision on the Adoption of the Master plan for the Interconnection of the Railway Networks of Member States, 28. Juli 1994, ECOWAS-Dok. C/DEC.5/7/94. Seit 2008 werden dazu Machbarkeitsstudien erstellt, ECOWAS-Sekretariat, Deepening Regional Integration in Response to the Global Economic Crisis – 2009 Annual Report, Rn. 242 f. Ein Großteil des bestehenden Schienennetzes stammt aus der Kolonialzeit und wurde zum Transport von Rohstoffen zum nächstgelegenen Hafen genutzt. Die verschiedenen Strecken sind nicht verbunden, ECOWAS-Kommission, The Report – ECOWAS 2011, S. 34.

698 Art. 32 Abs. 1 lit. f, g ECOWASV.

699 Hohe Behörde, Decision on the Conclusion of a Multilateral Air Transport Agreement among Member States, 27. Juli 1996, ECOWAS-Dok. A/DEC. 7/7/96.

nalen Organisationen, insbesondere der Internationalen Zivilluftfahrt-Organisation (ICAO).[700] Seit einigen Jahren ist die Bildung einer gemeinsamen Fluggesellschaft mit dem Namen ECOAIR im Gespräch.[701]

2. Industrie

Der Gründungsvertrag der ECOWAS sah zwischen den Mitgliedstaaten einen breiten Informationsaustausch über industrielle Fragen sowie die Harmonisierung und die Kooperation im Bereich der Industriepolitik vor.[702] Daneben sollten Fachkräfte ausgetauscht, gemeinsam aus- oder weitergebildet werden und in gemeinsamen Projekten arbeiten.[703] Allerdings zeitigte diese Politik trotz eines Entwicklungsprogramms Mitte der 1980er Jahre wenig Erfolge.[704]

Mit der Vertragsrevision wurde die industrielle Abstimmung als einheitliche Gemeinschaftspolitik neu konzipiert und verbreitert. Nunmehr werden die Gegenstände der Harmonisierung konkret benannt. So harmonisieren die Mitgliedsländer ihre Industriepolitiken, indem sie bestimmte Industriesektoren vorrangig erneuern und gemeinsame Entwicklungsprojekte und – in besonders förderungswürdigen Bereichen wie etwa der Landwirtschaft, dem Verkehr und der Energie – multinationale Unterneh-

---

700 ECOWAS-Sekretariat, Deepening Regional Integration in Response to the Global Economic Crisis – 2009 Annual Report, Rn. 243.

701 GANS (Fn. 49), S. 143 und CERNICKY (Fn. 351), S. 163. Die Bedeutung des Projekts erschließt sich, wenn man bedenkt, dass derzeit beispielsweise Flüge von Lagos nach London billiger und häufiger sind als Flüge von Lagos nach Dakar.

702 Artikel 29 Gründungsvertrag regte den Informationsaustausch, insbesondere über Industrieprojekte, etwaige technische Partner sowie ausländische Investoren und Forschungsergebnisse, als erste Stufe einer gemeinschaftlichen Entwicklung an. Gemäß Art. 30 sollen während der zweiten Stufe die Industriepolitiken harmonisiert werden. Dies soll zu einheitlichen Rahmenbedingungen für die Industrie, vor allem in Bezug auf die Unternehmensbesteuerung, industrielle Anreize und zur „Afrikanisierung" der Industrie führen.

703 Art. 31 ECOWASV a.F. regelt dies als dritte Stufe.

704 1986 wurde ein auf fünf Jahre angelegtes Förderungsprogramm verabschiedet, Ministerrat, Decision on adoption of the Industrial Development Programme 1987-1991, 29. November 1986, ECOWAS-Dok. C/DEC.2/11/86. Das dieses nicht von Erfolg gekrönt war, musste der Ministerrat 1989 feststellen. Zu den Gründen GANS (Fn. 49), S. 124.

men unterstützen.[705] Im Gegensatz zum Gründungsvertrag billigt der reformierte ECOWASV privaten Unternehmen eine wichtige Rolle in der wirtschaftlichen Entwicklung der Region zu und sieht daher deren Förderung vor.[706] Im Übrigen stellt sich die ECOWAS die Aufgabe, ein Gesamtkonzept für den Aufbau von Industriezweigen zu entwerfen, deren Errichtung bzw. Unterhaltung finanziell nicht von einzelnen Mitgliedsländern bewältigt werden kann.[707]

Nachdem 2007 mit dem Entwurf einer „ECOWAS Vision 2020" der Rahmen für wirtschaftspolitische Maßnahmen geschaffen wurde, hat die Hohe Behörde 2010 die Gemeinsame Westafrikanische Industriepolitik (*West Africa Common Industrial Policy*, WACIP), einschließlich eines Aktionsplans bis 2030, verabschiedet.[708] Bisher steht mit den „Achsen" bzw. Programmen lediglich das Skelett der gemeinsamen Industriepolitik. Denn auch der Aktionsplan bleibt programmatisch. Neben den bereits im Vertrag genannten Programmpunkten bilden die Förderung von industrienaher Forschung und Wissenschaft, die Vereinheitlichung des Rechts des geistigen Eigentums sowie der Produktnormen wichtige Achsen.[709] Es bleibt abzuwarten, welche konkreten Maßnahmen die ECOWAS auf den Weg bringt.[710]

---

705 Art. 26 Abs. 1 und 2 ECOWASV. Im Abs. 3 lit. (a) der Vorschrift werden die vorrangigen Sektoren aufgezählt. Dazu GANS (Fn. 49), S. 125 f.

706 Kleine sowie mittelständische Unternehmen sollen nach Art. 26 Abs. 3 lit. c ECOWASV Unterstützung erfahren. Gemäß Art. 26 Abs. 3 lit. b sollen die Mitgliedstaaten private (und öffentliche) multilaterale Industrieprogramme fördern, die einen wichtigen Beitrag für die Integration zu geben versprechen. Vgl. GANS (Fn. 49), S. 126 f.

707 Art. 26 Abs. 3 lit. e ECOWASV. Allgemein sollen Unternehmen und Projekte mit engen Bezügen zu mehreren Mitgliedstaaten gefördert werden, Art. 26 Abs. 3 lit. b, f, g ECOWASV.

708 Anhang „West African Common Industrial Policy", S. 37 zum Zusatzakt vom 2. Juli 2010, ECOWAS-Dok. A/SA.2/7/10.

709 Anhang „West African Common Industrial Policy", S. 49 ff. zum Zusatzakt vom 2. Juli 2010, ECOWAS-Dok. A/SA.2/7/10.

710 Vgl. zu den ersten Schritten seit 2010 ECOWAS-Aid for Trade, The West African Common Industrial Policy (WACIP) unter http://www.aidfortrade.ecowas.int/programmes/the-west-african-common-industrial-policy-wacip (eingesehen am 10.09.2013).

Teil der WACIP ist das Qualitätsprogramm der ECOWAS, das ausdrücklich das entsprechende Programm der UEMOA ergänzt.[711] Es soll
die Wettbewerbsfähigkeit westafrikanischer Unternehmen stärken und zur
Angleichung technischer Barrieren bzw. der Gesundheits- und Pflanzen-
schutznormen führen.

3. Telekommunikation

Bei Gründung der ECOWAS liefen Telefonate zwischen Bamako und
Dakar über Paris. Die Ausrichtung auf Frankreich und England erschwerte
mithin die Telekommunikation zwischen den westafrikanischen Staaten.[712] Primäres Ziel der ECOWAS war und ist daher, zuverlässige Verbindungen zwischen ihren Mitgliedstaaten herzustellen.[713] Zu diesem
Zweck sollen nationale Netze neu verlegt bzw. erweitert, modernisiert,
koordiniert und standardisiert werden.[714] Damit will die ECOWAS nicht
nur die telekommunikative Einigung Westafrikas erreichen, sondern sich
auch in das kontinentale Netz eingliedern.[715] Das erste Telekommunikati-
onsprogramm der ECOWAS, INTELCOM I, sah folglich die Schaffung
grundlegender Telekommunikationsverbindungen und insbesondere direk-
ter Verbindungen zwischen den Hauptstädten vor.[716] 1979 beschlossen,
waren die Programmziele nach Kommissionsaussagen 2000 zu 95 % ver-

---

711 Es übernimmt den Rechtsrahmen des UEMOA-Programms und umfasst nur
Nicht-UEMOA-Mitglieder. Zu den ersten Erfolgen ECOWAS, Rapport Annuel
2010, Vers une réponse coordonnée pour la réalisation de la vision 2020 de la
CEDEAO, Rn. 200.
712 GANS (Fn. 49), S. 144.
713 Siehe bereits Art. 45 ECOWAS-Gründungsvertrag.
714 Art. 33 Abs. 2 lit. a ECOWASV.
715 Art. 33 Abs. 2 lit. b, c ECOWASV. Vgl. Art. 46 ECOWAS-Gründungsvertrag.
716 Hohe Behörde, Decision relating to the Programme for the Improvement and
extension of the Telecommunications network within the Community, 29. Mai
1979, ECOWAS-Dok. A/DEC.12/5/79, und Ministerrat, Decisions on the
telecommunications programme, (undatiert) ECOWAS-Dok. C/DEC.5/5/79 und
C/DEC.9/11/79.

wirklicht.[717] Seit der Jahrtausendwende sucht die ECOWAS im Rahmen des Programms INTELCOM II die Integration des regionalen Telekommunikationsmarkts voranzubringen, um Anreize für private Investitionen zu geben.[718] Dazu sollen ein einheitlicher rechtlicher Rahmen für die Telekommunikation, einschließlich Mobilfunk und Internetzugang, geschaffen und nationale Regulierungsbehörden eingerichtet werden.[719] Daneben ist die Modernisierung bestehender Netze durch die Einbeziehung moderner Techniken wie Glasfaserkabel vorgesehen.[720] Während wichtige Bereiche der Telekommunikation harmonisiert worden sind, stockt es bei der Liberalisierung der nationalen Märkte wie auch der Schaffung von Regulierungsbehörden.[721]

---

717 GANS (Fn. 49), S. 144. Siehe auch die Erwägungsgründe der Entscheidung der Hohen Behörde, Decision launching the Second ECOWAS Telecommunications Priority Programme (INTELCOM II), 29. August 1997, ECOWAS-Dok. A/DEC. 3/8/97: „Recognising that the INTELCOM I Programme has fulfilled the expectations of Member States".

718 Hohe Behörde, Decision launching the Second ECOWAS Telecommunications Priority Programme (INTELCOM II), 29. August 1997, ECOWAS-Dok. A/DEC. 3/8/97.

719 ECOWAS-Kommission, The Report – ECOWAS 2011, S. 31. Die Hohe Behörde hat einen einheitlichen Rechtsrahmen für die mitgliedstaatlichen Politiken und die Errichtung von Regulierungsbehörden verabschiedet, Supplementary Act on the Harmonization of Policies and of the Regulatory Framework for the Information and Communication Technology (ICT) Sector, 19. Januar 2007, ECOWAS-Dok. A/SA.1/01/07. Siehe auch Supplementary Act on Access and Interconnection in Respet of ICT Sector Networks and Services, 19. Januar 2007, ECOWAS-Dok. A/SA.2/01/07, Supplementary Act on the Legal Regime Applicable to Network Operators and Service Providers, 19. Januar 2007, ECOWAS-Dok. A/SA.3/01/07, Supplementary Act on Numbering Plan Management, 19. Januar 2007, ECOWAS-Dok. A/SA.4/01/07, Supplementary Act on the Management of the Radio-Frequency Spectrum, 19. Januar 2007, ECOWAS-Dok. A/SA.5/01/07, Supplementary Act on Universal Access/Service, 19. Januar 2007, ECOWAS-Dok. A/SA.6/01/07 und Decision relating to the Adoption of a Regional Policy on telecommunication and the Development of a Regional GSM Roaming in the West African Region, 19. Januar 2005, ECOWAS-Dok. A/DEC. 14/01/05.

720 Hohe Behörde, Decision launching the Second ECOWAS Telecommunications Priority Programme (INTELCOM II), 29. August 1997, ECOWAS-Dok. A/DEC. 3/8/97.

721 CERNICKY (Fn. 351), S. 166 f.

4. Energie

Trotz enormer, wenn auch sehr ungleich verteilter Energiepotentiale und insbesondere dem nigerianischen Öl- und Gasreichtum produziert die Region wenig Energie und ist stark importabhängig.[722] Dies suchen die Mitgliedsländer schon seit der ECOWAS-Gründung durch die Entwicklung einer gemeinsamen Energiepolitik zu beheben.[723] Die erste gemeinsame Energiepolitik wurde 1982 verabschiedet.[724]

Gemäß dem reformierten ECOWASV soll die Gemeinsame Energiepolitik die Energiequellen diversifizieren und um erneuerbare Energien ergänzen und die Verbindung der mitgliedstaatlichen Energienetze gewährleisten.[725] 2003 hat die Gemeinschaft mit dem Energie-Protokoll den Rahmen für eine langfristige Kooperation im Energiebereich geschaffen, die Komplementarität zu gegenseitigem Nutzen fruchtbar machen und zu höheren Investitionen im Energiesektor führen sowie den regionalen Handel mit Energie fördern soll.[726] Die Gemeinschaft priorisiert den Bau bzw. die Erneuerung der Netze zwischen ihren Mitgliedstaaten, die Harmonisierung der für den Energiesektor relevanten gesetzlichen Bestimmungen, die Förderung und den Schutz privater Investitionen sowie die

---

722 Insofern treffen die einleitenden Feststellungen zur Integrated and comprehensive Energy Policy, Rn. 1-22, verabschiedet durch die Hohe Behörde, Decision relating to the ECOWAS Energy Policy, 29. Mai 1982, ECOWAS-Dok. A/DEC. 3/5/82, immer noch zu.

723 Gemäß Art. 48 ECOWASV a.F. sollte die gemeinsame Energiepolitik unter anderen die Koordinierung der mitgliedstaatlichen Politiken, den Informationsaustausch und gemeinsame Weiterbildungsprogramme für im Energiebereich tätige Menschen umfassen.

724 Hohe Behörde, Decision relating to the ECOWAS Energy Policy, 29. Mai 1982, ECOWAS-Dok. A/DEC.3/5/82 Die Entscheidung verpflichtete die Mitgliedstaaten insbesondere, eine für Energiefragen zuständige Regierungsstelle zu schaffen, die eine effiziente Energiepolitik anregt und überwacht.

725 Art. 28 ECOWASV.

726 Art. 2 Hohe Behörde, ECOWAS Energy Protocol, 31. Januar 2003, ECOWAS-Dok. A/P4/1/03.

Schaffung eines offenen und wettbewerblichen Energiemarkts. Der bisher nur unzureichend gewährleistete Energiezugang für die ländliche Bevölkerung soll dringend verbessert werden.[727]

Von besonderer Wichtigkeit für eine eigenständige regionale Energieversorgung ist die Verknüpfung der nationalen Netze, dies umso mehr, als die Öl-, Gas- und Kohlevorkommen sehr ungleich verteilt sind. In diesem Zusammenhang ist der *West African Power Pool* (WAPP) ein Pionierprojekt. er nahm als Fachorganisation der ECOWAS 2006 seine Arbeit auf.[728] Der WAPP soll eine Reihe von Einzelprojekten verwirklichen, die zur Integration der regionalen Energiemärkte führen und den Gemeinschaftsbürgern eine stabile, zuverlässige und erschwingliche Energieversorgung gewährleisten sollen. Kernprojekte sind etwa der (abgeschlossene) Bau der Westafrikanischen Gasleitung von Nigeria nach Ghana, die Verbindung der Hochspannungsnetze und die Installation von Solaranlagen in Cap Verde.[729]

Der ECOWAS-Regulierungsbehörde für den Energiesektor soll die Aufsicht über die regionalen Energieübertragungsnetze übertragen werden.[730] Die Energiepolitik der ECOWAS hat mit dem Bau von Infrastruktur, insbesondere der Gas-Pipeline, bereits zu greifbaren Ergebnissen geführt.[731]

---

727 Hohe Behörde, Decision adopting an ECOWAS/UEMOA Regional Policy on Access to Energy Services for Populations in rural and peri-urban areas for poverty reduction in line with achieving the MDGs in ECOWAS Member States, 12. Januar 2006, ECOWAS-Dok. A/DEC.24/1/06.

728 Hohe Behörde, Decision relating to the establishment of the West African Power Pool, 10. Dezember 1999, ECOWAS-Dok. A/DEC.5/12/99, und Supplementary Act adopting the West African Power Pool (WAPP) Transmission Line Implementation Strategy, 18. Januar 2008, ECOWAS-Dok. A/SA.3/01/08. Die WAPP hat den Status einer Fachorganisation (Specialised Institution) der ECOWAS, Hohe Behörde, Decision Granting the Status of a Specialised Institution of ECOWAS to the West African Power Pool (WAPP), 12. Januar 2006, ECOWAS-Dok. A/DEC.20/01/06. Siehe auch Hohe Behörde, Decision adopting the Articles of Agreement relating to the establishment and functioning of the West African Power Pool, 12. Januar 2006, ECOWAS-Dok. A/DEC.18/01/06.

729 Vgl. dazu ECOWAS-Kommission, The Report – ECOWAS 2011, S. 31 und ECOWAS-UEMOA, White Paper for a Regional Policy, 2005, S. 18.

730 Hohe Behörde, Supplementary Act Establishing the ECOWAS Regional Electricity Regulatory Authority, 18. Januar 2008, ECOWAS-Dok. A/SA.2/01/08.

731 ECOWAS-Kommission und Oxford Business Group, The Report – ECOWAS 2011, S. 1. Cernicky (Fn. 351), S. 160 bezeichnet das Energieprogramm gar als „spektakulären Erfolg".

5. Landwirtschaft

Die Landwirtschaft ist für Westafrika ein enorm wichtiger Sektor, finden in ihm doch der Großteil der regionalen Bevölkerung Beschäftigung.[732] Lange Jahre erzeugten die westafrikanischen Länder exportorientiert Nahrungsmittel und erlitten durch deren sinkende Preise Verluste beim Nahrungsmittelimport.[733] Primäres Ziel der gemeinsamen Agrarpolitik ist die Ernährungssicherheit, die durch die weitgehende Selbstversorgung und die Steigerung der äußerst schwachen Produktivität der regionalen Agrarwirtschaft erreicht werden soll.[734]

Nachdem die vorigen Anstrengungen keine wesentlichen Erfolge gezeitigt hatten,[735] brachte die Hohe Behörde 2005 mit der Verabschiedung der Gemeinsamen Agrarpolitik (ECOWAS Common Agricultural Policy, ECOWAP) eine neue Initiative auf den Weg.[736] Diese umfasst neben der Ernährungssicherheit die Ziele, die Landwirtschaft sozial und umweltverträglich zu gestalten, einen westafrikanischen Agrarmarkt zu schaffen und die Präsenz regionaler Produkte auf dem Weltmarkt zu stärken.[737] Die Entscheidung sieht eine enge Zusammenarbeit mit anderen Organisationen und die Beteiligung wirtschaftlicher Interessengruppen vor.[738] Die konkre-

---

732 ECOWAS-Kommission und Oxford Business Group, The Report – ECOWAS 2011, S. 25.

733 Siehe zur noch heute bestehenden Importabhängigkeit ECOWAS-Kommission und Oxford Business Group, The Report – ECOWAS 2011, S. 25 f.

734 Art. 25 Abs. 1 lit. a, b ECOWASV. Ursprünglich sollte bis zum Beginn des 21. Jahrhunderts die regionale Selbstversorgung sichergestellt werden, Hohe Behörde, Decision relating to the adoption of an ECOWAS Agricultural Development Strategy, 29. Mai 1982, ECOWAS-Dok. A/DEC.4/5/82. Dieses Ziel wurde nicht erreicht.

735 1986 hatte der Ministerrat noch eine wirkungslose Entscheidung zur Entwicklung der Landwirtschaft verabschiedet, Decision on the Adoption of the Programme of Action for the Short and Medium Term Development of Agricultural and Natural Resources, 30. Juni 1986, ECOWAS-Dok. C/DEC.1/6/86.

736 Hohe Behörde, Decision adopting an Agricultural Policy for the Economic Community of West African States – ECOWAP, 19. Januar 2005, ECOWAS-Dok. A/DEC.11/01/05.

737 Punkt 3 Anhang zur Entscheidung A/DEC.11/01/05 über eine Gemeinsame Agrarpolitik der ECOWAS.

738 Punkt 1 Anhang zur Entscheidung A/DEC.11/01/05 über eine Gemeinsame Agrarpolitik der ECOWAS. Vgl. etwa die ECOWAS, Presseerklärung n° 16/1999 vom 23.2.1999 zur Kooperation mit der FAO.

ten Maßnahmen werden durch Aktionspläne bestimmt.[739] Der rasante Anstieg der Nahrungsmittelpreise und die damit einhergehende Versorgungskrise 2008 hat zur zur beschleunigten Umsetzung der Gemeinsamen Agrarpolitik geführt.[740] In den letzten Jahren ist die landwirtschaftliche Produktion kontinuierlich gesteigert worden. Einige im Rahmen der ECOWAP geförderte Projekte waren sehr fruchtbar.[741]

6.

IV. Die Währungspolitik

Die ECOWAS setzte sich die Verwirklichung einer Währungsunion bei ihrer Gründung nicht zum Ziel. Wohl aber regelte sie bereits in ihrem Gründungsvertrag, dass die Länder in Währungsfragen kooperieren sollten.[742] Mit einem Abkommen von 1975 wurde zwischen den Mitgliedstaaten ein *West African Clearing House* (WACH) als regionale Clearing- bzw. Verrechnungsstelle errichtet.[743] Über die *West African Unit of Account* (WAUA), die einem Sonderziehungsrecht des Internationalen Währungsfonds entspricht, werden die einzelnen Währungen verrechnet. Mithin gewährleistet die WACH für alle Transaktionen, die über sie abge-

---

739 Der Ministerrat hatte den ersten Aktionsplan für den Zeitraum 2005-2010 2005 angenommen, Regulation relating to the Adoption of a Plan of Action 2005-2010 for the Implementation of the ECOWAS Agricultural Policy (ECOWAP) and the NEPAD/Comprehensive African Agricultural Development Programme (CAADP) in West Africa, 23. Juni 2005, ECOWAS-Dok. C/REG.2/06/05.

740 Siehe etwa Ministerrat, Directive on Measures to address the Food Crisis within the ECOWAS Region, to be executed by the Member States and the ECOWAS Commission, Sitzung vom 27.-29. November 2008, ECOWAS-Dok. C/DIR. 1/11/08.

741 ECOWAS-Kommission und Oxford Business Group, The Report – ECOWAS 2011, S. 27.

742 Art. 2 Abs. 1, 2 lit. h ECOWASV a.F. Gemäß Art. 36 ECOWASV a.F. sollte der Fachausschuss für Handel, Zoll, Immigration, Währung und Zahlungen (Trade, Customs, Immigration, Monetary and Payments Commission) dem Ministerrat Empfehlungen für die Harmonisierung der Wirtschafts- und Finanzpolitik unterbreiten und so die Voraussetzungen für die Konvertierbarkeit der Währungen legen. Zu Währungsfragen im engeren Sinne sollte der Ausschuss Westafrikanischer Zentralbanken nach Art. 38 ECOWASV a.F. den Ministerrat beraten.

743 Das Abkommen wurde am 14. März 1975 unterzeichnet, trat wenige Monate später in Kraft und am 1. Juli 1976 nahm das WACH seine Arbeit auf, GANS (Fn. 49), S. 132.

wickelt und von einer nationalen Zentralbank genehmigt werden, die (beschränkte) Konvertibilität.[744] Wurde dieser Mechanismus Ende der 70er Jahre noch bei jeder vierten Transaktion genutzt, sank der Anteil in den 1990er Jahren unter 1 %.[745] Damit war die WACH ineffektiv.[746] Dies lag nicht nur an dem geringen Interesse, das ihr die bereits in einer Währungsunion vereinten frankophonen Staaten entgegenbrachten, sondern auch an ihren institutionellen Schwächen wie etwa erheblichen Zahlungsverzögerungen.[747] Mitte der 90er Jahre wurde die WACH in die *West African Monetary Agency* (WAMA) umgewandelt und ihre Aufgaben erweitert.[748] Die WAMA soll nunmehr auch die Währungsintegration der ECOWAS vorbereiten. Denn schon 1987 hatte die Hohe Behörde die Währungskooperation beschlossen, die mittelfristig zur Konvertibilität der Währungen und langfristig zur Währungseinheit führen sollte.[749] Das Ziel der Währungsunion wurde mit der Vertragsreform 1993 in den ECOWASV aufgenommen.[750] Ursprünglich bereits für 1992 vorgesehen, wurde die Einführung der gemeinsamen Währung seither kontinuierlich verschoben.[751]

Die gesamtregionale Währungsunion soll in zwei Schritten verwirklicht werden: mit der Errichtung einer Währungsunion zwischen den Nicht-UEMOA-Mitgliedstaaten und deren späterer Ausweitung auf die UEMOA-Mitglieder. Noch ist der erste Schritt nicht getan. Zwar ist die

---

744 Zur Funktionsweise des WACH siehe UCHE (Fn. 56), S. 11.

745 GANS (Fn. 49), S. 133 m.w.N.

746 ebd., S. 133 und CERNICKY (Fn. 351), S. 151.

747 Die Verzögerung bei der Verrechnung waren aufwendigen Dokumentationsanforderungen geschuldet. Weiterhin schlug das Fehlen einer kurzfristigen Finanzierungsfazilität wie auch anderer handelsfördernder Instrumente, etwa Reiseschecks, zu Buche, MICHAEL OJO, Regional currency areas and use of foreign currencies: the experience of West Africa, in: *BIS Papers No 17* (2003), S. 140–144, 140; GANS (Fn. 49), S. 133. Zu weiteren strukturellen wie politischen Gründen der geringen Nutzung UCHE (Fn. 56), S. 12 f.

748 GANS (Fn. 49), S. 134.

749 Hohe Behörde, Decision relating to the adoption of an ECOWAS Monetary Cooperation Programme, 9. Juli 1987, ECOWAS-Dok. A/DEC.2/7/87.

750 Art. 3 Abs. 2 lit. e, Art. 51 lit. g und Art. 55 Abs. 1 (iii) ECOWASV.

751 Siehe etwa Hohe Behörde, Decision on the acceleration of the implementation of the ECOWAS Monetary Cooperation Programme, 6. August 1994, ECOWAS-Dok. A/DEC.1/8/94 und Decision Relating to the adoption of macro-economic convergence criteria within the framework of the ECOWAS Monetary Cooperation Programme, 10. Dezember 1999, ECOWAS-Dok. A/DEC.7/12/99.

Schaffung der Westafrikanischen Währungszone (*West African Monetary Zone*, WAMZ) schon seit 2000 vereinbart worden.[752] Diese war aber an die Einhaltung von Konvergenzkriterien geknüpft worden. Die WAMA hat wiederholt feststellen müssen, dass keiner der fünf Staaten alle Konvergenzkriterien erfüllt.[753] Aus diesem Grunde wurde die Einführung der neuen Währung immer wieder verschoben. Zuletzt war die Schaffung der WAMZ für 2015 und die Einführung der gesamtregionalen Währung für 2020 geplant.[754] Mangels Beachtung der Konvergenzkriterien ist sowohl die Verwirklichung der westafrikanischen Währungszone als auch einer Währungsunion, die auch die Mitglieder der UEMOA umfasst, innerhalb der nächsten Jahre unrealistisch.[755]

Die bisherigen Errungenschaften der Währungskooperation beschränken sich - neben dem schlecht funktionierenden Clearing-Mechanismus - auf die Beseitigung aller nicht-tarifären Schranken für die Nutzung regionaler Währungen bei der Inanspruchnahme reisetypischer Leistungen wie etwa von Hotelzimmern und Flügen[756] und die Einführung eines ECOWAS-Reiseschecks[757].

---

752 ECOWAS Mini Summit on Second Monetary Zone, Declaration on Second Monetary Zone, 20. April 2000. Die Erklärung wurde von Gambia, Ghana, Guinea, Liberia, Nigeria und Sierra Leone abgegeben und sieht die Einführung einer gemeinsamen Währung für den 1. Januar 2003 vor. Siehe auch Hohe Behörde, Decision adopting the legislative texts for the establishment of the West African Monetary Zone, 15. Dezember 2000, ECOWAS-Dok. HS/WAM/DEC.1/12/00, mit der das Übereinkommen zur Westafrikanischen Währungszone, die Statuten des Westafrikanischen Währungsinstituts (*West African Monetary Institute,* WAMI) und der Westafrikanischen Zentralbank (*West African Central Bank,* WACB) verabschiedet wurden.

753 Siehe etwa West African Monetary Agency, ECOWAS Monetary Programme, Annual Report 2010, S. 23.

754 ECOWAS Konvergenzrat, Roadmap for the realisation of the ECOWAS Single Currency Programme, 25. Mai 2009.

755 Die ECOWAS-Kommission hält die Einführung der zweiten regionalen Währung zum Januar 2015 für unrealistisch, weil es bei den Vorbereitungen Verzögerungen gibt, Extra-ordinary Session of the Council of Ministers, Final Report, 30. September 2013, Rn. 42 f.

756 Vgl. Art. 3 Ministerrat, Decision relating to the Use of local Currencies by Community citizens for payment of servcies rendered in connection with travel within the region, 5. Dezember 1992, ECOWAS-Dok. C/DEC.1/12/92.

757 Hohe Behörde, Decision on the Introduction of the ECOWAS Traveller's Cheque, 30. Oktober 1998, ECOWAS-Dok. A/DEC.1/10/98.

V. Die Wettbewerbsordnung

Im Vertrag taucht der Begriff „Wettbewerb" nicht auf. Allerdings sieht die ECOWAS-Kommission das Kartellrecht als Voraussetzung einer prosperierenden, innovationsfreudigen Wirtschaft und auch als erforderliche Absicherung der Marktfreiheiten.[758] Insoweit impliziert das Vertragsziel eines gemeinsamen Marktes und der Wirtschaftsunion[759] ein wirksames Kartellrecht der Mitgliedstaaten. Die Kommission hält die Einführung eines einheitlichen Kartellrechts zur effektiven Verwirklichung der Vertragsziele für erforderlich.[760] Folgerichtig hat die Hohe Behörde in zwei Zusatzakten wesentliche kartellrechtliche Bestimmungen geregelt sowie eine regionale Kartellrechtsbehörde errichtet.[761] Das Gemeinschaftsrecht soll Praktiken der auf Angebots- bzw. Nachfrageseite tätigen Unternehmen unterbinden, soweit sie geeignet sind, den Wettbewerb auf dem gemeinsamen Markt zu verfälschen.[762] Die unternehmensgerichteten Vorschriften umfassen das Kartellverbot, das Verbot des Missbrauchs einer marktbeherrschenden Stellung und die Fusionskontrolle.[763] Daneben richtet sich das Verbot, Beihilfen zu gewähren, an die Staaten.[764]

F. Die Rechtsangleichung

Die Angleichung der Rechts- und Verwaltungsvorschriften der Mitgliedstaaten ist kein ausdrückliches Ziel der Gemeinschaft. Allerdings wird sie sowohl von der Vorgabe des Art. 3 Abs. 2 lit. h ECOWASV, günstige rechtliche Rahmenbedingungen zu schaffen, als auch dem allgemeineren

---

758 Siehe ECOWAS-Kommission, ECOWAS – Regional Competition Policy Framework, undatiert, S. 3 ff.

759 Art. 3 Abs. 2 lit. (d) und (e) ECOWASV.

760 Siehe ECOWAS-Kommission, ECOWAS – Regional Competition Policy Framework, undatiert, S. 5.

761 Hohe Behörde, Supplementary Act adopting Community Competition Rules and the Modalities of their application within ECOWAS, 19. Dezember 2008, ECOWAS-Dok. A/SA.1/12/08, und Supplementary Act on the establishment, functions and operation of the Regional Competition Authority for ECOWAS, 19. Dezember 2008, ECOWAS-Dok. A/SA.2/12/08.

762 Art. 4 Abs. 1 Zusatzakt A/SA.1/12/08.

763 Art. 5 bis 7 Zusatzakt A/SA.1/12/08.

764 Art. 8 Zusatzakt A/SA.1/12/08.

Ziel, durch die Gemeinschaft eine harmonische Wirtschaftsentwicklung zu fördern und schlussendlich die Staaten in einer Wirtschafts- und Währungsunion zu vereinen, vorausgesetzt.[765] Zudem sieht Art. 57 eine Kooperation der Mitgliedstaaten im Hinblick auf eine Angleichung der nationalen Gesetzgebungen vor. Die Gemeinschaft strebt ausdrücklich die Harmonisierung des Arbeitsrechts und des Investitionsschutzrechts an.[766] Ob Art. 3 Abs. 2 lit. h ECOWASV als allgemeine Grundlage für Harmonisierungen in den verschiedensten Bereichen ausreicht, ist zweifelhaft. Schließlich bestimmt die Norm weder den Bereich, der angeglichen werden soll, noch die zu diesem Zweck zu verabschiedenden Rechtsakte. Daher wird teilweise eine primärrechtliche Konkretisierung der Norm verlangt.[767] Bis 2008 hat die ECOWAS sich jedenfalls nicht auf die Vorschrift gestützt, um die Gesetzgebung ihrer Mitgliedstaaten anzugleichen.[768] Im Bereich der Sektorpolitiken hat die ECOWAS bereits die mitgliedstaatliche Gesetzgebung (teil-)harmonisiert.[769]

---

765 Siehe die Präambel und Art. 54, 55 ECOWASV. Akin Akinbote, *The ECOWAS Treaty as a legal tool for the adoption of OHADA treaty and laws by anglophone ECOWAS States*, Université d'Orléans 2008, S. 4. Auch O. Anukpe Ovrawah, Harmonisation of laws within the ECOWAS, in: *African Journal of International and Comparative Law* (6 (1994), S. 76–92, 83 f. schließt aus den Zielen der ECOWAS auf ein Harmonisierungserfordernis für alle Gesetze, die die Verwirklichung der Marktfreiheiten wesentlich sind. Yinka Omorogbe, The legal framework for economic integration in the ECOWAS region: An analysis of the trade liberalisation scheme, in: *African Journal of International and Comparative Law* 5 (1993), S. 355–370, 364 sieht die Überarbeitung des nationalen Wirtschaftsrechts als Voraussetzung für die Harmonisierung auf Gemeinschaftsebene an. Zumindest die OHADA-Mitgliedstaaten haben ihr Wirtschaftsrecht aber schon zu weiten Teilen neu geregelt.

766 Art. 3 Abs. 2 lit. (i) und Art. 61 Abs. 2 lit. (b) ECOWASV.

767 Ajulo (Fn. 436), S. 73.

768 Akinbote (Fn. 765), S. 18. Schon seit geraumer Zeit bereitet die ECOWAS die Harmonisierung des Wirtschaftsrechts vor. So soll ein aus drei bedeutenden Persönlichkeiten bestehendes Gremium die mitgliedstaatliche Gesetzgebungen zum Wirtschaftsrecht analysieren und Vorschläge für die zu harmonisierenden Gebiete unterbreiten. Siehe Ministerrat, Decision relating to the Harmonisation of Commercial Laws of Member States, 27. Juli 1995, ECOWAS-Dok. C/DEC. 7/7/95.

769 Ein Beispiel bildet etwa der Bereich Telekommunikation, Hohe Behörde, Supplementary Act on the Harmonization of Policies and of the Regulatory Framework for the Information and Communication Technology (ICT) Sector, 19. Januar 2007, ECOWAS-Dok. A/SA.1/01/07.

G. Die Finanzierung der Gemeinschaft

Bis zur Vertragsreform wurden die finanziellen Ressourcen der Gemeinschaft hauptsächlich aus den Beiträgen der Mitgliedstaaten gespeist. Dabei wurde der Beitrag für jeden Mitgliedstaat abhängig von dessen Bruttosozialprodukt und Pro-Kopf-Einkommen festgesetzt.[770] Jahrelang war die ECOWAS existenzbedrohend unterfinanziert, weil die Mitgliedstaaten ihre Beiträge nicht oder nur teilweise bzw. mit starker Verspätung leisteten.[771]

Nach dem reformierten Vertrag soll die Gemeinschaft vorrangig durch eine Gemeinschaftssteuer auf Importe aus Drittstaaten finanziert werden.[772] Daneben sollen aber weiterhin Beiträge von den Mitgliedstaaten erhoben und andere vom Ministerrat bestimmte Quellen aufgetan werden.[773] Im letzten Jahrzehnt ist es der ECOWAS gelungen, insbesondere für die Projekte ihrer Sektorpolitiken, aber auch für die Arbeit der Kommission, externe Geldgeber zu finden. Deren Zahlungen entsprechen teilweise Beträgen von mehr als 50 % der durch die Gemeinschaftssteuer erzielten Einnahmen.[774] Allerdings zeigen sich die Mitgliedstaaten bei der Überweisung sowohl der Gemeinschaftssteuer als auch ihrer Beiträge weiter nachlässig.[775]

---

770 Art. 53 Abs. 3, Art. 54 Abs. 1 ECOWASV a.F. i.V.m. Art. II Abs. 2 Protocol Relating to the Contribution by Member States to the Budget of the ECOWAS, November 1976.

771 GANS (Fn. 49), S. 101.

772 Art. 70 Abs. 1 und Art. 72 ECOWASV i.V.m. Protocol on condition governing application of the Community Levy, 27. Juli 1996, ECOWAS-Dok. A/P.1/7/96. Das Protokoll wurde entgegen der ursprünglichen Planungen nicht bis zum Jahresende 1996 von allen Mitgliedstaaten ratifiziert. 2006 hatten es elf Mitgliedstaaten, darunter die finanzstärksten Nigeria, Ghana, die Elfenbeinküste und Senegal, ratifiziert, GANS (Fn. 49), S. 103.

773 Art. 73 und Art. 70 Abs. 1 ECOWASV.

774 CERNICKY (Fn. 351), S. 127.

775 ebd., S. 126 und GANS (Fn. 49), S. 103.

Kapitel 4 Die AU und AEC als kontinentaler Rahmen

Alle afrikanischen Staaten mit Ausnahme von Marokko gehören der Afrikanischen Union an. Damit sind sämtliche Mitgliedstaaten der ECOWAS AU-Mitglieder. Nicht alle afrikanischen Staaten sind allerdings auch Mitglieder oder Vertragsparteien der Afrikanischen Wirtschaftsgemeinschaft (AEC).[776] Nach ihrem Gründungsvertrag handelt es sich bei der AEC um eine weitgehend eigenständige internationale Organisation. In der Praxis hat die AU die AEC aber absorbiert bzw. überlagert sie, indem sie die AEC-Ziele integriert, auf dem Gebiet der AEC Recht setzt und deren Organe übernimmt.[777] Im Folgenden sollen die AU und die AEC daher gemeinsam dargestellt werden.

A. Entstehungsgeschichte

Beide Organisationen gehen auf die Organisation für Afrikanische Einheit (Organisation of African Unity, OAU) zurück. Die AEC wurde durch die OAU-Versammlung gegründet und mit eigenen Zielen und einer eigenen institutionellen Struktur ausgestattet. Mit der Umwandlung der OAU in die AU wurde die Eigenständigkeit der AEC beseitigt.

I. Die OAU als Ursprung

1963, in der Zeit der Dekolonialisierung und der Neugründung afrikanischer Staaten wurde die OAU gebildet. Ihr primäres Ziel war es entsprechend, die rasche Dekolonialisierung zu unterstützen und den Respekt der Unabhängigkeit, Souveränität und territorialen Integrität der jungen Staa-

---

776 Im Januar 2014 haben mittlerweile alle AU-Mitgliedstaaten den Vertrag von Abuja unterzeichnet Djibouti, Eritrea Madagaskar, Somalia und der Südsudan haben den Vertrag jedoch nicht ratifiziert, AU, List of Countries which have signed, ratified/acceded to the Treaty Establishing the African Economic Community, Stand: 28.03.2013, verfügbar unter http://au.int/en/sites/default/files/Treaty%20Establishing%20the%20AEC.pdf, zuletzt eingesehen am 17.02.2014.

777 Daher wird die AU teilweise als Schirmorganisation bezeichnet, innerhalb derer die AEC Fragen der Wirtschaftsintegration regelt, RICHARD FRIMPONG OPPONG, *Relational Issues of Law and Economic Integration in Africa. Perspectives from Constitutional, Public and Private International Law*, Dissertation 2009, S. 70

ten zu sichern.[778] Während der OAU bei der Beseitigung kolonialer und weißer Minderheitsherrschaft insbesondere durch die einheitliche Vertretung Afrikas in internationalen Foren wie den Vereinten Nationen Verdienste zukommen, war sie Zeit ihres vierzigjährigen Bestehens unfähig, Antworten auf andere drängende Probleme Afrikas – stagnierende Wirtschaft, (Bürger-)Kriege, Staatszerfall Überschuldung, schlechte Regierungsführung und Korruption – zu finden.[779] Nach einer jahrzehntelangen Projektierungsphase unternahmen die OAU-Mitgliedstaaten mit der Gründung der AEC einen ambitionierten Versuch, die kontinentale Wirtschaft zu beleben.

II. Die AEC

Die Organisation der Afrikanischen Einheit hatte die wirtschaftliche Zusammenarbeit nicht zum Schwerpunkt ihrer Arbeit gemacht, obwohl diese Erwähnung in ihrem Gründungsakt gefunden hatte.[780] Dennoch hatte sich schon Ende der 1970er Jahre - unter Einfluss der langjährigen Überzeugungsarbeit der UNECA - die Erkenntnis durchgesetzt, dass Afrika nur durch eine enge wirtschaftliche Zusammenarbeit seinen Wohlstand nachhaltig mehren und die Abhängigkeit von Europa und Nordamerika min-

---

778 Art. 2 Gründungsvertrag der Organisation der Afrikanischen Einheit vom 25. Mai 1963.

779 JOHN K. AKOKPARI, The AU, NEPAD and the Promotion of Good Governance in Africa, in: *Nordic Journal of African Studies 13(3)* 13 (2004), S. 243–263, 2 f., CORINNE A. A. PACKER und DONALD RUKARE, The new African Union and its constitutive act, in: *The American Journal of International Law* 96 (2002), S. 365–379, 366 f. und PETER MEYNS, Die "Afrikanische Union" - Afrikas neuer Anlauf zu kontinentaler Einheit und globaler Anerkennung, in: *Afrika-Jahrbuch 2001. Politik, Wirtschaft und Gesellschaft in Afrika südlich der Sahara*, hg. von ROLF HOFMEIER und ANDREAS MEHLER, Opladen 2002, S. 51–67, 55 f. Dass die OAU die gravierenden internen Probleme ihrer Mitgliedstaaten, wie Diktaturen und Bürgerkriege, nicht angehen konnte, ist auf ihr im Gründungsvertrag verankertes Nichteinmischungsgebot zurückzuführen. Auch die institutionelle Struktur, das schwache Sekretariat und das Einstimmigkeitsprinzip der Generalversammlung minderten die Handlungsfähigkeit der OAU, PACKER und RUKARE (Fn. 779), S. 369.

780 Art. 2 Punkt 2 (a) OAUV nennt als Ziel der Organisation die Koordinierung und Harmonisierung der mitgliedstaatlichen Politiken im Bereich der wirtschaftlichen Kooperation.

dern könne. Die OAU-Versammlung verabschiedete erstmals 1977 die Entscheidung, eine Afrikanische Wirtschaftsgemeinschaft zu gründen.[781] Zwei Jahre später bekräftigte sie in der Monrovia-Erklärung die Bedeutung einer engen regionalen und kontinentalen Vernetzung als Grundlage für eine kommende kontinentale Wirtschaftsgemeinschaft.[782] Im April 1980 trat die Versammlung der OAU schließlich in einer Sondersitzung zusammen, um den Lagos-Aktionsplan zu verabschieden. Der Plan analysiert den Zustand der verschiedenen Wirtschaftszweige, formuliert kurz-, mittel- und langfristige Zielvorstellungen und einen Maßnahmenkatalog.[783] Danach sollten auf kontinentaler Ebene die Entwicklungsziele maßgeblich durch die Schaffung der Afrikanischen Wirtschaftsgemeinschaft erreicht werden. Dazu leitet die Versammlung die Redaktion des Vertragstexts ein und gab einen Zeitplan für die Erreichung bestimmter Ziele vor.[784] Zwischen dem Lagos-Aktionsplan und der Gründung der Afrikanischen Wirtschaftsgemeinschaft sollte noch mehr als ein Jahrzehnt vergehen. Am 3. Juni 1991 unterzeichneten die Staats- und Regierungsoberhäupter der OAU schließlich in Abuja den Gründungsakt der AEC. Am 12. Mai 1994 trat der AECV in Kraft.[785]

---

781 Vgl. den Verweis im Annex I Lagos-Aktionsplan auf die Entscheidung von Libreville.

782 Siehe insbesondere Punkt 5 OAU-Versammlung, *Monrovia Declaration of Commitment on guidelines and measures for national and collective self-reliance in economic and social development for the establishment of a new international economic order*, 17.-20. Juli 1979, OAU-Dok. AHG/ST. 3 (XVI) Rev. 1.

783 OAU, Lagos Plan of Action for the Econmic Development of Africa 1980-2000, April 1980.

784 Gemäß Annex I Lagos-Aktionsplan bzw. der Schlussakte von Lagos beauftragte die Versammlung den OAU-Generalsekretär, einen Ausschuss für die Erarbeitung des Vertragstexts zu berufen und den Staats- und Regierungschefs bis 1981 einen Entwurf vorzulegen.

785 AU, List of Countries which have signed, ratified/acceded to the Treaty Establishing the African Economic Community, Stand: 28.03.2013, verfügbar unter http://au.int/en/sites/default/files/Treaty%20Establishing%20the%20AEC.pdf, zuletzt eingesehen am 17.02.2014.

III. Die AU

Auf Initiative des libyschen Revolutionsführers Gaddafi gab die Konferenz der OAU im September 1999 mit der Sirte-Erklärung bekannt, dass eine neue panafrikanische Organisation gegründet werden sollte, die sich den sozialen, ökonomischen, kulturellen und sicherheitspolitischen Herausforderungen des Kontinents stellen werde. Zudem sollte die bereits 1991 gegründete Afrikanische Wirtschaftsgemeinschaft schneller als ursprünglich geplant ihre Arbeit aufnehmen.[786] Im Jahr 2000 wurde bereits der Gründungsvertrag der Afrikanischen Union (AUV) unterzeichnet, ein Jahr später trat er in Kraft.[787] Die OAU wurde durch Beschluss ihrer Versammlung im Juli 2002 aufgelöst;[788] zeitgleich nahm die AU mit der ersten Gipfelkonferenz offiziell ihre Arbeit auf, obwohl sich bis dahin erst drei der vorgesehenen Organe konstituiert hatten – die von der OAU übernommenen.[789]

---

786 OAU-Versammlung der Staats- und Regierungschefs, Sirte Declaration, 9. September 1999, AU-Dok. EAHG/Draft/Decl. (IV) Rev. 1.

787 Der AU-Gründungsvertrag wurde am 11. Juli 2000 in Lomé, Togo, angenommen und trat am 26. Mai 2001 in Kraft. Alle 53 Unterzeichnerstaaten haben ihn ratifiziert. AU, List of Countries which have signed, ratified/acceded to the Constitutive Act of the African Union, Stand: 2.8.2011.

788 Gemäß Art. 33 Abs. 1 AUV hat die AU-Versammlung in ihrer Entscheidung über die Übergangsfrist vom 9. Juli 2002, AU-Dok. ASS/AU/Dec.1, die OAU mit erstmaligem Zusammentreten der AU-Versammlung aufgelöst. Gleichzeitig wurde eine einjährige Zwischenzeit eingeleitet, in der die Interimskommission das Vermögen der OAU auf die AU übertrug. Die Bestimmung scheint auch die AEC aufzulösen, da sie den Übergang des OAU/AEC-Vermögens auf die AU sicherstellen will: „ This act shall replace the Charter of the Organization for African Unity. However, the Charter shall remain operative [...] for the purpose of enabling the OAU/AEC to undertake the necessary measures regarding the devolution of its assets and liabilities to the Union and all matters relating thereto."

789 MEYNS (Fn. 779), S. 61.

B. Die Ziele

I. AEC

Die Afrikanische Wirtschaftsgemeinschaft hat sich in Art. 4 AECV vorrangig, aber nicht ausschließlich ökonomische Ziele gesetzt. Sie will die wirtschaftliche, soziale und kulturelle Entwicklung Afrikas fördern und damit die Abhängigkeit gegenüber den Industrieländern mindern. Fernziel ist die nachhaltige und selbsttragende Entwicklung eines eng vernetzten afrikanischen Kontinents, der seine menschlichen und natürlichen Ressourcen zu allseitigem Nutzen mobilisiert. Dies erfordert die Koordinierung und Harmonisierung von nationalen sowie regionalen Politiken sowie enge und friedliche Beziehungen – mittelfristige Ziele der AEC. Langfristig, d.h. in einem – doch relativ kurzen – Zeitrahmen von 34 Jahren, verfolgt die AEC das Ziel, eine Wirtschafts- und Währungsunion zu bilden. Einige Schritte, die die AEC auf diesem Weg unternehmen will, nennt Art. 4 Abs. 2 AECV. Dazu gehören die Stärkung regionaler Wirtschaftsgemeinschaften, deren Koordinierung und Harmonisierung durch Abkommen, gemeinsame Investitionsprogramme und die Verwirklichung des gemeinsamen Markts durch die umfassende Liberalisierung des Waren-, Personen-, Dienstleistungs- und Kapitalverkehrs.

Artikel 6 AECV gliedert die Errichtung der Wirtschafts- und Währungsunion in sechs Phasen und setzt für diese zeitliche Vorgaben. Aus Art. 6 AECV geht hervor, dass die künftige kontinentale Wirtschafts- und Währungsgemeinschaft auf die regionalen Wirtschaftsgemeinschaften aufbaut.[790]

Die erste – fünfjährige - Phase, die 1999 abgeschlossen werden sollte, dient folglich der Stärkung bzw. gegebenenfalls Etablierung von regionalen Wirtschaftsgemeinschaften, Art. 6 Abs. 2 lit. a AECV. Zum Zeitpunkt der AEC-Gründung bestanden bereits in allen Regionen Wirtschaftsgemeinschaften.[791] In der zweiten für acht Jahre angesetzten Phase (also

---

790 Vgl. Art. 88 Abs. 1 AECV: „*The Community shall be established mainly through the co-ordination, harmonisation and progressive integration of the activities of regional economic communities.*"

791 So hat die AEC bereits 1998 ein Protokoll über die Beziehungen zwischen der AEC und den regionalen Wirtschaftsgemeinschaften mit sechs Regionalgemeinschaften abgeschlossen, Protokoll vom 25. Februar 1998. Vertragsparteien waren neben der AEC die Ostafrikanische Zwischenstaatliche Behörde für Entwicklung (IGAD), die ECOWAS, die Wirtschaftsgemeinschaft der zentralafrikanischen

bis 2007) sollen in der jeweiligen Regionalgemeinschaft die bestehenden tarifären und nicht-tarifären Handelshemmnisse und interne Steuern stabilisiert und ein Zeitplan für deren Abbau erstellt werden. Weiterhin sollen Sektorpolitiken auf regionaler sowie kontinentaler Ebene gestärkt und die Tätigkeiten der Regionalgemeinschaften koordiniert und harmonisiert werden, Art. 6 Abs. 2 lit. b AECV. Die dritte Phase, die zehn Jahre und damit bis 2017 dauern soll, ist gemäß Art. 6 Abs. 2 lit. c AECV der Errichtung von Freihandelszonen und deren Komplettierung durch Zollunionen in den jeweiligen Regionen gewidmet. Die verschiedenen Außenzollsätze sind in der zwei Jahre dauernden vierten Phase auf kontinentaler Ebene anzugleichen, so dass die AEC 2019 einen gemeinsamen Außenzollsatz einführen kann, Art. 6 Abs. 2 lit. d AECV. Während der fünften Phase, die vier Jahre nicht überschreiten soll, strebt die AEC einen Gemeinsamen Afrikanischen Markt an, d.h. die Verabschiedung gemeinsamer Sektorpolitiken, die Harmonisierung der Währungs-, Finanz- und Steuerpolitiken, die Verwirklichung der Freizügigkeit sowie die Festsetzung eigener Finanzmittel der AEC, Art. 6 Abs. 2 lit. e AECV. Die sechste und letzte Phase soll wiederum fünf Jahre einnehmen. In dieser Zeit sollen insbesondere die Waren-, Personen-, Kapitalverkehrs- und Dienstleistungsfreiheit vervollständigt und eine gemeinsame Währung eingeführt werden. Auf institutioneller Ebene sollen eine Afrikanische Zentralbank geschaffen werden, das Panafrikanische Parlament eine neue Struktur erhalten und die Exekutiv-Organe der AEC vervollständigt werden, Art. 6 Abs. 2 lit. f AECV.[792]

Der AECV verleiht dieser Stufenfolge insofern eine gewisse Flexibilität, als die Versammlung auf Empfehlung des Ministerrats über die Zielerfüllung einer jeden Stufe und den Eintritt in die jeweils nächste Etappe entscheidet.[793] Gemäß Art. 6 Abs. 5 AECV soll aber der Gesamtplan in höchstens 40 Jahren ab Inkrafttreten des AECV, also bis 2034, realisiert

---

Staaten (CEEAC), die Südafrikanische Entwicklungsgemeinschaft (SADC), der Gemeinsamen Markt für Ost- und Südafrika (COMESA) und die Union des Arabischen Maghreb (UAM). Damit wurden bereits alle Regionen abgedeckt.

792 Das 2001 verabschiedete und 2003 in Kraft getretene Protokoll zum AECV über das Panafrikanische Parlament sieht in seinem Art. 5 noch eine Wahl der Abgeordneten durch die Mitglieder der nationalen Parlamente vor. Nach Art. 2 Abs. 3 des Protokolls soll das - bisher nur mit beratenden Funktionen ausgestattete - Panafrikanische Parlament auf lange Sicht ein Gesetzgebungsorgan werden und sich aus allgemein gewählten Mitgliedern zusammensetzen.

793 Art. 6 Abs. 4 AECV.

werden. In der Literatur wird die Einhaltung des Zeitplans mit Skepsis gesehen, in Anbetracht der ehrgeizigen Ziele und der beträchtlichen Dauer, die die EU darauf verwandte, sie zu erreichen, und nicht zuletzt wegen der afrikanischen politischen Traditionen.[794] Zumindest die ersten Phasen sind angesichts der in einigen Regionen schon weit gediehenen Integrationsbemühungen im vorgegebenen Zeitplan umsetzbar.[795]

Den LDCs und Ländern ohne Meereszugang will die AEC eine besondere Förderung, insbesondere durch den Gemeinschaftsfonds für Solidarität, Entwicklung und Ausgleich, und eine besondere Behandlung angedeihen lassen.[796]

Weiterhin misst die AEC der Harmonisierung nationaler bzw. der Entwicklung gemeinsamer Politiken eine große Bedeutung zu. Dies gilt insbesondere für die Landwirtschafts-, die Industrieentwicklungs-, die Verkehrs- und die Kommunikationspolitiken.[797] Einige Autoren bemängeln die mangelhafte Präzision und Vertiefung dieser Politiken.[798] Die AEC verfolgt die Koordinierung und Harmonisierung von Umweltschutzpolitiken. Dass sich die AEC auch sozialen, kulturellen und Umweltschutzfragen widmen soll, überrascht nicht, haben diese Fragen doch großen Einfluss auf die wirtschaftliche Entwicklung aller Staaten.[799]

---

794 OLUFEMI A. BABARINDE, *Analysing the proposed African Economic Community: Lessons from the experience of the European Union*, Bruxelles 1996, S. 688. Vereinzelt wird der Zeitplan für zu wenig ambitioniert gehalten, so etwa von C.A OGAN, *The International Personality of the African Economic Community (AEC)*, 1993, S. 53.

795 So auch MAHIOU (Fn. 45), S. 167 und PELLENS (Fn. 55), S. 69.

796 Art. 4 Abs. 2 lit. i u. lit. j. Vgl. Art. 79 AECV.

797 Vgl. Art. 6 Abs. 2 lit. f (i) AECV.

798 MAHIOU (Fn. 45), S. 180, 182.

799 JEGGAN SENGHOR, The Treaty Establishing the African Economic Community: An Introductory Essay, in: *African Yearbook of International Law* 1995, S. 183–193, 187 spricht von „multisektorialer Integration" bzw. von „Entwicklung in allen Bedeutungen". Allein die Harmonisierung und Rationalisierung bestehender multinationaler afrikanischer Institutionen bzw. die Errichtung solcher Institutionen mit Blick auf deren eventuelle Fusion auf AEC-Ebene ist eine Zielsetzung, die ob ihrer Allgemeinheit den wirtschaftlichen Rahmen sprengt.

II. AU

Die AU integriert die Ziele der AEC, ohne ihre Umsetzung genauso detailliert zu regeln. So zielt die Union nach Art. 3 AUV wie die Afrikanische Wirtschaftsgemeinschaft auf die Verbesserung der sozioökonomischen Lage ihrer Bevölkerung durch nachhaltige Förderungsmaßnahmen, Integration sowie die Koordinierung und Harmonisierung der bestehenden Wirtschaftsgemeinschaften. Darüber hinaus macht sie es sich zur Aufgabe, demokratische Prinzipien und Institutionen sowie gute Regierungsführung in den Mitgliedstaaten zu unterstützen, Armut und Krankheiten zurückzudrängen und die Wahrung der Menschenrechte sowie die soziale Gerechtigkeit und insbesondere die Gleichstellung der Geschlechter zu fördern. Die Union soll sich weiterhin für Frieden, Sicherheit und Stabilität einsetzen, und auf die friedliche Konfliktlösung sowie die Einhaltung des Verbots, Gewalt anzuwenden oder anzudrohen, hinwirken. Mithin soll sich die AU allen für ein gedeihliches Miteinander sowie solides Wirtschaften wesentlichen Fragen widmen.[800]

C. Das Recht der AU und AEC

Die Gründungsverträge der AU und der AEC regeln die Kompetenzen ihrer Organe und die Rechtsakte, die diese verabschieden können, unterschiedlich. Bei der Rechtssetzung folgt die AU hinsichtlich der Form des Sekundärrechts der Konzeption des AUV; der AECV zeitigt insofern in der Praxis keine Wirkung. Zumindest bei der Bestimmung der Kompetenzen der AU-Organe sollte der AECV aber Berücksichtigung finden. Beide Verträge beanspruchen keine unmittelbare Anwendung in den mitgliedstaatlichen Rechtsordnungen.

---

800 Die genannten Ziele und Grundsätze finden sich in Art. 3 und Art. 4 AUV.

I. Die Rechtsquellen

Das Recht der AU lässt sich in die üblichen Kategorien von Primär- und Sekundärrecht untergliedern. Zum Primärrecht gehören dabei der AUV, der AECV und die betreffenden Protokolle. Denn Art. 99 AECV bestimmt ausdrücklich, dass der AECV und seine Protokolle „integraler Bestandteil" des OAUV sind.[801]

1. Das Sekundärrecht nach dem AECV

Der Vertrag befugt die Gemeinschaftsorgane als Entscheidungen, Verordnungen und Empfehlungen bezeichnete Rechtsakte zu verabschieden. Der Vertrag verwendet die Begriffe für die verschiedenen Rechtsakte nicht mit der aus dem Europarecht geläufigen Bedeutung, sondern knüpft die Bezeichnung allein an die Frage, welches Organ handelt. Die Versammlung handelt gemäß Art. 10 AECV durch Entscheidungen, die die Mitgliedstaaten, die Organe der Gemeinschaft sowie die regionalen Wirtschaftsgemeinschaften binden und 30 Tage nach ihrer Veröffentlichung im Amtsblatt durchsetzbar sind. In einigen Bereichen kann die Versammlung derart nur auf Empfehlung des Ministerrats tätig werden, beispielsweise bei Entscheidungen über die regionalen Wirtschaftsgemeinschaften.[802] Da die Entscheidungen das wichtigste – da rechtlich wirkungsvollste – Instrument der Gesetzgebung sind,[803] dienen sie nicht allein der Regelung von Einzelfällen. Es handelt sich also um Beschlüsse, die alle erdenklichen Gegenstände betreffen können.

Der Ministerrat handelt hingegen durch sogenannte Verordnungen, die lediglich dann für die Mitgliedstaaten, die Organe der Gemeinschaft sowie die regionalen Wirtschaftsgemeinschaften verbindlich werden, wenn sie

---

801 Art. 1 lit. b AECV definiert dabei Protokolle als Instrumente, die den Vertrag umsetzen und dessen rechtliche Wirkung teilen. Die Verabschiedung eines Protokolls ist beispielsweise für die Festlegung von Ursprungsregeln in Art. 33 Abs. 2 AECV und für die Verwirklichung der Freizügigkeit, des freien Aufenthalts- und Wohnrechts sowie der Niederlassungsfreiheit gemäß Art. 43 Abs. 2 AECV vorgesehen.

802 Art. 8 Abs. 3 lit. (h) AECV.

803 So auch BANKOLE THOMPSON, Economic Integration Efforts in Africa: A Milestone - The Abuja Treaty, in: *African Journal of International and Comparative Law 5* (1993), S. 743-767, 762.

von der Versammlung bestätigt werden oder auf Grundlage einer Ermächtigung durch die Versammlung verabschiedet worden sind.[804] Unverbindliche Empfehlungen können der Rat und die Kommission für Wirtschaft und Soziales sowie die Technischen Fachausschüsse abgeben.[805] Der Vertrag sieht zudem an verschiedenen Stellen vor, dass die Versammlung bzw. die Kommission für Wirtschaft und Soziales Weisungen erteilen bzw. Leitlinien vorgeben.[806] Diese dürften lediglich die adressierten Gemeinschaftsorgane binden.

2. Die Praxis der AU

In der Praxis stützen sich die AU-Organe auch bei der Regelung wirtschaftlicher Fragen auf den AUV, der nur eine Art verbindlicher Rechtsakte kennt, die Entscheidungen.[807] Welche rechtliche Wirkung Entscheidungen haben, wird im AUV nicht bestimmt. Im Gegensatz zum AECV wird also die Verbindlichkeit für die Unionsorgane, Mitgliedstaaten und regionalen Wirtschaftsgemeinschaften nicht ausdrücklich angeordnet. Da der AECV aber Teil des AUV ist, müssen die beiden Verträge für den Bereich der Wirtschaftsintegration zusammen gelesen werden. Entscheidungen der AU-Versammlung bzw. des Ministerrats binden unter den im AECV geregelten Bedingungen die Mitgliedstaaten und regionalen Wirtschaftsgemeinschaften. Neben Entscheidungen verabschiedet die AU im Bereich der Wirtschaftsintegration auch Erklärungen, insbesondere zu handelspolitischen Verhandlungen.

---

804 Art. 13 AECV.
805 Art. 11 Abs. 3, Art. 16 lit. d, Art. 26 lit. d AECV.
806 Gemäß Art. 8 Abs. 3 lit. (h) gibt die Versammlung etwa mit Blick auf die Verwirklichung der Gemeinschaftsziele Weisungen hinsichtlich der regionalen Wirtschaftsgemeinschaften. Die Technischen Fachausschüsse unterliegen gemäß Art. 27 AECV den Weisungen der Kommission für Wirtschaft und Soziales.
807 Siehe für die AU-Versammlung und den AU-Ministerrat Art. 7 Abs. 1, Art. 11 Abs. 1 AUV.

II. Die Kompetenzen

Sowohl der AECV als auch der AUV weisen der kontinentalen Organisation selten klare Kompetenzen zu. Bei beiden Verträgen erlauben vor allem die Aufgabenkataloge Rückschlüsse auf die Kompetenzen der Organisationen und ihrer Organe. Soweit der AECV die Kompetenzverteilung detaillierter regelt als der AUV, ist er vorrangig zu berücksichtigen.

1. Nach dem AECV

Bei der Lektüre des AECV fällt auf, dass sich die Gemeinschaft zwar ambitionierte Ziele gesteckt hat – die Verwirklichung einer Wirtschafts- und Währungsunion und die dadurch implizierten Liberalisierungen sowie umfangreiche Politikharmonisierungen[808] –, ihr aber nur relativ wenige Handlungsbefugnisse ausdrücklich übertragen werden. Denn vorrangig werden die Mitgliedstaaten als Gesetzgeber adressiert. So heißt es mit Blick auf die Harmonisierung verschiedener nationaler Politiken, etwa im Bereich der Industriepolitik, die Mitgliedstaaten sollten kooperieren, harmonisieren und bestimmte Maßnahmen ergreifen.[809] Auch wichtige Fragen der Handelsliberalisierung sollen durch die Mitgliedstaaten geregelt

---

808 Art. 4 AECV.
809 Art. 48 AECV lautet: Industry 1. For the purpose of promoting industrial development of Member States and integrating their economies, Member States shall within the Community harmonize their industrialisation policies. 2. In this connection, Member States shall: (a) Strengthen the industrial base of the Community, in order to modernize the priority sectors and foster self-sustained and self-reliant development; (b) Promote joint industrial development projects at regional and Community levels, as well as the creation of African multinational enterprises in priority industrial sub-sectors likely to contribute to the development of agriculture, transport and communications, natural resources and energy.
Ähnliche Regelungen enthält der AECV in Art. 46 für die Landwirtschaftspolitik, in Art. 51 für Forschung und Technik, in Art. 54 für Energie und natürliche Ressourcen, in Art. 58 für die Umwelt, in Art. 61 für Verkehr und Kommunikation, in Art. 63 für Post und Telekommunikation, in Art. 65 für den Tourismus, in Art. 67 für die Standardisierung und Messsysteme, in Art. 68 für die Bildung, in Art. 69 für die Kultur, in Art. 71 für Humanressourcen, in Art. 72 für soziale Fragen, in Art. 73 für die Gesundheit, in Art. 74 für die Bevölkerungsentwicklung und Art. 75 für die Frauenförderung. Gemäß Art. 77 AECV führen die Mitgliedstaaten Beratungen, um weitere Politikfelder anzugleichen, die für die Erreichung der Ziele der Gemeinschaft erforderlich sind.

werden. Teilweise ist die Verabschiedung eines Protokolls vorgesehen, so etwa für die Festlegung von Ursprungsregeln in Art. 33 Abs. 2 AECV und für die Verwirklichung der Freizügigkeit, des freien Aufenthalts- und Wohnrechts sowie der Niederlassungsfreiheit gemäß Art. 43 Abs. 2 AECV.

Durch die gemeinschaftliche Gesetzgebung soll dagegen die Tätigkeit der regionalen Wirtschaftsgemeinschaften koordiniert und harmonisiert werden,[810] beispielsweise mit Blick auf die Eliminierung der Zölle nach Art. 30 Abs. 3 AECV. Auf Gemeinschaftsebene werden weiterhin nach Art. 32 Abs. 3 AECV der gemeinsame Außenzoll und der Zeitplan für die Liberalisierung des Kapitalverkehrs[811] geregelt sowie nach Art. 45 Abs. 4 AECV die nationalen und regionalen Devisenkontrollpolitiken koordiniert. Im Übrigen entscheidet nach Art. 35 AECV ein Gemeinschaftsorgan über die Anwendung der Klausel zum Schutz von entstehenden Wirtschaftszweigen und bei schwerwiegenden Zahlungsbilanzdefiziten, die eine Ausnahme vom Verbot mengenmäßiger Beschränkungen erlaubt.

Obwohl der AECV die Schaffung eines gemeinsamen Marktes vorsieht, beinhaltet er bis auf ein nach Art. 36 AECV durch die Mitgliedstaaten einzuführendes Dumping-Verbot keine Grundlagen für ein gemeinsames Wettbewerbsrecht. Genauso wenig enthält der Vertrag gemeinschaftliche Kompetenzen zur Einführung bzw. Regelung der Funktionsweise einer gemeinsamen Währung. Auch die Kompetenzen zur Ausgestaltung der Binnenmarktfreiheiten, etwa um die sozialen Rechte von Gemeinschaftsbürgern in anderen Mitgliedsändern zu regeln, sind unzureichend, wenn nicht gar inexistent.

Die Außenkompetenz der Afrikanischen Wirtschaftsgemeinschaft wird durch Normen umrissen, die sowohl Aufgaben als auch konkrete Befugnisse vorsehen. Nach Art. 89 AECV soll die Gemeinschaft eng mit anderen afrikanischen kontinentalen Organisationen kooperieren, insbesondere

---

810 Art. 88 Abs. 3 AECV.
811 Gemäß Art. 45 Abs. 2 AECV soll grundsätzlich das Kapital der Mitgliedstaaten und der Gemeinschaftsbürger frei zirkulieren. Unter welchen Bedingungen Kapital aus Drittstaaten innerhalb der Gemeinschaft zirkuliert, entscheidet die Versammlung auf Empfehlung der Kommission und mit Zustimmung des Rats, Art. 45 Abs. 3 AECV. Wegen der großen Abhängigkeit afrikanischer Länder von ausländischen Investitionen sieht MAHIOU (Fn. 45), S. 179 die Nichtregelung der Frage im AECV als Defizit an.

mit der Afrikanischen Entwicklungsbank. Dazu kann sie Kooperationsabkommen schließen. Des Weiteren soll sie mittels Konsultationsverfahren mit panafrikanischen NRO und sozioökonomischen Organisationen und Verbänden zusammenarbeiten.[812] Trotz des Fernziels einer Wirtschafts- und Währungsunion sieht der Gemeinschaftsvertrag nicht vor, dass die AEC Handelsabkommen schließt. Vielmehr erlaubt Art. 92 AECV ausdrücklich nur den Abschluss von Kooperationsabkommen mit anderen Staaten sowie Beziehungen mit den Vereinten Nationen und deren Unterorganisationen. Gemäß Art. 94 AECV sollen die Mitgliedstaaten auf gemeinsame Positionen in internationalen Verhandlungen hinwirken und werden zu diesem Zweck von der Gemeinschaft mit Studien und Berichten unterstützt. Damit dürfte die AEC zwar intern den Außenzoll bestimmen, nicht aber die Handelsbeziehungen zu Drittstaaten. Dies steht im Widerspruch zu dem in Art. 4 Abs. 2 lit. f AECV gesetzten Ziel einer gemeinsamen Handelspolitik gegenüber Drittstaaten.

Insgesamt werden der Gemeinschaft vertraglich nur vereinzelt Kompetenzen zugewiesen. Zahlreichen Fragen sollen durch die Mitgliedstaaten, teilweise im Rahmen von deren jeweiliger regionaler Wirtschaftsgemeinschaft, geregelt werden. Daraus geht hervor, dass sich die Gemeinschaft darauf beschränken will, die Integrationsschritte der Mitgliedstaaten bzw. der regionalen Wirtschaftsgemeinschaften zu vervollständigen. Dies entspricht auch der in Art. 6 AECV gemachten Vorgabe, die panafrikanische Integration auf die regionale Integration aufzubauen. Mithin sind vorrangig die Mitgliedstaaten und die regionalen Wirtschaftsgemeinschaften zur Regelung von Fragen der Wirtschaftsintegration befugt, während die AEC in diesem Bereich nur geringe Regelungsbefugnisse hat. Je weiter die AEC allerdings auf ihrem Weg zur Wirtschafts- und Währungsunion vordringt, desto mehr Kompetenzen wird man ihr zusprechen müssen. Geschieht dies bis dahin nicht ausdrücklich durch eine Vertragsänderung, könnten ungeschriebene Befugnisse aus ihren Zielen herausgearbeitet werden. Da derartige Befugnisse nur dann begründet werden, wenn dies nicht im Widerspruch zu Wortlaut, Geist und Struktur des Vertrags steht, empfiehlt sich allerdings angesichts der restriktiven Konzeption eine Vertragsänderung. Denn eine Generalklausel oder Lückenfüllungsbestimmung, die weiten Spielraum für teleologische Auslegungen lässt, ist nicht Teil des Vertrags.

---

812 Art. 90 und Art. 91 AECV.

2. Nach dem AUV

Im Gründungsvertrag der Afrikanischen Union sind deren Rechtssetzungs-kompetenzen nicht ausdrücklich benannt. Insofern können sie nur von den umfangreichen Ziel- und Aufgabenbestimmungen abgeleitet werden, die die wirtschaftliche Entwicklung genauso wie den Gesundheitsschutz, die Friedenswahrung, die Sicherheitspolitik, und die Menschenrechts- und Demokratiepolitik betreffen.

Die Umschreibung der Funktionen des Ministerrats in Art. 13 AUV – eine Norm zu dessen Befugnissen enthält der AUV nicht – ist insofern symptomatisch für die uferlose und vage Aufgaben- und Kompetenzzu-weisung: Der Ministerrat koordiniert und trifft Entscheidungen über Poli-tiken, die im gemeinsamen Interesse der Mitgliedstaaten liegen.[813] Letzt-lich bedeutet dies, dass die AU grundsätzlich alles regeln darf, sofern innerhalb des jeweiligen Organs ein Konsens bzw. eine Zweidrittelmehr-heit die jeweilige Regelung stützt. Folglich nimmt der AUV eigentlich keine Kompetenzzuweisung vor, die Kompetenzen werden vielmehr von den Mitgliedstaaten im Einzelfall festgelegt. Konturlos ist auch die Rege-lungsbefugnis der Versammlung. Sie ist – als eine Art Generalklausel – der Aufgabe zu entnehmen, die gemeinsamen Politiken der Union festzu-legen.[814]

---

813 Die Norm lautet: „The Executive Council shall coordinate and take decisions on policies in areas of common interest to the Member States, including the follow-ing: (a) foreign trade; (b) energy, industry and mineral resources; (c) food, agri-cultural and animal resources, livestock production and forestry; (d) water resources and irrigation; (e) environmental protection, humanitarian action and disaster response and relief; (f) transport and communications; (g) insurance; (h) education, culture, health and human resources development; (i) science and technology; (j) nationality, residency and immigration matters; (k) social secu-rity, including the formulation of mother and child care policies, as well as pol-icies relating to the disabled and the handicapped; (l) establishment of a system of African awards, medals and prizes."

814 Art. 9 lit. a AUV. Art. 4 Rules of procedure of the Assembly of the African Union, angenommen durch die AU-Versammlung, Decison on the Interim Period, AU-Dok. Ass/AU/Dec. 1 (I) in ihrer ersten ordentlichen Sitzung vom 9.-10. Juli 2002, führt aus, die Versammlung bestimme die gemeinsamen Politi-ken der Union sowie deren Prioritäten und Jahresprogramm, überwache die Umsetzungen der Politiken und Entscheidungen der Union, gewährleiste die Ein-haltung durch die Mitgliedstaaten durch geeignete Mechanismen und beschleu-nige die politische und sozioökonomische Integration des Kontinents.

Zu den Zielen der Union gehören nach Art. 3 AUV unter anderem die Beschleunigung der politischen und sozio-ökonomischen Integration des Kontinents und die Schaffung der Bedingungen, die es Afrika erlauben, eine dem Kontinent gerechte Rolle in der Weltwirtschaft und in internationalen Verhandlungen zu spielen. Weiterhin soll die Union die nachhaltige wirtschaftliche, soziale und kulturelle Entwicklung sowie die Integration der afrikanischen Volkswirtschaften fördern. Dies beinhaltet auch die Koordinierung und Harmonisierung der Politiken der regionalen Wirtschaftsgemeinschaften. Mithin kann die AU auf dem Gebiet der Wirtschaftsintegration Recht setzen. Der AECV als „integraler Bestandteil" des AUV[815] sollte zur Konkretisierung der AU-Kompetenzen herangezogen werden.

III. Verhältnis zum Recht der Mitgliedstaaten

Weder im AECV noch im AUV ist ausdrücklich geregelt, ob Normen des Primär- oder Sekundärrechts direkt in den Rechtsordnungen der Mitgliedstaaten anwendbar sind und im Konfliktfall Vorrang vor dem innerstaatlichen Recht genießen.[816] Einige Autoren vertreten[817] bzw. fordern[818] eine unmittelbare Anwendbarkeit und den Vorrang des AEC-Rechts. Dafür spricht das ambitionierte Ziel, einen panafrikanischen gemeinsamen Markt zu errichten, das unstreitig effizienter durch eine unmittelbare Anwendbar-

---

815 Art. 99 AECV.

816 Gemäß Art. 10 Abs. 2, 3, Art. 13 Abs. 2, 3 AECV können die Versammlung und der Rat Rechtsakte verabschieden, die für die Mitgliedstaaten verbindlich sind. Weder deren Verbindlichkeit, noch deren sofortige Durchsetzbarkeit implizieren jedoch, dass die Beschlüsse unmittelbar in den mitgliedstaatlichen Rechtsordnungen anwendbar sind, so auch THOMPSON (Fn. 803), S. 762 f.

817 GINO J. NALDI und KONSTANTINOS D. MAGLIVERAS, The African Economic Community: Emancipation for African States or Yet Another Glorious Failure?, in: *North Carolina Journal of International Law & Commercial Regulation 24* (1999), S. 601-631, 616 ff. und mit schwachen Argumenten OSWALD NDESHYO RURIHOSE, *Manuel de Droit Communautaire Africain,* 2011, S. 303 ff.

818 OPPONG (Fn. 777), S. 96 ff., 99.

keit verwirklicht werden könnte.[819] Auch das Ziel der Harmonisierung der regionalen Wirtschaftsgemeinschaften[820] könnte so leichter erreicht werden. Überwiegend läuft die Konzeption der Verträge jedoch einer solchen Annahme zuwider: Die Verträge bestimmen keinen der AU- bzw. AEC-Rechtsakte als unmittelbar in den Mitgliedstaaten anwendbar.[821] Die AECV-Präambel betont die intergouvernementale Konzeption des Vertrags,[822] die noch stärker aus dem AUV spricht, dessen Bestandteil der AECV ist.[823] Der AECV selber enthält wenig hinreichend klare substantielle Vorschriften, die Rechte für den Einzelnen begründen könnten.[824] Entsprechend kann der im AECV konzipierte Gerichtshof nicht mittels Vorabentscheidungsverfahren für die wirksame Anwendung des AEC-Rechts sorgen. Mithin ist das Recht der AU bzw. AEC nicht unmittelbar anwendbar.

Eine Überarbeitung der Verträge zu einem späteren Zeitpunkt, wenn der Integrationsstand innerhalb der regionalen Wirtschaftsgemeinschaften fortgeschritten sein und eine Regelung zentraler Integrationsfragen auf kontinentaler Ebene anstehen sollten, wird erforderlich werden, damit die AU das Ziel einer Wirtschafts- und Währungsunion verwirklichen kann. Dann sollten den Einzelnen durch das AU-Recht konkrete Rechte verliehen und Zugang zum Gerichtshof verschafft werden. Damit würde die unmittelbare Anwendbarkeit und der Vorrang des AU-Rechts einhergehen.

---

819 Mit diesem Argument vertreten Naldi und Magliveras (Fn. 817), S. 620 f. und fordert Oppong (Fn. 777), S. 99 den Vorrang des AEC-Rechts.

820 Artikel 88 Abs. 3 AECV: „[...] the Community shall be entrusted with the coordination, harmonisation and evaluation of the activities of existing and future regional economic communities.“

821 Vgl. dagegen für die EU Art. 288 AEUV, der die Verordnung für unmittelbar in jedem Mitgliedstaat geltend erklärt.

822 Der erste Erwägungsgrund lautet: „Mindful of the principles of international law governing relations between States“.

823 Art. 99 AECV und Art. 33 Abs. 2 AUV.

824 Mahiou (Fn. 45), S. 817 f. sieht insofern ein Ungleichgewicht zwischen den ausführlichen institutionellen und den vagen substantiellen Bestimmungen. Er fasst die Feststellung des geringen normativen Gehalts substantieller AECV-Bestimmungen folgendermaßen zusammen: „[...] les règles et procédures de l'intégration sont élastiques ou à l'état d'ébauche et il incombe aux États, aux communautés régionales et à la communauté continentale de les préciser pour les rendre opérationnelles si le contexte économique s'y prête.“

D. Die Institutionen

Der AECV hat die wichtigsten Organe, die Versammlung, den Ministerrat und das Generalsekretariat der OAU integriert. Das heißt, die neu geschaffene AEC sollte sich mit der OAU, bzw. heute der AU, deren Organe teilen. Daneben wurden aber auch Institutionen für die Belange der AEC geschafften, etwa das Parlament. Bei ihrer Gründung hat wiederum die AU diese Organe in der Mehrzahl übernommen. In der Literatur wird die institutionelle Verflechtung der AU und AEC kritisiert. Es wird einerseits beklagt, dass die gemeinsamen Organe verhinderten, dass sich eine eigene Identität der AEC bilde – dies ist wahrscheinlich von den Vertragsparteien auch nicht als wichtig erachtet worden – und andererseits, dass die Organe der AU für die Ziele einer Wirtschaftsgemeinschaft ungeeignet seien.[825]

Für die gemeinsamen Organe werden keine Vorkehrungen getroffen, um zwischen den auf Grundlage des AECV bzw. des AUV getroffenen Entscheidungen zu differenzieren, obwohl sich die Mitglieder bzw. Vertragsparteien nicht zwangsläufig decken.[826] So bleibt ungeregelt, ob die Organe getrennte Sitzungen für die Belange der AU und AEC abhalten

---

[825] R. F. Oppong, The AU, African Economic Community and Africa's Regional Economic Communities: Untangling a Complex Web of Legal Relations, in: *African Journal of International and Comparative Law* 17 (2010), S. 92–103, 99 ff. mit Verweis auf Samuel K. B. Asante, Towards an African Economic Community, in: *Towards an African Economic Community*, hg. von Samuel K. B. Asante und Francis O. C. Nwonwu, Pretoria 2001.

[826] Im Februar 2014 haben mittlerweile alle AU-Mitgliedstaaten den Vertrag von Abuja unterzeichnet Djibouti, Eritrea Madagaskar, Somalia und der Südsudan haben den Vertrag jedoch nicht ratifiziert, AU, List of Countries which have signed, ratified/acceded to the Treaty Establishing the African Economic Community, Stand: 28.03.2013, verfügbar unter http://au.int/en/sites/default/files/Treaty%20Establishing%20the%20AEC.pdf, zuletzt eingesehen am 17.02.2014.

sollen.[827] Die Organe sind in verschiedenen Regionen angesiedelt,[828] was angesichts der schwachen Infrastruktur und großen Entfernungen Skepsis bei einigen Beobachtern hervorruft.[829]

I. Nach dem AECV

Die Organe der Gemeinschaft sind die Versammlung der Staats- und Regierungschefs, der Ministerrat, das Panafrikanische Parlament, die Kommission für Wirtschaft und Soziales, der Gerichtshof, das Generalsekretariat und die Technischen Fachausschüsse, Art. 7 AECV. Bei der Versammlung, dem Ministerrat und dem Generalsekretariat handelt es sich ursprünglich um OAU-Organe.[830] Mit der Kommission für Wirtschaft und Soziales soll ausdrücklich ein Organ der OAU wiederbelebt werden. Lediglich das Parlament und der Gerichtshof wurden neu geschaffen. Allerdings hat sich die Afrikanische Union diese Organe angeeignet. Das einzige Organ, das die AEC nach den Verträgen nicht mit der AU teilt, die Kommission für Wirtschaft und Soziales, existiert nicht mehr.

1. Die mit der AU gemeinsamen Organe

Fast alle in ihrem Vertrag vorgesehenen Organe teilt sich die AEC mit der AU. Dabei ist die Funktionsweise der AEC-Organe entweder identisch wie im AUV geregelt oder gar nicht. In letztem Fall gelten die Regeln des AUV.

---

827 Vgl. für das AU-Parlament Konstantinos D. Magliveras und Gino J. Naldi, The African Union - A New Dawn for Africa, in: *International and Comparative Law Quarterly* 51 (2002), S. 415–426.

828 Nach der Decision on the location of the headquarters of the AU Institutions, AU-Dok. Assembly/AU/Dec.64 (IV), 30.-31. Januar 2005, wird die Afrikanische Zentralbank in Westafrika, die Afrikanische Investitionsbank in Nordafrika, der Afrikanische Währungsfonds in Zentralafrika und der Afrikanische Gerichtshof in Ostafrika angesiedelt. Bereits 2004 war die Errichtung des Panafrikanischen Parlaments in Südafrika beschlossen worden, AU-Dok. Assembly/AU/Dec. 39(III) Rev. 1, 6.-8. Juli 2004.

829 Etwa bei Siegmar Schmidt, Prinzipien, Ziele und Institutionen der Afrikanischen Union, in: *Aus Politik und Zeitgeschichte 4* (2005), S. 25-32, 27.

830 Vgl. Art. 7 OAUV.

a. Die Versammlung der Staats- und Regierungschefs

Der AECV bezieht sich ausdrücklich auf die Versammlung als Organ der OAU.[831] So sind dann die Vorschriften zur Organisation auch dieselben: mindestens eine ordentliche Sitzung im Jahr,[832] jährlich wechselnder Vorsitz und Entscheidungen im Konsens oder mit Zweidrittel-Mehrheit.[833] Als höchstes Organ der AEC legt die Versammlung gemäß Art. 8 AECV die Leitlinien der Gemeinschaftspolitik fest, überwacht die Arbeit der Organe sowie die Umsetzung der Ziele, trifft aber als Rechtssetzungsorgan auch Entscheidungen über Einzelfragen.[834] Die wichtigsten Organisations- sowie Personalentscheidungen obliegen der Versammlung[835] ebenso wie die Festlegungen über den Haushalt und die Beiträge der Mitgliedstaaten. Das höchste Gemeinschaftsorgan zeichnet für die Erreichung der Gemeinschaftsziele verantwortlich und legt mit der absoluten Mehrheit der Stimmen dem Gerichtshof Vertragsverletzungsverfahren vor. Zudem kann es beim Gerichtshof Gutachten zu anderen Rechtsfragen beantragen. Im Einzelfall kann die Versammlung Entscheidungsbefugnisse an den Ministerrat delegieren.

b. Der Ministerrat

Der AECV trifft keine Aussage über die Zusammensetzung des Ministerrats, bestimmt aber, dass es sich um den OAU-Rat der Außenminister bzw. der von den Mitgliedstaaten geschickten Minister handle.[836] Der Rat tritt zweimal jährlich zusammen und verabschiedet Entscheidungen im Konsens oder mit Zweidrittel-Mehrheit.[837] Gemäß Art. 11 AECV ist er für das Funktionieren und die Entwicklung der Gemeinschaft verantwortlich.

---

831 Art. 1 lit. h AECV definiert die Versammlung als die Versammlung der OAU.
832 In der Praxis tritt die Versammlung seit 2005 zweimal jährlich zusammen.
833 Art. 9 Abs. 1, 2 und Art. 10 Abs. 3 AECV, vgl. Art. 6 Abs. 3, 4 AUV. Verfahrensfragen kann die Versammlung mit einfacher Mehrheit regeln, Art. 7 Abs. 1 AUV.
834 Art. 8 lit. h AECV sieht etwa Entscheidungen und Richtlinien hinsichtlich der regionalen Wirtschaftsgemeinschaften vor.
835 Die Versammlung wählt etwa nach Art. 8 Abs. 3 lit. e, lit. f den Generalsekretär und verabschiedet die Organisationsstruktur des Sekretariats.
836 Art. 11 Abs. 1 AECV i.V.m. Art. 10 Abs. 1 AUV.
837 Art. 12 Abs. 1 und Art. 13 Abs. 3 AECV sowie Art. 10 Abs. 2 und Art. 11 Abs. 1 AUV.

Dazu unterbreitet er der Versammlung Vorschläge für Maßnahmen und Programme, die zur Realisierung der Gemeinschaftsziele führen sollen. Angesichts seiner umfangreichen Befugnisse wird der Exekutivrat teilweise als das einflussreichste AU-Organ gesehen.[838] Der Großteil des Unions-Mandat soll jedenfalls von ihm gestaltet werden. So trifft er gemäß Art. 13 AUV Entscheidungen über den Außenhandel, Energie, Industrie, Umweltschutz, Verkehr und Kommunikation, Forschung und Technologie, soziale Sicherheit und Immigration. Er bringt weiterhin Entwürfe für den Haushalt und die Beiträge der Mitgliedsländer ein und schlägt Personalien für wichtige Positionen wie die des Rechnungsprüfers vor. Werden ihm Fragen, besonders von der Versammlung, zugewiesen, soll er sie behandeln. Allerdings kann er die Technischen Fachausschüsse ermächtigen, Entscheidungen zu treffen. Daneben überwacht er die Umsetzung der von der Versammlung beschlossenen Politiken und kann dem Gerichtshof Rechtsfragen zum Gutachten vorlegen. Der Exekutivrat muss sich vor der Versammlung verantworten.

c. Das Generalsekretariat bzw. die Kommission

Nach Art. 21 Abs. 1 AECV fallen das Generalsekretariat der OAU und das Sekretariat der AEC zusammen. In der Afrikanischen Union hat die neue Kommission die Aufgaben des Sekretariats übernommen. Trotz ihres der EU entlehnten Namens obliegen der Kommission in erster Linie die Aufgaben eines Sekretariats.[839] Sitz der Kommission ist Addis Abeba.

In der Literatur wird kritisiert, dass der Gründungsvertrag der AU für die Zusammensetzung, die Funktionen und Befugnisse der Kommission auf den Beschluss der Versammlung verweist, mithin grundlegende Fra-

---

838 So PACKER und RUKARE (Fn. 779), S. 375.

839 Art. 20 Abs. 1 AUV weist der AU-Kommission die Aufgaben des Sekretariats zu. Gemäß Abs. 3 der Regelung soll die Versammlung ihre Funktionen festlegen. Siehe zu der Regelung der Funktionen der AU-Kommission Art. 3 Statutes of the Commission of the African Union [im Folgenden: Satzung der AU-Kommission], AU-Dok. ASS/AU/2(I) -d, durch die AU-Versammlung, Decision on the Interim Period, AU-Dok. Ass/AU/Dec. 1 (I) in der Sitzung vom 9./10. Juli 2002 verabschiedet.

gen nicht regelt.[840] Obwohl der Kommission gewisse Erfolge zugerechnet werden – ihr wird zugute gehalten, sie habe die afrikanischen Belange auf der Weltbühne artikuliert, die Umsetzung der Afrikanischen Friedens- und Sicherheits-Architektur vorangetrieben und wichtige Politiken wie die Afrikanische Charta der Demokratie, Wahlen und Regierungsführung entwickelt – gilt sie innerhalb der AU als reformbedürftig, weil nur 10 % ihrer Entscheidungen umgesetzt werden.[841] Im Januar 2009 hat sich die Versammlung entschlossen, die Kommission in die Behörde der Afrikanischen Union (*African Union Authority*) umzuwandeln.[842] Wie diese Behörde arbeiten und ob sie insbesondere eher supranational oder eher intergouvernemental ausgerichtet sein soll, ist noch zwischen den AU-Mitgliedern umstritten.[843] Die Erneuerung soll in jedem Fall die Kommis-

---

840 PACKER und RUKARE (Fn. 779), S. 375 merken etwa an, dass die Ernennung des Kommissionsvorsitzenden zwar im OAUV, nicht aber im AUV geregelt ist. Siehe zur Zusammensetzung der Kommission Art. 2 Satzung der AU-Kommission, AU-Dok. ASS/AU/2(I) - d). Artikel 12 Satzung der AU-Kommission nennt die „Portfolios" Frieden und Sicherheit, Politische Angelegenheiten (Menschenrechte, Demokratie, gute Regierungsführung u.a.), Infrastruktur und Energie, Soziales, Humanressourcen, Wissenschaft und Technologie, Handel und Industrie, Landwirtschaft und ländliche Wirtschaft sowie Wirtschaftliche Angelegenheiten (Integration, Währung, Investitionen u.a.).

841 CHRYSANTUS AYANGAFAC und KENNETH MPYISI, *The proposed AU Authority: Hybridisation, balancing intergovernmentalism and supranationalism*, 2009, S. 1, 3.

842 AU-Versammlung, Decision on the Special Session of the Assembly on the Union Government, AU-Dok. Assembly/AU/Dec.233(XII), Sitzung vom 1.-3. Februar 2009. Dazu werden seither Beratungen geführt und Berichte erstellt. Siehe etwa AU-Versammlung, Decision on The Transformation of The African Union Commission into The African Union Authority, AU-Dok. Assembly/AU/Dec.372(XVII) und Assembly/AU/9(XVII), Sitzung vom 30. Juni-1. Juli 2011.

843 AYANGAFAC (Fn. 841), S. 3 ff. schlagen eine hybride Behörde vor, die bei wenig umstrittenen Themen – wie Armutsverringerung, Infrastrukturausbau, Bekämpfung der globalen Erwärmung, der Wüstenbildung und Küstenerosion, Forschung, Nahrungsmittelsicherheit und der Bekämpfung von Epidemien und Pandemien – supranational arbeitet, d. h. ein ausschließliches Initiativrecht hat und die Umsetzung bis hin zur Einleitung eines Vertragsverletzungsverfahrens überwacht. Bei politisch sensiblen Fragen, die insbesondere den internationalen Handel, grenzüberschreitende Kriminalität und die Verteidigungs- und Sicherheitspolitik betreffen, soll die Behörde dagegen intergouvernemental agieren, d. h. kein ausschließliches Initiativrecht genießen und hauptsächlich auf die Koordinierung der Mitgliedsländer hinwirken.

sion in ihren Ressourcen sowie ihrer Leistungsfähigkeit und Effizienz stärken.[844] Dazu sollen auch ihre Aufgaben klarer von den Bereichen, in denen den regionalen Wirtschaftsgemeinschaften Vorrang gebührt, abgegrenzt werden.

Gemäß Art. 22 AECV zeichnet die Kommission für die Umsetzung und Überwachung der Entscheidungen der Versammlung bzw. des Ministerrats verantwortlich. Die Kommission wird nicht nur nach Verabschiedung von Rechtsakten tätig, sondern entwirft auch einige von ihnen, etwa den über den Haushalt. Des Weiteren legt die Kommission der Versammlung, dem Ministerrat sowie dem Parlament Berichte über die Tätigkeit der Gemeinschaft vor und erarbeitet Studien und Vorschläge, um die Arbeitsweise der Gemeinschaft zu verbessern und sie weiterzuentwickeln.[845] Gemäß Art. 98 Abs. 2 AECV kann der Generalsekretär als Rechtsvertreter der Gemeinschaft für diese Verträge abschließen und für sie bei Gerichts- und Rechtsverfahren auftreten.

d. Das Panafrikanische Parlament

Das Panafrikanische Parlament war erstmals im Gründungsvertrag der Afrikanischen Wirtschaftsgemeinschaft vorgesehen.[846] Bis zur Sirte-Erklärung 1999 unternahmen die Parteien aber keine Schritte, um es ins Leben zu rufen. Nachdem sie mit der Sirte-Erklärung die rasche Konstituierung der Organe der AEC angekündigt hatten, verabschiedeten die OAU-Mitglieder das entsprechende Protokoll im März 2001.[847] Zwei Jahre später trat es in Kraft und im März 2004 tagte das Parlament erstmals in

---

844 Punkt 2. iii *Report on the outcome of the Special Session on follow-up to the Sharm el Sheikh Assembly decision AU/Dec 206 (XI) on the Union Government.*

845 Vgl. auch Art. 3 Satzung der AU-Kommission AU-Dok. ASS/AU/2(I) - d). Danach soll sie insbesondere den anderen Organen Vorschläge unterbreiten und Stellungnahmen der Union entwerfen, die Entscheidungen der anderen Organe umsetzen, die Mitgliedsländer bei der Verwirklichung der Unionsprogramme und -politiken unterstützen und die Mitgliedstaaten in internationalen Verhandlungen koordinieren.

846 Art. 7, 14 AECV.

847 Nach Angaben der AU wurde das Protocol to the Treaty establishing the African Economic Community relating to the Pan-African Parliament [im Folgenden AU-Parlamentsprotokoll] am 2. März 2001 in Sirte, Libyen, angenommen, AU-Kommission, Stand: 28.03.2013.

Midrad bei Pretoria.[848] Das Protokoll vervollständigt ausweislich seines Namens den Gründungsvertrag der Afrikanischen Wirtschaftsgemeinschaft. Allerdings sieht der AUV das Parlament auch als Organ der Afrikanischen Union an.[849] Entsprechend soll das Parlament gemäß Art. 3 Nr. 1 AU-Parlamentsprotokoll die erfolgreiche Umsetzung der Politiken und Ziele der AEC und der OAU bzw. AU fördern.

Im AU-Parlamentsprotokoll wird die Tatsache, dass das Parlament Organ zweier Organisationen ist und dass sich die Mitglieder dieser Organisationen nicht zwingend decken, nicht ausreichend berücksichtigt: Die Revision des Protokolls obliegt nach dessen Art. 24 allein der AEC-Versammlung; auch führt gemäß Art. 19 nur der Austritt aus der AEC, nicht aber der aus der AU zum automatischen Ausscheiden der Vertreter des austretenden Staats.[850]

Das Protokoll sieht eine stufenweise Entwicklung des Parlaments vor, vom mit Vertretern der Mitgliedstaaten besetzten, beratenden Organ zu einem echten Rechtssetzungsorgan, das aus direkt gewählten Abgeordneten besteht.[851] Nach dem fünfjährigen Bestehen des Parlaments sollten die Vertragsparteien das Protokoll mit Blick auf das Ziel eines demokratisch legitimierten Rechtssetzungsorgans überarbeiten.[852]

---

848 AU-Versammlung, Decision on the launching and the establishment of the Pan African Parliament, AU-Dok. Assembly/AU/Dec.39 (III) Rev. 1 und Assembly/AU/4 (III), Sitzung vom 6.-8. Juli 2004, bestimmt, dass das Parlament am 18. März 2004 seine Arbeit aufnehmen und in Südafrika seinen Sitz haben solle.

849 Art. 5 AUV. Artikel 17 AUV übernimmt Art. 14 AECV mit geringfügigen Änderungen. Danach soll das Parlament nicht mehr lediglich die Mitwirkung der afrikanischen Völker bei der wirtschaftlichen Entwicklung und Wirtschaftsintegration, sondern bei der Entwicklung überhaupt sicherstellen. Damit wird das Betätigungsfeld des Parlaments praktisch auf alle Politikbereiche der AU, mit wenigen Ausnahmen wie etwa der Sicherheitspolitik, erweitert .

850 KONSTANTINOS D. MAGLIVERAS und GINO J. NALDI, The Pan-African Parliament of the African Union: An overview, in: *African Human Rights Law Journal* Vol. 3 (2003), S. 222–234, 230 ff.

851 Art. 2 Abs. 3 AU-Parlamentsprotokoll.

852 Art. 25 Abs. 1 AU-Parlamentsprotokoll. MAGLIVERAS und NALDI(Fn. 853), S. 225 weisen darauf hin, dass ein Widerspruch zwischen Art. 25 Abs. 1, Art. 2 Abs. 3 sowie Art. 11 besteht. Während letzterer ausführt, die Versammlung müsse die Rechtssetzungsbefugnisse des Parlaments festlegen, sehen die ersten beiden Normen eine Erweiterung der Funktionen des Parlaments durch Überarbeitung des

(1) Zusammensetzung und Organisation

Das Parlament setzt sich aus fünf Vertretern der unterschiedlichen Parteien aus jedem Mitgliedsland zusammen, unabhängig von dessen jeweiligem demographischen Gewicht.[853] Derzeit sollen diese Vertreter als Abgeordnete der nationalen Parlamente von diesen auch gewählt werden.[854] Sie können das nationale wie auch das panafrikanische Mandat parallel wahrnehmen. Exekutive wie judikative Ämter sind jedoch mit dem Mandat unvereinbar.[855] Mittelfristig strebt die AEC die direkte Wahl der Parlamentsmitglieder an. Das Parlament entscheidet mit einfacher Mehrheit über Verfahrensfragen, sonst im Konsens bzw. mit Zweidrittel-Mehrheit.[856]

(2) Aufgaben

Die Funktionen des Parlaments sollen ausgebaut werden. Dazu soll die Versammlung die Rechtssetzungsbefugnisse des Parlaments festlegen. Zumindest während der ersten fünf Jahre wird das Parlament aber nur beratend tätig und kann zu verschiedenen Fragen konsultiert werden. Nach Art. 11 Parlamentsprotokoll kann das Parlament insbesondere auf eigene Initiative oder Anfrage anderer politischer Organe beliebige Fragen, die der Verwirklichung der Ziele der AEC bzw. AU dienen, zum Gegenstand seiner Diskussionen und Stellungnahmen machen. Daneben kann es Empfehlungen zu den Menschenrechten, der Vertiefung demokratischer Institutionen, der Demokratiekultur, der guten Regierungsführung und der Rechtsstaatlichkeit abgeben.[857] Das Parlament erörtert auch sein eigenes

---

Protokolls oder Verabschiedung eines neuen Protokolls vor. Während alle Mitgliedstaaten in der Versammlung vertreten sind, sind sie nicht alle auch Vertragsparteien am Protokoll.

853 Art. 4 AU-Parlamentsprotokoll. Nach dessen Abs. 2 muss mindestens einer der fünf Vertreter eine Frau sein.

854 Art. 5 AU-Parlamentsprotokoll.

855 Art. 7 AU-Parlamentsprotokoll.

856 Art. 12 Abs. 12 AU-Parlamentsprotokoll.

857 Vgl. die dem Parlament in Art. 3 AU-Parlamentsprotokoll gesetzten Ziele. Danach soll es insbesondere auf die Verwirklichung der Politiken und Ziele der OAU/AEC und AU hinwirken, Menschenrechte und Demokratie fördern genauso wie gute Regierungsführung, Transparenz und Verantwortlichkeit in den Mit-

Budget und das der Afrikanischen Wirtschaftsgemeinschaft. Mit der Möglichkeit, Vertreter der AEC- bzw. AU-Kommission aufzufordern, seinen Sitzungen beizuwohnen oder bestimmte Dokumente vorzulegen, hat das Parlament gegenüber der Kommission als „Exekutive" gewisse Kontrollbefugnisse. Im Übrigen darf das Parlament alle Aufgaben übernehmen, die es für geeignet erachtet, die Ziele der AU bzw. der AEC zu erreichen.[858] Das eröffnet dem Parlament einen großen Spielraum,[859] wenn auch an die Erfüllung derartiger selbst gewählter Aufgaben keine Rechtsfolgen, insbesondere keine Bindungswirkung für andere Organe, geknüpft sind. Das Parlament kann Verfahren vor dem Panafrikanischen Gerichtshof einleiten.[860]

e. Der Gerichtshof

(1) Nach dem AECV

Der Gerichtshof gehört zu den erstmals im AECV vorgesehenen Organen, die von der Afrikanischen Union errichtet wurden. Nach der Konzeption des AECV soll der Gerichtshof die Einhaltung des Gemeinschaftsvertrags gewährleisten und über die ihm vertragsgemäß vorgelegten Streitigkeiten entscheiden.[861] Dabei kann es sich um von Mitgliedstaaten oder der Versammlung eingeleitete Vertragsverletzungsverfahren oder Verfahren wegen fehlender Kompetenz bzw. dem Machtmissbrauch durch ein Organ

---

gliedstaaten. Zudem soll es die afrikanische Bevölkerung mit der kontinentalen Integration vertraut machen und das Gefühl der Schicksalsgemeinschaft zwischen den afrikanischen Völkern vermitteln.

858 Art. 11 letzter Abs. Parlamentsprotokoll.

859 ebd., S. 224.

860 Art. 18 (1) (b) Protocol of the Court of Justice of the African Union, verabschiedet mit der Entscheidung der AU-Versammlung, Decision on the Draft Protocol on the Court of Justice of the African Union, AU-Dok. Assembly/AU/Dec. 25 (II) und EX/CL/59 (III), Sitzung vom 10. -12. Juli 2003. Das Protokoll trat am 11. Februar 2009 in Kraft, AU-Kommission, List of countries which have signed, ratified/acceded to the Protocol of the Court of Justice of the African Union, Stand vom 28.2.2013, verfügbar unter http://au.int/en/sites/default/files/Court%20of%20Justice.pdf, zuletzt eingesehen am 17.2.2014.

861 Art. 18 Abs. 2 AECV.

oder einen Mitgliedstaaten handeln.[862] Ist die Auslegung oder Anwendung des Vertrags strittig, ohne dass die Frage innerhalb eines Jahres einvernehmlich gelöst werden konnte, können die Parteien die Sache dem Gerichtshof vorlegen.[863] Vorabentscheidungsverfahren, die sich im Zusammenhang mit Wirtschaftsintegration als besonders wirksames Mittel zur Durchsetzung von Gemeinschaftsrecht erwiesen haben, sind nicht im AECV vorgesehen.[864] Die Versammlung kann die Gerichtsbarkeit des Gerichtshofs auf andere Streitigkeiten ausweiten.[865] Der Gerichtshof soll auf Antrag der Versammlung oder des Ministerrats Gutachten erstellen.[866]

(2) Der Afrikanische Gerichtshof

2003 hat die AU-Versammlung das Protokoll über den Afrikanischen Gerichtshof verabschiedet, das 2009 in Kraft getreten ist.[867] Dieses bezieht sich in seinen Regelungen und Erwägungsgründen ausdrücklich auf die Afrikanische Union, nicht aber auf die Afrikanische Wirtschaftsgemeinschaft. Zweifelsfrei umfasst die weit reichende sachliche Zuständigkeit des AU-Gerichtes auch alle Fragen, die in Zusammenhang mit dem AECV auftreten können. Denn gemäß Art. 19 Gerichtshofsprotokoll unterliegen

---

862 Art. 18 Abs. 3 lit. a AECV. Das Verfahren wegen fehlender Kompetenzen könnte ein Nichtigkeitsverfahren sein.

863 Art. 87 AECV.

864 Dies steht in engem Zusammenhang mit der Tatsache, dass der AECV derzeit den Einzelnen nicht direkt Rechte gewährt und keine unmittelbar anwendbaren Normen enthält. Sie dazu Teil I Kapitel 4 C III.

865 Art. 18 Abs. 4 AECV.

866 Art. 18 Abs. 3 lit. b AECV.

867 AU-Versammlung, Decision on the Draft Protocol on the Court of Justice of the African Union, AU-Dok. Assembly/AU/Dec.25 (II) und EX/CL/59 (III), Sitzung vom 10. -12. Juli 2003. Das Protokoll [im Folgenden: Protokoll über den Afrikanischen Gerichtshof oder Gerichtshofprotokoll] trat am 11. Februar 2009 in Kraft, AU-Kommission, List of countries which have signed, ratified/acceded to the Protocol of the Court of Justice of the African Union, Stand vom 28.2.2013, verfügbar unter http://au.int/en/sites/default/files/Court%20of%20Justice.pdf, zuletzt eingesehen am 17.2.2014.

der Gründungsvertrag der Union, und zu diesem gehört der AECV,[868] und alle anderen Abkommen und Rechtsakte, die im Rahmen der Union verabschiedet werden, der Zuständigkeit des AU-Gerichtshofs.[869]

Der Gerichtshof berät Unionsorgane gutachterlich und entscheidet Streitfälle, soweit sich die Rechtsfragen auf die Auslegung und Anwendung des Rechts der Afrikanischen Union, das heißt den Gründungsvertrag, Protokolle und Vereinbarungen der Union sowie die auf Grundlage des Vertrags angenommenen Rechtsakte oder auf Fragen des Völkerrechts beziehen. Soweit sie dies bestimmen, unterliegen auch andere zwischen den Mitgliedstaaten bzw. der Union abgeschlossene Übereinkommen der Zuständigkeit des Gerichtshofs. Dieser ist weiterhin zuständig, um zu prüfen, ob ein Staat oder die Union eine Verpflichtung verletzt hat und über eventuelle Schadensersatzansprüche zu entscheiden. Der Gerichtshof entscheidet auch über die Gültigkeit des sekundären Unionsrechts.[870]

Während die Versammlung, das Parlament, der Ministerrat, der Friedens- und Sicherheitsrat, der Rat für Wirtschaft, Soziales und Kultur sowie die Finanzinstitutionen und alle anderen Organe, die die Versammlung dazu autorisiert, dem Gerichtshof Rechtsfragen unterbreiten dürfen, bleibt das der Kommission bisher verwehrt.[871]

Streitige Verfahren dürfen gemäß Art. 18 Protokoll über den Afrikanischen Gerichtshof von den Mitgliedstaaten, die das Protokoll ratifiziert haben, der Versammlung, dem Parlament und anderen von der Versammlung dazu befugten Organen eingeleitet werden. Die Kommission ist nur hinsichtlich von Auseinandersetzungen mit ihrem Personal beteiligtenfähig. Dritte, das heißt insbesondere natürliche und juristische Personen, sollen nur nach der Regelung der Frage durch die Versammlung und mit Zustimmung des betroffenen Mitgliedstaats beteiligtenfähig sein. Damit haben Einzelne bisher keinen Zugang zum Afrikanischen Gerichtshof – anders als zu den Gerichtshöfen der ECOWAS und UEMOA.

---

868 Art. 99 AECV.
869 Formell ist also der Bezug auf die Afrikanische Wirtschaftsgemeinschaft entbehrlich. Trotzdem fällt der Unterschied zum AU-Parlamentsprotokoll auf, das sich ausdrücklich auf die AEC bezieht.
870 Art. 19 Protokoll über den Afrikanischen Gerichtshof vom 11. Juli 2003.
871 Art. 44 Abs. 1 Protokoll über den Afrikanischen Gerichtshof vom 11. Juli 2003.

(a) Reform von 2008

Noch bevor das Gerichtshofprotokoll 2009 in Kraft getreten ist, beschloss die Versammlung 2004, den Gerichtshof mit dem Afrikanischen Gerichtshof für Menschenrechte und Rechte der Völker (*African Court of Human and People's Right*) zusammenzulegen,[872] um Kosten zu senken und um eventuelle Zuständigkeitskonflikte sowie widersprüchliche Rechtsprechung zu vermeiden.[873] 2008 wurde das entsprechende Protokoll über die Satzung des Afrikanischen Gerichtshofs und Menschenrechtsgerichts (*African Court of Justice and of Human Rights*) verabschiedet; bisher ist es noch nicht in Kraft getreten.[874] So ist der Gerichtshof der Afrikanischen Union doch in seiner ursprünglich geplanten Struktur entstanden. Nach

---

872 AU-Versammlung, Decision on the Seats of the African Union, AU-Dok. Assembly/AU/Dec.45 (III) Rev. 1, Sitzung vom 6.-8. Juli 2004. Mit der Decision on the Merger of the African Court on Human and Peoples' Rights and the Court of Justice of the African Union, AU-Dok. Assembly/AU/Dec.83 (V) und Assembly/AU/6 (V), Sitzung vom 4.-5. Juli 2005, beauftragte die Versammlung Mohamed Bedjaoui, den algerischen Außenminister und ehemaligen IGH-Präsidenten einen Entwurf für den Rechtsakt, auf dessen Grundlage die Fusion vorgenommen werden könnte, zu erarbeiten. Der Afrikanische Gerichtshof für Menschenrechte und Rechte der Völker war durch ein am 9. Juni 1998 verabschiedetes und am 25. Januar 2004 in Kraft getretenes Protokoll zur Afrikanischen Charta für Menschenrechte und Recht der Völker geschaffen worden. Au-Kommission, List of countries which have signed, ratified/acceded to the Protocol to the African Charter on Human and Peoples' Rights on the establishment of an African Court on Human and Peoples' Rights, Stand vom 28.1.2014.

873 STÉPHANIE DUJARDIN, La Cour africaine de justice et des droits de l'homme. un projet de fusion opportun et progressiste des juridictions panafricaines par l'Union africaine, in: *Revue juridique et politique des états francophones* 61 (2007), S. 511–533, 521 weist darauf hin, dass die Gefahr von Zuständigkeitskonflikten und inkongruenter Rechtsprechung bestand, da die Afrikanische Union sich in Art. 4 lit. (m) AUV den Respekt der Menschenrechte zum Ziel nimmt und sich in Art. 3 lit.(h) AUV ausdrücklich auf die Afrikanische Charta der Menschenrechte und Rechte der Völker bezieht. Damit ist die Charta zumindest bei der Auslegung des Rechts der AU zu berücksichtigen.

874 Protocol on the Statute of the African Court of Justice and Human Rights, 1. Juli 2008, verabschiedet durch die Entscheidung der AU-Versammlung, Decision on the single legal instrument on the merger of the African Court on Human and People's Rights and the African Court of Justice, AU-Dok. Assembly/AU/Dec. 196 (XI) und Assembly/AU/13 (XI), Sitzung vom. 30. Juni - 1. Juli 2008. Zu dessen Erarbeitung siehe DUJARDIN (Fn. 873), S. 523. Zum Stand der Ratifikationen siehe Afrikanische Union, *List of Countries which have signed, ratified/acce-*

dem Protokoll von 2008 wird der fusionierte Gerichtshof künftig aus zwei Kammern bestehen, die sich einerseits den allgemeinen Rechtsfragen, andererseits den Menschenrechten widmen sollen. Während sich für den Afrikanischen Gerichtshof für Menschenrechte und die Rechte der Völker insbesondere beim Zugang zum Gericht und der Durchsetzung der Entscheidungen wichtige Änderungen ergeben, ändert sich für den Afrikanischen Gerichtshof hauptsächlich der Sitz.[875] Damit beansprucht die Kritik, der Afrikanische Gerichtshof sei für die Belange der Wirtschaftsintegration ungeeignet, auch nach dessen Fusion Gültigkeit.

(b) Unzulänglichkeiten für die Belange der Wirtschaftsintegration

Der Afrikanische Gerichtshof kann entgegen Art. 18 Abs. 2 AECV nicht die kohärente und durchgängige Anwendung des AEC-Rechts gewährleisten. Denn er hat keine Gerichtsbarkeit über Mitgliedstaaten, die das Protokoll über die Satzung des Gerichtshofs nicht ratifiziert haben.[876] Somit können sich Mitgliedstaaten der Durchsetzung des AEC-Rechts entziehen, d.h. insbesondere der Feststellung einer Vertragsverletzung, indem sie die Satzung nicht ratifizieren. Der Ratifizierungsvorbehalt ist der Durchsetzung der ambitionierten Ziele der AEC abträglich[877] und existiert daher in anderen erfolgreichen Integrationsgemeinschaften nicht.[878]

---

ded to the *Protocol on the statute of the African Court of Justice and of Human Rights* vom 27. Januar 2011. Weniger als die Hälfte der AU-Mitgliedstaaten haben das Protokoll bisher unterzeichnet und nur drei Staaten haben es ratifiziert.

875 DUJARDIN (Fn. 873), S. 526 ff. Dujardin wertet die Änderungen für den Afrikanischen Gerichtshof für Menschenrechte und die Rechte der Völker als Steigerung der Effizienz.

876 Art. 18 Abs. 3 S. 2 Protokoll über den AU-Gerichtshof statuiert: „The Court shall have no jurisdiction to deal with a dispute involving a Member State that has not ratified the Protocol." Antragsberechtigt sind nach Art. 18 Abs. 1 lit. (a) Protokoll über den Gerichtshof Mitgliedstaaten, die Parteien am Protokoll sind. Art. 29 Abs. 1 lit. (a) und Abs. 2 Protocol on the Statute of the African Court of Justice and Human Rights übernimmt diese Regelungen.

877 So OPPONG (Fn. 825), S. 100.

878 So können die Mitgliedstaaten der EU und der UEMOA unabhängig von der Ratifizierung der Satzung des Gerichtshofs wegen Vertragsbruchs gerichtlich belangt werden, siehe Art. 258 ff. AEUV sowie Art. 5 Protocole additionnel n° 1 relatif aux Organes de contrôle de l'UEMOA und Art. 27 Acte additionnel n° 10/96 portant Statuts de la Cour de Justice de l'UEMOA vom 10. Mai 1996.

In der Literatur wird der – auch nach dem Reformprotokoll[879] – fehlende Zugang Privater als weiteres Defizit gewertet.[880] In den meisten
erfolgreichen Integrationsgemeinschaften spielen die Einzelnen eine
grundlegende Rolle.[881] Darüber hinaus erscheint der Zugang der Bürger in
Afrika wegen der traditionell fehlenden gegenseitigen Kontrolle der Mitgliedstaaten bzw. der Staaten durch Gemeinschaftsorgane umso wichtiger.
Letztlich spiegelt sich in dem fehlenden Zugang aber die intergouvernementale Konzeption des AECV und AUV wider. Eine Reform ist daher
nur im Verbund mit der Erweiterung der Rechtsstellung der Einzelnen
sinnvoll.

Mit einer einzigen Bestimmung bezieht sich das Protokoll speziell auf
die Belange der Wirtschaftsintegration: Die regionalen Wirtschaftsgemeinschaften sind nach Art. 44 Abs. 1 Gerichtshofprotokoll antragsberechtigt, um dem Gerichtshof Rechtsfragen zur gutachterlichen Prüfung
vorzulegen. Sie sind aber nicht berechtigt, Streitverfahren einzuleiten.[882]
Im Protokoll von 2008 ist auch die Antragsberechtigung für ein Gutachten
nicht vorgesehen – ein Rückschritt.[883] Unter dem reformierten, noch nicht
in Kraft getretenen Protokoll werden internationale Organisationen, die
direkt betroffen sind, lediglich über die öffentliche Verkündung des Gut-
achtens benachrichtigt.[884]

---

879 Auch nach Art. 30 Protocol on the Statute of the African Court of Justice and
     Human Rights können Einzelne, akkreditierte Organisationen und Nichtregie-
     rungsorganisationen lediglich Menschenrechtsverletzungen geltend machen.
880 Oppong (Fn. 825), S. 101 f.
881 Andrea Kupfer Schneider, Getting along: The Evolution of Dispute Resolution
     Regimes in International Trade Organizations, in: *Michigan Journal of Interna-
     tional Law* 20 (1998-1999), S. 697-773, 761, 765 sieht die enge wirtschaftliche
     Integration, insbesondere im Rahmen eines gemeinsamen Markts, wesentlich
     durch die Möglichkeit für private Akteure bedingt, ihre Wirtschaftsfreiheiten
     gerichtlich durchzusetzen.
882 Art. 18 Protokoll des Afrikanischen Gerichtshofs (bzw. Art. 29 Protocol on the
     Statute of the African Court of Justice and Human Rights).
883 Art. 53 Abs. 1 Protocol on the Statute of the African Court of Justice and Human
     Rights.
884 Art. 55 Protocol on the Statute of the African Court of Justice and Human Rights.

Es erscheint unausgewogen, dass die regionalen Wirtschaftsgemeinschaften nicht als Streitparteien vor dem Gerichtshof auftreten können, obwohl sie durch Beschlüsse der Versammlung unmittelbar gebunden werden.[885] Das heißt nicht nur, dass sie sich nicht gegen Rechtsakte wehren können, die sie belasten, sondern auch, dass ihnen gegenüber die Durchsetzung des Gemeinschaftsrechts nur auf Umwegen, d.h. mittels der Mitgliedstaaten, möglich ist.[886] Die Versammlung hat bisher nicht von ihrer Befugnis Gebrauch gemacht, Einzelnen oder regionalen Wirtschaftsgemeinschaften den Zugang zum Gericht als Drittparteien zu ermöglichen.[887] Das reformierte Protokoll sieht die Möglichkeit einer solchen Zulassung durch die Versammlung nicht mehr vor.

Nach all dem ist zu konstatieren, dass die AU den Akteuren der Wirtschaftsintegration nur unzulänglich Zugang zum Gerichtshof gewährt, und den Zugang künftig gar noch restriktiver gestaltet.

---

885 Art. 10 Abs. 2 und Art. 13 Abs. 2 AECV. Siehe auch Art. 22 Abs. 1 Protocol on Relations between the African Union and the Regional Economic Communities, Juli 2007, verfügbar unter http://www.afrimap.org/english/images/treaty/AU-RECs-Protocol.pdf, zuletzt eingesehen am 9.10.2014: „In compliance with articles 10 (2) and 13 (2) of the Treaty, the Union shall take measures, through its principal policy organ, against a regional economic community whose policies, measures and programmes are incompatible with the objectives of the Treaty or whose implementation of its policies, measures, programmes and activities lags behind the time limits set out in Article 6 of the Treaty or pursuant to this Protocol."

886 Vgl. zur Pflicht der AEC- bzw. AU-Mitglieder, innerhalb ihrer Regionalgemeinschaften auf das Gelingen des kontinentalen Integrationsprojekts hinzuwirken Art. 88 Ziffer 2 und Ziffer 4 AECV: „Member States undertake to promote the co-ordination and harmonisation of the integration activities of regional economic communities of which they are members with the activities of the Community, it being understood that the establishment of the latter is the final objective towards which the activities of existing and future regional economic communities shall be geared." Vgl. auch Art. 22 Abs. 2 Protocol on Relations between the African Union and the Regional Economic Communities: *„Where it is established that the delay of implementation of the policies, measures, programmes and activities arising from the provisions of Art. 6 of the Treaty results of action or omission by member states of any REC, the Assembly or the Council shall address its directives to the relevant Union member states."*

887 Art. 18 Abs. 1 lit. d Protokoll über den Afrikanischen Gerichtshof.

f. Technische Fachausschüsse

Alle sieben in Art. 25 AECV vorgesehenen Ausschüsse wurden mit denselben Funktionen in Art. 14 AUV übernommen.[888] Die Technischen Fachausschüsse zeichnen jeweils für einen Politikbereich der AU verantwortlich. Das bedeutet, dass sie gemäß Art. 15 AUV Projekte und Programme erarbeiten, die Umsetzung und Evaluierung von AU-Beschlüssen gewährleisten sowie Berichte und Empfehlungen für den Exekutivrat verfassen. Die Ausschüsse bestehen aus Ministern und hohen Beamten. Folgenden Politiken widmen sie sich: Landwirtschaft; Währung und Finanzen; Handel, Zoll und Migration; Industrie, Wissenschaft, Technologie, Energie, Natürliche Ressourcen und Umwelt; Verkehr, Kommunikation und Tourismus; Gesundheit, Arbeit und Soziales sowie Bildung, Kultur und Humanressourcen.[889] Die Fachausschüsse berichten dem Ministerrat statt, wie im AECV vorgesehen, der Kommission für Wirtschaft und Soziales.[890]

2. Das (inexistente) eigene Organ: Die Kommission für Wirtschaft und Soziales

Artikel 15 AECV greift ausdrücklich die Kommission für Wirtschaft und Soziales der OAU auf. Trotz des Rückgriffs auf ein OAU-Organ trat die Kommission für Wirtschaft und Soziales erstmals im November 1996 zusammen.[891] Für die Belange der AEC soll sie die für wirtschaftliche Fragen zuständigen Minister, die gegebenenfalls von anderen Ministern unterstützt werden, mindestens einmal jährlich versammeln.[892] Daneben sollen Vertreter der regionalen Wirtschaftsgemeinschaften an den Treffen der Kommission bzw. ihrer subsidiärer Organe teilnehmen.[893] Damit bildet die Kommission für Wirtschaft und Soziales ein Forum für die Koordi-

---

888 Art. 14 AUV konkretisiert die Zusammensetzung der Ausschüsse lediglich.
889 Art. 14 AUV.
890 Art. 15 lit. d AUV. Vgl. Art. 26 lit. d AECV.
891 Pan-African Perspective, The African Economic Community, einsehbar unter http://www.panafricanperspective.com/aec.htm (am 28.10.2011 abgerufen).
892 Art. 15 Nr. 2 und Art. 17 Abs. 1 AECV.
893 Die Voraussetzungen und Modalitäten dieser Teilnahme sollte gemäß Art. 15 letzter Abs. AECV durch das *Protocol on Relations* festgelegt werden. Weder in dem Protokoll von 1998 noch dem von 2007 finden sich dazu Bestimmungen.

nierung zwischen der AU und den regionalen Wirtschaftsgemeinschaften. Und kann in gewissem Umfang die regionalen Wirtschaftsgemeinschaften, die Gegenstand der Beschlüsse der AU werden können, in den Rechtsetzungsprozess einbeziehen.[894]

Die Kommission für Wirtschaft und Soziales ist in erster Linie ein beratendes Organ. So entwirft sie Programme, Politiken und Strategien auf dem Feld der wirtschaftlichen Zusammenarbeit und sozioökonomischen Entwicklung, macht der Versammlung durch den Ministerrat Empfehlungen und berichtet der Versammlung – ebenfalls via den Ministerrat – über die Vorbereitungen internationaler Verhandlungen.[895]

Die intergouvernementale Struktur der Kommission für Wirtschaft und Soziales war Gegenstand von Kritik: Einerseits wird es als unangemessen bewertet, dass sie als beratendes, also technisches Organ, das sich durch Expertise und hohe Spezialisierung auszeichnen sollte, aus Ministern besteht.[896] Dies erscheint im Lichte dessen ungewöhnlich, dass die Kommission dem Ministerrat, mithin Ministern Ministern Bericht erstatten soll.[897] In der Literatur wird weiterhin eingewandt, dass es in einer Organisation der Wirtschaftsintegration nicht dreier intergouvernementaler Organe bedürfe, mithin die Kommission für Wirtschaft und Soziales überflüssig sei.[898]

Seit der Gründung der AU finden sich keine Spuren ihrer Aktivität. Das Organ scheint damit faktisch inexistent.

II. Weitere Organe der AU

Neben den bereits im AECV vorgesehenen Organen gibt sich die AU einen Ausschuss der ständigen Vertreter, einen Rat für Wirtschaft und Soziales und Kultur und die Afrikanische Zentralbank, die Afrikanische Investitionsbank sowie den Afrikanischen Währungsfonds.[899] Die Ver-

---

894 O. AKANLE, The Legal and Institutional Framework of the African Economic Community, in: *African Economic Community Treaty. Issues, Problems and Prospects*, hg. von M.A AJOMO und OMOBOLAJI ADEWALE, Lagos 1993, S. 1–33, 27.
895 Art. 16 AECV.
896 SENGHOR (Fn. 799), S. 188.
897 AKANLE (Fn. 894), S. 32 und SENGHOR (Fn. 799), S. 188 f.
898 AKANLE (Fn. 894), S. 31.
899 Art. 5 Abs. 1 AUV.

sammlung kann weitere Organe errichten.[900] Dies hat sie 2002 mit dem Friedens- und Sicherheitsrat getan, der mittlerweile in den modifizierten AUV aufgenommen worden ist.[901]

1. Der Ausschuss der ständigen Vertreter

Der Ausschuss der ständigen Vertreter besteht aus ständigen Vertretern der Union und Bevollmächtigten der Mitgliedstaaten, Art. 21 AUV. Er soll in enger Zusammenarbeit mit der Kommission die Arbeit des AU-Ministerrats vorbereiten. Er unterliegt dessen Weisungen. Die Institution ist einerseits an den – offiziell nicht anerkannten – Botschafterausschuss der OAU, andererseits an den Ausschuss der ständigen Vertreter der EU angelehnt.[902]

2. Der Rat für Wirtschaft, Soziales und Kultur

Der Rat für Wirtschaft, Soziales und Kultur (*Economic Social and Cultural Council, ECOSOCC*) ist eine Neuerung der Afrikanischen Union. Weder der Vertrag der OAU noch der der AEC sahen ein solches Organ vor. Der Rat soll aus Vertretern unterschiedlicher sozialer Gruppen und

---

900 Art. 5 Abs. 2 AUV.
901 Das Protocol relating to the establishment of the Peace and Security Council of the African Union [Protokoll über den Friedens- und Sicherheitsrat] vom 9. Juli 2002 trat am 26. Dezember 2003 in Kraft, AU-Kommission, Liste of countries which have signed, ratified/acceded to the Protocol relating to the establishment of the Peace and Security Council of the African Union, Stand: 28.1.2014. 2004 nahm der Friedens- und Sicherheitsrat seine Arbeit auf. Siehe Auch Art. 5 und Art. 9 3. Februar des – durch das Protocol on the amendments to the Consititutive Act of the African Union, 11. Juli 2003 – reformierten AUV. Das Änderungsprotokoll ist bisher nicht in Kraft getreten, AU-Kommission, List of countries which have signed, ratified/acceded to the Protocol on the amendments to the Constitutive Acte of the African Union, Stand: 28.02.2013, verfügbar unter http://au.int/en/sites/default/files/Amendments%20to%20the%20Constitutive%20Act.pdf, zuletzt eingesehen am 17.02.2014.
902 Nsongurua J. Udombana, The institutional structure of the African Union: A legal analysis, in: *California Western International Law Journal* 33 (2002), S. 69-135, 115.

Berufsverbände bestehen und andere Organe beraten.[903] 2004 verabschiedete die Versammlung die Satzung des ECOSOCC, wie in Art. 22 Abs. 2 AUV vorgesehen.[904] In deren Präambel wird hervorgehoben, dass die Afrikanische Union sich der breiten Unterstützung und Beteiligung der Bevölkerung am Integrationsprojekt versichern will und sich von der Vision einer Partnerschaft zwischen den Regierungen und der Zivilgesellschaft leiten lässt. Der ECOSOCC soll folglich als Dialogforum zwischen den unterschiedlichen Bevölkerungsgruppen bzw. den Regierungen dienen und mit der Beteiligung der Zivilgesellschaft nicht nur die Effizienz der Unionspolitiken steigern, sondern auch in den Mitgliedstaaten eine demokratische, rechtsstaatliche Kultur, zu der auch die Geschlechtergleichheit gehört, verankern.[905] Auch die afrikanische Diaspora ist eingeladen, ihren Beitrag zur Konstruktion der Afrikanischen Union zu leisten. Der ECOSOCC hielt 2008 seine erste Generalversammlung.

a. Zusammensetzung, Beschlussfassung und Organisation

Der ECOSOCC besteht aus 150 Mitgliedern aus verschiedenen sozialen Gruppen, Berufsverbänden, NROs und Kulturorganisationen die sich auf mitgliedstaatlicher, regionaler und kontinentaler Ebene organisieren.[906] Davon sollen zwanzig Vertreter der Organisationen der afrikanischen Dia-

---

903 Art. 22 Abs. 1 AUV.
904 AU-Versammlung, Decision on the Economic, Social and Cultural Council (ECOSOCC), AU-Dok. Assembly/AU/Dec.48 (III), Sitzung vom 6.-8. Juli 2004.
905 Art. 2 Punkte 1, 2, 4, 5 und 6 Statutes of the Economic, Social and Cultural Council of the African Union [im Folgenden: ECOSOCC-Satzung].
906 Art. 3 Abs. 1, 2, Art. Abs. 1 ECOSOCC-Satzung. Mit 106 Vertretern der Zivilgesellschaft wird der Großteil auf mitgliedstaatlicher Ebene bestimmt. Gemäß Art. 5 ECOSOCC-Satzung sollen die in Frage kommenden Organisationen der Zivilgesellschaft auf staatlichem, regionalen und kontinentalen Niveau in einem Konsultationsprozess Regeln zur Durchführung der Wahl festlegen. Siehe zu den Mindestanforderungen an die *Civil Society Organizations (CSO)* Art. 6 ECOSOCC-Satzung. Dazu gehören u.a. die Registrierung in einem Mitgliedstaat bzw. dass die Voraussetzungen vorliegen, an die der Beobachter-Status von NRO geknüpft ist. Ob die jeweilige CSO berechtigt ist, einen Vertreter zu entsenden, prüft der Berechtigungs-Prüfungsausschuss (Credentials Committee) nach Art. 12 ECOSOCC-Satzung.

spora kommen, wobei deren Definition bisher noch aussteht.[907] Die Vertreter werden durch Wahlen auf nationalem, regionalem und kontinentalem Niveau bestimmt und nehmen ihr Mandat für vier Jahre wahr. Dabei soll einerseits die Gleichheit der Geschlechter beachtet werden; andererseits sollen der ECOSOCC zur Hälfte aus jungen Erwachsenen zwischen 18 und 35 Jahren bestehen.[908] Neben den gewählten Mitgliedern werden sechs Vertreter von der Kommission bestimmt.

Der Rat für Wirtschaft, Soziales und Kultur fasst seine Beschlüsse im Konsens bzw. mit der Zweidrittel-Mehrheit der abgegebenen Stimmen.[909]

Der ECOSOCC gliedert sich in die Generalversammlung, den Ständigen Ausschuss, Sektorausschüsse (*Sectoral Cluster Committees*) und den Berechtigungs-Prüfungsausschuss (*Credentials Committee*).[910] Die zweimal jährlich zusammen tretende Generalversammlung ist das wichtigste Organ, während der Ständige Ausschuss insbesondere Organisations- bzw. Sekretariatsaufgaben verrichtet.[911]

---

907 Gemäß Art. 3 Abs. 3 ist der Exekutivrat für die Definition zuständig. Der Exekutivrat wird in der Entscheidung der AU-Versammlung Decision on the Economic, Social and Cultural Council (ECOSOCC), AU-Dok. Assembly/AU/Dec.48 (III), vom 6.-8. Juli 2004, mit der die Satzung angenommen wurde, ausdrücklich aufgefordert, den Begriff der afrikanischen Diaspora zu bestimmen.

908 Art. 4 Abs. 2 ECOSOCC-Satzung. Unklar bleibt bei der Formulierung („*The elections of the members of ECOSOCC at Member State, regional, continental and Diaspora levels shall ensure fifty percent (50%) gender equality provided that fifty percent (50%) of the representatives of the members shall consist of youths between the ages of 18 to 35.*"), ob nur die Kandidaten oder auch die gewählten Mitglieder zu 50% aus Frauen bestehen sollen. Die unterschiedliche Formulierung im Vergleich zu den 18-35-Jährigen deutet daraufhin, dass es hinsichtlich der Geschlechtergleichheit ausreicht, wenn sich zu 50% Frauen zur Wahl stellen. Unklar ist weiterhin, auf welcher Ebene diese Anforderungen an die gleiche Repräsentation von Frau und Mann sowie von Jung und Alt erfüllt werden müssen, d.h., ob es beispielsweise reicht, dass die Vertreter der NROs zur Hälfte aus 18-35-Jährigen bestehen müssen oder ob diese Anforderung etwa schon auf Ebene der Region oder des Staats gestellt sind.

909 Art. 16 ECOSOCC-Satzung.

910 Art. 8 ECOSOCC-Satzung.

911 Art. 9 und 10 ECOSOCC-Satzung.

b. Aufgaben

Als beratendes Organ soll der ECOSOCC mit Empfehlungen zur effektiven Umsetzungen der Ziele, Prinzipien und Politiken der Union beitragen und Unionsprogramme evaluieren.[912] Des Weiteren obliegt es dem Rat Studien und Empfehlungen zu verfassen, insbesondere auf Anfrage anderer Organe.

Indes erschöpfen sich die Aufgaben des ECOSOCC nicht in der Beratung. Mindestens genauso wichtig ist die Auftrag, auf vielfältige und nicht genau festgelegte Weise die Union und ihre Werte und Ziele der afrikanischen Bevölkerung nahe zu bringen und sie zu vernetzen. Dem ECOSOCC obliegt es, die Partnerschaft der AU mit den Organisationen der Zivilgesellschaft zu pflegen, von der sich die Union Rückmeldungen zu ihren Aktivitäten verspricht.

3. Der Friedens- und Sicherheitsrat

Während ihrer ersten Sitzung im Juli 2002 verabschiedete die Versammlung das Protokoll über die Errichtung des Friedens- und Sicherheitsrats.[913] Nachdem das Protokoll zum Jahresende 2003 in Kraft getreten

---

912 Art. 7 ECOSOCC-Satzung.
913 AU-Versammlung, Decision on the establishment of the Peace and Security Council of the African Union, AU-Dok. ASS/AU/Dec.2 (I) und AHG/ 234(XXXVIII), Sitzung vom 9.-10. Juli 2002. Dabei stützte sich die Versammlung auf den Beschluss der OAU-Gipfelkonferenz vom Juli 2001, das Zentrale Organ des OAU-Mechanismus für die Prävention, das Management und die Lösung von Konflikten zu einem Organ der AU zu machen. Siehe Präambel Protocol relating to the Establishment of the Peace and Security Council of the African Union, 9. Juli 2002 [im Folgenden: Protokoll über den Friedens- und Sicherheitsrat]. Siehe zur Entstehung des Friedens- und Sicherheitsrats L'Office de Coopération EuropeAid et. al., *Evaluation de la Stratégie Régionale de la CE en Afrique de l'Ouest. Rapport final de Synthèse. Volume 2,* 2008, S. 604 ff. .

ist,[914] wurde der FSR im Mai 2004 offiziell ins Leben gerufen.[915] Dabei handelt es sich um ein permanentes Organ mit weitreichenden Kompetenzen, das kurzfristig Krisen lösen soll.[916] Die AU baut mit diesem Organ ganz wesentlich auf die Arbeit der OAU auf. Diese hatte sich 1993 mit der Kairoer Erklärung entschieden, einen „Mechanismus für die Prävention, das Management und die Lösung von Konflikten" zu etablieren.[917] Der Friedens- und Sicherheitsrat ersetzt nun den Mechanismus für Konfliktprävention, -managment und -lösung der OAU.[918]

4. Die Afrikanische Zentralbank

Die Errichtung einer Afrikanischen Zentralbank wurde bereits für den Schritt zur Währungsunion im AECV vorgesehen und von Art. 19 AUV aufgegriffen.[919] Nach der Sirte-Erklärung soll sie bis 2020 geschaffen werden. Ihre Aufgabe wird sein, die einheitliche afrikanische Währung herauszugeben.[920]

---

914 Das Protokoll trat am 26. Dezember 2003 in Kraft, AU-Kommission, List of Countries which have signed, ratified/acceded to the Protocol relating to the Establishment of the Peace and Security Council of the African Union, Stand vom 28.01.2014.

915 Nach Art. 8 Abs. 14 Protokoll über den Friedens- und Sicherheitsrat gibt sich der Rat selber eine Geschäftsordnung, die die Versammlung annehmen muss. Bisher wurden drei Entwürfe verfasst. Bisher hat die Versammlung noch keine Geschäftsordnung des neuen Organs angenommen.

916 Art. 5 Abs. 2 Protokoll über den Friedens- und Sicherheitsrat.

917 MEYNS (Fn. 779), S. 63 wertet den Mechanismus als – wegen seiner knappen Budgets und damit einhergehenden bescheidenen Kapazitäten – als begrenzten Erfolg. Demnach konnten durch den Mechanismus Konflikte kleineren Umfangs kontrolliert werden.

918 Art. 22 Protokoll über den Friedens- und Sicherheitsrat.

919 Da es sich dabei um eine erst bei einem hohen Integrationsstand zu schaffende Institution handelt, wird sie nicht bei der Bestimmung zu den AEC-Organen, sondern lediglich bei der Regelung des Integrationskalenders in Art. 6 Abs. 2 lit. f iii) AECV erwähnt.

920 AU-Kommission, The Financial Institutions, verfügbar unter http://www.au.int/en/organs/fi (eingesehen am 10.12.2013). Eine rechtlich verbindliche Regelung der Aufgaben steht noch aus.

5. Die Afrikanische Investitionsbank

Diese Institution soll der Finanzierung von Investitionen dienen, die insbesondere den Privatsektor stärken und Infrastrukturen modernisieren.[921] Ihre genauen Aufgaben und Kompetenzen sollen durch ein Protokoll geregelt werden.[922]

6. Der Afrikanische Währungsfonds

Der ebenfalls in Art. 19 AUV vorgesehene Afrikanische Währungsfonds soll die Währungspolitiken der Mitgliedstaaten koordinieren und den Kapitalverkehr erleichtern.[923]

E. Regelung von Wirtschaftsfragen durch die AU

Die AEC tritt seit Schaffung der AU nicht mehr als eigenständige Organisation und Normgeberin in Erscheinung; allein die AU regelt wirtschaftliche (und sonstige) Fragen. Entsprechend wurde das Protokoll, das die Beziehungen der AEC zu den regionalen Wirtschaftsgemeinschaften (RWG) regelte, durch ein zwischen den RWG und der AU abgeschlossenes Beziehungsprotokoll ersetzt.[924] Dieses sieht – über wirtschaftliche Fragestellungen hinaus – die Anpassung der Programme und Politiken der

---

921 AU-Kommission, The Financial Institutions, verfügbar unter http:// www.au.int/en/organs/fi (eingesehen am 10.12.2013).
922 Art. 19 AUV.
923 AU-Kommission, The Financial Institutions, verfügbar unter http:// www.au.int/en/organs/fi (eingesehen am 10.12.2013). Seine Aufgaben und Kompetenzen sind durch ein Protokoll zu regeln.
924 Art. 34 Protokoll über die Beziehungen zwischen der Afrikanischen Union und den Regionalen Wirtschaftsgemeinschaften, im Folgenden: AU-RWG-Beziehungsprotokoll, AU-Versammlung, Decision on the Protocol on Relations between the African Union and the Regional Economic Communities (RECs), Sitzung vom 1.-3. Juli 2007, AU-Dok. Assembly/AU/Dec.166 (IX).

RWG an die der AU vor.[925] Die RWG bindende Entscheidungen kann die AU jedoch ausschließlich zur Verwirklichung der in Art. 6 AECV vorgesehenen Integrationsagenda treffen.[926]

Die Mehrheit der Rechtsakte, die die AU seit ihrer Gründung angenommen hat, betrifft nicht die Wirtschaftsintegration. In den letzten Jahren hat die AU allerdings verstärkt Programme für die Handelsliberalisierung verabschiedet und Rechtsakte zu einzelnen Kernsektoren erlassen, wie insbesondere der Infrastruktur, der Landwirtschafts- und Industriepolitik. Zudem sucht sie die Positionen ihrer Mitgliedstaaten bzw. von deren Verhandlungsgruppen im Vorfeld internationaler Handelsgespräche und -abkommen zu koordinieren.

Die 2006 institutionalisierte Konferenz der Integrationsminister[927] verabschiedet im Ein- bzw. Zweijahresrhythmus an die Mitgliedstaaten, die AU-Organe bzw. die RWG gerichtete Empfehlungen, um neue Impulse für die Wirtschaftsintegration zu geben. 2009 hat sie so die Verabschiedung von Programmen mit Minimalintegrationszielen für jede RWG angeregt – ein von der AU-Versammlung bestätigtes Projekt.[928] Im Rahmen des *Mimimum Integration Programme* (MIP) sollen die RWG für einen Zeitraum von jeweils vier Jahren Integrationspläne erarbeiten, die bestimmte von der Kommission definierte Mindestziele beinhalten. Damit dient dieses Programm dazu, einen gewissen Mindestintegrationsstand in

---

925 Art. 5 AU-RWG-Beziehungsprotokoll lautet: „1. The RECs which have not yet done so, shall take the necessary steps to review their treaties in order to establish an organic link with the Union and in particular with a view to: (a) strengthening of their relations with the Union; (b) alignment of their programmes, policies and strategies with those of the AU [...]."

926 Art. 22 AU-RWG-Beziehungsprotokoll, ist mit „Binding Union decisions on RECs" überschrieben und sein Abs. 1 lautet: „In compliance with articles 10 (2) and 13 (2) of the Treaty [Establishing the African Economic Community], the Union shall take measures, through its principal policy organ, against a regional economic community whose policies, measures and programmes are incompatible with the objectives of the Treaty or whose implementation of its policies, measures, programmes and activities lags behind the time limits set out in Article 6 of the Treaty or pursuant to this Protocol."

927 AU-Versammlung, Décision sur l'institutionnalisation de la Conférence des ministres africains de l'intégration, AU-Dok. Assembly/AU/Dec.113 (VII) und EX.CL/282(IX), Sitzung vom 1.-2. Juli 2006.

928 Die AU-Versammlung hat das *Mimimum Integration Programme* als Teil des Strategieplans 2009-2012 der Afrikanischen Union verabschiedet, Decision on the African Union Commission Strategic Plan 2009-2012, AU-Dok. Assembly/AU/Dec.247 (XIII) und Assembly/AU/3(XIII), 3. Juli 2009.

allen RWG zu erreichen, letzteren aber gleichzeitig den Spielraum für weiterreichende Kooperationen und Pionierprojekte zu lassen. Der erste Aktionsplan ist 2012 von der AU-Versammlung angenommen worden und sieht für elf prioritäre Sektoren des MIP jeweils Zielvorgaben mit einem Maßnahmenkatalog vor.[929] Damit macht die AU das erste Mal konkrete Vorgaben, wenn auch den Mitgliedstaaten und RWG noch immer ein weiter Spielraum verbleibt.

Zeitgleich zum ersten MIP-Aktionsplan hat die AU-Versammlung ein Projekt zur beschleunigten Einführung der Kontinentalen Freihandelszone und einen Aktionsplan zur Förderung des intra-afrikanischen Handels verabschiedet.[930] Während dieser Aktionsplan, etwa im Bereich der Personenverkehrsfreiheit, Ziele und Maßnahmen aufgreift, die im Ersten MIP-Aktionsplan vereinbart worden sind, stellt das Projekt der beschleunigten Einführung der Kontinentalen Freihandelszone einen neuen Ansatz dar – und eine Abkehr von dem allein auf die RWG aufbauenden Integrationskonzept des Art. 6 AECV. Sowohl für den ersten MIP-Aktionsplan wie auch für den Aktionsplan zur Förderung des intra-afrikanischen Handels stehen der AU bisher keine Mechanismen zur Evaluierung und Durchsetzung zur Verfügung. Dies und die Tatsache, dass dem Ersten MIP-Aktionsplan ein unrealistischer Kalender zu Grunde liegt, lassen befürchten, dass die genannten Pläne ähnlich wenig Wirkung zeitigen werden wie die Empfehlungen der Konferenz Afrikanischer Integrationsminister.

I. Die Binnenintegration

Verschiedene Empfehlungen der bisher fünf Konferenzen der Integrationsminister betreffen die Liberalisierung des Waren- , Personen-, Dienstleistungs- und Kapitalverkehrs innerhalb den regionalen Wirtschaftsge-

---

929 AU-Versammlung, Decision on African Integration, AU-Dok. Assembly/AU/ Dec.392(XVIII) und EX.CL/693(XX), Sitzung vom 29.-30. Januar 2012 i.V.m. AU-Kommission, First Action Plan for the Implementation of the Minimum Integration Programme (MIP).

930 Decision on boosting Intra-African Trade and Fast Tracking the Continental FTA, AU-Dok. Assembly/AU/Dec.394 (XVIII) und EX.CL/700(XX), Sitzung vom 29.-30. Januar 2012. Die Entscheidung wurde im Juli 2012 von der AU-Versammlung bekräftigt, Decision on Boosting Intra-African Trade and Fast Tracking the Continental FTA, AU–Dok. Assembly/AU/Dec.426 (XIX) und Assembly/AU/11(XIX).

meinschaften. So haben die dritte und vierte Konferenz der Integrations-minister den RWG empfohlen, die dies noch nicht getan haben, eine Frei-handelszone zu verwirklichen, ohne dafür allerdings einen Zeitrahmen vorzugeben.[931] Des Weiteren wird die schnelle Umsetzung von Rechtsak-ten mit Bezug auf die Wirtschaftsfreiheiten angemahnt.[932]

Der im Rahmen des MIP verabschiedete erste Aktionsplan sieht zur Förderung sowohl der regionalen wie auch der kontinentalen Warenver-kehrsfreiheit Maßnahmen zum Abbau von tarifären und nicht-tarifären Barrieren, die Erarbeitung eines gemeinsamen Zollkodex und die Harmo-nisierung der Ursprungsregeln der verschiedenen RWG vor. Angesichts der Tatsache, dass der Aktionsplan erst 2012 von der AU-Versammlung angenommen wurde, ist der Zeitplan, der vorsieht, die besagten Maßnah-men bis 2012 bzw. 2016 einzuführen, unrealistisch.

1. Die Warenverkehrsfreiheit

Bereits nach dem Ersten MIP-Aktionsplan sollen bis 2016 Waren auf dem afrikanischen Kontinent zirkulieren, ohne Zöllen und ähnlichen Abgaben zu unterliegen.[933] Die Maßnahmen, die auf die Abschaffung tarifärer Han-delsbarrieren abzielen, umfassen die Einführung eines Kompensations-

---

931 R3, AU-Kommission, Follow-up Report on the Implementation of the recom-mendations from the Third Conference of African Ministers in Charge of Integra-tion (COMAI III), S. 22. R2, AU-Kommission, Rapport sur le suivi de l'applica-tion des recommdations de la quatrième Conférence des ministres africains de l'intégration (COMAI IV), Juli 2011, S. 19.

932 Empfehlung R4 der dritten Konferenz der afrikanischen Integrationsminister vom 19.-23. Mai 2008, Kommission der Afrikanischen Union, Follow-up Report on the Implementation of the recommendations from the Third Conference of African Ministers in Charge of Integration (COMAI III), S. 22.

933 AU-Kommission, First Action Plan for the Implementation of the Minimum Inte-gration Programme (MIP), S. 8 ff, von der AU-Versammlung mit der Decision on African Integration, AU-Dok. Assembly/AU/Dec.392 (XVIII) und EX.CL/ 693(XX), Sitzung vom 29.-30. Januar 2012, angenommen. Der Aktionsplan führt nicht aus, ob sich der Abbau tarifärer Hürden nur auf die RWG bezieht oder auf die gesamte Afrikanische Union. Dass eines der Ziele ganz allgemein „die Erhö-hung des Warenaustausches zwischen den Mitgliedstaaten" ist und zudem das Ziel des vergleichbaren Abbaus nicht-tarifärer Barrieren ausdrücklich der konti-nentweit freie Warenverkehr ist, spricht für den Bezug auf den gesamten Konti-nent.

fonds für Einnahmeverluste und die Bestimmung von alternativen Einnahmequellen. Die nicht-tarifären Hindernisse sollten bereits bis 2012 abgebaut werden. Dafür sollten sie zuvor mit Hilfe von Informatikprogrammen analysiert werden.[934]

Der Warenaustausch soll weiterhin durch Zusatzmaßnahmen wie etwa eine einheitliche KfZ-Haftpflichtversicherung und die Harmonisierung relevanter Gesetzgebung gefördert werden.[935] Der Aktionsplan zur Förderung des intra-afrikanischen Handels sucht den Warenverkehr durch Bestimmungen zu einem einheitlichen Grenzposten pro Grenzübergang und zur Reduzierung der Straßenkontrollposten zu erleichtern.[936]

Nach dem Fahrplan für eine rasche Einführung der Kontinentalen Freihandelszone soll unabhängig von den Fortschritten in den einzelnen RWG 2017 eine panafrikanische Freihandelszone entstehen. Diese soll durch den Zusammenschluss der funktionierenden RWG, darunter die Drei-Parteien-RWG aus COMESA, EAC und SADC, mit den anderen afrikanischen Ländern, die nicht Teil funktionierender Wirtschaftsgemeinschaften sind, verwirklicht werden.[937]

2. Die Zollunion

Auf dem Weg zur kontinentalen Zollunion sollten die Ursprungsregeln der verschiedenen RWG durch ein Protokoll bis 2012 harmonisiert werden.[938] Damit bereits vor Einführung der afrikanischen Zollunion die Verzollung

---

934 AU-Kommission, First Action Plan for the Implementation of the Minimum Integration Programme (MIP), S. 8 f.

935 AU-Kommission, First Action Plan for the Implementation of the Minimum Integration Programme (MIP), S. 11.

936 AU-Kommission, Action Plan for Boosting Intra-African Trade, S. 7. Die ECOWAS hat diese Maßnahmen bereits vor Längerem verabschiedet, siehe Teil III Kapitel 2 F 2 a.

937 Afrikanische Kommission, Draft Framework, Road Map and Architecture for Fasttracking the Continental Free Trade Area (CFTA), 16. November 2011, S. 4.

938 AU-Kommission, First Action Plan for the Implementation of the Minimum Integration Programme (MIP), S. 9. Insofern bleiben die Anforderungen des Aktionsplans zur Förderung des afrikanischen Binnenhandels dahinter zurück, als sie lediglich die Harmonisierung auf Ebene der RWG bzw. der Drei-Parteien-RWG erfordern, AU-Kommission, Action Plan for Boosting Intra-African Trade, S. 5.

von Waren vereinfacht und vereinheitlicht wird, sollen ein gemeinsamer Zollkodex und gemeinsame Transitregeln erarbeitet werden und die elektronischen Zollsysteme miteinander verbunden werden.[939]

3. Die Personenverkehrsfreiheit

Die rasche Verwirklichung der Personenverkehrsfreiheit innerhalb der regionalen Wirtschaftsgemeinschaften wurde wiederholt von der Konferenz der afrikanischen Integrationsminister angemahnt.[940] Im ersten MIP-Aktionsplan ist die Erarbeitung und Ratifizierung von Rechtsakten zur Personenverkehrsfreiheit auf sub-regionaler Ebene, so noch nicht geschehen, festgeschrieben.[941]

Zudem soll die kontinentale Personenverkehrsfreiheit durch die Erarbeitung einer gemeinsamen Strategie gefördert werden, die die Politiken in dem Bereich harmonisiert.[942] Kurzfristig sollen für Geschäftsleute vereinfachte Visum- und Einreiseverfahren eingeführt werden.[943] Außerdem sollen zwischen den Mitgliedstaaten bzw. ihren RWG Abkommen zur Anerkennung beruflicher Qualifikationen geschlossen werden.[944]

---

939 AU-Kommission, First Action Plan for the Implementation of the Minimum Integration Programme (MIP), S. 9 f.

940 Empfehlung R4 der dritten Konferenz der afrikanischen Integrationsminister vom 19.-23. Mai 2008, Kommission der Afrikanischen Union, Follow-up Report on the Implementation of the recommendations from the Third Conference of African Ministers in Charge of Integration (COMAI III), S. 22.

941 AU-Kommission, First Action Plan for the Implementation of the Minimum Integration Programme (MIP), S. 5. Vgl. auch AU-Kommission, Action Plan for Boosting Intra-African Trade, S. 17.

942 AU-Kommission, First Action Plan for the Implementation of the Minimum Integration Programme (MIP), S. 5.

943 AU-Kommission, Action Plan for Boosting Intra-African Trade, S. 17.

944 AU-Kommission, Action Plan for Boosting Intra-African Trade, S. 17.

4. Die Dienstleistungs-, Niederlassungs- und Kapitalverkehrsfreiheiten

Das Wirtschaftsrecht soll vereinheitlicht werden. So noch nicht erfolgt, soll die Niederlassung von Betrieben geregelt werden. Innerhalb der RWG soll ein gemeinsamer Rechtsrahmen für den Dienstleistungs- und Kapitalverkehr eingeführt werden, der unter anderem die Bedingungen für Investitionen festlegt.[945]

II. Der Außenhandel

Die Afrikanische Union bemüht sich, gemeinsame Positionen ihrer Mitgliedsländer für multilaterale Verhandlungen, insbesondere im Rahmen der WTO, sowie den Verhandlungen zu Wirtschaftspartnerschaftsabkommen mit der EU festzulegen.

In den WPA-Verhandlungen haben die Handels- und Finanzminister wiederholt Verhandlungsleitlinien erarbeitet, die vor allem auf die entwicklungsfördernde Gestaltung der WPA und deren Vereinbarkeit mit der regionalen Integration zielen.[946] Die Erklärungen des Ministerrats zu den WPA-Verhandlungen wurden jeweils von der AU-Versammlung verabschiedet.[947] Damit verfolgt die AU das Ziel, die Verhandlungspositionen ihrer Mitgliedstaaten bzw. von deren regionalen Verhandlungsgruppen anzugleichen und damit zu stärken.[948]

---

945 AU-Kommission, First Action Plan for the Implementation of the Minimum Integration Programme (MIP), S. 11 f.

946 First Ordinary Session of the Minsterial Sub-Committee on Trade, Specialised Technical Committee on Trade, Customs and Immigration, The Mauritius Declaration on Preparations for EPA Negotiations, AU-Dok. AU/TD/MIN/Decl.I (I), 20. Juni 2003. AU Conference of Ministers of Trade, Nairobi Declaration on Economic Partnership Agreements, AU-Dok. TI/TMIN/MIN/Decl. 2 (IV), 14. April 2006.

947 Siehe etwa AU-Versammlung, Declaration of the Heads of State and Government of the African Union on the EPA Negotiations, AU-Dok. Assembly/AU/Decl.5 (II), 10.-12. Juli 2003 und Decision on the Report on Negotiations of Economic. Partnership Agreements (EPAs), AU-Dok. Assembly/AU/Dec.197 (XI) und EX.CL/422(XIII), Sitzung vom 30. Juni-1. Juli 2008.

948 Siehe beispielsweise Declaration of the Heads of State and Government of the African Union on the EPA Negotiations, AU-Dok. Assembly/AU/Decl.5 (II), 10.-12. Juli 2003.

Für die multilateralen Verhandlungen im Rahmen der WTO stimmt die AU ebenfalls die Positionen ihrer Mitgliedstaaten ab. Zu diesem Zwecke hat sich der Ministerrat auf detaillierte Leitlinien geeinigt, die alle für afrikanische Länder wichtigen Aspekte umfassen, etwa die Frage der Regulierung von Exportsubventionen sowie der internen Stützung für Agrarprodukte oder die mit dem Handel von Baumwolle verbundenen Fragen.[949]

III. Die Sektorpolitiken

1. Landwirtschaftspolitik

Die AU hat mit dem *Comprehensive Africa Agriculture Development Programme* (CAADP) ein Rahmenprogramm für Landwirtschaftspolitiken verabschiedet, um die Produktivität der afrikanischen Landwirtschaft zu steigern und Ernährungssicherheit zu erreichen.[950] Das CAADP bestimmt prioritäre Politikbereiche, in die die Mitgliedstaaten neben Entwicklungspartnern investieren. Dazu sollen die AU-Mitgliedstaaten mindestens 10 % ihres Haushalts für Landwirtschaft und die ländliche Entwicklung aufwenden.[951]

Die Abuja-Erklärung zur Ernährungssicherheit sieht ein ganzes Bündel von Maßnahmen vor, das von der beschleunigten Liberalisierung des Handels mit Agrarprodukten über die Harmonisierung von sanitären und phytosanitären Standards innerhalb und zwischen RWG bis hin zu Investitionen in besonders relevante Infrastruktur reicht.[952] Die Erklärung wurde von der AU-Versammlung gemeinsam mit einem Programm zu Saatgut

---

949 Siehe etwa die AU-Konferenz der Handelsminister, The Cairo Declaration and Road Map on the Doha Work Programme, AU-Dok. TI/TMIN/EXP/6 - b (III) Rev. 4, 9. Juni 2005. Die Kairo-Erklärung wurde von der AU-Versammlung, Decision on Multilateral Trade Negotiations, AU-Dok. Assembly/AU/Dec.80 (V) und EX.CL/188(VII), Sitzung vom 4.-5. Juli 2005, angenommen.

950 AU-Versammlung, Declaration on Agriculture and Food Security in Africa Erklärung zur Landwirtschaft und Ernährungssicherheit in Afrika, AU-Dok. Assembly/AU/Decl.7 (II), 10.-12. Juli 2003.

951 Die AU-Versammlung, Decision on Allocation of 10 % of National Budgetary Resources to Agriculture and Rural Development over the next five years, AU-Dok. Assembly/AU/Dec.61 (IV), 30.-31. Januar 2005, wiederholt diese Anforderung.

952 AU, Declaration of the Abuja Food Security Summit, AU-Dok. FS/Decl. (I), Sitzung vom 4.-7. Dezember 2006.

und Biotechnologie verabschiedet.[953] Konkretere Maßnahmen zur Umsetzung des CAADP sieht die Sirte-Erklärung der AU-Versammlung von 2009 vor.[954]

2. Industriepolitik

Im Januar 2008 hat die AU-Versammlung den ersten Aktionsplan im Rahmen des *Accelerated Industrial Development of Africa* (AIDA) verabschiedet.[955] Der Erste MIP-Aktionsplan sieht ebenfalls zahlreiche Maßnahmen für verschiedene industrielle Sektoren vor, darunter etwa die Textil- und Metallverarbeitungsindustrien.[956]

3. Infrastruktur

Mit dem *Programme for Infrastructure Development in Africa* (PIDA) hat die AU gemeinsam mit der NEPAD und der Afrikanischen Entwicklungsbank ein Rahmenprogramm auf den Weg gebracht, um in Verkehrs-, Energie-, Wasser und informationstechnologische Netze zu investieren und damit den wirtschaftlichen Austausch innerhalb des Kontinents zu fördern.[957] In den genannten Bereichen sollen jeweils bis 2020, 2030 bzw.

---

953 AU-Versammlung, Decision on the Summit on Food Security in Africa, AU-Dok. Assembly/AU/Dec.135(VIII) und Assembly/AU/6 (VIII), 29.-30. Januar 2007.

954 AU-Versammlung, Sirte Declaration on Investing in Agriculture for Economic Growth and Food Security, 3. Juli 2009, AU-Dok. Assembly/AU/Decl. 2(XIII) Rev. 1 und Assembly/AU/12 (VIII).

955 AU-Versammlung, Decision on the Action Plan for the Accelerated Industrial Development of Africa, AU-Dok. Assembly/AU/Dec.175 (X) und EX.CL/ 378 (XII), 31. Januar.- 2. Februar 2008.

956 AU-Kommission, First Action Plan for the Implementation of the Minimum Integration Programme (MIP), S. 13-20.

957 AU-Versammlung, Declaration on Development of Transport and Energy Infrastrucutre in Africa, AU-Dok. Assembly/AU/Decl.1 (XII) und Assembly/AU/ 9(XII), 3. Februar 2009, und Decision on Socio-Economic Transformation and Infrastructure Development in Africa: Energy, Railways, Roads and ICT Sectors, AU-Dok. Assembly/AU/Dec.323(XV) und Assembly/AU/17(XV) Add.4, 27. Juli 2010, und Declaration on the Programme for Infrastructure Development in Africa, AU-Dok. Assembly/AU/Decl.2 (XVIII) und EX.CL/702(XX), Sitzung vom 29.-30. Januar 2012, .

2040 bestimmte Ziele erreicht werden, die langfristig zu einer Verdopplung des interafrikanischen Handels führen sollen. Dabei werden die AU, die Mitgliedstaaten und die RWG Aktionspläne mit konkreten Maßnahmekatalogen erarbeiten. Nationale und regionale Projekte werden im PIDA gebündelt und koordiniert.

Fazit zum ersten Teil

Die UEMOA und die ECOWAS sind supranationale Organisationen, die durch eigene Rechtssetzungsbefugnisse, direkt (und vorrangig) anwendbare Normen, supranationale Organe, die bindende Entscheidungen erlassen und die Möglichkeit der Fassung von Mehrheitsbeschlüssen gekennzeichnet sind. Beide Organisationen verfolgen das Ziel eines gemeinsamen Markts. In Abgrenzung vom europäischen Modell weisen sie allerdings institutionelle Besonderheiten auf, da ihre Gründungsverträge viele grundlegende Fragen wie die Organisations- und Organkompetenzen sowie den Ablauf des Rechtssetzungsverfahrens nicht regeln. Weiterhin sind ihre Kommissionen nur in sehr geringem Maße mit eigenen Entscheidungsbefugnissen ausgestattet. Entsprechend wird das Recht der beiden Organisationen relativ schlecht gegenüber säumigen Mitgliedstaaten durchgesetzt, insbesondere von der ECOWAS. In beiden Organisationen kommt dem jeweiligen Leitungsorgan, der Konferenz in der UEMOA und der Hohen Behörde in der ECOWAS, ein großes Gewicht zu, da es mittels gerichtlich nur eingeschränkt überprüfbaren Zusatzakten Recht setzen kann. Die ECOWAS und UEMOA fördern jeweils durch ihre Sektorpolitiken, etwa im Bereich Verkehr oder Industrie, den Ausbau von Infrastruktur, die Verbreitung von Fachwissen und Verfahrenstechnik, um die Wettbewerbsfähigkeit der regionalen Wirtschaft zu stärken.

Theoretisch zirkulieren Gemeinschaftswaren, soweit sie als solche zertifiziert wurden, innerhalb der ECOWAS bereits seit Jahren frei; in der Praxis genießt nur ein geringer Anteil der Gemeinschaftswaren die Vorteile der Freihandelszone. In der UEMOA erreicht der Freihandel dagegen trotz Zertifizierungsverfahren eine größere Wirksamkeit. Die UEMOA bestimmt auch bereits seit Jahren einen gemeinsamen Außenzollsatz und eine Gemeinsame Handelspolitik, wenn auch Drittwaren innerhalb der Union noch nicht frei zirkulieren. 2015 hat schließlich die ECOWAS die einen gemeinsamen Außenzoll eingeführt, der den der UEMOA verdrängt. Auf dem Gebiet der Währungsunion scheint die UEMOA dagegen noch uneinholbar, da sie die gemeinsame Währung als koloniales Erbe über-nommen hat, während die ECOWAS die Einführung einer gemeinsamen Währung mangels Einhaltung der Konvergenzkriterien durch die Mit-gliedstaaten kontinuierlich verschiebt. Beide Organisationen gewähren Gemeinschafts- bzw. Unionsbürgern eine visafreie Einreise in alle Mit-gliedstaaten, verwirklichen aber nur in Ansätzen die – von der UEMOA umfassend, von der ECOWAS lediglich unter zahlreichen Vorbehalten gewährten – Dienstleistungs- und Niederlassungsfreiheiten. Während die UEMOA die Kapitalverkehrsfreiheit umfassend reguliert, regelt die ECOWAS mit der Zahlungsfreiheit und dem Investitionsschutz nur ein-zelne Aspekte.

Die Afrikanische Union stellt sich als kontinentale Schirmorganisation dar, deren wirtschaftlicher Integrationspfeiler im AECV geregelt ist. Eine eigenständige Funktion kommt der AEC seit Schaffung der AU nicht mehr zu, da ihre Institutionen, Ziele und Aufgaben von der AU übernom-men wurden. Allerdings ist der AECV Teil des AUV und umreißt einen Integrationskalender für die Errichtung der panafrikanischen Wirtschafts- und Währungsunion, die die AU zu verwirklichen sucht. Ihre intergouver-nementale Ausrichtung, die sich insbesondere in der fehlenden direkten Anwendbarkeit ihres Rechts und der schwachen Kommission ausdrückt, ist der Erreichung dieses Ziels nicht unbedingt zuträglich. Allerdings liegt der Schwerpunkt ihrer Arbeit in den nächsten Jahren auf der Koordinie-rung und Harmonisierung der regionalen Wirtschaftsgemeinschaften, die das Fundament der künftigen kontinentalen Wirtschafts- und Währungs-union bilden sollen. Folglich richten sich die Rechtsakte der AU gleicher-maßen an ihre Mitgliedstaaten und die regionalen Wirtschaftsgemein-schaften. Die AU konkretisiert die Integrationsagenda des AECV zu den Wirtschaftsfreiheiten auf regionaler und panafrikanischer Ebene und macht Vorgaben im Bereich der Sektorpolitiken. Die fristgemäße Ver-wirklichung dieser Vorgaben durch die RWG ist wegen des teilweise unrealistischen Zeitplans und fehlender Überwachungs- und Durchset-zungsmechanismen zweifelhaft. Theoretisch hat die AU-Versammlung die Möglichkeit, die Verwirklichung ihrer Integrationsagenda durch bindende Entscheidungen gegenüber den RWG abzusichern; praktisch hat sie eine solche Entscheidung nie getroffen.

Teil II Bilaterale Handelsregime und der globale Ordnungsrahmen

Das Recht der westafrikanischen Wirtschaftsintegration erschöpft sich nicht im Recht der UEMOA, ECOWAS und der AU, sondern wird durch bilaterale Handelsregime, beispielsweise denen im Verhältnis zur EU, und durch den Ordnungsrahmen der WTO ergänzt. Während die auf den Handel mit der EU anwendbaren Regeln, insbesondere die Interims-Wirtschaftspartnerschaftsabkommen (IWPA), neben die auf Ebene der ECOWAS und UEMOA getroffenen und teilweise in Konkurrenz zu diesen treten, bildet das WTO-Recht eine übergeordnete Regulierungsschicht, da es Vorgaben für regionale und bilaterale Handelserleichterungen macht.

Kapitel 1 Die Regulierung des Handels mit der EU

Die im Verhältnis zur EU anwendbaren Handelsregime weisen wegen ihrer Vielzahl und Parallelität ein besonders hohes Maß an Komplexität auf. Derzeit finden auf die westafrikanischen Länder insgesamt fünf verschiedene Regime Anwendung, die den Austausch mit der EU regeln: drei verschieden weit gehende Regelungen einseitiger Präferenzen für den Import westafrikanischer Waren nach Europa und zwei IWPA. Bleibt diese Situation bestehen, droht die Zollunion der UEMOA zu zerfallen und die der ECOWAS im Moment ihrer geplanten Verwirklichung unmöglich zu werden.[958] Denn die Tatsache, dass einzelne Mitgliedstaaten

---

958 Für Ken Ukaoha, Präsident der National Association of Nigerian Traders (NANTS) und einer der nigerianischen Vertreter im ECOWAS-Verhandlungsteam, der sich vehement gegen den Abschluss bzw. die Ratifizierung des regionalen WPA einsetzt, steht wegen der WPA grundsätzlich das nigerianische Engagement in der ECOWAS zur Disposition, Ken Ukaoha, Statement zum ECOWAS-EU-Wirtschaftspartnerschaftsabkommen, Ziffer 22 f., verfügbar unter http://www.trademarksa.org/news/ecowas-eu-economic-partnership-agreement-nants-statement, zuletzt eingesehen am 5.1.2015: „Nigeria can no longer afford to remain hewers of wood and fetchers of water for industrialization of Europe while de-industrialization and poverty continues to escalate in high proportions.

Handelsabkommen mit der EU abschließen, ist unvereinbar mit einer regionalen Zollunion und steht insbesondere den Plänen entgegen, Drittwaren frei innerhalb der Region zirkulieren zu lassen. Denn eine Zollunion setzt eine gemeinsame, für alle Mitgliedstaaten einheitliche Außenhandelspolitik voraus.[959] In diesem Bewusstsein hat die westafrikanische Region im Juni 2014 ein regionales WPA mit der EU vereinbart, das bereits von allen Mitgliedstaaten der EU und etlichen der ECOWAS unterschrieben worden ist.[960] Allerdings weigern sich mehrere ECOWAS-Mitglieder, darunter Nigeria, das Abkommen zu ratifizieren. Dies lässt die Perpetuierung des derzeitigen Zustands mit dem Nebeneinander von europäischen Präferenzsystem und WPA befürchten.

Das Allgemeine Präferenzsystem (APS) der EU erleichtert allen Entwicklungsländern den Zugang zum europäischen Markt, ohne entsprechende Präferenzen für EU-Importe zur Bedingung zu machen. Die Wirtschaftspartnerschaftsabkommen sind dagegen im Rahmen der von der EU seit Jahrzehnten mit der Gruppe der sog. AKP-Staaten[961], zu der alle westafrikanischen Länder gehören, unterhaltenen Sonderbeziehungen vereinbart worden. Um der historischen Verantwortung ihrer Mitglieder gerecht zu werden, hatte die EU diesen Ländern Handelsvorteile gewährt, die über

---

For the Nigerian Parliament, this may be the right time to evaluate and reconsider the spending of tax payers fund on ECOWAS in the name of political and/or economic integration, while member countries therein keep hiding their allegiance elsewhere far from the integration, and for Nigeria to continuously bear the brunt. No country in ECOWAS can serve two masters – it is either integration in unity or autonomy."

959 Siehe zum Konflikt zwischen dem Recht der ECOWAS bzw. der UEMOA und den IWPA Teil III Kapitel 2 C I, II.

960 Antwort der EU-Handelskommissarin Malström auf eine Anfrage aus dem Europäischen Parlament (Answer to Question No E-012006/15), 21. September 2015, verfügbar unter http://www.europarl.europa.eu/RegData/questions/reponses_qe/2015/012006/P8_RE(2015)012006_EN.pdf, zuletzt eingesehen am 16.05.2016.

961 Diese Gruppe besteht aus 37 afrikanischen, sechs karibischen und drei pazifischen Staaten und hat sich 1975 durch das Abkommen von Georgetown konstituiert. Bereits damals war ihre wichtigste Funktion die einheitliche Vertretung ihrer Mitglieder gegenüber dem europäischen Handelspartner. Bei ihrer Gründung sollte die AKP-Staatengruppe die Umsetzung des AKP-EWG-Abkommens von Lomé erleichtern. Siehe The Georgetown Agreement, konsolidierte Fassung vom 28. November 2003, unterzeichnet und in Kraft getreten am 28. November 2003, AKP-Dok. ACP/27/005/00 Rev. 16, verfügbar unter http://www.wipo.int/wipolex/en/other_treaties/text.jsp?file_id=173331.

die den anderen Entwicklungsländern zugebilligten hinausreichten. Diese Beziehungen sollen nach dem (reformierten) Cotonou-Abkommen durch WPA neu und vor allem auf Basis gegenseitiger Zugeständnisse geregelt werden. Für die westafrikanischen Länder wie für andere AKP-Staaten verdrängen die IWPA bzw. das regionale WPA (künftig) die einseitig von der EU gewährten Präferenzen des APS.

A. Einseitige Handelspräferenzen der EU für Importe aus Entwicklungsländern

Seit 1971 gewährt die Europäische Gemeinschaft den Entwicklungsländern im Rahmen ihres APS vergünstigten Zugang zu ihrem Markt. Damit führte die EG ihr Allgemeines Präferenzsystem noch im Jahr der entsprechenden Entscheidung der GATT-Vertragsparteien ein.[962] Ihre Position als Pionierin bewahrte die EG nicht davor, Teile ihres – 1995 reformierten[963] – Allgemeinen Präferenzsystems vom Streitbeilegungsorgan der WTO als Verstoß gegen das WTO-Recht bewertet zu sehen. Nachdem die Kommission bereits kurz nach der Entscheidung des Appellate Body Leitlinien für eine Reform vorgelegt hatte,[964] verabschiedete die EU 2005 ein neu gestaltetes Präferenzsystem.[965] Dieses besteht aus drei verschiedenen

---

962 Entscheidung vom 25. Juni 1971, Generalized System of Preferences, GATT-Dok. L/3545.

963 Jeffrey Kenners, The Remodeled European Community GSP+: A Positive Response to the WTO Ruling? Comment on Grossman and Sykes' "A Preferences for Development: The Law and Economics of GSP", in: *WTO law and developing countries*, hg. von George A. Bermann und Petros C. Mavroidis, New York 2007, S. 292–305, 293 ff. zeichnet die Einführung von Konditionalitäten in EG-Handelsvereinbarungen nach: Nachdem 1989 in der vierten Lomé-Konvention erstmals eine Klausel zu Menschenrechten in ein EG-Handelsabkommen aufgenommen worden war, beinhaltete das 1995 neu gestaltete Allgemeine Präferenzsystem der EG „positive Konditionalitäten".

964 EG-Kommission, Mitteilung, Entwicklungsländer, internationaler Handel und nachhaltige Entwicklung: Die Rolle des Allgemeinen Präferenzsystems (APS) der Gemeinschaft im Jahrzehnt 2006/2015; EG-Dok. KOM/2004/0461, 7. Juli 2004.

965 Die Verordnung über ein Schema allgemeiner Zollpräferenzen, EG-Dok. (EG) Nr. 980/2005, 27. Juni 2005, galt bis zum 31. Dezember 2008. Nach der Verlängerung durch die Verordnung v. 11. Mai 2011, EU-Dok. (EU), Nr. 512/2011, galt die Verordnung über ein Schema allgemeiner Zollpräferenzen, EG-Dok. (EG) Nr. 732/, 22. Juli 2008, bis zum 31. Dezember 2013. Seit Januar 2014 findet die

Regelungen für Handelspräferenzen, die alle derzeit auf die verschiedenen westafrikanischen Länder Anwendung finden. Die allgemeine Regelung räumt grundsätzlich allen Entwicklungsländern tarifäre Handelsvorteile ein. Darüber hinaus können „gefährdete" Entwicklungsländer in den Genuss weiterer, als Anreize konzipierter Zollvergünstigungen kommen, wenn sie bestimmte Anforderungen für eine nachhaltige Entwicklung und verantwortungsvolle Staatsführung erfüllen. Schließlich wird am wenigsten entwickelten Ländern (*Least developed countries, LDCs*) ein zoll- und quotenfreier Zugang für alle Waren, mit Ausnahme von Waffen, gewährt.

I. Das Allgemeine Präferenzsystem

Die Anforderungen des Allgemeinen Präferenzsystems sind gewissermaßen die Mindestanforderung jeglicher Präferenzbehandlung durch die EU. Insofern sind die Ursprungsregeln von besonderem Interesse, stellen sie doch das Nadelöhr des Allgemeinen Präferenzsystems dar.

Nach der Ermächtigungsklausel sollen Präferenzsysteme Entwicklungsländer begünstigen. Die EU räumt die Vorteile ihres Allgemeinen Präferenzsystems folglich allen Ländern ein, die nicht von der Weltbank als Land mit hohem Einkommen bzw. Land der oberen-mittleren Einkommenskategorie eingestuft werden und denen nicht durch andere Regelungen ein präferenzieller Marktzugang für praktisch den Gesamthandel verschafft wird.[966] Nach Art. 19 Verordnung (EU) 978/2012 können Präferenzregelungen unter bestimmten Bedingungen für alle oder bestimmte

---

Verordnung über ein Schema allgemeiner Zollpräferenzen und zur Aufhebung der Verordnung (EU) Nr. 732/2008 des Rates, EU-Dok. (EU) Nr. 978/2012, 25. Oktober 2012 Anwendung. Sie gilt nach ihrem Art. 43 Abs. 3 bis zum 31. Dezember 2023.

966 Dabei muss es sich um dieselben oder bessere Zollpräferenzen handeln, Art. 4 Abs. 1 Verordnung über ein Schema allgemeiner Zollpräferenzen und zur Aufhebung der Verordnung (EU) Nr. 732/2008 des Rates, EU-Dok. (EU) Nr. 978/2012, 25. Oktober 2012. So sollen insbesondere Überschneidungen des APS mit WPA verhindert werden. Das Kriterium der hinreichenden Exportdiversifizierung des Art. 3 Abs. 1 Verordnung (EG) Nr. 732/2008 wird nicht mehr berücksichtigt. Daher entfallen Zollpräferenzen für etliche Länder. Siehe Bundesministerium der Finanzen, Das Allgemeine Präferenzsystem 2014, aktualisiert am 09.08.2013, verfügbar unter http://www.zoll.de/DE/Fachthemen/Warenursprung-Praeferenzen/WuP_Meldungen/2013/wup_praeferenzsystem_2014.html, eingesehen am 12.12.2013.

Waren mit Ursprung in einem begünstigten Land zurückgenommen werden, etwa wenn dieses Land schwerwiegend und systematisch gegen wesentliche Abkommen der Vereinten Nationen und der Internationalen Arbeitsorganisation (IAO) zu Menschenrechten und Arbeitnehmerrechten verstößt.[967]

Die tarifäre Vorzugsbehandlung wird nur für Waren gewährt, die – nach der 2010 reformierten Verordnung (EWG) 2454/93[968] – ihren Ursprung in einem begünstigten Land haben, Art. 33 Verordnung (EU) 978/2012. Die EU graduiert bzw. schließt solche Warengruppen von der Präferenzbehandlung aus, deren Wert einen großen Anteil – drei Jahre hintereinander mehr als 17,5 %, bzw. 14,5 % – des Gesamtimports unter dem Präferenzschema ausmacht.[969]

Auf die in Anhang V aufgeführten Produkte werden Zollpräferenzen je nach deren Einstufung als empfindliche oder nicht-empfindliche Waren gewährt.[970] Grundsätzlich werden gemäß Art. 7 Verordnung

---

967 Bisher ist dies lediglich Myanmar und Weißrussland widerfahren, vgl. Erwägungsgrund 25 Verordnung (EU) 978/2012 .

968 Art. 67 ff. Verordnung vom 2. Juli 1993, EWG-Dok. (EWG) Nr. 2454/93 definiert den Begriff „Ursprungserzeugnisse" für das Allgemeine Präferenzsystem. Nachdem die Ursprungsregeln sich nach der Folgenabschätzung der Kommission als zu komplex und zu restriktiv herausgestellt hatten, wurden sie durch die Verordnung v. 18. November 2010, EU-Dok. (EU) Nr. 1063/2010, die am 1. Januar 2011 in Kraft getreten ist, vereinfacht und großzügiger gestaltet. Siehe zu den wichtigsten Änderungen STEFANO INAMA, The Reform of the EC GSP Rules of Origin: Per aspera ad astra?, in: *Journal of World Trade 32* (2011), S. 577–603, 584 ff.
Die dort in Art. 72 vorgesehen „regionale Kumulierung" lockert die Ursprungsregeln, so dass die erforderliche lokale Herkunft bzw. Be- und Verarbeitung durch Bestandteile aus anderen Ländern eines Regionalzusammenschlusses erreicht werden kann. Damit soll die regionale Zusammenarbeit gefördert werden, vgl. EU-Kommission, Mitteilung, Entwicklungsländer, internationaler Handel und nachhaltige Entwicklung: Die Rolle des Allgemeinen Präferenzsystems (APS) der Gemeinschaft im Jahrzehnt 2006/2015 ; EG-Dok. KOM/2004/0461, 7. Juli 2004, Fn. 1.

969 Art. 8 Abs. 1 Verordnung (EU) 978/2012 i.V.m. Anhang VI. Nach Erwägungsgrund 22 der Verordnung sollen Waren, die unter den EBA-Regelungen bzw. den Sonderregelungen für nachhaltige Entwicklung importiert werden, nicht graduiert werden.

970 Art. 6 Abs. 1 Verordnung (EU) 978/2012.

(EU) 978/2012 die Zölle für nicht-empfindliche Waren ausgesetzt, mit Ausnahme der landwirtschaftlichen Bestandteile. Die Zölle auf empfindliche Waren werden dagegen gesenkt.[971]

II. Sonderregelung für nachhaltige Entwicklung und verantwortungsvolle Staatsführung

2005 wurden die seit 1995 bestehenden drei Sonderregelungen als Anreize zur Bekämpfung des Drogenhandels, zum Schutz von Arbeitnehmerrechten und zum Schutz der Umwelt in einer Sonderregelung neu gefasst. Damit bildete das sog. „APS-plus" den Schwerpunkt der Neuregelung von 2005. Der Appellate Body hatte zuvor die Sonderregelung zur Bekämpfung des Drogenhandels für unvereinbar mit dem WTO-Recht erklärt, weil sie die begünstigten Länder nicht aufgrund objektiver Kriterien bestimmte und keinen transparenten Überprüfungsmechanismus zur Aufnahme bzw. zum Ausschluss „ähnlich betroffener" Entwicklungsländer vorsah.[972]

Mit ihrer nun einheitlichen Anreizregelung verfolgt die EU ein „ganzheitliches Konzept der nachhaltigen Entwicklung".[973] Dieses bezieht sich auf Anreize zur Wahrung von Menschenrechten, Arbeitnehmerrechten, des Umweltschutzes sowie der verantwortungsvollen Staatsführung. Mithin „belohnt" die EU Entwicklungsländer, die trotz ihrer schwachen (Export-)Wirtschaft mit der Ratifizierung und Umsetzung internationaler Übereinkommen zum Schutz von Menschenrechten, Arbeitnehmerrechten, der Umwelt sowie zu Grundsätzen verantwortungsvoller Staatsführung besondere Belastungen und Verpflichtungen auf sich nehmen.[974] Inwiefern die ratifizierten Übereinkommen aber tatsächlich respektiert werden, überprüft bzw. sanktioniert die EU nur sehr zögerlich.[975]

---

971 Gemäß Art. 7 Abs. 2 Verordnung (EU) 978/2012 werden die Wertzölle grundsätzlich um 3,5 % herabgesetzt.

972 Appellate Body, Report v. 7. April 2004, WTO-Dok. WT/DS246/AB/R − *EC - Tariff Preferences*, Rn. 153 f., 187. Siehe zu den WTO-Vorgaben für Allgemeine Präferenzsysteme Teil II Kapitel 2 C I 2 a.

973 Erwägungsgrund 7 Verordnung (EG) Nr. 732/2008 vom 22. Juli 2008.

974 Erwägungsgrund 8 Verordnung (EG) Nr. 732/2008.

975 FABIAN HEMKER, Handelspolitik und Menschenrechte: Das Allgemeine Präferenzsystem Plus (APS-plus) der Europäischen Union, in: *MRM —MenschenRechtsMagazin* 2006, S. 281–291, 288 f. Bereits der Maßstab für die Prüfung der

Die besonderen Präferenzen für nachhaltige Entwicklung und verantwortungsvolle Staatsführung stehen grundsätzlich allen Ländern offen, die von der EU als gefährdet angesehen werden, das heißt Entwicklungsländern mit gering diversifizierter Wirtschaft und schwachen Ausfuhren und damit unzureichender Einbindung in den Welthandel.[976] Begünstigt werden gefährdete Länder, sofern sie alle in Anhang VIII genannten Übereinkommen zu Menschenrechten, Arbeitnehmerrechten, Umweltschutz und verantwortungsvoller Staatsführung ratifiziert haben, nicht schwerwiegend gegen diese verstoßen und eine regelmäßige Überwachung und Überprüfung zulassen.[977] Die Länder müssen ihre Teilnahme bei der EU-Kommission beantragen.[978] Wie bei der allgemeinen Präferenzbehandlung kann der Status des begünstigen Lands vorübergehend aberkannt werden, insbesondere bei schwerwiegenden und systematischen Verstößen gegen Grundsätze der aufgezählten Übereinkommen zu Menschenrechten und Arbeitnehmerrechten. Welche Waren als Ursprungserzeugnisse angesehen werden, bestimmen wiederum die Art. 67 ff. EWG-VO Nr. 2454/93.

Den begünstigten Ländern werden über das Allgemeine Präferenzsystem hinausgehende Zollvorteile gewährt. So werden grundsätzlich die Wertzollsätze und spezifischen Zölle auf alle in Anhang IX aufgeführten Waren ausgesetzt.[979]

---

vorübergehenden Rücknahme von Handelszugeständnissen ist mit „schwerwiegenden und systematischen Verstößen gegen Grundsätze" der Abkommen zu Menschen- und Arbeitnehmerrechten großzügig. Zur Ineffektivität der Sanktionsdrohung trägt nach HEMKER, S. 288 f. die Dauer des Rücknahmeverfahrens bei.

976 Nach Art. 9 Abs. 1 lit. a i.V.m. Anhang VII Verordnung (EU) 978/2012 gilt ein Land als gefährdet, wenn die sieben größten Abschnitte seiner unter das APS fallenden Einfuhren von Waren des Anhangs IX (der die Waren, die unter die APS-plus-Regelung fallen, bestimmt) in die Union (im Durchschnitt der letzten drei aufeinander folgenden Jahre) dem Wert nach mehr als 75 % seiner gesamten Einfuhren dieses Anhangs ausmachen und b) seine Einfuhren von Waren des Anhangs IX in die Union (im Durchschnitt der letzten drei aufeinander folgenden Jahren) dem Wert nach weniger als 2 % aller Einfuhren von Waren dieses Anhangs mit Ursprung in APS-begünstigten Ländern ausmachen.

977 Art. 9 Abs. 1 Verordnung (EU) 978/2012.

978 Siehe Art. 10 Verordnung (EU) 978/2012 zum gesamten Verfahren.

979 Art. 12, Art. 11 Verordnung (EU) 978/2012.

III. Sonderregelung für LDCs

Seit Ende der 1970er Jahre sah das Allgemeine Präferenzsystem Sonderregelungen für LDCs vor, deren Anwendungsbereich im Laufe der 80er Jahre stetig erweitert worden war, ohne allerdings den Umfang der im Rahmen der Lomé-Abkommen eingeräumten Präferenzen zu erreichen.[980] 1998 gestand die EG den am wenigsten entwickelten Ländern schließlich die gleichen Vorteile zu wie den Lomé-Vertragsparteien.[981] Drei Jahre später führte sie die sog. „Alles außer Waffen"-Verordnung ein,[982] deren Regelung in die derzeit geltende EU-Verordnung 978/2012 übernommen wurde. Damit hat die EU einen Maßstab für die präferentielle Behandlung von LDCs gesetzt, der auch auf andere WTO-Mitglieder ausstrahlt und diese zu größeren Zugeständnissen anregt. Bisher bietet die europäische Regelung den LDCs den großzügigsten Marktzugang.[983]

Alle von den Vereinten Nationen als LDCs eingestuften Länder werden begünstigt.[984] Auch diese Länder kann die EU gemäß Art. 15-19 VO 732/2008 vorübergehend von der Liste der begünstigten Länder streichen.[985] Es gelten dieselben – teilweise als zu restriktiv kriti-

---

980 GERRIT FABER und JAN ORBIE, The least developed countries, international trade and the European Union: what about "Everything but Arms"?, in: *European Union trade politics and development. 'Everything But Arms' unravelled*, hg. von G. J. FABER und JAN ORBIE, London; New York, 2007, S. 6.

981 Verordnung über die Ausdehnung der Verordnung (EG) Nr. 2181/94 und (EG) Nr. 1256/96 über das gemeinschaftliche Schema allgemeiner Zollpräferenzen auf die am wenigsten entwickelten Länder, EG-Dok. (EG) Nr. 602/98, 9. März 1998.

982 Verordnung zur Änderung der Verordnung (EG) Nr. 2820/98 über ein Mehrjahresschema allgemeiner Zollpräferenzen für den Zeitraum 1. Juli 1999 bis 31. Dezember 2001 zwecks Ausweitung der Zollbefreiung ohne mengenmäßige Beschränkungen auf Waren mit Ursprung in den am wenigsten entwickelten Ländern, EG-Dok. (EG) Nr. 416/2001, 26. Februar 2001. Anfangs unterlagen allerdings mit Reis, Bananen und Zucker sehr wohl Produkte Zöllen, die weder Waffen noch Munition waren.

983 JAN ORBIE und GERRIT FABER, "Everything But Arms" or all about nothing?, in: *European Union trade politics and development. 'Everything But Arms' unravelled*, hg. von G. J. FABER und JAN ORBIE, London, New York, 2007, S. 232 ff.

984 Art. 17 Verordnung (EU) 978/2012.

985 Myanmar profitiert etwa „[a]uf Grund der politischen Lage" trotz seines Status als LDC nicht von der Sonderregelung für am wenigsten entwickelte Länder, Erwägungsgrund 23 Verordnung (EG) Nr. 732/2008.

sierten[986] – Ursprungsregeln wie für das Allgemeine Präferenzsystem. Bis auf die Elfenbeinküste, Ghana, Nigeria und Cap Verde werden alle westafrikanischen Staaten als LDCs eingeordnet.

Die Einfuhr aller Ursprungswaren aus LDCs ist zollfrei, es sei denn es handelt sich um Waffen oder Munition, Art. 18 Verordnung (EU) 978/2012.

B. Gegenseitige Handelspräferenzen zwischen der EU und AKP-Staaten im Rahmen von WPA

Europa und viele afrikanische Länder sowie Staaten des karibischen und pazifischen Raums verbindet eine lange Kolonialgeschichte, die die einseitige wirtschaftliche Ausrichtung dieser Staaten auf den Export weniger Rohstoffe nach Europa zur Folge hatte. Um die der Kolonialzeit geschuldeten enormen Nachteile für die wirtschaftliche Entwicklung ein wenig zu kompensieren, räumte die EWG bzw. spätere EG den AKP-Staaten mit den Lomé-Abkommen I bis IV über Jahrzehnte einseitig einen präferenziellen und weitgehend zollfreien Marktzugang ein.[987] Damit waren die Zugeständnisse denen vergleichbar, die die EU den LDCs seit 2001 macht, nur eben unabhängig von der Zugehörigkeit des jeweiligen AKP-Staats zur Gruppe der am wenigsten entwickelten Länder.[988]

Aufgrund des mangelhaften Entwicklungserfolgs der Lomé-Abkommen und wegen deren schwieriger Vereinbarkeit mit dem Recht der WTO – die EG musste jeweils Ausnahmegenehmigungen von den GATT-Parteien bzw. WTO-Mitgliedern erwirken – haben die EU und die AKP-Staaten

---

986 ORBIE und FABER (Fn. 983), S. 223.

987 HENNING JESSEN, *WTO-Recht und "Entwicklungsländer". "Special and Differential Treatment for Developing Countries" im multidimensionalen Wandel des Wirtschaftsvölkerrechts,* Berlin 2006, S. 538 ff. Einschränkungen galten für bestimmte Agrarprodukte wie Zucker, Bananen und Rindfleisch. Die handelspolitischen Bestimmungen wurden durch Mechanismen zur Stabilisierung von Exporterlösen ergänzt.

988 ANDREAS ZIMMERMANN, Die neuen Wirtschaftspartnerschaftsabkommen der EU: WTO-Konformität versus Entwicklungsorientierung?, in: *Europäische Zeitschrift für Wirtschaftsrecht* 2009, S. 1–6, 2.

2000 mit dem Abkommen von Cotonou ein Rahmenabkommen mit entwicklungs-, handels-, wirtschaftspolitischer und politischer Dimension abgeschlossen.[989]

Vorrangiges Ziel des Cotonou-Abkommens (CA) ist nach dessen Art. 1 Abs. 2 die Armutsverringerung durch die wirtschaftliche, kulturelle und soziale Entwicklung der AKP-Staaten. Dem soll die schrittweise Integration der AKP-Staaten in den Welthandel und die Weltwirtschaft nach Art. 34 CA dienen, die dadurch erreicht werden soll, dass die Produktions-, Liefer- und Handelskapazitäten der AKP-Staaten verbessert und diese Länder für Investoren attraktiver werden.[990] Dabei erhoffen sich die Vertragsparteien vom verstärkten Handel mit der EU eine entwicklungsförderliche Wirkung.

I. Die neue Wirtschafts- und Handelskooperation

Die neue Wirtschafts- und Handelskooperation sollte ursprünglich nicht zwangsläufig die Form von WPA annehmen. Praktisch bietet die EU außer dem Allgemeinen Präferenzsystem keine Alternativen. Damit ändern sich die wirtschaftlichen Beziehungen der AKP-Staaten zur EU insofern, als die EU die über ihr APS hinausgehenden einseitigen Präferenzen beendet und nun eine „Wirtschaftspartnerschaft" mit den AKP-Staaten pflegen will, die auf der gegenseitigen Marktöffnung fußt und sich zudem auf bisher ungeregelte Fragen wie Dienstleistungen und Investitionen, die sog. Singapur-Themen, und einen straffen Streitbeilegungsmechanismus erstreckt.[991] Die konkreten Regeln müssen in Wirtschaftspartner-

---

989 Partnerschaftsabkommen zwischen den Mitgliedern der Gruppe der Staaten in Afrika, im Karibischen Raum und im Pazifischen Ozean einerseits und der Europäischen Gemeinschaft und ihren Mitgliedstaaten andererseits, unterzeichnet am 23. Juni 2000, in Kraft getreten am 1. April 2003, EU-Amtsblatt L 317, 15.12.2000. Die Fassung von 2000 wird in Abgrenzung von späteren Fassungen im Folgenden als „CA a.F." bezeichnet. Denn das CA wurde, wie in seinem Art. 95 Abs. 3 vorgesehen, in Fünf-Jahres-Abständen überarbeitet. Die zweite Vertragsrevision wurde am am 23. Juni 2010 unterzeichnet und ist seit dem 1. November 2010 vorläufig anwendbar. Siehe für die konsolidierte Version des Cotonou-Abkommens [im Folgenden: CA] EU-Amtsblatt, L 287, 4.11.2010.

990 Art. 34 Abs. 3 CA.

991 COSMAS OCHIENG, The EU/ACP Economic Partnership Agreements and the „Development Question": Contraints and Opportunities Posed by Article XXIV ans Special and Differential Treatment Provisions of the WTO, in: *Journal of*

schaftsabkommen zwischen der EU und den einzelnen Staaten oder Regionen vereinbart werden.[992] Die Verhandlungen zu den WPA laufen seit 2002 und gestalten sich oftmals zäh, weshalb die EU mit einigen Ländern und Regionen Interim-Wirtschaftspartnerschaftsabkommen (IWPA) abgeschlossen hat. Stocken die Verhandlungen also mit der jeweiligen Region, droht die EU WPA mit einzelnen Ländern abzuschließen. Dabei decken sich die Blockadepunkte in den verschiedenen Regionen überwiegend. Viele in den Verhandlungen umkämpfte Fragen sind allerdings Inhalt von IWPA geworden.

1. Formen der wirtschaftlichen Zusammenarbeit

Das Cotonou-Abkommen in seiner ursprünglichen Form (im Folgenden: „CA a.F.") skizzierte verschiedene Formen der Partnerschaft: Artikel 36 Abs. 1 CA bestimmt, dass WTO-kompatible Vereinbarungen – oder *trading arrangements*, ein weiter Begriff – zum Abbau von Handelsschranken und zur verstärkten Zusammenarbeit in handelsrelevanten Politikbereichen vereinbart und schrittweise eingeführt werden sollen. Diese sollen die bisher unter den Lomé-Abkommen von der EU gewährten nicht-reziproken Handelspräferenzen nach Ablauf einer Übergangsfrist ablösen.

Bereits nach der ursprünglichen Konzeption des Cotonou-Abkommens stellten Wirtschaftspartnerschaftsabkommen den Regelfall dar. So bestimmt Art. 37 Abs. 1 CA a.F. ganz allgemein, dass in der siebenjähri-

---

International Economic Law 2007, S. 363–395, 1 und Yenkong Ngangjoh Hodu, Regionalism in the WTO and the Legal Status of a Development Agenda in the EU/ACP Economic Partnership Agreement, in: *Nordic Journal of International Law 78* (2009), S. 225–248, 242. Obwohl die Beziehung zwischen der EU und den AKP-Staaten als „Partnerschaft" bezeichnet wird, eine Bezeichnung die Gleichberechtigung impliziert, legen die Zielbestimmungen ihr alleiniges Augenmerk auf die (Entwicklungs-)Interessen der AKP-Staaten. Die EU-Interessen auf einen weitgehend liberalisierten Marktzugang decken sich allerdings mit den (vermeintlichen) Anforderungen des WTO-Rechts, auf die das CA Bezug nimmt.

992 Insofern ist fraglich, welche Regelungen des Cotonou-Abkommen auch für die WPA gelten, ohne dass sie ausdrücklich einbezogen würden. Hodu (Fn. 991) nimmt das etwa für die Entwicklungshilfezusagen an.

gen Übergangsfrist bis zum Jahresende 2007 WPA vereinbart werden sollten; Abs. 2 sieht eine Art Pflicht zur konstruktiven Teilnahme an Verhandlungen innerhalb des vorgegebenen Zeitrahmens vor. [993]

Für LDCs weist Art. 37 Abs. 9 CA a.F. auf den von der EU bis 2005 zu eröffnenden und mittlerweile gewährten zollfreien Marktzugang hin. Dieser soll auf die im Rahmen der Lomé-Abkommen gemachten Zugeständnisse der EU aufbauen und die tatsächliche Inanspruchnahme durch LDC mit vereinfachten Ursprungsregeln, einschließlich Regeln zur regionalen Kumulierung, erleichtern. Mithin sollten LDCs eine Alternative zu den WPA haben.

Gleiches sollte gemäß Art. 37 Abs. 6 CA a.F. auch für die AKP-Staaten gelten, die nicht zu den LDCs zählen. Danach sollte die EU bis 2004 WTO-kompatible „alternative Möglichkeiten" prüfen, um AKP-Staaten, die sich nicht in der Lage sehen, ein WPA mit der EU abzuschließen, weiterhin erleichterten Marktzugang anzubieten.[994] Nachdem die EU 2007 verlautbaren ließ, es gäbe – außer dem Allgemeinen Präferenzsystem – keine Alternativen,[995] wurde Art. 37 Abs. 6 bei der zweiten Revision des CA 2010 gestrichen.[996]

Mittlerweile statuiert folgerichtig auch Art. 36 Abs. 1 CA, dass die Parteien alle erforderlichen Maßnahmen treffen, um WTO-kompatible WPA abzuschließen. Das Cotonou-Abkommen enthält mithin vorrangig Rahmenbestimmungen für künftige Wirtschaftspartnerschaftsabkommen.

---

993 Art. 37 Abs. 2 CA lautet: „All the necessary measures shall be taken so as to ensure that the negotiations are successfully concluded within the preparatory period. To this end, the period up to the start of the formal negotiations of the new trading arrangements shall be actively used to make initial preparations for these negotiations."

994 Auch dieser Norm liegt die Annahme zu Grunde, dass AKP-Staaten, die keine LDCs sind, grundsätzlich WPA abschließen. Denn einerseits prüft die EU lediglich Alternativen, andererseits tut sie dies dies nur, nachdem das jeweilige Land sie konsultiert und damit über den WPA-Abschluss diskutiert hat.

995 EPAs: There is no Plan B. An interview with Peter Mandelson, in: *Trade Negotiations Insights*, S. 1–3, 3.

996 Der Artikel hatte wegen der Einschränkungen – WTO-Kompatibilität, zeitliche Beschränkung – und der bloßen Prüfungspflicht der EU den AKP-Staaten Alternativen zu den WPA, die über das APS hinausgehen, nicht gewährleistet, An interview with H.E Dr. Mohammed Chambas, Secretary-General of the ACP Group of States, in: *Trade Negotiations Insights*, S. 4–5, 5.

Nach Art. 37 Abs. 4 CA n.F. sollen die WPA in Übereinstimmung mit dem WTO-Recht und unter Berücksichtigung des Entwicklungsstands der AKP-Staaten so flexibel wie möglich gestaltet werden.

2. Umfang der wirtschaftlichen Zusammenarbeit

Entsprechend den Zielen des Cotonou-Abkommens, die AKP-Länder konkurrenzfähiger zu machen und sie in den Welthandel zu integrieren, besteht die wirtschaftliche Zusammenarbeit einerseits im Abbau von Handelsbarrieren und andererseits in der Förderung der Produktions-, Vertriebs- und Handelsfähigkeiten der AKP-Staaten.

Zuvorderst soll der Warenhandel fortschreitend und gegenseitig liberalisiert werden. Aufbauend auf die im Rahmen des GATS[997] gemachten Zugeständnisse sollen die WPA zu einem späteren Zeitpunkt auch die Liberalisierung des Dienstleistungshandels umfassen, Art. 41 Abs. 4 CA.[998] Auch andere handelsrelevante Politiken können Gegenstand von Vereinbarungen zwischen der EU und AKP-Staaten sein, etwa der Schutz geistigen Eigentums gemäß Art. 46 Abs. 4 CA und die gegenseitige Anerkennung von Produktstandards und -zertifikaten nach Art. 47 Abs. 3 CA.

Die EU will die AKP-Staaten sowohl bei Politiken mit engem Bezug zum Waren- und Dienstleistungshandel[999] als auch in anderen handelsrelevanten Politikbereichen unterstützen.[1000] Nach Art. 45 Abs. 3 CA soll die Kooperation etwa Hilfe bei der Erarbeitung neuer wettbewerblicher Regelungen und deren behördlicher Durchsetzung einschließen. Arti-

---

997 General Agreement on Trade in Services (Allgemeines Übereinkommen über den Handel mit Dienstleistungen), unterzeichnet am 15. April 1994, in Kraft getreten am 1. Januar 1995.

998 Eng damit verbunden ist die Regelung von Migrationsfragen, die daher nach Art. 13 Abs. 1 im Rahmen einer AKP-EU-Partnerschaft diskutiert werden sollen. Artikel 13 Abs. 3 CA verbietet die Diskriminierung von Arbeitnehmern aus AKP-Staaten mit Blick auf deren Arbeitsbedingungen, Bezahlung und Kündigung.

999 Art. 41 Abs. 5 CA.

1000 Art. 44 Abs. 2 CA.

kel 46 Abs. 6 CA sieht eine ähnliche Zusammenarbeit beim Immaterialgü-
terrecht vor. Auch im Bereich Verbraucherschutz, Produktstandards und
Umweltschutz sieht der Vertrag Kooperationen vor.[1001]

3. Verhandlungsforen

Das Cotonou-Abkommen wurde von den EU-Mitgliedstaaten, der EU und
den einzelnen AKP-Staaten unterzeichnet. Integrationsgemeinschaften der
AKP-Staaten sind mithin nicht Vertragsparteien. Gleichzeitig misst das
Cotonou-Abkommen der regionalen Integration eine wichtige Bedeutung
für die Einbindung der AKP-Staaten in den Welthandel bei. Daher soll die
wirtschaftliche Kooperation mit der EU auf den regionalen Integrationsin-
itiativen aufbauen, Art. 35 Abs. 2 CA.[1002]
Für die Entwicklungshilfe spiegelt sich dies darin wider, dass die EU
regionale Programme fördert, die in Zusammenarbeit mit „ordnungsge-
mäß mandatierten zuständigen regionalen" Organisationen erarbeitet werden und „soweit wie möglich den Programmen bestehender regionaler
Organisationen für wirtschaftliche Integration entsprechen".[1003] Eng integrierte Organisationen verwirklichen meist eine Zollunion mit einer
gemeinsamen Handelspolitik gegenüber Drittstaaten, oder streben dies
zumindest an. Daher sollte die Einbeziehung der Regionalgemeinschaften
auch den Kern der Wirtschaftspartnerschaft erfassen.
Nachdem die EU ab Herbst 2002 ein Jahr lang mit allen AKP-Staaten
das Format, die Struktur und die Prinzipien künftiger Verhandlungen festgelegt hatte,[1004] trat sie im Oktober 2003 mit den ersten Regionalgemein-

---

1001 Art. 48 Abs. 3, Art. 49 Abs. 2 und Art. 51 Abs. 2 CA.
1002 Vgl. Art. 1 Abs. 4, Art. 2 letzter Abs. und Art. 29 CA.
1003 Art. 8 und 7 Anhang IV.
1004 Am. 2. Oktober 2003 verabschiedete die ministerielle AKP-EU-Verhandlungs-
       gruppe eine Gemeinsame Erklärung sowie einen Gemeinsamen Bericht über die
       Gesamt-AKP-EG-Phase der WPA-Verhandlungen, EU-Dok. ACP/
       00/118/03 Rev. 1 ACP-EC/NG/NP/43. Viele AKP-Staaten hatten sich von die-
       ser ersten Verhandlungsphase bereits inhaltliche Regelungen versprochen. In
       dem Gemeinsamen Bericht konnten tatsächlich viele Meinungsverschiedenhei-
       ten nicht behoben werden, etwa hinsichtlich des WTO-rechtlich gebotenen
       gegenseitigen Marktzugangs. Deshalb kamen die Parteien überein, parallel zu
       den WPA-Verhandlungen auf regionaler und nationaler Ebene weiterhin Fra-

schaften in Verhandlung.[1005] Die ECOWAS zuzüglich Mauretanien nahmen noch im selben Monat Verhandlungen mit der EU auf.[1006] Dies mag auf den ersten Blick verwundern, bildete doch zum damaligen Zeitpunkt allein die UEMOA, und nicht die ECOWAS, eine Zollunion mit gemeinsamer Handelspolitik.[1007] Allerdings umfasst die ECOWAS im Gegensatz zur UEMOA alle Staaten der Region. Daher hatten die westafrikanischen Länder noch vor Abschluss des Cotonou-Abkommens festgelegt, dass die ECOWAS die Regionalorganisation sein soll, welche die westafrikanischen Beziehungen zur EU koordiniert.[1008] Im Dezember 2001 hatte die Hohe Behörde der ECOWAS beschlossen, dass die Region als Gruppe ein Wirtschaftspartnerschaftsabkommen mit der EU verhandeln werde, und dass dabei die Leitung bei der ECOWAS-Kommission (damals noch Exe-

gen, die alle AKP-Staaten berühren, im Rahmen des Gemeinsamen Ministerrats der AKP und EU zu diskutieren, Rn. 34 Gemeinsamer Bericht über die Gesamt-AKP-EG-Phase der WPA-Verhandlungen.

1005 Vgl. Art. 1 ECOWAS-Ministerrat, Regulation on the launching of negotiations on the Economic partnership agreement (EPA) between West Africa and the European Union, ECOWAS-Dok. C/REG.2/09/03, 2. September 2003.

1006 Mauretanien verhandelt mit der ECOWAS über eine Annäherung in Form eines Assoziierungsabkommens bzw. der Wiederaufnahme, Afrol news, Mauritania to make ECOWAS comeback, 17. August 2007, verfügbar unter http://afrol.com/articles/26450, zuletzt eingesehen am 17.07.2014. Die anderen fünf regionalen Verhandlungspartner sind die CEMAC (Communauté Economique et Monétaire de l'Afrique Centrale), die ESA (Eastern and Southern Africa), CARIFORUM (Carribean Forum of ACP States), die SADC (Southern African Development Community) sowie die Gruppe der PACP (Pacific ACP States).

1007 Der Gedanke, ausschließlich mit Organisationen zu verhandeln, die eine gewisse Mindestintegration erreicht haben, findet sich in der von der Europäischen Kommission verfassten Leitlinien zur Qualifikation der AKP-Regionen. Im Abschnitt 4.1 heißt es da.: „[R]egional integration initiatives ...which have not been implemented...for which legally binding interim agreements do not exist or are not effectively implemented...should not be considered". Europäische Kommission, *Orientations on the qualification of ACP Regions for the Negotiation of EPAs*, 2001.

1008 Art. 1 Hohe Behörde, Decision relating to the strengthening of partnership between West Africa and the European Union ans designating the ECOWAS as the regional framewok for the coordination of relations between West Africa and the European Union, ECOWAS-Dok. A/DEC.8/12/99, 10. Dezember 1999.

kutivsekretariat), unterstützt durch die UEMOA-Kommission und Vertreter der Mitgliedstaaten, liegen solle.[1009] Folglich wurde die ECOWAS-Kommission mandatiert, für die Region die WPA-Verhandlungen zu führen.[1010]

Auf verschiedenen Ebenen wurden WPA-Verhandlungsgruppen gebildet, in denen die Mitgliedstaaten, die beiden Kommissionen, die Privatwirtschaft und die Zivilgesellschaft vertreten sind.[1011] Das führende Verhandlungsgremium ist der Regionale Verhandlungsausschuss, der vom ECOWAS-Ministerrat und dem Begleitenden Ministerausschuss überwacht wird.[1012] Der Regionale Verhandlungsausschuss besteht aus drei Delegationen: der Delegation der Chefunterhändler um die beiden Kommissionspräsidenten und Handelsminister der Mitgliedstaaten, der der hohen Beamten um die zuständigen Kommissare sowie der der Experten um die jeweiligen Handelsdirektoren der ECOWAS und UEMOA.[1013]

1009 Art. 1 und Art. 2 Abs. 1 Hohe Behörde, Decision on negotiations between West African ACP Members States and the European Union on the Regional Economic Partnership Agreement, ECOWAS-Dok. A/DEC.11/12/01, 21. Dezember 2001.

1010 Art. 1 Hohe Behörde, Decision on West Africa's preparations for negotiations with the European Union on the Economic Partnership Agreements, ECOWAS-Dok. A/DEC.8/01/03, 31. Januar 2003.

1011 Art. 2 Hohe Behörde, Decision on West Africa's preparations for negotiations with the European Union on the Economic Partnership Agreements, ECOWAS-Dok. A/DEC.8/01/03, 31. Januar 2003. Siehe zur Zusammensetzung der einzelnen Gremien Art. 3 - 7 derselben Entscheidung.

1012 Kurz vor Verhandlungsbeginn im Herbst 2003 hat der Ministerrat eine Ministerielle Adhoc- Unterstützungsgruppe gebildet, die zwischen den Sitzungen des Ministerrats die Verhandlungen vorbereitet, die Umsetzung des westafrikanischen Verhandlungsplans sowie die Umsetzung der den Kommissionen übertragenen Aufgaben überwacht und dem Begleitenden Ministerausschuss berichtet. Sie besteht aus Vertretern einiger ECOWAS-Mitgliedstaaten. Art. 2 ECOWAS-Ministerrat, Regulation on the launching of negotiations on the Economic partnership agreement (EPA) between West Africa and the European Union, ECOWAS-Dok. C/REG.2/09/03, 2. September 2003.

1013 Rn. 48 *Road Map for Econonmic Partnership Agreement Negotiations between West Africa and the European Community*, angenommen am 4. August 2004 beim Treffen der Handelsminister zum WPA zwischen Westafrika und der EU. Zu den Aufgaben der jeweiligen Delegationen und dem Rhythmus ihrer Treffen mit der entsprechenden EU-Delegation siehe Rn. 49 der Roadmap.

Die Roadmap für die WPA-Verhandlungen mit Westafrika sah die schrittweise Verwirklichung einer Freihandelszone mit der EU ab dem 1. Januar 2008 vor.[1014] Da zum Jahresende 2007 das Cotonou-Vorzugsregime auslief,[1015] sollte das WPA bis Ende 2007 abgeschlossen werden. Dies erschien nicht überambitioniert, hatten doch Westafrika und die EU schon im Oktober 2003 die Verhandlungen aufgenommen und sich bereits im August 2004 auf die besagte Roadmap mit den Richtlinien für die Verhandlungen geeinigt. Allerdings zeichneten sich schon im Gemeinsamen Bericht über die Gesamt-AKP-EG-Phase substantielle und schwierig überwindbare Differenzen ab, auf die die Roadmap nicht eingeht. Die EU-Westafrika-Verhandlungen sind aber nicht nur wegen lang absehbarer Differenzen schleppend voran gegangen,[1016] sondern auch weil es – mangels einer gemeinsamen Handelspolitik – den ECOWAS-Mitgliedstaaten erst 2009 gelang, ein Angebot zur Marktöffnung vorzulegen.[1017]

Als die Region zum Jahresende 2007 noch immer weit vom Abschluss eines Wirtschaftspartnerschaftsabkommens entfernt war,[1018] vereinbarten die Elfenbeinküste und Ghana unter dem Druck des auslaufenden Cotonou-Regimes jeweils ein bilaterales IWPA mit der EU,[1019] mit dem ihnen

---

1014 Rn. 4. So auch Rn. 65.

1015 Art. 37 Abs. 1 CA in seiner Ursprungsfassung.

1016 So beharrte die EU lange Zeit auf die Einbeziehung sog. Singapur-Themen, verbindlichen Regelungen also zu handelsbezogenen Fragen wie dem Investitionsschutz und dem Wettbewerbsrecht, während dies bereits die AKP-Staaten abgelehnt hatten. Vgl. AKP-Minister und EU-Kommissare für Handel und Entwicklung, Joint Report on the all-ACP-EC phase of EPA negotiations, EU-Dok. ACP/00/118/03 Rev. 1 ACP-EC/NG/NP/43, 2. Oktober 2003, Rn. 25 f.

1017 Im Februar 2009 präsentierte die westafrikanische Verhandlungsgruppe ihr erstes Angebot für die Liberalisierung von 60 % der europäischen Importe über 25 Jahre, das umgehend von der Europäischen Kommission zurückgewiesen wurde, MELISSA JULIAN, EPA Update, in: *Trade Negotiations Insights* Volume 7 Number 3 (2008), hg. von CAITLIN ZAINO und SANOUSSI BILAL, S. 13–15, 13.

1018 Die EU weigerte sich, erneut in der WTO einen *waiver* zu beantragen und bot ihren westafrikanischen Verhandlungspartnern ein Interim-WPA an, das lediglich den Warenhandel betroffen sollte. Ein solches „Rumpf-WPA" wurde von der Region abgelehnt, betrafen doch die Differenzen gerade Fragen des Marktzugangs und seiner eventuellen Bindung an die Gewährung von Entwicklungshilfe.

1019 Mit Nigeria sind Ghana und die Elfenbeinküste die einzigen Länder der Region, die, da sie weder zur Gruppe der LDCs und damit zu den von der EBA-Regelung begünstigten Ländern gehören, noch zum APS-plus zugelassen wurden, eine spürbare Verschlechterung ihres Zugangs zum europäischen Markt (unter

zoll- und quotenfreier Marktzugang gewährt wurde.[1020] Diese Vorteile stellte die EU im Nachhinein ab Oktober 2014 unter den Vorbehalt der Ratifizierung des jeweiligen IWPA.[1021] Während die Elfenbeinküste im November 2008 – mit Genehmigung der UEMOA[1022] – das überarbeitete IWPA unterzeichnet hat, es aber, um die Zollunion der UEMOA nicht zu gefährden, bisher weder ratifiziert noch vorläufig anwendet,[1023] hat Ghana sein IWPA noch nicht einmal unterzeichnet[1024] - wohl auch wegen der aus seiner Sicht unbefriedigenden[1025] Regelungen zu der Meistbegünstigungsklausel, der *Standstill clause*, dem Verbot der Exportbezollung und der Regelung der handelspolitischen Schutzinstrumente.

Nachdem die EU jahrelang parallel mit der westafrikanischen Region und mit einzelnen Mitgliedstaaten verhandelt hat und die EU und die gesamtwestafrikanische Verhandlungsgruppe ein Jahrzehnt lang in grundlegenden Fragen unterschiedliche Positionen vertraten – letztlich spiegel-

---

dem Allgemeinen Präferenzsystem) fürchten mussten. Im Gegensatz zum Ölexporteur Nigeria sahen sich Ghana und die Elfenbeinküste einer starken Konkurrenz und dem Risiko ausgesetzt, Anteile an ihrem wichtigsten Exportmarkt EU zu verlieren. Seit 2008 wird auch Cap Verde von der EU nicht mehr als LDC angesehen, hat aber als APS-plus-Land weiterhin zoll- und quotenfreien Zugang zum europäischen Markt.

1020 Art. 3 Europäischer Rat, Verordnung mit Durchführungsbestimmungen zu den Regelungen der Wirtschaftspartnerschaftsabkommen oder der zu Wirtschaftspartnerschaftsabkommen führenden Abkommen, EG-Dok. (EG) Nr. 1528/2007, 20. Dezember 2007.

1021 Durch die Verordnung zur Änderung der Verordnung (EG) Nr. 1528/2007 des Rates hinsichtlich der Streichung einiger Länder von der Liste der Regionen oder Staaten, die Verhandlungen abgeschlossen haben, EU-Dok. (EU) 527/2013, vom 21. Mai 2013 wird der Kommission die Befugnis übertragen, ab Oktober 2014 den präferenziellen Marktzugang den Länder oder Regionen zu verwehren, die keine Schritte zur Ratifizierung ihrer WPA unternommen haben. Bartels hält dies für unvereinbar mit Art. 25 WVK, LORAND BARTELS, Legal constraints on the EU's ability to withdraw EPA preferences, in: *Trade Negotiations Insights Volume 10 Number 8 (2011)*, S. 1–3

1022 Coulibaly, Loucoumane, für: Reuters, Ivory Coast says EPA will lead way for region, 13. Februar 2008, http://trade.ec.europa.eu/doclib/docs/2008/february/tradoc_137752.pdf, zuletzt eingesehen am 1.2.2014.

1023 Das IWPA sieht in Art. 75 Abs. 4 eine vorläufige Anwendung vor.

1024 Europäische Kommission, Overview of EPA, Stand vom 10. November 2013, http://trade.ec.europa.eu/doclib/docs/2009/september/tradoc_144912.pdf (eingesehen am 1.2.2014).

1025 John-Hawkins Asiedu, leitender Ökonom des ghanaischen Handels- und Industrieministeriums, Interview mit der Autorin, 7. Mai 2012, Accra.

ten die Differenzen den Abstand der europäischen Verhandlungspositionen zur Position der Mehrzahl der AKP-Staaten und die Verschiebung wichtiger Fragen von der Gesamt-AKP-EG-Phase auf spätere Verhandlungsstufen wider –, wurde zum Jahresanfang 2014 eine Einigung mit Blicke auf ein gesamtregionales WPA erzielt. Dabei mag das auf der Elfenbeinküste und Ghana lastende Ultimatum, bis zum Oktober 2014 ihre IWPA zu ratifizieren oder ein regionales WPA auf den Weg zu bringen, eine Rolle gespielt haben.[1026] Das WPA wurde von allen Mitgliedstaaten der EU und der Mehrheit der ECOWAS-Mitgliedstaaten unterschrieben.[1027]

II. Gestaltung bisheriger IWPA und des regionalen WPA

Während Ghana und die Elfenbeinküste IWPA mit der EU abgeschlossen haben, lehnt dies Nigeria, der dritte Staat der Region, auf den weder die EBA- noch die APS-plus-Regelungen Anwendung finden, bisher ab.[1028] Im Folgenden sollen die mit Ghana und der Elfenbeinküste ausgehandel-

---

1026 Ken Ukaoha, Statement zum ECOWAS-EU-Wirtschaftspartnerschaftsabkommen, Ziffer 4, verfügbar unter http://www.trademarksa.org/news/ecowas-eu-economic-partnership-agreement-nants-statement, zuletzt eingesehen am 16.12.2015. Noch stärker als Ghana ist die Elfenbeinküste auf den präferentiellen Zugang zum europäischen Markt angewiesen: Wegen der großen Unterschiede zwischen den im Rahmen des APS und im Rahmen der (I)WPA gewährten Zollerleichterungen für die vorrangig von der Elfenbeinküste nach Europa exportierten Produkte, insbesondere Kakao und Schokolade, die mit steigendem Verarbeitungsgrad noch an Bedeutung gewinnen, könnten in der Elfenbeinküste einige noch in den Anfängen befindliche verarbeitenden Wirtschaftszweige wegfallen oder zumindest drastische Reduktionen erleiden, schlösse das Land kein (I)WPA mit der EU ab, Czapnik, Côte d'Ivoire's EPA: Between a rock and a hard place, 30. Mai 2014, in Bridges Africa, Volume 3 Number 5.

1027 Antwort der EU-Handelskommissarin Malström auf eine Anfrage aus dem Europäischen Parlament (Answer to Question No E-012006/15), 21. September 2015, verfügbar unter http://www.europarl.europa.eu/RegData/questions/reponses_qe/2015/012006/P8_RE(2015)012006_EN.pdf, zuletzt eingesehen am 16.05.2016.

1028 Cap Verde, das 2008 vom LDC zum Entwicklungsland „heraufgestuft", wurde und kraft einer Übergangsregelung bis zum 1. Januar 2012 weiterhin die EBA-Regelung in Anspruch nehmen durfte, ist der APS-plus-Marktzugang eingeräumt worden, EU-Kommission, Cape Verde secures access to EU markets and

ten IWPA analysiert werden. Die IWPA sind sehr ähnlich gestaltet und enthalten vor allem Bestimmungen zur Liberalisierung des Warenverkehrs.[1029] Mit Blick auf den Dienstleistungshandel, Investitionen, den Kapitalverkehr, geistiges Eigentum, den Wettbewerb, die öffentliche Auftragsvergabe, nachhaltige Entwicklung sowie Datenschutz stellt Art. 44 IWPA als sog. Rendezvous-Klausel die spätere Erweiterung des WPA in Aussicht. In diesem Sinne ergreifen die Parteien die notwendigen Maßnahmen und kooperieren, um den frühestmöglichen Abschluss eines „globalen" WPA – möglichst auf regionaler Ebene – zu fördern. Im Zusammenhang mit dem IWPA auftretende Differenzen sollen durch ein Streitbeilegungsverfahren ausgeräumt werden, das ein gestrafftes Abbild des WTO-Streitbeilegungsmechanismus' darstellt und damit den Bedürfnissen von Entwicklungsländern nicht gerecht wird.[1030]

1. Ursprungsregeln

Welche Waren als Ursprungswaren in den Genuss von Handelserleichterungen kommen, bestimmt sich bis zur – bereits für 2008 geplanten, aber bisher nicht erfolgten[1031] – Verabschiedung neuer Ursprungsregeln durch die WPA-Parteien nach den am 1. Januar 2008 geltenden Ursprungsregeln, Art. 14 Abs. 1 u. 2.

---

boosts its development, 9. Dezember 2011, verfügbar unter http:// trade.ec.europa.eu/doclib/press/index.cfm?id=763, zuletzt eingesehen am 12.12.2013.

1029 Dagegen umfasst das mit CARIFORUM geschlossene WPA u.a. auch Regelungen zum Dienstleistungshandel, zum Investitionschutzes und zur öffentlichen Auftragsvergabe.

1030 Die Änderungen im Vergleich zum WTO-System sind überwiegend im Sinne der EU (etwa kürzere Fristen und die Zulassung von *amicus curiae*-Eingaben), während die Vorschläge der AKP-Staaten größtenteils nicht bzw. - seltener - stark verwässert aufgegriffen wurden, MEHMET KARLI, The Development friendliness of dispute settlement mechanisms in the EPAs, in: *Trade Negotiations Insights Volume 8 Number 9 (2009)*, hg. von ICTSD, S. 9 f. Karli hält den Streitbelegungsmechanismus in der derzeitigen Form für AKP-Staaten für noch weniger zugänglich als das WTO-Äquivalent. Die AKP-Vertragspartner der EU seien praktisch vom Zugang ausgeschlossen.

1031 Für Ghana hat dies John-Hawkins Asiedu im Gespräch bestätigt, John-Hawkins Asiedu, leitender Ökonom des ghanaischen Handels- und Industrieministeriums, Interview mit der Autorin, 7. Mai 2012, Accra.

Bisher gelten die durch eine Verordnung vom 20. Dezember 2007 fest-gelegten Regeln,[1032] die stark denen des Cotonou-Abkommens ähneln. Einige produktspezifische Sonderregelungen, die vom CA abweichen, bestehen für Textilien, Kleidung sowie Fische und Fischprodukte.[1033]

Neben den vollständig in AKP-Staaten gewonnenen oder hergestellten Erzeugnissen gelten solche Erzeugnisse als Ursprungswaren, die in AKP-Staaten in ausreichendem Maße be- oder verarbeitet worden sind.[1034] Erzeugnisse können entweder durch bestimmte, in einer Liste aufgeführte Verarbeitungsprozesse den Ursprungswarenstatus erwerben oder durch einen mittels Verarbeitung erlangten Wertzuwachs, sofern das Vormaterial ohne Ursprungseigenschaft höchstens 15 % des Ab-Werk-Preises ausmacht.[1035] Bestimmte Be- oder Verarbeitungen können auch bei Erfüllung der genannten Bedingungen keinen Ursprungsstatus verleihen, etwa das einfache Zusammenfügen von Teilen eines Erzeugnisses zu einem vollständigen Erzeugnis.[1036]

Bei der Bewertung der Ursprungseigenschaft werden die in anderen AKP-Staaten, die ein (I)WPA abgeschlossen haben, geleisteten Herstellungs- bzw. Verarbeitungsanteile so betrachtet, als seien sie in dem letztbe- bzw. verarbeitenden Staat erbracht worden.[1037] Da bisher nur eine relativ geringe Anzahl von AKP-Staaten mit der EU ein WPA geschlossen haben, ist die Möglichkeit regionaler Kumulierung im Vergleich zum Cotonou-Abkommen, das dies noch für alle AKP-Staaten erlaubt hatte,[1038] begrenzt. Das Prinzip der Kumulierung erleichtert mithin lediglich inner-

---

1032 Europäischer Rat, Verordnung mit Durchführungsbestimmungen zu den Regelungen der Wirtschaftspartnerschaftsabkommen oder zu den Wirtschaftspartnerschaftsabkommen führenden Abkommen, EU-Dok. (EG) Nr. 1528/2007, 20. Dezember 2007. Allein im Rahmen des WPA mit den CARIFORUM-Staaten wurde ein Protokoll verabschiedet, das sich leicht von den Ursprungsregeln der Verordnung (EG) 1528/2007 bzw. des Cotonou-Abkommens unterscheidet.

1033 Siehe für einen ausführlichen Vergleich ECKART NAUMANN, *Rules of Origin in EU-ACP Economic Partnership Agreements,* 2010, S. 10 ff. Das Protokoll 1 zum Cotonou-Abkommen regelt, welche Waren als Ursprungswaren der AKP-Staaten während der siebenjährigen Übergangszeit bis zur Einführung der Wirtschaftspartnerschaftsabkommen zoll- und quotenfreien Zugang zum Gemeinschaftsmarkt genießen, Art. 37 Abs. 1 i.V.m. Anhang V.

1034 Art. 4 Abs. 1 i.V.m. Art. 2 Abs. 1 Anhang II Verordnung (EG) 1528/2007.

1035 Art. 4 Abs. 1 i.V.m. Art. 4 Abs. 1 und 2 Anhang II Verordnung (EG) 1528/2007.

1036 Art. 4 Abs. 1 i.V.m. Art. 5 Anhang II Verordnung (EG) 1528/2007.

1037 Art. 4 Abs. 1 i.V.m. Art. 2 Abs. 2 Anhang II Verordnung (EG) 1528/2007.

1038 Art. 2 Abs. 2 Protokoll 1 zum Cotonou-Abkommen.

halb der Gruppe von (I)WPA-Vertragsparteien den Erwerb des Ursprungswarenstatus'. Daneben können auch die Vormaterialien aus der EU sowie auf Antrag der AKP-Staaten Vormaterialien aus benachbarten Entwicklungsländern, die keine AKP-Staaten i.S.d. Verordnung sind bzw. kein WPA abgeschlossen haben, „kumuliert" werden.[1039] Als benachbarte Entwicklungsländer gelten in Afrika allerdings nur Ägypten, Algerien, Libyen, Marokko und Tunesien.[1040] Obwohl Südafrika mit der EU ein WPA abgeschlossen hat, gelten für Vormaterialien aus Südafrika zahlreiche Einschränkungen.[1041]

2. Der Abbau tarifärer Hürden

a. Abbau von Einfuhrzöllen

Gemäß Art. 12 IWPA i.V.m. Anhang 1 genießen Produkte aus der Elfenbeinküste bzw. Ghana grundsätzlich zollfreien Marktzugang.[1042] Für Waren aus der EU senkt die Elfenbeinküste bzw. Ghana entsprechend der jeweiligen Produktkategorie die Einfuhrzölle, Art. 13 IWPA i.V.m. Anhang 2. Während die drei Warenkategorien A-C sukzessive bis spätestens 2023 zollfrei gestellt werden, sind die Produkte der Kategorie D vom Zollabbau ausgenommen. Insgesamt schaffen die Elfenbeinküste für 89 % der Tariflinien (dies entspricht 81 % der EU-Importe) und Ghana für 81 % der Tariflinien (dies entspricht 80 % der EU-Importe) jegliche Zölle ab.[1043] Die Marktöffnungspflichten der beiden Länder decken sich nicht vollständig. Ghana hat andere und mehr Produkte vom Zollabbau ausge-

---

1039 Art. 4 Abs. 1 i.V.m. Art. 6 Anhang II Verordnung (EG) 1528/2007.
1040 Anlage 9 VO zu Anhang II Verordnung (EG) 1528/2007.
1041 Art. 4 Abs. 1 i.V.m. Art. 6 Abs. 5-12 Anhang II Verordnung (EG) 1528/2007.
1042 Ausnahmen bestehen entsprechend der Alles-außer-Waffen-Regelung für Waffen und Einschränkungen nach Abs. 2 – 9 Annex I etwa bis 2010 für Reis und bis 2015 für Zucker.
1043 Handelskommission der EU, *Factsheet on the Interim Economic Partnership Agreements. West Africa: Ivory Coast and Ghana*, November 2011, S. 2, verfügbar unter http://trade.ec.europa.eu/doclib/docs/2009/january/ tradoc_142191.pdf, zuletzt eingesehen am 20.2.2014 Eine detaillierte Analyse der ivorischen bzw. ghanaischen Pflichten, Zölle abzubauen, findet sich bei SANOUSSI BILAL und CHRISTOPHER STEVENS, *The Interim Economic Partnership Agreements between the EU and African States: Contents, challenges and prospects,* 2009, S. 119 ff.

schlossen als die Elfenbeinküste.[1044] Zudem sind die gleichen Produkte in den unterschiedlichen IWPA teilweise verschiedenen Kategorien zugeordnet. Damit werden sie zu unterschiedlichen Zeitpunkten von Zöllen freigestellt. So sollte die Elfenbeinküste in der ersten Phase bis Januar 2013 bereits 58,5 % der von der EU importierten Waren liberalisieren, während Ghana in dieser Zeit lediglich für 28,8 % der EU-Importe die Zölle abschaffen sollte.[1045]

b. Status quo-Klausel für Importzölle

Unabhängig von den in Art. 12 und Art. 13 IWPA gemachten Zugeständnissen verbietet Art. 15 die Einführung neuer bzw. die Erhöhung der bei Inkrafttreten des Abkommens angewandten Einfuhrzölle. Von dieser Regelung werden folglich alle Importzölle erfasst, auch solche auf Waren, die nicht liberalisiert werden sollen.[1046] Diese Regelung kann trotz ihrer allgemeinen Formulierung nur auf die Elfenbeinküste bzw. Ghana Anwendung finden, da die EU diesen Ländern gegenüber bereits verpflichtet ist, jegliche Einfuhrzölle abzuschaffen. In der Literatur wird kritisiert, dass die Bindung an die bei Inkrafttreten des IWPA angewandten – und nicht an die in Listen konsolidierten – Zölle den AKP-Staaten den Spielraum nehme, auf wechselnde wirtschaftliche Umstände, insbesondere Fluktuationen im Weltmarkt, zu reagieren.[1047] Gemäß Art. 15 Abs. 2 IWPA konnten Ghana und die Elfenbeinküste bis zum 31. Dezember 2011 ihren

---

1044 Beide Länder haben sowohl Agrarprodukte als auch Produkte der verarbeitenden Industrie vom Zollabbau ausgenommen, so etwa Hühner und anderes Fleisch, Tomaten, Zwiebeln, Zucker, Tabak und gebrauchte Kleidung. Während die Elfenbeinküste etwa zusätzlich Zement, Malz, Benzin und Autos ausgeschlossen hat, sieht das IWPA von Ghana von der Liberalisierung von Weizen, gefrorenem Fisch und industriellem Kunststoffen ab. Handelskommission der EU, *Factsheet on the Interim Economic Partnership Agreements. West Africa: Ivory Coast and Ghana*, November 2011, S. 2. Ausführlicher zu der unterschiedlichen Liste der von der Liberalisierung ausgenommenen Waren C.T.A. AGRITRADE, *EPA negotiation issues between West Africa and the EU*, 2010, S. 5.

1045 ebd., S. 5. Beide Länder setzten das IWPA bisher nicht um.

1046 Dagegen erfasst die etwa Stillhalteklausel (*stand-still-clause*) in den mit den CARIFORUM-Staaten, der SADC sowie den Pazifischen Staaten geschlossenem IWPA ausschließlich Waren, die liberalisiert werden.

1047 COSMAS OCHIENG, *Legal and Systemic Contested issues in Economic Partnership Agreements (EPAs) and WTO Rules. Which Way Now?*, 2009, S. 15.

Außenzoll verändern, sofern dies der Einführung eines Gemeinsamen Außenzolls der ECOWAS dient und das neue Zollregime dem Handel keine höheren Schranken auflegt, als die im IWPA-Annex 2 festgelegten Zölle. Ein Grund für die Befristung dieser Ausnahmeregelung ist insoweit nicht ersichtlich, als auch die Verabschiedung eines Gemeinsamen ECOWAS-Außenzolls nach 2011 die Anpassung der Zölle erforderlich macht.

c. Status quo-Klausel für Exportzölle

Gemäß Art. 16 IWPA dürfen auch die bei Inkrafttreten des Abkommens angewandten Exportzölle bzw. Abgaben gleicher Wirkung nicht erhöht bzw. um neue Zölle und Abgaben ergänzt werden. Eine Ausnahme dazu sieht Abs. 2 vor: Bei Eintritt außergewöhnlicher Umstände darf Ghana bzw. die Elfenbeinküste nach Beratung mit der EU zeitweise für eine begrenzte Anzahl von traditionellen Gütern neue Exportzölle bzw. Abgaben gleicher Wirkung einführen bzw. die bestehenden erhöhen. Dazu muss der jeweilige AKP-Staat besondere Bedürfnisse hinsichtlich der Staatseinkünfte, dem Schutz entstehender Industriezweige oder dem Umweltschutz darlegen.

d. Meistbegünstigungsklausel

Die EU und Ghana bzw. die Elfenbeinküste sichern einander nach Art. 17 die Anwendung jeglicher Vorzugsbehandlung zu, die sie anderen Ländern im Rahmen von Freihandelsabkommen einräumen. Die Meistbegünstigungsklausel erfasst damit nicht nur tarifäre, sondern auch nicht-tarifäre Vorzugsbehandlungen für den Warenverkehr. Ausgenommen sind allerdings Handelsvorteile, die im Rahmen von Freihandelsabkommen gewährt werden, an denen die Parteien bereits vor Unterzeichnung des IWPA beteiligt waren, Art. 17 Abs. 4.

Für Ghana bzw. die Elfenbeinküste gilt die Meistbegünstigungsklausel, soweit sie Vorzugsbehandlungen im Rahmen von Freihandelsabkommen mit wichtigen Handelspartnern gewähren. Als solche *major trading partners* gelten nach Art. 17 Abs. 6 Industriestaaten und Länder, die vor Inkrafttreten des jeweiligen Freihandelsabkommens einen jährlichen Anteil von mehr als 1 % an den weltweiten Exporten haben, sowie jede

Gruppe von Staaten, die gemeinsam für einen jährlichen Anteil von 1,5 % der Weltexporte verantwortlich sind. Der Begriff des Freihandelsabkommens wurde nicht definiert.[1048] In der Literatur wird die Meistbegünstigungsklausel einerseits als von zweifelhafter WTO-Kompatibilität beanstandet,[1049] andererseits wegen der mit ihr einhergehenden Beschränkung der handelspolitischen Optionen der AKP-Staaten als entwicklungsabträglich kritisiert.[1050] Unabhängig von ihrer WTO-rechtlichen Bewertung ist die Klausel geeignet, enge Süd-Süd-Kooperationen zu beeinträchtigen, und widerspricht somit den Entwicklungsbelangen der AKP-Staaten.[1051]

3. Der Abbau nicht-tarifärer Handelsbarrieren

a. Verbot mengenmäßiger und anderer Beschränkungen

Alle Einfuhr- und Ausfuhrverbote und -beschränkungen, die den Handel zwischen den Parteien beeinträchtigen können, werden abgeschafft, Art. 18. Dies betrifft insbesondere mengenmäßige Beschränkungen und Ein- und Ausfuhrlizenzen. Neue beschränkende Maßnahmen dürfen nicht eingeführt werden.

b. Inländerbehandlung

Die Parteien unterwerfen gemäß Art. 19 Abs. 1 die von der jeweils anderen Partei eingeführten Waren keinen höheren inneren Abgaben und sonstigen Belastungen, als für gleichartige inländische Waren gelten. Auch mit Blick auf jegliche Gesetze, Verordnungen und sonstige Vorschriften über den Verkauf, das Angebot, den Einkauf, die Beförderung, Verteilung oder Verwendung sind die Waren der Vertragsparteien gleichgestellt, Art. 19 Abs. 2. Des Weiteren dürfen die Parteien, abgesehen von Ursprungsregeln keine inländischen Mengenvorschriften über die

---

1048 Daher stellt sich die Frage, ob darunter etwa auch Präferenzabkommen fallen, die unter der Ermächtigungsklausel notifiziert werden und nur einen Teil des Handels zwischen den jeweiligen Parteien abdecken.
1049 Dazu unter Teil III Kapitel 2 D III 2, 3.
1050 OCHIENG (FN. 1047), S. 12 ff.
1051 OCHIENG (Fn. 1047), S. 14.

Mischung, Veredlung oder Verwendung von Waren erlassen oder beibehalten, die bestimmen, dass eine bestimmte Menge oder ein bestimmter Warenanteil aus inländischen Produktionsquellen stammen muss. Darüber hinaus dürfen inländische Mengenvorschriften nicht derart angewandt werden, dass die inländische Produktion geschützt wird. Diese Bestimmungen gelten nicht für die öffentliche Auftragsvergabe und hindern die Vergabe von Subventionen nicht. Die Regelungen entsprechen im Wesentlichen Art. III GATT[1052].

c. Sanitäre, phytosanitäre und technische Barrieren

Produktstandards und die damit verbundenen Verfahrenserfordernisse stellen mittlerweile das größte Hindernis für den Zugang afrikanischer (Agrar-)Produkte zum europäischen Markt dar.[1053] Das heißt, dass sich die im Rahmen der WTO etablierten Regeln in dieser Hinsicht als für Entwicklungsländer von begrenztem Nutzen erwiesen haben. Umso mehr könnten die (I)WPA den AKP-Staaten bei entsprechender Gestaltung eine Chance bieten, diese Barrieren zu überwinden.[1054] Dies erfordert einerseits, die Regulierung der Möglichkeit, immer neue Standards einzuführen, andererseits massive finanzielle Anstrengungen, um die Fähigkeit der afrikanischen Produzenten und Exporteure zu verbessern, europäische Standards zu erfüllen. Beide Ansätze werden in den IWPA nur sehr bedingt verfolgt. Zwar widmen die IWPA der Frage immerhin ein Kapitel und nicht nur zwei Artikel wie das Cotonou-Abkommen. Besagtes Kapitel bekräftigt aber in erster Linie das geltende WTO-Recht. Daneben sind in Art. 41 verschiedene Modalitäten des Informationsaustauschs vorgese-

---

1052 General Agreement on Tariffs and Trade (Allgemeines Zoll- und Handelsabkommen), unterzeichnet am 30. Oktober 1947 und am 1. Januar 1948 in Kraft getreten.
1053 BLAIR COMMISSION FOR AFRICA, *Our Common Interest*, 2005, S. 285 f.
1054 DENISE PRÉVOST, *Sanitary, Phytosanitary and Technical Barriers to Trade in the Economic Partnership Agreements between the European Union and the ACP Countries*, 2010, S. 56 f.

hen.[1055] Auch hinsichtlich der Unterstützung ghanaischer und ivorischer Produzenten belassen es die IWPA-Parteien mit Art. 43 bei vagen Absichtserklärungen.[1056]

4. Handelspolitische Schutzinstrumente

Die Parteien dürfen grundsätzlich in Übereinstimmung mit dem WTO-Recht Anti-Dumping- und Ausgleichsmaßnahmen wurden sowie multilaterale Schutzmaßnahmen erlassen, Art. 23 f. Die EU soll allerdings während fünf Jahren die Elfenbeinküste bzw. Ghana von Notstandsmaßnahmen i.S.d. Art. XIX GATT sowie nach Art. 5 Übereinkommen über die Landwirtschaft (AoA)[1057] ausnehmen, Art. 24 Abs. 2. In der Vergangenheit sind Regelungen der WTO zu Schutzinstrumenten von Entwicklungsländern nur sehr selten in Anspruch genommen worden, insbesondere weil der Nachweis, dass ein Importanstieg kausal für einen (drohenden) Schaden für die heimische Wirtschaft ist, für sie schwer zu erbringen ist. Die EU hat dagegen regelmäßig Schutzmaßnahmen für landwirtschaftliche Tariflinien nach Art. 5 AoA eingeführt.[1058]

Unter welchen materiellen und prozeduralen Bedingungen bilaterale Schutzmaßnahmen verabschiedet werden dürfen, regelt Art. 25. Danach darf eine Vertragspartei nur dann Schutzzölle erheben, die in Widerspruch zu den im WPA gemachten Zugeständnissen stehen, wenn eine Ware aus dem Territorium der anderen Partei in derart erhöhten Mengen eingeführt wird, dass einer der in Art. 25 Abs. 2 aufgezählten Gefährdungstatbestände vorliegt. Dies ist der Fall, wenn den heimischen Erzeugern gleichartiger oder unmittelbar konkurrierender Waren ein ernsthafter Schaden oder die Zerrüttung eines Wirtschaftszwegs droht, insbesondere wenn dies größere soziale Schwierigkeiten hervorruft, die zu einer ernsthaften

---

1055   Nach PRÉVOST (Fn. 1054)., S. 21 f. bedeuten nur einige der Informationspflichten einen Mehrwert, andere sind schon im TBT vorgesehen, etwa Art. 41 Abs. 1.

1056   PRÉVOST (Fn. 1054), S. 56.

1057   Agreement on Agriculture (AoA), unterzeichnet am 15. April 1995, in Kraft getreten am 1. Januar 1995, EG-Abl. 1994 L 336/22.

1058   AILEEN KWA, *African Countries and the EPAs: Do Agriculture Safeguards Afford Adequate Protection?*, 2008, S. 1 f.

Verschlechterung der Wirtschaftslage führen können, oder wenn die Zerrüttung des Markts für gleichartige oder unmittelbar konkurrierende landwirtschaftliche Produkte droht.

Für Ghana bzw. die Elfenbeinküste wurden die zur Schutzmaßnahme berechtigenden Umstände gemäß Art. 25 Abs. 5 lit. b um die Gefährdung eines entstehenden Industriezweigs durch erhöhte EU-Importe ergänzt. Dieser Tatbestand wird jedoch durch eine sogenannte *Sunset clause* befristet, d.h., er ist lediglich bis zu zehn Jahre ab Inkrafttreten des WPA anwendbar. Ein weiterer Tatbestand soll der Ernährungssicherheit Ghanas bzw. der Elfenbeinküste dienen. So verweist Art. 20 auf das Verfahren des Art. 25, soweit die Umsetzung des Abkommens zu Schwierigkeiten bei der Verfügbarkeit oder dem Zugang zu für die Ernährungssicherheit erforderlichen Nahrungsmitteln führt, und dies größere Schwierigkeiten für Ghana bzw. die Elfenbeinküste mit sich zu bringen droht.

Artikel 25 Abs. 7 sieht ein Verfahren zur Notifizierung und Überwachung der Notstandsmaßnahmen vor, das nach Abs. 8 der Norm übersprungen werden kann, erfordern außergewöhnliche Umstände sofortige Maßnahmen. Eine solche Sofortmaßnahme darf aber von der EU maximal während einer Dauer von 180 Tagen und von Ghana bzw. der Elfenbeinküste höchstens 200 Tage lang aufrecht erhalten werden.

Die jeweilige Schutzmaßnahme kann in der Aussetzung weiterer Zollsenkungen, der Erhöhung von Zöllen[1059] oder der Einführung von Zollkontingenten bestehen und muss streng erforderlich zur Vorbeugung der jeweiligen Gefahr sein, Art. 25 Abs. 3.[1060] Damit geht eine Befristung auf zwei bzw. für die Elfenbeinküste, Ghana und die europäischen überseeischen Gebiete auf vier Jahre einher.

1059 Hierbei gilt eine Art Meistbegünstigungsklausel: Die Zölle dürfen nur soweit erhöht werden, wie sie auch anderen WTO-Mitgliedern gegenüber angewandt werden. Das heißt, dass die bilateralen Schutzzölle praktisch durch die in der WTO gemachten Zugeständnisse und gegebenenfalls eine noch großzügigere Zollsatzpraxis gedeckt sind.

1060 Vgl. auch Abs. 7 lit. d, nachdem die Maßnahme zu wählen ist, die das Problem schnell und effizient löst und die die geringstmögliche Unruhe in das reibungslose Funktionieren des Abkommens bringt.

In der Literatur werden sowohl die prozeduralen als auch die materiellen Bedingungen der bilateralen Schutzinstrumente als zu restriktiv und übertrieben komplex kritisiert.[1061] In der Tat ist zweifelhaft, ob das Bedürfnis, einen entstehenden Industriezweig zu schützen, bereits nach zehn Jahren geringer sein wird, und ob eine Regelung, die an den Anstieg von EU-Importen gebunden ist, ihm gerecht wird.[1062] Beklagenswert ist weiterhin, dass im Gegensatz zu Art. 5 AoA der Preisverfall, insbesondere auf dem Agrarmarkt, keinen zu Schutzmaßnahmen berechtigenden Tatbestand darstellt.[1063] Auch die Regelung, dass die bilateralen Schutzmaßnahmen lediglich zu einer Anhebung bis zur Höhe der gegenüber anderen WTO-Mitglieder angewandten Zollsätze führen darf, widerspricht den Interessen der AKP-Staaten. Denn die EU sichert sich damit eine Art Meistbegünstigung, obwohl sie mit ihren massiven Agrarsubventionen und den historisch engen Beziehungen zu den AKP-Staaten droht, deren Märkte besonders stark zu beeinträchtigen. Hinsichtlich des Verfahrens ist schon im Rahmen der WTO klar geworden, dass die meisten Entwicklungsländer nicht über die nötigen Kapazitäten verfügen, um umfangreiche Nachweise über Importanstiege, Gefährdungen und Kausalitäten zu erbringen. Hier erweist sich das WPA wiederum restriktiver als das AoA: Während im Rahmen von Art. 5 AoA Schutzmaßnahmen ohne vorherige Benachrichtigung oder gar Prüfung des Ausschusses für Landwirtschaft getroffen werden können, verlangen die IWPA eine Überweisung der Sache an den WPA-Ausschuss, d.h. die Lieferung von Informationen, damit dieser binnen 30 Tage Empfehlungen verabschieden und eine für alle Parteien akzeptable Lösung finden kann.[1064]

1061 Kwa (Fn. 1058), S. 2 f., Sanoussi Bilal und CHRISTOPHER STEVENS, *The Interim Economic Partnership Agreements between the EU and African States: Contents, challenges and prospects,* 2009, S. 83 ff. Vgl. auch für die mit Südafrika und den Caricom-Ländern abgeschlossenen WPA Christian Pitschas, *Special Safeguard Mechanisms in Agriculture. Drawing Inspiration from the TDCA and the CARIFORUM EPA?,* 2008.
1062 Bilal und STEVENS (Fn. 1061), S. 84.
1063 Kwa (Fn. 1058), S. 2.
1064 ebd., S. 2.

5. Non-execution clause

Im Cotonou-Abkommen haben sich die Parteien vorbehalten – das heißt in der Praxis: die EU –, im Falle der Verletzung von internationalen Verpflichtungen zur Nichtverbreitung und Abrüstung von Massenvernichtungswaffen, der Verletzung von Menschenrechten, demokratischer Prinzipien, der Rechtsstaatlichkeit sowie bei schweren Korruptionsfällen nach Ablauf eines Konsultationsverfahrens verhältnismäßige Maßnahmen zu ergreifen, die bis zur Aussetzung des Abkommens reichen können.[1065] Auf diese *non-execution clause* verweist Art. 80 Abs. 2 IWPA und bekräftigt deren Anwendbarkeit im Rahmen des IWPA.

III. Das regionale WPA

Das regionale Wirtschaftspartnerschaftsabkommen greift viele bereits in den von der Elfenbeinküste und Ghana verhandelten IWPA enthaltene Regelungen auf, erweist sich für die westafrikanischen Länder allerdings in einigen Punkten als vorteilhafter als diese. So sind insbesondere die Ursprungsregeln flexibler und die von der EU durchgesetzte Meistbegünstigungsklausel restriktiver als in den IWPA. Die Verhandlungen zum regionalen Wirtschaftspartnerschaftsabkommen haben die westafrikanischen Länder zur engeren Integration gezwungen, weil sie die Erarbeitung einer zuvor auf Ebene der ECOWAS nicht bestehenden gemeinsamen Handelspolitik erforderten. So hat die Erarbeitung des westafrikanischen Marktöffnungsangebots dazu geführt, dass die ECOWAS in Abstimmung mit der UEMOA einen gemeinsamen Außenzoll für die gesamte Region verabschiedet hat. Darüber hinaus erfordern einige Klauseln des regionalen Wirtschaftspartnerschaftsabkommens Integrationsschritte, die die ECOWAS und teilweise auch die UEMAO bisher nicht gegangen sind. Beispiele dafür bilden die Regelungen zur mittelfristigen freien Zirkulation europäischer Waren innerhalb der Region[1066] und zur Reform der

---

1065 Art. 11 lit. b, Art. 96 und Art. 97 i.V. Art. 8 und Art. 9 Cotonou-Abkommen.
1066 Art. 14 Abs. 2 Wirtschaftspartnerschaftsabkommen zwischen auf der einen Seite den westafrikanischen Staaten, der ECOWAS, der UEMOA, und auf der anderen Seite der Europäischen Union und ihrer Mitgliedstaaten, am 30.6.2014 paraphiert und am 10.7.2014 von den ECOWAS-Staats- und Regierungschefs gebilligt, EU-Dok. EU/EPAWA/en 1 (im Folgenden: WA-EU-WPA) gewährt West-

Zollregulierung.[1067] Schließlich weitet sogar eine Klausel die der EU in Fragen der technischen Handelshemmnisse, gesundheitspolizeilichen und pflanzenschutzrechtlichen Maßnahmen eingeräumten Vorteile auf alle westafrikanischen Staaten aus.[1068] Nichtsdestotrotz ist das Wirtschafts-partnerschaftsabkommen in einigen Punkten scharfer Kritik aufgesetzt.

1. Ursprungsregeln

Die Ursprungsregeln waren eines der zähen Verhandlungsthemen, da die westafrikanische Seite nachdrücklich einfache und asymmetrische Ursprungsregeln, insbesondere für Fischereiprodukte, forderte.[1069] Schlussendlich hat die EU zumindest der Forderung nach asymmetrischen Ursprungsregeln nachgegeben.[1070]

Neben den vollständig in den Vertragsstaaten gewonnenen oder herge-stellten Erzeugnissen gelten solche Produkte als Ursprungswaren, die in den Vertragsstaaten in ausreichendem Maße verarbeitet worden sind.[1071]

---

afrika lediglich eine Übergangszeit von fünf Jahren zur Verwirklichung des freien Verkehrs von europäischen Drittwaren. Bisher zirkulieren Drittwaren noch nicht einmal innerhalb der UEMOA frei. Siehe auch Art. 39 WA-EU-WPA zum Warentransit.

1067 Artikel 38 WA-EU-WPA legt bestimmte Anforderungen an die Zollregulierung und -verfahren fest, während Art. 42 WA-EU-WPA die Harmonisierung von Zollverfahren und -regulierung zum Zeile der Erleichterung des Handels in Westafrika erfordert.

1068 Art. 32 Abs. 3 WA-EU-WPA bestimmt: „Regarding the measures arising from this Chapter, the West African States shall ensure that the treatment they give to products originating in West Africa is no less favourable than the treatment they give to similar products originating in the European Union entering the West African region."

1069 Guidado Sow, Direktor der Abteilung Regulierung und internationale Zusam-menarbeit der senegalesischen Oberzolldirektion und ehemaliger Leiter des Zolldirektorats der UEMOA-Kommission, Interview mit der Autorin, 5. April 2012, Dakar.

1070 Bridges, West Africa, EU reach Trade Deal, 13. Februar 2014, verfügbar unter http://www.ictsd.org/bridges-news/bridges/news/west-africa-eu-reach-trade-deal, zuletzt eingesehen am 16.07.2014. Salifou Tiemtoré, ECOWAS-Kommis-sion, Präsentation Etat des négociations de l'Accord de Partenariat Economique entre l'Afrique de l'Ouest (AO) et l'Union Européenne (UE), Juli 2014, S. 14.

1071 Art. 6 WPA iVm Art. 2 Abs. 2, 3 Protokoll 1 zum WA-EU-WPA über die Defi-nition des Konzepts der Ursprungsprodukts und der Methoden administrativer Zusammenarbeit.

Dafür werden für die verschiedenen Produktgruppen die die Ursprungseigenschaft verleihenden Verarbeitungsschritte abschließend geregelt, wobei bestimmte Verarbeitungsschritte während fünf Jahren nur für westafrikanische Waren die Ursprungseigenschaft begründen.[1072] Unabhängig von diesen Verarbeitungsschritten führt die Herstellung von Waren aus nicht-regionalen Rohstoffen zur Erlangung der Ursprungseigenschaft, soweit der Wert der verarbeiteten Rohstoffe zehn Prozent für Waren aus der EU und 15 Prozent für Waren aus Westafrika des Ab-Werk-Preises des hergestellten Erzeugnisses nicht übersteigt.[1073]

Die westafrikanischen Länder werden – wie die EU – als einheitliches Territorium betrachtet, sodass bei der Bewertung der Ursprungseigenschaft die Erbringung verschiedener Verarbeitungsschritte innerhalb der Region zu berücksichtigen ist (regionale Kumulierung).[1074] Darüber hinaus werden Rohstoffe aus anderen AKP-Ländern, die zumindest provisorisch ein WPA anwenden, sowie dort ausgeführte Verarbeitungsschritte Rohstoffen bzw. Verarbeitungsvorgängen der Vertragsparteien gleichgestellt.[1075] Unter bestimmten Bedingungen werden auch zollfrei in die EU importierte Rohstoffe als westafrikanische Rohstoffe behandelt.[1076]

2. Der Abbau tarifärer Hürden

Auf den Abbau tarifärer Hürden zielt die Reduzierung von Einfuhrzöllen, die Konsolidierung von Einfuhr- und Ausfuhrzöllen und schließlich die Meistbegünstigungsklausel.

1072 Art. 6 WPA iVm Art. 4 Abs. 1, 2 iVm Annex II(a) Protokoll 1 zum WA-EU-WPA.
1073 Art. 6 WPA iVm Art. 4 Abs. 4 Protokoll 1 zum WA-EU-WPA.
1074 Art. 6 WPA iVm Art. 2 Abs. 1 Protokoll 1 zum WA-EU-WPA.
1075 Art. 6 WPA iVm Art. 7 Protokoll 1 zum WA-EU-WPA.
1076 Eine solcher zollfreier Marktzugang kann insbesondere aus dem Allgemeinen Präferenzsystem resultieren, Art. 8 Protokoll 1 zum WA-EU-WPA. Siehe auch Art. 6 Abs. 1 Protokoll 1.

Die EU bietet westafrikanischen Waren einen grundsätzlich zollfreien Marktzugang.[1077] Westafrika ist im Gegenzug verpflichtet innerhalb von 20 Jahren 75 % der Zolltariflinien für EU-Importe abzubauen.[1078] Dabei werden in Anlehnung an die Produktqualifizierung im Rahmen des Gemeinsamen Außenzolls der ECOWAS vier verschiedene Warengruppen unterschieden, von denen drei im Fünf-Jahres-Rhythmus liberalisiert werden.[1079] Der größte Teil der Zollsenkungen soll innerhalb von 15 Jahren erreicht werden.[1080] Dies bedeutet, dass die auf sie erhobenen Zölle schrittweise auf null reduziert werden. Die vierte Warengruppe umfasst vor allem Agrarprodukte und ist von der Liberalisierung ausgenommen. Sie betrifft zwar 25% der Produktlinien, aber nur 18% der Exporte nach ihrem Wert. Nach dem Wert der Importe werden also letztlich 82% der europäischen Produkte von Zöllen befreit, wobei der Wert stark für die verschiedenen westafrikanischen Länder schwankt.[1081]

Lange Zeit war die Frage, ob die auf den Import von Drittwaren erhobenen Gemeinschaftsabgaben der UEMOA und der ECOWAS als zollähnliche Abgabe von den Liberalisierungspflichten erfasst werden sollen

---

1077 Art. 10 Abs. 1 iVm Annex B WA-EU-WPA.

1078 Bridges, West Africa, EU reach Trade Deal, 13. Februar 2014, verfügbar unter http://www.ictsd.org/bridges-news/bridges/news/west-africa-eu-reach-trade-deal, zuletzt eingesehen am 16.07.2014. Die Frage, in welchem Umfang und Zeitrahmen Westafrika die Zölle für europäische Waren abbauen solle, war einer der schwerwiegendsten Blockadepunkte der Verhandlungen. Nach dem anfänglichen Angebot, 62 % der Waren nach unterschiedlich langen Übergangsfristen von Zöllen auszunehmen, hatte Westafrika sein Angebot auf 63, 65 und schließlich 70 % erhöht. Die EU verlangte allerdings unter Berufung auf die Erfordernisse des WTO-Rechts weiterhin den Zollabbau für 80 % ihrer Exporte. Auch der Rhythmus der Marktöffnung war bis zuletzt zwischen den Parteien umstritten, Cheikh Saadbouh Seck, Direktor der Abteilung Außenhandel des senegalesischen Wirtschaftsministeriums, Interview mit der Autorin, 10. April 2012, Dakar.

1079 Art. 10 Abs. 2 iVm Annex C WA-EU-WPA.

1080 CONCORD, The EPA between the EU and West Africa: Who benefits?, Spotlight Report 2015 Policy Paper, verfügbar unter http://www.euractiv.com/sites/default/files/spotlight_2015_trade_epa_april_2015_en_1.pdf, zuletzt eingesehen am 25.12.2015.

1081 JACQUES BERTHELOT, Pertes de recettes douanières liées à l'APE Afrique de l'Ouest, 6. September 2014, verfügbar unter https://blogs.mediapart.fr/j-berthelot/blog/090914/pertes-de-recettes-douanieres-en-perspective-en-afrique-de-louest, zuletzt eingesehen am 18.12.2015 mit Bezug auf das South Centre, Mai 2014.

oder als Finanzierungsquelle zusätzlich zu den vereinbarten Zöllen erhoben werden dürfen, in den Verhandlungen umstritten. Sie wurde dahingehend gelöst, dass die Gemeinschaftsabgaben zumindest für einen Übergangszeitraum erhoben werden dürfen, ohne als tarifäre Handelsbarrieren zu gelten, bis die ECOWAS und UEMOA andere Finanzierungsquellen erschlossen haben werden.[1082]

Ähnlich der Systematik in den IWPA ergänzt der EU-WA-WPA den Abbau der Importzölle durch eine Status-quo-Klausel, die das Einfrieren von Importzöllen verlangt. Diese ist im Gegensatz zu der entsprechenden Klausel im IWPA begrenzt auf die von der Liberalisierung erfassten Produkte.[1083] Auch für Exportzölle verbietet wiederum eine Status-quo-Klausel deren Einführung oder Erhöhung.[1084] In jedem Fall dürfen Exportzölle und vergleichbare Abgaben die Ursprungswaren der Vertragsparteien nicht höher belasten als sie es bei aus anderen Ländern stammenden vergleichbaren Produkten tun.[1085] Teilweise wird die Regelung unter Hinweis auf die hohe Bedeutung von Exportzöllen für die Einnahmen westafrikanischer Länder kritisiert.[1086]

Bereits für die IWPA war die sog. Meistbegünstigungsklausel, mit der sich die Vertragsparteien die Übertragung jeglicher Vorzugsbehandlung zusichern, die sie anderen Handelspartnern gewähren, umstritten.[1087] Da die EU auf die Einführung einer solchen Meistbegünstigungsklausel auch

---

1082 Art. 11 WA-EU-WPA: „Under this Agreement, the Parties agree that the autonomous financing arrangement of the West African Organisations responsible for regional integration (ECOWAS and UEMOA) shall be maintained until a new financing method has been set up."

1083 Art. 9 Abs. 1 WA-EU-WPA lautet: „No new customs duties on imports shall be introduced on products covered by the liberalisation between the Parties, nor shall those currently applied be increased from the date of entry into force of this Agreement."

1084 Art. 13 Abs. 1 WA-EU-WPA lautet: „No new duties or taxes on export or charges with equivalent effect shall be introduced, nor shall those currently applied in trade between the Parties be increased from the date of entry into force of this Agreement." Abs. 3 sieht für Westafrika die Möglichkeit vor, davon bei außergewöhnlichen Umständen abzuweichen, in denen es der westafrikanischen Partei gelingt spezifische Bedürfnisse hinsichtlich von Staatseinkünften, dem Schutz entstehender Industriezweige oder dem Umweltschutz darzulegen. Diese Regelung entspricht Art. 16 Abs. 2 IWPA.

1085 Art. 13 Abs. 2 WA-EU-WPA.

1086 BERTHELOT (Fn. 1081).

1087 Siehe Teil II Kapitel 1 B II 2 d.

im regionalen WPA bestand, ohne eine offensichtliche WTO-Rechtswidrigkeit riskieren zu wollen,[1088] wurde ein Kompromiss dahingehend gefunden, dass eine solche Klausel für Westafrika nur die Handelsabkommen erfasst, die es mit Handelspartnern abschließt, die zumindest einen Anteil von 1,5 % am Welthandel und einen Industrialisierungsgrad von über 10 % haben. Damit wurde die Klausel durch eine Anhebung der an die Handelspartner gerichteten Anforderungen im Vergleich zu den IWPA restriktiver gestaltet. Zugunsten Westafrikas werden ausdrücklich die Handelspartner ausgenommen, die zu Afrika oder den AKP-Staaten zählen.[1089] Die EU verpflichtet sich hingegen zu einer weitergehenden Meistbegünstigung.[1090]

3. Der Abbau nicht tarifärer Handelsbarrieren

Die Regelungen zum Abbau nicht tarifärer Handelshemmnisse ähneln stark den in den IWPA vorgesehenen oder decken sich gar mit ihnen.

Alle nicht-tarifären Einfuhr- und Ausfuhrbeschränkungen, die den Handel zwischen den Parteien beeinträchtigen, werden grundsätzlich abgeschafft und dürfen nicht neu eingeführt werden.[1091] Das in Art. 35 WA-EU-WPA vorgesehene Prinzip der Inländerbehandlung verbietet es, die von der jeweils anderen Partei eingeführten Waren höheren inneren Abgaben und sonstigen Belastungen, insbesondere zu protektionistischen Zwecken, als gleichartige inländische Waren zu unterwerfen. Auch mit Blick auf jegliche Gesetze und sonstige Regulierungen des Verkaufs, Einkaufs, der Beförderung, Verteilung oder Verwendung sind die Waren der jeweils

---

1088 In Art. 16 Abs. 1 WA-EU-WPA bekräftigen die Parteien ihre Bindung an die Ermächtigungsklausel der WTO.

1089 Art. 16 Abs. 3 WA-EU-WPA bestimmt: „The West Africa Party shall grant the European Union Party After any more favourable tariff that it grants after the signing of this Agreement to a trade partner other than countries of Africa and ACP Member States having both a share of world trade in excess of 1.5 per cent and an industrialisation rate, measured as the ration of manufacturing value added to Gross Domestic Product (GDP), in excess of 10 per cent in the year preceding the entry into force of the preferential Agreement referred to in this paragraph. If the preferential agreement is signed with a group of countries acting individually, collectively or through a free trade agreement, this threshold relating to the share of world trade shall be 2 percent."

1090 Art. 16 Abs. 3 WA-EU-WPA.

1091 Art. 34 WA-EU-WPA.

anderen Vertragspartei inländischen Produkten gleichgestellt. Die Verwendung inländischer Produkte darf auch nicht direkt oder indirekt durch Mengenvorschriften über die Mischung, Verarbeitung oder Verwendung durchgesetzt werden. Dies steht nicht der Subventionierung regionaler Produzenten entgegen. Allerdings hat sich die EU auf westafrikanisches Drängen dazu verpflichtet, von der Nutzung von Exportsubventionen für Agrarexporte nach Westafrika abzusehen. Überwachungs- und Durchsetzungspflichten sind in dieser Hinsicht allerdings nicht vorgesehen.[1092]

Wie die IWPA erleichtert das WA-EU-WPA den Zugang westafrikanischer Produzenten zum europäischen Markt durch eine Regelung zu sanitären, phytosanitären und technischen Barrieren nicht signifikant, da es sich weitgehend in einer Bekräftigung der Pflichten und Rechte nach den im Rahmen der WTO abgeschlossenen TBT- und SPS-Abkommen, ergänzt um einige Informationspflichten, erschöpft.[1093] Eine Anerkennung der sanitären, phytosanitären und technischen Standards der Gegenseite als äquivalent setzt vorbehaltlich anderweitiger Übereinkünfte den Nachweis der exportierenden Partei voraus, dass das Schutzniveau der importierenden Partei erreicht wird.[1094] Zur Verbesserung des Zugangs westafrikanischen Waren zum europäischen Markt durch Qualitätssteigerung verpflichtet sich die EU mit Westafrika, auch im Rahmen der Entwicklungshilfe, zusammenzuarbeiten.[1095]

4. Handelspolitische Schutzinstrumente

Die Regelungen der handelspolitischen Schutzinstrumente decken sich wieder stark mit denen der IWPA. Die Parteien sind berechtigt, in Übereinstimmung mit dem WTO-Recht Anti-Dumping- und Ausgleichsmaßnahmen sowie multilaterale Schutzmaßnahmen zu erlassen[1096], wobei die

---

1092 Art. 48 Abs. 6 WA-EU-WPA bestimmt: „The European Union Party undertakes to refrain from the use of export subsidies for agricultural products exported to West Africa."

1093 Art. 27 Abs. 1 und Art. 31 WA-EU-WPA

1094 Art. 28 WA-EU-WPA.

1095 Art. 33 WA-EU-WPA.

1096 Art. 20, 21 WA-EU-WPA. Die Ausnahmetatbestände der Art. 87, 88, 89 regeln allgemeine Ausnahmen, die Sicherheit betreffende Ausnahmen und solche wegen Zahlungsbilanzschwierigkeiten und entsprechen denen der Art. XX, XXI und XII GATT.

EU den Entwicklungsstand Westafrikas berücksichtigen soll.[1097] Insbesondere soll die EU während mindestens fünf Jahren – die Klausel soll nach diesem Zeitraum im Lichte der westafrikanischen Entwicklungsbedürfnisse überarbeitet werden – Westafrika von Nostandsmaßnahmen nach Art. XIX GATT bzw. Art. 5 AoA ausnehmen.[1098]

Bilaterale Schutzmaßnahmen dürfen gemäß Art. 22 WA-EU-WPA zur zeitweisen Aussetzung der Einfuhrzollkonsolidierungs- bzw. -abbaupflicht führen. Die prozeduralen und materiellen Bedingungen entsprechen denen der IWPA. Wie für die IWPA erlauben nicht nur die Gefährdungstatbestände des Art. 22 Abs. 2 WA-EU-WPA die Aussetzung weiterer Zollsenkungen, die Erhöhung von Zöllen oder die Einführung von Zollkontingenten, sondern für Westafrika auch die Gefährdung eines entstehenden Industriezweigs, Art. 23 WA-EU-WPA. Allerdings ist dieser Ausnahmetatbestand nicht – wie noch in den IWPA – in seinem Anwendungsbereich befristet.[1099] Einen weiteren Ausnahmetatbestand sieht Art. 47 WA-EU-WPA für den Fall vor, dass die Umsetzung des Abkommens zu Schwierigkeiten bei der Verfügbarkeit oder dem Zugang zu für die Ernährungssicherheit erforderlichen Nahrungsmitteln führt. Die für die entsprechenden IWPA-Regelungen geäußerte Kritik an den prozeduralen und materiellen Bedingungen ist auch auf die Regelungen im WA-EU-WPA übertragbar.[1100]

5. Non-execution-clause

Im Cotonou-Abkommen haben sich die Parteien vorbehalten – das heißt in der Praxis: die EU – im Falle der Verletzung von Menschenrechten, demokratischer Prinzipien, der Rechtsstaatlichkeit sowie bei schweren Korruptionsfällen nach Ablauf eines Konsultationsverfahrens verhältnismäßige Maßnahmen zu ergreifen, die bis zur Aussetzung des Abkommens reichen können.[1101] Eine solche *non-execution clause* suchte die EU auch in das regionale WPA einzubringen, stieß dabei aber auf den Widerstand

---

1097 Art. 20 Abs. 3 WA-EU-WPA.
1098 Art. 21 Abs. 3, 4 WA-EU-WPA.
1099 Vgl. Art. 25 Abs. 5 lit. b IWPA. Art. 23 Abs. 4 befristet lediglich die einzelne Schutzmaßnahme auf acht Jahre.
1100 Siehe Teil II Kapitel 1 B II 4.
1101 Art. 11 lit. b, Art. 96 und Art. 97 i.V.m. Art. 8 und 9 Cotonou-Abkommen.

ihrer Verhandlungspartner[1102] und hat sich schließlich mit einem Verweis auf das Cotonou-Abkommen begnügt.[1103] So verweist Art. 2 Abs. 1 WA-EU-WPA auf Art. 9 Cotonou-Abkommen, in dem die Parteien eine nachhaltige Entwicklung zum Ziel der Kooperation sowie die Achtung von Menschenrechten und Rechtsstaatlichkeit dafür zur Bedingung erklären, und ihre internationalen Verpflichtungen auf diesem Gebiet bekräftigen. Das regionale WPA soll in Übereinstimmung mit dem Cotonou-Abkommen umgesetzt werden und ist nur unter der Bedingung, dass beide Parteien ihren Verpflichtungen nachkommen, tragfähig, Art. 2 Abs. 2 WA-EU-WPA.

6. Entwicklungshilfe

Das regionale WPA widmet der Kooperation zu Entwicklungszwecken ein ganzes Kapitel und spiegelt damit die Bedeutung wider, die die westafrikanische Verhandlungsgruppe der Steigerung der westafrikanischen Produktions- und Exportkapazitäten und letztlich der Wettbewerbsfähigkeit beimisst. Für Westafrika war es ein wesentliches Verhandlungsergebnis, den Abschluss des WPA von der Finanzierung des Entwicklungsprogramms abhängig zu machen. Noch vor der Beobachtungsstelle für Wettbewerbsfähigkeit, der nur Überwachungs- und Evaluierungsfunktionen

---

1102 Westafrika vertritt, dass eine einseitige Aussetzung der Vertragspflichten nur in einem Abkommen akzeptabel – und WTO-rechtskonform – sei, das wie das Cotonou-Abkommen einseitige Pflichten enthält. Im Übrigen sehe das CA, das weiterhin einen rechtlichen Rahmen für die Wirtschaftspartnerschaft bildet eine solche Klausel vor. ECOWAS-Presseerklärung Nr. 73/2010 vom 6. Mai 2010, West Africa Ministers to chart way forward for Economic Partnership Agreement Negotiations with EU. http://news.ecowas.int/presseshow.php? nb=073&lang=en&annee=2010, eingesehen am 1.6.2012. Obayuwana, Oghogho, in: The Guardian, Nigeria, vom 10. Mai 2010, How to resolve free trade issues with EU, by ECOWAS ministers, http://www.bilaterals.org/ spip.php?article17322&lang=en, zuletzt eingesehen am 1.6.2012.
1103 Salifou Tiemtoré, ECOWAS-Kommission, Präsentation Etat des négociations de l'Accord de Partenariat Economique entre l'Afrique de l'Ouest (AO) et l'Union Européenne (UE), Juli 2014, S. 12.

zukommen, dient der WPA-Regionalfonds der Umsetzung des Entwicklungsprogramms. Dieses umfasst fünf Achsen.[1104] Es soll durch jeweils für Fünfjahres-Zeiträume festgelegte detaillierte Pläne verwirklicht werden. Westafrika hat sich ein Programm erarbeitet, das auch anderen afrikanischen Regionen als Modell dient.[1105] Die für den ersten Vierjahres-Zeitraum anfallenden Kosten des Programms wurden von westafrikanischer Seite auf 9,5 Mrd. € geschätzt und sollten nach der ursprünglichen westafrikanischen Verhandlungsposition komplett von der EU getragen werden.[1106] Letztendlich hat die EU lediglich zugesagt, sich an dem auch von der westafrikanischen Seite finanzierten Programm zu beteiligten, wobei die Parteien für jeden Fünfjahres-Zeitraum neu verhandeln, welche Maßnahmen finanziert werden und wie hoch die europäische Beteiligung daran ausfällt.[1107] Für den Zeitraum 2015 bis 2019 beläuft sich die europäische Beteiligung – wie zuvor für 2010 bis 2014 – auf 6,5 Mrd. €. Mit welcher Summe die EU für die Zeit ab 2020 das Programm fördert, ist offen.[1108] Kritiker monieren, dass die 6,5 Mrd. € weit unter den durch den Zollabbau bedingten voraussichtlichen Einnahmeverlusten liegen und nicht zusätzlich zu den im Cotonou-Abkommen vereinbarten Hilfen fließen, mithin eine bloße Kanalisierung anderweitig zugesprochener Hilfen darstellen.[1109] Konkrete Überwachungs- und Durchsetzungsmechanismen für die Zahlung der einmal bestimmten Finanzierungsbeteiligung sind nicht fest-

---

1104 Nach Art. 57 WA-EU-WPA sind das die Folgenden: (1) Die Diversifizierung und Steigerung der Produktionskapazitäten, (2) die Entwicklung des intra-regionalen Handels und Erleichterung des Zugangs zu internationalen Märkten, (3) die Verbesserung der handelsbezogenen Infrastruktur, (4) erforderliche Anpassungsmaßnahmen (*„Making indispensable adjustments and taking other trade-related needsinto consideration"*) sowie (5) die Unterstützung bei der Umsetzung und Evaluierung des WPA.

1105 Gbenga Obideyi, Leiter des ECOWAS-Handelsdirektorats, 16. Mai 2012, Interview mit der Autorin.

1106 Ausführlich zum Programm Sanoussi Bilal, Dan Lui und Jeske van Seters, The EU Commitment to Deliver Aid for Trade in West Africa and Support the EPA Development Programme (PAPED), 2010.

1107 Art. 58 WA-EU-WPA iVm Art. 3 Abs. 5 und Art. 5 Abs. 2.

1108 Europäische Kommission, Economic Partnership Agreements with West Africa. Facts and figures, Stand: 18.09.2015.

1109 Ken Ukaoha, Statement zum ECOWAS-EU-Wirtschaftspartnerschaftsabkommen, Ziffer 4, verfügbar unter http://www.trademarksa.org/news/ecowas-eu-economic-partnership-agreement-nants-statement, zuletzt eingesehen am 16.12.2015, Ziffer 11 f.

gelegt. Artikel 2 Abs. 2 WA-EU-WPA bestimmt lediglich, dass die Verpflichtungen beider Parteien, insbesondere die der EU in Bezug auf die Finanzierung der Entwicklungskooperation, Bedingung für die Tragfähigkeit des WPA ist.

Kapitel 2 Die WTO als Rahmenregime für Handelspräferenzen

Das multilaterale Handelssystem der WTO erfordert, dass sich die WTO-Mitglieder gegenseitig und gleichermaßen Zugang zu ihren Waren- und Dienstleistungsmärkten eröffnen. Da regionale Handelsabkommen und Präferenzregelungen nun aber gerade darauf gerichtet sind, zwischen wenigen Staaten verbesserte Waren-, Dienstleistungsverkehrsbedingungen und damit einen enger vernetzten Wirtschaftsraum zu schaffen, befinden sie sich im Widerspruch zu den Grundgedanken des WTO-Rechts. Den damit drohenden Konflikt zwischen WTO-Recht und dem Recht regionaler Handelsabkommen bzw. von Präferenzvereinbarungen löst das WTO-Recht, indem es bestimmt, unter welchen Bedingungen Abweichungen von seinen Bestimmungen gerechtfertigt sind.

Bis auf Liberia sind alle westafrikanischen Staaten WTO-Mitglieder.[1110] Als solche sind sie den Pflichten aus den multilateralen WTO-Abkommen unterworfen. Das heißt, die von ihnen gebildeten Wirtschaftsgemeinschaften, insbesondere die ECOWAS und die UEMOA, müssen den Vorgaben des WTO-Rechts genügen. Genauso unterliegen eventuelle Handelsabkommen mit der EU bzw. einseitig von dieser gewährte Präferenzen WTO-rechtlichen Anforderungen. Diese variieren teilweise nach Maßgabe des Entwicklungsstands der jeweiligen betroffenen WTO-Mitglieder. Sofern das wie für Art. XXIV GATT hinsichtlich Nord-Süd-Abkommen nicht der Fall ist, kommen eine Auslegung im Lichte des Entwicklungsprinzips oder die Reform der entsprechenden Norm in Betracht.

1110 Liberia hat aber bereits seinen WTO-Beitritt verhandelt und wird voraussichtlich 2016 durch die Ratifizierung des entsprechenden Vertrags WTO-Mitglied, WTO, Accession of the Republic of Liberia, Stand: 16.12.2015, verfügbar unter https://www.wto.org/english/thewto_e/acc_e/a1_liberia_e.htm, zuletzt eingesehen am 27.12.2015.

A. Konflikt zwischen dem Recht eines Regionalverbunds bzw. einer Präferenzvereinbarung und dem WTO-Recht

Das Recht regionaler Integrationsverbunde steht wie Präferenzsysteme regelmäßig in Konflikt zu dem WTO-rechtlichen Meistbegünstigungsprinzip. Daneben können sich auch Widersprüche mit den – im Rahmen des GATT gemachten – Zollzugeständnissen der einzelnen Mitgliedsländer eines Integrationsabkommens sowie weiterer WTO-Vorschriften ergeben.

I. Der Grundsatz der allgemeinen Meistbegünstigung

Die Mitgliedstaaten der WTO billigen sich gegenseitigen Marktzugang zu den Konditionen zu, die sie dem jeweils bestgestellten Handelspartner gewähren. Dieser Grundsatz der Meistbegünstigung wurde im GATT für den Warenhandel sowie im GATS für den Handel mit Dienstleistungen an prominenter Stelle verankert. Mit dem – für den Warenhandel in Art. III GATT geregelten – Grundsatz der Gleichstellung ausländischer mit inländischen Waren bildet das Prinzip der Meistbegünstigung ein umfangreiches Diskriminierungsverbot – das Fundament der WTO-Rechtsordnung.[1111]

Gründen WTO-Mitglieder eine Freihandelszone oder eine Zollunion oder gewähren sie einseitig Handelspräferenzen, wollen sie die innerhalb dieser Integrationsverbunde gemachten Liberalisierungen nicht auch den anderen WTO-Mitgliedstaaten zugestehen. Insofern steht die Bildung von Freihandelszonen und Zollunionen in Widerspruch zum Grundsatz der Meistbegünstigung.

1111 Appellate Body, Report v. 31. Mai 2000, WTO-Dok. WT/DS139/AB/R, WT/DS142/AB/R, Abs. 69 – *Canada – Automotive Industry*: [T]he "most-favoured-nation" ("MFN") principle [...] has long been a cornerstone of the GATT and is one of the pillars of the WTO trading system.“

1. Warenhandel

Gemäß Art. I Abs. 1 GATT weiten die Mitgliedstaaten alle tarifären und nicht-tarifären Vorteile, die sie einem Produkt im grenzüberschreitenden Warenverkehr gewähren, auf gleichartige Waren aus, die aus WTO-Mitgliedsländern exportiert oder in WTO-Mitgliedstaaten importiert werden.[1112]

Damit soll im Warenhandel zwischen WTO-Mitgliedern jegliche Schlechterstellung durch tarifäre oder nicht-tarifäre Hemmnisse des Imports, Exports oder der Kommerzialisierung ausgeschlossen werden, sodass sich der preisgünstigste ausländische Anbieter durchsetzen kann.[1113] Dies impliziert, dass die im Laufe vergangener Handelsrunden gemachten Zugeständnisse allen WTO-Mitgliedstaaten, und vor allem auch den wirtschaftlich und politisch schwachen, zu Gute kommen.[1114]

Das Diskriminierungsverbot bezieht sich einerseits auf Maßnahmen, die direkt oder indirekt den Import oder Export von Waren betreffen wie etwa Zollsätze und andere Abgaben, die auf oder gelegentlich der Ein- oder Ausfuhr erhoben werden oder Steuern und Abgaben auf internationale Überweisungen zur Zahlung von Importen und Exporten. Andererseits darf auch das Inverkehrbringen von Waren aus WTO-Mitgliedstaaten gegenüber Waren aus anderen Ländern nicht erschwert werden, etwa durch Vorschriften über den Verkauf oder die Benutzung. In diesem Zusammenhang wird die Meistbegünstigungsklausel auch auf Personen angewandt, soweit deren Rechte und Freiheiten den Import, Export oder

---

1112 Art. I Abs. 1 GATT lautet: Bei Zöllen und Belastungen aller Art, die anlässlich oder im Zusammenhang mit der Einfuhr oder Ausfuhr oder bei der internationalen Überweisung von Zahlungen für Einfuhren oder Ausfuhren auferlegt werden, bei dem Erhebungsverfahren für solche Zölle und Belastungen, bei allen Vorschriften und Förmlichkeiten im Zusammenhang mit der Einfuhr oder Ausfuhr und bei allen in Artikel III Absätze 2 und 4 behandelten Angelegenheiten werden alle Vorteile, Vergünstigungen, Vorrechte oder Befreiungen, die eine Vertragspartei für eine Ware gewährt, welche aus einem anderen Land stammt oder für dieses bestimmt ist, unverzüglich und bedingungslos für alle gleichartigen Waren gewährt, die aus den Gebieten der anderen Vertragsparteien stammen oder für diese bestimmt sind.

1113 JOHN H. JACKSON, *The world trading system. Law and policy of international economic relations*, Cambridge u.a. 2. Aufl. 1997, S. 158 f.

1114 PELLENS (Fn. 55), S. 162.

die Kommerzialisierung von Waren aus WTO-Mitgliedstaaten bedingen.[1115] Artikel I Abs. 1 GATT verbietet rechtliche und rein tatsächliche, d.h. *de jure-* und *de facto*-Diskriminierungen.[1116]

2. Handel mit Dienstleistungen

Auch im Allgemeinen Übereinkommen über den Handel mit Dienstleistungen (GATS) stellt die Meistbegünstigung ein zentrales Prinzip dar. So gewähren die WTO-Mitglieder gemäß Art. II Abs. 2 GATS den Dienstleistungen und deren Anbietern hinsichtlich aller GATS-relevanten Maßnahmen eine Behandlung, die nicht weniger günstig ist als diejenige, die sie den gleichen Dienstleistungen und Dienstleistungserbringern eines anderen Landes gewährt.

Dem GATS unterliegen alle Maßnahmen, die den Handel mit Dienstleistungen beeinflussen, d.h. die Erbringung von Dienstleistungen in oder aus dem Hoheitsgebiet eines Mitglieds in das Hoheitsgebiet eines anderen Mitglieds oder durch einen Dienstleister eines Mitglieds mittels kommerzieller Präsenz bzw. der Präsenz natürlicher Personen, Art. I Abs. 1 und 2 GATS.[1117] Damit werden in Anlehnung an Art. I GATT jegliche ausländischen Dienstleistungen bzw. Dienstleistern gewährten Vorteile auf gleich-

---

1115 Appellate Body, Report vom 31. Mai 2000, WTO-Dok. WT/DS139/AB/R, WT/DS142/AB/R, Rn. 78 – *Canada – Certain measures affecting the automotive industry*.

1116 DAVID LUFF, *Le droit de l'organisation mondiale du commerce. Analyse critique*, Bruxelles, 1. Aufl. 2004, S. 42 f. Während *de jure*-Diskriminierungen durch Maßnahmen verwirklicht werden, die ausdrücklich an die Herkunft der Ware anknüpfen, sind *de facto* diskriminierende Maßnahmen scheinbar ursprungsneutral, knüpfen aber an Wareneigenschaften an, die nur von Waren aus bestimmten Ursprungsländern erfüllt werden, TOBIAS BENDER, GATT 1994, in: *WTO-Recht. Rechtsordnung des Welthandels*, hg. von STEFAN OETER und MEINHARD HILF, Baden-Baden, 2. Aufl. 2010, S. 229–260, 243.

1117 Vgl. Art. XXVIII lit. f GATS

artige Dienstleistungen[1118] und deren Anbieter aus WTO-Staaten ausgeweitet. Wie im GATT verbieten sich damit *de jure-* und *de facto*-Diskri-
minierungen.[1119]

3. Handelsbezogene Rechte zum Schutz geistigen Eigentums

Auch das Übereinkommen über handelsbezogene Aspekte und Rechte des
geistigen Eigentums (TRIPS) enthält in seinem Art. 4 eine Meistbegünstigungsklausel.[1120] Danach werden Vorteile, Vergünstigungen, Sonderrechte und Befreiungen, die von einem Mitglied den Angehörigen eines
anderen Landes in Bezug auf den Schutz des geistigen Eigentums gewährt
werden, auch den Angehörigen aller anderen Mitglieder gewährt. Damit
soll verhindert werden, dass durch unterschiedlich intensiven Schutz des
geistigen Eigentums der Wettbewerb zwischen ausländischen Anbietern
verzerrt wird.[1121] Die weite Formulierung der Klausel erfasst alle Normen
der WTO-Mitgliedstaaten zum Immaterialgüterschutz[1122] und sowohl den
Schutz der Rechte des geistigen Eigentums als auch deren Ausübung.[1123]

II. Weiteres WTO-Recht

Neben dem Meistbegünstigungsprinzip können durch regionale Integrationsabkommen auch andere materielle Normen des WTO-Rechts verletzt
werden. In erster Linie kann durch die Festsetzung eines gemeinsamen

---

1118 Zur schwierigen Bestimmung der Gleichartigkeit von Dienstleistungen LUFF
(Fn. 1116), S. 589 f.
1119 Appellate Body, Report vom 9. September 1997, WTO-Dok, WT/DS27/AB/R,
Rn. 231-234 – *European Communites – Regime for the importation, sale and
distribution of bananas*.
1120 Übereinkommen über handelsbezogene Aspekte der Rechte des geistigen Eigentums, unterzeichnet am 15. April 1994, in Kraft getreten am 1. Januar 1995,
EG-ABl. 1994 L 336/213.
1121 PELLENS (Fn. 55), S. 164.
1122 TOBIAS BENDER und MARTIN MICHAELIS, Handelsrelevante Aspekte des geistigen
Eigentums (TRIPS), in: *WTO-Recht. Rechtsordnung des Welthandels*, hg. von
STEFAN OETER und MEINHARD HILF, Baden-Baden, 2. Aufl. 2010, S. 479–512,
491.
1123 DOMINIQUE CARREAU und PATRICK JUILLARD, *Droit international économique*,
Paris, 5. Aufl. 2013, Rn. 1034.

Außenzolls gegen die von den einzelnen Mitgliedstaaten gemachten Zollzugeständnisse verstoßen werden. Nach Art. II Abs. 1 lit. a GATT gewähren die WTO-Mitglieder dem Handel der anderen Mitgliedstaaten eine nicht weniger günstige Behandlung, als in dem betreffenden Teil der entsprechenden Liste über die Zollzugeständnisse vorgesehen ist. Diese Zugeständnisse können nicht einseitig zurückgenommen werden. Wohl aber können sie gemäß Art. XXVIII GATT im Einverständnis mit den anderen WTO-Mitgliedern geändert werden. Bei der Frage, inwiefern in diesem Rahmen „ausgleichende Regelungen" angemessen sind, ist der Ausgleich zu berücksichtigen, der sich aus der Herabsetzung der Zollsätze der anderen an der Zollunion teilnehmenden Gebiete ergibt, Art. XXIV Abs. 6 GATT.

Des Weiteren können im Rahmen von regionalen Integrationsabkommen etwa Ursprungsregeln, der Erlass von Antidumpingzöllen und die Vergabe von Subventionen abweichend vom WTO-Recht geregelt werden. Derartige Regelungen zeitigen aber gegenüber dritten WTO-Mitgliedern keine Wirkung. Damit erwachsen aus diesen Abweichungen keine Rechtskonflikte. Sollten Drittstaaten dennoch benachteiligt werden, sind eventuelle nicht-tarifäre Handelshemmnisse am Meistbegünstigungsgrundsatz zu messen.[1124]

B. Die allgemeine WTO-Integrationsordnung

Seit der WTO-Gründung ist die Zahl regionaler Integrationsabkommen drastisch gestiegen. Nichtsdestotrotz hat es regionale Integrationsprozesse schon lange vor Abschluss des GATT gegeben.[1125] Grundsätzlich sind das multilaterale Handelssystem der WTO und der Handel innerhalb regionaler Blöcke gegenläufige Phänomene: Je mehr Regionalhandel, desto geringer die Bedeutung des globales Handelssystems. Bei Gründung des GATT haben die Vertragsparteien angesichts der Tatsache, dass nicht alle Vertragsparteien bereit waren, auf die Möglichkeit zu verzichten, regionale

---

1124 Für den ganzen Abschnitt Pellens (Fn. 55), S. 165 f.
1125 World Trade Organization, *World Trade Report 2011. The WTO and preferential trade agreements: From co-existence to coherence,* 2011, S. 48 ff.

Handelsabkommen abzuschließen,[1126] mit Art. XXIV GATT einerseits der regionalen Integration welthandelsfördernde Effekte abgewonnen und andererseits versucht, den Regionalhandel durch bestimmte Mindestanforderungen einzudämmen. Insofern formuliert Art. XXIV Abs. 4 GATT die Annahme, die der WTO-rechtlichen Umhegung des Regionalhandels zu Grunde liegt und Ziel und Grenzen von dessen Tolerierung bestimmt:

> Die Vertragsparteien erkennen an, dass es wünschenswert ist, durch freiwillige Vereinbarungen zur Förderung der wirtschaftlichen Integration der teilnehmenden Länder eine größere Freiheit des Handels herbeizuführen. Sie erkennen ferner an, dass es der Zweck von Zollunionen und Freihandelszonen sein soll, den Handel zwischen den teilnehmenden Gebieten zu erleichtern, nicht aber dem Handel anderer Vertragsparteien mit diesen Gebieten Schranken zu setzen.

Mit der Gründung der WTO wurde Art. XXIV GATT um eine entsprechende Regelung in Art. V GATS für den Bereich der Dienstleistungen und die Vereinbarung über die Auslegung des Art. XXIV GATT ergänzt. Die derart konstituierte WTO-Integrationsordnung wird durch die Sonderregeln für Regionalabkommen unter Beteiligung von Entwicklungsländern komplettiert.[1127] Schlussendlich bilden die sog. Großvaterklausel, Art. I Abs. 4 GATT und die Befreiungsklausel (*waiver*) des Art. XXV Abs. 5 GATT weitere Ausnahmetatbestände, die eventuelle Verstöße gegen das GATT aufgrund regionaler Integration rechtfertigen können. Das TRIPS beinhaltet hingegen keine Vorschriften zur regionalen Integration.

I. Art. XXIV GATT

Artikel XXIV GATT stellt mit seinen Absätzen 4-8 die zentrale Regelung des WTO-Rechts für Integrationsabkommen dar, die zwischen den Vertragsparteien den Handel liberalisieren.

1126 Bei den Verhandlungen wurde insbesondere das Interesse der europäischen Staaten an einer wirtschaftlich und politisch engen Zusammenarbeit anerkannt. Siehe zur Verhandlungsgeschichte PELLENS (Fn. 55), S. 169 f.

1127 RICHARD SENTI, *WTO. System und Funktionsweise der Welthandelsordnung*, Zürich [u.a.] 2000, Rn. 979, der den Begriff der Integrationsordnung prägte. Senti sieht darüber hinaus die Entscheidung zur Errichtung des Regionalausschuss vom 6. Februar 1996 sowie dessen Verfahrensordnung vom 2. Oktober 1996 als Teile der Integrationsordnung an.

1. Zulässige Integrationsformen

Die Absätze 4-8 beziehen sich ausschließlich auf Freihandelszonen, Zollunionen und Übergangsabkommen, die zur Bildung einer Freihandelszone bzw. Zollunion führen. Damit erkennt das GATT nur diese Integrationsformen an. Dies kann die Vertragsparteien jedoch nicht daran hindern, intensivere Integrationsprozesse einzugehen. Ein gemeinsamer Markt bzw. eine Währungsunion sind in der Regel Zollunionen oder zumindest Freihandelszonen.[1128] Neuere Regelungen wie etwa Art. Vbis GATS weisen darauf hin, dass enger integrierte Regionalgemeinschaften mit dem WTO-Recht vereinbar sind.[1129] Der *numerus clausus* der Integrationsformen schließt jedoch Integrationsformen aus, die eine geringere Intensität als Freihandelszonen aufweisen, weil diese als stärker handelsumlenkend und weniger geeignet gelten, weltweit Handel zu schaffen.[1130]

Eine Freihandelszone i.S.v. Art. XXIV GATT liegt nach dessen Abs. 8 lit. b vor, wenn mehrere Staaten bzw. Zollgebiete für annähernd den gesamten Handel mit den aus ihren Gebieten stammenden Waren die Zölle und beschränkenden Handelsvorschriften abschaffen. Eine Zollunion liegt dagegen vor, wenn mehrere Staaten annähernd den gesamten Handel, zumindest aber annähernd den gesamten Handel mit den aus ihren Gebieten stammenden Waren, von Zöllen und beschränkenden Handelsvorschriften befreien und darüber hinaus gegenüber Drittstaaten im Wesentlichen dieselben Zölle und Handelsvorschriften anwenden. Gemäß Art. XXIV Abs. 5 lit. c GATT sind Übergangsvereinbarungen vorläufige Vereinbarungen, die zur Bildung einer Zollunion und Freihandelszone notwendig sind.

1128 Ihre fehlende Regelung wird teilweise darauf zurückgeführt, dass, als Art. XXIV GATT ausgehandelt wurde, derartig vertiefte Formen der Integration weder existierten noch vorhersehbar waren, PETER HILPOLD, Regional Integration Agreements According to Art. XXIV GATT - Between Law and Politics, in: *Max Planck Yearbook of United Nations Law* 2003, S. 219–260, 227.

1129 SIGRID BOYSEN, Regionale Handelsabkommen, in: *WTO-Recht. Rechtsordnung des Welthandels*, hg. von STEFAN OETER und MEINHARD HILF, Baden-Baden, 2. Aufl. 2010, S. 662–686, 677.

1130 PELLENS (Fn. 55), S. 173, vgl. HILPOLD (Fn. 1128), S. 231 und WOLFGANG BENEDEK, *Die Rechtsordnung des GATT aus völkerrechtlicher Sicht*, Berlin, Heidelberg 1990, S. 64.

2. Anforderungen an die Binnenliberalisierung: Erfassung annähernd des gesamten Handels

Die Definitionen der Freihandelszone und der Zollunion in Art. XXIV Abs. 8 GATT machen die Vorgabe, dass die Zölle und sonstigen Handelsschranken für „annähernd den gesamten Handel" („*substantially all the trade*") beseitigt werden. Diese Regelung bezweckt, dass durch regionale Handelsabkommen deutliche, der Zielsetzung des Art. XXIV Abs. 4 entsprechende Handelserleichterungen erreicht werden.[1131] Allerdings sind aus der vagen Formulierung „annähernd der gesamte Handel" keine Schlussfolgerungen über den genauen Mindestumfang der Handelserleichterungen abzuleiten. Klar ist lediglich, dass Art. XXIV GATT keine Präferenzzonen erfasst, die sich auf einzelne Handelszweige oder eine bloße Zollreduzierung beschränken.[1132]

Die weiteren aus der Formulierung folgenden Anforderungen sind dagegen Gegenstand von Diskussionen. Seit Jahrzehnten ist umstritten, ob die Tragweite der Liberalisierung rein quantitativ oder qualitativ zu bestimmen ist.[1133] Mit der rein quantitativen Betrachtung würde bei Erreichen eines bestimmten Anteils des liberalisierten Handels am Gesamthandel – in der Literatur kursieren Mindestanteile zwischen 51 und 99 %[1134] – das Erfordernis erfüllt sein, während die qualitative Betrachtung verlangt, dass wichtige Handelssektoren, etwa der Agrarhandel, nicht von der Liberalisierung ausgenommen werden dürfen. Vieles spricht dafür, – wie es der Appellate Body für die Auslegung der „annähernd selben Regelungen des Außenhandels" getan hat[1135] – sowohl quantitative als auch qualitative Aspekte zu berücksichtigen.[1136]

1131 Boysen (Fn. 1129), S. 674.

1132 ebd., S. 674 f. Zur Ausnahme für Präferenzzonen zwischen Entwicklungsländern nach Abs. 2 lit. c Ermächtigungsklausel siehe weiter unten.

1133 Karsten Nowrot, § 2 Steuerungssubjekte und -mechanismen im Internationalen Wirtschaftsrecht (einschließlich regionale Wirtschaftsintegration), in: *Internationales Wirtschaftsrecht*, hg. von Christian Tietje und Horst-Peter Götting, Berlin, 1. Aufl. 2009, Rn. 134.

1134 Hilpold (Fn. 1128), S. 235 m.w.N.

1135 Appellate Body, Report v. 22. Oktober 1999, WTO-Dok. WT/DS34/AB/R, Rn. 50 - *Turkey – Textiles* für Art. XXIV Abs. 8 lit. a (ii). Insofern schloss sich der Appellate Body dem Panel an.

1136 Hilpold (Fn. 1127), S. 235. Bereits die GATT-Arbeitsgruppe, Bericht vom 4. Juni 1960, Rn. 49, GATT-Dok. L/1235 – *EFTA Stockholm Convention* hatte quantitative und qualitative Aspekte berücksichtigen wollen.

Damit wird einerseits den Mitgliedstaaten eines Integrationsabkommens eine gewisse Flexibilität bei der Binnenliberalisierung zugestanden; denn laut Appellate Body eröffnet das Erfordernis der Binnenliberalisierung einen Spielraum.[1137] Außerdem haben die WTO-Mitglieder es zwar versäumt, in der Auslegungsvereinbarung zu Art. XXIV GATT die Anforderungen an die Binnenliberalisierung ausdrücklich zu konkretisieren. Allerdings erkennen sie im dritten Absatz der Präambel an, dass der durch ein Integrationsabkommen zur Ausweitung des Welthandels geleistete Beitrag sich verringert, wenn ein wesentlicher Handelssektor ausgeschlossen wird. Damit stellen die WTO-Mitglieder klar, dass qualitative Kriterien zwar Berücksichtigung finden, der Ausschluss einer wichtigen Branche aber keinen absoluten Ausschlusstatbestand darstellt.

Mithin sind sowohl der Prozentsatz des zwischenstaatlichen Handels, der liberalisiert wird, als auch die Frage, ob wichtige Branchen von der Liberalisierung ausgenommen werden, von Bedeutung. Dabei ist einerseits der überwiegende Teil des Handels von Beschränkungen zu befreien – der Appellate Body verlangt „signifikant mehr als lediglich ein Teil des Handels"[1138] – und andererseits wiegt der Ausschluss einer kompletten, bedeutenden Branche schwer bei der Bewertung.

3. Anforderungen an ein gemeinsames Außenhandelsregime für Zollunionen

Für Zollunionen besteht zusätzlich zum Erfordernis, den Binnenhandel zu liberalisieren, auch das Erfordernis „im Wesentlichen dieselben Zölle und Handelsvorschriften anzuwenden" (*„substantially the same duties and other regulations of commerce"*), Art. XXIV Abs. 8 GATT. Die Mitglieder einer Zollunion müssen mithin ihr Außenhandelsregime im Wesentlichen angeglichen haben. In der WTO besteht kein Konsens über die Maßnahmen, die als „andere Handelsvorschriften" zu qualifizieren sind.[1139]

1137 Appellate Body, Report v. 22. Oktober 1999, WTO-Dok. WT/DS34/AB/R, Rn. 49 - *Turkey – Textiles*.

1138 Appellate Body, Report v. 22. Oktober 1999, WTO-Dok. WT/DS34/AB/R, Rn. 49 - *Turkey – Textiles*: „It is clear, though, that "substantially all the trade" is not the same as all the trade, and also that "substantially all the trade" is something considerably more than merely some of the trade."

1139 WTO, Synopis of „Systemic" Issues Related to Regional Trade Agreements, 2. März 2000, WTO-Dok. WZ/REG/W/37, Rn. 43.

Das Panel sah bisher zumindest mengenmäßige Beschränkungen erfasst.[1140] Die weite Formulierung „andere Handelsvorschriften" lässt den Schluss zu, dass alle nicht-tarifären Handelshemmnisse erfasst werden sollen.[1141] Ob die wesentlichen Fragen des Außenhandels erfasst worden sind, bestimmt sich wiederum anhand quantitativer und qualitativer Kriterien, mithin anhand des von der gemeinsamen Regelung abgedeckten Handelsanteils und der erfassten Handelssektoren.[1142]

4. Anforderungen an das Außenhandelsregime: Keine höheren Handelsschranken gegenüber Drittstaaten als vor der Gründung

Der Regionalhandel wird von der WTO unter der Bedingung toleriert, dass der Handel in den beteiligten Gebieten erleichtert wird, ohne den Handel mit anderen WTO-Mitgliedern zusätzlich zu beschränken, Art. XXIV Abs. 4 GATT.[1143] Dementsprechend dürfen gemäß Art. XXIV Abs. 5 GATT die für den Handel mit dritten WTO-Mitgliedstaaten geltenden Zölle und sonstigen Handelsvorschriften der Mitgliedstaaten eines Freihandelsabkommen bzw. einer Zollunion mit deren Gründung nicht (insgesamt) erhöht werden. Während für die Zollunion die jeweilige Gesamtbelastung durch Zölle und Handelsvorschriften verglichen wird, werden für Freihandelszonen jeweils die einzelnen Zölle und Belastungen betrachtet.

Gemäß Ziffer 2 Auslegungsvereinbarung wird die Gesamtbelastung mit Blick auf das Verhältnis zwischen dem gesamten Importwert und den tatsächlichen Zolleinnahmen bestimmt.[1144] Die – von den Zöllen getrennt

---

1140 Panel, Report v. 31. Mai 1999 WTO-Dok. WT/DS34/R, Rn. 9.120 – Turkey-Textiles.

1141 GABRIELLE MARCEAU und CORNELIS REIMAN, When and How is a Regional Trade Agreement Compatible with the WTO?, in: *Legal Issues of Economic Integration* 28 (2001), S. 297–336, 321 und PELLENS (Fn. 55), S. 176.

1142 Appellate Body, Report v. 22. Oktober 1999, WTO-Dok. WT/DS34/AB/R, Rn. 50 - *Turkey – Textiles* für Art. XXIV Abs. 8 lit. a (ii) GATT.

1143 Vgl. Abs. 4 der Präambel der Vereinbarung zur Auslegung des Art. XXIV GATT.

1144 Ziffer 2 der Auslegungsvereinbarung lautet: „Die Bewertung nach Art. XXIV Absatz 5 Buchstabe a) der allgemeinen Inzidenz der Zölle und Handelsvorschriften, die vor und nach der Bildung einer Zollunion gelten, erfolgt in Bezug auf Zölle und Belastungen anhand einer Gesamtbewertung der gewogenen durchschnittlichen Zollsätze und der tatsächlich erhobenen Zölle. Dieser Bewer-

vorzunehmende[1145] – Bewertung der „anderen Handelsvorschriften", d.h. nicht-tarifärer Handelshemmnisse, sehen die WTO-Mitglieder nach Ziffer 2 Auslegungsvereinbarung als schwierig an. Sie weisen darauf hin, dass „die Prüfung einzelner Maßnahmen, Regelungen, einbezogener Waren und betroffener Handelsströme erforderlich sein kann".

5. Fristen bei Übergangsvereinbarungen

Damit mit den Übergangsvereinbarungen, die die Anforderungen an eine Freihandelszone bzw. Zollunion nicht erfüllen, nicht ein Zustand perpetuiert wird, der den Zielen des Art. XXIV Abs. 4 GATT widerspricht,[1146] müssen die jeweiligen Vertragsparteien für eine Bildung der betreffenden Zollunion oder Freihandelszone innerhalb eines angemessenen Zeitraums sorgen. Jede vorläufige Vereinbarung muss daher nach Art. XXIV Abs. 5 lit. c GATT einen Plan und ein Programm zur Gründung in angemessener Zeit vorsehen. Die angemessene Zeitspanne beträgt nach Ziffer 3 Auslegungsvereinbarung im Regelfall zehn Jahre. Darüber hinaus gehende vorläufige Übereinkünfte müssen deren Parteien ausführlich dem Rat für Warenverkehr begründen.

6. Keine Voraussetzung der WTO-Mitgliedschaft für die Mitglieder eines Integrationsabkommens

Der Wortlaut des Art. XXIV Abs. 5 GATT scheint die Vorschrift als Rechtfertigungstatbestand auf Integrationsabkommen zu begrenzen, deren Parteien ausschließlich WTO-Mitglieder sind. Denn nach dem Chapeau des Absatzes „schließt dieses Abkommen nicht aus, dass Gebiete *von Vertragsparteien* zu Zollunionen oder Freihandelszonen zusammengeschlossen oder vorläufige Vereinbarungen zur Bildung solcher Union oder

---

tung liegen die Einfuhrstatistiken für einen vorangegangenen repräsentativen Zeitraum zugrunde, die von der Zollunion für die einzelnen Tariflinien in Wert und Mengen und untergliedert nach WTO-Ursprungsland vorzulegen sind. [...] Zu diesem Zweck werden als Zölle und Belastungen die tatsächlich angewendeten Zollsätze berücksichtigt."

1145 MARCEAU und REIMAN (Fn. 1141), S. 318 ff.
1146 LUFF (Fn. 1116), S. 55.

Zonen abgeschlossen werden".[1147] Dies hat einige Autoren veranlasst, zu folgern, dass Integrationsabkommen unter Teilnahme von Nicht-WTO-Mitgliedern einer Befreiung nach Art. XXIV Abs. 10 GATT bedürften.[1148] Die Verfechter dieser Position führen neben dem Wortlaut die – jedoch widersprüchliche – Praxis der Vertragsparteien[1149] sowie den ursprünglichen Entwurf der ITO-Charta an. Dies überzeugt nicht.

Die überwiegenden Argumente sprechen gegen das Erfordernis der WTO-Mitgliedschaft der Parteien an Integrationsabkommen; die wichtigsten sind teleologische und systematische Überlegungen.[1150] Artikel XXIV Abs. 4 GATT misst allgemein und ohne nach den Teilnehmern zu differenzieren den Integrationsabkommen eine handelsfördernde Wir-

---

1147 Hervorhebung durch die Autorin.

1148 So bereits HELMUT STEINBERGER, *GATT und regionale Wirtschaftszusammenschlüsse. Eine Untersuchung der Rechtsgrundsätze des Allgemeinen Zoll- und Handelsabkommens vom 30. Oktober 1947 (GATT) über die Bildung regionaler Wirtschaftszusammenschlüsse*, Köln Berlin 1963, S. 129 ff, 196 und in neuerer Zeit WON-MOG CHOI, Legal Problems of Making Regional Trade Agreements with Non-WTO-Member States, in: *JIEL* 2005, S. 825–860, 833 ff., 836, dem sich MD RIZWANUL ISLAM und SHAWKAT ALAM, Preferential Trade Agreements and the Scope of the GATT Article XXIV, GATS Article V and the Enabling Clause: An Appraisal of GATT/WTO Jurisprudence, in: *Netherlands International Law Review* 56 (2009), S. 1–34, 29 ff. und JAN SCHUBERT, *Die Handelskooperation zwischen der Europäischen Union und den AKP-Staaten und deren Vereinbarkeit mit dem GATT*, Frankfurt am Main u.a. 2012, S. 177 f. anschließen.

1149 Siehe vor allem bei STEINBERGER (Fn. 1148), S. 129 ff. und CHOI (Fn. 1148), S. 833 ff. Um die Widersprüchlichkeit der Praxis zu erkennen, genügt der Blick auf zwei Streitfälle. In dem Fall *EC - Citrus Products* hatte das Panel unter Hinweis auf die Praxis der Vertragsstaaten die Behauptung der USA zurückgewiesen, ein Integrationsabkommen mit Staaten, die nicht WTO-Mitglieder sind, benötige eine Genehmigung gemäß Art. XXIV Abs. 10 GATT, während das Panel sich genau diese Annahme im Fall *EEC – Bananas II* zu eigen machte. Beide Berichte wurde nicht angenommen. Panel, Report v. 7. Februar 1985, GATT-Dok. L/5776, Rn. 4.9 - *EC – Citrus Products*; Panel, Report v. 11. Februar 1994, GATT-Dok. DS38/R, Rn. 163 – *EEC – Bananas II*.
2013 waren an 57 der der WTO notifizierten Integrationsabkommen Staaten beteiligt, die nicht WTO-Mitglieder waren, WTO-Homepage, RTA Database, List of all RTAs in force, Stand vom 23. August 2013, verfügbar unter http://rtais.wto.org/UI/PublicAllRTAList.aspx, zuletzt eingesehen am 4.9.2013.

1150 Siehe ausführlich LOUISE EVA MOSSNER, The WTO and Regional Trade: a family business? The WTO compatibility of regional trade agreements with non-WTO-members, in: *World Trade Review* 13 (2014), S. 633–649.

kung zu. Dabei sind Integrationsabkommen auch gerade ein Mittel, den Handel mit Staaten zu liberalisieren, die sich nicht dem multilateralen Handelssystem der WTO öffnen.[1151] Das mit der Uruguay-Runde eingeführte GATS erkennt in seinem Art. V ausdrücklich Übereinkünfte „zwischen oder unter den Vertragsparteien" an, die den Handel mit Dienstleistungen liberalisieren. Da in der Praxis die regionale Liberalisierung des Warenhandels regelmäßig der der Dienstleistungen vorhergeht, erscheint es unsachgemäß, die Beteiligung von Nicht-WTO-Mitgliedern auf der früheren Stufe, beim Warenhandel, von der Zustimmung der Vertragsparteien abhängig zu machen und damit zu erschweren, sie bei der Liberalisierung des Handels mit Dienstleistungen aber zu erlauben.[1152] Ein Grund für eine Differenzierung zwischen solchen regionalen Integrationsabkommen mit Nicht-WTO-Mitgliedern, die den Warenhandel betreffen, und solchen, die den Dienstleistungshandel liberalisieren, ist nicht ersichtlich. Der Zweck der Regelung sowohl des Art. XXIV GATT als auch des Art. V GATS ist, handelsverzerrende von handelsfördernden Abkommen zu unterscheiden, nicht aber potentielle Mitglieder von Integrationsabkommen „zwangszubekehren".

7. Erforderlichkeit der jeweiligen Maßnahme

Der Appellate Body hat dem Chapeau[1153] des Art. XXIV Abs. 5 GATT in der Zusammenschau mit der Zielbestimmung des Abs. 4 die Anforderung entnommen, dass die im Streit stehende Maßnahme erforderlich gewesen sein muss, um das jeweilige Integrationsabkommen zu bilden.[1154] Da der

---

1151 PELLENS (Fn. 55), S. 177 f. Dies geben auch ISLAM und ALAM (Fn. 1148), S. 34 zu und fordern eine Lockerung der Regelung.

1152 PELLENS (Fn. 55), S. 178.

1153 Der Chapeau lautet wie folgt: „Demgemäß schließt dieses Abkommen nicht aus, dass Gebiete von Vertragsparteien zu Zollunionen oder Freihandelszonen zusammengeschlossen oder vorläufige Vereinbarungen zur Bildung solcher Unionen oder Zonen abgeschlossen werden; Voraussetzung hierfür ist", dass der multilaterale Handel (insgesamt) nach Bildung eines Integrationsabkommens nicht stärker behindert werden darf als zuvor.

1154 Vgl. Appellate Body, Report v. 22. Oktober 1999, WTO-Dok. WT/DS34/AB/R, Rn. 47 – *Turkey- Textiles:* „*Second, in examining the text of the chapeau, we observe also that it states that the provisions of the GATT 1994 shall not prevent "the formation of a customs union". This wording indicates that Article XXIV can justify the adoption of a measure which is inconsistent with certain other*

Abs. 4 zwar interne Handelserleichterungen als Zweck von Integrationsabkommen anerkenne, gleichzeitig aber bestimme, dass diese nicht zu Nachteilen für den multilateralen Handel führen dürften, sei er Ausdruck einer Interessenabwägung. Und eben um ein Gleichgewicht der regionalen und multilateralen Handelsinteressen zu verwirklichen, dürften die Vertragsparteien nur insofern vom GATT abweichen, als dies zur Bildung eines den Voraussetzungen des Art. XXIV Abs. 8 GATT entsprechenden Integrationsabkommens erforderlich sei.[1155]

Bei der Prüfung der Erforderlichkeit hat der Appellate Body nicht etwa danach gefragt, ob die jeweilige Maßnahme vertretbar, da dem Ziel des Integrationsabkommens zuträglich und zweckmäßig ist, sondern hat den Maßstab einer zwingenden und unbedingten Erforderlichkeit angelegt. Denn die Partei, die sich auf Art. XXIV GATT beruft, muss darlegen, dass die Bildung der Zollunion, der Freihandelszone bzw. der Übergangsvereinbarung ohne die Einführung der streitigen Maßnahme verhindert würde.[1156] Letzten Endes ist die Maßnahme nur nach Art. XXIV GATT zu rechtfertigen, wenn keine weniger den multilateralen Handel beschränkenden Alternativen – seien sie auch mit einem größeren Verwaltungsaufwand verbunden – bestehen.[1157]

GATT provisions only if the measure is introduced upon the formation of a customs union, and only to the extent that the formation of the customs union would be prevented if the introduction of the measure were not allowed." Der *Appellate Body* hat seine Entscheidung im Report. v. 14. Dezember 1999, WTO-Dok. WT/DS121/AB/R – *Argentina-Footwears (EC)*, Rn. 109 bestätigt.
Der Appellate Body hat die Erforderlichkeit zwar bisher nur für Zollunionen geprüft. Da er diese Voraussetzung aber aus dem Chapeau des Art. XXIV Abs. 5 GATT und der Zielbestimmung des Abs. 4 des Art. XXIV GATT ableitet – beides Vorschriften, die auch für Freihandelszonen und Übergangsvereinbarungen gelten – muss sie auch für Freihandelszonen und Übergangsvereinbarungen gelten. Davon gehen auch MARCEAU und REIMAN (Fn. 1141), S. 325 ff. und HILPOLD (Fn. 1128), S. 248 ff. aus.

1155 Appellate Body, Report v. 22. Oktober 1999, WTO-Dok. WT/DS34/AB/R, Rn. 58 – *Turkey- Textiles* für die Zollunion.

1156 Vgl. Appellate Body, Report v. 22. Oktober 1999, WTO-Dok. WT/DS34/AB/R, Rn. 47 – *Turkey- Textiles* für die Zollunion.

1157 Vgl. Appellate Body, Report v. 22. Oktober 1999, WTO-Dok. WT/DS34/AB/R, Rn. 63 – *Turkey- Textiles*, der ausführt, die Türkei hätte Ursprungsregeln einführen können, um den Import indischer Waren, die nicht die sie betreffenden Kontingentierungen der EG erfüllen, in die EG zu verhindern.

Um zu beantworten, ob eine GATT-widrige Maßnahme erforderlich zur Bildung eines Integrationsabkommens war, muss die Definition der Freihandelszonen, Zollunionen bzw. Übergangsvereinbarungen, sollte es sich um eine dieser Integrationsformen handeln,[1158] in Abs. 8 herangezogen werden.[1159] Hier müssen die Parteien, um die jeweils am wenigsten den multilateralen Handel einschränkende Maßnahme zur Verwirklichung ihres Integrationsziels zu treffen, den ihnen im Rahmen der Binnenliberalisierung sowie der Angleichung ihres Außenhandelsregimes zugestandenen Spielraum ausnutzen.[1160]

8. Notifizierung und Überprüfung als prozedurale Voraussetzungen?

Gemäß Art. XXIV Abs. 7 lit. a GATT sind die Vertragsparteien verpflichtet, sobald sie beschließen, ein Integrationsabkommen zu bilden bzw. ihm beizutreten, dies unverzüglich den anderen WTO-Mitgliedern anzuzeigen und Informationen über das jeweilige Abkommen zu liefern.[1161] Nachdem eine Arbeitsgruppe der Vertragsparteien das geplante Abkommen geprüft und seine Feststellungen in einem Bericht zusammengefasst hat, richtet

---

1158 HILPOLD (Fn. 1128), S. 250 f. führt aus, dass das Erforderlichkeitskriterium keiner weitergehenden Integration, etwa einem gemeinsamen Markt, entgegenstehe. Er schlägt für solche Fälle eine Erforderlichkeitsprüfung vor, bei der nicht nur die (weiterreichenden) ökonomischen, sondern auch politische Ziele berücksichtigt werden.

1159 Appellate Body, Report v. 22. Oktober 1999, WTO-Dok. WT/DS34/AB/R, Rn. 48, 52 – *Turkey- Textiles.*

1160 Vgl. Appellate Body, Report v. 22. Oktober 1999, WTO-Dok. WT/DS34/AB/R, Rn. 63 – *Turkey- Textiles.*

1161 Entsprechende Anforderungen finden sich in Art. V Abs. 7 lit. a sowie Art. Vbis lit. b GATS und Abs. 4 lit. a Ermächtigungsklausel. Der 2006 eingeführte Transparenzmechanismus erfordert, dass die Notifizierung schnellstmöglich und spätestens unmittelbar nach der Ratifizierung des jeweiligen Integrationsabkommens erfolgt, Allgemeiner Rat, Decision on a " Transparency Mechanism for Regional Trade Agreements", WTO-Dok. WT/L/671, 14. Dezember 2006, Ziffer 3.

der Rat für den Warenverkehr auf dieser Grundlage die von ihm „für angemessen erachteten" Empfehlungen an die betroffenen Parteien, Ziffer 7 Auslegungsvereinbarung.[1162]

Da die Notifizierung als Pflicht geregelt ist, könnte man sie als prozedurale Voraussetzung für eine Berufung auf Art. XXIV GATT qualifizieren. Gegebenenfalls könnte man auch vertreten, dass erst nach dem bestätigenden Bericht einer Arbeitsgruppe bzw. nach wohlwollenden Empfehlungen des Rats für Warenverkehr bzw. dessen Verzicht, solche abzugeben, die Rechtfertigungswirkung des Art. XXIV GATT eintritt.

In der Praxis stellt die Notifizierung und Informationsübermittlung keine Voraussetzung dar, die die Berufung auf Art. XXIV GATT verhindert. Viele Regionalabkommen, die in Kraft sind, wurden (noch) nicht der WTO notifiziert.[1163] Und im Rahmen der Streitbeilegung wurde die fehlende Notifizierung bisher weder von den Parteien noch von Panels oder dem Appellate Body thematisiert bzw. in das Prüfungsprogramm einbezogen.[1164] Zudem war der genaue Zeitpunkt und ist noch immer der genaue Inhalt der Notifizierungspflicht umstritten.[1165] Auch die Tatsache, dass die

---

1162 Der Ausschuss für regionale Handelsabkommen wurde durch den Allgemeinen Rat, Decision on the Committee on Regional Trade Agreements, WTO-Dok. WT/L/127, 7. Februar 1996, gegründet. Seine Funktionen werden in der Entscheidung des Allgemeinen Rats, Decision on a „ Transparency Mechanism for Regional Trade Agreements", WTO-Dok WT/L/671, 14. Dezember 2006, bestimmt.

1163 WTO, Synopsis of „Systematic" Issues Related to Regional Trade Agreements, WTO-Dok. WT/REG/W37, 2. März 2000, Rn. 15.

1164 PELLENS (Fn. 55), S. 179. Erst mit der Ziffer 12 der Auslegungsvereinbarung wurde die davor umstrittene Frage dahingehend geklärt, dass Integrationsabkommen uneingeschränkt im Rahmen der Streitbeilegung überprüfbar sind. Bestätigend Appellate Body, Report v. 22. Oktober 1999, WTO-Dok. WT/DS34/AB/R, Rn. 60 - *Turkey – Textiles*. Bisher hatte aber vor allem der Appellate Body nur selten Gelegenheit, Integrationsabkommen zu überprüfen.

1165 Zu der Kontroverse um die zu übermittelnden Informationen, etwa zu anderen Integrationsabkommen derselben Parteien WTO, Synopsis of „Systematic" Issues Related to Regional Trade Agreements, WTO-Dok. WT/REG/W37, 2. März 2000, Rn. 18 f. Der Zeitpunkt der Notifizierung ist mit „beschließt...beizutreten" „notifiziert dies unverzüglich" nur vage regelt und Gegenstand von Kontroversen, WTO, Synopsis of „Systematic" Issues Related to Regional Trade Agreements, 2. März 2000, WTO-Dok. WT/REG/W37, Rn. 12 ff. Die Entscheidung des Allgemeinen Rats vom 18. Dezember 2006, WTO-Dok WT/L/671, konkretisiert allerdings die Fragen des Zeitpunkts und der zu übermittelnden Informationen.

übrigen Voraussetzungen des Art. XXIV GATT alle in dessen Abs. 5 verankert sind, dort aber nicht die Rede von einer Notifizierungspflicht ist, kann als Indiz dafür angeführt werden, dass es sich bei der Notifizierung und Informationsübermittlung nicht um eine Zulässigkeitsvoraussetzung, wohl aber um eine Verpflichtung handelt.[1166]

II. Weitere GATT-Vorschriften, die die regionale Integration rechtfertigen

Im GATT erlaubt nicht nur Art. XXIV Abs. 4-8 Integrationsabkommen, die vom Meistbegünstigungsgrundsatz abweichen, sondern auch die sogenannte Großvaterklausel, Art. I Abs. 2, 3 GATT und eine Befreiung durch die Vertragsparteien gemäß Art. XXV Abs. 5 GATT oder Art. XXIV Abs. 10. Daneben bestehen in Art. XXIV Abs. 3 Sonderregelungen, insbesondere für Erleichterungen des Grenzverkehrs zwischen Nachbarländern.

Die Großvaterklausel ist, da sie sich auf den Integrationsstand von 1947 bezieht, weitgehend gegenstandslos geworden.[1167] Durch die Befreiungsklausel (*waiver*) des Art. XXV Abs. 5 GATT sind in der Vergangenheit Vertragsparteien sektoraler Freihandelsvereinbarungen und präferentieller Nord-Süd-Abkommen – der Lomé-Waiver von 1994 für die vierte Lomé-Konvention zwischen der EG und den AKP-Staaten ist dafür ein Beispiel[1168] – von den aus der Meistbegünstigung folgenden Pflichten entbunden worden. Mit der Gründung der WTO besteht auch die Möglichkeit, eine solche Befreiung – allerdings mit der Dreiviertel-Mehrheit der WTO-Mitglieder – nach Art. IX Abs. 3, 4 WTOÜ zu erlangen. Gemäß Art. XXIV GATT Abs. 10 können weiterhin „Vorschläge, die nicht vollständig mit den Erfordernissen der Absätze 5 bis 9 im Einklang stehen"

1166 PELLENS (Fn. 55), S. 178 f.

1167 SENTI (Fn. 1127), S. 452 Rn. 978. Die Präferenzen, die bei Inkrafttreten des GATT 1947 bestanden, sind ausgelaufen, von den Vertragspartnern gekündigt worden oder im Allgemeinen Präferenzsystem aufgegangen.

1168 GATT-Vertragsparteien, The Fourth ACP-EEC Convention of Lomé - Decision of 9 December 1994 GATT-Dok. L/7604, veröffentlicht am 19. Dezember 1994.

von einer Dreiviertel-Mehrheit der WTO-Mitglieder genehmigt werden, „sofern derartige Vorschläge zur Bildung einer Zollunion oder einer Freihandelszone im Sinne dieses Artikels führen".

III. Art.V und Art.Vbis GATS

Artikel V GATS erlaubt den WTO-Mitgliedern für den Handel mit Dienstleistungen vom Meistbegünstigungsgrundsatz abzuweichen. Die Anforderungen an die Binnenliberalisierung und die Außenwirkung der Integrationsabkommen ähneln denen des Art. XXIV GATT, sind aber – wegen der Natur der Dienstleistungen und mangels verlässlicher Daten[1169] – schwieriger zu überprüfen. Artikel V GATS gilt, da nicht nur die Tatbestandsmerkmale,[1170] sondern auch ihre Evaluierung unklar sind, als schwacher und ineffizienter Rechtsrahmen.[1171] Das GATS sieht mit Art. Vbis GATT auch eine Regelung für die regionale Integration von Arbeitsmärkten vor.

1. Binnenliberalisierung: beträchtlicher sektoraler Geltungsbereich und Beseitigung von praktisch jeder Diskriminierung

Gemäß Art. V Abs. 1 GATS muss das jeweilige Integrationsabkommen – zumindest innerhalb eines angemessenen Zeitrahmens – einen „beträchtlichen sektoralen Geltungsbereich" haben und „praktisch jede Diskriminierung" (*substantially all discrimination*) zwischen den jeweils in- und ausländischen Dienstleistungen und Dienstleistern – durch die Abschaffung bestehender diskriminierender Maßnahmen und/oder das Verbot der Einführung neuer oder stärker diskriminierender Maßnahmen – unterbinden. Welche Reichweite ein „beträchtlicher sektoraler Geltungsbereich" impli-

---

1169 MARCEAU und REIMAN (Fn. 1141), S. 324 und CHRISTOPHER FINDLAY, SHERRY STEPHENSON und FRANCISCO JAVIER PRIETO, Services in Regional Trade Agreements, in: *The World Trade Organization: Legal Economic and Political Analysis*, hg. von PATRICK F.J MACRORY, ARTHUR E. APPLETON und MICHAEL G. PLUMMER, New York 2005, S. 293–311, 295 f., 305.

1170 MARCEAU und REIMAN (Fn. 1141), S. 328.

1171 FINDLAY, STEPHENSON und PRIETO (Fn. 1173), S. 303, 310.

ziert, ist umstritten.[1172] Immerhin weist die Fußnote daraufhin, dass diese Bedingung die Zahl der Sektoren, das Handelsvolumen und die Erbringungsformen berührt und dass grundsätzlich keine Erbringungsform von vornherein ausgeschlossen werden darf. Auch das *substantially-all-discrimination*-Kriterium wird unterschiedlich ausgelegt.[1173]

Artikel V Abs. 2 GATS stellt gegenüber dem GATT eine Neuerung dar und bestimmt, dass bei der Bewertung des *substantially-all-discrimination*-Kriteriums das Verhältnis berücksichtigt werden kann, in dem das Integrationsabkommen „zu dem umfassenden Prozess der wirtschaftlichen Integration oder der Handelsliberalisierung steht". Unklar ist aber auch hier, was dies genau bedeutet, insbesondere ob für die Nicht-Diskriminierung in weit gediehenen Integrationsverbünden ein strengerer Maßstab gilt als für Integrationsabkommen mit geringer Intensität.[1174] Eine weitere Komponente für einen je nach Mitgliedsländern justierbaren Maßstab ist in Abs. 3 vorgesehen, nach dem die in Abs. 1 geregelten Anforderungen an die Binnenliberalisierung für Entwicklungsländer „flexibel zu handhaben" sind.

2. Keine höheren Hemmnisse für den Dienstleistungshandeln mit dritten WTO-Mitgliedern gegenüber dem vor Abschluss der Übereinkunft geltenden Niveau

Das jeweilige Integrationsabkommen ist derart zu gestalten, dass der Handel zwischen den Vertragsparteien erleichtert wird, ohne dass sich das allgemeine Niveau der Hemmnisse für den multilateralen Dienstleistungshandel in den jeweiligen Sektoren und Teilsektoren erhöht,

---

1172 Kontrovers wird zwischen den WTO-Mitgliedern insbesondere diskutiert, ob ein oder mehrere Sektoren ausgeschlossen werden können, WTO, Synopsis of „Systematic" Issues Related to Regional Trade Agreements, WTO-Dok. WT/REG/W/37, 2. März 2000, Rn. 72 ff; MARCEAU und REIMAN (Fn. 1141), S. 324.

1173 WTO, Synopsis of „Systematic" Issues Related to Regional Trade Agreements, WTO-Dok. WT/REG/W/37, 2. März 2000, Rn. 78 ff.

1174 WTO, Synopsis of „Systematic" Issues Related to Regional Trade Agreements, WTO-Dok. WT/REG/W/37, 2. März 2000, Rn. 85.

Art. V Abs. 4 GATS. Auch hier ist die wirtschaftliche Bewertung, da es sich um eine Bewertung von Handelsregeln und nicht von Zöllen handelt, schwieriger als für den Warenverkehr.[1175]

3. Erforderlichkeit der Maßnahme?

Die Parallele zu Art. XXIV GATT lässt vermuten, dass die jeweilige Abweichung vom Meistbegünstigungsprinzip erforderlich für die Durchführung des jeweiligen Integrationsabkommens sein muss. Eine Erforderlichkeitsprüfung ist aber bislang nicht ins Gespräch gebracht worden.

4. Notifizierung

Gemäß Art. V Abs. 7 lit. a, b GATS sind die Parteien eines Integrationsabkommen verpflichtet, dem Rat für den Dienstleistungshandel umgehend das jeweilige Abkommen sowie dessen eventuelle Erweiterung und andere wesentliche Änderungen zu notifizieren.[1176] Bis vor Kurzem ist nur ein Bruchteil der regionalen Abkommen, die den Handel mit Dienstleistungen liberalisieren, notifiziert worden.[1177]

C. Sonderregeln für Entwicklungsländer

Die Handelsliberalisierung im Rahmen des GATT bzw. der WTO birgt für wirtschaftlich schwache Länder Gefahren: Einerseits können sie mangels einer konkurrenzfähigen Wirtschaft wenig Nutzen aus der Öffnung neuer Märkte ziehen und andererseits werden sie daran gehindert, mit Hilfe von Subventionen und Einfuhrschranken den Aufbau eigener industrieller Wirtschaftszweige zu fördern. Zudem verlieren sie im Zuge des Zollabbaus wichtige Einnahmequellen und damit an Gestaltungsspielraum für

---

1175 PELLENS (Fn. 55), S. 198.
1176 Der Rat für den Handel mit Dienstleistungen kann eine Arbeitsgruppe einsetzen, die ein Integrationsabkommen überprüft und darüber berichtet. Auf dieser Grundlage kann der Rat Empfehlungen an die Vertragsparteien richten, Art. V Abs. 7 lit. a-c.
1177 FINDLAY, STEPHENSON und PRIETO (Fn. 1169), S. 303 f.

sozioökonomische Maßnahmen. Der Zweck von Sonderbestimmungen für Entwicklungsländer ist es, die erforderlichen Bedingungen für deren wirtschaftliche Entfaltung unter Berücksichtigung ihrer ungünstigen Ausgangslage zu schaffen, damit sie – wie in der Präambel des WTOÜ bestimmt – in angemessener Weise und vor allem in angemessenem Umfang am Wachstum des internationalen Handels teilhaben können und sich der Lebensstandard ihrer Bevölkerung verbessert.[1178]

Dem Ziel, ihre Wirtschafts- und Produktionskapazitäten zu steigern, können sich Entwicklungsländer besonders durch eine starke wirtschaftliche Vernetzung untereinander nähern.[1179] So können sie einerseits komparative Kostenvorteile zwischen Ländern generieren, die eine ähnliche wirtschaftliche Konkurrenzfähigkeit haben. Viel wichtiger ist aber bei sog. Süd-Süd-Abkommen, dass relativ arme Länder ihre finanziellen Ressourcen bündeln und gemeinsam die Grundlage erfolgreichen Wirtschaftens legen, etwa durch Infrastrukturprojekte.[1180] Mithin bietet die regionale Integration für Entwicklungsländer Chancen – sofern die dafür geltenden Regeln ihren Bedürfnissen entsprechen.

Das GATT 1947 enthielt anfänglich mit Art. XVIII lediglich eine Sonderregelung für Entwicklungsländer, die die staatliche Unterstützung der wirtschaftlichen Entwicklung in Abweichung von den allgemeinen Grundsätzen gestatten sollte.[1181] Diese Norm war einerseits nicht auf die regionale Integration zwischen Entwicklungsländern zugeschnitten, anderer-

---

1178 Vgl. Abs. 2 Präambel des WTOÜ, Art. XVIII Abs. 1 und 2 GATT.

1179 UNITED NATIONS CONFERENCE ON TRADE AND DEVELOPMENT, *Trade and Development Report, 2007*. New York, Geneva 2007, S. 110 ff.

1180 MCCARTHY (Fn. 36).

1181 Während Abschnitt A unter bestimmten Bedingungen die Änderung und Rücknahme von Zollzugeständnissen zur Errichtung eines Wirtschaftszweiges erlaubt, regeln die Abschnitte B und C Ausnahmen vom Verbot mengenmäßiger Beschränkungen zum Schutz der Zahlungsbilanz bzw. zur Errichtung eines Wirtschaftszweigs. Wegen seiner geringeren tatbestandlichen Anforderungen wurde in der Praxis hauptsächlich auf Abschnitt B zurückgegriffen, HENNING JESSEN, WTO und Entwicklung, in: *WTO-Recht. Rechtsordnung des Welthandels*, hg. von STEFAN OETER und MEINHARD HILF, Baden-Baden, 2. Aufl. 2010, S. 575–595, 583 f. Ob der häufigen Inanspruchnahme des Abschnitts B ist Streit über dessen Reichweite entbrannt, PELLENS (Fn. 55), S. 209 unter Hinweis auf die Rechtssache *India – Imports of Agricultural, Textile and Industrial Products* und die in dieser Sache ergangenen Berichte des Panels, v. 6. April 1999, WTO-Dok. WT/DS90/R, und des Appellate Body, v. 23. August 1999, WTO-Dok. WT/DS90/R.

seits wurde ihr nur geringe Relevanz zugesprochen,[1182] so dass das GATT in den 1960er und 70er Jahren um seinen Teil IV und vor allem um zwei Entscheidungen ergänzt wurde: der Entscheidung über das Allgemeine Präferenz-System[1183] und der Entscheidung über die Ermächtigungsklausel[1184].

Die allgemeine Integrationsordnung der WTO wird durch die Ermächtigungsklausel und Art. V Abs. 3 GATS für Integrationsgemeinschaften, deren Parteien Entwicklungsländer sind, modifiziert. Vor Einführung der Ermächtigungsklausel 1979 beriefen sich einige GATT-Parteien auf dessen Teil IV, teilweise i.V.m. Art. XXIV, um die präferentielle Behandlung von Entwicklungsländern bzw. Integrationsgemeinschaften zwischen Entwicklungsländern zu rechtfertigen.[1185] Dem GATT-Teil IV ist aber eine solche Rechtfertigungswirkung nicht zu entnehmen.[1186]

1182 Mitsuo Matushita, Thomas J. Schoenbaum und Petros C. Mavroidis, *The World Trade Organization. Law, Practice, and Policy,* Oxford, 1. Aufl. 2003, S. 381 f.

1183 GATT-Vertragsparteien, Entscheidung „Generalized System of Preferences", 25. Juni 1971, GATT-Dok. L/3545.

1184 GATT-Vertragsparteien, Entscheidung „ *Differential and more Favourable Treatment. Reciprocity and fuller participation of Developing Countries*" vom 28. November 1979, GATT-Dok. L/4903.

1185 So etwa die EU mit Blick auf die vierte Lomé-Konvention, für die später ein *waiver* erteilt wurde, Bonapas Onguglo, Issues regarding Notification to the WTO of a Regional Trade Agreement, in: *Multilateralism and regionalism. The new Interface,* hg. von Mina Mashayekhi / Taisuke Ito, New York, Geneva 2005, S. 33–49, 49 und Jessen (Fn. 991), S. 313 f. Siehe zu weiteren Beispielen Abdulqawi A. Yusuf, Differential and More Favourable Treatment of Developing Countries in International Trade: The GATT Enabling Clause, in: *Journal of World Trade Law* 1980, S. 488–507, 499.

1186 Panel, Report v. 3. Juni 1993, GATT-Dok. DS32/R, Rn. 369 – *EEC – Member States' Import Regimes for Bananas (Bananas I).* Siehe auch Jessen (Fn. 987), S. 312, 314.

I. Für den Warenhandel

1971 trafen die GATT-Vertragsparteien gemäß Art. XXV Abs. 5 GATT und für die Dauer von zehn Jahren eine Freistellungsentscheidung (*waiver*).[1187] Danach wurde den entwickelten Vertragsparteien erlaubt, Entwicklungsländern Zollpräferenzen zu gewähren und insoweit von Art. I GATT abzuweichen. Mit der 1979 eingeführten Ermächtigungsklausel wurde das Allgemeine Präferenzsystem – nunmehr ohne Befristung – fortgeführt und gleichzeitig eine Regelung für Präferenzabkommen zwischen Entwicklungsländern geschaffen. Die im Rahmen des GATT 1947 verabschiedete Ermächtigungsklausel ist gemäß Art. 1 lit. b GATT 1994 Bestandteil des GATT.[1188] Mithin bestehen im WTO-Recht Sonderregeln für den Handel zwischen Entwicklungsländern (Süd-Süd-Handel) und den zwischen Entwicklungsländern und Industriestaaten (Nord-Süd-Handel). Diese Regeln finden im Verhältnis zu den westafrikanischen Staaten als Entwicklungsländern Anwendung.

1. Süd-Süd-Handel

In Abweichung von Art. I GATT können Entwicklungsländer gemäß Abs. 2 lit. c Ermächtigungsklausel untereinander Handelserleichterungen vereinbaren, ohne an die Voraussetzungen des Art. XXIV GATT, insbesondere an die dort erforderte Intensität der Binnenliberalisierung, gebunden zu sein. Inwieweit die Ermächtigungsklausel auch über Präferenzabkommen hinausreichende Vereinbarungen erfasst, also etwa Freihandelsabkommen und Zollunionen, ist umstritten. Die Frage ist sowohl für die Vereinbarkeit der UEMOA, als auch der ECOWAS mit dem WTO-Recht von Bedeutung.

1187 GATT-Vertragsparteien, Entscheidung „Generalized System of Preferences", 25. Juni 1971, GATT-Dok. L/3545. Die Entscheidung geht auf einen UNCTAD-Vorschlag zurück, *Agreed Conclusions of the Special Committee on Preferences*, UNCTAD-Dok. TD/B330.

1188 WTO-Sekretariat, *Legal Note on Regional Trade Arrangements under the Enabling Clause*, WTO-Dok. WT/COMTD/W/114, 13. Mai 2003, Rn. 8.

a. Vereinbarung zwischen Entwicklungsländern

Die Ermächtigungsklausel rechtfertigt nach ihren Abs. 1 und 2 lit. c „regionale oder globale Vereinbarungen" zwischen „weniger entwickelten Vertragsparteien" bzw. „Entwicklungsländern" zur gegenseitigen Zollsenkung oder -beseitigung sowie – unter den von den Vertragsparteien festgelegten Bedingungen – zum Abbau nicht-tarifärer Handelshemmnisse. Die Verwendung der Begriffe „weniger entwickelte" Länder bzw. Vertragsparteien und „Entwicklungsländer" weist für einzelne Autoren darauf hin, dass die Ermächtigungsklausel Entwicklungsländer je nach Entwicklungsstand in drei verschiedene Kategorien – LDCs, weniger entwickelte Länder und Entwicklungsländer – unterteilt.[1189] Dagegen spricht einerseits die praktische Handhabung der Begrifflichkeiten. Andererseits geht aus der Zielbestimmung des Abs. 7 Ermächtigungsklausel hervor, dass die Gesamtheit aller GATT-Vertragsparteien bzw. WTO-Mitglieder durch die Begriffe der „entwickelten" und „weniger entwickelten Vertragsparteien" erfasst wird.[1190] Daher deckt sich der Begriff der „weniger entwickelten Vertragspartei" mit dem des Entwicklungslands, das GATT-Vertragspartei bzw. WTO-Mitglied ist.

1189 TERESA THORP, The Rule of Law and the Implementation of an Economic Acquis Communautaire in Sub Saharan Africa: Legal Challenges for the East African Community, in: *Euopean Yearbook of International Economic Law* 3 (2012), S. 485–546, 496: „The Enabling Clause distinguishes the "least developed among the developing". At times it contrasts the "developed" with the "less-developed" and, at other times, it contrasts the "developed" with the "developing". However, the term "less-developed" is not necessarily one and the same thing as "developing". The terms are therefore not necessarily interchangeable. Arguably, the WTO needs to turn to the UN to segment developing country members into three tiers of developing countries: the "least-developed", the "less-developed" and the "developing"."

1190 „The concessions and contributions made and the obligations assumed by developed and less-developed contracting parties under the provisions of the General Agreement should promote the basic objectives of the Agreement, including those embodied in the Preamble and in Article XXXVI."

(1) Unklarer Begriff des Entwicklungslands

Weder die Ermächtigungsklausel noch das sonstige WTO-Recht definiert den Begriff der Entwicklungsländer.[1191] In der Praxis obliegt es mithin der individuellen Würdigung der Mitgliedstaaten, ob sie sich bzw. ihre Handelspartner als Entwicklungsländer einordnen.[1192] Das heißt, dass eine erhebliche Rechtsunsicherheit bei der Bestimmung des persönlichen Anwendungsbereich des WTO-Sonderrechts besteht. Die Rechtsunsicherheit ist umso gravierender, da Abs. 2 lit. c Ermächtigungsklausel verlangt, dass alle Vertragsparteien Entwicklungsländer sind.[1193]

Das Definitionsproblem besteht nicht für die Länder, die von den Vereinten Nationen als am wenigsten entwickelte Länder anerkannt sind. Denn den Begriff der am wenigsten entwickelten Ländern bestimmt Art. XI WTOÜ mit Bezug auf die VN.[1194] Um Länder, die nicht zu den LDCs zählen, als Entwicklungsländer zu qualifizieren, orientieren sich internationale Organisationen und Staaten hauptsächlich an deren Wirt-

---

1191 JESSEN (Fn. 987), S. 341, PELLENS (Fn. 55), S. 36 ff., 219. Art. XVIII GATT, der die „staatliche Unterstützung der wirtschaftlichen Entwicklung" erlaubt, bezieht sich auf die Vertragsparteien, „deren Wirtschaft nur einen niedrigen Lebensstandard zulässt und sich in den Anfangsstadien der Entwicklung befindet". Auch mit Blick auf die Anmerkungen in Anlage I zu Art. XVIII GATT wird der Begriff der Entwicklungsländer nicht eng genug umrissen. GUGLIELMO VERDIRAME, The Definition of Developing Countries under GATT and other International Law, in: *German Yearbook of International Law 20* (1996), S. 164–197, 175 ff., JESSEN (Fn. 987), S. 341.

1192 Die WTO-Mitgliedstaaten haben insbesondere die Einordnung von China und Südafrika unterschiedlich beurteilt. China hat ein Freihandelsabkommen mit der ASEAN gemäß Abs. 2 lit. c Ermächtigungsklausel notifiziert, Framework Agreement on Comprehensive Economic Cooperation between the ASEAN and the People's Republic of China, Notification from the Parties to the Agreement, WTO-Dok. WT/COMTD/N/20/Add.1, 26. September 2005; Südafrika hat dagegen bislang keine Sonderrechte für Entwicklungsländer für sich in Anspruch genommen, wurde aber von der EU in das Allgemeine Präferenzsystem nach Abs. 2 lit a Ermächtigungsklausel aufgenommen, PELLENS (Fn. 55), S. 219 f.

1193 PELLENS (Fn. 55), S. 221.

1194 Die Liste der am wenigsten entwickelten Länder wird aller drei Jahre vom Wirtschafts- und Sozialrat überprüft und von der Generalversammlung verabschiedet. Siehe etwa UNITED NATIONS CONFERENCE ON TRADE AND DEVELOPMENT (Fn. 11).

schaftsleistung (dem Bruttoinlandsprodukt und dem Bruttonationalein-kommen pro Kopf) sowie teilweise an anderen Wirtschaftsdaten sowie Gesundheits- und Bildungsindexe.[1195]

Das Problem der Qualifizierung als Entwicklungsland stellt sich bei Berücksichtigung des Abs. 7 Ermächtigungsklausel in verminderter Schärfe. Danach „erwarten" die weniger entwickelten Vertragsparteien, dass sie mit fortschreitender sozioökonomischer Entwicklung in die allge-meinen Rechte und Verpflichtungen der WTO-Mitglieder „hineinwach-sen".[1196] Der Absatz ist in erster Linie als Appell an die Entwicklungslän-der zu sehen, Ausnahmen nur insofern in Anspruch zu nehmen, als dies nach ihrem Entwicklungsstand erforderlich ist.[1197] Das heißt, dass unab-hängig von der Qualifizierung als Entwicklungsland das jeweilige Mit-gliedsland sich nur insoweit auf Ausnahmen wie Abs. 2 lit. c Ermächti-gungsklausel berufen darf, als dies von seinem Entwicklungsstand gerechtfertigt wird.[1198] In der Praxis wird diese Abstufung allerdings schwierig umzusetzen sein – auch hier fehlt es an allgemein anerkannten Kriterien, unterliegt die Abstufung bisher der individuellen Würdigung der Länder[1199] –, insbesondere bei Vereinbarungen zwischen verschieden ent-wickelten Ländern.[1200]

1195 PELLENS (Fn. 55), S. 37. Vgl. etwa die Kriterien des Committee for Development Policy (CDP) des Wirtschafts- und Sozialrats der Vereinten Nationen, UNITED NATIONS CONFERENCE ON TRADE AND DEVELOPMENT (Fn. 11), S. v.

1196 „Less-developed contracting parties expect that their capacity to make contribu-tions or negotiated concessions or take other mutually agreed action under the provisions and procedures of the General Agreement would improve with the progressive development of their economies and improvement in their trade sit-uation and they would accordingly expect to participate more fully in the frame-work of rights and obligations under the General Agreement."

1197 PELLENS (Fn. 55), S. 227.

1198 Damit wird der viel kritisierte Dualismus - Industrieland oder Entwicklungsland - aufgebrochen und zugunsten eines an den tatsächlichen wirtschaftlichen Ver-hältnissen orientieren Ansatzes relativiert, JESSEN (Fn. 987), S. 339. Dies ist vor allem für Schwellenländer von Bedeutung.

1199 JESSEN (Fn. 987), S. 346 f. weist daraufhin, dass letztlich mit der fehlenden Begriffsbestimmung „Entwicklungsland" auch einer objektiven Abstufung nach Abs. 7 Ermächtigungsklausel die Grundlage bzw. der Ausgangspunkt entzogen ist.

1200 Es stellt sich bei nach Abs. 2 lit. c Ermächtigungsklausel notifizierten Integrati-onsabkommen die Frage, ob es für dessen Anwendbarkeit auf den Entwick-lungsstand der Gemeinschaft insgesamt oder der einzelnen Mitgliedstaaten ankommt, PELLENS (Fn. 55), S. 221.

(2) Erfordernis der WTO-Mitgliedschaft aller Parteien an der Vereinbarung?

Welche Länder in den Anwendungsbereich der Ermächtigungsklausel fallen, wird nicht nur anhand des Begriffs der Entwicklungsländer diskutiert. Kontrovers beurteilt wird auch die Frage, ob Art. 2 lit. c Ermächtigungsklausel allein Zusammenschlüsse erfasst, an denen ausschließlich WTO-Mitgliedstaaten beteiligt sind. Der Wortlaut scheint darauf hinzudeuten,[1201] denn die Ermächtigungsklausel bezieht sich auf „Vereinbarungen zwischen weniger entwickelten Vertragsparteien". Dagegen sprechen jedoch Systematik, Sinn und Zweck der Ermächtigungsklausel.[1202]

Absatz 1 Ermächtigungsklausel befreit die Mitgliedstaaten von der Anwendung der Meistbegünstigungsklausel des GATT für Entwicklungsländer begünstigende Präferenzen, ohne die Rechtfertigungswirkung von der ausschließlichen Teilnahme von Vertragsparteien bzw. WTO-Mitgliedstaaten abhängig zu machen. Absatz 2 konkretisiert dann diese Regelung für bestimmte Tatbestände. So sieht Abs. 2 lit. a Ermächtigungsklausel für die Gewährung von Vorzugszolltarifen durch Industrieländer ebenfalls keine Voraussetzung der WTO-Mitgliedschaft vor. Dass WTO-Mitglieder als Industrieländer Entwicklungsländern, die nicht in der WTO sind, eine Vorzugsbehandlung angedeihen lassen dürfen, diese aber nicht gemeinsam mit anderen Entwicklungsländern gegenseitige Präferenzen vereinbaren dürfen, wäre widersinnig. Denn es lässt sich kein Grund für eine solche Differenzierung erkennen. Auch der Tatbestand des Abs. 2 lit. b Ermächtigungsklausel beinhaltet keine Bedingung der WTO-Mitgliedschaft. Es ist nicht ersichtlich, dass der Tatbestand des Abs. 2 lit. c dem Prinzip der Meistbegünstigung abträglicher ist als die Tatbestände des Abs. 2 lit. a, b Ermächtigungsklausel.

Das Ziel der Ermächtigungsklausel, die Förderung der Entwicklungsländer, spricht ebenfalls dafür von einer WTO-Mitgliedschaftsbedingung abzusehen.[1203] Denn die Zielbestimmung der Ermächtigungsklausel

---

1201 CHOI (Fn. 1148), S. 852, dem sich ISLAM und ALAM (Fn. 1148), S. 32 anschließen.

1202 Siehe ausführlich MOSSNER (Fn. 1150).

1203 Dass das Ziel der Ermächtigungsklausel, alle Entwicklungsländer gleichermaßen zu fördern, dagegen spricht, den Kreis der begünstigten Länder auf WTO-Mitglieder zu begrenzen, geben selbst die Vertreter der Gegenmeinung im Zusammenhang mit LDCs zu. So führt CHOI (Fn. 1148), S. 855 f. zu

beschränkt sich nicht auf WTO-Mitglieder, sondern bezieht sich auf alle Entwicklungsländer.[1204] Und eben dieses Ziel kann insbesondere durch Zusammenschlüsse der Entwicklungsländer untereinander – unabhängig von eventuell und einseitig gewährten Vorzugsbehandlungen durch Industrieländer – verwirklicht werden.[1205] Dafür spricht auch, dass der Begriff der „Entwicklung" als Ziel der Ermächtigungsklausel auch den Aspekt der Selbsthilfe umfasst.

Die Formulierung „zwischen weniger entwickelten Vertragsparteien" des Abs. 2 lit. c weist mithin nicht auf eine zusätzliche Bedingung hin, sondern lässt sich vielmehr dadurch erklären, dass allein die Vertragsparteien des GATT bzw. WTO-Mitglieder einer Rechtfertigung für Integrationsvereinbarungen in Abweichung von Art. I und Art. XXIV GATT bedürfen.[1206]

b. Der Abbau tarifärer und nichttarifärer Handelsschranken als Binnenliberalisierung

Absatz 2 lit. c erlaubt Entwicklungsländern, sich gegenseitig Präferenzen durch den Abbau bzw. die Beseitigung von Zöllen einzuräumen. Damit rechtfertigt die Ermächtigungsklausel Vereinbarungen zwischen Entwicklungsländern, die einen Zollabbau zum Inhalt haben.[1207]

Abs. 2 lit. d Ermächtigungsklausel aus, dass eine Diskriminierung zwischen LDCs gegen das Ziel der Ermächtigungsklausel verstieße. Außerdem hält er den am wenigsten entwickelten Ländern zugute, sie seien oft nur deshalb keine WTO-Mitglieder, weil sie nicht über die Kapazitäten verfügten, die WTO-rechtlichen Verpflichtungen umzusetzen. Warum diese Überlegung nicht auch zu Gunsten anderer Entwicklungsländer im Zusammenhang mit Abs. 2 lit. c Ermächtigungsklausel angestellt werden und warum das Ziel der Ermächtigungsklausel bei der Auslegung des Abs. 2 lit. c Ermächtigungsklausel nicht zu beachten ist, bleibt offen.

1204   PELLENS (Fn. 55), S. 222.
1205   UNITED NATIONS CONFERENCE ON TRADE AND DEVELOPMENT (Fn. 1179), S. 111 ff. benennt die besonderen Chancen, die der Handel zwischen (benachbarten) Ländern mit vergleichbarem Entwicklungsstand birgt.
1206   PELLENS (Fn. 55), S. 221 f.
1207   Insofern stellt der Zollabbau keine Voraussetzung dar, sondern vielmehr eine Umschreibung des Anwendungsbereichs der Regelung in Abs. 1, 2 lit. c der Ermächtigungsklausel, PELLENS (Fn. 55), S. 222 f.

Nichttarifäre Handelsschranken dürfen „in Übereinstimmung mit den Kriterien und Bedingungen, die von den Vertragsparteien festgelegt werden können" abgebaut werden. Da bislang weder im Rahmen des GATT noch der WTO eine solche Festlegung erfolgt ist, bezeichnet es das WTO-Sekretariat als offene Frage, ob auch der Abbau nichttarifärer Handelsbarrieren erfasst ist.[1208] Pellens ist darin zuzustimmen, dass der Wortlaut eher daraufhin deutet, dass der Abbau nichttarifärer Handelsschranken grundsätzlich erlaubt werden sollte, die Vertragsparteien sich dabei aber vorbehalten haben, den Anwendungsbereich in dieser Hinsicht einzuschränken. Soweit Art. I Abs. 1 GATT auch nichttarifäre Handelsschranken erfasst, kann auch der Abbau derselben nach der Ermächtigungsklausel rechtfertigt werden.[1209]

c. Außenwirkung: Keine Hemmnisse oder ungebührlichen Schwierigkeiten für den Handel aller Vertragsparteien

Das jeweilige Abkommen soll den Handel der Entwicklungsländer erleichtern, ohne Hemmnisse oder ungebührliche Schwierigkeiten für den Handel mit allen anderen Vertragsparteien zu schaffen, Abs. 3 lit. a Ermächtigungsklausel. Diese Voraussetzung ist strenger als die Bestimmung des Art. XXIV Abs. 4 GATT, dass durch Integrationsvereinbarungen dem Handel mit anderen Vertragsparteien keine Schranken gesetzt werden dürfen. In Anlehnung an die Zielvorgabe des Art. XXIV Abs. 4 GATT und dessen Konkretisierung durch Abs. 5 lit. b dürfen die Zölle und Handelsvorschriften der teilnehmenden Staaten, die für den Handel mit Drittstaaten gelten, nach Abschluss bzw. Inkrafttreten der Vereinbarung nicht höher oder einschränkender sein als zuvor.[1210]

1208 WTO-Sekretariat, Legal Note on Regional Trade Arrangements under the Enabling Clause, WTO-Dok. WT/COMTD/W/114, 13. Mai 2003, Rn. 53.

1209 PELLENS (Fn. 55), S. 223 f. Nach Pellens bietet Abs. 2 lit. c Ermächtigungsklausel etwa keine Rechtfertigung für Verstöße gegen die spezielle Meistbegünstigung des Art. XIII GATT.

1210 Da die Ermächtigungsklausel nicht Zollunionen erfasst, sind die Zollsätze und Handelsvorschriften der einzelnen Staaten, die Partei am jeweiligen Präferenzabkommen sind, zu betrachten, PELLENS (Fn. 55), S. 225.

d. Kein Hindernis für den multilateralen Abbau von Zöllen und sonstigen Handelsbeschränkungen

Die gegenseitige Präferenzbehandlung darf die Verringerung oder Beseitigung von Zöllen und sonstigen Handelsvorschriften auf Grundlage der allgemeinen Meistbegünstigung nicht behindern, Abs. 3 lit. b Ermächtigungsklausel. Diese Bedingung soll Vereinbarungen zwischen Entwicklungsländern ausschließen, welche die Abschottung und Importsubstitution zum Ziel haben. Eine solche Zielsetzung hatten sich Entwicklungsgemeinschaften, so etwa die ECOWAS, besonders in den 1970er Jahren gegeben. Die meisten Gemeinschaften pflegen heute einen *open regionalism*, fördern also auch den multilateralen Handel und suchen auf dessen Regulierung Einfluss zu nehmen.[1211]

e. Notifizierungspflicht

Jede Vertragspartei, die Vorkehrungen trifft, um eine Vereinbarung nach Abs. 2 lit. c Ermächtigungsklausel einzuführen, muss nach deren Abs. 4 davon die anderen Vertragsparteien in Kenntnis setzen, ihnen die als angemessen zu erachtenden Angaben zur Verfügung stellen und auf Anfrage umgehend eine angemessene Gelegenheit zu Konsultationen bieten. Bei der Notifizierung handelt es sich um eine Pflicht, aber keine Zulässigkeitsvoraussetzung.[1212] Nach dem Wortlaut ist die Vereinbarung bereits vor deren Inkrafttreten, ja bereits während der Ausarbeitung, zu notifizieren. Dabei kann die Mitteilung dem Ausschuss für Handel und Entwicklung – wie tatsächlich regelmäßig der Fall – oder dem Regionalausschuss gemacht werden.[1213] In der Praxis wurden viele Präferenzabkommen zwischen Entwicklungsländern erst nach deren Inkrafttreten oder gar nicht notifiziert.[1214]

1211 PELLENS (Fn. 55), S. 226.
1212 ebd., S. 227.
1213 WTO-Sekretariat, Legal Note on Regional Trade Arrangements under the Enabling Clause, WTO-Dok. WT/COMTD/W/114, 13. Mai 2003, Rn. 21.
1214 WTO-Sekretariat, Legal Note on Regional Trade Arrangements under the Enabling Clause, WTO-Dok. WT/COMTD/W/114, 13. Mai 2003, Rn. 23.

f. Obergrenze bei der Binnenintegration? Rechtfertigung von Zollunionen gemäß Ermächtigungsklausel und Art. XXIV GATT

Wie der Anwendungsbereich von Abs. 2 lit. c Ermächtigungsklausel von dem des Art. XXIV GATT abzugrenzen ist, ist zwischen den WTO-Mitgliedern wie auch in der Literatur seit Langem umstritten.[1215] Nach einer Ansicht erfasst Abs. 2 lit. c Ermächtigungsklausel mit „regionalen Vereinbarungen" lediglich Präferenzabkommen unterhalb der Schwelle zu Freihandelsabkommen.[1216] Dies wird mit der Formulierung „regionale Vereinbarungen" des Abs. 2 lit. c und der Tatsache begründet, dass Abs. 1 Ermächtigungsklausel die Vertragsparteien nur von der Beachtung des Art. I, nicht aber von Art. XXIV GATT entbindet.

Die Gegenansicht versteht Abs. 2 lit. c Ermächtigungsklausel für alle Handelsabkommen zwischen Entwicklungsländern als *lex specialis* zu Art. XXIV GATT.[1217] Dafür spricht vieles: Die Formulierung „regionale Vereinbarungen" schließt ob ihrer Weite auch Freihandelsabkommen und Zollunionen ein. Zudem sieht die Ermächtigungsklausel keine Obergrenze für den Anteil der Zollbeseitigungen am Intrahandel vor. Dies wäre auch nicht sinnvoll, denn sonst würde ein fortschreitender Abbau von Handelsbarrieren mit Blick auf die in Art. XXIV GATT angestrebte Liberalisierung für annähernd den gesamten Handel behindert.[1218] Für eine weite Auslegung der Ermächtigungsklausel und damit einen im Zweifelsfall großzügigen Anwendungsbereich spricht des Weiteren, dass sie – anders als Art. XXIV GATT – nicht dem Welthandel abträgliche Integrationsabkommen verhindern will, sondern positiv auf die Förderung wirtschaftli-

---

1215 Siehe für den Stand der Debatte in der WTO WTO-Sekretariat, Synopsis of „Systematic" Issues related to Regional Trade Agreements, WTO-Dok. WT/REG/W/37, 2. März 2000, Rn. 32. In der WTO ist der Streit im Zusammenhang mit dem Mercosur ausgebrochen, dessen Ziel es ist, einen gemeinsamen Markt zu errichten. Die WTO-Mitglieder haben sich mit der vertieften Prüfung durch eine Arbeitsgruppe im Lichte der Ermächtigungsklausel und des Art. XXIV GATT auf einen Kompromiss einigen können, PELLENS (Fn. 55), S. 246 f.

1216 ARND HALLER, *Mercosur. Rechtliche Würdigung der außenwirtschaftlichen Beziehungen und Vereinbarkeit mit dem Welthandelssystem*, Münster, Köln 2001, S. 320.

1217 Vgl. WTO-Sekretariat, Legal Note on Regional Trade Agreements under the Enabling Clause, WTO-Dok. WT/COMTD/W/114, 13. Mai 2003, Rn. 5.

1218 PELLENS (Fn. 55), S. 264.

cher Integration zwischen Entwicklungsländern gerichtet ist.[1219] Gleichwohl erfüllt Art. XXIV GATT eine grundlegende Funktion: Die Norm regelt abschließend eine – eng auszulegende – Ausnahme vom Meistbegünstigungsprinzip für Integrationsabkommen, indem sie deren Zulässigkeit daran knüpft, dass sie dem Welthandel förderlich sind.

Pellens spricht sich daher für eine parallele Anwendung der Ermächtigungsklausel sowie von Art. XXIV GATT nach dem Grundsatz der praktischen Konkordanz aus.[1220] Sie schlägt vor, die Prinzipien der Nichtdiskriminierung und der Entwicklung in Einklang zu bringen, indem die Kriterien der „Welthandelsfreundlichkeit" des jeweiligen Abkommens i.S.d. Art. XXIV GATT um Kriterien für dessen „Entwicklungsförderlichkeit" ergänzt werden. Dabei bilden die Anforderungen des Art. XXIV GATT den Ausgangspunkt der Bewertung. Folglich müssten Zollunionen zwischen Entwicklungsländern grundsätzlich annähernd den gesamten Warenhandel von Hemmnissen befreien und im Wesentlichen dieselben Zölle und Handelsvorschriften anwenden. Zudem dürften sie keine höheren Schranken für den Handel mit dritten WTO-Staaten einführen. Eventuelle Abstriche bei diesen Voraussetzungen, insbesondere bei der Binnenliberalisierung, könnten Integrationsabkommen durch ein Plus bei sonstigen „Erfolgskriterien" für Entwicklungsgemeinschaften ausgleichen.[1221] In Anlehnung an Art. V Abs. 2 GATS, nach dem bei der Prüfung, ob praktisch jede Diskriminierung beseitigt ist, „das Verhältnis berücksichtigt werden [kann], in dem die Übereinkunft zu dem umfassenden Prozess der wirtschaftlichen Integration [...] unter den betroffenen Ländern steht", sollte bei Abkommen zwischen Entwicklungsländern der „umfassende Integrationsprozess" herangezogen werden.[1222] Als Erfolgskriterien gälten dabei alle im Rahmen eines Integrationsabkommens erreichten (Zwischen-)Ziele, die einer vertieften und damit langfristig erfolgreichen Integration zwischen Entwicklungsländern dienen. Regulierungen im Bereich Infrastruktur, Landwirtschaft oder Wettbewerbsrecht bildeten dafür Beispiele.[1223] Hinter den Erfolgskriterien steht letztlich die Einsicht, dass für die wirtschaftliche Vernetzung von Entwicklungsländern der Abbau von

---

1219 ebd., S. 264.
1220 ebd., S. 265 ff.
1221 ebd., S. 269 .
1222 PELLENS (Fn. 55), S. 269 begründet dies mit dem Optimierungsgebot des Entwicklungsprinzips.
1223 Vgl. ebd., S. 269.

Handelshemmnissen wichtig, entscheidend aber die Schaffung der Voraussetzungen von Handel bzw. wirtschaftlicher Tätigkeit überhaupt ist.[1224] Der Ansatz von Pellens ist begrüßenswert, da er weder das Prinzip der Nichtdiskriminierung noch den Entwicklungsgrundsatz aus dem Blick verliert. Natürlich ist die Umsetzung der oben skizzierten praktischen Konkordanz nicht einfach, da noch nicht bestimmt ist, welche Erfolgskriterien anerkannt werden und zu welchen Abweichungen von Art. XXIV GATT sie jeweils berechtigen. Angesichts der Tatsache, dass aber derzeit die Auslegung praktisch sämtlicher Tatbestandsmerkmale des Art. XXIV GATT sowie die der Ermächtigungsklausel sehr umstritten und damit ungewiss ist, kann der Ansatz von Pellens nicht wegen eventueller Unbestimmtheiten abgelehnt werden.

2. Nord-Süd-Handel

Zwischen Entwicklungs- und Industrieländern kann der Warenhandel zu Vorzugsbedingungen entweder im Rahmen eines Integrationsabkommens nach Art. XXIV GATT oder im Rahmen des Allgemeinen Präferenzsystems der Ermächtigungsklausel organisiert werden. Während Art. XXIV GATT gegenseitige Zugeständnisse und eine gewisse Mindestliberalisierung zwischen den Vertragsparteien erfordert, können den Entwicklungsländern im Rahmen der Ermächtigungsklausel einseitig Zollpräferenzen durch die Industrieländer gewährt werden. Für Entwicklungländer besteht allerdings der Nachteil, dass die Industrieländer auch einseitig die Bedingungen für die Präferenzen festlegen und die gewährte Vorzugsbehandlung jederzeit beenden können.

Mittlerweile werden viele Nord-Süd-Handelsbeziehungen in Handelsabkommen gemäß Art. XXIV GATT geregelt. Artikel XXIV GATT wird allerdings – jedenfalls in der derzeit überwiegenden Auslegung – von vielen Entwicklungsländern und Kritikern als unsachgemäß für Nord-Süd-Abkommen betrachtet und ist deshalb Gegenstand von Reformanregungen. Die Überlegungen zur Reform des Art. XXIV GATT sind insofern für das Recht der westafrikanischen Wirtschaftsintegration, und insbeson-

---

1224 McCarthy (Fn. 36).

dere die WPA-Verhandlungen von Interesse, als sich darin alternative Auslegungen des Art. XXIV GATT spiegeln, die die Schutzbedürftigkeit der Entwicklungsländer berücksichtigen.

a. Allgemeine Präferenzsysteme

Seit Mitte der 1960er Jahre hatte sich die UNCTAD dafür eingesetzt, dass im Rahmen des GATT eine stabile Rechtsgrundlage eingeführt wird, die es Industrieländern erlauben würde, Entwicklungsländern nicht-reziproke Zollpräferenzen zu gewähren.[1225] Im Laufe der 70er Jahre einigten sich die Vertragsparteien auf ein sogenanntes Allgemeines System der Präferenzen (ASP), zuerst mit einer auf zehn Jahre begrenzten Ausnahmegenehmigung nach Art. XXV Abs. 5 GATT[1226], 1979 schließlich für unbegrenzte Zeit im Rahmen der Ermächtigungsklausel. Danach dürfen Industrieländer, abweichend von Art. I GATT, Entwicklungsländern eine differenzierte und vorteilhafte Behandlung insofern gewähren, als sie tarifäre Vorteile für aus Entwicklungsländern stammende Produkte einräumen und nicht-tarifäre Maßnahmen differenziert anwenden, Abs. 1, 2 lit. a und b Ermächtigungsklausel. Durch die Möglichkeit, Vorteile zu gewähren, wird die Rechtsposition der Industrieländer erweitert, nicht aber den Entwicklungsländern ein Anspruch darauf zugesichert.[1227] Mithin obliegt es den Industrieländern einen privilegierten Marktzugang für Waren aus Entwicklungsländern im Rahmen von Präferenzsystemen zu gestalten, die nach ihrer bisherigen Gestaltung eher „individuell" als „allgemein" zu nennen sind.[1228] Dabei genießen sie mit Blick auf die Festlegung der Zolleinschnitte, der erfassten Waren, der Ursprungsregeln und des Begünstigtenkreises einen großen Spielraum, und unterliegen nur

---

1225 Einige Industrieländer hatten bereits Vereinbarungen über tarifäre Vorzüge für Waren aus Entwicklungsländern abgeschlossen und sich dabei auf Teil IV i.V.m. Art. XXIV GATT berufen. Im Nachhinein waren diese Abkommen dann durch eine Ausnahmegenehmigung nach Art. XXV Abs. 5 GATT rechtfertigt worden, JESSEN (Fn. 987), S. 323.

1226 GATT-Vertragsparteien, Entscheidung *„Generalized System of Preferences"*, GATT-Dok. L/3545, 25. Juni 1971.

1227 JESSEN (Fn. 987), S. 333 f. spricht insofern vom „limitierten Rechtscharakter" der Ermächtigungsklausel.

1228 JESSEN (Fn. 1181), S. 584 spricht ausdrücklich von „individuellen Präferenzsystemen".

wenigen WTO-rechtlichen Vorgaben. Für die westafrikanischen Länder sind die europäischen und US-amerikanischen Präferenzsysteme von besonderer Bedeutung.

(1) Den Entwicklungsländern gewährte Vorzugsbehandlung

Mangels einer allgemeinen Definition des Begriffs „Entwicklungsland" legen die Industrieländer fest, welche Staaten sie als Entwicklungsländer betrachten und durch Präferenzen begünstigen. Dabei differenzieren sie meist unter Berufung auf Abs. 7 Ermächtigungsklausel zwischen Entwicklungsländern verschiedenen Entwicklungsstands und stufen bestimmte Länder in Abständen neu ein. Dieser einseitigen Graduierung haftet – mangels allgemein anerkannter Kriterien – teilweise der Ruch an, Instrument politischer Erwägungen zu sein.[1229]

(2) Nicht-diskriminierende Vorzugsbehandlung

Die tarifäre Vorzugsbehandlung muss Entwicklungsländern „allgemein" bzw. nicht-diskriminierend gewährt werden.[1230] Dies ergibt sich aus dem in Fußnote 3 zu Abs. 2 lit. a Ermächtigungsklausel enthaltenen Verweis auf die Entscheidung über das Allgemeine Präferenzsystem. Das Prinzip der Nicht-Diskriminerung ist vor allem im Zusammenhang mit Präferenzsystemen diskutiert worden, in denen tarifäre Vorzüge durch Anreize an ein bestimmtes wünschenswertes Verhalten des begünstigten Staats, etwa im Kampf gegen Drogen(kriminalität), geknüpft waren. Der Appellate Body sieht die Vorgaben erfüllt, wenn gleichsituierten Entwicklungslän-

---

1229 JESSEN (Fn. 987), S. 349.
1230 Die eigentliche Anforderung ist der Grundsatz der Nichtdiskriminierung zwischen Entwicklungsländern; die Formulierung „allgemein" hat keine eigenständige rechtliche Bedeutung, LORAND BARTELS, The WTO Enabling Clause and Positive Conditionality in the European Community's GSP Program, in: *Journal of International Economic Law* 6 (2003), S. 507–532, 523, weist aber auf die Intention der Vertragsparteien hin, das historisch gewachsene, fragmentierte System spezieller Präferenzen, vor allem zwischen ehemaligen Kolonialmächten und früheren Kolonien, zugunsten eines einheitlichen Rechtsrahmens abzuschaffen, Appellate Body, Report v. 7. April 2004, WTO-Dok. WT/DS246/AB/R, Rn. 155 – *EC Tariff Preferences*.

dern die gleichen Zollvorzüge gewährt werden. Alle Entwicklungsländer, die ein bestimmtes, objektiv ermitteltes und vom „Geberland" adressiertes Entwicklungs-, Finanz- und Handelsbedürfnis haben, müssen danach die Möglichkeit haben, in den Genuss der jeweiligen Vorzugsbehandlung zu kommen. Letztere muss geeignet sind, die spezifischen, in Bezug genommenen Entwicklungs-, Finanz- und Handelsbedürfnisse zu mindern.[1231] Der Grundsatz der Nichtdiskriminierung schließt nach diesem Verständnis als allgemeines Gleichbehandlungsgebot „eine sachgerechte und angemessene Differenzierung heterogener Entwicklungsländer" nicht aus.[1232]

(3) Keine Gegenleistung

Den tarifären und nicht-tarifären Präferenzen darf keine Gegenleistung der begünstigten Entwicklungsländer gegenüber stehen. Das heißt, dass sie dem jeweiligen Industrieland im Zusammenhang mit dessen Präferenzsystem keinen erleichterten Marktzugang verschaffen. Eventuell an die Präferenzen geknüpfte Konditionalitäten bzw. Auflagen, die nicht den Marktzugang betreffen, sind unbeachtlich.[1233]

1231 Appellate Body, Report v. 7. April 2004, WTO-Dok. WT/DS246/AB/R, Rn. 154 ff., 173 – *EC Tariff Preferences*. Damit hat der Appellate Body die Auslegung des Panels in der gleichen Sache verworfen, der den Grundsatz der Nicht-Diskriminierung als formales Gleichbehandlungsverbot verstanden hatte. Das Panel hatte jede Differenzierung zwischen Entwicklungsländern, die über die in Abs. 2 lit. d Ermächtigungsklausel angelegte Unterscheidung zwischen Entwicklungs- und am wenigsten entwickelten Ländern bzw. sog. *a priori limitations* hinausgeht, abgelehnt, Panel, Report v. 1. Dezember 2003, WTO-Dok. WT/DS246/R, Rn. 7.78 ff. - *EC Tariff Preferences*. Die Entscheidung des Appellate Body wurde in der Literatur als ausgewogen und praxisorientiert begrüßt, so etwa von STEFANIE SCHMAHL, „Enabling Clause" versus Meistbegünstigungsprinzip. Die EG-Zollpräferenzen auf dem Prüfstand des Dispute Settlement Body der WTO, in: *Archiv des Völkerrechts* 42 (2004), S. 389–410, 407, HENNING JESSEN, Zollpräferenzen für Entwicklungsländer: WTO-rechtliche Anforderungen an Selektivität und Konditionalität - Die GSP-Entscheidung des WTO Panel und Appellate Body, 2004, S. 35 ff.

1232 SCHMAHL (Fn. 1231), S. 403 f. Schmahl sieht darin einen vom Verhältnismäßigkeitsprinzip geprägten allgemeinen Gleichheitsgrundsatz.

1233 BARTELS (Fn. 1230), S. 529, SCHMAHL (Fn. 1231), S. 400 und KENNERS (Fn. 963), S. 303.

(4) Keine Hemmnisse oder ungebührliche Schwierigkeiten für den
     Handel mit dritten WTO-Mitgliedern

Das jeweilige Präferenzsystem darf keine Hemmnisse oder ungebührliche
Schwierigkeiten für den Handel mit den anderen Vertragsparteien schaf-
fen, Abs. 3 lit. a Ermächtigungsklausel. In Anlehnung an die Zielvorgabe
des Art. XXIV Abs. 4 GATT und dessen Konkretisierung durch
Abs. 5 lit. b dürfen die Zölle und Handelsvorschriften der teilnehmenden
Staaten, die für den Handel mit Drittstaaten gelten nach Abschluss bzw.
Inkrafttreten des Präferenzsystems nicht höher oder einschränkender sein
als zuvor.[1234]

(5) Kein Hindernis des multilateralen Abbaus von Zöllen und sonstigen
     Handelsvorschriften

Die Präferenzbehandlung darf die Verringerung oder Beseitigung von Zöllen und sonstigen Handelsvorschriften auf Grundlage der allgemeinen
Meistbegünstigung nicht behindern, Abs. 3 lit. b Ermächtigungsklausel.
Ziel von Präferenzsystemen darf mithin nicht die Abschottung von Märkten bzw. die Importsubstitution sein.[1235]

(6) Förderung der Entwicklungs-, Finanz- und Handelsbedürfnisse der
     jeweiligen Entwicklungsländer

Gemäß Abs. 3 lit. c Ermächtigungsklausel muss die Präferenzbehandlung
derart gestaltet sein, dass sie auf die Entwicklungs-, Finanz- und Handelsbedürfnisse der Entwicklungsländer eingeht.[1236] Das Panel hat in dieser
Voraussetzung eine Ermutigung zu umfangreichen Präferenzsystemen,
d.h. zur Einbeziehung möglichst vieler Produkte und zu großen Zollsen-

---

1234 PELLENS (Fn. 55), S. 225 im Rahmen von Abs. 2 lit. c Ermächtigungsklausel, der
     derselben Anforderung unterliegt.
1235 Vgl. ebd., S. 226.
1236 Der Appellate Body betrachtet diesen Absatz ausdrücklich aus „Verpflichtung",
     also bindende Voraussetzung einer Rechtfertigung von Allgemeinen Präferenz-
     systemen durch die Ermächtigungsklausel, Appellate Body, Report v. 7. April
     2004, WTO-Dok. WT/DS246/AB/R Rn. 158 – *EC Tariff Preferences.*

kungen, gesehen.[1237] Bindende Vorgaben bzw. eine Mindestqualität sind daraus kaum abzuleiten. Immerhin hat der Appellate Body festgestellt, dass die gewährten Vorzüge zumindest geeignet sein müssen, um die jeweiligen Entwicklungs-, Finanz- und Handelsbedürfnisse zu mindern.[1238] Welche Bedürfnisse aber „bedacht" werden dürfen, ob die Berücksichtigung bestimmter Bedürfnisse einer Teilmenge von Entwicklungsländern auch impliziert, dass die spezifischen Bedürfnisse anderer Länder adressiert werden, und welche Präferenzen bestimmte Bedürfnisse rechtfertigen oder gar verlangen, bleibt offen.[1239] Bisher wurde kein Präferenzsystem aus diesen Gründen vom DSB überprüft. In der Praxis spiegeln die Präferenzsysteme nicht nur die Bedürfnisse der Entwicklungsländer, sondern in mindestens gleich großem Maße auch die wirtschaftlichen und politischen Interessen der Industriestaaten wider.[1240]

(7) Notifizierungspflicht

Jede Vertragspartei, die sich anschickt, ein Präferenzsystem einzuführen, muss nach Abs. 4 Ermächtigungsklausel die anderen Vertragsparteien davon in Kenntnis setzen, ihnen die als angemessen zu erachtenden Angaben zur Verfügung stellen und auf Anfrage umgehend eine angemessene Gelegenheit zu Konsultationen bieten.

1237 Panel, Report v. 1. Dezember 2003, WTO-Dok. WT/DS236/R, Rn. 7.99 – *EC Tariff Preferences*.

1238 Appellate Body, Report v. 7. April 2004, WTO-Dok. WT/DS246/AB/R Rn. 164 – *EC Tariff Preferences*.

1239 GENE M. GROSSMAN und ALAN O. SYKES, A Preference for Development: The Law and Economics of GSP, in: *WTO law and developing countries*, hg. von GEORGE A. BERMANN und PETROS C. MAVROIDIS, New York 2007, S. 255–282, 269 f.

1240 ebd., S. 270. Beispielsweise führt die gängige Praxis, die Zollpräferenzen für verarbeitete Waren gegenüber Rohstoffen zu reduzieren, und damit verarbeitete Produkte mit höheren Zöllen zu belegen, dazu, dass – den Zielen der Entwicklungsförderung und der volkswirtschaftlichen Diversifikation diametral entgegengesetzt – die Rolle der Entwicklungsländer als Rohstofflieferanten zementiert wird, Jessen (Fn. 991), S. 350 ff.

b. Anpassung des Art. XXIV GATT für den Nord-Süd-Handel

Können Handelsvereinbarungen zwischen Entwicklungsländern und Industriestaaten nicht mit der Ermächtigungsklausel rechtfertigt werden, etwa weil sie zwischen Entwicklungsländern diskriminieren, müssen sie den Anforderungen des Art. XXIV GATT genügen. Dieser macht aber insbesondere mit dem *substantially-all-the-trade*-Erfordernis – wie es vom Appellate Body verstanden wird – Vorgaben, die Kritiker für sog. „gemischte Abkommen" zwischen Industrie- und Entwicklungsländern mit Blick auf die Entwicklungsbelange letzterer für nachteilig halten.[1241] Die WTO-Mitglieder haben die Reformbedürftigkeit des WTO-Rechts zu Integrationsvereinbarungen anerkannt und dazu Verhandlungen angekündigt.[1242] In der Folge haben einige WTO-Mitglieder Vorschläge für eine Änderung des Art. XXIV GATT unterbreitet, um in diesen Elemente einer besonderen und differenzierten Behandlung der Entwicklungsländer zu integrieren.[1243]

Solange sich eine Reform des Art. XXIV GATT nicht abzeichnet, könnte Art. XXIV GATT für Nord-Süd-Abkommen unter Berücksichtigung der spezifischen Belange der Entwicklungsländer ausgelegt werden. Wegen des völkergewohnheitsrechtlichen Gebots der Auslegung im

---

1241 Siehe die kritische Einschätzung der United Nations Conference on Trade and Development (Fn. 1179), S. 57 ff., die insbesondere auf das Reziprozitätserfordernis eingeht.

1242 Abs. 29 Doha Ministerial declaration, WTO-Dok. WT/MIN(01)/DEC/1, 14. November 2001. Die Verhandlungen haben bisher nicht zu einer Klärung der materiellen Anforderungen des Art. XXIV GATT geführt, sondern lediglich zur Verabschiedung eines Transparenzmechanismus, Entscheidung des Allgemeinen Rats, *Transparency Mechanism for Regional Trade Agreements*, WTO-Dok. WT/L/671, 18. Dezember 2006.

1243 Siehe etwa die Vorlagen der EG, Submission on Regional Trade Agreements by the European Communites and their Member states, WTO-Dok. TN/RL/W/14, 9. Juli 2002, und Submission on Regional Trade Agreements by the European Communites, WTO-Dok. TN/RL/W/179, 12. Mai 2005, die Vorlage der Türkei, Submission on Regional Trade Agreements, WTO-Dok. TN/RL/W/32, 25. November 2002 und die Vorlage der AKP-Staaten, Submission on Regional Trade Agreements, WTO-Dok. TN/RL/W/155, 28. April 2004. Umfangreiche Analysen zu einer Auslegung bzw. Änderung des Art. XXIV GATT im Sinne der AKP-Staaten finden sich bei Bonapas Onguglo und Taisuke Ito, How to make EPAs WTO compatible? Reforming the rules on regional trade agreements, July 2003 und Rémi Lang, Renegotiating GATT Article XXIV – a priority for African countries engaged in North-South trade agreements, 2006.

Lichte aller zwischen den Parteien geltenden Normen erfordern die allgemeinen Prinzipien des Völkerrechts, soweit sie die Grundsätze des Entwicklungsvölkerrechts umfassen, eine entwicklungsfreundliche Auslegung.[1244] Allerdings ist es schwierig, aus dem noch kontrovers diskutierten Entwicklungsvölkerrecht und insbesondere dem Recht auf Entwicklung, konkrete Einzelansprüche oder -pflichten bzw. Auslegungsrichtlinien zu ziehen.[1245]

Ein weiterer Ansatzpunkt für eine entwicklungsfreundliche Auslegung des Art. XXIV GATT bietet das WTO-Recht selber, da es an verschiedenen Stellen auf Belange der Entwicklungsförderung Bezug nimmt und den Entwicklungsländern eine „besondere und differenzierte Behandlung" zugesteht. Die wiederholte Bezugnahme, insbesondere in der Präambel des WTOÜ, spricht für eine Berücksichtigung des Grundsatzes der Entwicklungsförderung.[1246] Dagegen könnte allerdings die Systematik des WTO-Rechts sprechen, da mit der Ermächtigungsklausel eine Rechtsgrundlage für einseitige Präferenzen im Nord-Süd-Handel besteht und das Aufweichen des Art. XXIV GATT der Intention der Vertragsparteien zuwider laufen könnte, die speziellen Präferenzen zugunsten allgemeiner, allen Entwicklungsländern zugänglichen aufzugeben. Gleichzeitig eröffnet der im Vergleich zu Art. XXIV GATT neuere Art. V Abs. 3 GATS ausdrücklich die Möglichkeit einer flexiblen Handhabung, die im Einklang mit dem Entwicklungsstand der betroffenen Länder steht, und bezeugt daher die Intention der WTO-Mitglieder Entwicklungsbelange bei der Bewertung von Integrationsabkommen einzubeziehen. Im Folgenden werden die neuralgischen Punkte des Art. XXIV GATT analysiert, die vorzugsweise durch eine Änderung, aber auch durch eine das WTO-rechtli-

---

1244 Joost Pauwelyn, The Role of Public International Law in the WTO: How Far Can We Go, in: *American Journal of International Law* 2001, S. 575 und Pellens (Fn. 55), S. 237, vgl. zur Auslegung des WTO-Rechts nach Art. 31 WVK Appellate Body, Report v. 29. April 1996, WTO-Dok. WT/DS2/AB/R, S. 16 ff. - *US-Gasoline*.

1245 Pellens (Fn. 55), S. 237 ff. und Markus Krajewski, *Wirtschaftsvölkerrecht*, Heidelberg u.a., 3. Aufl. 2012, S. 265 f.

1246 Asif H. Qureshi, *Interpreting WTO Agreements. Problems and Perspectives,* 2006, S. 120 ff. Pellens (Fn. 55), S. 242 spricht unter Bezug auf Meinhard Hilf, Power, rules and principles - which orientation for WTO/GATT law?, in: *Journal of International Economic Law* 4 (2001), S. 111–130, 128 von „Optimierungsgeboten", denen bei der Auslegung „soweit wie möglich Raum zu geben" ist, „wenn nicht gegenläufige Prinzipien eine Ausbalancierung erfordern".

che Entwicklungsprinzip berücksichtigende Auslegung derart konkretisiert werden können, dass Nord-Süd-Handelsabkommen nicht zwangsläufig den Entwicklungsinteressen der südlichen Hemisphäre zuwiderlaufen.

(1) Das Erfordernis, annähernd den gesamten Handel zu liberalisieren

Bei der Bewertung, ob die erfassten Tariflinien und der erfasste tatsächliche Import dem Erfordernis der Binnenliberalisierung genügen, könnten für Entwicklungsländer niedrigere Schwellenwerte angelegt werden als für Industriestaaten. Die Anwendung von Schutzmaßnahmen (einschließlich Ursprungsregeln) könnte Entwicklungsländern ausdrücklich als „beschränkende Handelsvorschrift" erlaubt werden.[1247]

Dies impliziert einen asymmetrischen bzw. nicht-reziproken Abbau von Handelshemmnissen innerhalb von Integrationsabkommen. Das heißt, dass der von Industriestaaten gemachte Zollabbau sowohl hinsichtlich der abgedeckten Waren bzw. Tariflinien als auch bezüglich der Tiefe der Zolleinschnitte weiter reicht als der von den Entwicklungsländern gewährte. Durch den weitgehenden Zollabbau auf Seiten der entwickelten Vertragspartei kann eine relativ hohe Gesamtliberalisierung zwischen den Parteien am Integrationsabkommen – diskutiert werden meist 80-90 % des Handels[1248] – realisiert werden. Mangels ausdrücklicher Regelung eines reziproken Liberalisierungserfordernis und angesichts einer widersprüchlichen und nur selten überprüften Praxis[1249] herrscht bisher Unsicherheit, ob Art. XXIV Abs. 8 lit. a GATT den symmetrischen Abbau von Handelsbarrieren durch alle Parteien verlangt.[1250] Die Berücksichtigung des – insbe-

---

1247 Vorlage der AKP-Staaten, Submission on Regional Trade Agreements, WTO-Dok. TN/RL/W/155, 28. April 2004, Rn. 11 lit. i. Die EG hat sich in ihrer Vorlage, Submission on Regional Trade Agreements by the European Communites, WTO-Dok. TN/RL/W/179, 12. Mai 2005, Rn. 18 dem Vorschlag der AKP gegenüber offen gezeigt.

1248 James Thuo Gathii, *African regional trade agreements as legal regimes*, Cambridge 2011, S. 101.

1249 Die EU hat in der Vergangenheit mehrere Freihandelsabkommen abgeschlossen, bei der sie bedeutendere Liberalisierungen vornahm als die jeweils andere Vertragspartei, etwa mit Mexiko und Südafrika, Lang (Fn. 1243), S. 12.

1250 Das Panel hat im Bananenstreit die vierte Lomé-Konvention für nicht von Art. XXIV GATT gerechtfertigt erklärt, weil die AKP-Staaten im Gegensatz zur EEC keine Zollzugeständnisse gemacht hatten, Panel, Report v. 11. Februar 1994, GATT-Dok. DS38/R, Rn. 159 – *EEC - Bananas II* (nicht angenommen).

sondere in der Präambel der WTOÜ und Art. V Abs. 3 GATS zum Ausdruck kommenden – Entwicklungsprinzips streitet für die Zulässigkeit asymmetrischer Liberalisierungen.[1251]

(2) Übergangsfrist

Nach Abs. 3 Auslegungsvereinbarung zu Art. XXIV GATT soll die nach Art. XXIV Abs. 5 lit. c GATT für ein Interimsübereinkommen angemessene Zeitspanne nur in Ausnahmefällen zehn Jahre überschreiten. Die AKP-Staaten schlagen vor, die Modalitäten der „Ausnahmefälle" zu konkretisieren, um den Entwicklungsländern eine Berufung darauf zu erleichtern.[1252] Weiterhin setzen sie sich für die Regelung einer maximalen Übergangsfrist von zumindest 18 Jahren ein. In der Literatur werden „asymmetrische Übergangsfristen" diskutiert, die mithin für die verschiedenen Vertragsparteien je nach deren Entwicklungsstand abweichen können.[1253]

(3) Notifizierungs- und Informationspflichten

Da Entwicklungsländer typischerweise relativ geringe finanzielle und in der Folge auch administrative und personelle Kapazitäten haben, wird für sie ein vereinfachtes Notifizierungsverfahren vorgeschlagen.[1254] Den Entwicklungsländern könnte weiterhin technische Unterstützung angeboten werden.[1255]

Dabei berief sich das Panel auf den Wortlaut des Art. XXIV Abs. 8 lit. a i) „zwischen diesen Gebieten". Diese Rechtsprechung schließt aber nicht asymmetrische Liberalisierungen, sondern nur das Unterlassen jeglicher Liberalisierung durch eine Partei am Integrationsabkommen aus.

1251 So auch GATHII (Fn. 1248), S. 136 f. und SCHUBERT (Fn. 1148), S. 278 f.

1252 Dies fordert auch GATHII (Fn. 1248), S. 107.

1253 ONGUGLO (Fn. 1243), Rn. 144. Der Vorschlag wurde auch von der EG in ihren beiden Vorlagen aufgegriffen, Submission on Regional Trade Agreements by the European Communites and their Member states, WTO-Dok. TN/RL/W/14, 9. Juli 2002, Ziffer 4, und Submission on Regional Trade Agreements by the European Communites, WTO-Dok. TN/RL/W/179, 12. Mai 2005, Rn. 18.

1254 Vorlage der AKP-Staaten, Submission on Regional Trade Agreements, WTO-Dok. TN/RL/W/155, 28. April 2004, Rn. 11 lit. iii, ONGUGLO (Fn. 1243), Rn. 155.

1255 LANG (Fn. 1243), S. 30.

II. Für den Dienstleistungshandel

Wie beim Warenhandel stellt sich auch für den Dienstleistungshandel die Frage, inwiefern die WTO-Mitglieder Entwicklungsländern einen besonderen präferentiellen Marktzugang eröffnen können. Das WTO-Recht erlaubt sowohl für Abkommen, die auf gegenseitige Liberalisierungen zielen, zugunsten der Entwicklungsländer zu differenzieren, als auch LDCs einseitige Präferenzen zu gewähren.

1. Abkommen über die wechselseitige Liberalisierung

Im Gegensatz zu Art. XXIV GATT sieht Art. V GATS in seinem Abs. 3 lit. a ausdrücklich eine „flexible Handhabung" der Anforderungen an die Binnenliberalisierung vor. Danach sind die in Abs. 1 genannten Bedingungen „im Einklang mit dem Entwicklungsstand der betroffenen Länder im Allgemeinen sowie in einzelnen Sektoren und Teilsektoren flexibel zu handhaben". Der Wortlaut („sofern Entwicklungsländer Vertragsparteien" sind) erlaubt eine asymmetrische Anwendung der Voraussetzungen.[1256] Der Bezug auf den jeweiligen Entwicklungsstand der beteiligten Entwicklungsländer lädt zu einer Graduierung ein.[1257] Dabei sind aber noch viele Einzelheiten ungeklärt.[1258]

Gemäß Art. V Abs. 3 lit. b GATS kann im Rahmen von Integrationsabkommen, an denen ausschließlich Entwicklungsländer beteiligt sind, „juristischen Personen, die sich im Eigentum oder unter der Kontrolle natürlicher Personen der Vertragsparteien einer solchen Übereinkunft befinden, eine günstigere Behandlung gewährt werden".

2. Einseitige Präferenzen für Entwicklungsländer

Die WTO-Ministerkonferenz hat 2011 die WTO-Mitglieder für 15 Jahre von der Beachtung der Meistbegünstigungsklausel des Art. II GATS entbunden, sofern sie Dienstleistungen und Dienstleistungserbringern aus

---

1256 So auch THORP (Fn. 1189), S. 506.
1257 Vgl. Abs. 7 Ermächtigungsklausel.
1258 MARCEAU und REIMAN (Fn. 1141), S. 328.

LDCs einen präferentiellen Marktzugang einräumen.[1259] Dabei handelt es sich um eine Freistellungsentscheidung (*waiver*) nach Art. IX Abs. 3 WTOÜ. Eine solche Vorzugsbehandlung kann von allen WTO-Mitgliedern gewährt werden, also auch von Entwicklungsländern. Sie soll darauf gerichtet sein, den Dienstleistungshandel der LDCs in den Sektoren zu fördern, in denen sie besondere Exportchancen haben.[1260] Dabei ähneln die Anforderungen denen der Ermächtigungsklausel für Allgemeine Präferenzsysteme.[1261] Die jeweilige Vorzugsbehandlung muss allgemein und diskriminierungsfrei, d.h. allen LDCs eingeräumt werden, ohne dass daran Bedingungen, d.h. vor allem keine Gegenleistungen, geknüpft wären. Sie darf weder den Handel mit dritten WTO-Mitgliedern ungebührlich hemmen und noch den multilateralen Abbau von Handelshindernissen auf Grundlage der allgemeinen Meistbegünstigung beeinträchtigen.[1262]

Die Präferenzen sind dem Rat für den Handel mit Dienstleistungen anzuzeigen und können von anderen WTO-Mitgliedern zum Gegenstand von Konsultationen gemacht werden.[1263] Nachdem im Dezember 2013 noch kein WTO-Mitglied Gebrauch von der Freistellungsentscheidung gemacht hatte, forderte die Ministerkonferenz die LDCs auf, eine gemeinsame Anfrage als Grundlage für Beratungen zu konkreten Präferenzbehandlungen zu erstellen. [1264] Auf das entsprechende Ersuchen der LDCs vom Juli 2014[1265] haben bis zum Jahresende 2015 etwa 20 WTO-Mitglie-

---

1259 WTO-Ministerskonferenz, Preferential Treatment to Services and Service Suppliers of Least-Developed Countries, WTO-Dok. WT/L/847, 17. Dezember 2011 [im Folgenden: LDC-*waiver*]. Als LDCs gelten die von den VN als solche qualifizierten Länder, Abs. 8.

1260 Abs. 4 LDC-*waiver*.

1261 Siehe dazu Teil II Kapitel 2 C I 2 a.

1262 Abs. 4 LDC-*waiver*.

1263 Abs. 2 LDC-*waiver*.

1264 Ministerkonferenz, Operationalization of the Waiver concerning Preferential Treatment to Services and Service Suppliers of Least-Developed Countries, WTO-Dok. WT/MIN(13)/W/15, 5. Dezember 2013.

1265 WTO-Rat für den Handel mit Dienstleistungen, Vorlage der ugandischen Delegation im Namen der Gruppe der LDCs. Gemeinsame Anfrage gemäß der Bali-Entscheidung über die Operationalisierung der Freistellungsentscheidung zur Präferenzbehandlung für Dienstleistungen und Dienstleistungserbringer aus LCDs, 23. Juli 2014, WTO-Dok. S/C/W/356.

der Präferenzen zugunsten der LDCs für den Dienstleistungshandel angezeigt.[1266] Die notifizierten Präferenzen decken sich in unterschiedlichem Maße mit den von den LDCs angeregten.[1267] Die betroffenen Länder regen wegen der zwischen Annahme und Umsetzung des *waivers* verstrichenen Zeit eine neue Befristung des *waivers* bis Jahresende 2030 an.[1268]

Fazit zum zweiten Teil

Der Handel mit der EU wird einerseits durch das Allgemeine Präferenzsystem, andererseits durch die (Interim-)Wirtschaftspartnerschaftsabkommen geregelt. Da auch das APS Abstufungen je nach Entwicklungsstand und Förderungswürdigkeit der Entwicklungsländer vornimmt, werden Exporte aus Nigeria mittlerweile durch das APS, Exporte aus Cap Verde durch APS-plus, Exporte aus Ghana und der Elfenbeinküste durch das jeweilige IWPA und Exporte aus allen anderen ECOWAS-Mitgliedsländern durch die EBA-Regelung bestimmt. In die mit Ghana und der Elfenbeinküste geschlossenen IWPA wurden einige Regelungen integriert, die sowohl auf Ebene der AU als auch auf der der ECOWAS kritisiert werden, insbesondere die Meistbegünstigungsklausel und die *non-execution clause*. Allerdings ist mittlerweile ein Wirtschaftspartnerschaftsabkommen zwischen der gesamten westafrikanischen Region und der EU abgeschlossen worden, das von der Mehrheit der ECOWAS-Mitglieder und allen EU-Mitgliedern ratifiziert worden ist und umstrittene Klauseln in geringerem Maße umfasst.

1266 WTO, Notifications regarding the LDC waiver, Stand: 27.12.2015, verfügbar unter https://docs.wto.org/dol2fe/Pages/FE_Search/FE_S_S006.aspx?Query=%28%28%40Symbol%3d+s%2fc%2fn%2f*+%29+and+%28%40Title%3d+preferential+treatment+to+services%29++and+%28%28%40Title%3d+least+developed+countries%29+or+%28%40Title%3d+least-developed+countries%29%29%29&Language=ENGLISH&Context=FomerScriptedSearch&languageUIChanged=true, zuletzt eingesehen am 27.12.2015.

1267 WTO, LDCs welcome progress on preferential treatment for services, 2. November 2015, verfügbar unter https://www.wto.org/english/news_e/news15_e/serv_02nov 15_e.htm, zuletzt eingesehen am 27.12.2015.

1268 Ministerkonferenz, Entscheidungsentwurf des Vermittlers für LDC-Fragen François Kanimba, 17. Dezember 2015, WTO-Dok. WT/MIN(15)/W/39.

Regionale und bilaterale Handelspräferenzen verstoßen gegen den WTO-rechtlichen Grundsatz der allgemeinen Meistbegünstigung. Das WTO-Recht sieht mit Art. XXIV GATT, der Ermächtigungsklausel, Art. V GATS und dem LDC-*waiver* Rechtfertigungstatbestände für Handelspräferenzen vor, die Anforderungen an den Grad der Binnenliberalisierung des Handelsabkommens und die Wirkung auf den Handel mit dritten WTO-Mitgliedern formulieren. Deren genauer Inhalt ist allerdings sowohl für Abkommen zwischen Industrie- und Entwicklungsländern als auch für Abkommen ausschließlich zwischen Entwicklungsländern umstritten. Für Art. XXIV GATT ist insbesondere ungeklärt, inwieweit die Auslegung den Entwicklungsstand der Vertragspartner berücksichtigen muss. Diese Arbeit geht davon aus, dass Art. XXIV GATT für Abkommen zwischen Industrie- und Entwicklungsländern im Lichte des Prinzips der Entwicklungsförderung auszulegen ist, da dieses Prinzip im WTO-Recht anerkannt ist und insbesondere in der Präambel des WTOÜ aufgegriffen wird. Außerdem steht in Frage, ob auch Wirtschaftsgemeinschaften zwischen Entwicklungsländern, die einen hohen Integrationsstand aufweisen, unter Abs. 2 lit. c Ermächtigungsklausel fallen. Diese Arbeit folgt Pellens' Ansatz, Art. XXIV GATT und die Ermächtigungsklausel gleichermaßen und konkordant anzuwenden, sodass Defizite der Binnenliberalisierung durch entwicklungsförderliche Politiken der Integrationsgemeinschaften ausgeglichen werden können. Für den regionalen Handel mit Dienstleistungen erlaubt Art. V GATS ausdrücklich eine flexible Handhabung unter Berücksichtigung der Entwicklungsbelange. WTO-Mitglieder dürfen Entwicklungsländern einseitige Präferenzen für den Warenhandel und LDCs für den Dienstleistungshandel einräumen. Dabei muss das jeweilige Präferenzsystem allgemein und diskriminierungsfrei allen gleichsituierten Entwicklungsländern bzw. allen LDCs Handelsvorteile gewähren.

Teil III Konfliktfelder

In den ersten zwei Teilen wurden die verschiedenen Regime dargestellt, deren Regeln das Recht der westafrikanischen Wirtschaftsintegration bilden. Wegen dessen Vielschichtigkeit stellt sich die Frage, inwieweit Normen des Rechtsgebiets miteinander kollidieren. Sie soll im Folgenden beantwortet werden und die einzelnen auf den westafrikanischen Handel anwendbaren Regime auf eventuelle Widersprüche untersucht werden. Dem wird die Diskussion des zu Grunde zu legenden Konfliktbegriffs vorangestellt.

Kapitel 1 Begriff des Normkonflikts und Konfliktarten

Der Begriff des Normkonflikts qualifiziert das Verhältnis zweier Normen zueinander. Um die Diskussion des Normkonfliktbegriffs leichter nachvollziehbar zu machen, ist es erforderlich, sich normenlogische Grundsätze zu vergegenwärtigen. Die große Mehrheit rechtlicher Bestimmungen sind Verhaltensnormen.[1269] Sie bestehen aus einem sog. deontischen Element, der Rechtsfolge, die eine Pflicht, ein Verbot oder eine Erlaubnis zum Ausdruck bringt und einem deskriptiven Teil, der jegliches Verhalten bzw. Unterlassen bezeichnen kann. Dabei sind die Rechtsfolgen durch Negation austauschbar, sodass beispielsweise das Verbot eines Verhaltens die Verneinung der Erlaubnis, ein solches Verhalten zu üben, darstellt, während die Erlaubnis, ein bestimmtes Verhalten zu unterlassen, die Pflicht zu diesem Verhalten negiert. Die (positive) Erlaubnis, ein bestimmtes Verhalten auszuüben, lässt sich von der negativen Erlaubnis zu einem bestimmten Verhalten unterscheiden.[1270] Damit erfüllen Normen

---

1269 ERICH VRANES, The Definition of "Norm Conflict" in International Law and Legal Theory, in: *EJIL* (2006), S. S. 395-418, 407 f. unter Verweis auf JEREMY BENTHAM und H. L. A. HART, *Of laws in general*, London, 1970, S. 93-109 und 153-183.

1270 VRANES (Fn. 1269), S. 408 f.

vier grundlegende Funktionen, die zueinander im Gegenteils- (Gebot und Verbot, Erlaubnis und negative Erlaubnis) bzw. Widerspruchsverhältnis stehen (Gebot und negative Erlaubnis, Verbot und Erlaubnis).[1271]

Die Kontroverse um den Normkonfliktsbegriff betrifft die Frage, ob nur das Gegenteil Verbot-Gebot als Normkonflikt anerkannt wird, oder auch die Widerspruchspaare Pflicht und negative Erlaubnis sowie Verbot und Erlaubnis. Im Folgenden wird die Annahme des weiten Konfliktbegriffs begründet. Der Begriff des Normkonflikts soll dann dem des Programm-konflikts gegenübergestellt werden. Zum Abschluss des Kapitels werden die Kategorien des „horizontalen" und „vertikalen" Normkonflikts einge-führt.

A. Normkonflikt

Der Begriff des Konflikts bezeichnet das Aufeinanderprallen gegensätzli-cher und unvereinbarer, darum zwangsläufig widerstreitender Positionen, Auffassungen und Interessen.[1272] Wenn mehrere Normen auf denselben Sachverhalt Anwendung finden und sich an denselben Normadressaten richten,[1273] treten sie mithin in Konflikt, sofern sie widersprüchliche und unvereinbare Rechtsfolgen vorsehen. Wann Normen unvereinbar sind, wird in der völkerrechtlichen Literatur unterschiedlich beurteilt. Dieser Arbeit liegt der weite Konfliktbegriff zugrunde, der sowohl die (potenti-elle) Verletzung eines Gebots durch ein Verbot und vice-versa umfasst als auch die einer Erlaubnis durch ein Verbot sowie die einer negativen Erlaubnis durch ein Gebot.

1271 Diese Beziehungen werden im deontischen Würfel, den bereits BENTHAM und HART (Fn. 1269), S. 93-109 nutzten, dargestellt.

1272 Vgl. Duden, Bedeutungsübersicht zu „Konflikt", http://www.duden.de/recht-schreibung/Konflikt.

1273 Die Überschneidung *rationae materiae, personae* und *temporis* verschiedener Normen ist Vorbedingung für ihren Konflikt, JOOST PAUWELYN, *Conflict of Norms in Public International Law. How WTO Law Relates to other Rules of International Law*, Cambridge 2003, S. 165.

I. Plädoyer für einen weiten Konfliktbegriff

In der völkerrechtlichen Literatur wird der Konfliktbegriff herkömmlich überwiegend eng bestimmt. Danach liegt ein Konflikt nur dann vor, wenn eine Norm eine Verpflichtung zu einem Verhalten enthält, das eine andere Norm verbietet, wenn also ein Gebot mit einem Verbot kollidiert.[1274] Darin liegt implizit bereits die Entscheidung für Fälle, in denen Erlaubnisse Verboten oder negative Erlaubnisse Geboten widersprechen: Es wird vom Vorrang des Ver- oder Gebots ausgegangen, da auf die Geltendmachung eines Rechts verzichtet werden kann.

Dagegen umfasst der weite Konfliktbegriff auch den Fall, dass eine Norm zu einem Verhalten verpflichtet, das nach einer anderen Norm gerade nicht als verpflichtend anzusehen ist, mithin ein Gebot einer Erlaubnis bzw. ein Verbot einer negativen Erlaubnis widerspricht.[1275]

1274 WILFRED JENKS, The Conflict of Law-Making Treaties, in: British Yearbook of International Law 1953, S. 401–453, 426. definierte wohl als erster den Konflikt im Völkerrecht eng. Ihm folgten insbesondere WOLFRAM KARL, Conflicts between Treaties, in: Encyclopedia of Public International Law. History of International Law. Foundations and Principles of International Law. Sources of International Law. Law of Treaties, Amsterdam: North-Holland, S. 467–473, 468 und HANS KELSEN, Allgemeine Theorie der Normen. Wien 1979, S. 99. In der neueren Literatur hat GABRIELLE MARCEAU, Conflicts of Norms and Conflicts of Jurisdictions: The Relationship between the WTO Agreement and MEAs and Other Treaties, in: Journal of World Trade 2001, S. 1081–1131, 1083 f. die enge Definition herangezogen. Auch MATZ (Fn. 25), S. 8 ff. lässt nur Konflikte zwischen Geboten als „echte Konflikte" gelten, sieht aber einen ebenso großen Koordinierungsbedarf bei sog. Divergenzen, bei denen die betreffenden Normen „widersprüchlich, aber nicht inkompatibel sind".

1275 KARL ENGISCH, Die Einheit der Rechtsordnung, Heidelberg 1935, S. 46; FRIEDRICH KLEIN, Vertragskonkurrenz, in: Wörterbuch des Völkerrechts, hg. von Hans-Jürgen Schlochauer, Berlin 1962, S. 555–560, 555, WOLFRAM KARL, Vertrag und spätere Praxis im Völkerrecht. Zum Einfluss der Praxis auf Inhalt und Bestand völkerrechtlicher Verträge Berlin, New York 1983, S. 61; W. CZAPLINSKI und G. DANILENKO, Conflicts of Norms in International Law, in: Netherlands Yearbook of International Law 21 (1990), S. 3–42, 13; ULRICH FASTENRATH, Lücken im Völkerrecht. Rechtscharakter, Quellen, Systemzusammenhang, Methodenlehre und Funktionen im Völkerrecht, Berlin 1991, S. 227; NEUMANN (Fn. 32), S. 15. PAUWELYN (Fn. 1273), S. 176 macht nach VRANES (Fn. 1269), S. 407 durch seine Erklärungen, nicht aber durch die von ihm gegebene Definition, klar, dass er Konflikte weit definiert. Siehe auch WTO Panel, Report v. 22. Mai 1997, WTO-Dok. WT/DS27/R, Rn. 7.159 - *EC - Regime for the Importation, Sale and Distribution of Bananas.*

Demnach stehen zwei Normen in Konflikt, wenn die Beachtung oder Anwendung einer der beiden Normen zwangsläufig oder potentiell die andere Norm verletzt.[1276]

Der Konfliktbegriff ist weit zu fassen und mithin auch auf Situationen zu beziehen, bei denen sich der Konflikt dadurch „vermeiden" ließe, dass auf die Ausübung des erlaubten Tuns verzichtet wird. Denn ein solcher Verzicht würde Erlaubnisnormen ihrer Wirkung berauben und liefe damit der völkerrechtlichen Auslegungsregel zuwider, Normen so zu interpretieren, dass sie praktisch wirksam werden.[1277] Im Übrigen würde sie Konstellationen von der Anwendung von Konfliktlösungsmechanismen ausschließen, die ebenso der Entscheidung zwischen zwei widersprüchlichen Verhaltensregelungen bedürfen, wie wenn sich ein Gebot und ein Verbot widersprechen: In beiden Fällen kann der Zweck von Normen, Verhalten zu regeln, nicht erreicht werden, weil gegensätzliche Aussagen über die (Un-)Zulässigkeit bzw. (Nicht-)Verpflichtung zu einem bestimmten Verhalten an den Normadressaten gerichtet werden.[1278] Völkerrechtliche Rechte bzw. Erlaubnisnormen sind grundsätzlich genauso relevant wie völkerrechtliche Pflichten.[1279] So bezieht sich Art. 30 WVK bei der Konfliktregel für aufeinander folgende Verträge über denselben Gegenstand auf die „Rechte und Pflichten von Staaten" bzw. auf „gegenseitige Rechte und Pflichten".[1280] In der rechtstheoretischen Literatur hat sich folgerichtig die weite Konfliktdefinition seit Langem durchgesetzt.[1281]

Die große Mehrheit von rechtlichen Bestimmungen sind Verhaltensnormen, die – in Form von Erlaubnissen, negativen Erlaubnissen, Geboten und Verboten – immer die Beziehung zwischen verschiedenen Rechtssub-

---

1276 VRANES (Fn. 1269), S. 415.

1277 JAN NEUMANN, Die Koordination des WTO-Rechts mit anderen Verträgen, in: *WTO-Recht und Globalisierung*, hg. von MARTIN NETTESHEIM und GERALD G. SANDER, Berlin 2003, S. 60 und VRANES (Fn. 1269), S. 404.

1278 THEODOR J. SCHILLING, *Rang und Geltung von Normen in gestuften Rechtsordnungen*, Berlin 1994, S. 381 und VRANES (Fn. 1269), S. 404 f., 410.

1279 PAUWELYN (Fn. 1273), S. 171.

1280 Abs. 1 und 4 lit. b.

1281 Siehe etwa RISTO HILPINEN, Normative Conflicts and Legal Reasoning, in: *Man, Law and Modern Forms of Life*, hg. von EUGENIO BULYGIN, JEAN-LOUIS GARDIES und ILKKA NIINILUOTO, Dordrecht 1985, S. 191–208, 194 und EWALD WIEDERIN, Was ist und welche Konsequenzen hat ein Normenkonflikt?, in: *Rechtstheorie* 21 (1990), S. 311–333, 322 f., der Konflikte zwischen Gebots- und Erlaubnisnormen als „allgemein akzeptiert" bezeichnet, sowie SCHILLING (Fn. 1278), S. 380 f.

jekten regeln.[1282] Das heißt, dass Rechte einer Partei immer mit Pflichten der Gegenseite einhergehen, entsprechend Verbote mit Rechten, und dass (positive) Erlaubnisse (ein bestimmtes Verhalten zu üben) mit dem Nicht-Recht, gegen ein solches Verhalten vorzugehen, sowie negative Erlaubnisse mit dem Nicht-Recht, ein solches Verhalten zu fordern, korrespondieren.[1283] Wenn nun Widersprüche zwischen einem Gebot und einem Verbot als Konflikt anerkannt werden, muss dies auch für ihre jeweiligen Entsprechungen gelten, für das Recht, ein bestimmtes Verhalten zu fordern, und für das Recht, einem bestimmten Verhalten eines anderen Subjekts entgegenzutreten. Das heißt, dass gegebenenfalls auch widersprechende Rechte Konflikte begründen können, obwohl jeweils auf ihre Ausübung verzichtet werden könnte. Folglich besteht auch zwischen einer Erlaubnis, sich auf eine bestimmte Art zu verhalten, und einem gegenteiligen Verbot ein Konflikt. In diesem Fall kollidiert das Nicht-Recht des Vertragspartners, gegen das erlaubte Verhalten vorzugehen, als Korrelat der Erlaubnis mit dem Recht, sich gegen das besagte Verhalten zu wehren, das aus dem Verbot folgt.[1284]

Dieser Arbeit soll der weite Konfliktbegriff zu Grunde gelegt werden. Danach liegt ein Konflikt zwischen Normen vor, von denen eine auch eine Erlaubnis zum Inhalt haben kann, wenn die Befolgung bzw. Anwendung einer der beiden Normen zwingend oder potentiell die andere Norm verletzt.[1285] Mithin können Widersprüche zwischen Geboten und Verboten, Geboten und negativen Erlaubnissen sowie Verboten und Erlaubnissen Konflikte begründen.

1282 Robert Alexy, *Theorie der Grundrechte*, Baden-Baden 1985, S. 185 ff. und Vranes (Fn. 1269), S. 407 ff., die sich auf Bentham und Hohfeld stützen.

1283 Alexy (Fn. 1282), S. 189 ff. und Vranes (Fn. 1269), S. 411.

1284 Vranes (Fn. 1273), S. 411 f.

1285 ebd., S. 418 nutzt bei seiner Definition das von Kelsen (Fn. 1274), S. 99 f. eingeführte Kriterium der Verletzung einer anderen Norm. Kelsen selber definiert allerdings Normkonflikte eng und nimmt sie nur an, wenn die Befolgung bzw. Umsetzung eines Verbots ein Gebot bzw. umgekehrt potentiell oder zwingend verletzt.

II. Erfasste Hypothesen

1. Konflikte zwischen Geboten und Verboten

Dass ein Rechtssatz, der ein bestimmtes Verhalten aufgibt, im Konflikt zu einem Rechtssatz steht, der eben dieses Verhalten verbietet, ist allgemein anerkannt, da dieser Fall auch von dem engen Konfliktbegriff erfasst wird.[1286]

Im Zusammenhang mit supranationalen Organisationen wie der ECOWAS und der UEMOA ist zu beachten, dass Verbote auch aus der Zuweisung ausschließlicher Kompetenzen an die jeweilige internationale Organisation resultieren können: Mitgliedstaaten internationaler Organisationen unterliegen grundsätzlich immer dann dem Verbot, außerhalb des von der Organisation vorgegebenen Rahmens gesetzgeberisch tätig zu werden, wenn die ausschließliche Zuständigkeit für einen bestimmten Regelungsbereich bei der Organisation liegt.[1287] Aus der Kompetenzverteilung ergeben sich mithin an die Mitgliedstaaten gerichtete Verbote.[1288]

Des Weiteren beinhalten auch Rechtsakte internationaler Organisationen, die auf die Harmonisierung eines Regelungsbereichs zielen, das Verbot, in diesem Bereich über die Regelungen der Organisation hinausgehend gesetzgeberisch tätig zu werden bzw. abweichende Regelungen anzuwenden. Im europarechtlichen Kontext wird bei konkurrierenden Kompetenzen ein Handlungsverbot angenommen, sobald die Organisation sie wahrnimmt, also den entsprechenden Sachbereich regelt.[1289] Für parallele Kompetenzen folgt dagegen aus der Pflicht, alle Maßnahmen zu

---

1286 KELSEN (Fn. 1274), S. 99 bezeichnet diesen Fall als „notwendigen Konflikt".

1287 Vgl. Art. 2 Abs. 1 AEUV. Wie weit die Sperrwirkung geht, ist umstritten. In diesem Fall dürfen die Mitgliedstaaten lediglich legiferieren, wenn sie dazu ausdrücklich ermächtigt worden sind.

1288 Vgl. für die EU NETTESHEIM (Fn. 455), S. 424 mit Hinweis auf EUGENE DANIEL CROSS, Pre-emption of Member State Law in the European Economic Community: A framework for Analysis, in: *Common Market Law Review* 29 (1992), S. 447–472.

1289 NETTESHEIM (Fn. 455), S. 426.

unterlassen, die der Verwirklichung der Vertragsziele entgegenstehen[1290], kein Handlungsverbot der Mitgliedstaaten, sondern der Anwendungsvorrang des EU-Rechts.[1291]

Da zur Kompetenzordnung der ECOWAS und UEMOA wenig Literatur und wenig Rechtsprechung vorliegt, soll die Frage nicht geklärt werden, ob eine bestimmte Regelung ein Handlungsverbot oder lediglich die vorrangige Anwendung des Gemeinschafts- bzw. Unionsrechts auslöst. Festzuhalten bleibt an dieser Stelle, dass auch außerhalb ausschließlicher Zuständigkeiten Handlungsverbote durch die Regelungstätigkeit supranationaler Organisationen wie der ECOWAS oder UEMOA für die Mitgliedsländer entstehen können.

2. Konflikte zwischen Geboten und negativen Erlaubnissen sowie zwischen Verboten und Erlaubnissen

Nur nach dem weiten Konfliktbegriff können sich Konflikte aus dem Gebot, ein bestimmtes Verhalten anzunehmen, und der negativen Erlaubnis von eben diesem Verhalten ergeben. Der weite Konfliktbegriff umfasst, – als Pendant zum Verhältnis Gebot – negative Erlaubnis – auch die Hypothese, dass eine Norm ein Verhalten verbietet, das eine andere ausdrücklich erlaubt.

Erlaubnisse und negative Erlaubnisse müssen ausdrücklich erteilt werden; in der bloßen Nicht-Regelung liegt keine (negative) Erlaubnis.[1292] Fraglich ist, ab wann eine Erlaubnis bzw. negative Erlaubnis als ausdrücklich erteilt gelten kann. In der Literatur werden die Beschränkung eines Verbots nicht[1293], die Beendigung und Abschaffung wohl aber teilweise[1294] als ausdrückliche Erlaubnis angesehen.

In Vertragsordnungen, die wie die der ECOWAS und der UEMOA auf die wirtschaftliche Integration mehrerer Länder abzielen, sind Ausnahmetatbestände von grundsätzlich bestehenden Liberalisierungspflichten eine

---

1290 Vgl. Art. 7 UEMOAV und Art. 5 ECOWASV. Im europarechtlichen Kontext wird diese Pflicht als allgemeine Loyalitätspflicht bezeichnet.

1291 NETTESHEIM (Fn. 455), S. 428.

1292 STEPHEN MUNZER, Validity and Legal Conflicts, in: *The Yale Law Journal* 82 (1973), S. 1140–1174, 1141 f., SCHILLING (Fn. 1278), S. 381, 384 und PAUWELYN (Fn. 1273), S. 177 ff., 187.

1293 SCHILLING (Fn. 1278), S. 384.

1294 MUNZER (Fn. 1288), S. 1141.

wichtige Form (ausdrücklicher) negativer Erlaubnisse. So gestattet beispielsweise das UEMOA-Recht den Mitgliedstaaten in Abweichung vom gemeinsamen Außenzoll handelspolitische Schutzmaßnahmen einzuführen.[1295]

B. Abgrenzung von Programmkonflikten

Normkonflikte treten als punktuelle Widersprüche zwischen Rechtssätzen – insbesondere verschiedener Vertragsordnungen – auf. Vertragsordnungen können aber auch grundsätzlich in einem Spannungsverhältnis zueinander stehen: Wenn Prinzipien und Ziele, auf deren Verwirklichung der jeweilige Vertrag bzw. die internationale Organisation hinarbeitet, einander beeinträchtigen, liegen Programmkonflikte vor. Mit der Frage nach Programmkonflikten wird also die grundsätzlichen Vereinbarkeit der allgemeinen Prinzipien sowie der Regeln und Normen eines Vertrages geprüft, die für dessen Realisierung von zentraler Bedeutung sind.[1296]

Wenn übergeordnete Ordnungsprinzipien und Ziele gegenläufig sind – klassisches Beispiel ist die WTO-Rechtsordnung, die auf den Grundsätzen der Meistbegünstigung, der Inländergleichbehandlung und dem Verbot nichttarifärer Handelsbarrieren beruht und damit potentiell mit Rechtsordnungen kollidiert, die dem Umweltschutz dienen, da ein effektiver Umweltschutz Handelsbeschränkungen wie etwa Importverbote für Waren erfordern kann, die unter starker Beeinträchtigung der Umwelt hergestellt wurden –, kommt dies auch auf Ebene einzelner Rechtssätze zum Ausdruck.[1297] Das heißt, Programmkonflikte bedingen Normkollisionen. Insofern kann die Feststellung von Programmkonflikten dazu anregen, eine grundsätzliche und einheitliche Lösung verschiedener Normkonflikte zu suchen.[1298]

1295 Siehe dazu Teil I Kapitel 2 E V.
1296 NEUMANN (Fn. 32), S. 63 m.w.N.
1297 ebd., S. 64.
1298 NEUMANN (Fn. 32), S. 64 merkt an, dass sich Programmkonflikte nicht durch Anwendung rechtlicher Konfliktlösungsmechanismen lösen lassen, wie etwa Auslegungsmethoden oder Vorrangregeln, sondern einer politischer Lösung bedürfen. Theoretisch ist es allerdings vorstellbar, eine juristische Lösung für alle einzelnen Normkollisionen zu finden, sodass die hinter den verschiedenen Vertragsordnungen stehenden widersprüchlichen Konzepte in der Praxis nicht zu Vereinbarkeitsproblemen führen.

Zwischen den in dieser Arbeit untersuchten Vertragsordnungen treten grundsätzlich keine Programmkonflikte auf. Denn sie verfolgen gleichermaßen die wirtschaftliche Integration westafrikanischer Länder, sei es auf regionaler, kontinentaler, internationaler oder bilateraler Ebene. Insofern ähneln sich die Ziel- und Aufgabenkataloge der ECOWAS, UEMOA und AU stark. Widerstreitende Interessen können am ehesten im Verhältnis zu der EU im Zusammenhang mit den IWPA auftreten. Denn die Tatsache, dass einzelne Länder der ECOWAS ihre Außenhandelspolitik gegenüber der EU abweichend von den übrigen Ländern der Region bestimmen, ist mit einer regionalen Zollunion unvereinbar. Durch die Bindung dieser einzelnen ECOWAS-Mitgliedstaaten droht der ECOWAS ein empfindlicher Verlust handelspolitischen Spielraums. Dieses Problem ist jedoch eher auf Zuständigkeitskonflikte als auf die grundsätzlich widerstreitenden Ziele und Prinzipien von Vertragsordnungen zurückzuführen.

Im Kontext des europäischen Präferenzsystems ist der grundsätzliche Ausschluss regionaler Kumulierung zum Erwerb der Ursprungseigenschaft, die zum Export unter dem Präferenzsystem berechtigt, der wirtschaftlichen Verflechtung Westafrikas nicht zuträglich. Diese für westafrikanische Länder unbefriedigende Regelung reicht jedoch nicht aus, um einen auf widerstreitenden Prinzipien und Zielen beruhenden Programmkonflikt anzunehmen.

C. Vertikale und horizontale Konflikte

Normkonflikte können nach verschiedenen Kriterien kategorisiert werden.[1299] Hier sollen die traditionellen Kategorisierungen von Normkonflikten nicht aufgegriffen werden, da die Frage, wie vermeintliche Konflikte zwischen den regionalen, kontinentalen und globalen Vertragsordnungen, die auf die wirtschaftliche Integration Westafrikas zielen, zu lösen sind, am ehesten durch das Verhältnis der Vertragsordnungen zueinander bestimmt wird.

Einige Vertragsordnungen regulieren – mehr oder weniger ausdrücklich – andere, soweit diese in ihrem Sachbereich agieren. Auch ohne die formale Abhängigkeit der Vertragsordnungen und ohne Befugnisse gegen-

---

1299 Siehe etwa Kelsens Einteilung in notwendige und mögliche, zwei- und einseitige, totale und partielle Konflikte, KELSEN (Fn. 1274), S. 99 f.

über dem regulierten Regime kann hier von einer normativen Hierarchie gesprochen werden, weil die regulierte Vertragsordnung lediglich die Wahl zwischen der Beachtung der vorgegebenen Regeln und dem Verstoß dagegen hat. Ihre Vereinbarkeit mit der (übergeordneten) Vertragsordnung bestimmt sich nicht nach Regeln, die unter wechselseitiger Beteiligung entstanden sind, sondern allein nach dem Recht der normativ übergeordneten Vertragsordnung.[1300] Eine normative Hierarchie kann vor allem dann bestehen, wenn eine Organisation mit weitem Mitgliederkreis den gleichen Bereich reguliert wie eine Organisation mit geringerer Mitgliederzahl und sich die Mitgliedstaaten überschneiden.[1301] Darauf weist die in Art. 41 WVK kodifizierte gewohnheitsrechtliche Derogationsschranke hin, die die Modifikation multilateraler Verträge zwischen einzelnen Vertragsparteien unter den Vorbehalt der Zulassung durch bzw. der Vereinbarkeit mit dem jeweiligen multilateralen Vertrag stellt.[1302] Insofern

---

1300 DUPUY (Fn. 33), S. 565 ff., 569 f. mit Blick auf das Verhältnis zwischen der EGKS und dem GATT: „Pour la C.E.C.A., la hiérarchie des ordres et des normes juridiques a été très nettement observée: ce ne sont pas des accord bilatéraux entre elles et chacune des organisations intéressées qui ont fixé l'adaptation de l'une aux autres. Les dérogations ont été accordées par décisions unilatérales des parties contractantes du G.A.T.T.(...).“ Vgl. THOMAS COTTIER und MARINA FOLTEA, Constitutional Functions of the WTO and Regional Trade Agreements, in: *Regional trade agreements and the WTO legal system*, hg. von LORAND BARTELS und FEDERICO ORTINO, Oxford, New York 2006, S. 43–76, 56 f.: „[U]nder the WTO as a multilateral treaty defining terms and conditions for the deviation of non-discriminatory rights and obligations, a constitutional and hierarchical relationship between WTO rules and RTAs emerges unter Article 41 VCLT“. Im Regelfall bezieht sich aber die normativ untergeordnete Vertragsordnung auf die übergeordnete, so etwa die UEMOA auf die WTO, und etabliert so selber zumindest das Gebot einer harmonisierenden Auslegung.

1301 Vgl. Art. 41 WVK. DUPUY (Fn. 33), S. 570: „Ainsi s'établissent des articulations entre d'une part, des organisations à domaine large et, le plus souvent, à pouvoir restreints et d'autre part, des organisations à domaine plus restreint, mais à pouvoir[s] plus étendus. La supériorité des premières ne se situe donc que sur le plan normatif: elle ne l'est pas sur le plan constructif, assortie de sanctions en cas de non observation de la hiérarchie des normes.“

1302 Art. 41 Abs. 1 WVK lautet wie folgt: „Zwei oder mehr Vertragsparteien eines mehrseitigen Vertrags können eine Übereinkunft schließen, um den Vertrag ausschließlich im Verhältnis zueinander zu modifizieren, a) wenn die Möglichkeit einer solche Modifikation in dem Vertrag vorgesehen ist oder b) wenn die betreffende Modifikation durch den Vertrag nicht verboten ist und i) die anderen Vertragsparteien in dem Genuss ihrer Rechte auf Grund des Vertrags oder in

Art. 41 WVK die Rechtmäßigkeit des zwischen einzelnen Vertragsparteien geschlossenen Abkommens von den Bestimmungen des multilateralen Vertrags abhängig macht, etabliert er eine normative Hierarchie.

Soweit Vertragsordnungen in einem solchen normativ hierarchischen Verhältnis stehen, ist die untergeordnete Vertragsordnung an den Vorgaben der übergeordneten zu messen. Ein Normkonflikt liegt vor, weicht die untergeordnete Vertragsordnung von dem derart vorgegebenen Maßstab ab. Dies bedeutet für die Mitgliedstaaten (beider Regime), dass sie Adressaten widersprüchlicher Gebote bzw. Verbote sind. Derartige normative Hierarchien sind allerdings seltene Ausnahmefälle und werden vor allem für die in Art. XXIV GATT und Art. V GATS geregelte Beziehung der WTO zu regionalen Handelsabkommen und für das Verhältnis der Vereinten Nationen zu regionalen Verteidigungsbündnissen im Bereich der militärischen Friedenssicherung angenommen.[1303] Denn Art. 53 VNC macht ein militärisches Eingreifen regionaler Verteidigungsbündnisse von der Ermächtigung des Sicherheitsrats abhängig.[1304] Greift nun ein Verteidigungsbündnis wie etwa die ECOWAS in Liberia 1991 bzw. Sierra Leone 1998 oder die NATO im Kosovo auf Grundlage einer bündnisinternen Pflicht oder Erlaubnis militärisch ein, ohne dazu vom VN-Sicherheitsrat ermächtigt worden zu sein, verstoßen die teilnehmenden Mitgliedstaaten gegen das Gewaltverbot des Art. 2 Abs. 4 VNC.[1305] Mithin verbietet die

---

der Erfüllung ihrer Pflichten nicht beeinträchtigt und ii) sich nicht auf eine Bestimmung bezieht, von der abzuweichen mit der vollen Verwirklichung von Ziel und Zweck des gesamten Vertrags unvereinbar ist.".

1303 So bereits bei Louis Dubouis, Les rapports du droit régional et du droit universel, in: *Régionalisme et universalisme dans le droit international contemporain*, Paris, S. 263–287, 275.

1304 Gemäß Art. 52 Abs. 1 VNC schließt die Charta „das Bestehen regionaler Abmachungen oder Einrichtungen zur Behandlung derjenigen die Wahrung des Weltfriedens und der internationalen Sicherheit betreffenden Angelegenheiten nicht aus, bei denen Maßnahmen regionaler Art angebracht sind; Voraussetzung hierfür ist, dass diese Abmachungen oder Einrichtungen und ihr Wirken mit den Zielen und Grundsätzen der Vereinten Nationen vereinbar sind." Nach Art. 53 Abs. 1 VNC nimmt der Sicherheitsrat gegebenenfalls „diese regionalen Abmachungen oder Einrichtungen zur Durchführung von Zwangsmaßnahmen unter seiner Autorität in Anspruch. Ohne Ermächtigung des Sicherheitsrats dürfen Zwangsmaßnahmen auf Grund regionaler Abmachungen oder seitens regionaler Einrichtungen nicht ergriffen werden […]."

1305 Die ECOWAS-Missionen in Liberia und Sierra Leone wurden im Nachhinein vom VN-Sicherheitsrat genehmigt. Dazu ausführlich Christine Gray, *International Law and the Use of Force*, 2004, S. 302 ff.

übergeordnete Vertragsordnung der VN militärische Einsätze von Regionalorganisationen, sofern sie nicht die von ihr gesetzten Voraussetzungen erfüllen, insbesondere von ihr genehmigt wurden.

Im Regelfall besteht allerdings keine Hierarchie zwischen verschiedenen Vertragsordnungen bzw. internationalen Organisationen.[1306] Denn diese sind grundsätzlich autonom und voneinander unabhängig. So stehen etwa die IWPA in keinem klar definierten Verhältnis zur ECOWAS; beide Vertragsordnungen sind gleichgeordnet.

In einem hierarchischen Verhältnis ist die Bestimmung von Normkonflikten insofern einfacher, als lediglich die von einer Vertragsordnung für das jeweils andere Regime aufgestellten Anforderungen zu überprüfen sind. Soweit die Überordnung auch mit dem Geltungs- oder Anwendungsvorrang von Normen bzw. dem Gebot harmonisierender Auslegung verbunden ist, bietet sie auch einen Ansatz für die Konfliktlösung bzw. Koordinierung.

Hier soll mithin zwischen Konflikten zwischen Normen gleich geordneter Vertragsordnungen und Normen über- und untergeordneter Vertragsordnungen unterschieden werden.[1307] Erstere werden im Folgenden als „horizontale", letztere als „vertikale Konflikte" bezeichnet. Das Kriterium für eine normative Hierarchie und vertikale Konflikte ist, ob eine Vertragsordnung Anforderungen für eine andere vorsieht.

Kapitel 2   Normkonflikte im Recht der westafrikanischen Wirtschaftsintegration

Das Recht der westafrikanischen Wirtschaftsintegration setzt sich aus mehreren Regimen zusammen, die auf regionaler, kontinentaler, bilateraler und globaler Ebene intervenieren. Im Folgenden soll für die einzelnen Konstellationen geprüft werden, inwiefern zwischen diesen Vertragsord-

---

1306 Cottier und Foltea (Fn. 1300), S. 51.
1307 Vgl. Rufferts Unterscheidung möglicher Konflikte in Kollisionen zwischen Organisationen auf gleicher bzw. auf unterschiedlichen Ebenen, Matthias Ruffert, Zuständigkeitsgrenzen internationaler Organisationen im institutionellen Rahmen der internationalen Gemeinschaft, in: *Archiv des Völkerrechts* 38 (2000), S. 129–168, 133 f.

nungen Konflikte auftreten. Das Kapitel spiegelt dabei die Reihenfolge, in der die Regime in den ersten beiden Teilen eingeführt wurden; es beginnt mit den regionalen Organisationen und schließt mit der WTO.

A. Konflikte auf regionaler Ebene zwischen ECOWAS und UEMOA

Die ECOWAS und die UEMOA verfolgen mit der Verwirklichung eines gemeinsamen Markts und der Währungsunion fast deckungsgleiche Ziele. Allerdings überschneiden sich ihre Kompetenzen vielfach. In einigen Bereichen treten Normkonflikte auf. Da die ECOWAS bzw. UEMOA der jeweils anderen Vertragsordnung keine Vorgaben macht, handelt es sich hierbei um horizontale Konflikte zwischen Normen gleichgeordneter Vertragsordnungen. Es gibt aber auch abweichende Regelungen, die keinen Normkonflikt begründen.

I. Abweichende Normen, die im Konflikt stehen

Normkonflikte treten zwischen dem Recht der ECOWAS und der UEMOA vor allem bei der Regelung des Warenverkehrs, aber auch bei der Regelung von Verbrauchs- und Mehrwertsteuern auf. In der Praxis haben diese Konflikte bisher keine große Beachtung gefunden.[1308] Mit der

---

1308 So haben nur wenige meiner Interviewpartner diese Konflikte angesprochen, und wenn dann eher in abstrakter Weise. Die meisten Direktoren der UEMOA- und ECOWAS-Kommission geben an, es habe sich nie das Problem eventueller Konflikte gestellt. Allerdings kann dies auch darauf zurückzuführen sein, dass das Unions- bzw. Gemeinschaftsrecht in der Praxis nur in geringem Maße wirksam ist. Allerdings ist vor dem – wie der ECOWAS-GH selten befassten – UEMOA-GH bereits ein Fall verhandelt worden, in dem ein Konflikt zwischen dem Recht der ECOWAS und der UEMOA aufgeworfen wurde. Darin bewertete die *Société des Ciments du Togo* die Exporte eines Konkurrenzunternehmens, *West African Cimento,* als Verstoß gegen die UEMOA-Bestimmungen zum Gemeinsamen Außenzoll, wobei die *West African Cimento* aufgrund einer von der ECOWAS-Kommission ausgestellten Ursprungsbescheinigung exportierte. In Frage stand, ob die UEMOA-Kommission verpflichtet war, gegen den Mitgliedstaat Togo vorzugehen, der die *West African Cimento* unter dem UEMOA-Vorzugsregime exportieren ließ. Mangels Zulässigkeit der Klage hat der UEMOA-GH die Frage nicht entschieden. UEMOA-GH, Urteil 01/2001 vom 20. Juni 2001 – *Société des Ciments du Togo contre Commission.*

tatsächlichen Umsetzung des 2015 von der ECOWAS unter Beteiligung der UEMOA eingeführten gemeinsamen Außenzollsatzes, werden sich einige Konflikte bei der Behandlung von in der Region zirkulierenden Drittwaren erledigen.

1. Konflikte zwischen Geboten und Verboten

a. Ursprungsregeln

Während bis 2003 die Regelungen der Ursprungseigenschaft für Industrie-produkte erheblich voneinander abwichen, haben die ECOWAS und die UEMOA mittlerweile grundsätzlich einheitliche Ursprungsregeln. So hatte die UEMOA Industrieprodukten erst dann die Ursprungseigenschaft zuge-sprochen, wenn mindestens 60 % der verarbeiteten Rohstoffe aus der Union kamen bzw. wenn der durch Verarbeitung in der Union hinzuge-fügte Wert 40% des Ab-Werk-Preises vor Abzug der Steuern aus-machte.[1309] In der ECOWAS galt dagegen ein Industrieprodukt als Gemeinschaftsware, wenn der Wert der bei seiner Herstellung verwende-ten Gemeinschaftsrohstoffe zumindest 40 % der Materialkosten ausmachte oder wenn 60 % der Rohstoffmenge aus der Gemeinschaft stammten oder wenn durch die Verarbeitung in der Gemeinschaft der Wert um 35 % gesteigert wurde.[1310]

Mittlerweile gelten für industriell hergestellte Waren grundsätzlich ein-heitliche Ursprungsregeln: Danach kann eine Ware durch Be- oder Verar-beitung in der UEMOA bzw. ECOWAS die Ursprungseigenschaft erlan-gen, wenn sie in einer der vier ersten Ziffern des Tarifierungsystems eine

---

1309 Art. 7 Acte additionnel n° 04/1996 instituant un régime tarifaire préférentiel transitoire des échanges au sein de l'UEMOA et son mode de financement, 10. Mai 1996.

1310 Art. 2 lit. b, c Protocol relating to the defintion of the concept of products origi-nating from Member States, 5. November 1976 in der durch das Zusatzpro-tokoll, Supplementary Protocol A/SP.1/5/81 amending Art. 2 of the Protocol relating to the definition of the concept of Originating products of the member states of the ECOWAS, ECOWAS-Dok. A/SP.1/5/81, 29. Mai 1981, reformierten Fassung.

Neueinordnung oder einen mindestens 30 %-igen Wertzuwachs erfährt.[1311] Allerdings weichen die Regelungen bei den Ausnahmen voneinander ab. So genügt nach dem UEMOA-Recht in einigen Sonderfällen die Änderung der Tarifkategorie nicht zum Erwerb der Ursprungseigenschaft, während die ECOWAS keine solche Ausnahme vorsieht.[1312] Dagegen ist das ECOWAS-Protokoll zu den Ursprungsregeln strikter hinsichtlich der Versagung der Ursprungseigenschaft für Waren, die in Zollfreizonen bzw. mit Hilfe von Produktionsmitteln, die teilweise oder vollständig zollbefreit wurden, be- bzw. verarbeitet wurden.[1313]

UEMOA und ECOWAS sind jeweils ausschließlich für die Liberalisierung des Binnenhandels und die Regelung des Außenzolls, zu der auch die Bestimmung der Ursprungseigenschaft gehört, zuständig.[1314] Dies bedeutet, dass ihre Mitgliedstaaten jeweils verpflichtet sind, einerseits auf die Unions- bzw. Gemeinschaftswaren alle vorgesehenen Handelsvorteile und

---

1311 Protocol A/P1./01/03 relating to the Definition of the concept of products originating from Member States of the ECOWAS, ECOWAS-Dok. A/P1./1/03, 31. Januar 2003, bzw. Art. 5 Protocole additionnel n° 3/2001 instituant les règles d'origine des produits de l'UEMOA, 19. Dezember 2001.

1312 Art. 1 i.V.m. Annex Règlement n° 12/2002/CM/UEMOA portant détermination de la liste d'exeptions au critère de changement de classification tarifaire dans la nomenclature de l'UEMOA, 19. September 2002.

1313 Artikel 7 nimmt in Zollfreizonen hergestellte Waren sowie solche Waren kategorisch aus, die mit teilweise oder vollständig vom Zoll befreiten Produktionsmitteln hergestellt wurden. Dagegen sieht der – durch das Zusatzprotokoll, Protocole additionnel n° 1/2009/CCEG/UEMOA modifiant le Protocole additionnel n°III/2001, instituant les règles d'origine des produits de l'UEMOA, 17. März 2009 modifizierte – Art. 8 UEMOA-Zusatzprotokoll n° 3/2001 in seinem lit. b, Satz 2 und lit. d wiederum Ausnahmen von dieser Regel vor. Entgegen dem Grundsatz wird Industrieprodukten die Ursprungseigenschaft zuerkannt, wenn die bei der Herstellung benutzten Produktionsmittel verzollt wurden. Auch wenn auf Produktionsmittel ein höherer Zollsatz anwendbar ist als auf das jeweilige Endprodukt, gilt letzteres als Ursprungsware.

1314 Für die UEMOA hat dies der UEMOA-GH mangels ausdrücklicher Regelung im UEMOAV festgestellt, Gutachten n° 2/2000 vom 2. Februar 2000, Recueil de la jurisprudence de la Cour de l'UEMOA 01-2002, S. 111, 116. Mit dem Argument des UEMOA-GH, die Aufgabe, die Einheit des Gemeinsamen Marktes könnte nur [effektiv] erfüllt werden, wenn die Union die ausschließliche Zuständigkeit für die Gemeinsame Handelspolitik hätte, ist auch die ausschließliche Zuständigkeit der ECOWAS anzunehmen. Denn Art. 3 Abs. 2 ECOWASV weist der Gemeinschaft die Aufgabe zu einen Gemeinsamen Markt, inklusive des Gemeinsamen Außenzolls und der Gemeinsamen Handelspolitik zu verwirklichen.

andererseits auf Drittwaren den im Rahmen der UEMOA bzw. ECOWAS festgelegten Außenzoll anzuwenden. Bestimmt etwa das Recht der UEMOA eine nach einem bestimmten Verfahren hergestellte Ware als Drittware, haben ihre Mitgliedstaaten die Pflicht, auf dieses Produkt den UEMOA-Außenzoll anzuwenden. Mithin konfligieren bei unterschiedlichen Ursprungsregeln die Pflicht, eine Ware als Drittware mit dem GAZ zu belegen, mit der Pflicht, die Ware als Ursprungsware von allen tarifären Handelsbarrieren zu befreien.[1315]

Das Problem lässt sich an einem Beispiel verdeutlichen: Aya stellt in Ouagadougou, Burkina Faso, regelmäßig aus bebilderten UEMOA-Plakaten Postkarten her, die sie nach Mopti, Mali, transportiert, um sie dort an Touristen zu verkaufen. Die Plakate wurden in Belgien gedruckt. Handelt es sich um Ursprungswaren nach dem ECOWAS- und UEMOA-Recht, müsste sie die Postkarten zollfrei über die Grenze bringen dürfen. Prinzipiell wird durch eine solche Verarbeitung mit den Postkarten ein Produkt hergestellt, dessen erste vier Ziffern der Nomenklatur sich von denen des ursprünglichen Produkts, der Plakate, unterscheiden.[1316] Das UEMOA-Recht nennt allerdings als Ausnahmetatbestand, bei dem die Änderung der Tarifkategorie nicht zum Erwerb der Ursprungseigenschaft führt, die Verarbeitung von Druckerzeugnissen zu Postkarten.[1317] Da das ECOWAS-Recht diesen Ausnahmetatbestand nicht beinhaltet, müssten die Postkarten als (zertifizierte) ECOWAS-Ursprungsware zollfrei die Grenze passieren, nach dem UEMOA-Recht dagegen als Drittware in Übereinstimmung mit dem UEMOA-GAZ verzollt werden. Die malische Zollbehörde sieht sich mithin den unvereinbaren Geboten ausgesetzt, Zoll zu erheben und die Ware zollfrei passieren zu lassen.

1315 Die Einführung des Gemeinsamen Außenzolls der ECOWAS ab Januar 2015 löst als solche das Problem nicht, da der Gemeinsame Außenzoll keine neuen Ursprungsregeln enthält.

1316 UEMOA-Plakate sind Druckerzeugnisse und fallen unter 4911; Postkarten sind dagegen der Ziffer 4909 zugeordnet. Gemäß Art. 4 Protokoll vom 31. Januar 2003, ECOWAS-Dok. A/P1./1/03, bzw. Art. 5 Zusatzprotokoll n° 3/2001 vom 19. Dezember 2001 kann eine Ware durch Be- oder Verarbeitung in der UEMOA bzw. ECOWAS die Ursprungseigenschaft erlangen, wenn es in einer der vier ersten Ziffern des Tarifierungssystems eine Neueinordnung erfährt.

1317 Art. 1 i.V.m. Annex Règlement n° 12/2002/CM/UEMOA portant détermination de la liste d'exceptions au critère de changement de classification tarifaire dans la nomenclature de l'UEMOA, 19. September 2002.

b. Reexport

Es bestehen Unterschiede bei der Regelung des Exports von Drittwaren innerhalb der ECOWAS bzw. der UEMOA. Die ECOWAS hat allgemein jegliche Durchlieferung via Mitgliedsländer geregelt: Artikel 45 Abs. 1 ECOWASV verweist auf das Protokoll zum Reexport von Drittwaren, dessen Art. 2 die Erstattung des entrichteten Zolls durch den Erstimportstaat (bzw. Transitstaat) abzüglich einer Verwaltungsgebühr von 0.5% vorsieht.[1318] Damit sind Drittwaren praktisch nur in dem Staat zu verzollen, in dem sie an den Kunden gelangen. Allerdings werden Importeure nicht direkt von der Verzollungspflicht befreit, sondern darauf verwiesen, im Nachhinein den entrichteten Zoll bei den Transitstaaten zurückzufordern. Eine solche allgemeine Regelung für alle Drittwaren ist im Recht der UEMOA nicht vorgesehen.

Die Sonderregelungen der ECOWAS für den Straßentransit, den praktisch bedeutsamsten Transportweg der Durchlieferung, decken sich allerdings mit denen der UEMOA. Nach dem ECOWAS-Protokoll zum zwischenstaatlichen Straßentransit werden Güter, die auf den Straßen der ECOWAS-Staaten transportiert werden, bis zur Entrichtung des Zolls im Verbraucherstaat von eventuellen Zöllen in Transitstaaten suspendiert.[1319] Für diese Waren wird die Entzollung mit anschließender Zollerstattung hinfällig, nicht aber für auf anderen Wegen transportierte Waren. Die UEMOA hat durch einen Verweis diese Sonderregelung übernommen, die mangels eines zuverlässigen Eisenbahn- bzw. eines preisgünstigen Flugnetzes fast auf die Gesamtheit des Warentransits Anwendung findet.[1320]

Eine allgemeine Regelung für den Verkehr von Drittwaren gibt es für die UEMOA aber nicht. Der Zollkodex der UEMOA stellt es den Mitgliedstaaten anheim, Zollsuspensionen für den Transit von Waren inner-

---

1318 Art. 2 Protocol Relating to the Re-exportation within the ECOWAS, 5. November 1976.

1319 Art. 2 i.V.m. Art. 1 Convention on Inter-State Road Transit of Goods, ECOWAS- Dok. A/P4/5/82, 29. Mai 1982. Von der Regelung sind die in Annex A aufgeführten Waren ausgenommen, Art. 3. Dabei handelt es sich vor allem um Waffen und Sprengstoffe. Der Anwendungsbereich des Abkommens erfasst nicht nur Drittwaren, sondern alle auf Straßen transportierten Güter.

1320 Art. 118 Abs. 2 UEMOA-Zollkodex, Annex zum Règlement n° 09/2001/CM/UEMOA portant adoption du code des douanes de l'UEMOA, 26. November 2001.

halb der Union zu vereinbaren.[1321] Durch das Territorium der UEMOA-Mitgliedstaaten können mithin Güter geliefert werden, ohne in den Transitstaaten entzollt zu werden, wenn die betroffenen Staaten eine derartige Übereinkunft treffen.[1322]

Zusammengefasst bestehen für den Reexport von Waren aus Drittländern gemeinsame Regelungen, insoweit sie auf Straßen transportiert werden: die Suspension der Zollpflicht bis zur Verzollung im Verbraucherstaat. Die ECOWAS, nicht aber die UEMOA, sieht zusätzlich für alle Waren, die nicht über die Straße geliefert werden, die Verzollung in jedem einzelnen Transitstaat mit anschließender Erstattung des Zolls vor.

Die Pflicht der ECOWAS-Mitgliedstaaten, den auf Durchlieferungen erhobenen Zoll zu erstatten, kollidiert mit dem aus der ausschließlichen Zuständigkeit der UEMOA resultierenden Verbot, andere als die UEMOA-Regelungen bzw. die ausdrücklich genehmigten bilateralen Transitabkommen anzuwenden.[1323] Allerdings haben es die Mitgliedstaaten selbst in der Hand, widersprüchliche Gebote durch den Abschluss von Transitabkommen auszuräumen.

Senegal und Mali haben ein solches Abkommen abgeschlossen, allerdings lediglich zum Eisenbahn-Transit. Lässt eine senegalesische Händlerin beispielsweise PCs, die sie aus den USA nach Senegal importiert hat, mit dem Flugzeug nach Mali bringen, stellt sich die Frage, ob sie sie dort erneut verzollen muss. Nach dem ECOWAS- wie UEMOA-Recht ist dies der Fall. Allerdings gebietet nur das ECOWAS-Recht, auf Antrag den in Senegal als Transitstaat entrichteten Zoll zu erstatten.[1324] Mithin müssen die senegalesischen Zollbehörden nach dem ECOWAS-Recht den auf die

---

1321 Art. 106 Abs. 2, Art. 110, Art. 111 Abs. 1 UEMOA-Zollkodex. Dabei kann der UEMOA-Ministerrat bestimmte Waren von der Möglichkeit einer Transitregelung ausnehmen, Art. 106 Abs. 1 UEMOA-Zollkodex.

1322 So hat etwa Senegal mit Mali ein Abkommen zum Eisenbahntransit getroffen, Jean-Baptiste Diouf, *Douanes&Échanges. Un conseilller à vos cotés!* Dakar 2009, S. 168. Der Zug Dakar-Bamako war lange Zeit eine der wenigen funktionierenden zwischenstaatlichen Eisenbahnverbindungen in der Region.

1323 Die Tatsache, dass die UEMOA für den Straßentransit die ECOWAS-Regelungen übernommen hat und für andere Lieferwege die Möglichkeit vorsieht, Zollsuspendierungen bilateral zu vereinbaren, zeigt, dass die UEMOA nicht nur ausschließlich zuständig für den Binnenhandel sowie die Handelspolitik gegenüber dritten (ECOWAS-)Staaten ist, sondern den Transit auch reguliert hat.

1324 Art. 2 Protocol relating to the Re-exportation within the ECOWAS, 5. November 1976.

nach Mali gelieferten PCs erhobenen Zoll erstatten, während das UEMOA-Recht eine solche Erstattung außerhalb von bilateralen Transit-abkommen verbietet.

c. ECOWAS-Meistbegünstigungsklausel

Die Meistbegünstigungsklausel des ECOWASV könnte vor allem in der Vergangenheit widersprüchliche Gebote für ECOWAS- und UEMOA-Mitgliedstaaten bedingt haben. Nach Art. 43 Abs. 1 ECOWASV gewähren die Mitgliedstaaten einander für alle handelsbezogenen Regelungen Meist-begünstigung, d.h. sie weiten alle Vorteile, die sie dem Warenverkehr mit anderen Ländern zugestehen, auf die Mitgliedstaaten der ECOWAS aus.[1325] Im Vergleich zur entsprechenden WTO-Klausel fällt auf, dass diese Regelung sehr knapp formuliert ist; der sachliche Anwendungsbe-reich wird lediglich durch die Formulierung „Meistbegünstigung hinsicht-lich des Handels" umrissen. Eventuelle Unsicherheiten bei der Bestim-mung des Anwendungsbereichs können aber nicht Zollerleichterungen betreffen, den Kern jeglicher Handelsliberalisierung.[1326] Soweit die UEMOA-Mitgliedstaaten der ECOWAS bei dem Abbau von Zöllen vor-aus waren – ab 2000 wurden grundsätzlich sämtliche in der Union produ-zierte Waren zollfrei gestellt,[1327] während die Zollfreiheit innerhalb der ECOWAS erst 2004 effektiv wurde – und sie die untereinander vereinbar-ten Zollabschaffung nicht an ihre ECOWAS-Nachbarn weitergegeben haben, lag ein Verstoß gegen das Meistbegünstigungsprinzip vor. Der zum

---

1325 „1. Member States shall accord to one another in relation to trade between them the most favoured nation treatment. In no case shall tariff concessions granted to a third country by a Member State be more favourable than those applicable under this Treaty. 2. Any agreement between a Member State and a third coun-try under which tariff concessions are granted, shall not derogate from the obli-gations of that Member State under this Treaty."

1326 Vgl. auch Art. 43 Abs. 1 S. 2 ECOWASV, der ausdrücklich Zollpräferenzen, wenn auch mit Blick auf Drittstaaten, erwähnt: „In no case shall tariff conces-sions granted to a third country by a Member State be more favourable than those applicable under this Treaty."

1327 Art. 10 Acte additionnel n° 04/1996 instituant un régime tarifaire préférentiel transitoire des échanges au sein de l'UEMOA et son mode de financement, 10. Mai 1996 und Art. 1 Acte additionnel n° 04/98 portant modification de l'article premier de l'Acte additionnel n° 01/97 du 23 juin 1997 modifiant l'arti-cle 12 de l'Acte additionnel n° 04/96 du 10 mai 1996, 30. Dezember 1998.

1. Januar 2000 durch Entscheidung des Ministerrats eingeführte[1328] Gemeinsame Außenzoll der UEMOA sieht keine Differenzierung zwischen Drittstaaten vor und befreit Waren aus anderen ECOWAS-Ländern entsprechend nicht vom Zoll. Das Gebot, allen ECOWAS-Mitgliedstaaten Meistbegünstigung zu gewähren, kollidierte folglich mit dem Gebot, den UEMOA-Außenzoll auf alle Drittwaren anzuwenden.

Da mittlerweile auch der ECOWAS-Binnenhandel liberalisiert wurde, besteht dieser Konflikt nicht mehr. Allerdings stellen die in einigen Aspekten großzügigeren Ursprungsregeln der UEMOA auch einen Handelsvorteil dar. Gegen eine Anwendung der äußerst vagen Meistbegünstigungsklausel auf Ursprungsregeln spricht, dass sie die Rechtssicherheit und die Effektivität der ECOWAS-Ursprungsregeln stark beeinträchtigen würde, weil alle frankophonen Staaten auf alle Waren aus ECOWAS-Mitgliedstaaten die UEMOA-Ursprungsregeln anwenden müssten, soweit sie großzügiger sind.[1329]

d. Steuerabzüge auf Mehrwertsteuer

Die Mehrwertsteuer wurden sowohl von der ECOWAS als auch von der UEMOA harmonisiert. Die UEMOA räumt das Recht auf einen Vorsteuerabzug für Dienstleistungen ein, die im Ausland von Unionsangehörigen erbracht werden, wohingegen die ECOWAS einen solchen Tatbestand nicht vorsieht.[1330] Während sich die Ausnahmetatbestände gleichen, die

---

1328 Règlement n° 02/97/CM/UEMOA portant adoption du Tarif Extérieur Commun de l'UEMOA, 28. November 1997.

1329 Teilweise sind die UEMOA-Ursprungsregeln auch restriktiver, siehe diesen Teil Kapitel 2.A.I.1.a.

1330 Art. 32 Abs. 1 Directive n° 2/98/CM/UEMOA portant harmonisation des législations des Etats membres en matière de Taxe sur la valeur ajoutée, 22. Dezember 1998. Vgl. Art. 34 Directive on the harmonization of the ECOWAS Members States' legislation on Value Added Tax (VAT), ECOWAS-Dok. C/DIR. 1/05/09, 27. Mai 2009.

bestimmen, welche Operationen bzw. Aktivitäten nicht zu einem Steuerabzug führen dürfen, sieht allein die ECOWAS-Regelung zusätzlich Ausnahmen von dieser Ausnahmeregel vor.[1331]

Bei der Regulierung der Steuerabzüge handelt es sich um Sonderregelungen, die die Mehrwertsteuer modifizieren. Nach ihrer jeweiligen Formulierung sind sie verpflichtend für alle Mitgliedstaaten. Wenn nun die ECOWAS Gegenausnahmen vorsieht, die die UEMOA nicht vorsieht, und letztere wiederum Tatbestände einführt, die dem Recht der ECOWAS fremd sind, widersprechen sich zwei unterschiedlich lautende Gebote.

Das Gebot hat jeweils den gleichen Inhalt: Die Mitgliedstaaten sollen unter Berücksichtigung des Rechts auf Vorsteuerabzug Mehrwertsteuer in der vom Recht der ECOWAS bzw. UEMOA jeweils bestimmten Höhe erheben. Da die Steuerabzugstatbestände voneinander abweichen, können sich die UEMOA-Mitgliedstaaten einerseits verpflichtet sehen, einen Steuerabzug zu gewähren, andererseits verpflichtet, ihn nicht zu gewähren.

2. Konflikte zwischen Geboten und negativen Erlaubnissen

Beispiele für den Konflikt zwischen Geboten und negativen Erlaubnissen finden sich auf dem Gebiet der handelspolitischen Schutzmaßnahmen, die gegenüber anderen Mitgliedstaaten bzw. gegenüber Drittstaaten ergriffen werden dürfen, sowie auf dem Gebiet der Mehrwert- und der Verbrauchssteuern. Die Verbrauchssteuern wie auch Mehrwertsteuer wurden von der ECOWAS und der UEMOA harmonisiert. Dabei weichen der Anwendungsbereich bzw. die Befreiungstatbestände, die Steuersätze und die Steuerabzüge teilweise voneinander ab. Die unterschiedliche Konzeption des Anwendungsbereichs sowie die Festlegungen der Steuersätze führen zu Konflikten zwischen Geboten und negativen Erlaubnissen. Gleiches gilt für die Regelung der handelspolitischen Schutzmaßnahmen.

1331 Art. 38 Abs. 3 Directive on the harmonization of the ECOWAS Members States' legislation on Value Added Tax (VAT), ECOWAS-Dok. C/DIR.1/05/09, 27. Mai 2009. Vgl. Art. 34 Directive n° 2/98/CM/UEMOA portant harmonisation des législations des Etats membres en matière de Taxe sur la valeur ajoutée, 22. Dezember 1998.

a. Handelspolitische Schutzmaßnahmen im Binnenmarkt

Bis zur Einführung des einheitlichen Gemeinsamen Außenzolls im Januar 2015 erlaubten die ECOWAS und die UEMOA in unterschiedlichem Maße die Aussetzung des vereinbarten Gemeinsamen Außenzolls bzw. des freien Warenverkehrs innerhalb der Gemeinschaft.

Für den innergemeinschaftlichen Warenverkehr verpflichtet das ECOWAS-Recht die Mitgliedstaaten zur Liberalisierung. Als Ausnahmegenehmigung begründet Art. 49 ECOWASV dagegen das Recht der Mitgliedstaaten vom Liberalisierungsgebot abzuweichen. Artikel 49 ECOWASV erlaubt den Mitgliedstaaten in weitem Umfang Schutzmaßnahmen, nicht nur gegenüber Drittwaren, sondern auch gegenüber Waren aus anderen Mitgliedstaaten. Danach können die Mitgliedstaaten bei schwerwiegenden Störungen, die aufgrund der Binnenliberalisierung bzw. Zollunion auftreten Schutzmaßnahmen einführen, nachdem sie das ECOWAS-Sekretariat und die anderen Mitgliedstaaten darüber in Kenntnis gesetzt haben.

Das Recht der UEMOA verpflichtet ebenfalls zur Binnenliberalisierung, sieht aber nicht die ausnahmsweise Einführung von Schutzmaßnahmen vor. Damit widersprechen sich die im Rahmen der UEMOA uneingeschränkten Liberalisierungspflichten und die Erlaubnis, unter den Voraussetzungen des Art. 49 ECOWASV davon abzuweichen.

So hat beispielsweise Senegal nach Art. 49 ECOWASV das Recht, Quoten für den Rohzuckerimport, d.h. maximale Importmengen für einen bestimmten Zeitraum, festzulegen, um seine nicht wettbewerbsfähigen Zuckerproduzenten zu schützen.[1332] Soweit diese Quoten auch die Waren aus UEMOA-Mitgliedstaaten betreffen, verstoßen sie gegen das Gebot des UEMOAV, mengenmäßige Beschränkungen abzuschaffen.

1332 Das Beispiel orientiert sich an einem realen Vorfall, siehe Agitrade, Des difficultés commerciales incitent le gouvernement sénégalais à imposer des restrictions sur les importations de sucre, 22. Juli 2013, verfügbar unter http://agritrade.cta.int/fr/Agriculture/Produits-de-base/Sucre/Des-difficultes-commerciales-incitent-le-gouvernement-senegalais-a-imposer-des-restrictions-sur-les-importations-de-sucre, eingesehen am 15.12.2013.

b. Schutzmaßnahmen gegenüber Drittstaaten

Das Problem unterschiedlich weiter Tatbestände, die die Anwendung von Schutzmaßnahmen gegenüber Drittwaren erlauben, gehört seit Januar 2015 der Vergangenheit an, soweit die ECOWAS-Mitglieder deren neuen Gemeinsamen Außenzoll anwenden. Zuvor haben sich widersprüchliche Gebote ergeben, weil die UEMOA bereits einen Gemeinsamen Außenzoll, inklusive der Regelung von Schutzmaßnahmen gegenüber Drittstaaten, erlassen hat, der ECOWASV aber in weiterem Umfang den Erlass von Schutzmaßnahmen freistellte.

Für die Regelung des Gemeinsamen Außenzolls, inklusive der handelspolitischen Schutzmaßnahmen, war jeweils die UEMOA bzw. ECOWAS ausschließlich zuständig.[1333] Das heißt, die Mitgliedstaaten waren jeweils verpflichtet, nur den vereinbarten GAZ zu erheben und keine zusätzlichen Zölle. Diese Pflicht wurde durch die negative Erlaubnis, den Außenzoll auszusetzen und Schutzmaßnahmen gegenüber Drittstaaten einzuführen, eingeschränkt. Diese negativen Erlaubnisse wurden aber von der ECOWAS und der UEMOA unterschiedlich weit gefasst.

Während das UEMOA-Recht zuletzt lediglich die Einführung einer Konjunkturellen Importsteuer erlaubte,[1334] konnten die ECOWAS-Mitgliedstaaten Schutzmaßnahmen mangels detaillierteren Regeln noch auf den sehr weiten Art. 49 ECOWASV stützen.

1333 Die ECOWAS machte allerdings von ihrer Zuständigkeit bis zur Verabschiedung des Gemeinsamen Außenzollsatzes 2013 nicht Gebrauch. Wohl aber regelt sie, inwieweit die Mitgliedstaaten Schutzmaßnahmen einführen dürfen.

1334 Die Konjunkturelle Importsteuer (*Taxe conjoncturelle d'importation*) der UEMOA durfte in Höhe von 10 % auf eine Liste von Produkten der Landwirtschaft, Viehzucht und Fischerei erhoben werden, wenn der Preis dieser Produkte unter einen bestimmten Referenzpreis fiel. Dieser Mechanismus sollte schwerwiegende wirtschaftliche Nachteile wegen der Schwankungen internationaler Preise verhindern und unlautere Geschäftspraktiken wie Dumping vereiteln, ebd., S. 119 f. In Art. 5 Règlement n° 2/97 portant adoption du Tarif Extérieur Commun de l'UEMOA und dem Règlement n° 14/1998/CM/UEMOA fixant les modalités suivant lesquelles les Etats Membres de l'UEMOA sont autorisés à prendre des mesures de sauvegarde vorgesehen, 22. Dezember 1998, orientiert sich diese Schutzmaßnahme an Art. 5 AoA.

Auch für die (für 2006 geplante) Konkretisierung der Schutzmaßnahmen durch die Einführung einer Einfuhrschutzsteuer sowie einer Degressiven Schutzsteuer der ECOWAS[1335] waren Abweichungen vom UEMOA-Recht zu befürchten.[1336] Letztlich haben sich diese nicht bewahrheitet, weil die Schutzmaßnahmen der ECOWAS erst mit der Einführung von deren gemeinsamen Außenzollsatz greifen und letzterer die entsprechenden Regelungen der UEMOA ersetzt.

Da die Letztentscheidung über eine (zeitweise) Einführung der Konjunkturellen Importsteuer der UEMOA bzw. von Schutzmaßnahmen nach Art. 49 ECOWASV bei den Mitgliedstaaten lag, handelte es sich bei der Möglichkeit, Schutzzölle zu erlassen, um Rechte bzw. Erlaubnisse zugunsten der Mitgliedstaaten. Soweit die jeweilige Erlaubnis zu Schutzmaßnahmen reichte, wurden die Mitgliedstaaten der Pflicht, den Außenzoll anzuwenden, enthoben. Da der Erlaubnistatbestand der UEMOA enger begrenzt war als der der ECOWAS, kollidierten das Gebot aus dem UEMOA-Recht den GAZ anzuwenden mit der negativen Erlaubnis aus dem ECOWASV, den Außenzoll durch die Einführung von Schutzmaßnahmen auszusetzen.

1335 Art. 4 und Art. 9 Decision adopting the Common External Tariff, ECOWAS-Dok. A/DEC.17/01/06, 12. Januar 2006, erlauben die Verabschiedung einer *Decreasing Protection Tax* sowie einer *Import Safeguard Tax*.

1336 Die Einfuhrschutzsteuer und die Degressive Schutzsteuer der ECOWAS gehen über die Konjunkturelle Importsteuer der UEMOA hinsichtlich ihres sachlichen und zeitlichen Anwendungsbereichs hinaus. Mit einer voraussichtlichen Dauer von zehn Jahren ab Einführung des GAZ, ist die Degressive Schutzsteuer der ECOWAS anwendbar, während der entsprechende UEMOA-Zoll nicht mehr erhoben wird. Sie soll wie ihr mittlerweile ausgelaufenes UEMOA-Pendant auf eine Auswahl von Drittwaren erhoben werden, deren Importzoll mit der Einführung des GAZ gesunken ist, um die Verringerung des Zollschutzes für die regionalen Hersteller zu verlangsamen. Die Einfuhrschutzsteuer soll wie die Konjunkturelle Importsteuer der UEMOA Preisschwankungen auf dem Weltmarkt abfedern und eine damit verbundene massive Zunahme von Einfuhren aus Drittstaaten verhindern.

c. Anwendungsbereich und Befreiungstatbestände für Mehrwertsteuer

Eine UEMOA-Richtlinie von 1998[1337] und eine ECOWAS-Richtlinie von 2009[1338] harmonisieren jeweils die Mehrwertsteuer, weichen allerdings hinsichtlich ihres Anwendungsbereichs bzw. der Befreiungstatbestände voneinander ab.

So schließt die Richtlinie der UEMOA zwar wie die der ECOWAS den Agrarsektor vom Anwendungsbereich aus, stellt es den Mitgliedstaaten aber frei, ihn einzubeziehen.[1339] Zudem stellt sie den Mitgliedstaaten anheim, übergangsweise die Mehrwertsteuer nicht auf den Transportsektor anzuwenden, während die ECOWAS-Regelung nur einzelne Aspekte dieses Sektors von der Mehrwertsteuer ausnimmt.[1340]

Die Richtlinien zur Mehrwertsteuerharmonisierung der ECOWAS und der UEMOA verpflichten die Mitgliedstaaten, Mehrwertsteuer in dem vorgegeben Rahmen zu erheben. Da beide Organisationen ausdrücklich den Anspruch erheben, die Mehrwertsteuer zu harmonisieren, um das reibungslose Funktionieren des Binnenmarktes zu gewährleisten,[1341] stellen die jeweiligen Regelungen nicht nur Minimalregelungen dar, sondern verbieten die Erhebung davon abweichender Mehrwertsteuern. Soweit sie den Anwendungsbereich und die Befreiungstatbestände unterschiedlich weit bestimmen, stehen sich das Gebot, Mehrwertsteuer zu erheben, und die negative Erlaubnis, in bestimmten Fällen davon abzusehen, gegenüber. Damit kollidiert etwa das ECOWAS-Gebot, den Agrarsektor nicht der Mehrwertsteuer zu unterwerfen mit der ausdrücklichen Erlaubnis aus dem UEMOA-Recht, dies zu tun. Die Geltendmachung der negativen Erlaub-

---

1337 Directive n° 2/98/CM/UEMOA portant harmonisation des législations des Etats membres en matière de Taxe sur la valeur ajoutée, 22. Dezember 1998.

1338 Directive on the harmonization of the ECOWAS Members States' legislation on Value Added Tax (VAT), ECOWAS-Dok. C/DIR.1/05/09, 27. Mai 2009.

1339 Art. 4 Directive n° 2/98/CM/UEMOA portant harmonisation des législations des Etats membres en matière de Taxe sur la valeur ajoutée, 22. Dezember 1998, und Art. 8 Directive on the harmonization of the ECOWAS Members States' legislation on Value Added Tax (VAT), ECOWAS-Dok. C/DIR.1/05/09, 27. Mai 2009.

1340 Art. 5 Richtlinie n° 2/98/CM/UEMOA vom 22. Dezember 1998 und Art. 8 Nr. 9 Richtlinie vom 27. Mai 2009, ECOWAS-Dok. C/DIR.1/05/09.

1341 Siehe jeweils die Präambel der Richtlinie n° 2/98/CM/UEMOA und der Richtlinie vom 27. Mai 2009, ECOWAS-Dok. C/DIR.1/05/09.

nis, den gesamten Verkehrssektor von der Mehrwertsteuer auszunehmen, würde das Gebot, die Mehrwertsteuer durchgehend anzuwenden, verletzen.

3. Konflikte zwischen Verboten und Erlaubnissen

a. Verbrauchssteuern

Das ECOWAS- und UEMOA-Recht verpflichtet jeweils die Mitgliedstaaten, Verbrauchsteuern auf bestimmte Produkte und im Rahmen der vorgegeben Sätze zu erheben und erlaubt ihnen, eine begrenzte Anzahl weiterer Produkte in bestimmten Umfang zu besteuern.

Die Regelungen enthalten mithin Gebote, insofern sie zur Besteuerung von alkoholischen und nicht-alkoholischen Getränken (mit Ausnahme von Wasser) und Tabak[1342] verpflichten,[1343] und Erlaubnisse, insoweit sie die Festsetzung der Steuersätze innerhalb eines bestimmten Rahmens den Mitgliedstaaten anheim stellen. Die Verpflichtung, bestimmte Produktgruppen zu besteuern, deckt sich, während die dafür vorgegeben Rahmensteuersätze variieren. So weichen die Mindest- und Höchststeuersätze bei den obligatorisch zu besteuernden nicht-alkoholischen Getränken und dem Tabak voneinander ab. Auch die Regelungen, die die Besteuerung weiterer vier bzw. acht Waren ins Ermessen der Mitgliedstaaten stellen, sind *a priori* Erlaubnisse. Hier unterscheidet sich die ECOWAS- von der

---

1342 Art. 3 Nach der ECOWAS-Regulierung sind „Tabak und Zigaretten" zu besteuern. Allerdings wird im Harmonisierten System der Zollnomenklatur in der Kategorie Tabak und Tabakerzeugnisse Zigaretten als Unterposition aufgeführt. Insofern decken sich die Waren, die hinter der Bezeichnung „Tabak und Zigaretten" stehen, mit denen der Kategorie „Tabak". Vgl. Kapitel 24 der Druchführungsverordnung (EU) Nr. 927/2012 vom 9. Oktober 2012 zur Änderung von Anhang I der Verordnung (EWG) Nr. 2658/87 des Rates über die zolltarifliche und statistische Nomenklatur sowie den Gemeinsamen Zolltarif.

1343 Art. 3 Richtlinie C/DIR.2/06/09 über die Harmonisierung der mitgliedstaatlichen Gesetzgebung zu den Verbrauchsteuern und Art. 1 Richtlinie n° 3/98/CM/ UEMOA zur Harmonisierung der Gesetzgebung der Mitgliedstaaten zu den Verbrauchsteuern.

UEMOA-Regelung durch eine höhere Zahl zusätzlich besteuerbarer Waren und durch abweichende Mindest- und Höchststeuersätze.[1344] Die zulässigen Steuersätze weisen aber jeweils auch Bereiche auf, in denen sie sich decken.[1345] Zwischen diesen unterschiedlich weiten Erlaubnissen besteht im Prinzip kein Normkonflikt.

Die Regelungen dienen allerdings der Harmonisierung der Verbrauchssteuern.[1346] Die Präambeln der Richtlinien weisen entsprechend darauf hin, dass die Rechtsakte darauf abzielen, die Produkte, die der Verbrauchssteuer unterliegen, zu begrenzen.[1347] Mithin liegt der eigentliche Regelungsgehalt zumindest hinsichtlich der Erlaubnis, nur eine bestimmte Anzahl von Produkten zu besteuern, im Verbot, darüber hinausgehende Verbrauchssteuern zu erheben. Das heißt, das Verbot aus dem UEMOA-Recht, mehr als vier Produkte (neben den obligatorisch zu besteuernden Produktgruppen) einer Verbrauchssteuer zu unterwerfen, verletzt die ECOWAS-Erlaubnis bis zu acht Produkte zusätzlich zu besteuern.

b. Mehrwertsteuersätze

Die ECOWAS gibt ihren Mitgliedstaaten die Freiheit, einen Mehrwertsteuersatz zwischen 5 und 20 % festzulegen.[1348] Davon abweichend kann der Ministerrat einen reduzierten Steuersatz regeln.[1349] Die UEMOA sieht dagegen grundsätzlich einen Steuersatz zwischen 15 und 20 % vor, erlaubt aber gleichzeitig den Mitgliedstaaten für maximal zehn Produkte und Dienstleistungen einen reduzierten Steuersatz zwischen 5 und 10 % festzulegen. Die zehn Produkte bzw. Dienstleistungen sind aus einer Liste zu

---

1344 Art. 4 Directive on the harmonization of the ECOWAS Members States' legislation on Value Added Tax (VAT), ECOWAS-Dok. C/DIR.1/05/09, 27. Mai 2009, und Art. 2 Directive n° 2/98/CM/UEMOA portant harmonisation des législations des Etats membres en matière de Taxe sur la valeur ajoutée, 22. Dezember 1998.

1345 So erlaubt die UEMOA etwa die Besteuerung von Weizenmehl zwischen 1 und 5 %, die ECOWAS dagegen zwischen 1 und 20 %. Art. 11 Richtlinie C/DIR.2/06/09 und Art. 6 Richtlinie n° 3/98/CM/UEMOA.

1346 Siehe Art. 4 lit. e, 55 UEMOAV und Art. 3 Abs. 2 lit. a ECOWASV und die Präambeln der einschlägigen Richtlinien.

1347 Siehe Präambeln der Richtlinien n° 3/98/CM/UEMOA und C/DIR.2/06/09.

1348 Art. 30 Richtlinie zur Harmonisierung der Gesetzgebung der Mitgliedstaaten zur Mehrwertsteuer, ECOWAS-Dok. C/DIR.1/05/09, vom 27. Mai 2009.

1349 Dies hat er bisher nicht getan.

wählen.[1350] Mit Ausnahme von zehn Produkten sind die UEMOA-Mitgliedstaaten mithin verpflichtet, auf Dienstleistungen und Waren eine Mehrwertsteuer zwischen 15 und 20 % zu erheben. Gleichzeitig verbietet ihnen diese Regelung, über 10 Produkte hinaus Steuersätze außerhalb der 15-20 % festzusetzen. Dieses Verbot verletzt das im Rahmen der ECOWAS ausdrücklich gewährte Recht,[1351] einen Steuersatz zwischen 5 und 20 % anzuwenden.

II. Abweichende Normen, die nicht in Konflikt stehen

Die Kompensationsinstrumente für Zolleinnahmeverluste der ECOWAS und UEMOA bieten genauso wie die Bestimmung des persönlichen Schutzbereichs der Personenverkehrsfreiheiten Beispiele für Normen, die denselben Sachbereich unterschiedlich regeln und trotzdem nicht in Konflikt stehen. Es handelt sich um Rechte der Mitgliedstaaten bzw. um unterschiedlich weitgehende Pflichten.

1. Ausgleichsregelungen

In der Literatur wurde in der Vergangenheit die unterschiedliche Gestaltung der Kompensationsmechanismen für Zolleinnahmeverluste durch die ECOWAS und die UEMOA kritisiert.[1352] In beiden Organisationen soll ein solcher Mechanismus die Einnahmeverluste abfedern, die durch die

---

1350 Art. 29 Richtlinie n° 2/98/CM/UEMOA über die Harmonisierung der mitgliedstaatlichen Gesetzgebung zur Mehrwertsteuer vom 22. Dezember 1998, modifiziert durch die Richtlinie n 2/2009CM/UEMOA vom 27. März 2009.

1351 Die Regelung lautet: „Each Member State shall have the liberty to fix the VAT rate applicable to taxable operations within a bracket ranging between 5 and 20 %.

1352 Luc Marius Ibriga, Le problème de la compatibilité entre l'UEMOA et la CEDEAO, in: *La libéralisation de l'economie dans le cadre de l'intégration régionale: Le cas de l'UEMOA*, hg. von Pierre Meyer, Ouagadougou 1999, S. 197–227, 211 ff.

Einführung der Binnenliberalisierung und des Gemeinsamen Außenzolls, insbesondere für Binnenländer, entstehen.[1353] 2003 hat die ECOWAS schließlich ihr Kompensationssystem dem der UEMOA angeglichen.[1354] Zuvor waren während einiger Jahre die unterschiedlichen Verlustkompensationsprogramme parallel angewandt worden.[1355] Sie hatten allerdings nicht in einem Normkonflikt gestanden.

1353 Art. 58 Abs. 1 UEMOAV und Art. 3 Acte additionnel n° 06/99 instituant un dispositif de compensations financières au sein de l'UEMOA, 8. Dezember 1999. Der Zusatzakt n° 06/99 bestimmt allerdings lediglich die Bedingungen, zu denen Einnahmeverluste auf Grund der Binnenliberalisierung ausgeglichen werden. Sein Art. 5 verweist für die Verluste, die der Einführung eines gemeinsamen Außenzolls geschuldet sind, auf die (künftige) Regelung durch den Ministerrat. Der Zusatzakt trat zum 1. Januar 2000 in Kraft. Auch Art. 2 Protocol A/P. 2/1/03 relating to the application of compensation procedures for loss of revenue incurred by Member States as a result of the trade liberalisation scheme, ECOWAS-Dok. A/P2/1/03, 31. Januar 2003, nimmt lediglich auf das ECOWAS *Trade Liberalisation Scheme* Bezug. Artikel 48 ECOWASV erfasst dagegen auch Einnahmeverluste, die durch die Verwirklichung der Zollunion entstehen.

1354 Zusatzprotokoll A/P.2/1/03 vom 31. Januar 2003.

1355 In Art. 48 ECOWASV vorgesehen, war die Frage des Einnahmeverlusts für die ECOWAS zum Zeitpunkt des Inkrafttreten der UEMOA-Ausgleichsregelung durch das Protocol relating to the assessment of loss of revenue recorded by Member States of the Community vom 5. November 1976 und die Entscheidung, Decision relating to the Application of the Compensation Procedures for the Loss of Revenue suffered by ECOWAS Member States as a result of the Trade Liberalization Programme, ECOWAS-Dok. A/DEC.19/5/80, 28. Mai 1980, geregelt. Die Entscheidung wurde durch die Entscheidung, Decision amending Article 14 of Decision A/DEC.19/5/80 dated 18th may 1980, on the application of compensation procedures for loss of revenue incurred by Member States as a result of the liberalisation of intra-community trade, ECOWAS-Dok. A/DEC.8/7/91, 6. Juli 1991, und die Entscheidung, Decision amending Article 9 of Decision A/DEC.19/5/80 relating to the application of procedures for compensation of loss of revenue suffered by Member States as a result of liberalisation of intra-community trade, ECOWAS-Dok. A/DEC.6/10/98, 31. Oktober 1998, modifiziert.

Zwar wiesen die Ausgleichsregelungen der beiden Organisationen zahlreiche Unterschiede hinsichtlich der Bestimmung der Einnahmeverluste[1356] bzw. der Kompensation[1357] auf, stellten die Zahlungen unter unterschiedliche Bedingungen[1358] bzw. befristeten sie[1359] und finanzierten die Kompensationsfonds unterschiedlich[1360].

Bei den Ansprüchen der ECOWAS- und UEMOA-Mitgliedstaaten handelt es sich aber um Rechte bzw. Erlaubnisse, eine Leistung geltend zu machen. Die Erfüllung eines Ausgleichsanspruchs nach dem ECOWAS-Recht beeinträchtigte nicht die Realisierung des Anspruchs nach dem UEMOA-Recht. Damit lag kein Normkonflikt vor. Vielmehr handelt es sich um eine bloße Dopplung von Programmen, die die Mitgliedstaaten begünstigen.[1361]

1356 Siehe für die UEMOA Art. 4 und Art. 8 Acte additionnel n° 06/99 instituant un dispositif de compensations financières au sein de l'UEMOA, 8. Dezember 1999, und für die ECOWAS Art. II Abs. 1 a Protocol relating to the assessment of loss of revenue recorded by Member States of the Community vom 5. November 1976, Art. 1 Abs. 2, Art. 6 Entscheidung vom 28. Mai 1980, ECOWAS-Dok. A/DEC.19/5/80.

1357 In der ECOWAS mussten die am weitesten entwickelten Mitgliedstaaten, die Elfenbeinküste, Ghana, Nigeria und Senegal, einen Abschlag von 20 % hinnehmen, der den am wenigsten entwickelten Mitgliedstaaten zu Gute kommen sollte, Art. 12 Entscheidung vom 28. Mai 1980, ECOWAS-Dok. A/DEC. 19/5/80.

1358 Während die UEMOA die Kompensation unter die Bedingung der effektiven und vollständigen Anwendung der Unionsrechtsakte gestellt hatte, die den Gemeinsamen Außenzoll und die Reform der Binnensteuern (Mehrwertsteuer und andere Verbrauchssteuern) betreffen, Art. 7 und Art. 1 lit. g) Acte additionnel n° 04/1996 instituant un régime tarifaire préférentiel transitoire des échanges au sein de l'UEMOA et son mode de financement, 10. Mai 1996, stand die ECOWAS-Ausgleichszahlung unter der Bedingung, dass der antragstellende Staat seinen Beitrag zum Kompensationsfonds leistete, Art. 15 Entscheidung vom 28. Mai 1980, ECOWAS-Dok. A/DEC.19/5/80.

1359 Nur die UEMOA senkte die Kompensationszahlungen ab 2003 kontinuierlich und ließ sie schließlich im Januar 2006 auslaufen, Art. 6 und Art. 9 Zusatzakt n° 06/99.

1360 In der UEMOA werden die Kompensationen durch einen Ausgleichsfonds geleistet, der durch die Solidaritätsabgabe der Gemeinschaft finanziert wird, mithin durch Importe aus Drittstaaten, Art. 13 Zusatzakt n° 06/99.

1361 In der Praxis leisteten die beiden Organisationen noch nicht einmal parallel Zahlungen, da mangels Verwirklichung der Binnenliberalisierung innerhalb der ECOWAS der Ausgleichsmechanismus nicht effektiv wurde. Denn der Mechanismus sollte gemäß Art. 18 Entscheidung A/DEC.19/5/80 mit dem – mehrmals

2. Personenverkehrsfreiheit

Die ECOWAS wie auch die UEMOA regeln Aspekte der Personenver-
kehrs- bzw. Dienstleistungs- und Niederlassungsfreiheit, insbesondere die
Freizügigkeit, also das Recht, in die anderen Mitgliedstaaten einzureisen
und sich dort beliebig lang aufzuhalten, und die Freiheit, in anderen Mitgliedsländern beruflich bzw. gewerblich tätig zu werden.[1362] Dabei wird
der persönliche Gewährleistungsbereich dieser Rechte durch den Begriff
des Gemeinschaftsbürgers bzw. für die UEMOA durch den Begriff des
Staatsangehörigen eines Mitgliedstaats bestimmt. Hinter der abweichenden Begrifflichkeit steht aber auch eine unterschiedliche Bestimmung des
Kreises der begünstigten Personen: Während unter ECOWAS-Gemein-
schaftsbürgern nur solche verstanden werden, die die Staatsbürgerschaft
von einem oder mehreren ECOWAS-Mitgliedstaaten haben, ohne die
Nationalität eines Drittstaats zu besitzen,[1363] knüpfen Art. 91, 92
UEMOAV nur an den Begriff der Staatsangehörigkeit an, ohne Bedingungen hinsichtlich von Mehrfachnationalitäten zu stellen.

Die Pflicht, Gemeinschafts- bzw. Unionsbürgern insbesondere die visafreie Einreise zu gewähren, reicht wegen des unterschiedlichen persönlichen Schutzbereichs gemäß dem UEMOA-Recht weiter als nach dem
ECOWAS-Recht. Die Gebote mit unterschiedlicher Reichweite stehen
allerdings nicht zu einander im Konflikt, führt doch ihre Beachtung
jeweils nicht zur Verletzung der anderen Pflicht. Eröffnet beispielsweise
Togo als UEMOA-Mitglied einem Burkinabe, der zusätzlich die französische Staatsbürgerschaft hat, die visafreie Einreise, verletzt es nicht das
ECOWAS-Recht. Denn das ECOWAS-Recht enthält kein Verbot, nicht
erfassten Personengruppen die gleichen Rechte wie Gemeinschaftsbürgern
zuzugestehen.

---

aufgeschobenen – Effektivwerden der Binnenliberalisierung der ECOWAS in
Kraft treten. Das – wegen hoher Ausgangszölle - kostspielige Ausgleichspro-
gramm wurde jedoch als Miturschae für die mangelhafte Realisierung der Binnenliberalisierung ausgemacht, Rn. 17 Anhang der Decision adopting the Strategy to accelerate the regional integration process, ECOWAS-Dok. A/DEC.
2/12/99, 10. Dezember 1999.

1362 Siehe für die ECOWAS Teil I Kapitel 3 E I 2 und für die UEMOA Teil I Kapitel 2 E IV 2.

1363 Artikel 1 Protocol relating to the definition of Community Citizen, ECOWAS-
Dok. A/P.3/5/82, 29. Mai 1982, definiert den Gemeinschaftsbürger.

B. Konflikte im Verhältnis der kontinentalen Organisationen bzw. der AU zu den regionalen Organisationen

I. Kein Konflikt zwischen AEC- und AU-Recht

Die Kompetenzen der Afrikanischen Union und der Afrikanischen Wirtschaftsgemeinschaft überschneiden sich stark. Dies wirft die Frage auf, ob die AEC eine eigenständige Organisation ist und in welchem Verhältnis sie zur AU steht.[1364] Trotz des potentiellen Kompetenzkonflikts liefert die Praxis keine Beispiele für die widersprüchliche Normierung von Fragen der Wirtschaftsintegration. Denn seit der Gründung der Afrikanischen Union setzt ausschließlich diese in dem Bereich Recht, sodass die AEC als Organisation nicht tätig wird. Mithin treten keine Normkonflikte zwischen dem Recht der AU und dem der AEC auf.

II. Konflikte zwischen ECOWAS und AU

Die ECOWAS steht als von der AU anerkannte Regionale Wirtschaftsgemeinschaft zu dieser in einem ganz besonderen Verhältnis: Einerseits macht die kontinentale Organisation Vorgaben, wie die regionale Integration innerhalb der von ihr anerkannten Regionalen Wirtschaftsgemeinschaften (RWG) zu verwirklichen ist, und etabliert so eine normative Hierarchie. Dies geschieht nicht etwa indirekt über die Mitgliedstaaten wie in der WTO, sondern durch eine direkte Verpflichtung der anerkannten RWG gegenüber der AU kraft eines mit diesen abgeschlossenen Protokolls.[1365] Andererseits hat sie nach diesem Protokoll die Befugnis, Entscheidungen zu verabschieden, die die Regionalgemeinschaften binden.

1364 Ahmed Mahiou, Le droit international ou la dialéctique de la rigueur et de la fléxibilité. Cours général de droit international public, in: *Recueil des Cours* 2008, S. 9–516, 210 ff. und Oppong (Fn. 777), S. 69 ff.

1365 Für die nicht von der AU anerkannten RWG lässt sich eine Bindung an das AU-Recht über ihre Mitgliedstaaten annehmen, so etwa für die UEMOA, die nicht Partei am Beziehungsprotokoll ist. Im Folgenden soll aber ausschließlich hinsichtlich der ECOWAS geprüft werden, ob sich Konflikte im Verhältnis zum AU-Recht ergeben.

Insofern geht die Bindung über die nach Dupuy beschriebene normative Hierarchie hinaus, die üblicherweise keine Befugnisse gegenüber der untergeordneten Organisation umfasst.[1366]

Im folgenden Abschnitt soll untersucht werden, ob die ECOWAS den AU-Anforderungen genügt. Diese Anforderungen ergeben sich sowohl aus dem AECV, als auch aus dem AU-Sekundärrecht. Obwohl das AU-Recht sowohl die RWG als auch ihre Mitgliedstaaten verpflichtet, die AU-Integrationsagenda zu verwirklichen, können sich aus Verstößen gegen diese Vorgaben nur in Ausnahmefällen Normkonflikte ergeben, dann nämlich, wenn der AECV bzw. das AU-Sekundärrecht substantielle Regelungen trifft. Das AU-Recht verpflichtet in vielen Bereichen die Mitgliedstaaten lediglich zum Hinwirken auf integrationsagendakonforme Regelungen im Rahmen ihrer RWG, ohne die Wirtschaftsfreiheiten selbst unmittelbar zu regeln.[1367] Ein gutes Beispiel für diese Herangehensweise bildet Art. 43 AECV, dem gemäß die Mitgliedstaaten übereinkommen, durch einzelstaatliche, bilaterale oder regionale Initiativen die erforderlichen Maßnahmen zur fortschreitenden Verwirklichung der Freizügigkeit, des Rechts auf freie Wohnsitznahme und der Niederlassung zu treffen und insbesondere ein Protokoll abzuschließen.[1368] Kommen die Mitglieder bzw. ihre RWG dieser Vorgabe nicht nach und regulieren den Bereich der Personenverkehrsfreiheit restriktiver als AU-sekundärrechtlich verlangt, ergibt sich trotzdem kein Normkonflikt mit dem AU-Recht, weil dieses die Personenverkehrsfreiheit nicht substantiell regelt.

Aus dem Vorstehenden lässt sich bereits erahnen, dass zwischen dem Recht der ECOWAS und dem der AU keine Normkonflikte auftreten, wenn auch die ECOWAS nicht alle Vorgaben der AU erfüllt.

1366 DUPUY (Fn. 33), S. 565 ff.

1367 Ausnahmen bilden Art. 33 Abs. 1 AECV und Art. 34 Abs. 1, die die Erhebung von Zöllen innerhalb einer RWG bzw. die diskriminierende Erhebung innerer Abgaben auf Waren aus AU-Mitgliedstaaten verbieten.

1368 Art. 43 AECV bestimmt: „1. Member States agree to adopt, individually, at bilateral or regional levels, the necessary measures, in order to achieve progressively the free movement of persons, and to ensure the enjoyment of the right of residence and the right of establishment by their nationals within the Community. 2. For this purpose, Member States agree to conclude a Protocol on the Free Movement of Persons, Rights of Residence and Right of Establishment."

1. Anforderungen aus dem AECV

Die Afrikanische Wirtschaftsgemeinschaft soll stufenweise errichtet werden. Dazu gibt Art. 6 AECV einen Zeitplan vor. Die ersten vier Stufen regeln vor allem die Integrationsschritte, die auf Ebene der regionalen Gemeinschaften verwirklicht werden sollen. Danach sollen die RWG innerhalb von 23 Jahren Freihandelszonen, binnen zwei weiterer Jahre Zollunionen verwirklichen. Bereits 1999 hat die Konferenz der OAU beschlossen diese Fristen zu verkürzen.[1369] Allerdings ist bisher kein neuer Integrationskalender vorgelegt worden. Mithin gelten also noch die ursprünglichen Fristen. Nach Inkrafttreten des AECV im Mai 1994 müssen die anerkannten regionalen Gemeinschaften also bis 2017 Freihandelszonen verwirklichen.

Die ECOWAS hat die dazu erforderlichen Normen erlassen, insbesondere tarifäre und nicht-tarifäre Handelshindernisse verboten.[1370] Trotzdem wird der Handel insbesondere durch zahlreiche nicht-tarifäre Barrieren wie lange Wartezeiten an Grenzübergängen und Straßensperren erschwert.[1371] Um derartige Probleme zu lösen und eine effektive Verwirklichung der Freihandelszonen zu gewährleisten, erlassen die AU-Generalversammlung bzw. die AU-Ministerkonferenzen Rechtsakte.

2. Anforderungen aus Rechtsakten der Afrikanischen Union

Aus dem sonstigen Recht der AU erwachsen weitere, den Art. 6 AECV konkretisierende Pflichten. Im Bereich der Wirtschaftsintegration macht die AU insbesondere zu den vier Wirtschaftsfreiheiten, zu Sektorpolitiken wie etwa der Landwirtschaftspolitik und zu internationalen Verhandlungen Vorgaben. Zu konkreten Anforderungen an die Regionalen Wirtschaftsgemeinschaften hat insbesondere die Empfehlung der Konferenz der Integrationsminister, Minimale Integrationsprogramme auszuarbeiten,

---

1369 Ziffer 8 (ii) (a) Sirte Declaration, AU-Dok. EAHG/Decl. (IV) Rev. 1, 9. September 1999. Auch Art. 3 lit. d AU-RWG-Protokoll greift das Ziel der beschleunigten Integration auf.
1370 Siehe Teil I Kapitel 3 E I 1.
1371 Vgl. Rn. 157 Bericht der AU-Kommission vom Juli 2011, verfügbar unter http://ea.au.int/en/sites/default/files/SIA_English.pdf, zuletzt eingesehen am 22.1.2014.

geführt. Sie wurde von der AU-Versammlung übernommen.[1372] In diesem Zusammenhang wurde ein Aktionsplan verabschiedet, der kurz-, mittel- und langfristig zu erreichende Vorgaben macht und einen Maßnahmenkatalog für elf prioritäre Sektoren vorsieht.[1373] Die RWG wurden ausdrücklich aufgefordert, die Anforderungen des MIP in ihre Politiken und Programme zu integrieren.[1374] Weitere Anforderungen sind dem von der AU-Versammlung verabschiedeten Aktionsplan zur Förderung des intra-afrikanischen Handels zu entnehmen.[1375] Das Recht der ECOWAS entspricht nicht allen Anforderungen des AU-Sekundärrechts.

a. Der Warenverkehr

Bis 2012 sollten innerhalb der RWG sämtliche nicht-tarifäre Barrieren des Warenhandels, bis 2016 sollen alle tarifären Barrieren abgeschafft werden.[1376] Diese Liberalisierungen sollten bis 2015 durch einen Einkünfte-verlust-Kompensationsfonds und die Erschließung alternativer Einkunfts-quellen erleichtert werden. Zudem sollen die Ursprungsregeln, Zoll- und Transitverfahren und -regulierungen innerhalb der RWG harmonisiert und vereinfacht werden. Die Anzahl der Straßensperren soll verringert und einheitliche Grenzposten eingerichtet werden.[1377]

1372 Das Minimale Integrationsprogramm (*Minimum Integration Programme)* wurde mit dem AU-Strategieplan 2009-2012 von der AU-Versammlung angenommen, Decision on the African Union Commission Strategic Plan 2009-2012, AU-Dok. Assembly/AU/Dec.247(XIII) bzw. Assembly/AU/3(XIII), 3. Juli 2009.

1373 AU-Versammlung, Decision on African Integration, AU-Dok. Assembly/AU/Dec.392(XVIII) bzw. EX.CL/693(XX), Sitzung vom 29./30. Januar 2012 i.V.m. AU-Kommission, First Plan of Action of the Minimum Integration Programm.

1374 AU-Exekutivrat, Decision on the Report of the Fourth Conference of African Ministers of Integration (COMAI IV), AU-Dok. EX.CL/Dec.493(XV) und EX.CL/517 (XV), 1. Juli 2009.

1375 AU-Versammlung, Decision on boosting Intra-African Trade and fast tracking the Continental FTA, AU-Dok. Assembly/AU/Dec.394(XVIII) bzw. EX.CL/700(XX), Sitzung vom 29./30. Januar 2012. Die AU-Versammlung hat die Entscheidung mit ihrem Beschluss vom 15./16. Juli 2012 bekräftigt, Decision on boosting Intra-African Trade and fast tracking the Continental FTA , AU-Dok. Assembly/AU/Dec.426(XIX) bzw. Assembly/AU/11(XIX).

1376 AU-Kommission, First Action Plan for the Implementation of the Minimum Integration Programme (MIP) (Yaoundé Programme), S. 8 ff.

1377 AU-Kommission, Action Plan for Boosting Intra-African Trade, S. 7.

Einen Großteil der geforderten Maßnahmen hat die ECOWAS bereits verabschiedet. Das ECOWAS-Recht verbietet tarifäre und nicht-tarifäre Barrieren für den innergemeinschaftlichen Handel. Die Zolldokumente und Ursprungsnachweise wurden harmonisiert. Zudem hat die ECOWAS ein Instrument zur Kompensation von Einkunftsverlusten eingerichtet. Die Regulierung von Mehrwert- und Verbrauchssteuer dient des Weiteren dazu, mit steigenden Steuereinnahmen alternative Einnahmequellen aufzutun. Die ECWOAS sieht zudem die Einrichtung einheitlicher Grenzposten, die Beobachtung schlechter Praktiken und Sensibilisierungskampagnen zum zwischenstaatlichen Straßengütertransit vor.[1378] Diese Maßnahmen sollen den intraregionalen Straßenverkehr beschleunigen und den Handel vereinfachen.

Dennoch beschränken mehrere Mitgliedstaaten den Warenverkehr für Gemeinschaftswaren, und dies nicht nur *de facto*, sondern kraft Regulierung. Zudem wird der Handel immer noch durch zahlreiche Straßenblockaden, lange Wartezeiten an Grenzen und andere (administrative) Schikanen erschwert.[1379] Insofern stehen das Recht einzelner Mitgliedstaaten im Widerspruch zu den Anforderungen des ECOWAS-Rechts. Letzteres entspricht aber den AU-Vorgaben.[1380] Normkonflikte liegen nicht vor.

1378 Hohe Behörde, Decision relating to the establishment of a Regional Road Transport and Transit Facilitation Programme in support of intra-community trade and cross-border movements, ECOWAS-Dok. A/DEC.13/01/03, 31. Januar 2003.

1379 Siehe Rn. 157 Bericht der AU-Kommission vom Juli 2011, verfügbar unter http://ea.au.int/en/sites/default/files/SIA_English.pdf, zuletzt eingesehen am 22.1.2014.

1380 Die AU-Kommission kommt allerdings wegen der Umsetzungsdefizite auf Ebene der Mitgliedstaaten zu dem Ergebnis, dass die ECOWAS – wie andere RWG auch – hinter dem AU-Zeitplan zurückliegt, Rn. 164 Bericht der AU-Kommission vom Juli 2011, verfügbar unter http://ea.au.int/en/sites/default/files/SIA_English.pdf, zuletzt eingesehen am 22.1.2014.

b. Der Personenverkehr

Die RWG, die das noch nicht getan haben, werden von der AU aufgefordert, bis 2016 ein Instrument zum freien Personenverkehr auszuarbeiten, zu ratifizieren und umzusetzen.[1381] Bis 2015 sollte Geschäftsreisenden der Grenzübergang durch vereinfachte Einreiseverfahren erleichtert werden. Zu diesem Zeitpunkt sollten weiterhin die Arbeits- und Sozialgesetzgebung harmonisiert und Übereinkünfte über die gegenseitige Anerkennung von Qualifikationen getroffen werden.[1382]

Die ECOWAS-Mitgliedsländer haben ein Übereinkommen zur Anerkennung und Gleichwertigkeit von Abschlüssen, Abschlusszeugnissen und anderen Qualifikationen geschlossen.[1383] Das vereinfachte Einreiseverfahren für Geschäftsleute wurde noch nicht verwirklicht. Auch mit der aufwendigen Angleichung der Arbeits- und Sozialgesetzgebung wurde noch nicht begonnen. Folglich befindet sich die ECOWAS damit im Widerspruch zum AU-Recht, wenn daraus auch kein Normkonflikt folgt.

c. Die Dienstleistungs-, Niederlassungs- und Kapitalverkehrsfreiheiten

Nach dem Ersten MIP-Aktionsplan sollen die RWG den rechtlichen Rahmen für die Dienstleistungs- und Kapitalverkehrsfreiheit schaffen, insbesondere durch die Verabschiedung gemeinsamer Investitionspolitiken und die Harmonisierung des Wirtschaftsrechts bis 2012.[1384] Mittelfristig soll auch die grenzüberschreitende Niederlassung harmonisiert werden.[1385]

1381 AU-Kommission, First Action Plan for the Implementation of the Minimum Integration Programme (MIP) (Yaoundé Programme), S. 5 und Action Plan for Boosting Intra-African Trade, S. 17.

1382 AU-Kommission, Action Plan for Boosting Intra-African Trade, S. 17.

1383 Hohe Behörde, Decision relating to the adoption of a General Convention on recognition and equivalence of degrees, diplomas, certificates and other qualifications in ECOWAS Member States, ECOWAS-Dok. A/DEC.4/01/03, 31. Januar 2003.

1384 AU-Kommission, First Action Plan for the Implementation of the Minimum Integration Programme (MIP) (Yaoundé Programme), S. 11.

1385 AU-Kommission, Action Plan for Boosting Intra-African Trade, S. 17.

Die ECOWAS hat die Dienstleistungs- und die Niederlassungsfreiheit bereits in einem Protokoll geregelt – wenn auch restriktiv.[1386] Das AU-Recht macht insoweit aber keine detaillierten Vorgaben. Weiterhin hat sie gemeinsame Standards für den Investitionsschutz festgelegt.[1387] Zur Angleichung des Wirtschaftsrechts hat sie bisher aber nichts unternommen. Damit weicht das Recht der ECOWAS in diesem Punkt von den AU-Vorgaben ab. Ein Normkonflikt ergibt sich daraus nicht.

d. Der Außenhandel

Verschiedene Organe der AU haben Richtlinien für Verhandlungen im Rahmen der WTO bzw. mit der EU erlassen, die auch die RWG adressieren. Dabei handelt es sich meist um Verfahrens-, manchmal aber auch um inhaltliche Vorgaben.

Sowohl die Konferenz der Afrikanischen Integrationsminister als auch die Konferenz der Handels- und Finanzminister haben für die WPA-Verhandlungen Positionen und Ziele festgelegt und wurden darin jeweils von der AU-Versammlung bestätigt. So sollten die Verhandlungsgruppen die Stärkung der regionalen Kapazitäten und Kompetenzen verfolgen und auf verstärkten Technologietransfer dringen.[1388] Die Verhandlungen sollen zudem darauf ausgerichtet sein, dass afrikanische Rohstoffe lokal verarbeitet werden.[1389] Im Übrigen sollen die Verhandlungsgruppen die Fragen, die in den IWPA aus afrikanischer Sicht unbefriedigend geregelt worden sind, wie etwa die Meistbegünstigungsklausel, neu verhandeln, um sicher

---

1386 Hohe Behörde, Supplementary Protocol on the implementation of the Third phase (right of establishment) of the Protocol on Free Movement of persons, right of residence and establishment, ECOWAS-Dok. A/SP.2/5/90, 29. Mai 1990.

1387 Hohe Behörde, Supplementary Act adopting the Community Rules on Investment and the modalities of their implementation within ECOWAS, ECOWAS-Dok. A/SA.3/12/08, 19. Dezember 2008.

1388 Vierte Konferenz der Afrikanischen Integrationsminister, Empfehlung R7, 4.-8. Mai 2009. Siehe dazu AU-Kommission, Follow-Up Report on the Implementation of Recommendations from the Fourth Conference of African Ministers in charge of Integration (COMAI IV), Juli 2011, S. 25.

1389 Vierte Konferenz der Afrikanischen Integrationsminister, Empfehlung R8, 4.-8. Mai 2009. Siehe dazu AU-Kommission, Follow-Up Report on the Implementation of Recommendations from the Fourth Conference of African Ministers in charge of Integration (COMAI IV), Juli 2011, S. 25.

zu gehen, dass das afrikanische Interesse an Entwicklung und regionaler Integration nicht verletzt wird.[1390] Dass diese Vorgaben eine rechtliche Bindungswirkung entfalten, ist zweifelhaft. Zumindest umfassen sie keine Pflicht, ein bestimmtes (Verhandlungs-)Ergebnis zu erreichen. In jedem Fall ist die ECOWAS den Leitlinien in den WPA-Verhandlungen gefolgt.[1391] Normkonflikte bestehen nicht.

e. Die Sektorpolitiken Industrie, Verkehr, Energie, Landwirtschaft

Auch im Bereich der Sektorpolitiken gibt es Rechtsakte, die sich an die Regionalen Wirtschaftsgemeinschaften richten. Einige davon machen den RWG nur sehr vage materielle Vorgaben, beispielsweise die Erklärung zur Entwicklung der Verkehrs- und Energiestruktur, die die RWG auffordert, die intra-afrikanische und internationale Zusammenarbeit im Verkehrs- und Energiesektor zu fördern.[1392] In der Landwirtschaftspolitik hat die AU-Versammlung allerdings recht klare materielle Anforderungen an die RWG formuliert: Sie sollen beispielsweise Instrumente zur Mobilisierung technischer Expertise schaffen, und insbesondere regionale Warenbörsen aufbauen.[1393] Ein Kalender wird für diese Maßnahmen aber nicht vorgegeben.

1390 AU-Konferenz der Handels- und Finanzminister, Addis Ababa Declaration on the EPA Negotiations, AU-Dok. AU/EXP/CAMTF/Decl. (I), 3. April 2008, bekräftigt durch die AU-Versammlung, Decision on the Report on negotiations of Economic Partnership Agreements (EPAs), AU-Dok. Assembly/AU/Dec. 197(XI) und EX.CL/422(XIII), Sitzung vom 30. Juni-1. Juli 2008.

1391 Siehe zu den WPA-Verhandlungen Teil II Kapitel 1 B I 4.

1392 AU-Versammlung, Declaration on Development of Transport and Energy Infrastructure in Africa, AU-Dok. Assembly/AU/Decl. 1(XII) und Assembly/AU/ 9(XII), Sitzung vom 1.-3. Februar 2009.

1393 AU-Versammlung, Sirte Declaration on Investing in Agriculture for Economic Growth and Food Security, AU-Dok. Assembly/AU/Decl. 2(XIII) Rev. 1 und Assembly/AU/12(VIII), 3. Juli 2009.

f. Verfahrenspflichten

Im Zusammenhang sowohl mit der Binnenintegration als auch mit dem Außenhandel sowie den Sektorpolitiken werden die RWG zur Mitwirkung an Verfahren verpflichtet. So erfordert beispielsweise die Erklärung der AU-Versammlung zur Förderung des intra-afrikanischen Handels und Errichtung einer Kontinentalen Freihandelszone, dass die RWG wie auch die Mitgliedstaaten eng mit der AU-Kommission zusammenarbeiten, um das Ziel der kontinentalen Marktintegration zu erreichen. Die RWG sollen insbesondere gemeinsam mit der Kommission Umsetzungsstrategien entwickeln.[1394] Für die Außenhandelspolitik gilt das Gebot, Verhandlungspositionen und -strategien zu koordinieren.[1395] Auch im Bereich der Sektorpolitiken sehen zahlreiche Rechtsakte die Mitwirkung der RWG an Verfahren vor, beispielsweise der Aktionsplan für eine beschleunigte industrielle Entwicklung, der die RWG anhält, mit der Kommission zum Zwecke der Umsetzung des Aktionsplans zusammenzuarbeiten und regionale Treffen für alle betroffenen Interessenvertreter zu organisieren.[1396]

Inwiefern die ECOWAS diesen Mitwirkungspflichten nachkommt, kann nicht überprüft werden. In jedem Fall stehen ihrer Zusammenarbeit mit der AU keine gemeinschaftsrechtlichen Normen entgegen.

1394 AU-Versammlung, Declaration on Boosting Intra-African Trade and the Establishment of a Continental Free Trade Area (CFTA), AU-Dok. Assembly/AU/ Decl.1(XVIII), 29./30. Januar 2012.

1395 Vierte Konferenz der afrikanischen Integrationsminister, Empfehlung R6, 4.-8. Mai 2009. Siehe dazu AU-Kommission, Follow-Up Report on the Implementation of Recommendations from the Fourth Conference of African Ministers in charge of Integration (COMAI IV), Juli 2011, S. 19.

1396 AU-Versammlung, Decision on the Action Plan for the Accelerated Industrial Development of Africa, AU-Dok. Assembly/AU/Dec. 175(X) und EX.CL/ 378 (XII), Sitzung vom 31. Januar-2. Februar 2008.

C. Konflikte im bilateralen Verhältnis zur EU

Das von der gesamten westafrikanischen Region ausgehandelte Wirtschaftspartnerschaftsabkommen steht in Übereinstimmung mit dem neuen Gemeinsamen Außenzoll der ECOWAS.[1397] Mangels Ratifizierung des gesamtregionalen WPA durch alle ECOWAS-Mitgliedstaaten stellt sich allerdings die Frage, inwieweit die von Ghana und der Elfenbeinküste mit der EU abgeschlossenen Interim-Wirtschaftspartnerschaftsabkommen (IWPA) in Konflikt mit dem Recht der ECOWAS oder UEMOA treten.

I. Konflikte zwischen ECOWAS und IWPA

Das ghanaische bzw. ivorische IWPA steht zum Recht der ECOWAS insofern in Konflikt, als es vom künftigen gemeinsamen Außenzoll der ECOWAS abweichende Regelungen hinsichtlich tarifärer und nicht-tarifärer Handelsbeschränkungen trifft und die Einführung handelspolitischer Schutzmaßnahmen sowohl mit Blick auf die Voraussetzungen als auch auf die Rechtsfolgen restriktiver als die ECOWAS regelt.

1. Tarifäre und nicht-tarifäre Barrieren im Handel mit der EU

Die IWPA legen jeweils fest, welche Produkte zu welchem Zeitpunkt Zollsenkungen erfahren bzw. gänzlich von Zöllen befreit werden müssen. Damit regeln die IWPA dieselben Fragen wie der ECOWAS-GAZ, der im Januar 2015 in Kraft getreten ist. Sollte das gesamtregionale WPA nicht in Kraft treten, droht ein Normkonflikt. Denn der Außenzoll der ECOWAS steht nicht in Übereinstimmung mit den im Rahmen der IWPA vereinbarten Zollschnitten. Aufgrund des nigerianischen Einflusses sind sowohl für den ECOWAS-Außenzoll als auch das gesamtregionale WPA fünf Produktgruppen mit jeweils unterschiedlichen Liberalisierungspflichten diffe-

---

1397 Siehe Ziffer 3 Annex C zum WA-EU-WPA: „Tariff dismantling is designed in such a way that the progressive reduction in duties is in line with the structure of the ECOWAS CET tariff bands for intermediate cuts." Vgl. auch die Zielbestimmung in Art. 4 Abs. 2 WA-EU-WPA, die von der EU einen Beitrag insbesondere zur Verwirklichung der regionalen Zollunion verlangt und damit die Übereinstimmung voraussetzt.

renziert worden; die IWPA unterscheiden hingegen nur vier Produktgruppen. Allgemein wurden die ghanaischen und ivorischen Zugeständnisse gegenüber der EU innerhalb der Region als viel zu weitgehend eingeschätzt, insbesondere aus nigerianischer Perspektive.[1398] Zwar sieht Art. 15 Abs. 2 IWPA die Möglichkeit vor, im Zusammenhang mit der Einführung des ECOWAS-Außenzolls die ghanaischen bzw. ivorischen Zugeständnisse für Importzölle zu überarbeiten, sofern die allgemeine Wirkung des ECOWAS-Außenzolles nicht restriktiver ist als die der gemachten Zollzugeständnisse. Diese Klausel ist allerdings wegen der Befristung bis zum 31. Dezember 2011 nicht mehr anwendbar.

2. Handelspolitische Schutzmaßnahmen

Die Regelungen für handelspolitische Schutzmaßnahmen variieren stark zwischen den mit Ghana bzw. der Elfenbeinküste geschlossenen IWPA und dem Recht der ECOWAS. So sind sowohl die materiellen Voraussetzungen, die zur Einführung solcher Maßnahmen berechtigen, als auch die Rechtsfolge in den IWPA wesentlich restriktiver geregelt als von der ECOWAS bisher und auch nach Einführung des GAZ bestimmt.[1399]

Bei Schutzmaßnahmen handelt es sich um das Recht von Staaten, ihre Liberalisierungspflichten auszusetzen. Ist dies Recht an einer Stelle großzügig geregelt – wie bei der ECOWAS – und ein anderes Mal restriktiver – so durch die IWPA – kollidiert das Gebot aus dem IWPA, europäischen Produkten freien Warenverkehr zu gewähren, mit der Erlaubnis, diesen einzuschränken. Ein Normkonflikt ist gegeben.

1398 Ken Ukaoha, Präsident der National Association of Nigerian Traders (NANTS), Interview mit der Autorin, 11. Mai 2012, Abuja.

1399 Einige IWPA-Anforderungen, wie die Begrenzung auf die gegenüber WTO-Mitgliedern angewendeten Zölle und das Verfahren mit einer 30-tägigen Karenzfrist sind auch im Vergleich mit dem WTO-Recht, insbesondere mit Art. 5 AoA und dem Übereinkommen über Schutzmaßnahmen, unterzeichnet am 15. April 1994, in Kraft getreten am 1. Januar 1995, EG-ABl. 1994 L 336/184, restriktiv, Kwa (Fn. 1058), S. 2.

a. Materielle Voraussetzungen

Gemäß Art. 25 IWPA dürfen die Vertragsparteien bilaterale Schutzmaßnahmen ergreifen, wenn eine Ware aus dem Territorium der anderen Partei in derart erhöhten Mengen eingeführt wird, dass den heimischen Erzeugern gleichartiger oder unmittelbar konkurrierender Waren ein ernsthafter Schaden, die Zerrüttung eines Wirtschaftszwigs oder Störungen auf dem Markt gleichartiger bzw. direkt konkurrierender Agrarprodukte drohen. Ghana und die Elfenbeinküste sind weiterhin berechtigt, Schutzmaßnahmen zu erlassen, wenn ein entstehender Industriezweig durch erhöhte EU-Importe gefährdet wird, Art. 25 Abs. 5 lit. b IWPA, und soweit die Umsetzung des Abkommens zu Schwierigkeiten bei der Verfügbarkeit oder dem Zugang zu den für die Ernährungssicherheit erforderlichen Nahrungsmitteln führt, und dies erhebliche Schwierigkeiten für Ghana bzw. die Elfenbeinküste mit sich zu bringen droht, Art. 20 IWPA.

Artikel 49 ECOWASV stellt den Mitgliedstaaten dagegen in weitem Umfang frei, Schutzmaßnahmen gegenüber Drittwaren zu erlassen. Danach können die Mitgliedstaaten grundsätzlich bei schwerwiegenden Störungen, die aufgrund der Binnenliberalisierung bzw. Zollunion auftreten, Schutzmaßnahmen erlassen.

Mit der Einführung des ECOWAS-GAZ 2015 wurden auch die Schutzmaßnahmen harmonisiert.[1400] Dabei werden allgemeine Schutzmaßnahmen und auf fünf Jahre befristete Schutzzölle geregelt. Beide Regelungen weichen von denen der IWPA ab: So dürfen die allgemeinen Schutzmaßnahmen nicht nur beim erhöhten Import einer Waren eingeführt werden, sondern auch wenn der Import nur im Verhältnis zur lokalen Produktion

---

1400 Art. 4 und 9 Hohe Behörde, Decision adopting the ECOWAS Common External Tariff, ECOWAS-Dok. A/DEC.17/01/06, 12. Januar 2006, erlauben die Verabschiedung einer Degressiven Schutzsteuer (*Decreasing Protection Taxe*) sowie einer Einfuhrschutzsteuer (*Import Safeguard Taxe*). Der Ministerrat hat die beiden Schutzzölle und eine allgemeine Regelung zu Schutzmaßnahmen verabschiedet, Regulation relating to Safeguard Measures, ECOWAS-Dok. C/REG. 4/06/13, 21. Juni 2013, und Regulation on Supplementary Protection Measures (SPM) for the Implementation of the ECOWAS Common External Tariff, ECOWAS-Dok. C/REG.1/09/13, 30. September 2013.

angestiegen ist, mithin wenn die einheimische Produktion sinkt. Weiterhin wird der kausale Schaden, als zweite Voraussetzung, nur vage geregelt.[1401] Darüber hinaus dürfen die ECOWAS-Mitgliedstaaten während fünf Jahren mit der *Import Adjustment Tax* bzw. der *Supplementary Protection Tax* Schutzzölle erheben, deren Anwendung nicht von einem drohenden wirtschaftlichen Schaden abhängt.[1402]

Damit erlaubt das ECOWAS-Recht in weitem Umfang Schutzzölle und andere -maßnahmen, die IWPA dagegen nur unter engen Voraussetzungen.

b. Rechtsfolge

Die jeweilige Schutzmaßnahme kann nach dem IWPA in der Aussetzung weiterer Zollsenkungen, der Erhöhung von Zöllen oder der Einführung von Zollkontingenten bestehen und muss streng erforderlich zur Vorbeugung der jeweiligen Gefahr sein, Art. 25 Abs. 3.[1403] Eventuelle Zollsteigerungen dürfen nur den Zollsatz erreichen, der auch gegenüber anderen WTO-Mitgliedern angewandt wird. Die Schutzmaßnahmen dürfen nur

---

1401 Art. 4 Regulation relating to Safeguard Measures, ECOWAS-Dok. C/REG. 4/06/13, 21. Juni 2013: „These safeguard measures shall apply if the following conditions exist: a. An increase in volume either in absolute figures or in relation to local production of a product similar to or competing with the local production; b. Existence of a serious injury or threat of serious injury due to the increase in imports; c. A causal link between the increase in imports and the injury."

1402 Die *Import Adjustment Tax* darf auf Drittwaren erhoben werden, deren Importzoll für das betreffende ECOWAS-Mitglied mit der Einführung des GAZ gesunken ist, und darüber hinaus auf eine – vom Ministerrat festgelegte – Liste von Drittwaren. Die Einführung der *Supplementary Protection Tax* setzt dagegen einen Importanstieg von 25 % der betreffenden Ware voraus oder dass der Preis von Kosten, Versicherung, Fracht (CIF) der Einfuhr um 20 % sinkt, Art. 3 Abs. 2, 3 und Art. 4 Abs. 1 Regulation on Supplementary Protection Measures (SPM) for the Implementation of the ECOWAS Common External Tariff, ECOWAS-Dok. C/REG.1/09/13, 30. September 2013.

1403 Vgl. auch Art. 25 Abs. 7 lit. d IWPA, nachdem die Maßnahme zu wählen ist, die das Problem schnell und effizient löst und die die geringstmögliche Unruhe in das reibungslose Funktionieren des Abkommens bringt.

solange wie erforderlich erhoben werden, maximal aber vier Jahre, und müssen nach einem Jahr Nachweise für eine Verbesserung der Situation und ihr Auslaufen enthalten, Art. 25 Abs. 6.

Während Art. 49 ECOWASV keinerlei Einschränkungen für die Art der Schutzmaßnahme vorgibt, stellt die einschlägige Verordnung allgemeine Schutzmaßnahmen unter den Vorbehalt der Erforderlichkeit zur Schadensvermeidung bzw. -abwendung und begrenzt ihre Anwendung auf eine Dauer von vier Jahren. Allerdings kann eine Schutzmaßnahme, wenn sie weiterhin erforderlich ist, um sechs Jahre verlängert werden.[1404]

II. Konfliktpotential zwischen UEMOA und IWPA

Ghana und die Elfenbeinküste haben Interim-Wirtschaftspartnerschaftsabkommen mit der EU vereinbart. Da Ghana kein UEMOA-Mitglied ist, stellt sich die Frage, inwiefern Konflikte zwischen dem Recht der UEMOA und den IWPA bestehen, lediglich für das IWPA zwischen der Elfenbeinküste und der EU. Zwischen diesem IWPA und dem UEMOA-Recht kommt es tatsächlich zu Normkonflikten, weil die auf EU-Importe anwendbaren Zölle sowie die handelspolitischen Schutzmaßnahmen unterschiedlich bestimmt werden. Bisher setzt die Elfenbeinküste das IWPA noch nicht um.

1. Zollzugeständnisse

Da Ziel von Handelsabkommen ist, sich gegenseitig Präferenzen zuzusichern, die über den allgemeinen MFN-Zoll hinausgehen, kann es als gesichert angesehen werden, dass die von der Elfenbeinküste gewährten Zollpräferenzen vom UEMOA-GAZ abweichen. Hier sollen diese Abweichungen nicht im Einzelnen überprüft werden.

1404 Art. 17 Regulation relating to Safeguard Measures, ECOWAS-Dok. C/REG. 4/06/13, 21. Juni 2013.

2. Handelspolitische Schutzmaßnahmen

Die UEMOA hat die handelspolitischen Schutzmaßnahmen harmonisiert. Nach Auslaufen der Degressiven Schutzsteuer[1405] darf noch die Konjunkturelle Importsteuer (*Taxe conjoncturelle sur les importations*) in Höhe von 10 % auf eine Liste von Produkten der Landwirtschaft, Viehzucht und Fischerei erhoben werden, wenn der Preis dieser Produkte unter einen bestimmten Referenzpreis fällt.[1406] Dieser Mechanismus soll schwerwiegende wirtschaftliche Nachteile wegen der Schwankungen internationaler Preise verhindern. Die Regelungen der Schutzmaßnahmen im IWPA weichen davon hinsichtlich der materiellen Voraussetzungen und der Rechtsfolge ab.[1407]

Da die Schutzmaßnahmen als Rechtfertigungstatbestände für Aussetzungen der Liberalisierungspflichten unterschiedlich weit reichen, kollidiert das Gebot aus dem IWPA, Handelsbarrieren gegenüber EU-Waren abzubauen, mit der Erlaubnis nach dem UEMOAV, den Handel mit Drittstaaten Schranken zu unterwerfen. Es liegt ein Normkonflikt vor.

III. Kein Konflikt zwischen IWPA und APS (plus) sowie EBA

Welche Waren zu welchen Bedingungen in die EU importiert werden können, bestimmt sich für Nigeria nach dem APS, für Kap Verde nach dem sog. APS-plus,[1408] für Ghana und die Elfenbeinküste nach dem jeweiligen

---

1405 Die Degressive Schutzsteuer, in Art. 5 und 9 Règlement n° 2/97/CM/UEMOA portant adoption du Tarif Extérieur Commun de l'UEMOA, 28. November 1997, und dem Règlement n° 3/99/CM/UEMOA portant adoption du mécanisme de la Taxe Dégressive de Protection (TDP) au sein de l'UEMOA, 25. März 1999, vorgesehen, war ursprünglich für den Zeitraum von 1999-2003 eingeführt, war aber mehrmals verlängert worden. Sie sollte den durch die Verringerung des Außenzolls bedingten Verlust an Schutz für die heimischen Unternehmen ausgleichen.

1406 In Art. 5 Règlement n° 2/97/CM/UEMOA vom 28. November 1997 und dem Règlement n° 14/1998/CM/UEMOA portant adoption des modalités de mise en œuvre de la dérogation prévue à l'article 86 du Traité de l'UEMOA, 22. Dezember 1998, vorgesehen, orientiert sich diese Schutzmaßnahmen an Art. 5 AoA.

1407 Siehe zu den Konflikten zwischen ECOWAS und IWPA den vorigen Abschnitt.

1408 Kap Verde wurde nach Ablauf einer vierjährigen Übergangsfrist 2012 aus der Liste der EBA-Staaten gestrichen, Verordnung (EG) 1547/2007 vom 20. Dezember 2007 i.V.m. der Verordnung (EU) 1126/2010 der Europäischen

IWPA und für alle anderen westafrikanischen Länder nach der sog. Alles-außer-Waffen-Verordnung (im Folgenden „EBA-Regelung" nach dem englischen Akronym für „Everything but arms").

Grundsätzlich haben die IWPA, das APS(-plus) und die EBA-Regelung unterschiedliche sachliche Anwendungsbereiche. Das IWPA regelt sowohl den Export ghanaischer und ivorischer Waren in die EU als auch den Import europäischer Produkte nach Ghana und in die Elfenbeinküste, während das APS(-plus) lediglich die Bedingungen nigerianischer bzw. kapverdischer Exporte in die EU festlegen. Auch die EBA-Verordnung regelt ausschließlich die europäischen Marktzugangsbedingungen für westafrikanischen Exporte, die aus LDCs stammen.

Überschneidende Anwendungsbereiche könnten sich durch Ursprungsregeln ergeben, die eine (regionale) Kumulierung der Be- und Verarbeitungsbeiträge erlauben, die in den verschiedenen Ländern der Region geleistet werden. In diesem Fall könnten eventuell dieselben Waren unter verschiedenen Regimen exportiert werden. Wegen der restriktiven Regelung regionaler Kumulierung ist dieses Risiko aber gering.

Nach den für IWPA geltenden Ursprungsregeln ist innerhalb von Westafrika eine regionale Kumulierung lediglich zwischen der Elfenbeinküste und Ghana möglich. Denn die eigentlichen Kumulierungsregeln finden nicht auf die Region Anwendung und als einheitliches Gebiet werden nur die AKP-Staaten betrachtet, die ein (I)WPA vereinbart haben.[1409] Auch die Ursprungsregeln, die für das APS(-plus)- bzw. das EBA-Regime gelten, erlauben grundsätzlich keine Kumulierung innerhalb der westafrikanischen Region, da diese nicht unter den abschließend aufgezählten regionalen Gruppen ist.[1410] Allerdings können die Länder, die unter dem APS

Kommission vom 3. Dezember 2010. Siehe zur Zulassung Kap Verdes unter dem APS-plus- Handelsregime die Mitteilung der Europäischen Kommission vom 9. Dezember 2011, Cape Verde secures access to EU markets and boosts its development, verfügbar unter http://trade.ec.europa.eu/doclib/press/index.cfm?id=763, zuletzt eingesehen am 6.2.2014.

1409 Art. 2 Abs. 1, 2 Anhang II i.V.m. Anhang I Verordnung (EG) 1528/2007 vom 20. Dezember 2007. Zwar erlaubt Art. 6 Abs. 13 Anhang II die Kumulierung mit „benachbarten Entwicklungsländern", aber dazu den in Anlage 9 Anhang II abschließend aufgezählten Ländern gehören keine westafrikanischen.

1410 Art. 86 Abs. 1 Verordnung mit Durchführungsvorschriften zu der Verordnung (EWG) Nr. 2913/92 zur Festlegung des Zollkodex der Gemeinschaft, EWG-Dok. (EWG) 2454/93, 2. Juli 1993, modifiziert durch die Verordnung (EU) Nr. 1063/2010 vom 18. November 2010.

exportieren, auf Antrag und unter der Bedingung, eine Verpflichtungszusage zur Verwaltungszusammenarbeit abzugeben, eine Kumulierung mit Ländern in Anspruch nehmen, die ein Freihandelsabkommen mit der EU abgeschlossen haben.[1411] Damit ist die Kumulierung mit der Elfenbeinküste und Ghana möglich, wenn auch unter Bedingungen und nach Durchführung eines Verfahrens. Sie kann nur zum Import in die EU unter dem Allgemeinen Präferenzsystem führen. Bisher haben die betroffenen Länder die regionale Kumulierung nicht in Anspruch genommen. Ein Normkonflikt ist nicht ersichtlich.

D. Konflikt mit der WTO als globalem Ordnungsrahmen

Im Rahmen der ECOWAS, UEMOA und der (I)WPA gewähren sich die Mitgliedstaaten bzw. Vertragsparteien Handelserleichterungen, die sie entgegen Art. I Abs. 1 GATT nicht auf alle WTO-Mitglieder ausweiten. Mithin sind das ECOWAS- und UEMOA-Recht und die (I)WPA als Integrationsabkommen, die auf die Liberalisierung des Waren- und Dienstleistungsverkehrs zielen, an den entsprechenden WTO-Anforderungen zu messen. Bis auf Liberia sind alle westafrikanischen Länder WTO-Mitglieder.[1412] Also solche können sich für sie Normkonflikte zwischen dem WTO-rechtlichen Meistbegünstigungsgebot und dem Gebot, regionale Handelspräferenzen zu gewähren, ergeben, soweit sie die jeweiligen regionalen Handelspräferenzen nicht gemäß Art. XXIV GATT, ggf. Abs. 2 lit. c Ermächtigungsklausel und Art. V GATS rechtfertigen können.[1413] Die WTO-rechtlichen Anforderungen, an denen die ebenfalls als Ausnahme zum Meistbegünstigungsprinzip rechtfertigungsbedürftigen Allgemeinen Präferenzsysteme der EU zu messen sind, ergeben sich aus Abs. 2 lit. a Ermächtigungsklausel.

1411 Art. 86 Abs. 7 Verordnung (EWG) Nr. 2454/93 vom 2. Juli 1993, modifiziert durch die Verordnung (EU) Nr. 1063/2010 vom 18. November 2010.
1412 Liberias WTO-Beitritt steht aufgrund der abgeschlossenen Beitrittsverhandlungen unmittelbar bevor.
1413 Siehe Teil II Kapitel 2 A.

I. Konflikt zwischen WTO und ECOWAS

Die ECOWAS wurde 2005 als Zollunion gemäß Abs. 2 lit. c, Abs. 4 Ermächtigungsklausel notifiziert.[1414] Sie wurde bisher keiner Überprüfung durch den Ausschuss für Regionalabkommen bzw. den Ausschuss für Handel und Entwicklung unterzogen. Die ECOWAS entspricht nicht den Anforderungen des Art. XXIV GATT, insbesondere wegen der unvollständigen Liberalisierung des regionalen Warenverkehrs und dem für die UEMOA-Mitglieder abweichenden GAZ. Unter Berücksichtigung der Privilegierung durch die Ermächtigungsklausel ist allerdings ein Normkonflikt zumindest wegen der mangelhaften Liberalisierung des Binnenhandels zu verneinen. Ob die schwerwiegenden Defizite bei der Liberalisierung des Dienstleistungsverkehrs durch die flexible Handhabung des Art. V GATS ausgeglichen werden, ist zweifelhaft. Insofern könnte ein Normkonflikt zwischen der Meistbegünstigungsklausel des Art. II GATS und dem gemeinschaftsrechtlichen Gebot, den ECOWAS-Dienstleistungserbringern Vorteile zu gewähren, zu bejahen sein.

1. Anforderungen an die ECOWAS hinsichtlich des Warenhandels

Die ECOWAS müsste grundsätzlich annähernd den gesamten Warenhandel von Hemmnissen befreit haben, ohne höhere Schranken für den Handel mit dritten WTO-Staaten eingeführt zu haben. Außerhalb der Binnenliberalisierung ergriffene Maßnahmen, die der Integration zuträglich sind, sind dabei zu berücksichtigen.[1415] Der neue GAZ müsste darüber hinaus dazu führen, dass auf den Handel mit Drittstaaten im Wesentlichen dieselben Zölle und Handelsvorschriften Anwendung finden.

1414 Mitteilung über die Notifizierung v. 26. September 2005, WTO-Dok. WT/COMTD/N/21.

1415 Siehe Teil II Kapitel 2 C I 1 f.

a. Binnenliberalisierung von „annähernd dem gesamten Handel"

Die ECOWAS hat grundsätzlich den gesamten Warenhandel von Zöllen und nicht-tarifären Barrieren befreit. Praktisch unterliegt der Handel innerhalb der Gemeinschaft aber noch immer Hindernissen.[1416] Dies betrifft vor allem industrielle Waren. Wegen des langwierigen Zulassungsverfahrens für jedes einzelne Produkt, weitverbreiteter Unkenntnis des ECOWAS-Rechts und der für Exporteure schwer absehbaren Vorteile wird nur ein Teil der in Westafrika weiterverarbeiteten Waren unter dem *Trade Liberalisation Scheme* exportiert.[1417] Gründe für die geringe praktische Wirksamkeit der ECOWAS-Handelsliberalisierung liegen also sowohl in deren Gestaltung – insbesondere das Verfahren, damit eine Ware als Ursprungsware anerkannt wird ist hinderlich – als auch bei den Mitgliedstaaten, die teilweise eklatant das ECOWAS-Recht missachten. Allerdings setzt die ECOWAS ihr Recht nicht gegenüber säumigen Mitgliedstaaten durch.

Insoweit als das ECOWAS-Recht den vollständigen Abbau tarifärer und nicht-tarifärer Handelsbarrieren für den Regionalhandel gebietet, besteht kein Normkonflikt. Allerdings stellt sich die Frage, ob die mangelhafte Wirksamkeit und Durchsetzung des ECOWAS-Rechts zu der Bewertung einer unzureichenden Binnenliberalisierung führt. Bei der Bewertung der Qualität der Binnenliberalisierung ist auf die tatsächliche, und nicht allein auf die rechtliche Lage, abzustellen. Dies ist ein WTO-rechtlicher Grundsatz, der vereinzelt auch ausdrücklich bestimmt wird,[1418] wie etwa in Art. 3.1. Übereinkommen über Subventionen und Ausgleichsmaßnahmen[1419]. Auch der Zweck des Art. XXIV GATT, Präferenzen nur unter der Bedingung zuzulassen, dass der Welthandel insgesamt gefördert wird, erfordert die Berücksichtigung der Umsetzung regionaler Liberalisierungsgebote.

1416 Siehe Teil I Kapitel 3 E I 1.

1417 HOPPE und AIDOO (Fn. 580), S. 3.

1418 Appellate Body, Report vom 2. August 1999, WTO-Dok. WT/DS70/AB/R, Rn. 167 – *Canada – Aircraft*; Report vom 31. Mai 2000, WTO-Dok. WT/DS139/AB/R, WT/DS142/AB/R, Rn. 99 und 107 - *Canada – Autos*. Internes Recht und Völkerrecht kann als Indiz für eine Tatsache angeführt werden, nicht aber deren Nicht-Vorliegen kompensieren.

1419 Übereinkommen über Subventionen und Ausgleichsmaßnahmen (Agreement on Subsidies and Countervailing Measures, SCM), unterzeichnet am 15. April 1994, in Kraft getreten am 1.1.1995, EG-ABl. 1994 L 336/156.

Mithin erfüllt die ECOWAS nicht die Bedingung, annähernd den gesamten Handel von Zöllen bzw. beschränkenden Handelsvorschriften zu befreien. Das Defizit bei der Binnenliberalisierung kann allerdings mit Blick auf die Ermächtigungsklausel und unter Hinzunahme von Pellens' Erfolgskriterien kompensiert werden.[1420] Denn die ECOWAS hat in vielen für den Aufbau einer florierenden Wirtschaft wichtigen Bereichen grundlegende Maßnahmen getroffen. So hat sie Politiken zum Aufbau des Straßennetzes, des Telekommunikations- sowie des Energienetzes auf den Weg gebracht.[1421]

b. Schutzmaßnahmen trotz Binnenliberalisierung

Artikel XXIV Abs. 8 lit. b GATT regelt für Freihandelszonen und Zollunionen das Erfordernis, die Zölle und beschränkenden Handelsvorschriften mit einigen Ausnahmen zu beseitigen. Unter den in Klammer aufgezählten Ausnahmen ist kein Verweis auf Anti-Dumping-Maßnahmen (nach Art. VI GATT) oder Notstandsmaßnahmen (gemäß Art. XIX GATT). Daraus wird teilweise gefolgt, dass solche Maßnahmen zwischen den Parteien eines Integrationsabkommens – zumindest für „annähernd den gesamten Handel" – nicht zulässig sind.[1422] Nach Art. 49 ECOWASV dürfen Mitgliedstaaten Notstandsmaßnahmen im Fall beträchtlicher Störungen des Wirtschaftslebens, die durch die Verwirklichung der Freihandelszone bzw. der Zollunion drohen, auch für den Binnenhandel verabschieden.

Es ist allerdings zweifelhaft, ob die in Art. XXIV GATT genannten Ausnahmen eine vollständige Liste darstellen. Denn dann wären auch Ausnahmen zur Wahrung der Sicherheit (Art. XXI), sowie Ausnahmen bei Zahlungsbilanzschwierigkeiten (Art. XVIII:B) unzulässig, obwohl nicht ersichtlich ist, was diese Ausnahmen mit Blick auf Regionalabkommen

---

1420 Siehe Teil II Kapitel 2 C I 1 f.
1421 Siehe Teil I Kapitel 3 E III.
1422 ANGELA T. GOBBI ESTRELLA und GARY N. HORLICK, Mandatory Abolition of Anti-Dumping Countervailing Duties and Safeguards in Customs Unions and Free Trade Areas Constituted between WTO Members: Revisting a Lng-Standing Discussion in Light of the Appellate Body's Turkey – Textiles Ruling, in: *Regional trade agreements and the WTO legal system*, hg. von LORAND BARTELS und FEDERICO ORTINO, Oxford, New York 2006, S. 109–148.

von den in Art. XXIV Abs. 8 genannten grundsätzlich unterscheidet.[1423] Denn Schutzmaßnahmen, die grundsätzlich zeitlich begrenzt eingeführt werden, haben nicht *per se* eine stärker handelsverzerrende Wirkung als beispielsweise mengenmäßige Beschränkungen. Zudem verlangt Art. XXIV GATT mit der Befreiung von annähernd dem gesamten Handel eine gewisse Qualität der Binnenliberalisierung, ohne dabei die Wahl der zulässigen Handelsschranken zu begrenzen.[1424] Dies entspricht auch der Auslegung des *Appellate Body* hinsichtlich des SAT-Erfordernis', der den Parteien eines Integrationsabkommens „einige Flexibilität" bei der Verwirklichung ihrer Binnenliberalisierung zugesteht.[1425]

c. Gemeinsames Außenhandelsregime

Für Zollunionen besteht das Erfordernis „im Wesentlichen dieselben Zölle und Handelsvorschriften anzuwenden", Art. XXIV Abs. 8 GATT. Die Mitglieder einer Zollunion, müssen mithin ihr Außenhandelsregime im Wesentlichen angeglichen haben. Ob die wesentlichen Fragen des Außenhandels erfasst worden sind, bestimmt sich wiederum anhand quantitativer und qualitativer Kriterien, mithin anhand des von der gemeinsamen Regelung abgedeckten Handelsanteils und der abgedeckten Handelssektoren.[1426]

Der neue GAZ der ECOWAS erfasst sämtliche Handelssektoren und vereinheitlicht auch Ausgleichs-, Antidumping- und Schutzmaßnahmen. Die Mitgliedstaaten haben aber vor allem während einer Übergangsfrist von fünf Jahren einen erheblichen Handlungsspielraum, um über die Einführung von Schutzmaßnahmen zu entscheiden. Allerdings regelt das ECOWAS-Recht die Anwendungsvoraussetzungen, das Verfahren und die Rechtsfolgen solcher Maßnahmen.

1423 Joost Pauwelyn, The Puzzle of WTO Safeguards and Regional Trade Agreements, in: *Journal of International Economic Law* 7 (2004), S. 109–142, 126 f.
1424 ebd., S. 127.
1425 Appellate Body, Report vom 22. Oktober 1999, WTO-Dok. WT/DS34/AB/R, Rn. 48 - *Turkey – Textiles*. Eine andere Frage ist, inwiefern regionale Schutzmaßnahmen den Regionalhandel ausnehmen und damit diskriminierend angewendet werden dürfen und – andersherum – ob sie nur den Regionalhandel treffen dürfen. Siehe dazu ausführlich Pauwelyn (Fn. 1423), S. 128 ff.
1426 Appellate Body, Report vom 22. Oktober 1999, WTO-Dok. WT/DS34/AB/R, Rn. 50 - *Turkey – Textiles* für Art. XXIV Abs. 8 lit. a (ii).

In der ECOWAS wurde das Problem angesprochen, dass sowohl die ECOWAS als auch die UEMOA sich aus den Zolleinnahmen finanzieren und daher auf in UEMOA-Mitgliedstaaten eingeführte Waren ein höherer Satz erhoben wird als auf in Nicht-UEMOA-Länder importierte Waren. In diesem Zusammenhang wurden Zweifel an der WTO-Kompatibilität geäußert.[1427] In der Tat ist zweifelhaft, ob die Zollsätze das Erfordernis, im Wesentlichen dieselben Zölle anzuwenden, erfüllen. Die Abweichung fällt je nach Höhe des MFN-Zollsatzes mit 1 % des Zollwerts[1428] mehr oder weniger ins Gewicht; die ECOWAS erhebt Zollsätze zwischen 0 und 35 %. Da keine Zahlen über die praktische Bedeutung der verschiedenen Zollsatzkategorien vorliegen, kann hier eine Einschätzung, ob eine Abweichung von 1 % des Zollwerts dazu führt, dass die ECOWAS-Mitglieder nicht im Wesentlichen dieselben Zölle anwenden, nicht vorgenommen werden.

d. Keine höheren Barrieren für den Handel mit Drittstaaten

Der ECOWAS-GAZ darf nicht zu einer Erhöhung der Barrieren für den Handel mit Drittstaaten führen.[1429] Wegen der Komplexität der Aufgabe kann hier kein Vergleich der Handelsschranken vor und nach Einführung des ECOWAS-GAZ geleistet werden. Dass die Zollunion insgesamt zu einer Verringerung der Zölle für Drittwaren führen kann, ist denkbar, da einige Staaten wie Nigeria und Ghana ihre Zölle auf sehr hohem Niveau konsolidiert haben.[1430] Für einige ECOWAS-Mitgliedstaaten könnte es allerdings erforderlich werden, ihre Zugeständnisse nach Art. XXVIII GATT neu zu verhandeln, da sie ihre Zölle auf sehr niedrigem Niveau konsolidiert haben, so etwa die Elfenbeinküste hinsichtlich der Agrarpro-

---

1427 ECOWAS-Ministerrat, Final Report of the Extraordinary Session of the Council of Ministers, ECOWAS-Dok. ECW/ECM/XII, 30. September 2013, Rn. 28 ff.: „The continuation of the current situation of disperate tariff treatment, as a result of different community levies, is technically untenable in the face of the requirements of WTO relative to the creation of a customs union."
1428 Siehe zur UEMOA-Finanzierung Teil I Kapitel 2 G.
1429 Art. XXIV Abs. 5 lit. a GATT.
1430 Einen Abriss zum Niveau der konsolidierten und angewandten Zölle der ECOWAS-Mitgliedstaaten bietet EL HADJI A. DIOUF, *Quête de Cohérence dans l'élaboration des Politiques commerciales en Afrique de l'Ouest. OMC, APE et Intégration Régionale*, 2010, S. 15.

dukte.[1431] Dabei kommt ihnen gemäß Art. XXIV Abs. 6 GATT zugute, dass bei der Bestimmung eines eventuellen Ausgleichs die Herabsetzungen der Zölle zu berücksichtigen sind, die aus der Einführung des GAZ für dritte WTO-Mitglieder resultieren.

e. Notifikation und Übergangsfrist

Die ECOWAS wurde 2005, das heißt lange nach ihrer Entstehung und auch lange nach Inkrafttreten der ersten Handelserleichterungen, der WTO notifiziert. Bis zu diesem Zeitpunkt verletzte sie mithin die Notifizierungspflicht.[1432] Mit der späten Notifizierung hat die ECOWAS auch die Pflicht verletzt, vor der Verwirklichung der Zollunion einen Plan und ein Programm zur Bildung der Zollunion innerhalb einer angemessenen Zeitspanne vorzulegen, Art. XXIV Abs. 5 lit. b GATT. Legt man zu Grunde, dass die ECOWAS bereits in den 1980er Jahren Zölle gesenkt hat, erscheint auch zweifelhaft, ob die Zollunion bis 2004 „innerhalb einer angemessenen Zeitspanne" verwirklicht worden ist.[1433] Allerdings könnte man eine langsame Senkung von Zöllen bzw. die späte Einführung gemeinsamer Außenzölle angesichts der typischerweise großen Abhängigkeit der Entwicklungsländer von Zöllen als vom Entwicklungsprinzip gedecktes Defizit ansehen, das insbesondere durch gemeinsame Sektorpolitiken kompensiert werden kann.

2. Anforderungen hinsichtlich des Dienstleistungshandels

Die ECOWAS hat Schritte zur Liberalisierung des Dienstleistungsverkehrs unternommen. Damit unterliegt sie den Anforderungen des Art. V Abs. 2 und 3 GATS. Denn die Ermächtigungsklausel erfasst nur Integrationsabkommen zur Liberalisierung des Warenverkehrs. Insofern ist die Notifizierung der ECOWAS unvollständig und nach Art. V GATS zu ergänzen.

1431 ebd., S. 16.
1432 KESSIE (Fn. 53), S. 57.
1433 Nach Ziffer 3 der Vereinbarung zur Auslegung des Art. XXIV des Allgemeinen Zoll- und Handelsabkommens 1994 darf die „angemessene Zeitspanne" nur in Ausnahmefällen zehn Jahre überschreiten.

Die ECOWAS regelt lediglich die Erbringung von Dienstleistungen in anderen Mitgliedstaaten durch einen Dienstleister bzw. durch eine kommerzielle Präsenz, nicht aber die passive Dienstleistungsfreiheit. Zudem können die Mitgliedstaaten beliebig Sektoren vom Anwendungsbereich der aktiven Dienstleistungsfreiheit ausschließen: Die ECOWAS erlaubt den Mitgliedstaaten aus Gründen der öffentlichen Sicherheit und Ordnung sowie zum Schutz der Volksgesundheit, aber auch wenn sie sich zur Nicht-Diskriminierung außer Stande sehen, vom Diskriminierungsverbot abzuweichen.[1434] Mithin hat die Regulierung der ECOWAS entgegen Art. V Abs. 1 GATS weder einen beträchtlichen sektoralen Geltungsbereich noch beseitigt sie „praktisch jede Diskriminierung".

In Anbetracht des Status' der ECOWAS als Gemeinschaft von Entwicklungsländern sind die eben genannten Anforderungen „flexibel zu handhaben", Art. V Abs. 3 lit. a) GATS. Was das genau bedeutet, ist offen. Man könnte an dieser Stelle wie für den Warenhandel Defizite durch Kriterien für erfolgreiche Entwicklungsgemeinschaften kompensiert sehen.[1435] Fraglich ist, ob hier nur „Erfolgskriterien" herangezogen werden dürfen, die in Zusammenhang mit der Dienstleistungsfreiheit stehen, also beispielsweise Maßnahmen, die die gegenseitige Anerkennung von Bildungsabschlüssen ermöglichen. Die ECOWAS hat sich auch im Bereich Bildung und Forschung eine gemeinsame Politik gegeben, hat aber nur bescheidene Erfolge vorzuweisen. Inwiefern die ECOWAS den Anforderungen des Art. V GATS entspricht, ist mithin offen.

II. Konflikt zwischen WTO und UEMOA

Auch die UEMOA wurde als Zollunion gemäß Abs. 2 lit. c), Abs. 4 Ermächtigungsklausel notifiziert.[1436] Weder der Ausschuss für Regionalabkommen noch der Ausschuss für Handel und Entwicklung haben die UEMOA einer Überprüfung unterzogen. Die Berücksichtigung der durch die Ermächtigungsklausel bzw. Art. V Abs. 3 lit. a)

1434 Art. 4 Supplementary Protocol on the implementation of the Third phase (Right of establishment) of the Protocol on Free movement of persons, right of residence and establishment, ECOWAS-Dok. A/SP.2/5/90, 29. Mai 1990.
1435 Siehe Teil II Kapitel 2 C I 1 f.
1436 WTO-Sekretariat, Mitteilung über die Notifizierung vom 3. Februar 2000, WTO-Dok. WT/COMTD/N/11.

GATS bestimmten Privilegierung von Integrationsabkommen zwischen Entwicklungsländern führt zu dem Ergebnis, dass kein Normkonflikt zwischen dem Recht der WTO und dem der UEMOA vorliegt.

1. Anforderungen hinsichtlich des Warenhandels

Die Anforderungen, die an die UEMOA hinsichtlich des Warenhandels gerichtet sind, ergeben sich aus Art. XXIV GATT i.V.m. Abs. 2 lit. c) Ermächtigungsklausel. Die UEMOA hält einer auf dieser Grundlage vorgenommenen oberflächlichen Prüfung stand. Seit Januar 2000 hat sie zusätzlich zu den Rohstoffen und traditionellen Handwerksprodukten auch industrielle Gemeinschaftswaren vom Zoll befreit.[1437]

a. Binnenliberalisierung von „annähernd dem gesamten Handel"

Für den Handel innerhalb der Union sind sowohl Zölle und Abgaben als auch nicht-tarifäre Handelsbeschränkungen abgeschafft.[1438] In der Praxis beschränken einige Mitglieder gleichwohl den Handel. Allerdings scheint das Ausmaß dieser Verstöße im Vergleich zur ECOWAS geringer. Im Übrigen könnten auch die sektoriellen Politiken der UEMOA, etwa im Bereich der Landwirtschaft, als Erfolgskriterien für eine Gemeinschaft aus Entwicklungsländern diese Defizite ausgleichen.

b. Keine höheren Barrieren für Handel mit Drittstaaten

Die UEMOA hat eine gemeinsame Außenhandelspolitik gegenüber Drittstaaten eingeführt. Diese umfasst einen Gemeinsamen Außenzoll, Ursprungsregeln, handelspolitische Schutzmaßnahmen und die Bestim-

---

1437 Siehe Teil I Kapitel 2 E IV 1.
1438 Art. 3 und Art. 10 Acte additionnel n° 04/96 vom 10. Mai 1996 und Art. 1 Acte additionnel n° 04/98, 30. Dezember 1998.

mung der Zollwerte sowie die Antidumping-Regulierung. Dabei hat sie nach eigenen Angaben den Handel mit Drittstaaten nicht restriktiver gestaltet als vor Inkrafttreten der Zollunion.[1439]

Mangels einheitlicher Konsolidierung des UEMOA-GAZ auf Ebene der WTO verletzen einige Mitgliedstaaten, insbesondere die Elfenbeinküste, ihre nach Art. II GATT gemachten Zugeständnisse.[1440] Dies bedeutet wegen der in der Vergangenheit stark von einander abweichenden Handelspolitiken der UEMOA-Staaten nicht zwangsläufig, dass der GAZ bzw. das Außenhandelsregime insgesamt den Handel mit dritten WTO-Mitgliedern stärker beschränkt als vorher. Eine genaue Evaluierung kann hier nicht vorgenommen werden.

2. Anforderungen hinsichtlich des Dienstleistungshandels

Die UEMOA bezweckt die Liberalisierung des Dienstleistungshandels. Deshalb hätte sie gemäß Art. V Abs. 4 GATS das Abkommen notifizieren müssen bzw. muss dies noch tun. Das Fehlen der Notifizierung begründet aber keinen Normkonflikt, weil die Notifizierung nicht Voraussetzung für die Rechtfertigungswirkung des Art. V GATS ist.[1441]

Theoretisch erfüllt die UEMOA die Voraussetzungen des Art. V GATS. Denn nach Art. 93 Abs. 1 UEMOAV können alle Unionsbürger in anderen Mitgliedstaaten Dienstleistungen erbringen und unterliegen dabei grundsätzlich nur den Anforderungen, die auch für deren jeweilige Staatsbürger gelten.[1442] In der Praxis bleiben bisher zahlreiche Barrieren bestehen.[1443] Bei flexibler Handhabung des Art. V ist unter Berück-

---

1439 WTO-Sekretariat, Treaty on the West African Economic and Monetary Union - Summary Fact Sheet, undatiert.

1440 ILEAP, *Evaluation de la situation actuelle des concessions tarifaires des Etats de l'UEMOA auprès de l'OMC. Guide de Négociation N° 17*, 2007, S. 17 ff. mit Übersichten der konsolidierten und angewandten Zölle der UEMOA-Staaten.

1441 Vgl. für Art. XXIV GATT Teil II Kapitel 2 B I 8.

1442 Ausnahmen sind zum Schutz der öffentlichen Sicherheit und Ordnung sowie der Gesundheit der Bevölkerung vorgesehen.

1443 Mangels gerichtlicher Durchsetzung des vorrangigen Unionsrecht wiegen die auf Ebene der Mitgliedstaaten wirkenden Barrieren schwer, siehe Teil I Kapitel 2 E IV 4.

sichtigung der Errungenschaften der UEMOA im Bereich der Sektorpolitiken, etwa im Bereich der Bildungspolitik, von der WTO-Kompatibilität der UEMOA auszugehen.

III. Konflikt zwischen WTO und IWPA

Die zwischen der EU und Ghana bzw. der Elfenbeinküste geschlossenen Interim-Wirtschaftspartnerschaftsabkommen haben wie auch das gesamtregionale WPA gegenseitige Handelspräferenzen zum Gegenstand und bedürfen daher als Abweichung von Art. I Abs. 1 GATT der Rechtfertigung gemäß Art. XXIV GATT. Eine Untersuchung des Cotonou-Abkommens (CA), welches das Rahmenabkommen zu den (I)WPA bildet, kann höchstens vage Anhaltspunkte dafür liefern, ob die (I)WPA mit dem WTO-Recht vereinbar sind. Denn erst die konkreten im WPA getroffenen Vereinbarungen erlauben etwa die Evaluierung, ob die Binnenliberalisierung im ausreichenden Umfang realisiert worden ist. Im CA wird die WTO-Kompatibilität der neuen Handelsabkommen allerdings zur Gestaltungsbedingung gemacht.[1444] Mangels Ratifizierung des gesamtregionalen WPA durch alle ECOWAS-Mitgliedstaaten soll im Folgenden geprüft werden, ob die IWPA den Vorgaben des Art. XXIV GATT genügen. Darüber hinaus soll die von vielen AKP-Staaten kritisierte Meistbegünstigungsklausel besondere Aufmerksamkeit erfahren, die der EU die gleichen Vorteile zusichert, wie sie Ghana bzw. die Elfenbeinküste im Rahmen späterer Freihandelsvereinbarungen wichtigen Handelspartnern zugesteht. Unter Zugrundelegen des im Lichte des Entwicklungsprinzips ausgelegten Art. XXIV GATT[1445] stellt sich der Kern der IWPA als mit dieser Norm vereinbar dar. Inwiefern allerdings die Meistbegünstigungsklausel WTO-kompatibel ist, ist zweifelhaft. Ähnliche Erwägungen gelten auch für das gesamtregionale WPA, dessen Meistbegünstigungsklausel allerdings restriktiver formuliert wurde.

1444 Art. 36 Abs. 1 CA.
1445 Siehe Teil II Kapitel 2 C I 2 b.

1. Art. XXIV GATT

a. Liberalisierung „annähernd des gesamten Handels"

Während die Elfenbeinküste den stufenweisen Zollabbau bis 2022 von 89 % ihrer Tariflinien, die bisher 80 % der EU-Importe ausmachen, vereinbart hat, hat sich Ghana verpflichtet 81 % der Tariflinien, denen 80 % der EU-Importe entsprechen, von Zöllen zu befreien.[1446] Die EU baut jeweils grundsätzlich alle Zölle ab; Ausnahmen bzw. Einschränkungen bestehen für Waffen und Zucker.[1447] Damit befreien die Vertragsparteien jeweils im Durchschnitt etwa 90 % ihrer Importe von Zöllen. Gemäß Art. 18 IWPA werden mit den Einfuhr- und Ausfuhrverboten und -beschränkungen auch die nicht-tarifären Handelsbarrieren abgeschafft. Dazu werden gemäß Art. 16 IWPA alle Exportzölle und Abgaben gleicher Wirkung konsolidiert. Gleichermaßen dürfen auch die Importzölle für Waren, die vom Zollabbau ausgenommen wurden, nicht erhöht werden, Art. 15 IWPA.

Angesichts der Tatsache, dass keine Sektoren vollständig vom Abbau tarifärer und nicht-tarifärer Handelsbarrieren ausgenommen wurden und für durchschnittlich 90 % der Importe die Zölle wegfallen, sowie für alle Importe nicht-tarifäre Barrieren abgebaut werden, führt auch eine restriktive Auslegung zu dem Ergebnis, dass die Liberalisierungen annähernd den gesamten Handel abdecken.[1448] Dem steht nicht entgegen, dass die Parteien unterschiedlich weit gehende bzw. asymmetrische Liberalisierungspflichten haben.[1449] Gleiches gilt für die Möglichkeit, bilaterale

---

1446 Siehe zu den genauen Liberalisierungspflichten jeweils Art. 13 IWPA i.V.m. Annex 2. Handelskommission der EU, *Factsheet on the Interim Economic Partnership Agreements. West Africa: Ivory Coast and Ghana*, November 2011, S. 2., verfügbar unter http://trade.ec.europa.eu/doclib/docs/2009/january/tradoc_142191.pdf, zuletzt eingesehen am 30.11.2013. Eine detaillierte Analyse der ivorischen bzw. ghanaischen Pflichten, Zölle abzubauen, findet sich bei BILAL und STEVENS (Fn. 1061), S. 119 ff.

1447 Jeweils Art. 12 i.V.m. Annex 1 IWPA.

1448 So auch SCHUBERT (Fn. 1148), S. 284.

1449 Siehe dazu Teil II Kapitel 2 C I 2 b (1).

Schutzmaßnahmen gemäß Art. 25 IWPA einzuführen, solange sie nicht den Anwendungsbereich der Liberalisierungen stark verkürzt.[1450] Dies ist angesichts der strengen Regulierung nicht anzunehmen.[1451]

Mit der sog. *non-execution clause* behalten sich die Vertragsparteien vor – das heißt in der Praxis: die EU –, im Falle der Verletzung bestimmter politischer Pflichten, etwa der Wahrung der Menschenrechte oder der Rechtsstaatlichkeit, nach gegenseitigen Konsultationen verhältnismäßige Maßnahmen zu ergreifen, die bis zur Aussetzung des Abkommens reichen können.[1452] Wenn die EU in erheblichem Umfang Handelszugeständnisse aussetzen würde, könnte dies das Erfordernis der Binnenliberalisierung verletzten.[1453] Die Klausel als solche verletzt jedoch nicht die Anforderungen des WTO-Rechts.

b. Keine höheren Barrieren für Handel mit dritten WTO-Mitgliedern

Grundsätzlich beschränken sich das CA und die IWPA auf die Regelung der (handels-)politischen Beziehung der EU mit dem jeweiligen AKP-Staat. In der Literatur wird diskutiert, ob die Meistbegünstigungsklausel, die der EU eine mindestens ebenso gute Behandlung zusichert, wie sie ihr Vertragspartner im Rahmen neuer Freihandelsvereinbarungen anderen *major trading partners* gewährt,[1454] eine Verletzung des Art. XXIV Abs. 5 lit. b) GATT darstellt. Denn für eben diesen wichtigen Handelspartner könnte dies bedeuten, dass das durch die Meistbegünstigungsklausel gegenüber der EU verpflichtete Land künftig davon absehen wird, Freihandelsabkommen mit ihnen zu vereinbaren. Daher könnte ein wichtiger Handelspartner behaupten, dass die MFN-Klausel ihm gegenüber zu einer restriktiveren Handelspolitik führt.[1455] Dagegen ist allerdings einzuwenden, dass für die Frage, ob der Handel mit Drittstaaten durch die Freihan-

---

1450 Siehe Teil III Kapitel 2 D I 1 b zum Streitstand.
1451 Siehe Teil II Kapitel 1 B II 4.
1452 Art. 80 Abs. 2 IWPA i.V.m. Art. 11 b, Art. 96, Art. 97, Art. 8 und Art. 9 Cotonou-Abkommen, in der 2010 konsolidierten Fassung.
1453 BILAL und STEVENS (Fn. 1061), S. 91 und OCHIENG (Fn. 1047), S. 22.
1454 Art. 17 IWPA.
1455 CHRISTOPHER HOVIUS und JEAN-RENÉ OETTLI, Measuring the Challenge: The Most Favoured Treatment Clause in the Economic Partnership Agreements between the European Community and African, Caribbean and Pacific Countries, in: *Journal of World Trade* 45 (2011), S. 553–576, 562.

delsvereinbarung stärker beschränkt wird, die Situation unmittelbar vor und nach Abschluss eben dieser Vereinbarung verglichen wird, nicht aber inwiefern sich der handelspolitische Spielraum für andere hypothetische Integrationsabkommen verringert.[1456] Daher behindert die Meistbegünstigungsklausel als solche nicht den Handel mit anderen WTO-Mitgliedern.

c. Übergangsfristen

Gemäß Art. XXIV Abs. 5 lit. c GATT sind Freihandelszonen innerhalb eines angemessenen Zeitraums zu verwirklichen. Das heißt, dass annähernd der gesamte Handel im Regelfall binnen zehn Jahre liberalisiert wird und sich die Liberalisierung nur in ausführlich begründeten Ausnahmefällen über einen längeren Zeitraum erstrecken darf.[1457] In den IWPA sind einerseits für die EU, andererseits für Ghana bzw. die Elfenbeinküste asymmetrische Übergangsfristen vorgesehen. So hat die EU bereits ab Januar 2008 – mit Ausnahmen für Zucker und Reis – sämtliche Zoll- und Quotenbarrieren aufgehoben, während die Elfenbeinküste bzw. Ghana sich verpflichtet haben, innerhalb von 13 Jahren ca. 80% der europäischen Importe zu liberalisieren.

Inwiefern asymmetrische Übergangsfristen WTO-konform sind, wurde bisher durch das Streitbeilegungsorgan der WTO nicht geklärt. Weder das GATT noch die entsprechende Auslegungsvereinbarung verlangen (ausdrücklich) symmetrische Übergangsfristen. Klar ist, dass Übergangsfristen nicht so gestaltet werden dürfen, dass eine der Vertragsparteien über einen langen Zeitraum der anderen Vertragspartei einen verbesserten Marktzugang vorenthält, mithin die Liberalisierungen einseitig geschehen.[1458] Da die Elfenbeinküste sowie Ghana bereits in den ersten Jahren in weitgehendem Umfang Zölle abbauen,[1459] droht durch die unterschiedlich langen Übergangsfristen keine einseitige Öffnung der EU-Marktes.

1456 ebd., S. 563.

1457 Ziffer 3 Vereinbarung zur Auslegung des Artikels XXIV des Allgemeinen Zoll- und Handelsabkommens 1994.

1458 Vgl. Panel, Report v. 11. Februar 1994, GATT-Dok. DS38/R, Rn. 159 – *EEC - Bananas II* (nicht angenommen).

1459 BILAL und STEVENS (Fn. 1061), S. 119 ff.

Die absolute Umsetzungsfrist von zehn Jahren wird allerdings überschritten, ohne dass die Notwendigkeit der verlängerten Frist dem Rat für Warenverkehr begründet worden wäre.[1460] Auf zwei Wegen könnte man trotzdem zu dem Ergebnis kommen, dass dies nicht zu einer Verletzung des Art. XXIV GATT führt: Zum Einen könnte die Auslegung des WTO-Rechts im Lichte des Entwicklungsziels zu einer großzügigeren Bemessung der Frist für Entwicklungsländer führen, die (sog. gemischte) Abkommen mit Industrieländern schließen; zum Anderen könnte bei Berücksichtigung der sofortigen Öffnung des europäischen Marktes eine durchschnittliche Frist angenommen werden, die kürzer als zehn Jahre ist.

Das WTO-Recht ist im Lichte des in zahlreichen Bestimmungen – u.a. des WTOÜ, des GATT, des GATS und der Ermächtigungsklausel – verankerten Ziels der Entwicklung auszulegen.[1461] Das heißt, dass die besonderen Bedingungen der Entwicklungsländer, etwa deren geringere Wettbewerbsfähigkeit und erhöhte Abhängigkeit von Zolleinnahmen, bei der Auslegung – auch von neutralen – Bestimmungen zu berücksichtigen sind.[1462] So hält Schubert den Entwicklungslandstatus eines Vertragspartners, das Erfordernis die Wettbewerbsfähigkeit zu steigern und junge Wirtschaftszweige zu schützen für valide Argumente, um Übergangsfristen zu begründen, die die zehnjährige Regeldauer überschreiten.[1463] Dabei hält er aber die tatsächliche Begründung gegenüber dem Rat für Warenverkehr für erforderlich.[1464] Da der Wortlaut der Auslegungsvereinbarung Ausnahmen von der Geltendmachung im Rahmen eines Verfahrens vor dem Rat für Warenverkehr abhängig macht, steht er einer Auslegung entgegen, die Entwicklungsländern unabhängig von der Durchführung dieses Verfahrens eine längere Umsetzungsfrist zugesteht.

Gegen die Berücksichtigung einer durchschnittlichen Umsetzungsfrist für Abkommen zwischen Entwicklungs- und Industrieländern spricht dagegen nichts, sofern auch das jeweilige Entwicklungsland innerhalb der ersten zehn Jahre substantielle Handelserleichterungen einführt. Denn das

---

1460 Während das Abkommen zwischen der EU und Ghana bis 2014 nicht notifiziert worden ist, liegt für das zwischen der Elfenbeinküste und der EU geschlossene Abkommen eine Notifizierung vom Dezember 2008 vor, siehe WTO-Committee on Regional Trade Agreements, Notification of Regional Trade Agreement, WTO-Dok. WT/REG258/N/1, 15. Dezember 2008.
1461 Siehe Teil II Kapitel 2 C I 2 b.
1462 QURESHI (Fn. 1246), S. 124 ff.
1463 SCHUBERT (Fn. 1148), S. 201 ff.
1464 ebd., S. 218.

Kriterium der angemessenen Zeitspanne soll letztlich eine Umgehung des Erfordernis der Binnenliberalisierung verhindern. Wenn aber in Freihandelsabkommen auch das beteiligte Entwicklungsland bereits in der für den Regelfall vorgegebenen Zeitspanne seinen Handel liberalisiert und gleichzeitig das jeweilige Industrieland seine Zugeständnisse weit vor Ablauf der Zehn-Jahres-Frist einlöst, wird dem Erfordernis der substantiellen gegenseitigen Handelserleichterungen Folge geleistet, ohne dass die Belange der Entwicklungsländer aus dem Blick geraten.

Derzeit setzt zwar die EU die IWPA um, nicht aber ihr jeweiliger westafrikanischer Vertragspartner, der es noch nicht unterzeichnet (Ghana) bzw. ratifiziert (die Elfenbeinküste) hat. Mangels vorläufiger Anwendung stellt sich die Frage, ob dies auf Dauer eine Umgehung der WTO-Bestimmungen zur Umsetzungsfrist bedeutet.[1465]

2. Verletzung der Ermächtigungsklausel

Absatz 2 lit. c) Ermächtigungsklausel erlaubt Entwicklungsländern, sich gegenseitig Präferenzen für den Warenhandel einzuräumen. Steht die IWPA-Meistbegünstigungsklausel dazu im Widerspruch? Grundsätzlich beeinträchtigt sie die Chancen für Entwicklungsländer, die als „wichtige Handelspartner" einen gewissen Anteil am weltweiten Warenhandel aufweisen, mit den durch die IWPA gebundenen Entwicklungsländern, insbesondere Ghana und der Elfenbeinküste, Freihandelsabkommen zu bilden. Denn Zugeständnisse, die den „wichtigen Handelspartnern" gemacht werden, müssen auf die EU ausgeweitet werden, unabhängig vom Entwicklungsland-Status des Handelspartners.

1465 Die EU drohte zwischenzeitlich damit, ab dem 1. Oktober 2014 die Handelserleichterungen zurückzunehmen, wenn die betroffenen Länder nicht bis dahin das Abkommen umsetzen. Durch die Verordnung (EU) Nr. 527/2013 zur Änderung der Verordnung (EG) Nr. 1528/2007 des Rates hinsichtlich der Streichung einiger Länder von der Liste der Regionen oder Staaten, die Verhandlungen abgeschlossen haben, vom 21. Mai 2013, wird der Kommission die Befugnis übertragen, ab Oktober 2014 den präferenziellen Marktzugang den Länder oder Regionen zu verwehren, die keine Schritte zur Ratifizierung ihrer WPA unternommen haben. Mit Unterzeichnung des Wirtschaftspartnerschaftsabkommens zwischen Westafrika und der EU wurde jedoch die Aussetzung der den westafrikanischen Ländern gewährten Handelserleichterungen verhindert.

Die Beantwortung der Frage, ob die Meistbegünstigungsklausel gegen Abs. 2 lit. c) Ermächtigungsklausel verstößt, hängt davon ab, ob sie ein Recht für alle Entwicklungsländer auf Handelspräferenzen in der Beziehung zu allen anderen Entwicklungsländern vorsieht.[1466] Dafür enthält der Wortlaut der Bestimmung keinen Hinweis. Im Übrigen sieht sowohl Abs. 7 Ermächtigungsklausel, als auch Art. XXXVI Abs. 3 GATT vor, dass die Förderung der Entwicklung nach Maßgabe der Bedürfnisse, also auch des Entwicklungsstands der betroffenen Länder, wie er u.a. durch Exportanteile indiziert wird, geschieht. Damit könnte man „wichtige Handelspartner" als weniger förderungswürdig als andere Entwicklungsländer ansehen.[1467] So sind Industrieländer auch im Rahmen der Allgemeinen Präferenzsysteme nach Abs. 2 lit. a) Ermächtigungsklausel gehalten, nach den Bedürfnissen der Entwicklungsländer zu differenzieren.

Zwischen Entwicklungsländern einen Anspruch auf Handelspräferenzen anzunehmen, liefe zudem darauf hinaus, alle Entwicklungsländern für verpflichtet zu erklären, sich gegenseitig Präferenzen zu gewähren. Damit würden Entwicklungsländer bevormundet, sodass es ihnen dann unmöglich wäre, sich mittels einer Meistbegünstigungsklausel besonders eng an ein Industrieland zu binden bzw. keine Präferenzvereinbarung mit bestimmten anderen Entwicklungsländern zu treffen. Jedes Entwicklungsland muss frei sein, auf sein Gestaltungsrecht aus der Ermächtigungsklausel zu verzichten. Mithin umfasst Abs. 2 lit. c) Ermächtigungsklausel für Entwicklungsländer weder ein Recht auf Präferenzen, noch eine Pflicht, sich gegenseitig Präferenzbehandlungen zu gewähren.[1468]

Zwischen der IWPA-Meistbegünstigungsklausel und der Ermächtigungsklausel besteht somit kein Konflikt. Dennoch kann man in der genannten Klausel einen Wertungswiderspruch zur Ermächtigungsklausel sehen,[1469] dient die Meistbegünstigungsklausel doch nicht Entwicklungsbelangen, sondern den handelspolitischen Interessen der EU.[1470]

1466 Hovius und Oettli (Fn. 1455), S. 567 unter Verweis auf den Appellate Body, Report v. 7. April 2004, WTO-Dok. WT/DS246/AB/R, Schriftsätze der EG und Panamas Intervention – *EC Tariff Preferences*.
1467 Hovius und Oettli (Fn. 1455), S. 568.
1468 So auch ebd., S. 569.
1469 So Zimmermann (Fn. 988), S. 5.
1470 Siehe im folgenden Abschnitt insbesondere zur Vernachlässigung des Schutzes der Interessen der LDCs, die Teil einer Freihandelszone sind.

3. Verletzung von Art. I Abs. 1 GATT

Die Meistbegünstigungsklausel wirft weiterhin die Frage auf, ob sie entgegen Art. I Abs. 1 GATT Entwicklungsländer, die als wichtige Handelspartner qualifiziert werden, gegenüber anderen Entwicklungsländern ungerechtfertigt diskriminiert. Denn nur die im Rahmen von Freihandelsabkommen mit „wichtigen Handelspartnern" gemachten Zugeständnisse müssen an die EU weitergegeben werden. Damit könnte die Tatsache, dass Zugeständnisse nicht weitergegeben werden, ein Vorrecht der Entwicklungsländer i.S.v. Art. I GATT sein, die nicht als wichtige Handelspartner gelten.

Da hierbei die Diskriminierung zwischen Nicht-Parteien (am Freihandelsabkommen) im Raume steht, kommt einzig die Ermächtigungsklausel, nicht aber Art. XXIV GATT, als Rechtfertigungstatbestand in Betracht.[1471] Die Differenzierung könnte nach Abs. 2 lit. a) Ermächtigungsklausel gerechtfertigt werden. Dies erfordert, dass eine Differenzierung von Entwicklungsländern auf objektive Kriterien gestützt wird. Das heißt, dass alle gleich situierten Entwicklungsländer, die ein bestimmtes, objektiv ermitteltes und vom „Geberland" adressiertes Entwicklungs-, Finanz- und Handelsbedürfnis haben, gleichermaßen in den Genuss der jeweiligen Vorzugsbehandlung kommen, die ihren spezifischen Bedürfnissen entspricht.[1472] Fraglich ist also, ob das Kriterium des Anteils am weltweiten Handel bzw. des Status' als „wichtiger Handelspartner" ein objektives Kriterium mit Blick auf das Ziel der Vorzugsbehandlung darstellt.

Es ist anzunehmen, dass die EU Entwicklungsländer, die weniger als 1 % Anteil an den globalen Exporten aufweisen, von der Ausweitung der von ihnen in Freihandelsabkommen gemachten Handelsvorteile ausnimmt, um ihren – durch die Zugeständnisse von Ghana bzw. die Elfenbeinküste erlangten – exklusiven Vorteil zu wahren und ihre Waren einem geringeren Wettbewerb auf dem ghanaischen bzw. ivorischen Markt auszusetzen. Das heißt, dass für diese Entwicklungsländer ein besonderes Förderungsbedürfnis darin erkannt wird, dass ihre Waren weniger wettbewerbsfähig sind.

1471 Hovius und Oettli (Fn. 1455), S. 564.
1472 Appellate Body, Report v. 7. April 2004, WTO-Dok. WT/DS246/AB/R, Rn. 154 ff., 173 – *EC Tariff Preferences*.

Der Anteil am weltweiten Handel kann insofern ein objektives Kriterium für die Förderung des Exports von weniger wettbewerbsfähigen Ländern sein, als er im Regelfall die Folge schwacher Wettbewerbsfähigkeit ist. Inwiefern aber nun gerade der Schwellenwert von 1 % der globalen Exporte aussagekräftig ist, ist schwer einzuschätzen, da die *EC – Tariff Preferences*-Entscheidung des Appellate Body nur allgemeine Richtlinien gegeben, nicht aber konkrete Kriterien bewertet hat.[1473] Zweifelhaft erscheint insbesondere, dass auch eine Gruppe von Ländern, die ein Freihandelsabkommen gebildet haben und gemeinsam 1,5 % der weltweiten Exporte aufbringen, als „wichtiger Handelspartner" gilt, Art. 17 Abs. 6 IWPA. Das heißt etwa, dass regionale Integrationsabkommen wie die ECOWAS, die fast ausschließlich aus LDCs bestehen, aber auch ein großes, ölexportierendes Land wie Nigeria einschließen, als wichtige Handelspartner qualifiziert werden können.[1474] Damit wird den vielen wirtschaftlich extrem schwachen Staaten in einem solchen Verbund die Förderung versagt, obwohl sie nur in sehr geringem Maße wettbewerbsfähige Waren exportieren. Mithin sprechen gute Gründe gegen die Objektivität des Differenzierungskriteriums und für eine Verletzung von Art. I Abs. 1 GATT.[1475]

IV. Konflikt zwischen dem europäischen APS(-plus) und der WTO

Die EU hat mit dem Allgemeinen Präferenzsystem (APS), der Sonderregelung als Anreiz für nachhaltige Entwicklung und verantwortungsvolle Staatsführung und der Sonderregelung für die am wenigsten entwickelten Länder (im Folgenden: EBA-Regelung) drei Präferenzregime eingeführt, die an WTO-rechtlichen Vorgaben zu messen sind. Während die WTO-

---

1473 Hovius und Oettli (Fn. 1455), S. 565 f.
1474 Da die ECOWAS bereits vor Abschluss der IWPA bestand, fällt sie nicht in den zeitlichen Anwendungsbereich der Meistbegünstigungsklausel. Die ECOWAS steht hier nur stellvertretend für das Phänomen einer Freihandelszone, die viele schwache Länder, also meist LDCs, und wenige etwas stärkere Entwicklungsländer umfassen.
1475 So wohl auch Hovius und Oettli (Fn. 1455), S. 566 f.

rechtliche Vereinbarkeit des APS sowie der EBA-Regelung allgemein anerkannt wird, wird die APS-plus-Regelung unterschiedlich beurteilt.[1476] Diskutiert wird insbesondere, ob die Regelung wirklich allen gleichermaßen gefährdeten Entwicklungsländern zugänglich und mithin nicht-diskriminierend ist und ob sie einen ausreichenden Bezug zu den Bedürfnissen der betreffenden Entwicklungsländer aufweist. So adressieren nicht alle Übereinkommen, von deren Ratifizierung die Anwendung der APS-plus-Regelung abhängt, gemeinsame Bedürfnisse aller möglichen begünstigten Länder, betreffen mithin Sachbereiche, die für einige Entwicklungsländer nicht von Bedeutung sind; ihre Ratifizierung belastet dennoch erheblich die Entwicklungsländer.[1477] Im Übrigen wird die Bestimmung des Kreises der begünstigten Länder an Hand von deren „Gefährdung", die sich u.a. durch den Anteil an EU-Importen bemisst und durch die Ratifizierung von 27 nach unklaren Kriterien ausgewählten Übereinkommen bedingt wird, als nicht objektiv kritisiert.[1478] Ein Verstoß gegen das Nicht-Diskriminierungs-Erfordernis wird darin gesehen, dass die EU die Präferenzbehandlung aus Gründen aussetzen kann, die sich nicht mit den Voraussetzungen der Gewährung der Vorzugsbehandlung decken.[1479] Trotz der Bedenken gegen die WTO-Kompatibilität der APS-plus-Regelung ergeben sich daraus aus Sicht des einzigen westafrikanischen Staats, der unter diesem Regime in die EU exportiert, Kap Verde, keine Normkonflikte. Denn das WTO-Recht verpflichtet wohl zur Gewährung der Meistbegünstigung, verpflichtet aber nicht zur Zurückweisung WTO-widrig eingeräumter Präferenzen. Vielmehr sehen sich die EU-Mitgliedstaaten ggf. mit dem EU-

---

1476 HENNING JESSEN, "GSP plus" - Zur WTO-Konformität des zukünftigen Zollpräferenzsystems der EG, 2004, S. 6 und KENNERS (Fn. 963), S. 302 ff. nehmen an, die APS-plus-Regelung entspräche den Vorgaben der Ermächtigungsklausel.

1477 LORAND BARTELS, The WTO legality of the EU's GSP + arrangement, in: *Journal of International Economic Law* 10 (2007), S. 869–886, 880 nennt als Beispiel Mexiko und die Konvention über die Verhütung und Bestrafung des Völkermordes (COOCG, 1948): „[...] it does appear that the EU is granting GSP + preferences to compensate countries for 'development needs' that they do not have." Letztlich müsste die EU, um diese Kritik zu entkräften, die Liste der Übereinkommen jeweils an die Bedürfnisse jedes einzelnen gefährdeten Entwicklungslands anpassen, UMUT TURKSEN, The WTO Law and the EC's GSP+ Arrangement, in: Journal of World Trade 43 (2009), S. 927–968, 967.

1478 BARTELS (Fn. 1477), S. 878 f., 882. TURKSEN (Fn. 1477), S. 957 spricht dem Protokoll von Cartagena über die biologische Vielfalt einen positiven Einfluss auf die Entwicklung potentieller Parteien ab.

1479 ebd., S. 961.

rechtlichen Gebot, Waren aus Kap Verde zu den Bedingungen des APS-plus einzuführen, und dem WTO-rechtlichen Meistbegünstigungsgebot widersprüchlichen Regelungen ausgesetzt.

Fazit zum dritten Teil

Diese Untersuchung greift die weite Definition des Konfliktbegriffs auf. Danach liegt ein Konflikt zwischen zwei Normen vor, von denen eine auch eine (ausdrückliche) Erlaubnis zum Inhalt haben kann, wenn die Befolgung bzw. Anwendung eine der beiden Normen die andere Norm (potentiell) verletzt. Dabei können horizontale Konflikte zwischen Normen gleichgeordneter Vertragsordnungen und vertikale Konflikte zwischen Normen einer über- und einer untergeordneten Vertragsordnung auftreten. Im Recht der westafrikanischen Wirtschaftsintegration bestehen sowohl horizontale Konflikte zwischen gleichgeordneten Vertragsordnungen wie der ECOWAS und UEMOA, der UEMOA und den IWPA als auch vertikale Konflikte zwischen der WTO und der ECOWAS.

In der Beziehung zwischen ECOWAS und UEMOA kommt es zu besonders vielen Normkonflikten. Diese betreffen mit den Ursprungsregeln, den Bestimmungen zum Reexport von Drittwaren und handelspolitischen Schutzmaßnahmen vor allem den Warenverkehr, aber auch Mehrwert- und Verbrauchssteuern. Das Verhältnis der AEC zur AU wie auch das der ECOWAS zur AU ist dagegen frei von Normkonflikten, weil die AEC nicht gesetzgeberisch in Erscheinung tritt und die AU bisher nur in sehr geringem Maße Sachfragen regelt. Im Verhältnis zur EU treten Normkonflikte zwischen den IWPA und dem Recht der ECOWAS wie auch der UEMOA auf, denn sie regeln sowohl Zollsätze als auch die Möglichkeit, handelspolitische Schutzmaßnahmen zu erlassen, abweichend. Sobald das westafrikanisch-europäische WPA infolge der Ratifizierung durch eine ausreichende Zahl der ECOWAS-Mitgliedstaaten in Kraft tritt, werden die IWPA allerdings hinfällig.

Ob das Recht der ECOWAS mit dem der WTO kollidiert, ist aufgrund der gebotenen Berücksichtigung des Entwicklungsprinzips und wegen der damit verbundenen Lockerung der Kriterien schwierig zu bestimmen. Trotzdem erscheint es zweifelhaft, dass das ECOWAS-Recht den Anforderungen von Art. V GATS entspricht. Das Recht der UEMOA wird dagegen in dieser Arbeit als WTO-konform eingeschätzt, allerdings nur bei Berücksichtigung des Entwicklungslandstatus' ihrer Mitglieder. Die

IWPA, die die EU mit Ghana bzw. der Elfenbeinküste abgeschlossen hat, sind von zweifelhafter Vereinbarkeit mit dem WTO-Recht. Zwar entsprechen sie den Anforderungen des Art. XXIV GATT, eventuell ergibt sich aber wegen der Meistbegünstigungsklausel und der damit verbundenen Diskriminierung zwischen Entwicklungsländern ein Verstoß gegen Art. I Abs. 1 GATT. In der Literatur wird auch die Vereinbarkeit der europäischen APS-plus-Regelung mit dem WTO-Recht bestritten. Das führt in Bezug auf die westafrikanischen Staaten allerdings nicht zu Normkonflikten.

Teil IV Die Koordinierung internationaler Organisationen

Diese Arbeit beschäftigt sich mit Normkonflikten, die zwischen völker-rechtlichen Vertragsordnungen auftreten können, und ihrer Lösung bzw. Vermeidung durch die Koordinierung dieser Vertragsordnungen. Ihre Koordinierung soll dazu dienen, die untersuchten Vertragsordnungen, wenn nicht durchgängig widerspruchsfrei und kohärent, so zumindest weitgehend frei von Normkonflikten zu entwickeln. Dies ist unabdingbar, damit diese Vertragsordnungen an Effektivität gewinnen und die Rechtssi-cherheit erhöht wird. Für die Zwecke der Untersuchung bedeutet Koordi-nierung, dass sowohl die Gründungsverträge als auch die von den jeweili-gen Organisationen sekundärrechtlich erlassenen Normen abgestimmt werden. Unter Koordinierung soll mithin jede Form der Abstimmung von Vertragsordnungen zur Vermeidung und Auflösung widersprüchlicher Normen verstanden werden.[1480] Im Folgenden wird mitunter auch von „Kooperation" die Rede sein. Als „Zusammenarbeit" bzw. „Ergreifen gemeinsamer Aktivitäten" setzt sie eine Koordinierung voraus und umfasst diese.[1481] Die Koordinierung kann jedoch auch in sich ein Ziel sein, ohne in gemeinsame Aktionen zu münden.

Im Folgenden werden mögliche Rechtsgrundlagen für eine Koordinie-rungspflicht geprüft. In einem zweiten Schritt soll mit der Formulierung von Anforderungen ein Maßstab entwickelt werden, anhand dessen die einzelnen Koordinierungsmethoden in einem dritten Schritt bewertet wer-den. Der Teil schließt mit der Untersuchung, welche Koordinierungsme-chanismen im Recht der westafrikanischen Wirtschaftsintegration ver-wirklicht werden.

1480 Vgl. MATZ (Fn. 25), S. 4 für die Koordinierung völkerrechtlicher Verträge.
1481 NEUMANN (Fn. 32), S. 92 f. Vgl. auch JOST DELBRÜCK, RÜDIGER WOLFRUM und GEORG DAHM, *Völkerrecht*, Berlin, New York, Band I/3, 2. Aufl. 2002, § 172, I. 2, die mit Bezug auf die Prinzipiendeklaration der Generalversammlung der Vereinten Nationen, GA Rs. 2625 (XXV) vom 24.10.1970, Kooperation als „freiwillig koordinierte Aktion von zwei oder mehreren [Völkerrechtssubjek-ten], die unter einem Rechtsrahmen erfolgt und ein spezifisches Ziel verfolgt", definieren.

Kapitel 1 Die Rechtsgrundlagen der Koordinierung

Koordinierungspflichten können sich für internationale Organisationen aus ihrem jeweiligen Primär- oder Sekundärrecht, aus Abkommen mit anderen internationalen Organisationen, aber auch aus Völkergewohnheitsrecht ergeben. Im Gegensatz zu vertraglichen Bestimmungen wird für das allgemeine Völkerrecht noch kontrovers diskutiert, ob es für internationale Organisationen, deren Aktivitäten sich zu überschneiden drohen, Koordinierungspflichten begründen kann.[1482] Bei sorgsamer Auslegung der Gründungsverträge internationalen Organisationen wird allerdings wenig Raum für subsidiäre völkergewohnheitsrechtliche Koordinierungspflichten bleiben. Die Herleitung von Koordinierungspflichten aus Vertrag weist außerdem den Vorteil auf, dass sie genauere Anhaltspunkte für Umfang und Inhalt von Koordinierungspflichten geben kann als etwaige gewohnheitsrechtliche Pflichten.[1483]

A. Aus Vertrag

Internationale Organisationen können durch ihre Gründungsverträge wie auch einseitige Rechtsakte gehalten sein, sich mit anderen Organisationen zu koordinieren. Da in einem solchen Fall Koordinierungspflichten unabhängig von korrespondierenden Geboten der betreffenden anderen Organisationen bestehen, kann es hier zu Asymmetrien kommen: Während das Recht einer Organisation die Koordinierung mit einer anderen Organisation verlangt, sieht deren Recht sie nicht vor.[1484] Im Regelfall wird das Recht einer Organisation aber die Koordinierung mit anderen Organisationen zumindest erlauben, deren Regelungsbereich sie (teilweise) teilt. Asymmetrische Koordinierungspflichten können durch Vereinbarungen

---

1482 Koordinierungspflichten gelten im Folgenden als „vertraglich", wenn sie dem Primär- oder Sekundärrecht internationaler Organisationen oder Abkommen zwischen Organisationen entstammen. Mithin dient die Bezeichnung als „vertragliche" Abstimmungspflichten der Abgrenzung von Pflichten des allgemeinen Völkerrechts.

1483 Vgl. YOUNG (Fn. 32), S. 286.

1484 Vgl. für die Beziehung der WTO zum IWF DEBORAH E. SIEGEL, Legal Aspects of the IMF/WTO Relationship: The Fund's Articles of Agreement and the WTO Agreements, in: *American Journal of International Law* 96 (2002), S. 561–599, 571.

bzw. Abkommen zwischen internationalen Organisationen verhindert werden. Diese begründen bzw. konkretisieren im Regelfall zweiseitige Koordinierungspflichten.[1485]

I. Einseitige Koordinierungspflichten

Das Recht einer internationalen Organisation kann diese verpflichten, sich mit anderen Vertragsordnungen abzustimmen. Derartige Pflichten entspringen entweder dem Gründungsvertrag oder einseitigen Rechtsakten und variieren je nach Formulierung in ihrer Reichweite. Sie können allgemein gehalten sein oder sich auf bestimmte Organisationen bzw. bestimmte Formen der Koordinierung beziehen.

1. Gründungsvertrag

Ein Großteil der Gründungsabkommen internationaler Organisationen weist Bezüge zu anderen Organisationen auf und integriert sich in das Gefüge, das andere Vertragsordnungen bilden. Inwiefern Bezugnahmen internationaler Organisationen Koordinierungspflichten begründen, ist nach den allgemeinen Regeln der Vertragsauslegung zu ermitteln. Während dies bei expliziten Koordinierungsklauseln leicht fallen wird, kann auch bei Fehlen ausdrücklicher Koordinierungsklauseln von der Bezugnahme auf andere Vertragsordnungen wie auch von den zugewiesenen Aufgaben oder der zugunsten der Mitglieder bestehenden Loyalitätspflicht auf vertragliche Koordinierungspflichten geschlossen werden.

1485 Vgl. JENKS (Fn. 33), Rn. 30 für die VN und ihre Beziehung zu anderen internationalen Organisationen.

a. Explizite Klauseln

Zahlreiche Gründungsverträge sehen ausdrücklich die Zusammenarbeit mit (bestimmten) anderen internationalen Organisationen vor.[1486] Solche Klauseln werden teilweise mit Blick auf die betroffenen Organisationen bzw. den Bereich oder die Zielsetzung der Zusammenarbeit konkretisiert. So bestimmt etwa Art. III Abs. 5 WTOÜ:

> „Im Interesse einer kohärenten Gestaltung der weltweiten wirtschaftspoliti- schen Entscheidungen arbeitet die WTO gegebenenfalls mit dem Internatio- nalen Währungsfonds und mit der Internationalen Bank für Wiederaufbau und Entwicklung und den mit ihr verbundenen Institutionen zusammen."

In jedem Fall wird die Koordinierungstätigkeit einer Organisation durch das Spezialitätsprinzip und die Bindung an ihr Mandat begrenzt. Das heißt, die Koordinierung muss immer im Zusammenhang mit der Erfül- lung der Organisationsaufgaben stehen.[1487]

Gründungsvertragliche Klauseln verpflichten im Regelfall nicht explizit zur „Koordinierung" bzw. Abstimmung von Vertragsinhalten, sondern zur „Kooperation" bzw. „Zusammenarbeit". Ausnahmen dazu bilden insbe- sondere Regelungen im Zusammenhang mit Organisationen, die in enger Beziehung stehen. So bestimmt sowohl die VNC als auch das OASÜ, dass diese Organisationen die Tätigkeit ihrer jeweiligen Sonderorganisationen koordinieren.[1488]

1486 Siehe etwa Art. 220 AEUV, Art. III Abs. 5 und Art. V Abs. 1 WTOÜ, Art. X IWF-Abkommen und Art. 12 ILOÜ.

1487 Vgl. Art. V WTOÜ: „Der Allgemeine Rat trifft geeignete Vorkehrungen zur wirksamen Zusammenarbeit mit anderen zwischenstaatlichen Organisationen, deren Aufgaben mit denen der WTO im Zusammenhang stehen". Vgl. auch Art. 220 Abs. 1 AEUV: „Die Union betreibt jede zweckdienliche Zusammenar- beit mit den Organen der VN und ihren Sonderorganisationen, dem Europarat […]."

1488 Art. 58, Art. 63 Abs. 2 VNC und Art. 54 lit. b, Art. 73 und Art. 95 lit. d OASÜ.

b. Implizit durch Bezugnahmen oder Aufgabenzuweisungen

Es ist denkbar, Koordinierungspflichten aus der Bezugnahme auf die Ziele bzw. die Arbeit anderer Organisationen abzuleiten. So bestätigt etwa die Präambel des OASÜ die Prinzipien und Zielsetzungen der VNC[1489] und das COMESAÜ orientiert sich an den Zielen der AEC[1490].

Eine vertragliche Verpflichtung, sich mit anderen Vertragsordnungen abzustimmen, kann auch in der Zuweisung von Aufgaben gesehen werden, die nur durch Zusammenarbeit mit anderen Vertragsordnungen erfüllt werden können.[1491]

In beiden Hypothesen wird der Gründungsvertrag im Regelfall aber explizit die Kooperation bzw. Koordination mit der in Bezug genommenen Organisation vorsehen. Das COMESAÜ bestimmt etwa, dass die Organisation ein Protokoll mit der AEC aushandeln soll, das die gegenseitigen Beziehungen regelt.[1492]

1489 „Resolved to persevere in the noble undertaking that humanity has conferred upon the United Nations, whose principles and purposes they solemnly reaffirm […]“.

1490 „Inspired by the objectives of the Treaty for the Establishment of the African Economic Community and in compliance with the provisions of Article 28(1) of the said Treaty […]“.

1491 So auch YOUNG (Fn. 35), S. 97, 99 ff.: „In circumstances where regimes are dependent on other regimes, […], I[international] G[overnmental] O[rganization]s will have the discretion to learn and apply norms and facts from external sources because such collaboration is necessary to their functions.“ Nach Young, S. 101 ff. ist bei der Evaluierung der Erforderlichkeit die Komplexität der zu regelnden Aufgabe zu berücksichtigen. Komplexe Aufgaben erfordern danach oftmals die Beteiligung vielfältiger Akteure und Interessengruppen, darunter andere internationale Organisationen. SAUER (Fn. 5), S. 402 ff. bezeichnet die aus der Aufgabenzuweisung erwachsenden Koordinierungspflichten – in Parallele zu den sog. *implied powers* – als *implied duties* und sieht sie als immanenten Bestandteil von Mehrebenensystemen.

1492 Art. 178 Abs. 1 lit. a COMESAÜ.

c. Aus den Loyalitätspflichten gegenüber gegenseitigen Mitgliedern

Im Europarecht besteht zwischen den EU-Institutionen und den Mitgliedstaaten eine Pflicht zur loyalen Zusammenarbeit. Mittlerweile ausdrücklich geregelt,[1493] wurde sie vom EuGH bereits angenommen, als die Verträge lediglich die Pflicht der Mitgliedstaaten (ausdrücklich) regelten, zur Verwirklichung des Gemeinschaftsrechts beizutragen.[1494] Die Pflicht der loyalen Zusammenarbeit wird in erster Linie mit dem Erfordernis verbunden, die Kompetenzen der Organisationsinstitutionen bzw. der Mitgliedstaaten zu wahren[1495] und die Effektivität des Organisationsrechts zu gewährleisten[1496]. Allerdings umfasst die Loyalitätspflicht auch ein allgemeineres Prinzip der Interessenwahrung.[1497] Insbesondere der Nichtbeeinträchtigungsklausel des Art. 307 EGV hat der EuGH Mitwirkungs- und Unterstützungspflichten im Hinblick auf die Vereinbarkeit der völker- mit den europarechtlichen Pflichten der Mitgliedstaaten entnommen.[1498]

1493 Art. 4 Abs. 3 EUV: „Nach dem Grundsatz der loyalen Zusammenarbeit achten und unterstützen sich die Union und die Mitgliedstaaten gegenseitig bei der Erfüllung der Aufgaben, die sich aus den Verträgen ergeben."

1494 Art. 5 EWG bzw. Art. 10 EGV. Siehe EuGH, Urteil vom 10. Februar 1983, Rs. 230/81, Slg. 1983, 255, Rn. 37 – *Luxemburg gegen Europäisches Parlament*; Urteil 15. Januar 1986 Rs. 44/84, Slg. 1986, 29, Rn. 38 – *Hurd/Jones*; Urteil vom 15. Januar 1986, Rs. 52/84, Slg. 1986, 89, Rn. 16 – *Kommission/ Belgien*; Urteil vom 10. Dezember 2002, Rs. C-29/99, Slg. 2002, I-11221, Rn. 69 – *Kommission/Rat*.

1495 EuGH, Urteil vom 10. Februar 1983, Rs. 230/81, Slg. 1983, 255, Rn. 37 – *Luxemburg gegen Europäisches Parlament*.

1496 EuGH, Urteil vom 15. Januar 1986, Rs. 52/84, Slg. 1986, 89, S. 105 – *Kommission/Belgien*; Urteil v. 2. Februar 1989, Rs. 94/87, Slg. 1989, 175, S. 192 – *Kommission/BRD*; Urteil v. 10. Juli 1990, Rs. C-217/88, Slg. 1990 I-2879, Rn. 33 – *Kommission/BRD*.

1497 So hat etwa der EuGH von der EU-Kommission eine zügige Prüfung nationaler Vorschriften verlangt, die Mitgliedstaaten trotz ihrer Unvereinbarkeit mit einer Harmonisierungsmaßnahme beizubehalten suchen, EuGH, Urteil vom 1. Juni 1999, Rs. C-319/97, Slg. 1999, I-3143, Rn. 35 – *Kortas*. Weiterhin sah der EuGH den Europäischen Rat verpflichtet, der Kommission ein völkerrechtskonformes Handeln zu ermöglichen, Urteil vom 10. Dezember 2002, Rs. C-29/99, Slg. 2002, I-11221, Rn. 69 – *Kommission/Rat*.

1498 EuGH, Urteil v. 14. Oktober 1980, Rs. 812/79, Slg. 1980, 2787, 2803 Rn. 9 – *Burgoa*: „[...], die Vorschrift [Artikel 307] würde [...] ihren Zweck verfehlen, wenn mit ihr nicht stillschweigend eine Verpflichtung der Gemeinschaftsorgane begründet würde, die Erfüllung der Pflichten, die sich für die Mitgliedstaaten aus früheren Übereinkommen ergeben, nicht zu behindern. Durch diese Ver-

Eine solche Pflicht der loyalen Kooperation könnte auch zwischen anderen internationalen Organisationen und ihren jeweiligen Mitgliedstaaten anzunehmen sein und erfordern, dass internationale Organisationen das in ihrer Macht Stehende tun, um etwaige aus ihrer Regelungstätigkeit resultierende Nachteile für ihre Mitglieder zu verhindern und sich mit solchen anderen internationalen Organisationen zu koordinieren, deren Aufgabenbereich sich mit dem ihren überschneidet und bei denen daher das Risiko widersprüchlicher Pflichten und Rechte für die gemeinsamen Mitglieder besteht. Soweit – den europarechtlichen Verträgen entsprechend – aus dem Vertrag der jeweiligen Organisation Grundsätze der gegenseitigen Achtung der Kompetenzen und Interessen sowie der Achtung der völkerrechtlichen Pflichten der Mitgliedstaaten hervorgehen, sind internationale Organisationen verpflichtet, sich mit anderen Organisationen abzustimmen, wenn wegen der gemeinsamen Mitgliedstaaten Normkonflikte drohen.[1499] Dies ist regelmäßig der Fall.[1500]

2. Einseitige Rechtsakte

Neben den Gründungsverträgen können auch andere Rechtsakte einer internationalen Organisation die Kooperation bzw. Koordinierung mit anderen Organisationen vorsehen. Die Erklärung zum Beitrag der Welthandelsorganisation zur Stärkung der globalen Kohärenz wirtschaftspoliti-

---

pflichtung der Gemeinschaftsorgane soll es jedoch dem betreffenden Mitgliedstaat lediglich ermöglicht werden, seinen Verpflichtungen aus den früheren Übereinkünften nachzukommen, ohne daß damit die Gemeinschaft dem fraglichen Drittland gegenüber gebunden werden soll."

1499 Vgl. Isabelle Pingel-Lenuzza, *Commentaire article par article des traités UE et CE*, Basel, 2. Aufl. 2010, Art. 10 CE, Rn. 3:"[...] que toute structure qui comporte plus d'un niveau (surtout si ces niveaux ne sont pas hiérarchisés) ne peut fonctionner que dans le respect des compétences de chacun (surtout si celles-ci ne sont pas strictement définies). En d'autres termes, certaines règles sont consubstantielles au fonctionnement de tout groupement complexe. On peut penser qu'il en va ainsi du principe de coopération loyale[...]".

1500 Sauer (Fn. 5), S. 392 unter Bezug auf den Grundsatz von Treu und Glauben.

scher Entscheidungen[1501] bildete für die WTO etwa, gemeinsam mit Art. III Abs. 5 WTOÜ, die Grundlage für die Zusammenarbeit mit dem IWF.[1502]

II. Gegenseitige Koordinierungspflichten

Internationale Organisationen können vertraglich übereinkommen, ihre Aktivitäten zu koordinieren. Das 1947 zwischen den VN-Sonderorganisationen ILO und FAO geschlossene Kooperationsabkommen wurde[1503] und wird weithin als Modell für derartige Verträge genutzt. Zahlreiche Organisationen, auch außerhalb des Systems der Vereinten Nationen, haben seither Kooperationsabkommen vereinbart, deren Kern der Informations- und Dokumentaustausch, Konsultationen zu Angelegenheiten von gemeinsamem Interesse sowie die gegenseitige Repräsentation bilden.[1504]

1501 Abs. 5 Declaration on the contribution of the World Trade Organization to achieving greater coherence in global economic policymaking, verfügbar unter http://www.wto.org/english/docs_e/legal_e/32-dcohr.pdf, zuletzt eingesehen am 27.2.2014, lautet „The WTO should [...] pursue and develop cooperation with the international organizations responsible for monetary and financial matters[...]". WTO, The legal texts: The results of the Uruguay Round of Multilateral Trade Negotiations 3 (1999), 33 ILM (1994), 1249.

1502 Die WTO-rechtlichen Bestimmungen wurden in der Folge durch ein Kooperationsabkommen mit dem IWF ergänzt und konkretisiert.

1503 JENKS (Fn. 33), Rn. 123.

1504 Die Beziehungs- und Kooperationsabkommen, die die Vereinten Nationen mit ihren Sonderorganisationen schließen, binden letztere insofern besonders eng an die VN, als sie ein Empfehlungsrecht des Wirtschafts- und Sozialrats sowie der Generalversammlung der VN vorsehen, sowie eine Berichtspflicht der Sonderorganisationen. Vgl. Art. 58, Art. 63 Abs. 2 und Art. 64 Abs. 1 VNC. Siehe bspw. Art. IV u. V Abkommen zwischen den VN und der ILO vom 30. Mai 1946.

Erklärtes Ziel dieser Übereinkommen ist die Effektivität des jeweiligen Organisationsrechts zu steigern,[1505] die Kohärenz der Rechtsinstrumente zu stärken,[1506] Überschneidungen[1507] bzw. Regelungswidersprüche[1508] zu vermeiden und Synergien zu fördern[1509].

B. Allgemeine völkerrechtliche Pflicht

In Ermangelung vertraglicher Regelungen könnte das Völkergewohnheitsrecht internationale Organisationen verpflichten, sich zu koordinieren. Ansätze bieten der Grundsatz *pacta sunt servanda*, das Störungsverbot und eventuelle Kooperationspflichten.

I. Aus dem pacta sunt servanda-Grundsatz?

Pauwelyn nimmt - ohne weitere Begründung – an, dass es dem Grundsatz *pacta sunt servanda* zuwiderliefe, wenn internationale Organisationen nicht das von anderen Organisationen gesetzte Recht berücksichtigten, sofern dieselben Staaten bei beiden Organisationen Mitglieder sind. Er führt aus, dass sonst die im Rahmen einer Organisation eingegangenen Verpflichtungen durch die Mitgliedschaft in einer anderen Organisation umgangen werden könnten.[1510] Dies besagt aber nicht, dass internationale Organisationen die Adressaten des Umgehungs- bzw. Rechtsmissbrauchs-

---

1505 Art. 1 Abkommen zwischen der ILO und der FAO von 1947.

1506 Ziffer 3 Abkommen zwischen der ILO und der FAO vom 7. September 2004.

1507 Siehe etwa Abs. 2 Zusatzabkommen zum Abkommen zwischen der ILO und der FAO von 1955.

1508 Vgl. Abs. 10 WTO-IWF-Abkommen von 1996.

1509 Ziffer 12 Übereinkommen zwischen dem Europarat und der Europäischen Union vom Mai 2007.

1510 JOOST PAUWELYN, Bridging Fragmentation and Unity: International Law as Universe of Inter-connected Island, in: *Michigan Journal of International Law* 25 (2003-2004), S. 903–916, 904 f. führt aus: „For one institution (say, the WTO) to consider also the law created by the same states in other institutions […] flows logically from the principle of pacta sunt servanda."

verbots[1511] und daher verpflichtet wären, sich abzustimmen. Vielmehr machen sich die einzelnen Staaten nach den Grundsätzen der Staatenverantwortlichkeit haftbar, wenn sie ihre eventuell widersprüchlichen Verpflichtungen, die sie im Rahmen verschiedener Organisationen eingehen, nicht erfüllen.

II. Aus Störungsverbot

Unter dem Begriff des Störungsverbots wird in der deutschen Völkerrechtsliteratur diskutiert, inwiefern internationale Organisationen gehalten sind, das Recht anderer Organisationen zu berücksichtigen. Autoren, die solch eine Pflicht annehmen, begrenzen diese überwiegend auf das Gebot, sich Beeinträchtigungen anderer Vertragsordnungen zu enthalten. Das Störungsverbot könnte aber auch positive Koordinierungspflichten begründen.

1. Die Begründung des Störungsverbots

Das Konzept des Störungsverbots ist erstmals von Ruffert formuliert worden, wobei er sich dabei auf Ansätze der völkerrechtlichen Literatur sowie der Staatenpraxis stützt und sie mit Überlegungen zur Struktur des Völkerrechts untermauert. Prämisse seiner Argumentation ist, dass die Völkerrechtsgemeinschaft in zunehmenden Maße verfasst sei. Damit bezieht sich Ruffert auf die seit der Verabschiedung der VN-Charta fortschreitende Ausweitung des völkerrechtlichen Regelungsbereichs, die Anerkennung gemeinsamer fundamentaler Werte und materiell-rechtlicher Grundsätze sowie universale institutionelle und formelle Regelungen und Mechanismen wie insbesondere die ausschließliche Zuständigkeiten und Befugnisse der VN oder die Sanktionierung der Verletzung von *ius cogens*.[1512]

1511 Das Gebot, die aus der Mitgliedschaft in internationalen Organisationen resultierenden Pflichten nach Treu und Glauben zu erfüllen, wird teilweise auch als Grundlage des Verbots des Rechtsmissbrauchs gesehen, ALEXANDRE KISS, Abuse of Rights, in: *The Max Planck encyclopedia of public international law*, hg. von RÜDIGER WOLFRUM, Oxford u.a. 2012, Rn. 22.

1512 RUFFERT (Fn. 1307), S. 129 ff. Zu den Gemeinschaftsaufgaben bzw. zur Völkerrechtsgemeinschaft TOMUSCHAT (Fn. 26), S. 236 ff. und SIMMA (Fn. 26), S. 233 ff.

Gemeinsame Werte wie Frieden, Sicherheit und die Erhaltung des Öko-systems können nur dann verwirklicht werden, wenn die Staaten zusam-menarbeiten, insbesondere im Rahmen internationaler Organisationen. Ruffert folgert daraus, die internationale Gemeinschaft lasse Aufgaben, deren Erledigung im gemeinsamen Interesse liege, durch internationale Organisationen erfüllen. Formell würden solche Gemeinschaftsaufgaben von den Mitgliedstaaten, materiell aber von der Völkerrechtsgemeinschaft zugewiesen. Die Zuweisung erfolge nach dem Prinzip der Aufgabentei-lung und begrenze daher die Kompetenzen jeder Organisation auf ihr eige-nes, d.h. durch ihre Ziele bestimmtes, Aufgabengebiet. Denn die Gemein-schaftsaufgaben könnten nur dann effizient erledigt und gemeinsame Werte verwirklicht werden, wenn die verschiedenen internationalen Orga-nisationen klar abgegrenzte Aufgabenbereiche hätten und sich nicht gegenseitig behinderten. Ruffert greift damit ein Argument von René-Jean Dupuy auf, der die Zusammenarbeit internationaler Organisationen als Konsequenz der ihnen übertragenen Aufgaben betrachtet.[1513]

Ähnlich hat der IGH in seinem Gutachten zur Rechtswidrigkeit des Ein-satzes von Atomwaffen für das Verhältnis der Vereinten Nationen zu ihren Sonderorganisationen, *in concretu* der WHO, argumentiert. Danach verfügten internationale Organisationen nur über die Kompetenzen, die ihnen die Mitgliedstaaten mit Blick auf die zu fördernden gemeinsamen Interessen zusprechen. Bei der Auslegung der Kompetenzbestimmungen sei das von der VN-Charta skizzierte System komplementärer Organisa-tionen zu berücksichtigen, damit die der Charta zugrunde liegende Logik einer kohärenten internationalen Kooperation zum Tragen komme.[1514]

In diesem Zusammenhang stellt sich die Frage, ob das Störungsverbot als im Entstehen befindliche Regel des Völkergewohnheitsrechts lediglich zwischen Organisationen besteht, die eine besondere rechtliche Bindung aufweisen, also insbesondere zwischen den Organisationen des VN-Sys-

---

1513 DUPUY (Fn. 33), S. 462: *La solidarité de fait qui règne entre les Etats* du monde actuel [...] *se retrouve tout naturellement entre les organisations*, lesquelles ne sont que des associations d'Etats. Des phénomènes de solidarité poussent ceux-ci à s'unir dans des *organisations et celles-ci, à leur tour sont impuissantes à s'isoler.* L'ampleur des tâches à affronter nécessite aussi bien *des efforts de col-laboration et d'harmonisation, que de coordination,* non seulement afin d'éviter les doubles emplois, mais aussi *pour travailler de concert au bien commun des peuples* (Hervorhebung durch die Autorin).

1514 IGH, Gutachten vom 8. Juli 1996, Rep. 1996, S. 66 ff. – *Licéité de l'Utilisation des armes nucléaires* Rn. 25 f.

tems, oder zwischen allen Organisationen mit sich überschneidenden Zuständigkeiten. Während Ruffert letzteres annimmt, sieht van der Hout lediglich die Annahme eines Störungsverbots zwischen den Organisationen der VN-Familie durch die Praxis gedeckt.[1515] Innerhalb des VN-Systems bilden die VNC, die Gründungsverträge der Sonderorganisationen sowie die Kooperationsabkommen zwischen den VN und ihren Sonderorganisationen bzw. zwischen den verschiedenen Sonderorganisationen eine relativ engmaschige Rechtsgrundlage für die gegenseitige Koordinierung.[1516] Insofern ist fraglich, ob ein gewohnheitsrechtliches Störungsverbot inhaltlich über die vertraglichen Regelungen hinausreichen würde.[1517] Zudem gibt es auch außerhalb der VN-Familie eine umfangreiche Praxis der Koordinierungsbemühungen, die belegt, dass internationale Organisationen es in großem Umfang für erforderlich halten, sich zu koordinieren. Denn der Anspruch, die durch die Mitgliedstaaten übertragenen Aufgaben effizient zu erfüllen, gebietet eine Abstimmung, unabhängig von der eventuellen Zugehörigkeit zum VN-System.[1518] Dass sich bisher nicht alle internationalen Organisationen konsequent koordinieren, hindert dabei nicht zwangsläufig die Entstehung von Völkergewohnheitsrecht.

1515 ROBIN VAN DER HOUT, *Die völkerrechtliche Stellung der Internationalen Organisationen unter besonderer Berücksichtigung der Europäischen Union. Rechtspersönlichkeit, Handlungsfähigkeit und Autonomie*, Baden-Baden 2006, S. 146.

1516 Dazu bereits JENKS (Fn. 33), S. 175 ff.

1517 Dagegen spricht, dass der IGH bereits in seinem Gutachten *Licéité de l'Utilisation des armes nucléaires,* Rep. 1996, S. 66 ff. den WHO-Gründungsvertrags unter Berücksichtigung der VN-Charta ausgelegt hat.

1518 So auch DUPUY (Fn. 33), S. 584 der für die Beziehungen zwischen internationalen Organisationen eine Grundnorm skizziert, nach der die Organisationen im Interesse der internationalen Gemeinschaft kooperieren und ihre Aktivitäten koordinieren. Auch SAUER (Fn. 5), S. 402 ff., 404 schließt aus der Existenz eines Mehrebenensystems, mithin der faktischen Überlagerung und Verflechtung von völkerrechtlichen Regimen auf die Existenz von Loyalitätsgeboten bzw. Koordinierungspflichten: „Bei der Schaffung eines Mehrebenensystems ist eine wie auch immer geartete Integration beabsichtigt, ein Zusammenschluss zur Erfüllung gemeinsamer Aufgaben. Von dieser Zwecksetzung ist der Weg zu einem ergänzenden Loyalitätsgebot, das dem Ziel dient, Blockadepotenziale zugunsten der gemeinsamen Anliegen zu überwinden, nicht mehr weit."

2. Der Inhalt des Störungsverbots

Das Störungsverbot verbietet internationalen Organisationen, die effektive Arbeit anderer Organisationen unangemessen zu beeinträchtigen.[1519] Für Ruffert bedeutet dies, dass das Recht anderer Organisationen nicht in einer Weise interpretiert werden darf, „die Störungen im Gefüge dieser anderen Organisation hervorrufen könnte".[1520] Darüber hinaus sieht Neumann internationale Organisationen verpflichtet, das eigene Recht unter Beachtung anderer Verträge auszulegen.[1521] Ruffert und Neumann lehnen jedoch ausdrücklich positive Kooperations- bzw. Koordinierungspflichten ab.[1522]

Auch wenn man von einer bloßen (negativen) Enthaltungspflicht ausgeht, impliziert diese auch eine (positive) Zusammenarbeit: Denn wie können Störungen der anderen Organisation durch die Auslegung von deren Recht wirksam vermieden werden? Und wie das Recht der eigenen Organisation unter Berücksichtigung des Rechts einer anderen Organisation ausgelegt werden? Durch Kooperation mit der jeweils anderen betroffenen Organisation, etwa um Informationen über deren Vertragsauslegung zu erhalten.[1523]

1519 So die – im Vergleich zu von anderen Autoren gewählte – weite Formulierung von JAN NEUMANN, Die materielle und prozessuale Koordination völkerrechtlicher Ordnungen am Beispiel des Schwertfisch-Falls. Die Problematik paralleler Streitbeilegungsverfahren, in: *Zeitschrift für ausländisches öffentliches Recht und Völkerrecht* 2001, S. 529–576, 559 ff.

1520 RUFFERT (Fn. 1307), S. 161. Vgl. SEID-HOHENVELDERN UND LOIBL (Fn. 435), Rn. 1350 a, die ausführen, dass Rechtsprechungsorgane internationaler Organisationen – unabhängig von eventuellen Störungen oder diese unterstellend – nicht über das Verhalten anderer internationaler Organisationen entscheiden dürfen.

1521 Etwa bei der Entscheidung über die eigene Kompetenz zur Beurteilung von Klagen vor einem anderen Gericht, NEUMANN (Fn. 1519), S. 562. Mit der Berücksichtigung des Rechts fremder Organisationen – wohl über Art. 31 Abs. 3 lit. c WRVK hinaus – statuiert Neumann gewissermaßen eine positive Pflicht.

1522 RUFFERT (Fn. 1307), S. 163 f. und NEUMANN (Fn. 1519), S. 559.

1523 RUFFERT (Fn. 1307), S. 162 nennt dann auch als Beleg für die „schwachen Ansätze in der Staatenpraxis", die für die Entwicklung eines Störungsverbots sprechen, die Koordinationsbemühungen internationaler Organisationen. Nach NEUMANN (Fn. 1519), S. 566 ff. können prozedurale Kooperationspflichten aus

Kann eine eventuelle Beeinträchtigung einer anderen Vertragsordnung nicht einseitig vermieden werden, impliziert ein Störungsverbot zudem die Pflicht, in Zusammenarbeit mit der anderen Organisation auf die Lösung des Problems hinzuarbeiten. Dies ist dann der Fall, wenn die Vertragsordnungen widersprüchliche Regeln enthalten. Mithin kann ein Störungsverbot jedenfalls dann Grundlage von Koordinierungspflichten sein, wenn die gegenseitige Störung in einem Normkonflikt begründet liegt.[1524]

III. Interorganisationelle Kooperationspflicht

Die Pflicht, sich mit anderen Organisationen zu koordinieren, könnte von einer interorganisationellen Kooperationspflicht umfasst sein. Für Staaten wird teilweise eine Kooperationspflicht gegenüber anderen Staaten[1525]

---

dem Gebot der Koordination erwachsen. So schlägt er etwa die Einholung von Gutachten vor, damit Streitbeilegungsorgane internationaler Organisationen das Recht anderer Organisationen gebührend berücksichtigen.

1524 So auch MATZ (Fn. 25), S. 367, die ein Störungsverbot „lediglich als rechtliche Grundlage weiterer Koordinierungsaktivitäten" versteht. „Das gilt jedenfalls dann, wenn die eigentliche gegenseitige Störung in einem Konflikt von Normen begründet liegt. Eine Nicht-Störungspflicht wäre danach zwar Anlass für eine Koordinierung, da sich die beteiligten Akteure nur bei ihrer Beachtung, z.B. in Bezug auf Fragen der Auslegung oder der Umsetzung von Normen, völkerrechtskonform verhalten würden. Sie gibt aber, sofern ein inhaltlicher Ausgleich von Normen erforderlich ist, nicht auch das Ergebnis vor." Denn für die Lösung von Normkonflikten ist die strikte Abgrenzung von Regelungsbereichen anstelle eines Dialogs eher kontraproduktiv, da Normkonflikte oft durch komplexe Probleme bedingt werden, YOUNG (Fn. 35), S. 92 f.

1525 Vgl. etwa CHRISTIAN TIETJE, The Duty to Cooperate in International Economic Law and Related Areas, in: *International law of cooperation and state sovereignty. Proceedings of an international symposium of the Kiel Walther-Schücking-Institute of International Law, May 23 - 26, 2001*, hg. von JOST DELBRÜCK und URSULA E. HEINZ, Berlin, S. 45–65, 59 ff. im Bereich des Wirtschaftsvölkerrechts mit Bezug auf die Rechtsprechung des Appellate Body, Report vom 12. Oktober 1998, *US – Import Prohibitions of Certain Shrimp and Shrimp Products*, Rn. 166 ff. In diesem Fall hat der Appellate Body die Rechtfertigung einer handelseinschränkenden Maßnahme nach Art. XX GATT, die dem extraterritorialen Umweltschutz diente, unter die Bedingung gestellt, dass Verhandlungen mit den betroffenen Staaten zur Lösung des Umweltproblems geführt worden waren.

bzw. internationalen Organisationen angenommen. Internationale Organisationen als durch Staaten gebildete Institutionen könnten so parallel zu diesen gehalten sein, sich zu koordinieren.[1526]

Für eine Kooperationspflicht spricht, dass sowohl die VNC[1527] als auch einige Resolutionen der VN-Generalversammlung, insbesondere die Resolution 26/25 (XXV)[1528], zur zwischenstaatlichen Kooperation aufrufen.[1529] Dem ist aber entgegenzuhalten, dass das VN-Recht in dieser Hinsicht kein Gewohnheitsrecht wiedergibt, sondern auf eine Veränderung der Rechtslage gerichtet ist.[1530] Überwiegend wird daher eine allgemeine Pflicht zur Kooperation wie auch eine Kooperationspflicht auf wirtschaftlichem Gebiet für Staaten[1531] und für internationale Organisationen[1532] abgelehnt.[1533]

1526 Vgl. Dupuy (Fn. 33), S. 462: „La solidarité de fait qui règne entre les Etats du monde actuel [...] se retrouve tout naturellement entre les organisations, lesquelles ne sont que des associations d'Etats. Des phénomènes de solidarité poussent ceux-ci à s'unir dans des organisations et celles-ci, à leur tour sont impuissantes à s'isoler."

1527 Nach Art. 1 Abs. 3 VN setzten sich die Vereinten Nationen u.a. zum Ziel, „eine internationale Zusammenarbeit herbeizuführen, um internationale Problemen wirtschaftlicher, sozialer, kultureller und humanitärer Art zu lösen [...]". Artikel 56 VNC statuiert die Pflicht der Mitgliedstaaten, zur internationalen Zusammenarbeit auf wirtschaftlichem und sozialen Gebiet beizutragen. Weiterhin entwirft die Charta ein System internationaler Organisationen, in dessen Zentrum die VN stehen und Beziehungen mit spezialisierten und komplementären Organisationen unterhalten, Art. 57 und 63 VNC. Insofern sieht die Charta nicht nur die zwischenstaatliche, sondern auch die interorganisationelle Kooperation vor.

1528 VN-Generalversammlung, Erklärung zu den völkerrechtlichen Grundsätzen der freundschaftlichen Beziehungen und Zusammenarbeit zwischen Staaten vom 24. Oktober 1970, VN-Dok. A/RES/25/2625. Siehe auch die Resolution der Generalversammlung zur Stärkung internationaler Organisationen auf dem Gebiet des multilateralen Handels vom 19. Dezember 1994, VN-Dok. A/RS/ 49/97.

1529 Neumann (Fn. 1519), S. 560 schließt daraus etwa auf ein Gebot der Zusammenarbeit.

1530 Delbrück, Wolfrum und Dahm (Fn. 1481), § 172, II.1

1531 ebd., § 172, II.1

1532 Neumann (Fn. 1519), S. 559.

1533 Wo sie doch angenommen wird, stützen sich die Verfechter hauptsächlich auf vertraglich vereinbarte Kooperationspflichten. Siehe etwa Tietjes Ausführungen zu Kooperationspflichten zwischen internationalen Organisationen sowie zwischen Staaten und internationalen Organisationen, Tietje (Fn. 1525), S. 49 ff.

Teilweise wird für eine Kooperationspflicht für Staaten und internationale Organisationen angeführt, dass Fälle widerstreitender Interessen nur kooperativ durch einen Ausgleich gelöst werden können. Für den Bereich des Wirtschaftsvölkerrechts, wo Handels-, Finanz- Sozial- und Umweltregelungen relevant werden, hinter denen teilweise widerstreitende Belange stehen, nimmt Tietje daher eine Kooperationspflicht an, soweit konkurrierende Interessen einen Ausgleich erforderlich machen.[1534] Tietje ist zuzustimmen, dass wenn nicht in unterschiedlichen Kontexten diametral entgegengesetzte Lösungen durchgesetzt werden sollen, eine Kooperation erforderlich ist. Letztlich geht es langfristig darum, dass eine Vertragsordnung nicht von einer anderen konterkariert wird. Damit nähern wir uns den Argumenten an, die für ein Störungsverbot angeführt werden, und auch vertragliche Abstimmungspflichten begründen: Um ihre Aufgaben wirksam zu erfüllen, müssen internationale Organisationen sich koordinieren.

Kapitel 2 Anforderungen an Koordinierungsmechanismen

Die zwischen den verschiedenen Regimen der westafrikanischen Wirtschaftsintegration festgestellten Konflikte können durch die Koordinierung dieser Vertragsordnungen vermieden bzw. gelöst werden. Im Folgenden sollen die wichtigsten in der Völkerrechtspraxis bisher geläufigen und in der Literatur diskutierten Koordinierungsmechanismen untersucht werden. Dazu soll zuerst mit der Abstimmungswirkung und der Legitimität ein Maßstab für Koordinierungsmechanismen formuliert werden.

A. Die Abstimmungswirkung

Um als Koordinierungsmethode zu gelten, müssen die verschiedenen Verfahren und Instrumente geeignet sein, die Abstimmung von Vertragsordnungen zu bewirken und somit Normkonflikte zu vermeiden bzw. auszuräumen. Eine Abstimmung liegt einerseits vor, wenn die Vertragsordnungen unterschiedliche Gegenstände regeln und sich im Sinne einer Komplementarität ergänzen. Andererseits kann die Abstimmung durch die Harmonisierung der gleichzeitig anwendbaren Regelungen erreicht wer-

---

1534 ebd., S. 64.

den. Auch die Festlegung des vorrangig anwendbaren Regimes durch eine Konfliktlösungsregel bewirkt eine Koordinierung. Des Weiteren kann auch die Einführung von „Kompatibilitätstechniken" für eine Abstimmung durch die Gewährleistung der Kompatibilität verschiedener Ordnungen sorgen.

I. Komplementarität

Die Komplementarität ist eng mit der Begrenzung und Spezialität des Mandats internationaler Organisationen verbunden.[1535] Im Regelfall interpretieren die Organe der jeweiligen Organisation die Reichweite ihres durch den Gründungsvertrag bestimmten Mandats selber. Insbesondere bei supranationalen Organen besteht dadurch eine Tendenz zur großzügigen Auslegung und damit zur Ausweitung des eigenen Mandats.[1536] Deshalb könnte die Loslösung vom Auslegungsmonopol, das internationale Organisationen für ihr Mandat genießen, die Koordinierung erleichtern. So könnten beispielsweise gemischt zusammengesetzte Organe über die Frage entscheiden, ob eine Organisation einen bestimmten Bereich regeln darf. Allerdings mag, insbesondere im Bereich des *soft law*, eine Dopplung ähnlicher Regelungen der Bildung neuen Gewohnheitsrechts und der Weiterentwicklung bestehender Regelungen zuträglich sein.[1537] Zudem erfordern die komplexen Probleme, die internationale Organisationen bewältigen sollen, oftmals einen interdisziplinären Ansatz, der nur von mehreren internationalen Organisationen geleistet werden kann.[1538] Eine trennscharfe Kompetenzabgrenzung zur Vermeidung jeglicher Regelungs-

---

1535 Dieser Ansatz wird auch als „negative Koordinierung", die der Vermeidung doppelter Aktivität dient, bezeichnet. Siehe ROBERTO SOCINI, *Rapports et conflits entre organisations européennes*, Leyden 1960, S. 45 ff. und SCHERMERS UND BLOKKER (Fn. 435), § 1705.

1536 HÉLÈNE BOUSSARD, La coordination des organisations internationales: L'exemple du Comité interinstitutions des Nations Unies sur la bioéthique, in: *Revue française d'administration publique* 2008, S. 373–385, 377 f.

1537 J. VERHOEVEN, Concurrence et contradictions, in: *A handbook on international organizations. Manuel sur les organisations internationales*, hg. von RENÉ-JEAN DUPUY, The Hague, 2. Aufl. 1998, S. 438–441, S. 438, BOUSSARD (Fn. 1536), S. 379.

1538 YOUNG (Fn. 35), S. 92 f.: „There is a situation of continuing diversity and imbalance in international law, and emerging problems require different institutional and normative responses."

doppelung ist daher nicht wünschenswert. Dies gilt besonders, wenn die Normen, die sich überschneiden, unterschiedliche juristische Status und Wirkung haben. Berücksichtigt man den rechtlichen Status des „Regulierungsprodukts", wird eine – koordinationsauslösende – Dopplung im Übrigen seltener anzunehmen sein.[1539]

II. Harmonisierung

Die Harmonisierung von Regelungsinhalten ist daher eine effektivere Form der Koordinierung.[1540] Sie besteht darin, unterschiedliche Regelungen anzunähern bzw. zu vereinheitlichen. Dabei kann es aber nicht darum gehen, die Vertragsordnungen in allen sich überschneidenden Punkten „gleichzuschalten", d.h. die Regelungen hinsichtlich ihres Anwendungsbereichs, ihrer Reichweite und ihres rechtlichen Status identisch zu gestalten, sondern darum eine Vereinbarkeit der Vertragsordnungen zu erreichen. Das heißt, dass die Mitgliedstaaten mehrerer Organisationen nicht Adressaten konfligierender Normen werden.

III. Konfliktlösungsregeln

Vertragsordnungen werden – mit Blick auf das Minimalziel der Vermeidung von Normkonflikten – koordiniert, wenn zwischen ihnen Regeln bestehen, die bestimmen, welche Norm im Konfliktfall vorrangig anwendbar ist. Solche Regeln existieren insbesondere für das Verhältnis hierarchisierter Vertragsordnungen. Allerdings verhindert die Tatsache, dass eine Vertragsordnung für die andere Vorgaben macht und damit eine normative Hierarchie besteht, nicht zwingend, dass die Mitgliedsländer beider Vertragsordnungen Adressaten konfligierender Normen werden. Vielmehr bestehen klare Konfliktlösungsregeln nur im Ausnahmefall.[1541] Artikel 103 VNC ist ein solcher Ausnahmefall, da er den Vorrang aller aus der

---

1539 Boussard (Fn. 1536), S. 378.

1540 ebd., S. 376.

1541 Patrick Daillier, Mathias Forteau und Alain Pellet, *Droit International Public*, Paris, 8. Aufl. 2009, S. 297. Konfliktlösungsklauseln führen oftmals nicht zu einem eindeutigen Auslegungsergebnis oder haben wegen des Grundsatzes der relativen Wirkung von Verträgen eine begrenzte Wirksamkeit.

Charta stammenden Verpflichtungen der Mitgliedstaaten vor den Pflichten aus anderen Übereinkommen anordnet. Er kann verhindern, dass Staaten Adressaten widersprüchlicher Normen werden, da praktisch alle internationalen Organisationen durch ihre Mitgliedstaaten (indirekt) an das Recht der VN gebunden sind und den Supremat der VN (teilweise ausdrücklich) anerkennen.

IV. Kompatibilität durch Vernetzung

In scharfer Abgrenzung von Hierarchisierungsansätzen stehen die Bestrebungen, unterschiedliche internationale Regime zu einem Netzwerk zu verbinden und (minimal) kompatibel zu machen. Danach sollen Normkonflikte nicht durch die Bestimmung eines vorrangigen Regimes, sondern durch die Entwicklung eines neuen transnationalen Rechts gelöst werden. Dieses bildet sich dezentral durch die gegenseitige Beobachtung und Kommunikation der autonomen Regime.[1542] „Kompatibilitätstechniken" sind etwa die (unilaterale) Öffnung des eigenen Rechts für konfligierende Belange, die in anderen Rechtsordnungen Ausdruck finden, d.h. die Einbeziehung des Rechts konfligierender Regime[1543], und die widerlegbare Vermutung, dass die Entscheidungen der Gerichte internationaler Regime füreinander den Wert eines Präjudiz genießen[1544].

Obwohl dieser Ansatz vor allem mit Blick auf Regime entwickelt wurde, die gegensätzliche Interessen verfolgen und somit bereits konfligierende Programme haben, dürfte er auch im Zusammenhang mit dem westafrikanischen Recht der Wirtschaftsintegration fruchtbar zu machen sein, insofern er gegenseitige Beobachtung und Bezugnahmen und damit unter Umständen eine gewisse Selbstbeschränkung des eigenen Regelungsanspruchs verlangt. Im Unterschied zu der Koordinierung durch

---

1542 FISCHER-LESCANO und TEUBNER (Fn. 25), S. 1017 f., 1021 ff. nennen dieses neuartige transnationale Recht ein „juristisches Esperanto".

1543 FISCHER-LESCANO und TEUBNER (Fn. 25), S. 1029 ff. führen Ziffer 17 Doha-Erklärung der WTO vom 20. November 2001, WTO-Dok. WT/MIN(01)/Dec/1, zum Erfordernis, das TRIPS so auszulegen, dass die öffentliche Gesundheitspflege unterstützt wird, als Beispiel für die Einbeziehung konkurrierender Belange und konfligierenden Rechts in die WTO-Rechtsordnung an.

1544 JENNY S. MARTINEZ, Towards an International Judicial System, in: *Stanford Law Review* 56 (2003), S. 429–529, 487 und FISCHER-LESCANO und TEUBNER (Fn. 25), S. 1044.

Komplementarität besteht die Beschränkung hier nicht in der Enthaltung, bestimmte Bereiche zu regulieren, sondern in der Einbeziehung ordnungsfremder Regulierungen. Damit nähert sich der Ansatz der Harmonisierung an, unterscheidet sich aber darin, dass der Schwerpunkt auf der minimalen Kompatibilität statt auf der Vereinheitlichung der Regelungsinhalte liegt.

B. Legitimität

Wegen der zunehmenden Verschiebung ursprünglich staatlicher Kompetenzen auf die Ebene internationaler Institutionen ist die demokratische Legitimation des Völkerrechts Gegenstand der wissenschaftlichen Diskussion.[1545] Dabei kann Legitimität einerseits prozedural anhand des Entscheidungsprozesses, andererseits daran bemessen werden, inwiefern die gefundene Entscheidung öffentliche Werte widerspiegelt.[1546] Im Folgenden soll nur auf die durch das Verfahren vermittelte Legitimität eingegangen werden. Eine Entscheidung gilt aufgrund des Entscheidungsprozesses als legitim, wenn die von ihr Betroffenen, d.h. durch sie Verpflichteten, an ihr direkt oder indirekt teilhaben konnten, mithin repräsentiert wurden,[1547] und die Entscheidung Folge einer auf gegenseitige Überzeugung gerichteten Beratung und eines rationalen Diskurses ist.[1548]

1545 Siehe etwa KARL-PETER SOMMERMANN, Demokratie als Herausforderung des Völkerrechts, in: *Völkerrecht als Wertordnung. Festschrift für Christian Tomuschat*, hg. von PIERRE-MARIE DUPUY, BARDO FASSBENDER, MALCOLM N. SHAW und KARL-PETER SOMMERMANN, Kehl 2006, S. 1051–1065 und RÜDIGER WOLFRUM, Legitimacy of International Law from a Legal Perspective: Some Introductory Considerations, in: *Legitimacy in international law*, hg. von RÜDIGER WOLFRUM und VOLKER RÖBEN, Berlin, New York 2006, S. 1–24.

1546 MICHAEL ZÜRN, Democratic Governance Beyond the Nation-State: The EU and Other International Institutions, European Journal of International Relations 6 (2000), S. 183-221, 184.

1547 DAVID HELD, Democracy and the Global Order, Cambridge, 1. Aufl. 1995, S. 147.

1548 JOSHUA COHEN, Deliberation and Democratic Legitimacy, in: The Good Polity. Normative Analysis of the State, hg. von ALAN HAMLIT and PHILIP PETITT, Oxford 1989.

So wie die Fragmentierung des Völkerrechts eine stark politische und damit institutionelle Dimension hat,[1549] ist auch die Koordinierung völkerrechtlicher Vertragsordnungen als mögliche Antwort eng mit der (politischen) Entscheidung verbunden, wie die in den verschiedenen Vertragsordnungen verkörperten Werte und Interessen gewichtet und zum Ausgleich gebracht werden.[1550] Damit sollten auch an Koordinierungsmechanismen und koordinierende Institutionen Legitimationsanforderungen – zweierlei Art – gerichtet werden. Einerseits dürfen Koordinierungsinstrumente grundsätzlich Legitimation nicht beeinträchtigen, die mitgliedstaatlich vermittelt wird. Andererseits müssen Koordinierungsinstrumente, d.h. vor allem -institutionen, selber grundlegenden Legitimationsanforderungen genügen.

I. Vermeidung eines neuen Legitimationsdefizits

Grundsätzlich darf die Koordinierung von Vertragsordnung nicht dazu führen, dass die mitgliedstaatlich (durch das Einverständnis, einer Organisation beizutreten bzw. Vertragspartei zu werden) oder über parlamentarische Versammlungen oder Verbände und Vereinigungen der Zivilgesellschaft vermittelte Legitimation geschmälert wird. Koordinierungsmechanismen dürfen also nicht dazu führen, dass nicht-legitimierte Institutionen oder Personen weitreichende Regelungsbefugnisse erhalten. Im Zusammenhang mit internationalen Organisationen bedeutet dies in erster Linie,

---

1549 KOSKENNIEMI und LEINO (Fn. 25), S. 561 f. Siehe auch THOMAS KLEINKLEIN, Judicial Lawmaking by Judicial Restraint? The Potential of Balancing in International Economic Law, in: *International judicial lawmaking. On public authority and democratic legitimation in global governance*, hg. von ARMIN von BOGDANDY und INGO VENZKE, Berlin, New York 2012, S. 251–292, 258: „[F]ragmentation is not so much a technical problem resulting from lack of coordination, but rather a hegemonic struggle, where each institution, though partial, tries to occupy the space of the whole."

1550 Für MARTTI KOSKENNIEMI, Hegemonic Regimes, in: *Regime interaction in international law. Facing fragmentation*, hg. von MARGARET A. YOUNG, Cambridge 2012, S. 305–324 geht mit Regime-Interaktionen bzw. -koordinierung immer eine Evaluierung und Priorisierung der betroffenen Regime einher. Siehe auch YOUNG (Fn. 32), S. 271: „If, through its influence on international norms, regime interaction alters the rights of states, it is important to have regard to its legitimacy."

dass diese an ihr Mandat und die primärrechtlich verankerten Entscheidungsprozesse gebunden sind und von diesen nicht wegen eventueller Koordinierungsmechanismen abweichen dürfen.[1551]

II. Spezifische Legitimationsanforderungen an Koordinierungsinstrumente

Koordinierungsinstrumente, d.h. vor allem -institutionen, sollten grundlegenden Legitimationsanforderungen entsprechen: So müssen sie transparent agieren, um ihre Arbeit überprüfbar zu machen.[1552] Dies verlangt den öffentlichen Informationszugang.[1553] Wünschenswert ist zudem die Beteiligung der Interessengruppen, deren Interessen verhandelt werden.[1554] Für

---

1551 Vgl. YOUNG (Fn. 32), S. 169, die einen Vorschlag zur FAO-CITES-Koordinierung durch die Einführung eines Genehmigungsvorbehalts für bestimmte Konstellationen unter Hinweis auf den CITES-Gründungsvertrag ablehnt. Dies kann etwa der Verabschiedung organisationsübergreifender Rechtsakte entgegenstehen. Vgl. Jean-Claude Juncker, Bericht zur Zusammenarbeit der EU und des Europarats, „A sole ambition for the European continent", 11. April 2006, S. 9, und DUPUY (Fn. 33), S. 474 für die Zusammenarbeit zwischen dem Europarat und der EGKS.

1552 Für YOUNG (Fn. 32), S. 261 f. ist die Transparenz auch eine Bedingung für die effektive Koordinierung. ALLEN BUCHANAN und ROBERT O. KEOHANE, The Legitimacy of Global Governance Institutions, in: *Legitimacy in international law*, hg. von RÜDIGER WOLFRUM und VOLKER RÖBEN, Berlin, New York 2006, S. 25–62, 59 fassen die Legitimitätsanforderungen (an *Global Governance* – Institutionen) in drei Punkten zusammen: Sie müssen auf der Zustimmung der betroffenen Staaten beruhen, substantielle Kriterien der minimalen moralischen Akzeptabilität, des komparativen Vorteils und der institutionellen Integrität befriedigen und die epistemischen Voraussetzungen für die Überprüfbarkeit ihrer Arbeit erfüllen.

1553 So fordert etwa BOUSSARD (Fn. 1536), S. 385 für den koordinierenden Interinstitutionellen Ausschuss zu Fragen der Bioethik der Vereinten Nationen, dass dieser Informationen über seine Arbeit, insbesondere in Form von Berichten, veröffentliche.

1554 Für die Kollision zwischen Handels- und Umweltschutzbelangen, die sich im Fall eines US-amerikanischen Importverbots für Garnelen(-produkte) manifestierte, hat der Appellate Body (AB) die Durchführung von Verhandlungen mit den betroffenen Exportstaaten geprüft. U.a. mangels ernstlichen Verhandlungsbemühungen sah der AB die extra-territoriale Umweltschutzmaßnahme nicht als gemäß Art. XX GATT gerechtfertigt an, Appellate Body, Bericht vom 12. Oktober 1998, WTO-Dok. WT/DS58/AB/R, Rn. 166 – *Import Prohibition*

Young implizieren Regime-Interaktionen für die betroffenen Vertragsordnungen die kontinuierliche (gegenseitige) Prüfung, um die Legitimität der Einbeziehung der Normen anderer Vertragsordnungen zu bestimmen.[1555] Kriterien für die verantwortungsvolle und damit legitime Koordinierung sind insbesondere der Grad der internationalen Zustimmung zu einer regime-externen Norm, der sich anhand der Anzahl der Vertragsparteien bzw. Mitgliedstaaten und deren Repräsentativität (Teilnahme gleichermaßen von Industrie- wie Entwicklungsländern) bemisst, und die demokratische Legitimität des Normsetzungsverfahrens.[1556]

---

of Shrimp and Shrimp Products. Während TIETJE (Fn. 1525), S. 61 f. darin die Annahme einer zwischenstaatlichen Kooperationspflicht sieht, betont PATRICIA ISELA HANSEN, Transparency, Standards of Review, and the Use of Trade Measures to Protect the Global Environment, in: *Virginia Journal of International Law Association* 39 (1999), S. 1017–1068, 1057 ff. die Wichtigkeit prozeduraler Transparenz für eine Interessenabwägung (auf nationaler Ebene), die der Überprüfung (durch internationale Streitbeilegungsmechanismen wie dem AB) standhält. In diesem Zusammenhang wurde angeregt, NRO in die Arbeit von Koordinierungsinstitutionen einzubeziehen, BOUSSARD (Fn. 1536), S. 384 f. mit Blick auf den Interinstitutionellen Ausschuss zu Fragen der Bioethik der Vereinten Nationen.

1555 YOUNG (Fn. 35), S. 104 f.:„[...] need for IGOs to scrutinise and review the 'sources' of external regimes (the norms including the degree to which they are supported internationally) and the 'sources of the external sources', including the NGOs that wish to gain access to relevant regimes, in order for regime interaction to be accountable. This need exists for all types of regime interaction, although it is more significant when regime interaction stems from informal institutional arrangements, rather than parallel membership or the mutual agreement of states."

1556 YOUNG (Fn. 32), S. 278 ff, 282 ff: „For IGOs that participate in regime interaction as stakeholders [...] assessments of their accountability will focus on two main aspects: their functions and the way they operate. As to the first aspect, the norms which an IGO is responsible for advancing will be scrutinised. This includes questions about the level of membership of states, and the degree to which such membership is spread across developing and developed countries [...]. The OECD, for example, which represents only thirty developed countries, may have less weight in appropriate regime interaction than a body such as the WTO. Moreover, a norm will demonstrate a higher degree of consensus if it has been developed according to principles of openness and transparency. As to the second aspect, the openness, accessibility and transparency of procedures within the IGO will be relevant in determining the appropriateness of its participation. For example, if the FAO is to act as a peer reviewer for the conduct of states in the proposed WTO subsidies disciplines, the WTO should continually assess the FAO's procedures." Siehe auch YOUNG (Fn. 35), S. 104 ff.

Kapitel 3 Koordinierungsmethoden

Viele internationale Organisationen koordinieren sich mit anderen internationalen Organisationen, zumindest soweit diese ähnlich ausgerichtet sind und überschneidende Regulierungsbereiche haben. So unterhalten beispielsweise die Vereinten Nationen mit ihren Sonderorganisationen, die WTO mit dem IWF und die EU mit dem Europarat enge interorganisationelle Beziehungen, die in Kooperationsabkommen formalisiert wurden. In der Praxis haben sich daher bestimmte Koordinierungsmechanismen etabliert. Diese können nach verschiedenen Kriterien kategorisiert werden, ohne dass bisher in der Literatur eine Darstellung vorgeschlagen worden wäre, die Überschneidungen der verschiedenen Kategorien vermeiden könnte.[1557] Im Anschluss an eine Lehre, die das Völkerrecht als Prozess versteht, sollen hier die Koordinierungsmechanismen danach unterteilt werden, auf welcher Stufe des Rechtsprozesses sie intervenieren.[1558] Denn um wirksam Normkonflikte zu vermeiden bzw. zu lösen, müssen die Koordinierungsbemühungen alle Stufen des rechtlichen Prozesses erfassen, da auf jeder einzelnen Stufe die Möglichkeit abweichender Normsetzung, -anwendung bzw. -auslegung besteht. Mithin sollen Koordinierungsmechanismen für die Rechtssetzung, Anwendung und für die gerichtliche Überprüfung dargestellt werden, wobei es dabei zu Überschneidungen kommen kann.[1559] Dabei sollen die verschiedenen Koordinierungsformen auf die im vorigen Kapitel formulierten Anforderungen hin untersucht werden, insbesondere auf ihre Eignung zur Vermeidung von Normkonflikten.[1560] Die genannten Legitimationsanforderungen sollen nur in den Fällen angesprochen werden, in denen sich eine Prüfung aufdrängt.

1557 Siehe beispielsweise die von Neumann (Fn. 32), S. 95 f. vorgenommene Unterteilung in negative und positive, materielle und formelle Koordinierung, legislative, exekutive und judikative Koordinierung, rechtsgesetzte und rechtsangewendetet sowie unterordnende, gemeinsame und autonome Koordinierung.

1558 Siehe zur Konzeption des Völkerrechts als Prozess ROSALYN HIGGINS, *Problems and process. International law and how we use it*, Oxford, New York 1995, S. 2 f.

1559 Dies Aufteilung hat auch YOUNG (Fn. 32) ihrer Untersuchung zu Grunde gelegt.

1560 Siehe jeweils unter dem Abschnitt „Koordinierungsgehalt".

A. Rechtssetzung

Die Koordinierung bei der Rechtssetzung ist von besonderer Bedeutung, kann sie doch Normkonflikte vermeiden bzw. ausräumen, bevor sie sich in der Praxis realisieren. Wie bei der Rechtsanwendung und der gerichtlichen Überprüfung ist der Informationsaustausch die Voraussetzung jeglicher Koordinierung. Darüber hinaus kann die Koordinierung durch weitere Methoden bewirkt werden, wie beispielsweise die Vermittlung von Expertise oder die gemeinsame Rechtssetzung.

I. Informationsaustausch

Der gegenseitige Austausch von Informationen gehört zum Kernbestand der Zusammenarbeit zwischen internationalen Organisationen. Entsprechend verpflichten sich zahlreiche internationale Organisationen in Kooperationsabkommen, einander Dokumente und Informationen zur Verfügung zu stellen. Zusätzlich verpflichten sich einige Organisationen, auf Anfrage Sonderauskünfte zu erteilen und Berichte zu verfassen.

1. Inhalt

Kooperationsabkommen enthalten üblicherweise eine Klausel zum Informationsaustausch. Darin wird der gegenseitige Austausch von (nicht-vertraulichen) Informationen und Dokumenten zugesichert. Zumeist wird dies in der Form geschehen, dass Dokumente in Form von (elektronischen) Kopien zur Verfügung gestellt werden. Soweit relevante Informationen nicht vollständig in Dokumenten Niederschlag finden, wird nicht spezifiziert, in welcher Form die Informationen zur Verfügung zu stellen sind. Theoretisch können Information auch mündlich geliefert werden; mit steigendem Informationsgrad wird aber nur eine schriftlichen Mitteilung den Interessen der anderen Organisation gerecht werden.

Zahlreiche Koordinierungsmethoden bieten darüber hinaus Gelegenheit zum informellen Informationsaustausch. Dies gilt etwa für die Möglichkeit, Tagesordnungspunkte bei Sitzungen von Organen der jeweils anderen Organisation einzufügen[1561] oder an solchen Sitzungen mit Wortmeldungen teilzunehmen[1562], schriftliche Mitteilungen einzureichen[1563] sowie für Konsultationen[1564].

a. Austausch von Informationen und Dokumenten

In Kooperationsabkommen vereinbaren internationale Organisationen regelmäßig den gegenseitigen Austausch von Informationen und Dokumenten, soweit diese für die jeweiligen Organisationen von Interesse sind.[1565] Das heißt, Organisationen mit verschieden weiten Mandaten genießen entsprechend unterschiedlich weitgehende Informationsrechte. Exemplarisch sind dafür die Kooperationsabkommen, die die Vereinten Nationen mit anderen Organisationen, insbesondere ihren Sonderorganisationen, schließen. Den VN als universaler Organisation wird darin grundsätzlich der Zugang zu allen Informationen und Dokumenten zugesichert, während die jeweils andere Organisation Zugang zu den Informationen erhält, die für sie von Belang sind.[1566] Dabei unterliegt die Frage, ob eine Information für die andere Organisation von Interesse ist, der Bewertung des Verwaltungsorgans der jeweils (potentiell) informationsteilenden Organisation.[1567]

Die Informationen können alle Aspekte der Organisationstätigkeit betreffen, insbesondere die Normsetzung und die Umsetzung von Projekten und Programmen. Davon sind allerdings regelmäßig Informationen ausgenommen, die von der Auskunft erteilenden Organisation als vertrau-

---

1561 Siehe bspw. Art. III VN-ILO-Abkommen.

1562 Vgl. Art. 2 ILO-FAO-Abkommen und Art. 5 IWF-WTO-Abkommen

1563 Vgl. Art. 8 S. 1 IWF-WTO-Abkommen.

1564 Siehe etwa Ziffer 25 Vereinbarung zwischen dem Europarat und der Europäischen Union [im Folgenden ER-EU-Vereinbarung].

1565 Die Begrenzung auf das Interesse und damit letztlich das Mandat einer Organisation versteht sich mit Blick auf das Prinzip der Spezialität der Mandate von selbst. Oftmals wird diese Begrenzung aber auch ausdrücklich vorgenommen.

1566 Vgl. etwa Allgemeiner Rat der WTO, Arrangements for Effective Cooperation with other Intergovernmental Organizations, Relations with the United Nations [im Folgenden WTO-VN-Vereinbarung], WTO-Dok. WT/GC/W/10, S. 5, und Art. VI Abs. 2 u. 3 Abkommen über die Beziehung der Vereinten Nationen zur Internationalen Atomenergie-Organisation von 1957 [im Folgenden VN-IAEA-Abkommen].

1567 YOUNG (Fn. 32), S. 176 merkt an, dass dies ein Streitpunkt sein könnte.

lich eingestuft werden.[1568] Während die allgemeine Klausel meist den „umfassenden und umgehenden" Austausch von Informationen und Dokumenten vorsieht,[1569] wird die Informationspflicht teilweise in speziellen Klauseln für besondere Fragen konkretisiert und detaillierter geregelt.

So sieht etwa Art. 7 Übereinkommen zwischen dem IWF und der WTO vor, dass sich die Parteien im Voraus die Tagesordnungen und Dokumente zugänglich machen, die für die Sitzungen der jeweils anderen Organisation, an denen sie teilnehmen, relevant sind.[1570] Weitere Beispiele finden sich in Kooperationsabkommen zwischen Organisationen der VN-Familie: Die Vereinten Nationen verpflichten beispielsweise ihre Sonderorganisationen, sie vor Abschluss eines formellen Vertrags mit einer anderen internationalen Organisation, über die Art und Tragweite des Abkommens in Bilde zu setzen.[1571] Die ILO und die FAO haben wiederum vereinbart, einander zum frühestmöglichen Zeitpunkt, wenn Arbeitsprogramme und Planungen künftiger Aktivitäten erstellt werden, detaillierte Entwürfe zur Verfügung zu stellen. Dies umfasst Programm- und Projektvorschläge genauso wie geplante Veröffentlichungen, Studien und Konferenzen.[1572]

1568 Vgl. Art. 4 Abs. 1 Kooperationsabkommen zwischen der Internationalen Arbeitsorganisation und der Ernährungs- und Landwirtschaftsorganisation der Vereinten Nationen (Inkrafttreten 1947) [im Folgenden: ILO-FAO-Abkommen] und Art. II VN-IAEA-Abkommen.

1569 Vgl. etwa Art. V Abs. 1 Übereinkommen zwischen den Vereinten Nationen und der Internationalen Arbeitsorganisation von 1946 [im Folgenden VN-ILO-Abkommen].

1570 Im Folgenden IWF-WTO-Abkommen. Das Abkommen (1996) enthält weitere spezielle Informationspflichten, siehe etwa Art. 3 und Art. 7 S. 2.

1571 Vgl. Art. XVI VN-ILO-Abkommen und und Art. XX VN-IAEA-Abkommen.

1572 Die Regelung findet nur auf bestimmte Arbeitsbereiche Anwendung, Ziffer 4, 8, 9 Appendix I Zusatzübereinkommen von 1955 zum ILO-FAO-Abkommen [im Folgenden ILO-FAO-Zusatzabkommen]. Vgl. auch Ziffer 5 Memorandum of Understanding between the Food and Agriculture Organization of the United Nations (FAO) and the Secretariat of the Convention on International Trade in Endangererd Species (CITES), unterzeichnet am 29. September bzw. 3. Oktober 2006, einsehbar unter http://www.cites.org/sites/default/files/eng/disc/sec/FAO-CITES-e.pdf, zuletzt eingesehen am 12.08.2014, (im Folgenden: FAO-CITES-Abkommen), die die Benachrichtigung der FAO bestimmt, sobald Entwürfe zur Änderung der Anhänge I und II des Übereinkommen über den internationalen Handel mit gefährdeten Arten freilebender Tiere und Pflanzen vorliegen.

Die relevanten Informationen und Dokumente sind grundsätzlich „umfassend und umgehend" der anderen Organisation zur Verfügung zu stellen.[1573] Teilweise wird der vertrauliche Umgang mit bestimmten Informationen vorgeschrieben und die Nutzung der Informationen auf die vom Abkommen erfassten Zwecke beschränkt.[1574]

b. Besondere Berichte und Auskünfte

Die Vereinten Nationen verpflichten ihre Sonderorganisationen durch das jeweilige Kooperationsabkommen, ihnen zusätzlich zum üblichen Informationsaustausch zu berichten. Die Sonderorganisationen liefern regelmäßige Berichte, d.h. insbesondere jährliche Tätigkeitsberichte und Berichte über die Umsetzung von VN-Resolutionen, und – auf Anfrage der VN – auch andere Sonderberichte, -studien und -informationen.[1575] Teilweise verpflichten sich auch die VN, ihren Sonderorganisationen Sonderstudien und -informationen zur Verfügung zu stellen.[1576] Mit der WTO ist auch eine Nicht-Sonderorganisation gehalten, den VN auf Anfrage besondere Informationen zur Verfügung zu stellen.[1577]

1573 Vgl. etwa Art. V Abs. 1 VN-ILO-Abkommen.

1574 Art. 11, 12, 13 Abkommen zwischen dem Internationalen Währungsfonds und der WTO [im Folgenden IWF-WTO-Abkommen].

1575 Siehe etwa Art. IV Abs. 2 u. 3, V Abs. 2 VN-ILO-Abkommen, Art. III, V S. 2, VI Abs. 2 VN-IAEA-Abkommen und Art. 6 lit. b Abkommen zwischen den Vereinten Nationen und der Weltorganisation für geistiges Eigentum [im Folgenden VN-WIPO-Abkommen] (Inkrafttreten am 17. Dezember 1975). Vgl. Art. 64 Abs. 1 VNC: „Der Wirtschafts- und Sozialrat kann geeignete Schritte unternehmen, um von den Sonderorganisationen regelmäßig Berichte zu erhalten. Er kann mit den […] Sonderorganisationen Abmachungen treffen, um Berichte über die Maßnahmen zu erhalten, die zur Durchführung seiner Empfehlungen und der Empfehlungen der Generalversammlung über Angelegenheiten getroffen werden, für die er zuständig ist".

1576 Art. VI Abs. 3 VN-IAEA-Abkommen.

1577 Siehe die Klausel zum Informationsaustausch WTO-VN-Vereinbarung, S. 7.

2. Koordinierungsgehalt

Dem Austausch von Informationen kommt eine herausragende Bedeutung für die koordinierte Rechtssetzung zu. Obwohl auch Staaten oft im Rechtssetzungsprozess das Recht anderer Organisationen, deren Mitglieder sie sind, zu Kenntnis bringen, geschieht dies nicht systematisch. Young wirft zudem das Problem mangelhafter Legitimität einer Koordinierung auf, die sich auf die Informationsweitergabe durch Staaten verlässt, weil diese sich einerseits nicht konsequent auf nationaler Ebene zwischen Verantwortlichen verschiedener Sachbereiche koordinieren und andererseits nicht zwangsläufig alle betroffenen Interessengruppen einbeziehen.[1578] Insofern bedürfen internationale Organisationen eines eigenständigen Informationsaustauschs. Dieser sollte, um Normkonflikte zu vermeiden, möglichst frühzeitig, während oder sogar im Vorfeld der Ausarbeitung von Regulierungsvorhaben, stattfinden.

II. Kompetenzabgrenzung

Einer der naheliegenden Ansätze, um sicher zu gehen, dass internationale Organisationen nicht widersprüchliche Regelungen erlassen, ist die Abgrenzung ihrer Kompetenzen. Im Idealfall kann so verhindert werden, dass sie dieselben Sachbereiche regeln.

1578 Young (Fn. 32), S. 106 f. mit Blick auf die WTO: „[R]elying solely on WTO members may be inadequate to promote inter-regime learning. There may be major questions about how states devise and implement domestic participatory models to ensure stakeholders are included in trade policy-making. This will be a matter for individual WTO members – and some will be more inclusive than others. [...][E]vidence suggests that there are ongoing problems in including the perspectives of domestic constitutes in WTO negotiating positions."

1. Inhalt

Jede internationale Organisation hat nur die Kompetenzen, die ihr jeweiliger Gründungsvertrag vorsieht. Insofern nimmt sie bzw. nehmen ihre Mitgliedstaaten immer eine einseitige Kompetenzbestimmung vor. Teilweise regeln internationale Organisationen gemeinsam, wie ihre Kompetenzen in Bereichen potentieller Überschneidungen abzugrenzen sind.

a. Einseitig

Die Kompetenzen einer internationalen Organisation werden durch ihren Gründungsvertrag festgelegt. Indem sie das Mandat der Organisation bestimmen, machen die Mitgliedstaaten von ihrer sog. Kompetenz-Kompetenz Gebrauch. Die jeweilige internationale Organisation kann bzw. ihre Organe können also nicht selbst ihr Mandat erweitern oder beschneiden. In vielen Fällen ist der Aufgaben- bzw. Kompetenzkatalog allerdings auslegungsbedürftig. Für die Auslegung durch Organe der jeweiligen Organisation, insbesondere das Streitbeilegungsorgan, wird mehr und mehr gefordert, dass sie das Mandat anderer internationaler Organisationen berücksichtige.[1579] Das wird am ehesten für Organisationen gelten, deren Mitglieder sich mit denen der betroffenen Organisation decken.[1580]

Die einseitige Be- bzw. Abgrenzung von Kompetenzen kann im Gründungsvertrag oder in einem anderen primärrechtlichen Instrument verankert werden. Dafür ist es von Vorteil, wenn die Aufgaben- und Kompetenzkataloge so genau wie möglich formuliert sind. Andererseits kann die ausdrückliche Anerkennung anderer internationaler Organisationen, insbesondere mit einem Hinweis auf ihren Verantwortungsbereich, gewährleisten, dass bei der Auslegung des Organisationsrechts, also auch der Kompetenzbestimmungen, das Recht der anderen Organisation berücksichtigt wird.

1579 Siehe zum Störungsverbot diesen Teil Kapitel 1 B II.

1580 Dass die Auslegung anderer, zwischen den Mitgliedstaaten anwendbare einschlägige Normen des Völkerrechts berücksichtigen muss, ergibt sich bereits aus Art. 31 Abs. 3 lit. c WVK. Da das Mandat einer internationalen Organisation nicht von Fall zu Fall unterschiedlich weit ausgelegt werden sollte, erlaubt Art. 31 Abs. 3 lit. c WVK nur die Heranziehung von Gründungsverträgen anderer Organisationen, an denen alle Mitglieder beteiligt sind. Siehe zu Art. 31 Abs. 3 lit. c WVK dieses Kapitel B 1 b.

b. Gegenseitig

Internationale Organisationen können sich auch über die Abgrenzung ihrer Zuständigkeiten einigen. Dies geschieht im Regelfall durch ein interinstitutionelles Übereinkommen. Dazu ist es üblich, die Kernkompetenzen einer jeden Organisation in einer Klausel anzuerkennen. So kann die vorrangige Verantwortlichkeit einer Organisation für ihr spezifisches Regelungsgebiet bestätigt werden.[1581] Damit wird allerdings nicht geregelt, wo genau die Trennlinie zwischen den Kompetenzen verläuft. Denn dies kann nur geklärt werden, wenn eine Regelung getroffen wird, die festlegt, welche Organisation in welchem (detailliert zu bestimmenden) Bereich mit welchen Mitteln tätig werden darf. Diesem Anspruch kommt das ILO-FAO-Zusatzabkommen recht nahe. Denn dort wird für einzelne Aufgabenbereiche bestimmt, welche Organisation welche Aktivitäten (beispielsweise die Verabschiedung von Resolutionen und Empfehlungen, technische Unterstützung der Mitgliedstaaten) ausführt. Allerdings deckt selbst solch ein detailliertes Übereinkommen weder alle potentiellen Handlungsfelder ab, noch erlaubt es auf allen erfassten Gebieten die eindeutige Abgrenzung. Für eine konsequente Kompetenzabgrenzung sind wegen der quasi zwangsläufigen Unvollständigkeit der substantiellen Regeln auch Verfahrensvorschriften erforderlich, die für Zweifelsfälle Konsultationen bzw. die Entscheidung eines gemischt besetzten Organs vorsehen. So sieht das ILO-FAO-Übereinkommen in Zweifelsfällen Konsultationen vor.

2. Koordinierungsgehalt

Ziel der Kompetenzabgrenzung ist, sich überschneidende (insbesondere Regulierungs-) Tätigkeiten zu vermeiden und damit die Komplementarität mehrerer internationaler Organisationen zu erreichen. Die Wirksamkeit von Kompetenzabgrenzungen wird dadurch erhöht, dass die betroffenen Organisationen sie gemeinsam vornehmen und eine einheitliche Vorgehensweise für ungeregelte sowie Zweifelsfälle bestimmen.

Da das Primärrecht bei eventuell gerichtlichen Auslegungen einen höheren Stellenwert als interorganisationelle Übereinkommen genießt, ist (zusätzlich) eine primärrechtliche Verankerung der detaillierten Kompe-

---

1581 Vgl. etwa Art. I Abs. 1, 3 VN-IAEA-Abkommen und Ziffer 10 ER-EU-Vereinbarung. Ein detaillierteres Beispiel bietet Art. I VN-WIPO-Abkommen.

tenzbestimmung von Vorteil. Dann wäre die gerichtliche Überprüfung eines Rechtsakts daraufhin, ob seine Verabschiedung in der Kompetenz der Organisation lag insbesondere auf Initiative eines Mitgliedstaats möglich. Denn Kooperationsabkommen internationaler Organisationen sehen im Regelfall keine Durchsetzungsmechanismen vor.

Durch Bemühungen zur Kompetenzabgrenzung können punktuelle Überschneidungsrisiken gemindert werden. Der Ansatz ist jedoch deshalb nur begrenzt wirksam, weil sich viele Organisationen, insbesondere auch im Recht der westafrikanischen Wirtschaftsintegration, ausdrücklich mit denselben Sachfragen beschäftigen. Mit anderen Worten, die Mandate sind eindeutig so bestimmt, dass eine scharfe Abgrenzung der Tätigkeitsbereiche unmöglich ist. Da die Probleme, die internationale Organisationen lösen, oftmals komplex sind, ist dies auch begründet. Damit ist die Kompetenzabgrenzung nur ein begrenzt tragfähiger Ansatz.[1582]

Vor allem bei der zweiseitigen Kompetenzabgrenzung, die im Regelfall durch Kooperationsabkommen vorgenommen wird, ist im Hinblick auf Legitimitätsanforderungen darauf zu achten, dass sie nicht zu einem veränderten Zuschnitt der Mandate der betroffenen Organisationen führt. Das heißt, die durch die Ratifizierung der Mitgliedstaaten legitimierte Kompetenzordnung darf nicht in der Praxis durch interorganisationelle Regelungen ausgehebelt werden. Die Kompetenz-Kompetenz der Mitgliedstaaten muss also gewahrt bleiben. Gegebenenfalls erforderliche Neuzuschnitte der Organisationskompetenzen müssten mithin primärrechtlich abgesichert und durch Ratifizierung legitimiert werden.

1582 YOUNG (Fn. 35), S. 92 f. warnt mit Blick auf die Komplexität der Probleme und die unterschiedliche Gewichtung von Interessen in den unterschiedlichen Vertragsordnungen vor einer zu strikten Kompetenzabgrenzung. TIETJE (Fn. 1525), S. 49 hält den Ansatz der Kompetenzabgrenzung wegen der sachlichen Verflechtung der von unterschiedlichen Vertragsordnungen geregelten Fragen ebenfalls für wenig erfolgversprechend. JEFFREY L. DUNOFF, A New Approach to Regime Interaction, in: *Regime interaction in international law. Facing fragmentation*, hg. von MARGARET A. YOUNG, Cambridge 2012, S. 136–174, 163 ff. führt dagegen Beispiele förderlicher Kompetenzabgrenzung im Bereich operativer Aktivitäten auf. Diese betreffen aber nicht die Normsetzung.

III. Vermittlung von Expertise

1. Inhalt

Internationale Organisationen erlangen oft in ihrem spezifischen Bereich eine hohe Expertise. Dies beinhaltet Wissen über technische Fragen, die Politiken von Mitgliedstaaten, Mittel der Umsetzung sowie Standards und Normen. Stellen sie dieses Wissen anderen Organisationen zur Verfügung, können diese die zum Erwerb dieses Wissens erforderlichen Mittel sparen. Außerdem entsteht so ein gemeinsamer Pool von Tatsacheneinschätzungen, Methoden und Konzepten, die Grundlage für Regulierungsvorhaben, aber auch Umsetzungsmaßnahmen sein können.[1583]

Expertise wird einerseits in Studien, Berichten und Hintergrundpapieren verdichtet zur Verfügung gestellt, andererseits durch Personen als Wissensträger. In der Mehrzahl der Fällen geht es um das Zugänglichmachen bereits erworbener Expertise. Manchmal erarbeiten sich internationale Organisationen aber auch auf Anfrage anderer Organisationen neues Wissen.

a. Beobachter

Zahlreiche Kooperationsabkommen sehen die gegenseitige Repräsentation durch Beobachter vor, die ohne abzustimmen an Sitzungen von Organen der jeweils anderen Organisation teilnehmen, soweit diese in den Aufgaben- bzw. Interessenbereich der entsendenden Organisation fallen.[1584] Die genauen Zulassungsbedingungen regeln die Satzungen der betroffenen Organe.[1585] Auch wenn die Bezeichnung als Beobachter eher eine passive

---

1583 DUNOFF (Fn. 1582), S. 166 ff. spricht von konzeptuellen Interaktionen, die die beteiligten Regime durch einen Dialog über die sachgerechte Weise, wie die verschiedenen Bereiche internationaler Fragen erfasst und geregelt werden sollten, verbindet.

1584 Siehe etwa Art. VII VN-IAEA-Abkommen, Art. 2 ILO-FAO-Abkommen und Art. 5 u. 6 IWF-WTO-Abkommen.

1585 Siehe etwa Annex 3 der Satzung der Ministerkonferenz und des Allgemeinen Rats der WTO vom 25. Juli 1996, WTO-Dok. WT/L/161. Nach Ziffer 6 Annex werden Organisationen, mit denen die WTO ein formelles Übereinkommen geschlossen hat, der Beobachterstatus in dem in dem jeweiligen Abkommen vereinbarten Umfang eingeräumt.

Haltung und eine Tätigkeit allein im Interesse der Entsende-Organisation vermuten lässt, können die derart bezeichneten Vertreter internationaler Organisationen durch die Teilnahme an Sitzungen und ihre Wortbeiträge Wissen zwischen den jeweiligen Entsende- und Aufnahmeorganisationen vermitteln.[1586]

In erster Linie nehmen Beobachter an Sitzungen teil, die für ihre Entsendeorganisation von Interesse sind. Entsprechend wird die Sitzungsteilnahme als Recht der Organisation formuliert, die den Beobachter entsendet. Die Organisation kann sich also auch dafür entscheiden, nicht von diesem Recht Gebrauch zu machen. Das heißt aber nicht, dass die Aufnahmeorganisation nicht auch an der Teilnahme und den Wortbeiträgen interessiert ist. Sie räumt grundsätzlich nur den Organisationen Beobachterstatus ein, deren Arbeit in engem Zusammenhang mit der ihren steht.[1587] Zudem dürfen im Regelfall Beobachter nur dann in Sitzungen sprechen, wenn ihnen von dem Sitzungspräsidenten das Wort erteilt wurde.[1588] Dies zeigt, dass der jeweilige Sitzungspräsident eine Einschätzung vornimmt, ob ein Redebeitrag des jeweiligen Beobachters von Relevanz für die Arbeit seiner Organisation sein könnte. Einige Organisationen machen ihr Interesse am Beitrag des potentiellen Beobachters ausdrücklich zur Bedingung des Beobachterstatus'.[1589]

1586 DUPUY (Fn. 33), S. 472 ff. kritisiert bereits die Bezeichnung „Beobachter" als unangemessen und weist auf ihren wichtigen Beitrag zur Arbeit der Aufnahme-Organisation hin.

1587 Siehe etwa Regel 11 i.V.m. Ziffer 2-4 Annex 3 der Satzung der Ministerkonferenz und des Allgemeinen Rats der WTO vom 25. Juli 1996, WTO-Dok. WT/L/161.

1588 LAURENCE DE BOISSON CHAZOURNES, Les relations entre organisations régionales et organisations universelles, in: *Recueil des Cours* 2011, S. 79–406, 189 f. Vgl. Regel 11 i.V.m. Ziffer 8 Annex 3 der Satzung der Ministerkonferenz und des Allgemeinen Rats der WTO vom 25. Juli 1996, WTO-Dok. WT/L/161. In Ausnahmefällen kann Beobachtern ein erweitertes Beteiligungsrecht eingeräumt werden, etwa wenn sie wie die EU in einigen Bereichen die wesentlichen Legislativkompetenzen für ihre Mitglieder ausübt, ebd., S. 190 f.

1589 Vgl. Ministerkomitee des Europarats, Statutory Resolution (93) 26 on observer status, 14. Mai 1993, Ziffer VII:„An international intergovernmental organisation willing to co-operate closely with the Council of Europe and *deemed able to make an important contribution to its work*, may be granted by the Committee of Ministers..." (Hervorhebung durch die Autorin).

b. Konsultationen

Konsultationen werden in Kooperationsabkommen in einer Vielzahl von Fällen vorgesehen. Nur selten wird ausdrücklich der Zusammenhang zwischen Konsultationen und der Vermittlung von Expertise hergestellt. Im ER-EU-Übereinkommen ist dies der Fall: Danach stützen sich der Europarat und die EU mittels Konsultationen auf die Expertise der jeweils anderen Organisation.[1590] Die VN öffnet ihre Organe der IAEA für den Fall, dass diese der Beratung durch Experten bedarf.[1591] Das FAO-CITES-Abkommen sieht ausdrücklich die wissenschaftliche und technische Bewertung von Änderungsentwürfen der CITES-Anhänge durch die FAO vor und stellt somit den Bezug zwischen der Wissensvermittlung und der Regulierung durch die beratene Vertragsordnung her.[1592] In vielen Kooperationsabkommen wird nicht ausgeführt, welchen Stellenwert den Konsultationen mit dem jeweils anderen Regime zukommen. In dieser Hinsicht ist das CITES-FAO-Abkommen detaillierter, trifft allerdings zwei widersprüchliche Regelungen: Es sieht einerseits die weitest mögliche Beachtung der FAO-Ergebnisse vor und lässt aber an anderer Stelle die angemessene Berücksichtigung der FAO-Stellungnahmen genügen.[1593]

1590 Dies gilt wenn eine der Parteien neue Initiativen für den Bereich Menschen- und Grundrechte plant, Ziffer 18 ER-EU-Übereinkommen.

1591 Art. XI S. 4 VN-IAEA-Abkommen.

1592 Ziffer 3 FAO-CITES-Abkommen lautet: „FAO will continue to provide advice to CITES on, and be involved in any future revision of, the CITES listing criteria." Ziffer 4 FAO-CITES-Abkommen bestimmt: „The FAO will work together with CITES to ensure adequate consultations in the scientific and technical evaluation of proposals for including, transferring or deleting commercially-exploited aquatic species in the CITES Appendices based on the criteria agreed by the Parties to CITES, and both signatories will address technical and legal issues relating to the listing and implementation of such listings."

1593 Ziffer 6 FAO-CITES-Abkommen bestimmt: „In order to ensure maximum coordination of conservation measures, the CITES Secretariat will respect, to the greatest extent possible, the results of the FAO scientific and technical review of proposals to amend the Appendices, and technical and legal issues of common interest and the responses from all the relevant bodies associated with management of the species in question." Dagegen regelt Ziffer 5 FAO-CITES-Abkommen: „The CITES Secretariat shall communicate the views expressed and data provided from this review and its own findings and recommendations, taking due account of the FAO review, to the Parties to CITES." YOUNG (Fn. 32), S. 183 sieht darin einen Kompromiss, der letztlich zwei verschiedene Vorgaben macht.

c. Austausch zwischen Personal und Austausch des Personals

Der Meinungsaustausch zwischen dem Personal verschiedener internationaler Organisationen kann zur Vermittlung von Expertise führen. So sieht das IWF-WTO-Abkommen den Austausch ihrer Mitarbeiter zu rechtlichen und politischen Fragen vor.[1594] Einige Abkommen zwischen VN-Sonderorganisationen gehen noch weiter, da sie den (un-)befristeten Austausch des Personals mit dem Ziel erlauben, den maximalen Gewinn aus der Arbeit des Personals zu ziehen.[1595] Neben dem durch Kooperationsabkommen formalisierten Meinungsaustausch spricht Young auch informellen Treffen und Diskussionen eine große Bedeutung für die Koordinierung von Rechtssetzungsvorhaben zu.[1596]

d. Gutachten, Berichte und schriftliche Stellungnahmen

Gutachten, Berichte, Hintergrundpapiere und schriftliche Stellungnahmen sind besonders geeignet, um anderen Organisationen Expertise zur Verfügung zu stellen. Entsprechend sehen viele Kooperationsabkommen die Weiterleitung solcher Schriften vor. Einerseits werden für die interne Nutzung erstellte Schriften der jeweils anderen Organisation zur Verfügung gestellt,[1597] andererseits können schriftliche Stellungnahmen speziell zu Fragen und Vorhaben der anderen Organisation erarbeitet und vorgelegt werden.[1598]

1594 Art. 9 IWF-WTO-Abkommen.
1595 Siehe bspw. Art. 5 lit. b ILO-FAO-Abkommen und Art. VIII Ziffer 2 Abkommen zwischen der Internationalen Atomenergie-Organisation und der Ernährungs- und Landwirtschaftsorganisation der Vereinten Nationen (Inkrafttreten am 18. November 1959).
1596 Siehe YOUNG (Fn. 32), S. 111 ff. für die von der UNEP organisierten Symposien und Workshops.
1597 Vgl. Art. 11, 12 IWF-WTO-Abkommen und Art. 8 VN-WIPO-Abkommen.
1598 Vgl. Art. 8 IWF-WTO-Abkommen und Art. II Abs. 6 VN-ILO-Abkommen.

e. Gemeinsame Studien

Internationale Organisationen können sich ihre Expertise auch gemein-
same erarbeiten, insbesondere durch eine punktuelle Zusammenarbeit oder
durch eine kontinuierliche Kooperation im Rahmen gemeinsamer Organe.
So deuten einige Kooperationsabkommen die Publikation gemeinsamer
Studien an.[1599] Das Internationale Handelszentrum (*International Trade
Centre*, ITC) gibt als gemeinsames Nebenorgan der UNCTAD und WTO
Studien heraus.

2. Koordinierungsgehalt

In erster Linie wird durch die Vermittlung von Expertise doppelte Arbeit
vermieden und werden Ressourcen eingespart. Dies entspricht zwar einem
der üblichen Kooperationsziele, aber nicht der Definition der Koordinierung als Mittel der Konfliktvermeidung.

Durch die Vergemeinschaftung von Expertise wird aber auch ein Pool
gemeinsamer Tatsacheneinschätzungen und unter Umständen rechtlicher
Folgerungen geschaffen. Da internationale Organisationen auf Grundlage
von Tatsacheneinschätzungen evaluieren, ob Handlungsbedarf besteht und
über Handlungsoptionen entscheiden, kann hiervon eine Abstimmungswirkung ausgehen. Denn bewerten – umgekehrt – internationale Organisationen bestimmte Tatsachen unterschiedlich, steigt die Wahrscheinlichkeit
widersprüchlicher Normsetzung bzw. -anwendung.

Wissen kann neutral und damit nicht politisch legitimationsbedürftig
erscheinen. Allerdings geht jeder Wissenssammlung eine Entscheidung
über die relevanten Elemente und methodische Weichenstellungen voraus.
Zudem umfasst die Expertise, auf die internationale Organisationen
zurückgreifen, auch rechtliche Einschätzungen. Insofern könnte man es
für bedenklich halten, dass Vertragsordnungen, die nicht zwangsläufig die
gleichen Mitgliedstaaten haben, Expertise für andere Vertragsordnungen
liefern, zumindest soweit diese Expertise weitreichende Entscheidungen
bedingt. Allerdings bestimmt jede Vertragsordnung für sich, inwieweit sie
auf die Expertise einer anderen Organisation zurückgreift. Insofern

---

1599 Siehe etwa Ziffer 8 lit. b Anhang I zum ILO-FAO-Zusatzabkommen und Art. III
      Übereinkommen zwischen der ECOWAS und der Internationalen Arbeitsorga-
      nisation [im Folgenden ECOWAS-ILO-Übereinkommen].

geschieht auch die Öffnung des eigenen Rechts allein nach den Maßstäben und Bedingungen der sich öffnenden Ordnung.[1600] Erlaubt das (von den Mitgliedstaaten ratifizierte) Primärrecht, zumindest für die wesentlichen Fragen, den Rückgriff auf andere Vertragsordnungen, führt die Heranziehung externer Expertise nicht zu einem Legitimationsdefizit.

IV. Abgestimmte Rechtssetzung

Internationale Organisationen können parallel an der Rechtssetzung in einem bestimmten Sachbereich arbeiten und sich dabei gegenseitig beeinflussen. So können sie nicht nur die Qualität ihrer Regulierungen steigern, sondern auch mögliche Widersprüche vermeiden. Oftmals nehmen Vertreter internationaler Organisationen auf informellem Wege, also beispielsweise durch Treffen und Workshops, Einfluss auf Vertreter anderer, potentiell konfligierende Normen erlassender internationaler Organisationen. Es haben sich aber im Recht der internationalen Organisationen formalisierte Koordinierungsmechanismen herausgebildet, die internationalen Organisationen eine Abstimmung bei der Rechtssetzung erleichtern. Daneben werden auch neue Koordinierungsmechanismen bzw. -institutionen, wie insbesondere sog. Dach-Regime, ins Gespräch gebracht.

1600 Vgl. SCHILLING (Fn. 1278), S. 300 für inkorporierte Normen: „Die außerhalb der bestimmten Rechtsordnung existierenden Normen sind für diese grundsätzlich nur Rohmaterial, mit dem sie prinzipiell, nach näherer Maßgabe der inkorporierenden Norm, nach Belieben verfahren kann."

1. Inhalt

a. Empfehlungen

Universelle Organisationen behalten sich teilweise vor, Empfehlungen an ihre Sonderorganisationen zu richten.[1601] Diese sind verpflichtet, die Empfehlungen zu berücksichtigen und ggf. über deren Umsetzung zu konsultieren bzw. zu berichten.[1602] Das heißt, dass sie die Empfehlungen sorgfältig abwägen und ggf. ihre Entscheidung, sie nicht umzusetzen, begründen müssen.[1603] Damit werden die Sonderorganisationen nicht gezwungen, sich die in den Empfehlungen vertretenen Positionen anzueignen und ihnen zu folgen. Vielmehr zielen das Instrument der Empfehlungen und die damit verbundenen Verfahrenspflichten der Sonderorganisationen auf deren Überzeugung durch den Austausch von Argumenten.[1604] Die Empfehlungen dienen der Koordinierung der Sonderorganisationen. Insofern dürfen sie keine detaillierten Regelungsaufträge enthalten. Wohl aber könnten die Gefahr eines Normkonflikts zwischen dem Recht mehrerer Sonderorganisationen und ein damit einhergehender Regelungsbedarf Gegenstand von Empfehlungen sein.

b. (Obligatorische) Vereinbarkeitsstudie

Bevor eine internationale Organisation neue Regulierungen erlässt, seien es für ihre Mitgliedstaaten verbindliche Regeln, seien es vorerst unverbindliche, kann sie gehalten sein, eine Studie zur Vereinbarkeit mit dem Recht anderer Vertragsordnungen durchzuführen. Einige Organisationen überprüfen bereits während des Regulierungsprozesses, inwiefern die

---

1601 Siehe Art. 58, Art. 63 Abs. 2 VNC für die Vereinten Nationen und Art. 91 lit. e), Art. 126 für die Organisation der Amerikanischen Staaten (OAS).

1602 Die Berücksichtigungspflicht ist in den Kooperationsabkommen, die die VN mit ihren Sonderorganisationen schließt, vorgesehen, siehe etwa Art. 5 VN-WIPO-Abkommen. Die Pflicht, die Empfehlungen der OAS zu berücksichtigen, regelt sowohl Art. 126 OAS als auch die mit den Sonderorganisationen geschlossenen Kooperationsabkommen, siehe etwa Art. III Abkommen zwischen dem Rat der Organisation der Amerikanischen Staaten und dem Rat der Panamerikanischen Gesundheitsorganisation, 23. Mai 1950, OAS-Dok. OEA/Ser.D/V. 3/50.

1603 DUPUY (Fn. 33), S. 579 f.

1604 ebd., S. 579 f.

angestrebten neuen Regelungen mit anderen völkerrechtlichen Vertragsordnungen kollidieren.[1605] Eine solche Prüfung könnte insbesondere durch
das Organisationsrecht und durch interorganisationelle Abkommen obligatorisch gemacht werden. Sie könnte externen Experten übertragen werden,
etwa der Völkerrechtskommission der Vereinten Nationen.[1606]

c. Gemeinsame Koordinierungsorgane

Auf Verwaltungsebene bilden manche Organisationen gemeinsame
Organe, die der Koordinierung dienen. Solche Organe gibt es für die
Zusammenarbeit zwischen zwei oder mehr Organisationen. Teilweise
werden solche Koordinierungsorgane auch bei einer universelleren Organisation angesiedelt und dienen der Koordinierung von deren Sonderorganisationen.[1607] Letztlich handelt es sich um einen festen Rahmen für Konsultationen, die der Annäherung von Regulierungen und Programmen oder
auch deren Komplementarität dienen. D.h. bei Treffen dieser Organe werden keine rechtlich verbindlichen Entscheidungen getroffen, wohl aber
Rechtsakte besprochen, die in der Folge in den verschiedenen Organisationen parallel verabschiedet werden sollen.[1608]

1605 So hat etwa die WHO vor der Änderung der Internationalen Gesundheitsvorschriften deren Beziehung zu anderen völkerrechtlichen Instrumenten auf mögliche Normkonflikte untersucht, Intergovernmental Working Group on Revision
of the International Health Regulations, Review and approval of proposed
amendments to the International Health Regulations: relations with other international instruments, WHO-Dok. A/IHR/IGWG/INF.DOC/1, 30. September
2004.

1606 Dies hat Gerhard Hafner in dem Bericht vorgeschlagen, der zur Beschäftigung
der ILC mit der Fragmentierung geführt hat. Hafner, Risks ensuing from Fragmentation of International Law, in: Report of the International Law Commission
on the work of its fifty-second sessions, 1 May – 9 June and 10 July –
18 August, Official Records of the General Assembly, Fifty-fifth session, Sup-
plement No. 10, VN-Dok. A/55/10, S. 150: „The Commission could be asked to
devise a general „checklist" to assist States [and international organizations] in
preventing conflicts of normes, negative effects for individuals and overlapping
competencies with regard to existing subsystems that could be affected by the
new regime. In the course of reviewing ongoing negotiations, the Commission
could even issue „no-hazard" certificates indicating that the creation of a specific new subsystem has no negative legal effects on existing regimes."

1607 Beispiele bilden die Koordinierungsorgane der VN und der OAS.

1608 DUPUY (Fn. 33), S. 523 ff.

Der Koordinierungsrat der Leiter der Organisationen des VN-Systems ist wohl das bekannteste Koordinierungsorgan. Obwohl ursprünglich auf dem Koordinierungsauftrag des ECOSOC fußend,[1609] umfasst er nicht nur die Leiter der VN-Sonderorganisationen, sondern zusätzlich auch die der WTO und der IAEA.[1610] All diese Organisationen werden durch die mit den VN geschlossenen Kooperationsabkommen zur Mitarbeit in den Koordinierungsorganen der VN, und insbesondere zur Mitgliedschaft im Koordinierungsrat, verpflichtet.[1611] Der Koordinierungsrat, der zweimal jährlich unter dem Vorsitz des VN-Generalsekretärs zusammentritt, konzentriert seine Koordinierungsbemühungen jeweils auf bestimmte Themenbereiche, beispielsweise auf nachhaltige Entwicklung.[1612] Insoweit er organisationsübergreifende Initiativen fördert, kann er zur Vereinheitlichung der Regelungsaktivitäten der betroffenen Organisationen beitragen. In der Praxis war seinen Koordinierungsbemühungen wohl nur wenig Erfolg beschieden.[1613]

1609 Nach Art. 63 Abs. 2 VNC zeichnet sich der Wirtschafts- und Sozialrat der VN (ECOSOC) für die Koordinierung der VN-Sonderorganisationen verantwortlich, vgl. Art. 58 VNC zur Koordinierung. Entsprechend hat er den Verwaltungsausschuss für Koordinierung (Administrative Committee on Coordination, ACC), die Vorgängerinstitution des *United Nations System Chief Executives Board for Coordination* (CEB) bereits 1946 eingerichtet, ECOSOC-Resolution vom 21. September 1946, ECOSOC-Dok. 13 (III).

1610 Der Koordinierungsrat der Leiter der Organisationen des Systems der Vereinten Nationen setzt sich aus 29 Leitern der VN bzw. ihrer Fonds und Programme, der Sonderorganisationen, einschließlich der Weltbank und dem IWF, sowie der WTO und IAEA, zusammen.

1611 Siehe etwa Art. 2 VN-WIPO-Abkommen. Ähnliche Bestimmungen enthalten auch die mit der WTO geschlossene Vereinbarung und Art. XI VN-IAEA-Abkommen.

1612 Siehe etwa UN-ECOSOC, Jährlicher Übersichtsbericht des CEB 2011/2012, vom 3. Mai 2012, VN-Dok. E/2012/67, Punkt II. A.

1613 JAN WOUTERS und CEDRIC RYNGAERT, *Naar een Sterkere Juridische en Institutionele Omkadering van de Globalisering*, 2003, S. 107 ff.

d. Dach-Regime

Matz schlägt vor, Foren zu institutionalisieren, die verschiedene Gruppen mehr oder minder eng verwandter Vertragsordnungen bündeln. Diese sog. Dach-Regime[1614] sollen dem Austausch von Informationen, Meinungen sowie dem Ausgleich von Interessen und Regelungsinhalten dienen.[1615] Soweit Matz Dach-Regime als Foren mit administrativen und nicht legislativen Aufgaben entwirft,[1616] ähneln sie den hier als Gemeinsame Koordinierungsorgane bezeichneten Institutionen. Im Gegensatz zu diesen müssten Dach-Regime systematisch alle in einem bestimmten Themenbereich, etwa zum „Welthandel", tätigen internationalen Organisationen umfassen. Mit der thematischen Beschränkung geht auch die Begrenzung der Abstimmungsfunktion der Dach-Regime für „verwandte" Vertragsordnungen einher.[1617]

e. Teilnahme in Organen der rechtssetzenden internationalen Organisation

Internationale Organisationen können Organisationen durch ihre Teilnahme an den Sitzungen der beratenden Organe beeinflussen. Dabei bestimmt sich der Grad ihrer möglichen Einflussnahme nach ihrem Status als Beobachter, Beobachter mit erweiterten Rechten oder Mitglied.

1614 MATZ (Fn. 25), S. 358 ff., 361 beschreibt mit dem Regimebegriff, abweichend von der Terminologie dieser Arbeit, „die Zusammengehörigkeit problemfeldspezifischer Normen und darauf beruhender Entscheidungsprozesse, die auf zwei oder mehreren Verträgen basieren und die über eine entsprechende institutionelle Ausgestaltung verfügen. Ein Regime in diesem Sinne kann die Gesamtheit der völkerrechtlichen Regelungen zu einem Problemfeld erfassen und dadurch verschiedene Verträge als normative Grundlagen der gemeinschaftlichen problemfeldspezifischen Behandlung einer Thematik zusammenfügen."

1615 MATZ (Fn. 25), S. 375 ff. Nach Matz handelt es sich bei diesem von ihr eingeführten Begriff um eine „institutionelle Struktur, die für verschiedene, rechtlich unabhängige Verträge ein Forum der Entscheidungsfindung über ihre Koordinierung und über ihre insofern gemeinsame Umsetzung bietet".

1616 MATZ (Fn. 25), S. 381.

1617 Zur Frage der thematischen Weite der Vertragsgruppen MATZ (Fn. 25), S. 377 ff.

(1) Als Beobachter

Soweit Vertreter internationaler Organisationen als ständige oder *ad hoc-*Beobachter bei der Sitzung eines Organs zugelassen sind, können sie auf Aufforderung des Sitzungspräsidenten das Wort ergreifen.[1618] Im Regelfall dürfen sie jedoch nicht frei intervenieren und keine Änderungsanträge vorlegen. Allerdings sehen in diesem Zusammenhang einige Kooperationsabkommen die Möglichkeit vor, zu bestimmten Themen schriftlich Stellung zu nehmen.[1619]

(2) Als Beobachter mit verbessertem Status

Der erweiterte Beobachterstatus erlaubt internationalen Organisationen eine größere Einflussnahme auf die Regulierung einer anderen internationalen Organisation. Bisher wurde der erweiterte Beobachterstatus nur Organisationen für spezifische Regelungsbereiche gewährt, in denen die jeweilige Organisation für ihre Mitgliedstaaten Kompetenzen ausübt. Die EU hat beispielsweise in der WHO für bestimmte Regelungsprojekte einen verbesserten Beobachterstatus zugesprochen bekommen, soweit diese Projekte zumindest teilweise in ihren Kompetenzbereich fallen. Die WHO-Versammlung hatte jeweils für die Ausarbeitung des Rahmenübereinkommens der WHO zur Eindämmung des Tabakkonsums bzw. für die Änderung der Internationalen Gesundheitsvorschriften regionale Wirtschaftsgemeinschaften ermächtigt, am Verhandlungsgremium der Regie-

---

1618 Vgl. Art. II Abs. 1-5 VN-ILO-Abkommen.
1619 Vgl. Art. II Abs. 6 VN-ILO-Abkommen.

rungen und an Arbeitsgruppen teilzunehmen.[1620] Damit konnten ihre Vertreter ohne Aufforderung des jeweiligen Sitzungspräsidenten sprechen und Vorschläge unterbreiten. Ein Abstimmrecht ging damit nicht einher.[1621]

(3) Als Mitglied

Als Partei völkerrechtlicher Verträge bzw. Mitglieder internationaler Organisationen können internationale Organisationen gehalten sein, im Rahmen der jeweiligen Vertragsordnung vereinbarten Regelungen Wirkung zu verschaffen und die eigene Rechtsordnung ihren völkerrechtlichen Verpflichtungen anzupassen.[1622] Im Gegenzug haben die Mitglieder internationaler Organisationen das Recht, in den Organen durch Diskussionsbeiträge, Initiativen, Änderungsvorschläge und der Stimmabgabe an der Ausarbeitung bzw. dem Erlass von Sekundärrecht mitzuwirken.[1623]

1620 WHO-Versammlung, Towards a WHO Framework Convention on Tobacco Control, 24. Mai 1999, WHO-Dok. WHA52.18, Art. 1 Abs. 3: „Regional economic integration organizations constituted by sovereign States, Members of WHO, to which their Member States have transferred competence over matters governed by this resolution, including the competence to enter into treaties in respect to these matters, may actively participate [...] in the drafting and negotiations of the intergovernmental negotiating body referred to under paragraph (1) and in the preparatory work of the working group referred to under paragraph (2)". Genauso WHO-Versammlung, „Revisions of the International Health Regulations, 28. Mai 2003, WHO-Dok. WHA56.28, Abs. 2.2.

1621 Soweit die Regulierungen in die ausschließliche Kompetenz der EU fielen, stimmten die EU-Mitgliedstaaten treuhänderisch ab, JAN WOUTERS und BART DE MEESTER, Safeguarding Coherence in Global Policy-Making on Trade and Health. The EU-WHO-WTO Triangle, in: *International Organizations Law Review* 2 (2005), S. 295–335, 308, 321.

1622 Art. 26 WVK. Dies können sie durch die unmittelbare Anwendbarkeit der betroffenen Bestimmungen oder die Umsetzung in das interne Recht erreichen, vgl. MEINHARD HILF und SASKIA HÖRMANN, Effektivität - ein Rechtsprinzip?, in: *Völkerrecht als Wertordnung. Festschrift für Christian Tomuschat*, hg. von PIERRE-MARIE DUPUY, BARDO FASSBENDER, MALCOLM N. SHAW und KARL-PETER SOMMERMANN, Kehl 2006, S. 913–945, 933.

1623 VOLKER EPPING, 7. Kapitel: Internationale Organisationen, in: *Völkerrecht. Ein Studienbuch*, hg. von KNUT IPSEN und EBERHARD MENZEL, München, 5. Aufl. 2004, S. 444–552, § 31 Rn. 16.

2. Koordinierungsgehalt

Die Koordinierung während der Rechtssetzung zielt teilweise auf die Harmonisierung von Regelungen ab, so etwa in der Zusammenarbeit zwischen der EU und dem Europarat, meist aber auf die minimale Vereinbarkeit. Für eine Annäherung sind Mechanismen, die der jeweils anderen Organisation eine Beeinflussungsmöglichkeit geben, vermutlich effektiver als einseitige Koordinierungsmechanismen wie etwa eine ohne Zutun der betroffenen Organisation durchgeführte Vereinbarkeitsstudie. Weiterhin verspricht die Einwirkung auf Ebene des rechtssetzenden Organs eine größere, da direkte Wirkung als Absprachen durch die Verwaltungsorgane. Je intensiver die Mitwirkungsrechte sind, etwa im Rahmen einer Mitgliedschaft bzw. eines verbesserten Beobachter-Status, desto wahrscheinlicher wird die Vermeidung von Konflikten.[1624] Für die Koordinierung von mehr als zwei, potentiell rechtssetzenden Organisationen können regelmäßige Konsultationen im Rahmen von Koordinierungsorganen bzw. Dach-Regimen erforderlich werden. Dabei stellt sich bei sachbereichs- und damit regime-übergreifenden Problemen die Frage der Koordinierung der verschiedenen Dach-Regime.[1625]

Insofern die Koordinierung auf Verfahren beruht, die durch das Einverständnis der Mitgliedstaaten zum Gründungsakt gedeckt sind, besteht kein (dem Völkerrecht nicht regelmäßig innewohnendes) Legitimationsdefizit. Dies gilt etwa für die Zulassung von Beobachtern (auch mit erweiterten Mitwirkungsrechten) durch das jeweilige Organ. Dass interinstitutionelle Koordinierungsorgane oder auch Dach-Regime allerdings Entscheidungen treffen, die die Organisationen binden, ist nicht mit dem Erfordernis der demokratischen Legitimation vereinbar. Insofern entscheidet sich erst nach Durchführung der im jeweiligen Gründungsvertrag vorgesehenen

---

1624 WOUTERS und MEESTER (Fn. 1621), S. 322 nimmt etwa an, dass der verbesserte Beobachterstatus der EU eine wichtige Rolle darin spielt, Konflikte zwischen den WHO-Regelungen und den aus der Mitgliedschaft in anderen internationalen Organisationen der EU erwachsenen Pflichten zu vermeiden.

1625 So auch MATZ (Fn. 25), S. 380: „Im Ergebnis kann eine Bündelung von Verträgen zu institutionell ausgestalteten Regimen allerdings nicht alle bestehenden Konfliktfelder lösen. Die Notwendigkeit der thematischen Abgrenzung macht dies [...] deutlich. Es werden auch bei Verfolgung eines solchen Ansatzes Konflikte zwischen den verschiedenen .Dach-Regimen", z.B. zwischen einem Regime "Welthandel" und einem Regime "Biologische Vielfalt und Naturschutz" [...] bestehen bleiben."

Entscheidungsverfahren, ob eine internationale Organisation der in einem interinstitutionellen Koordinierungsorgane oder Dach-Regime festgelegten Linie folgt.[1626]

V. Nachvollziehende Rechtssetzung

Durch die Übernahme von Regelungen können substantielle Normen, Verfahren, Programme und Politiken aus einer Vertragsordnung in eine andere inkorporiert werden. Dies kann durch die Wahl identischer oder sehr ähnlicher Formulierungen, die Schaffung von Verweisungsnormen oder die (subsidiäre) Anwendung als allgemeine Rechtsgrundsätze bzw. zur Ausfüllung von Generalklauseln geschehen.[1627] Dabei bestimmt die aufnehmende Ordnung die Bedingungen des Regeltransfers:[1628] Sie inkorporiert Normen und kreiert damit nach ihren Verfahren neue Normen in Form von inhaltlich parallelen Bestimmungen oder einer Verweisung und bestimmt über die Anwendung externen Rechts als Rechtsgrundsätze.[1629] Dabei kann danach unterschieden werden, ob auf regimeexterne Normen mittelbar oder unmittelbar verwiesen wird.

1626 Andere Ansicht DUPUY (Fn. 33), S. 524 f. für den Koordinierungsrat der VN, der die informellen Entscheidungen der interorganisationellen Koordinierungsorgane als Umsetzungsmaßnahmen formeller Kooperationsabkommen ansieht und die sich koordinierenden Organisationen daher für verpflichtet hält, die jeweilige Entscheidung zu übernehmen.

1627 Vgl. etwa zur Transformation völkerrechtlicher Verfassungselemente in EU-Recht ROBERT UERPMANN-WITTZACK, Völkerrechtliche Verfassungselemente, in: *Europäisches Verfassungsrecht. Theoretische und dogmatische Grundzüge*, hg. von ARMIN VON BOGDANDY, Dordrecht u.a., 2. Aufl. 2009, S. 177–225, 207 ff.

1628 SCHILLING (Fn. 1278), S. 304.

1629 JAMES FLETT, Importing Other International Regimes into World Trade Organization Litigation, in: *Regime interaction in international law. Facing fragmentation*, hg. von MARGARET A. YOUNG, Cambridge 2012, S. 261–304, 283 ff. zeigt anhand des OECD-Übereinkommen über öffentlich unterstütze Exportkredite wie frei Vertragsordnungen, in diesem Beispiel die WTO, durch Annex I, lit. (k) Übereinkommen über Subventionen und Ausgleichsmaßnahmen (SCM), das Recht anderer Vertragsordnungen inkorporieren. Bei diesem OECD-Übereinkommen handelt es sich um unverbindliches *Soft law*; die WTO hat es verbindlich gemacht und sich einige seiner Inhalte angeeignet, andere unbeachtet gelassen.

1. Inhalt

a. Mittelbare normkonkretisierende Einbeziehung

Mittelbar wird eine regimeexterne Norm oder ein Standard einbezogen, wenn die Norm einen Rahmen vorgibt, innerhalb dessen die regimeexterne Norm zur Konkretisierung des Regelungsgehalts angewandt werden kann. Beispiele dafür bilden Generalklauseln, die durch die Verwendung unbestimmter Rechtsbegriffe (wie beispielsweise „Stand der Wissenschaft und Technik"), und unter Umständen verstärkt durch eine Konformitätsvermutung, zur Konkretisierung mit Hilfe externer Normen oder Standards einladen.[1630] So ordnet Art. 3 SPS an, nationale Maßnahmen auf Standards zu stützen, während Art. 3.2. SPS die Vermutung einer Vereinbarkeit mit dem SPS bei Standardkonformität regelt. Da eine mittelbare Einbeziehungsklausel nicht auf eine konkrete, zu einem bestimmten Zeitpunkt geltende Norm verweist, erlaubt sie gleich einem dynamischen Verweis die Anwendung der jeweils aktualisierten Norm.[1631]

b. Unmittelbare normergänzende Einbeziehung

Regimeexterne Normen können aber auch unmittelbar im Wege der wörtlichen Übernahme oder des Verweises inkorporiert werden. Dabei bezieht sich der sog. statische Verweis auf eine Norm oder einen Standard in einer bestimmten, bereits bei Inkrafttreten des Verweises existenten Fassung. Wie bei der wörtlichen Übernahme unterliegen eventuelle Änderungen der Entscheidung der einbeziehenden Vertragsordnung. Dagegen nimmt ein dynamischer Verweis auf Normen und Standards in der jeweils aktuellen Fassung Bezug.[1632]

Ein elaboriertes Beispiel für die wörtliche Regelübernahme bildet das Abkommen über den Europäischen Wirtschaftsraum (EWRA), das die EG, die EGKS und die EU-Mitgliedstaaten mit den EFTA-Staaten geschlossen haben. Es übernimmt *en bloc* EU-Bestimmungen, substanti-

---

1630 Philipp Jehle, *Harmonisierung im Welthandelsrecht durch Verweis auf internationale Standards. Eine Analyse anhand des SPS-Abkommens der WTO*, Baden-Baden 2008, S. 148 f.

1631 Vgl. für die Einbeziehung von Standards ebd., S. 149.

1632 Vgl. für die Einbeziehung von Standards ebd., S. 149 f.

elle Regelungen zum Binnenmarkt, aber auch institutionelle bzw. Verfahrensregelungen,[1633] und sieht einen Mechanismus zur beständigen Anpassung an die relevanten Änderungen des EU-Rechts vor. D.h., das EWRA entwickelt sich nicht automatisch (durch einen dynamischen Verweis) mit, sondern ein EWR-Organ, der Gemeinsame EWR-Ausschuss, entscheidet – unter Umständen mit Anpassungen – über jede Regelübernahme.[1634] Da die Übernahme der EU-Regelungen jedoch der Regelfall sein soll, weil sie die Homogenität des EWR sichert, werden die EFTA-Staaten frühzeitig über EU-Initiativen informiert und konsultiert und können durch Sachverständige bei der Ausarbeitung der Rechtsakte mitwirken.[1635]

2. Koordinierungsgehalt

Die Einbeziehung ordnungsexterner Normen führt dazu, dass die Reichweite der mitgliedstaatlichen Rechte und Pflichten durch die Vorgaben der inkorporierten Norm bedingt wird. Bei gemeinsamen Mitgliedstaaten kann dies Widersprüche zwischen den mitgliedstaatlichen Rechtspositionen aus den interagierenden Vertragsregimen vermeiden und die Harmonisierung der mitgliedstaatlichen Rechte und Pflichten bewirken. Dies gilt insbesondere für unmittelbare und dynamische Einbeziehungsklauseln.

1633 JOHN FORMAN, The EEA Agreement Five Years On: Dynamic Homogeneity in Practice and its Implementation by the Two EEA Courts, in: *Common Market Law Review* 36 (1999), S. 751–781, 755 f. Siehe als Beispiel für Verfahrensbestimmungen Art. 108 Abs. 1 EWRA: „ Die EFTA-Staaten setzen ein unabhängiges Überwachungsorgan [...] ein und führen ähnliche Verfahren ein, wie sie in der Gemeinschaft bestehen".

1634 Art. 102 EWRA. Nach dessen Abs. 1 fasst der Gemeinsame EWR-Ausschuss Änderungsbeschlüsse so bald wie möglich nach Erlass der entsprechenden neuen Rechtsvorschriften durch die EU, damit die EU-Vorschriften und das geändert EWR-Recht gleichzeitig angewendet werden können. In der Praxis vergeht aber oftmals Zeit zwischen dem Inkrafttreten für die EU und dem für den EWR, FORMAN (Fn. 1633)., S. 765. Auch für den Fall, dass keine Anpassungsentscheidung zustande kommt, ist vorgesorgt: Gegebenenfalls kann der Gemeinsame EWR-Ausschuss andere Maßnahmen ergreifen, um das gute Funktionieren des EWR aufrechtzuerhalten, etwa gleichwertige Rechtsvorschriften anerkennen, Art. 102 Abs. 5.

1635 Art. 99-101 EWRA.

Die mittelbare Heranziehung externer Normen und Standards durch Generalklauseln ist als „Kompatibilitätstechnik" einzuordnen, weil sie nicht zwangsläufig zur Harmonisierung eines Bereichs führt, sondern verschiedene Auslegungen erlaubt und dabei aber die Anwendung bestimmter regimeexterner Normen oder Standards privilegiert. Damit fördert sie die Verwebung der betroffenen Vertragsordnungen zu einem Netzwerk.

Zwar können mittelbare Einbeziehungsklauseln, d.h. insbesondere Generalklauseln, wegen der ihnen innewohnenden Unbestimmtheit mit Blick auf Legitimationsanforderungen bedenklich sein. Allerdings sind Generalklauseln als gesetzgeberisches Mittel anerkannt und sehen sich, da die Rechtssetzungskompetenz bei dem verweisenden Regime verbleibt, keinen grundsätzlichen Bedenken hinsichtlich ihrer Legitimität ausgesetzt.[1636] Derartige Bedenken werden jedoch gegenüber dynamischen Verweisungen erhoben, da zum Zeitpunkt der Zustimmung bzw. des Beitritts eines Staats zu einem Regime nicht absehbar ist, wie sich das in Bezug genommene Regime entwickeln wird und der beitretende Staat darauf unter Umständen keinen Einfluss hat.[1637] Letztlich wird mit ihnen nämlich die Rechtssetzungskompetenz für bestimmte Fragen einem anderen Regime überlassen.[1638] Insofern dynamische Verweise nicht allein durch das Einverständnis der Mitgliedstaaten, einer internationalen Organisation beizutreten, legitimiert werden können, könnte Legitimität in Anschluss an Young durch die kontinuierliche Überprüfung der einbezogenen Ordnung anhand von Kriterien der Repräsentativität, Offenheit und Transparenz gestiftet werden.[1639]

1636 JEHLE (Fn. 1630), S. 152.
1637 Siehe etwa MEINHARD HILF und MATTHIAS REUSS, Verfassungsfragen lebensmittelrechtlicher Normierung, in Zeitschrift für das gesamte Lebensmittelrecht (24) 1997, S. 289-302, 293, die zu dem Ergebnis kommen, dass aufgrund der hohen Anzahl der Glieder der Legitimationskette und deren Intransparenz die Verwendung von Standards der Kodex Alimentarius-Kommission durch das WTO-Berufungsorgan im sog Hormonfall (*EC – Measures Affecting Meat and Meat Products*), WTO-Dok. WT/DS26 und WT/DS48, Legitimationsanforderungen nicht genügte.
1638 JEHLE (Fn. 1630), S. 151.
1639 Siehe dazu Teil IV Kapitel 2 B II.

VI. Gemeinsame Rechtssetzung

Eine einheitliche Rechtssetzung könnte für verschiedene internationale Organisationen dadurch gewährleistet werden, dass sie sie in Bereichen überschneidender Kompetenzen gemeinsam unternehmen, d.h. den Entscheidungsprozess, ab der Vorlage bis zur endgültigen Annahme, gemeinsam durchführen. Für die Erfordernisse der Rechtssetzung könnten die zuständigen Organe zusammengeführt und einheitliche Organe bzw. gemeinsame Sub-Organe gebildet werden. Eine andere Möglichkeit wäre die Legislativ-Organe gemeinsame Sitzungen abhalten zu lassen.

1. Inhalt

a. Gemeinsame Sitzungen der rechtssetzenden Organe

Die rechtssetzenden Organe verschiedener internationaler Organisationen können gelegentlich oder regelmäßig gemeinsame Sitzungen abhalten. In der Praxis scheint der Fall einheitlicher Gesetzgebungsorgane öfter vorzukommen als der gemeinsamer Sitzungen. Diese sind wohl den parlamentarischen Versammlungen oft zu symbolischen Zwecken bzw. zum Meinungsaustausch vorbehalten. Folglich werden während solcher gemeinsamer Sitzungen keine Rechtsakte verabschiedet.[1640]

b. Gemeinsame rechtssetzende Organe

Ein Beispiel für die Bildung gemeinsamer rechtssetzender Organe findet sich in der europäischen Integrationsgeschichte: Die drei europäischen Gemeinschaften führten in den 1960ern ihre parlamentarischen und gerichtlichen Organe sowie die Wirtschafts- und Sozialausschüsse, später auch ihre Entscheidungsorgane, den jeweiligen Ministerrat, und die Kommissionen zusammen, ohne ihre rechtliche Unabhängigkeit aufzugeben.[1641] Die Entscheidungen wurden seither innerhalb der einheitlichen

---

1640 Dupuy (Fn. 33), S. 482 f. mit Blick auf die EGKS und den Europarat.

1641 Siehe für die gemeinsame Versammlung, den Gerichtshof und den gemeinsamen Wirtschafts- und Sozialausschuss Art. 1, 3, 5 Abkommen über gemeinsame Organe für die Europäischen Gemeinschaften vom 25. März 1957 und Art. 1, 9

Organe getroffenen, wenn auch je nach Sachbereich nach Maßgabe der unterschiedlichen Gründungsverträge.[1642] Noch heute haben die EU und die Europäische Atomgemeinschaft identische Mitgliedstaaten und teilen sich gemeinsame Organe. Die derart verabschiedeten Rechtsakte werden beiden Organisationen oder der jeweils allein zuständigen Organisation zugerechnet.[1643]

c. Gemeinsame Unter-Organe und Gremien

Internationale Organisationen können auch gemeinsame Unter-Organe bilden, die bestimmte Sachbereiche regulieren. So haben die FAO und die WHO gemeinsam die Codex-Alimentarius-Kommission geschaffen, die das der FAO und WHO gemeinsame Normierungsprogramm für Lebensmittel verwirklicht. Solche Gremien können die direkte Beteiligung bzw. Mitgliedschaft internationaler Organisationen erlauben.[1644] Einige solcher Organe sind der Beteiligung internationaler Organisationen gar vorbehalten, so etwa die Inter-Organization for the Sound Managment of Chemicals (IOMC), an der sich u.a. die WHO, ILO, FAU und die OECD beteiligen und die zur Harmonisierung wichtiger Regulierungen beigetragen hat.[1645]

Vertrag zur Einsetzung eines gemeinsamen Rats und einer gemeinsamen Kommission der Europäischen Gemeinschaften (sog. EG-Fusionsvertrag) vom 8. April 1965.

1642 Art. 1 Abs. 1, Art. 3, Art. 5 Abs. 1 Abkommen über gemeinsame Organe für die Europäischen Gemeinschaften vom 25. März 1957 und Art. 1 Abs. 2, Art. 9 Abs. 2 Vertrag zur Einsetzung eines gemeinsamen Rats und einer gemeinsamen Kommission der Europäischen Gemeinschaften vom 8. April 1965 Vgl. auch Titel IV Art. I Vertrag über die Europäische Union vom 7. Februar 1992, EU-Dok. 21/C 19101.

1643 Vgl. etwa noch zu Zeiten der EG Entscheidung des Rates vom 23. Oktober 2001 über ein Gemeinschaftsverfahren zur Förderung einer verstärkten Zusammenarbeit bei Katastrophenschutzeinsätzen, EG- und Euratom-Dok. 2001/792/ EG, Euratom.

1644 Die EU ist bspw. Mitglied der Codex-Alimentarius-Kommission. Siehe zur Koordinierungswirkung der Mitgliedschaft Entscheidung des Rats über den Beitritt der EG zur Codex-Alimentarius-Kommission vom 17. November 2003, EG-Dok. 2003/822/EG, Erwägungsgrund (4).

1645 Beispiel bei DUNOFF (Fn. 1582), S. 159 f.

2. Koordinierungsgehalt

Die gemeinsame Rechtssetzung ist eine sehr wirksame Koordinierungsmethode, führt sie doch zur einheitlichen Regelung und vermeidet damit Normkonflikte. Allerdings unterliegt die gemeinsame Rechtssetzung wegen ihrer Unmittelbarkeit hohen Legitimationsanforderungen. Da hier die entsprechende Legitimation nur über die Mitgliedstaaten vermittelt werden kann, darf die Fusion von Organen wie auch die Abhaltung gemeinsamer Sitzungen nur dann der Beratung und Verabschiedung von Rechtsakten dienen, wenn einerseits der Zuschnitt der Kompetenzen der jeweiligen Organisation und des jeweiligen Organs sehr ähnlich ist und sich die Mitgliedstaaten beider Organisationen decken. Dabei muss theoretisch verlangt werden, dass die Mitgliedstaaten identisch sind, mithin nicht eine Organisation mehr Mitgliedstaaten als die andere umfasst. Damit ist die gemeinsame Rechtssetzung nur zwischen wenigen internationalen Organisationen denkbar. Sowohl in der Literatur[1646] als auch in der Praxis wird teilweise als ausreichend angesehen, dass die betreffenden Organisationen gemeinsame Mitgliedstaaten haben, auch wenn eine der beiden Organisationen noch zusätzlich andere umfasst.

B. Anwendung

Selbst wenn mehrere Vertragsordnungen im Wesentlichen gleiche Regeln haben, besteht die Gefahr der unterschiedlichen Auslegung und Anwendung von Normen. Daher ist neben der Koordinierung im Stadium der Rechtssetzung auch eine Abstimmung bei der Rechtsanwendung von Regimen erforderlich, die einen sich überschneidenden Anwendungsbereich haben. Die Praxis internationaler Organisationen bietet Beispiele für Koordinierungsansätze. Soweit diese wie etwa der Informationsaustausch mit den für die Rechtssetzung dargestellten Formen identisch sind, sollen sie hier nur kurz Erwähnung finden.

1646 Vgl. DUPUY (Fn. 33), S. 484 f: „Cela suppose une réelle solidarité entre les institutions, laquelle atteint évidemment sa perfection lorsque [les organisations] sont de même structure et groupent les mêmes Etats".

I. Informationsaustausch

Der Informationsaustausch wird zwischen den für die Umsetzung verantwortlichen Organen internationaler Organisationen, den Sekretariaten bzw. Kommissionen, in interinstitutionellen Kooperationsabkommen häufig geregelt. Umsetzungsmaßnahmen werden als Anlass des Informationsaustausches aber selten erwähnt. Das EWRÜ bildet ein Beispiel für die detaillierte Regelung des Informationsaustausches zwischen zwei Exekutiv-Organen internationaler Organisationen, indem es Anlass, Umfang und Modalitäten des Informationsaustausches zwischen der Europäischen Kommission und der EFTA-Überwachungsbehörde bestimmt. So sieht beispielsweise Art. 109 EWRÜ den Informationsaustausch und Konsultationen zur Überwachungspolitik vor und führt in seinem Abs. 3 aus, dass Informationen über eingegangene Beschwerden zwischen den beiden Institutionen weiterzuleiten sind. Für den Wettbewerbsbereich sind Informationspflichten im Protokoll 23 geregelt.[1647] Darin sind Konsultationen zu allgemeinen politischen Fragen[1648] und auch vor Erlass bestimmter Entscheidungen vorgesehen.[1649] Die übermittelten Informationen betreffen tatsächliche Feststellungen sowie rechtliche Einschätzungen und können auch vertraulichen Inhalts sein.[1650]

II. Kompetenzabgrenzung

Das EWRÜ bietet auch ein Beispiel, wie die Kompetenzen der Überwachungsorgane abgegrenzt werden können. Für das Wettbewerbsrecht legt etwa Art. 56 EWRÜ nach den von Handelsbeeinträchtigungen betroffenen Ländern und dem Umsatz im Hoheitsgebiet des jeweiligen Landes fest, wann die EU-Kommission und wann die EFTA-Überwachungsbehörde

---

1647 Protocol 23 concerning the Cooperation between the Surveillance Authorities (Article 58), ersetzt durch die Entscheidung Nr. 130/2004, EWR-Amtsblatt L 64, 10.3.2005, S. 57 und EWR-Beilage Nr. 12, 10.3.2005, S. 42.
1648 Art. 1 Abs. 1 Protokoll 23.
1649 Art. 3 Protokoll 23
1650 Art. 9 Abs. 1 Protokoll 23.

die Fälle entscheiden.[1651] Die Kompetenzverteilung wird durch Vorschriften zur Weiterleitung von Fällen durch die jeweils unzuständige an die zuständige Behörde ergänzt.[1652]

III. Harmonisierende Auslegung

Die Normen einer Vertragsordnung können unter Berücksichtigung parallel einschlägiger Normen anderer Regime harmonisierend durch die für die Umsetzung verantwortlichen Organe einer internationalen Organisation ausgelegt werden. In der Literatur wird die harmonisierende Auslegung bisher hauptsächlich im Zusammenhang mit der Auslegung durch Streitbeilegungsorgane und Gerichte völkerrechtlicher Regime diskutiert. Die folgenden Ausführungen betreffen sowohl die Umsetzung als auch die gerichtliche Durchsetzung völkerrechtlicher Normen.

Die harmonisierende Auslegung erfordert mehr als nur die formale Einstellung in die Überlegungen und weniger als die direkte Anwendung der jeweils zu berücksichtigenden Norm.[1653] Im Sinne einer praktischen Konkordanz bzw. ihrer größtmöglichen Wirksamkeit werden vielmehr die heranzuziehende wie die auszulegende Norm im Lichte der jeweils anderen interpretiert.[1654] Das führt zu einer an Kriterien der Verhältnismäßigkeit orientierten Abwägung der jeweils geschützten Interessen und Ziele.[1655]

1651 Vgl. auch Art. 57 EWRÜ für Kontrolle von Unternehmenszusammenschlüssen und Art. 62 für die Prüfung staatlicher Beihilfen.

1652 Siehe beispielsweise Art. 11 Abs. 2 Protokoll 23.

1653 Mit Blick auf Art. 31 Abs. 3 lit. c WVK PHILIPPE SANDS, Treaty, Custom and the Cross-fertilization of International Law, in: *Yale Human Rights and Development Law Journal* 1 (1998), S. 85–106, 103.

1654 ANNE VAN AAKEN, Defragmentation of Public International Law Through Interpretation: A Methodological Proposal, in: *Indiana Journal of Global Legal Studies* 16 (2009), S. 483–512, 501 f. Vgl. NEUMANN (Fn. 32), S. 388.

1655 VAN AAKEN (Fn. 1654), S. 501 f. für Art. 31 Abs. 3 lit. c WVK. So schon im Ansatz ILC STUDY GROUP, *Fragmentation of International Law: Difficulties arising from the Diversification and Expansion of International Law. Conclusions of the work of the Study Group*, 2006, Rn. 419: „This points to the need to carry out the interpretation so as to see the rules in view of some comprehensible and coherent objective, to prioritize concerns that are more important at the cost of the less important objectives. This is all that article 31 (3) (c) requires; the integration into the process of legal reasoning – including reasoning by courts and tribunals – of a sens of coherence and meaningfulness."

Eine harmonisierende Auslegung kann durch vertragliche Klauseln geboten sein. In Ermangelung spezifischer Regelungen ist die Berücksichtigung „jede[s] in den Beziehungen zwischen den Vertragsparteien anwendbare[n] einschlägige[n] Völkerrechtssatzes" gemäß Art. 31 Abs. 3 lit. c WVK ein Auslegungskriterium, dem ob seines konfliktmindernden Potentials in letzter Zeit mehr Aufmerksamkeit als zuvor zuteil wird.[1656]

1. Inhalt

a. Vertragsklauseln

Das Recht internationaler Organisationen kann durch Bezugnahmen auf andere Vertragsordnungen bestimmen, dass es in Zusammenschau mit letzteren auszulegen ist. Dies hat den Vorteil, dass die Ungewissheiten hinsichtlich des sachlichen und zeitlichen Anwendungsbereichs des Art. 31 Abs. 3 lit. c WVK nicht zum Tragen kommen. Anknüpfungspunkt für solche Bestimmungen ist zumeist der jeweilige Gründungsvertrag der Organisation. Während ausdrückliche Auslegungsbestimmungen selten sind, können verschiedene Formen der Bezugnahme eine harmonisierende Auslegung gebieten.

[1656] Die Völkerrechtskommission hat in ihrem Bericht zur Fragmentierung die Auslegung im Licht anderer Übereinkommen als Ansatz diskutiert, der den Umgang mit Fragmentierung erleichtern könnte, ILC STUDY GROUP (Fn. 25), Rn. 410 ff. Gleichzeitig wurde die Auslegungsregel in der Vergangenheit sehr selten und erst in letzter Zeit in der Praxis vermehrt herangezogen. Der EGMR war mit seinen Bezugnahmen auf Art. 31 Abs. 3 lit. c WVK Vorreiter der „systemischen" Auslegung, CAMPBELL MCLACHLAN, The principle of systemic integration and article 31 (3) (c) of the Vienna Convention, in: *International and Comparative Law Quarterly, Vol. 51* (2005), S. 279–320, 279 f., 293 f. In den letzten Jahren bilden auch Entscheidungen des IGH sowie des WTO-Streitbeilegungsmechanismus Anwendungsbeispiele. Siehe etwa IGH, Urteil vom 6. November 2003, ICJ Rep. 2003, S. 182, Rn. 41 – *Oil Platforms*, wo der IGH einen Freundschaftsvertrag zwischen Iran und USA im Lichte anderen Völkerrechts auslegte, und Appellate Body, Bericht vom 29. April 1996 WTO-Dok. WT/DS2/AB/R, S. 17 ff., – *US - Gasoline*, und Bericht vom 13. Juli 1998, WTO-Dok. WT/DS69/AB/R, S. 29 ff. – *EC - Poultry*.

(1) Nichtbeeinträchtigungsklauseln

Einige Verträge enthalten eine Klausel, die ausdrücklich bestimmt, dass andere Verträge durch das jeweilige Abkommen nicht beeinträchtigt werden. So bestimmt etwa Art. 7 Nordatlantikvertrag, dass der Vertrag nicht die Rechte und Pflichten berühre, welche sich für die Parteien, die VN-Mitglieder sind, aus der VNC ergeben.[1657] Solche Klauseln lassen auf eine widerlegbare Vermutung der Kompatibilität der betroffenen Vertragsordnungen schließen.[1658] Oftmals verbieten die Klauseln ausdrücklich Auslegungen, die zu Beeinträchtigungen der Rechte und Pflichte aus der in Bezug genommenen Vertragsordnung führen.[1659] Auch in Abwesenheit einer solchen Bestimmung gebieten Nichtbeeinträchtigungsklauseln eine harmonisierende Auslegung.

(2) Übereinstimmungsklauseln

Gründungsverträge internationaler Organisationen können Klauseln umfassen, welche die Vereinbarkeit mit dem Recht einer anderen Organisation bestimmen. So sieht der WHO-Gründungsvertrag die in seiner Präambel genannten Grundprinzipien in Übereinstimmung mit der VNC.[1660] Im Gegensatz zu Nichtbeeinträchtigungsklauseln wird durch die Erklärung einer Übereinstimmung die referierte Vertragsordnung als normativer Orientierungspunkt genommen, also übergeordnet.[1661] Insofern kommt der referierten Ordnung bei der Auslegung die maßgebliche Bedeutung zu.

1657 Nordatlantikvertrag vom 4. April 1949, in Kraft getreten am 24. August 1949. Siehe zu weiteren Beispielen JENKS (Fn. 1274), S. 432. Im Prinzip bestätigen solche Klauseln lediglich den Normalfall, dass Verträge einander unberührt lassen. Die Änderung eines multilateralen Vertrags (zwischen einem Teil der Vertragsparteien) wird regelmäßig an der gewohnheitsrechtlichen Bedingung scheitern, dass die Abweichung mit dem Ziel und Zweck des Vertrags vereinbar sein muss, vgl. Art. 41 Abs. 1 lit. b) WVK.

1658 ILC STUDY GROUP (Fn. 25), Rn. 268.

1659 Vgl. Art. 7 S. 2 Nordatlantikvertrag: „[Dieser Vertrag] darf auch nicht dahin ausgelegt werden, dass er in irgendeiner Weise solche Rechte, Verbindlichkeiten und Verantwortlichkeiten berühre."

1660 Verfassung der Weltgesundheitsorganisation vom 22. Juli 1946, in Kraft getreten am 7. April 1948.

1661 DUPUY (Fn. 33), S. 568 und DAILLIER, FORTEAU und PELLET (Fn. 1541), S. 293 f.

D.h. statt wechselseitiger Beeinflussung der Normen im Sinne einer praktischen Konkordanz ist die verweisende Norm so auszulegen, dass sie mit der referierten Norm vereinbar ist.[1662]

(3) Anerkennung der Ziele anderer Vertragsordnungen

Teilweise erklären sich Organisationen in ihren Gründungsverträgen den Zielen anderer Vertragsordnungen verpflichtet. So bekennt sich die UEMOA zu den Zielen der AEC und der ECOWAS.[1663] Da sich hier die referierende Vertragsordnung Ziele einer anderen Vertragsordnung zu eigen macht, kommt deren Recht über das teleologische Auslegungskriterium ein besonderes Gewicht zu, Art. 31 Abs. 1 WVK.[1664]

(4) Weitere Bezugnahmen

Die Referenzen auf andere Vertragsordnungen können in ihrer Form stark variieren und sollen hier deshalb nicht erschöpfend dargelegt werden. Teilweise wird etwa auf internationale Standards oder Vereinbarungen verwiesen, ohne spezielle Regime zu benennen.[1665] Andernorts integrieren Normen Grundprinzipien anderer Vertragsordnungen[1666] oder verwenden Begriffe, die nur durch den Rückgriff auf andere Vertragsordnungen aus-

---

1662 Insofern liegen konforme Auslegung und Vorrang eng beieinander, DAILLIER, FORTEAU UND PELLET (Fn. 1541), S. 293 f.: „Quand un traité contient une pareille déclaration [de compatibilité], en tant que traité inférieur, il doit toujours être interprété dans le sens de sa compatibilité avec le traité supérieur. S'il est impossible de concilier l'un et l'autre, le traité supérieur prévaudra." Vgl. Art. 30 Abs. 2 WVK und im deutschen Recht die grundgesetz- bzw. europarechtskonforme Auslegung.

1663 Siehe die Präambel des UEMOAV: „Fidèles aux objectifs de la Communauté Economique Africaine et de la Communauté Economique des Etats de l'Afrique de l'Ouest (CEDEAO)".

1664 VAN AAKEN (Fn. 1654), S. 495.

1665 Siehe bspw. Art. VI Abs. 5 lit. a ii) GATS und Art. 3 Abs. 1-3 SPS

1666 Siehe etwa die Präambel zum WTOÜ, die Reminiszenzen an die Prinzipien der (nachhaltigen) Entwicklung und des Umweltschutzes enthält.

gefüllt werden können[1667]. Im Zweifel sollte man mit der Anerkennung einer normativ vorrangigen Ordnung vorsichtig sein und von einer harmonisierenden Auslegung ausgehen.

b. Artikel 31 Abs. 3 lit. c WVK

Soweit nicht ausdrücklich Gegenteiliges bestimmt ist, sind völkerrechtliche Verträge, also auch Gründungsverträge internationaler Organisationen, nach den gewohnheitsrechtlichen Grundsätzen auszulegen, die Art. 31-33 WVK wiedergeben.[1668] Gemäß Art. 31 Abs. 3 lit. c WVK stützt sich die Vertragsauslegung nicht nur auf Wortlaut, Ziel und Zweck des Vertrags, sondern auch – und in gleicher Weise – auf jeden in der Beziehung zwischen den Parteien anwendbaren einschlägigen Völkerrechtssatz. Damit sind die Gründungsverträge und ggf. das Sekundärrecht anderer internationaler Organisationen zur Auslegung heranzuziehen, sollten sich die Mitglieder überschneiden. Allerdings gilt der Anwendungsbereich wie auch die Rechtsfolge des Art. 31 Abs. 3 lit. c WVK als äußerst unbestimmt.[1669] Mit Blick auf den Anwendungsbereich ist insbesondere fraglich, ob ausschließlich Normen herangezogen werden können, an die alle Parteien des zu interpretierenden Abkommen gebunden sind, und ob nur das Recht berücksichtigt wird, das bereits zum Zeitpunkt des Vertragsschlusses in Kraft war.[1670]

(1) Anwendungsbereich

Für die Frage, ob alle Parteien eines auszulegenden Abkommens oder lediglich alle Streitparteien oder sogar nur eine der Streitparteien oder gar nur einige Vertragsparteien durch die heranzuziehende Norm gebunden sein müssen, ist eine Auslegung vorzunehmen, die sowohl der Bedeutung

---

1667 Für das Verhältnis zwischen der WTO und regionalen Handelsabkommen ISABELLE VAN DAMME, What Role is there for Regional International Law in the Interpretation of the WTO Agreements?, in: *Regional trade agreements and the WTO legal system*, hg. von LORAND BARTELS und FEDERICO ORTINO, Oxford, New York 2006, S. 553–575, 569 ff.
1668 NEUMANN (Fn. 32), S. 345 m.w.N.
1669 McLACHLAN (Fn. 1656), S. 281.
1670 ebd., S. 313 ff.

der *pacta tertiis*-Regel Rechnung trägt, der Regel also, dass ein Vertrag für einen Drittstaat ohne dessen Zustimmung keine Rechte oder Pflichten begründen darf,[1671] als auch dem Erfordernis einer effektiven Anwendbarkeit des Art. 31 Abs. 3 lit. c WVK.[1672] Wird der Parteienbegriff weit bestimmt, besteht die Gefahr, dass Normen multilateraler Verträge einen Bedeutungswandel durch die Berücksichtigung von Recht erfahren, dem eventuell ein Großteil der Parteien nicht zugestimmt hat und diese Parteien indirekt durch solches Recht gebunden werden. Ein enger Parteienbegriff würde dagegen zu einem minimalen Anwendungsbereich des Art. 31 Abs. 3 lit. c WVK führen. Dann könnten globale Ordnungsverträge ob ihres beinah universellen Mitgliederkreises praktisch nie harmonisierend ausgelegt werden, weil es unwahrscheinlich ist, dass alle Unterzeichnerstaaten auch das jeweilige potentiell heranziehbare Abkommen unterzeichnet haben.[1673] Versteht man mit einer vermittelnden Ansicht unter „Parteien" die Streitparteien, variiert die Auslegung ein und derselben Norm je nach den konkreten Vertragsparteien, zwischen denen sie in Frage steht.

In der Literatur wird zwischen „bipolaren" (bzw. „reziproken" oder „synallagmatischen") und „multipolaren"[1674] (bzw. „interdependenten" oder „nicht-synallagmatischen") multilateralen Verträgen unterschieden: „Während bei bipolaren Verträgen eine unterschiedliche Auslegung des Vertrags in den unterschiedlichen Vertragsbeziehungen möglich ist, weil die Vertragspflichten bilateral zwischen den einzelnen Parteien geschuldet werden, erfordert der Zweck multipolarer Abkommen eine einheitliche

---

1671 Art. 34 WVK.

1672 NEUMANN (Fn. 32), S. 372 ff.

1673 GABRIELLE MARCEAU, A Call for Coherence in International Law. Praises for the Prohibition Against "Clinical Isolation ' in WTO Dispute Settlement, in: *Journal of World Trade* 33 (1999), S. 87–152, 124. Bedenkt man die gegenseitige Beeinflussung bei der harmonisierenden Auslegung, müsste konsequent die identische Mitgliedschaft gefordert werden. Eine Bedingung, die praktisch nie vorliegen wird.

1674 NEUMANN (Fn. 32), S. 376: „Bei multipolaren Verträgen wird die Vertragserfüllung nicht gegenüber einzelnen Parteien teilbar geschuldet, sondern unteilbar gegenüber allen Vertragsparteien." Neumann nennt als Beispiele Statusverträge, multilaterale Umweltübereinkommen und Menschenrechtspakte.

Befolgung einheitlich ausgelegter Normen durch alle Vertragsparteien gegenüber allen Parteien".[1675] Zusammengefasst sind „Parteien" i.S.d. Art. 31 Abs. 3 lit. c WVK danach in multipolaren Verträgen alle Vertragsparteien und in bipolaren Verträgen grundsätzlich alle Streitparteien.[1676] Darüber hinaus können globale Ordnungsverträge[1677] zur Auslegung herangezogen werden, auch wenn keine Streitpartei, aber die ganz überwiegende Mehrheit der Vertragspartner sie unterzeichnet hat.[1678]

(2) Rechtsfolge

Was genau die „Berücksichtigung" einer herangezogenen Norm bedeutet, ist Gegenstand von Diskussionen.[1679] Einer restriktive Herangehensweise folgend, könnte ordnungsexternes Recht lediglich zur Bestimmung spezifischer Begriffe dienen.[1680] Eine Auslegung, die dagegen durch die gegenseitige Beeinflussung der beiden Normen auf deren praktische Konkordanz zielt,[1681] ist allerdings wesentlich besser geeignet, die in den auszulegenden und heranzuziehenden Normen zum Ausdruck kommenden konfli-

---

1675 ebd., S. 376. Der Begriff des bi- bzw. multipolaren Vertrags stammt von ALBERT BLECKMANN, Zur Wandlung der Strukturen der Völkerrechtsverträge - Theorie des multipolaren Vertrages -, in: *Archiv des Völkerrechts* 34 (1996), S. 218–236, 233 ff. Auch die ILC STUDY GROUP (Fn. 25), Rn. 472 macht eine solche Unterscheidung.

1676 Zum gleichen Ergebnis kommt die ILC STUDY GROUP (Fn. 25), Rn. 472.

1677 Das sind multilaterale Völkerrechtsverträge, die Fragen des Allgemeininteresses regeln und an denen fast alle Staaten Partei sind, CONCETTA MARIA PONTECORVO, Interdependence between Global Environmental Regimes: The Kyoto Protocol on Climate Change and Forest Protection, in: *Zeitschrift für ausländisches öffentliches Recht und Völkerrecht* 59 (1999), S. 709–748, 737, 740. Beispiele bilden die VNC und das WTOÜ. TOMUSCHAT (Fn. 26), S. 268 und SIMMA (Fn. 26), S. 331 bezeichnen sie als „world order treaties".

1678 NEUMANN (Fn. 32), S. 387.

1679 ILC STUDY GROUP (Fn. 1655), Rn. 419.

1680 So hat beispielsweise der Appellate Body das Übereinkommen über den internationalen Handel mit gefährdeten Arten freilebender Tieren und Pflanzen (CITES) zur Auslegung des Begriffs der erschöpflichen Naturschätze gemäß Art. XX lit. g) herangezogen, Bericht vom 12. Oktober 1998, WTO-Dok. WT/DS58/AB/R, Rn. 132 – *Import Prohibition of certain Shrimp and Shrimp Products.*

1681 Siehe zu der hier vertretenen Auslegung bereits eingangs dieses Abschnitts B III.

gierenden Interessen auszugleichen und etwaige Konflikte zu beseitigen.[1682] Dabei ist anhand von Kriterien der Verhältnismäßigkeit abzuwägen.[1683]

2. Koordinierungsgehalt

Bereits der Begriff der harmonisierenden Auslegung weist auf das Ziel hin, Vertragsinhalte durch Harmonisierung anzunähern. Da hier nicht einer der potentiell konfligierenden Normen pauschal Vorrang eingeräumt, sondern eine gegenseitige Annäherung der Normen gesucht wird, ist das Verfahren grundsätzlich geeignet, eine Harmonisierungs- bzw. Koordinierungswirkung zu erzielen.[1684] Allerdings ist die harmonisierende Auslegung nach Art. 31-33 WVK nur eines von verschiedenen Auslegungskriterien. Insofern stößt sie an Grenzen, wenn sich konfligierende Normtexte als unvereinbar erweisen bzw. die Intention der Vertragsparteien, Zweck oder Systematik der jeweiligen Norm gegen eine harmonisierende Auslegung sprechen.[1685]

Mit Blick auf das gewohnheitsrechliche Gebot der harmonisierenden Auslegung des Art. 31 Abs. 3 lit. c WVK ist für die Bestimmung des Anwendungsbereichs der vermittelnden Ansicht zu folgen. Denn die Anforderung, dass jeweils alle Vertragsparteien eines zu interpretierenden Abkommens durch den heranzuziehenden Rechtssatz gebunden sein müss-

---

1682 KLEINKLEIN (Fn. 1549), S. 273.

1683 VAN AAKEN (Fn. 1654), S. 501 f. So schon im Ansatz ILC STUDY GROUP (Fn. 1655), Rn. 419: „This points to the need to carry out the interpretation so as to see the rules in view of some comprehensible and coherent objective, to prioritize concerns that are more important at the cost of the less important objectives. This is all that article 31 (3) (c) requires; the integration into the process of legal reasoning – including reasoning by courts and tribunals – of a sense of coherence and meaningfulness."

1684 VAN AAKEN (Fn. 1654), S. 493 ff.

1685 NEUMANN (Fn. 32), S. 437. Auch die Gestaltung der heranzuziehenden Norm kann gegen ihre Berücksichtigung sprechen, insbes. wenn sie mit schwächeren Durchsetzungsmechanismen ausgestattet ist als die auszulegende Norm, ebd., S. 390 ff.

ten, hätte mangels praktischer Erfüllbarkeit keine Koordinierungswirkung.[1686] Mit der vermittelnden Ansicht stellt sich allerdings das Problem, dass der ermittelte Inhalt einer Norm je nach den Streitparteien variieren kann. Die harmonisierende Auslegung kann aber auch je nach dem Zeitpunkt, zu dem sie vorgenommen wird, zu unterschiedlichen Ergebnissen führen.[1687] Insofern hat sie in jedem Fall eine zeitlich und ggf. auch nach Vertragsparteien begrenzte Wirkung. Dies mindert für die Anwendung zwischen zwei Parteien[1688] zwar die Einheitlichkeit der Auslegung, kann aber nichtsdestotrotz zu einer flexiblen Vernetzung verschiedener Vertragsordnungen führen, die deren Vereinbarkeit zuträglich ist. Damit kommt eine harmonisierende Auslegung allerdings vor allem auf Ebene der gerichtlichen Durchsetzung und bei der Umsetzung durch Vertragsparteien bzw. Mitglieder in Betracht, weniger aber auf Ebene der Umsetzung durch Verwaltungs- bzw. Exekutivorgane internationaler Organisationen.

In der Praxis wird vor allem die harmonisierende Auslegung durch Streitbeilegungsorgane im Hinblick auf ihre Legitimität diskutiert; es ist aber auch denkbar, dass Verwaltungs- und Exekutivorgane internationaler Organisationen eine solche Auslegung vornehmen. Sofern durch die harmonisierende Auslegung externes Recht herangezogen wird und sich die Auslegung nicht auf vertragliche Grundlagen oder eine authentische Auslegung durch die Vertragsparteien stützt, ist deren Legitimität fraglich.[1689] Denn wenn, wie hier vorgeschlagen, auch Normen berücksichtigt werden, an die nicht alle Parteien gebunden sind, stellt sich das Problem fehlender Legitimation durch den Staatenkonsens. Die hier vertretene Herangehens-

---

1686 Vgl. Ernst-Ulrich Petersmann, De-Fragmentation of International Economic Law Through Constitutional Interpretation and Adjudication with due Respect for Reasonable Disagreement, in: *Loyola University Chicago International Law Review* 6 (2008), S. 209–247, 241 für die WTO.

1687 Neumann (Fn. 32), S. 438.

1688 Die Auslegung gegenüber Parteien, die durch den einbezogenen Rechtssatz nicht gebunden sind bzw. – bei der Heranziehung von globalen Ordnungsverträgen zur Auslegung – die eine solche Bindung fortdauernd ablehnen, bleibt unbeeinflusst. Neumann (Fn. 32), S. 389 schlägt insofern die analoge Anwendung des Art. 41 Abs. 1 lit. b WVK vor.

1689 Nehmen die Vertragsparteien eine authentische Auslegung vor bzw. legen die Vertragsparteien zwecks Umsetzung die Bestimmungen für sich aus, stellen sich die Fragen mit verminderter Schärfe, vgl. Nele Matz-Lück, Norm Interpretation across International Regimes: Competences and Legitimacy, in: *Regime interaction in international law. Facing fragmentation*, hg. von Margaret A. Young, Cambridge 2012, S. 201–234, 228.

weise sucht allerdings einen Kompromiss zwischen der Staatenkonsens schützenden *pacta tertiis*-Regel und dem Erfordernis harmonisierender Auslegung zu finden.[1690] Letztlich nimmt die Präzedenz- bzw. Orientierungswirkung einer Auslegungsrichtlinie bzw. gerichtlichen Entscheidung ab, umso großzügiger externe Normen herangezogen werden. Insofern wird also ein eventuelles Legitimationsdefizit durch geringen Einfluss auf künftige Auslegungen kompensiert. Im Übrigen kann in Ausnahmefällen, etwa wenn die einzubeziehende Norm universell anerkannte Werte spiegelt, der ggf. fehlende Staatenkonsens durch andere legitimationsvermittelnde Faktoren kompensiert werden, insbesondere eben durch die Universalität der geschützten Werte.[1691] Die Vertragsordnung, deren Recht herangezogen wird, wird nicht durch die Auslegung gebunden; trotzdem kann sie, um die kohärente Auslegung ihres Rechts zu sichern, die ordnungsfremde Auslegung zu beeinflussen suchen.[1692]

Unabhängig von der Frage eines eventuell fehlenden Staatenkonsens' ist eine mittels der harmonisierenden Auslegung vorgenommene Interessenabwägung (auch) eine politische Entscheidung.[1693] Insofern kann man die Eignung von Verwaltungs- und Exekutivorganen bzw. Streitbeilegungskörpern, einen solchen Interessenausgleich zu erzielen, bezweifeln. Das Problem, das Gerichte und auch Verwaltungsorgane mit ungelösten Politikkonflikten umgehen müssen, stellt sich allerdings vielerorts und ist nicht spezifisch für die Koordinierung von Vertragsordnungen.

1690 Dazu kann auch die analoge Anwendung des Art. 41 Abs. 1 lit. b WVK, der die Zulässigkeit von *inter se*-Modifikationen begrenzt, auf *inter se*-Auslegungen beitragen, NEUMANN (Fn. 32), S. 389.

1691 ROBERT HOWSE, *The Use and Abuse of "Other Relevant Rules of International Law" in Treaty Interpretation: Insights from WTOTrade/Environment Litigation.*, 2007, S. 40 ff.: „[T]he values of democracy and self-determination require that a treaty interpreter be attentive, in cases where there is not formal state consent to be bound, to the risk of giving normative effects to an international law rule that the people of a particular state party to the dispute have had no opportunity to shape or influence, [...,] but at the same time, such considerations may be outweighed to the extent that the norms to be applied in interpretation reflect recognized universal *values* (human rights and humanitarian principles for example) that are expressed in custom or ius cogens (even if the specific *norm* itself does not have the status of custom or ius cogens)".

1692 Vgl. MATZ-LÜCK (Fn. 1689), S. 227. Siehe zur Koordinierung der Gerichtsorgane internationaler Organisationen diesen Teil Kapitel 3 C.

1693 KLEINKLEIN (Fn. 1549), S. 291 f.

IV. Vorrang

Völkerrechtliche Abkommen stehen genauso wie einzelne Normen grundsätzlich in keinem Unter- bzw. Überordnungsverhältnis, das die Lösung eventueller Normkonflikte durch die Bestimmung der jeweils vorrangigen Ordnung oder Norm erleichtern würde. Nur ausnahmsweise genießen Normen oder Regime Vorrang vor konfligierenden Normen und Regimen. Wird einer Vertragsordnung Vorrang vor einer anderen zugesprochen, bedeutet dies, dass sich im Fall von Normkonflikten die Normen der vorrangigen Ordnung durchsetzen, mithin „die Wirksamkeit der rangniederen Norm beschränkt wird".[1694]

Dabei ist zwischen Geltungs- und Anwendungsvorrang zu unterscheiden. Kommt der höheren Norm Geltungsvorrang zu, verhindert sie das wirksame Zustandekommen ihr widersprechenden niederen Rechts bzw. hebt es auf. Hat sie dagegen Anwendungsvorrang, verhindert sie lediglich die Anwendung widersprechenden niederen Rechts, ohne dessen Geltung zu beeinträchtigen.[1695] Wann Geltungs- und wann Anwendungsvorrang vorliegt, bestimmt sich nach der jeweiligen Vorrangbestimmung bzw. der Rechtsordnung und dem Regelungskontext.[1696] Treffen verschiedene Vertragsordnungen aufeinander, von denen eine Vorrang genießt, handelt es sich im Zweifel um einen – weniger schwerwiegenden – Anwendungsvorrang.[1697]

1694 Schilling (Fn. 1278), S. 548.
1695 Schilling (Fn. 1278), S. 549 f. Für die Lösung von Normkonflikten wirkt sich der Unterschied praktisch kaum aus, solange die höhere Norm in Wirkung ist, ebd., S. 550.
1696 Schilling (Fn. 1278), S. 551 und Erich Vranes, Lex Superior, Lex specialis, Lex Posterior - Zur Rechtsnatur der "Konfliktlösungsregeln", in: *Zeitschrift für ausländisches öffentliches Recht und Völkerrecht* 65 (2005), S. 391–405, 398.
1697 Vgl. Schilling (Fn. 1278), S. 553 f.

1. Inhalt

In der völkerrechtlichen Literatur werden verschiedene Vorrang- bzw. Konfliktlösungsregeln diskutiert.[1698] Gemeinhin konzentriert sich die Behandlung auf *lex superior*, *lex posterior* und *lex specialis*,[1699] obwohl auch durchaus noch andere Ansätze in Erwägung gezogen werden.[1700]

a. Lex superior: ius cogens und Art.103 VNC

Im allgemeinen Völkerrecht gelten lediglich *ius cogens*-Normen und gemäß Art. 103 VNC das VN-Recht als kraft seiner Natur vorrangiges *lex superior*. In diesem Zusammenhang werden teilweise auch *erga omnes*-Normen angesprochen.[1701] Die Eigenschaft einer Norm, der internationalen Gemeinschaft (*erga omnes*) geschuldet und von allen Staaten durchsetzbar zu sein,[1702] weist jedoch nicht zwangsläufig auf ihren Vorrang hin.[1703]

1698 VRANES (Fn. 1696), S. 410 stellt heraus, dass es sich bei den sog. Konfliktlösungsregeln um Interpretationskriterien bzw. funktionell äquivalente Kriterien handelt, die bei der Suche nach dem zutreffenden Sinn einer Regelung zu beachten sind.

1699 So etwa bei KARL (Fn. 1274) und ILC STUDY GROUP (Fn. 25).

1700 Etwa bei JENKS (Fn. 1274), S. 436 ff.

1701 Siehe etwa ILC STUDY GROUP (Fn. 25), Rn. 380 ff.

1702 IGH, Urteil vom 5. Februar 1970, IGH-Slg. 1970, S. 3, Rn. 33 – *Barcelona Traction*. Vgl. Art. 48 Abs. 1 lit. b Artikelentwürfe der ILC über die Verantwortlichkeit von Staaten für völkerrechtswidriges Handeln, in Official Records of the General Assembly, 56. Session, VN-Dok. A/56/10, S. 56.

1703 ILC STUDY GROUP (Fn. 25), Rn. 380, 389. Die Einordnung als *Erga omnes*-Pflicht kann jedoch Auswirkungen auf die Lösung eines Konflikts haben, ebd., Rn. 385 f.

(1) Ius cogens

Gemäß Art. 53 WVK ist ein Vertrag nichtig, wenn er im Zeitpunkt seines Abschlusses im Widerspruch zu einer zwingenden Norm des Völkerrechts steht.[1704] Neue zwingende Normen des allgemeinen Völkerrechts bewirken die Nichtigkeit der dazu im Widerspruch stehenden Verträge, Art. 64 WVK.[1705] Hier ist der Geltungsvorrang der jeweiligen *ius cogens*-Norm ausdrücklich geregelt. Für Konflikte zwischen internationalen Vertragsordnungen ist die Norm jedoch nicht praxisrelevant.[1706]

(2) Art. 103 VNC

Artikel 103 VNC ist die einzige (wirksame) Klausel eines völkerrechtlichen Abkommens, das den aus dem eigenen Abkommen resultierenden Pflichten ausdrücklich Vorrang vor Verpflichtungen aus allen anderen, also auch künftigen, Vertragsordnungen einräumt, unabhängig von der Überschneidung der Mitgliedstaaten: „Widersprechen sich die Verpflichtungen von Mitgliedern der Vereinten Nationen aus dieser Charta und ihre Verpflichtungen aus anderen internationalen Übereinkünften, so haben die Verpflichtungen aus dieser Charta Vorrang.“[1707] Die Singularität der

---

1704 Art. 53 S. 2 WVK definiert eine zwingende Norm des allgemeinen Völkerrechts als „Norm, die von der internationalen Staatengemeinschaft in ihrer Gesamtheit angenommen und anerkannt wird als eine Norm, von der nicht abgewichen werden darf und die nur durch eine spätere Norm des allgemeinen Völkerrechts derselben Rechtsnatur geändert werden kann".

1705 Weitere Rechtsfolgen für die Beziehung der Parteien, die einen in Widerspruch zu *ius cogens* stehenden Vertrag geschlossen haben, sieht Art. 71 WVK vor.

1706 Der *Ius cogens*-Vorrang wurde bis 2006 in keinem Streitfall zur Lösung von Normkonflikten herangezogen, ILC STUDY GROUP (Fn. 25), Rn. 377.

1707 PAUWELYN (Fn. 1273), S. 437 merkt an, dass Konfliktklauseln, die Vorrang vor künftigen Verträgen beanspruchen, grundsätzlich unter dem Vorbehalt der Vertragsfreiheit der Staaten stehen. Außerdem sind im Normalfall wegen der Relativität der Verträge die Rechte Dritter zu schützen. Dass Art. 103 VNC eine Ausnahme von diesen Grundsätzen darstellt, ist nur durch den quasi-konstitutionellen Charakter der VNC zu rechtfertigen, DAILLIER, FORTEAU und PELLET (Fn. 1541), S. 301.

Norm wird auch durch die ausdrückliche Referenz in Art. 30 WVK bestätigt, mit der die VNC von der Anwendung der dort niedergelegten gewohnheitsrechtlichen Konfliktregel ausgenommen wird.[1708]

Die Klausel erfasst sowohl Rechte und Pflichten aus der Charta als auch aus bindenden Entscheidungen der VN-Organe.[1709] Ihr Wortlaut regelt nicht, ob ihr Wirkungs- oder Anwendungsvorrang eignet, systematische und teleologische Auslegung sprechen aber eher für einen Anwendungsvorrang.[1710] Rückgriff auf Art. 103 VNC wurde in der bisherigen Praxis vor allem genommen, um Konflikte zwischen Geboten aus Resolutionen des Sicherheitsrats und Menschenrechtsinstrumenten zu klären.[1711] So hat das EuG unter Verweis auf Art. 103 VNC wie auch Art. 307 und Art. 297 EGV den Vorrang der Resolutionen des VN-Sicherheitsrats kraft sekundärrechtlicher Umsetzung vor dem EU-Primär- und Sekundärrecht angenommen,[1712] ist dabei aber vom EuGH korrigiert worden, der auch das VN-Recht zumindest den Verfassungsgrundsätzen der EU unterordnet.[1713] Auch der EGMR hatte zeitweise den Vorrang der Sicherheitsratsresolutionen vor der EMRK angenommen, die Überprüfung von Maßnahmen, die auf Umsetzungsakte zurückgehen, allerdings bereits abgelehnt, weil er sie den VN zurechnete (und nicht dem jeweiligen Europarats-Mitglied) und damit außerhalb des Schutzbereichs der EMRK sah.[1714] In der

---

1708 Artikel 30 Abs. 1 WVK bestimmt: „Vorbehaltlich des Artikels 103 der Charta der Vereinten Nationen bestimmen sich die Rechte und Pflichten von Staaten, die Vertragsparteien aufeinander folgender Verträge über denselben Gegenstand sind, nach den folgenden Absätzen". Vgl. auch Art. 30 Abs. 6 Wiener Übereinkommen über das Recht der Verträge zwischen Staaten und internationalen Organisationen oder zwischen internationalen Organisationen (im Folgenden WVK II).

1709 ILC STUDY GROUP (Fn. 25), Rn. 331.

1710 ILC STUDY GROUP (Fn. 25), Rn. 333 ff. mit der Mehrheit der Kommentatoren. Für die Nichtigkeit von Abkommen, die Verpflichtungen widersprechen, die direkt aus der Charta resultieren, RUDOLF BERNHARDT, Article 103, in: *The Charter of the United Nations. A commentary*, hg. von BRUNO SIMMA ET AL.,Oxford, 2. Aufl. 2002, Rn. 15.

1711 ILC STUDY GROUP (Fn. 25), Rn. 351 ff.

1712 EuG, Urteil v. 21.9.2005, Rs. T-315/01 Rn. 215 ff. - *Kadi*, und Urteil v. 21.9.2005, Rs. T-306/01, Rn. 276 f. - *Yusuf.*

1713 EuGH, Urteil vom 3. September 2008, C-402/05 P und C-415/05/P, Slg. 2008, I-6351, Rn. 280 ff., 285 – *Kadi.*

1714 EGMR, Entscheidung vom 2. Mai 2007, Beschwerde-Nr. 71412/01, 78166/01 - *Behrami und Saramati.* Die Annahme des Vorrangs von Sicherheitsratsresolutionen war daher für die rechtliche Lösung überflüssig, Rn. 147 ff.

Literatur ist sowohl die bedingungslose Unterwerfung unter das VN-Recht, die auf die gerichtliche Immunität der Sicherheitsratsbeschlüsse hinauslief,[1715] als auch die Annahme eines Vorrangs für EU-Primärrecht kritisiert worden.[1716] Wie von der Literatur gefordert, hat der EGMR in den letzten Jahren seinen Fokus vom strikten Anwendungsvorrang der VN-Resolutionen zur harmonisierenden Auslegung der EMRK verschoben.[1717]

b. Lex posterior

Eine der traditionellen Konfliktlösungsregeln basiert auf dem Zeit-Kriterium. Danach geht der später entstandene Vertrag früheren vor.[1718] Denn bei widersprüchlichen Abkommen zwischen denselben Parteien und über

---

1715 ENZO CANNIZZARO, A Machiavellian Moment? The UN Security Councill and the Rule of Law, in: *International Organizations Law Review* 3 (2006), S. 189-224, und BERNHARD KNOLL, Rights Without Remedies: The European Court's Failure to Close the Human Rights Gap in Kosovo, in: *Zeitschrift für ausländisches öffentliches Recht und Völkerrecht* 68 (2008), S. 431–451, 445 ff.

1716 BÚRCA (Fn. 29), S. 40 ff.

1717 EGMR, Entscheidung vom 12. September 2012, Beschwerde-Nr. 10593/08, Rn. 170 – *Nada:* „When creating new international obligations, States are assumed not to derogate from their previous obligations. Where a number of apparently contradictory instruments are simultaneously applicable, international case-law and academic opinion endeavour to construe them in such a way as to coordinate their effects and avoid any opposition between them. Two diverging commitments must therefore be harmonised as far as possible so that they produce effects that are fully in accordance with existing law."

1718 ILC STUDY GROUP (Fn. 25), Rn. 225 ff. Es ist umstritten, ob die Rechtsfolge Wirkungs- oder Anwendungsvorrang sein sollte. Die Konstruktion als stillschweigende Vertragsänderung spricht für den Wirkungsvorrang, vgl. Art. 59 Abs. 1 WVK. Die Tatsache, dass nach Art. 30 Abs. 4 lit. b WVK zwischen Staaten, von denen einer, Vertragspartei beider Verträge, der andere Vertragspartei nur eines der beiden Verträge ist, der Vertrag, dem beide angehören, – unter Umständen der frühere – anwendbar ist, spricht dagegen für den Anwendungsvorrang. Dazu ILC STUDY GROUP (Fn. 25), Rn. 257 ff.

denselben Gegenstand wird eine Vermutung für eine stillschweigende Änderung aufgestellt.[1719] Artikel 30 Abs. 3 WVK kodifiziert die Regel.[1720] Für die Anwendung zwischen konfligierenden Vertragsordnungen ist sie aus mehreren Gründen nur im Ausnahmefall fruchtbar zu machen: Bei multilateralen Verträgen ist, erstens, unwahrscheinlich, dass die Parteien identisch sind.[1721] Noch unwahrscheinlicher ist, zweitens, dass Gründungsverträge (und darauf basierendes Recht) denselben Gegenstand zum Inhalt haben.[1722] Drittens ist der Entstehungszeitpunkt solcher Verträge schwierig zu ermitteln, weil sie oft aktualisiert und verändert werden.[1723] Internationale Organisationen stellen, viertens, des Öfteren Foren zur Erarbeitung spezieller Abkommen dar, und befördern damit die Bildung von „Vertrags-Clustern" (mit unterschiedlichen Entstehungsdaten).[1724] Einige internationale Organisationen erlassen zudem Sekundärrecht, das ebenfalls konfligieren kann. Dieses ist überhaupt nicht von dem Anwendungsbereich der Regel erfasst, weil es sich dabei nicht um Abkommen

---

1719 Karl (Fn. 1274), S. 469. ILC Study Group (Fn. 25), Rn. 230 m.w.N. Vgl. Art. 59 Abs. 1 WVK.

1720 Christopher Borgen, Resolving Treaty Conflicts, in: *George Washington International Law Review* 37 (2005), S. 573–648, 603. Sie wird dort folgendermaßen definiert: „Sind alle Vertragsparteien eines früheren Vertrags zugleich Vertragsparteien eines späteren, ohne dass der frühere Vertrag beendet oder nach Artikel 59 suspendiert wird, so findet der frühere Vertrag nur insoweit Anwendung, als er mit dem späteren Vertrag vereinbar ist".

1721 Vgl. ILC Study Group (Fn. 25), Rn. 251: „The general law on conflict of successive treaties fails [..] to provide definite resolution to the most important problems [...] regarding the case where the parties to the latter treaty are not identical with parties to the earlier one". Im Fall nicht identischer Parteien gilt Art. 30 Abs. 4 WVK, nach denen zwischen den Staaten, die Vertragsparteien beider Verträge sind, die *lex-posterior*-Regel Anwendung finden, und zwischen allen anderen Staaten der Vertrag, dem beide Staaten als Vertragsparteien angehören.

1722 Die Bestimmung des „selben Gegenstands" ist umstritten. Die ILC merkt dazu an, dass der Begriff nicht abstrakt definiert werden kann, aber nicht eng verstanden werden sollte und Abkommen eines Regimes, die also im selben Rahmen abgeschlossen wurden, erfassen könnte, ILC Study Group (Fn. 25), Rn. 255. Ein Beispiel könnten etwa die innerhalb der WTO abgeschlossenen Verträge bilden.

1723 Zudem ist umstritten, ob auf den Zeitpunkt der Annahme oder des Inkrafttretens des jeweiligen Abkommen abzustellen ist, ILC Study Group (Fn. 25), Rn. 232.

1724 ebd., Rn. 235.

zwischen Staaten bzw. internationalen Organisationen handelt.[1725] Aus all diesen Gründen ist die *lex posterior*-Regel, genauso wenig wie die seltener (und vor allem in früheren Jahrzehnten) angenommene *lex prior*-Regel, die dem früheren Vertrag pauschal Wirkungsvorrang einräumt,[1726] geeignet, die Lösung von Normkonflikten zwischen Vertragsordnungen zu ermöglichen.

c. Lex specialis

Wenn eine Frage sowohl durch eine allgemeine als auch durch eine speziellere Regel normiert wird, ist nach der *lex specialis*-Regel die speziellere Norm vorrangig anwendbar.[1727] Ein Normkonflikt wird in dieser Hinsicht nur gelöst, wenn sich die speziellere Regel nicht als Konkretisierung darstellt, sondern als Abweichung bzw. Ausnahme.[1728]

Auch die *lex specialis*-Regel erleichtert aus ähnlichen Gründen wie die *lex posterior*-Regel die Lösung von Konflikten zwischen verschiedenen Vertragsordnungen nicht: Sie kann nur für konfligierende Normen, die zwischen denselben Parteien anwendbar sind, herangezogen werden;[1729] bei Vertragsordnungen, die oft völlig verschiedene Bereiche regeln, wird außerdem kaum eine „speziellere" zu bestimmen sein.[1730]

1725 Auch die entsprechende Regelung in Art. 30 WVK II erfasst lediglich Übereinkommen unter Beteiligung von internationalen Organisationen und nicht deren Sekundärrecht.

1726 Dazu ILC STUDY GROUP (Fn. 25), Rn. 236 ff.

1727 Obwohl als eine klassische Konfliktlösungsregel seit Langem anerkannt, wurde sie nicht in der WVK kodifiziert. Dies ist ihrem schwer zu bestimmenden Gehalt geschuldet. Die Artikelentwürfe der ILC über die Verantwortlichkeit von Staaten für völkerrechtswidriges Handeln wenden sie aber in ihrem Art. 55 an, in Official Records of the General Assembly, 56. Session, VN-Dok. A/56/10, S. 56. Es handelt sich um einen Anwendungsvorrang, siehe SCHILLING (Fn. 1278), S. 551.

1728 ILC STUDY GROUP (Fn. 25), Rn. 88 ff.

1729 ebd., Rn. 115.

1730 Zu den Problemen, die allgemeine oder speziellere Norm zu bestimmen ILC STUDY GROUP (Fn. 25), Rn. 116 ff.

d. Artikel 41 WVK

Artikel 41 WVK kodifiziert eine gewohnheitsrechtliche[1731] Derogationsschranke, die die Modifikation multilateraler Verträge zwischen einzelnen Vertragsparteien unter den Vorbehalt der Zulassung durch bzw. der Vereinbarkeit mit dem jeweiligen multilateralen Vertrag stellt.[1732] Teilweise wird verlangt, dass dem Vertrag, der modifiziert werden soll, Vorrang vor inkompatiblen Verträgen einzelner Vertragsparteien zukommt.[1733] Artikel 41 WVK impliziert jedoch lediglich die Unrechtmäßigkeit der zwischen einzelnen Vertragsparteien geschlossenen Abkommen, die seine Voraussetzungen nicht erfüllen, nicht jedoch einen Wirkungs- oder Anwendungsvorrang des multilateralen Vertrags. Insofern etabliert er eine normative Hierarchie, aber keine Konfliktlösungsregel.[1734]

e. Internationale Organisationen als Vertragsparteien oder Mitglieder anderer internationaler Organisation

Auch Internationale Organisationen schließen Verträge mit anderen Völkerrechtssubjekten und treten anderen Organisationen bei. Dabei sind sie wie Staaten verpflichtet, die von ihnen eingegangenen Verträge nach Treu

---

1731 COTTIER und FOLTEA (Fn. 1300), S. 67.

1732 Art. 41 Abs. 1 WVK lautet wie folgt: „Zwei oder mehr Vertragsparteien eines mehrseitigen Vertrags können eine Übereinkunft schließen, um den Vertrag ausschließlich im Verhältnis zueinander zu modifizieren, a) wenn die Möglichkeit einer solche Modifikation in dem Vertrag vorgesehen ist oder b) wenn die betreffende Modifikation durch den Vertrag nicht verboten ist und i) die anderen Vertragsparteien in dem Genuss ihrer Rechte auf Grund des Vertrags oder in der Erfüllung ihrer Pflichten nicht beeinträchtigt und ii) sich nicht auf eine Bestimmung bezieht, von der abzuweichen mit der vollen Verwirklichung von Ziel und Zweck des gesamten Vertrags unvereinbar ist.".

1733 DAILLIER, FORTEAU und PELLET (Fn. 1541), S. 299 f. unter Hinweis auf die Rechtsprechung. Auch COTTIER und FOLTEA (Fn. 1300), S. 56 f. schließen mit Blick auf Art. 41 WVK für die Beziehung der WTO zu den regionalen Handelsabkommen, die WTO-Mitglieder eingehen, auf den Vorrang des WTO-Rechts.

1734 In der Praxis mag vieles dafür sprechen, eine Konfliktlösung anzustreben, die für die Wirksamkeit des multilateralen Vertrags sorgt. So auch PAUWELYN (Fn. 1273), S. 321.

und Glauben zu erfüllen.[1735] Das umfasst die Pflicht, dem Völkervertrags-recht in der internen Rechtsordnung Wirksamkeit zu verschaffen, diese also ihren völkervertraglichen Verpflichtungen anzupassen.[1736] Mit wel-chen Mitteln dies geschieht, ob durch die unmittelbare Anwendbarkeit der völkervertragsrechtlichen Bestimmung, deren Umsetzung oder die völker-rechtskonforme Auslegung, bleibt grundsätzlich der jeweiligen internatio-nalen Organisation überlassen.[1737] Ausnahmen dazu bilden völkerrechtli-che Verträge, die die direkte Anwendung ihrer Bestimmungen verlan-gen.[1738] Soweit ein Abkommen unmittelbar anwendbar ist, sei es auf Grund der völkerrechtlichen Regelung, sei es nach Maßgabe der Rechts-ordnung der jeweiligen Vertragspartei, stellt sich die Frage, ob es im Kon-fliktfall Vorrang vor deren Recht genießt.

Für die EU hat der EuGH die unmittelbare Anwendbarkeit einiger völ-kerrechtlicher Abkommen bejaht.[1739] Da die Verträge, die die EU mit anderen Völkerrechtssubjekten schließt, Teil der EU-Rechtsordnung

---

1735 Art. 26 Wiener Übereinkommen über das Recht der Verträge zwischen Staaten und internationalen Organisationen oder zwischen Internationalen Organisatio-nen, 21. März 1986.

1736 Vgl. für Staaten Hilf und Hörmann (Fn. 1622), S. 933.

1737 Vgl. Malcolm N. Shaw, *International law*, Cambridge, UK, New York, 6. Aufl. 2008, S. 129 ff. und Ian Brownlie, *Principles of public international law*, Oxford, New York, 7. Aufl. 2008, S. 31 ff. Für die EU in der WTO Uerpmann-Wittzack (Fn. 1627), S. 186.

1738 StIGH, Gutachten vom 3. März 1928, PICJ Rep. 1928, Ser. B, No. 15, S. 17 ff. - *Jurisdiction of the Courts of Danzig*.

1739 Der EuGH erklärte beispielsweise in der Rechtssache *Bresciani* das Abkommen von Yaoundé für in den Rechtsordnungen der Mitgliedstaaten direkt anwendbar, Urteil vom 5. Februar 1976, Rechtssache C-87/75, Slg. 1976, S. 129, Rn. 16-29, in der Sache *Pabst & Richarz* das mit Griechenland geschlossene Assoziations-abkommen, Urteil vom 29. April 1982, Rs. C-17/81, Slg. 1982, S. 1331, Rn. 25-27, und in der Sache *Kupferberg* ein Freihandelsabkommen, Urteil vom 26. Oktober 1982, Rs. C-104/81, Slg. 1982, S. 3641, Rn. 12-27. Allerdings spricht der EuGH nicht allen von der EU geschlossenen Übereinkommen die direkte Anwendbarkeit zu und nimmt insbesondere das WTOÜ davon aus, EuGH, Urteil vom 12. Dezember 1972, Rs. 21/-24/72, Slg. 1972, S. 1219; Rn. 19-27 - *International Fruit Company*, und Urteil vom 22. Juni 1989, Rs. C-70/87, Slg. 1989, S. 1781, Rn. 19 f.- *Fediol*.

sind,[1740] nehmen sie auch an dessen Vorrangwirkung gegenüber dem nationalen Recht teil. EU-intern stehen völkerrechtliche Übereinkommen im Rang unter dem Primärrecht, von dem sie ihre Bindungswirkung ableiten, und über dem Sekundärrecht.[1741] Der EuGH hat wiederholt Sekundärrecht auf die Vereinbarkeit mit (direkt anwendbaren)[1742] völkerrechtlichen Verpflichtungen überprüft und damit den Vorrang des Völkerrechts vor dem Sekundärrecht anerkannt.[1743] Allerdings beruht dieser Vorrang auf dem EU-Primärrecht.[1744] Mangels völkerrechtlicher Festlegung bestimmt sich die Wirkung, die internationale Organisationen dem Recht anderer Vertragsordnungen zubilligen, nach deren interner Regelung. Mithin genießt das Recht einer Vertragsordnung, an der eine internationale Organisation Partei bzw. Mitglied ist, nicht zwangsläufig vor deren Recht Vorrang.

f. Mitgliedschaft aller Mitgliedstaaten

Es ist denkbar, dem Recht einer völkerrechtlichen Vertragsordnung Vorrang vor dem (primären und sekundären) Recht einer internationalen Organisation einzuräumen, wenn alle Mitgliedstaaten der letzteren Parteien bzw. Mitglieder der ersten sind. Bisher ist dies aber nur für die Pflichten aus der VNC gegenüber dem Recht der EU bzw. des Europarats, mit Verweis auf Art. 103 VNC, diskutiert und angenommen worden.[1745]

1740 Noch für die EG-Ordnung EuGH, Urteil vom 30. April 1974, Rechtssache C-181/73, Slg. 1974, S. 449, Rn. 2/6 – *Haegeman*. Entsprechend haben die Mitgliedstaaten auch gegenüber der EU die Pflicht für die Wirksamkeit des von der EU geschlossenen Abkommens zu sorgen, EuGH, Urteil vom 26. Oktober 1982, Rs. C-104/81, Slg. 1982, S. 3641, Rn. 13 – *Kupferberg*.

1741 Art. 216 Abs. 2 AEUV (ex-Art. 300 Abs. 7 EGV) inkorporiert völkerrechtliche Verträge in die EU-Rechtsordnung und ordnet ihnen einen Rang zwischen Primär- und Sekundärrecht zu, ebd., S. 186 f.

1742 EuGH, Urteil vom 3. Juni 2008, Rs. C-308/06, Slg. 2008, I-4057, Rn. 64 f. – *Intertanko*.

1743 UERPMANN-WITTZACK (Fn. 1627), S. 187.

1744 Artikel 216 Abs. 2 AEUV bestimmt: „Die von der Union geschlossenen Übereinkünfte binden die Organe der Union und die Mitgliedstaaten".

1745 Siehe dazu dieses Kapitel B IV 1 a (2).

g. Vertragliche Vorrangklauseln

Wegen der unbefriedigenden allgemeinen Konfliktlösungsregeln kann die Einfügung von vertraglichen Konfliktklauseln sinnvoll sein. Artikel 30 Abs. 2 WVK führt zwei mögliche Formen auf. Prominentes Beispiel ist Art. 103 VNC, der der VN-Charta Vorrang vor anderen Abkommen einräumt. Im Regelfall zeitigen aber nur vertragliche Klauseln Wirkung, die den Vorrang eines anderen Abkommens vorsehen bzw. implizieren.

(1) Übereinstimmungsklauseln

In Verträgen kann ausdrücklich die Vereinbarkeit mit einem anderen Vertrag statuiert werden.[1746] Derartige Regelungen sprechen nach Art. 30 Abs. 2 WVK für die Unterordnung unter und den Vorrang des in Bezug genommenen Vertrags. Ob das Recht der als übergeordnet anerkannten Organisation aber tatsächlich einen Anwendungsvorrang genießt, ist durch Auslegung zu ermitteln und hängt mithin insbesondere auch vom Ziel und Zweck sowie der Systematik der Regelung ab.[1747] Oft werden die Vertragsparteien in erster Linie die konforme Auslegung anstreben. Im Zweifel gilt der Vorrang nur, soweit der untergeordnete Vertrag nicht konform ausgelegt werden kann.[1748]

1746 Die Präambel des WHO-Gründungsvertrags sieht etwa ihre Leitprinzipien in Übereinstimmung mit den Grundsätzen der VNC. Ein weiteres Beispiel bildet Art. 78 Abs. 1 AEUV, dem gemäß die gemeinsame Asylpolitik im Einklang mit u.a. dem Genfer Übereinkommen vom 28. Juli 1951 stehen muss.

1747 Es ist beispielsweise zweifelhaft, ob das Genfer Übereinkommen von 1951 an Stelle von abweichenden EU-rechtlichen Regelungen angewandt werden könnte. Der EuGH könnte allerdings EU-Sekundärrechtsakte am Maßstab des Genfer Übereinkommens überprüfen und ggf. für nichtig erklären, UERPMANN-WITTZACK (Fn. 1627), S. 210.

1748 DAILLIER, FORTEAU und PELLET (Fn. 1541), S. 293 f.

(2) Nichtbeeinträchtigungsklauseln

In einigen Abkommen finden sich Klauseln, nach denen das jeweilige Abkommen internationale Übereinkünfte zwischen den Vertragsparteien (die bereits in Kraft sind) unberührt lässt.[1749] Teilweise wird auch bestimmt, dass die Rechte und Pflichten der Vertragsparteien aus bestimmten anderen Verträgen nicht durch das jeweilige Abkommen beeinträchtigt werden.[1750] Eine solche Klausel weist darauf hin, dass das Abkommen mit Blick auf die anderen in Bezug genommenen Abkommen harmonisierend auszulegen ist.[1751] Außerdem kann aus ihr auf den Vorrang der in Bezug genommenen Abkommen geschlossen werden.[1752] Dies ist allerdings kein zwingendes Auslegungsergebnis, sondern muss unter Berücksichtigung der üblichen Kriterien, insbesondere des Normkontexts, ermittelt werden.[1753] So enthält das EU-Recht zwar eine Nichtbeeinträchtigungsklausel,[1754] die vermeintlich auf den Vorrang der von ihren Mit-

---

1749 Siehe etwa Art. 73 Wiener Übereinkommen über konsularische Beziehungen.

1750 Vgl. mit Bezug auf die Rechte und Pflichten ihrer Mitgliedstaaten aus der VNC Art. 131 OASÜ und Art. 7 Nordatlantikvertrag.

1751 ILC Study Group (Fn. 25), Rn. 268.

1752 Borgen (Fn. 1720), S. 585 f.

1753 Wenn etwa Art. 7 Nordatlantikvertrag die Nichtbeeinträchtigung der aus der VNC resultierenden Rechte und Pflichten bestimmt, versichern nach Art. 8 desselben Vertrags alle Vertragsparteien, dass ihre (gegenwärtigen und künftigen) völkerrechtlichen Verpflichtungen nicht in Konflikt zum Nordatlantikvertrag stehen (werden). Eine systematische Auslegung lässt nicht auf den Vorrang des VN-Rechts schließen.

1754 Art. 307 EGV (zuvor Art. 234 EWG) entspricht nun Art. 351 AEUV, der bestimmt: „Die Rechte und Pflichten aus Übereinkünften, die vor dem 1. Januar 1958 oder, im Falle später beigetretener Staaten, vor dem Zeitpunkt ihres Beitritts zwischen einem oder mehreren Mitgliedstaaten einerseits und einem oder mehreren dritten Ländern andererseits geschlossen wurden, werden durch diesen Vertrag nicht berührt.
Soweit diese Übereinkünfte mit diesem Vertrag nicht vereinbar sind, wenden der oder die betreffenden Mitgliedstaaten alle geeigneten Mittel an, um die festgestellten Unvereinbarkeiten zu beheben. Erforderlichenfalls leisten die Mitgliedstaaten zu diesem Zweck einander Hilfe; sie nehmen gegebenenfalls eine gemeinsame Haltung ein.
Bei Anwendung der in Absatz 1 bezeichneten Übereinkünfte tragen die Mitgliedstaaten dem Umstand Rechnung, daß die in diesem Vertrag von jedem Mitgliedstaat gewährten Vorteile Bestandteil der Errichtung der Gemeinschaft sind

gliedstaaten mit Drittstaaten geschlossenen Abkommen deutet.[1755] Der EuGH sieht die EG-Mitgliedstaaten allerdings nach Abs. 2 der Regelung verpflichtet, die Unvereinbarkeiten zu beheben und falls erforderlich das betreffende Abkommen zu kündigen.[1756] Andererseits hat er im Anwendungsbereich des EGV diesen für anwendbar und nicht durch Abkommen mit Drittstaaten verdrängt gesehen.[1757] Eine Nichtbeeinträchtigungsklausel räumt mithin nicht in allen Fällen den in Bezug genommenen Abkommen Vorrang ein.

(3) Vorrang vor anderen Verträgen bzw. Verbot, unvereinbare Verträge zu schließen

Die Wirkung von Klauseln, die dem eigenen Vertrag Vorrang vor anderen Abkommen zugestehen[1758] bzw. es den Vertragsparteien untersagen, unvereinbare Verträge einzugehen, ist gering, zumindest außerhalb von Art. 103 Abs. 1 VNC. Denn Vertragsklauseln können nicht die sich aus ihrer Souveränität ableitende Freiheit der Staaten, Übereinkommen zu schließen, beschneiden.[1759] Deshalb verändern sie auch nicht den Inhalt

---

und daher in untrennbarem Zusammenhang stehen mit der Schaffung gemeinsamer Organe, der Übertragung von Zuständigkeiten auf diese und der Gewährung der gleichen Vorteile durch alle anderen Mitgliedstaaten."

1755 ERNST-ULRICH PETERSMANN und CHRISTOPH SPENNEMANN, Art. 307 EVG, in: *Kommentar zum Vertrag über die Europäische Union und zur Gründung der Europäischen Gemeinschaft*, hg. von HANS VON DER GROEBEN und JÜRGEN SCHWARZE, Baden-Baden, 6. Aufl. 2003, Rn. 12, sehen in Art. 307 Abs. 1 EVG „eine Art Einrede der Mitgliedstaaten gegen den Anwendungsvorrang des Gemeinschaftsrechts."

1756 EuGH, Urteil vom 4. Juli 2000, Rs. 62/98, Slg. 2000, I-5171, Rn. 49 - *Kommission/Portugal*, und Urteil vom 4. Juli 2000, Rs. 84/98, Rn. 58 – *Kommission/Portugal*.

1757 EuGH, Urteil vom 27. Februar 1962, Rs. C-10/61, Slg. 1962, S. 3, S. 22 f. - *EWG/Italien*.

1758 Siehe beispielsweise Art. 103 North American Free Trade Agreement (NAFTA), vom 17. Dezember 1992, in Kraft getreten am 1. Januar 1994: „1. The Parties affirm their existing rights and obligations with respect to each other under the *General Agreement on Tariffs and Trade* and other agreements to which such Parties are party. 2. In the event of any inconsistency between this Agreement and such other agreements, this Agreement shall prevail to the extent of the inconsistency, except as otherwise provided in this Agreement."

1759 PAUWELYN, (Fn. 1273), S. 437.

eines anderen Abkommens, dergestalt dass dieses dem vorigen Vertrag untergeordnet und im Anwendungsfall nachrangig wäre. Sofern Konfliktklauseln den eigenen Vorrang vor künftigen Abkommen statuieren, beinhalten sie eine Verpflichtung der Vertragsparteien, keine beeinträchtigenden Abkommen zu schließen, die bei Zuwiderhandeln zur Verantwortlichkeit der jeweiligen Parteien führen kann. Eine Vorrangwirkung kann sich auch nach Art. 41 WVK oder nach der *pacta tertiis*-Regel verbieten, wenn Vertragsparteien neue Abkommen *inter se* oder mit anderen als den durch den vorigen Vertrag gebundenen Parteien schließen.

(4) Entkopplungsklausels (Disconnection clauses)

Einzelne Vertragsparteien können vereinbaren, untereinander von den Regelungen eines multilateralen Vertrags abzuweichen, Art. 41 WVK. Einige Abkommen enthalten aber bereits eine Klausel, die die Anwendung des Abkommens teilweise oder vollständig zwischen einigen Vertragsparteien für den Bereich ausschließt, in dem es zwischen den betroffenen Parteien bereits Regelungen gibt. Diese sog. *disconnection clause* ist in verschiedenen Abkommen zu Gunsten der EU eingefügt worden.[1760] Letztlich beinhaltet diese Klausel aber keine Vorrang- bzw. Konfliktlösungsregel, denn ein Normkonflikt ist nicht Voraussetzung ihrer Anwendung. Vielmehr beschränkt die Klausel den Anwendungsbereich des Übereinkommens, in das sie eingefügt wird. Dies kann allerdings der Vermeidung von Normkonflikten zu Gute kommen.[1761] Die Verwendung von Entkop-

---

1760 Ihre Gestaltung variiert. Ihr Kerngehalt kann bspw. wie Art. 27 Abs. 2 Übereinkommen über die gegenseitige Amtshilfe in Steuersachen formuliert werden: "Ungeachtet der Bestimmungen dieses Übereinkommens wenden die Vertragsstaaten, die der Europäischen Wirtschaftsgemeinschaft angehören, in ihren gegenseitigen Beziehungen die in dieser Gemeinschaft geltenden gemeinsamen Regeln an." Dazu ILC STUDY GROUP (Fn. 25), Rn. 289 ff. und CONSTANTIN ECONOMIDES und ALEXANDROS KOLLIOPOULOS, La clause de déconnexion en faveur du droit communautaire. Une pratique critiquable, in : *Revue Générale de Droit International Public* 110 (2006), S. 273-302.
1761 Vgl. ILC STUDY GROUP (Fn. 25), Rn. 292: „They are thus best analyzed as conflict clauses added to treaties with the view of regulating potential conflicts between Community law and the treaty".

pelungsklauseln wird kritisiert, da sie oft keine Anforderungen an die Regelungen stellen, die sie für zwischen einigen Vertragsparteien anwendbar erklären.[1762]

h. Vorrangregel in interorganisationellen Abkommen

Es ist denkbar, dass internationale Organisationen gemeinsam festlegen, welches Recht in welchem Umfang im Konfliktfall vorrangig anwendbar ist.[1763] In der bisherigen Praxis gibt es keine Beispiele für in interorganisationellen Abkommen enthaltene explizite Vorrangklauseln.[1764]

2. Koordinierungsgehalt

Vorrangregeln können, wie ihre Bezeichnung vermuten lässt, die Lösung von Normkonflikten ermöglichen. Dies erreichen sie, indem sie zwischen mehreren konfligierenden Normen die (einzig) anwendbare bestimmen. Ihr Vorteil ist die eindeutige Regelung eines Konflikts, die auch ohne die Zusammenarbeit der betroffenen Vertragsregime zum Zeitpunkt des Auftretens des Normkonflikts Orientierung verspricht.

In der Praxis spiegeln Vorrangregeln aber bei Normkollisionen zwischen Vertragsordnungen praktisch keine Rolle: Gewohnheitsrechtliche Vorrangregeln sind wegen ihres begrenzten Anwendungsbereichs nur im Ausnahmefall für Konflikte zwischen Vertragsordnungen von Belang und vertragliche Konfliktklauseln bestimmten selten ein eindeutig vorrangiges Regime. Ihr Gehalt ist oft schwierig zu bestimmen und Konfliktklauseln verschiedener Vertragsordnungen laufen auch Gefahr, einander zu widersprechen.[1765] Letztlich bietet der Vorrang zugunsten einer Vertragsord-

---

1762 Economides und Kolliopoulos (Fn. 1760), S. 279. Daher könnten theoretisch sogar Regelungen zur Anwendung kommen, die mit den Zielen des jeweiligen Vertrags nicht vereinbar sind. Um diese Gefahr zu bannen, sieht die ILC Entkoppelungsklauseln nur innerhalb der Schranken des Art. 41 WVK als zulässig an, ILC Study Group (Fn. 23), Rn. 293.

1763 Schermers und Blokker (Fn. 435), § 1710.

1764 Young (Fn. 35), S. 91 liefert ein Beispiel für den Versuch, Vertragsordnungen durch ein Kooperationsabkommen zu hierarchisieren: Die Verhandlungen zum Abkommen zwischen der FAO und dem CITES-Sekretariat.

1765 Matz (Fn. 25), S. 272 f.

nung zumeist keine befriedigende Lösung, klärt er doch den hinter Norm-konflikten stehenden Interessenkonflikt nicht, sondern verleiht einseitig einer Vertragsordnung und den durch sie geschützten Interessen Gewicht,[1766] während er zur punktuellen Ineffektivität der anderen kolli-dierenden Ordnung (und zur völkerrechtlichen Verantwortlichkeit der Mit-gliedstaaten beider konfligierender Regime) führt.[1767] Die Bestimmung eines vorrangig anwendbaren Regimes ermöglicht mithin keinen inhaltli-chen Ausgleich.[1768]

Im Übrigen ist die Legitimität von in interorganisationellen Abkommen vereinbarten Vorrangregeln zweifelhaft, da solche Klauseln die Wirksam-keit einer Vertragsordnung einschränken können, ohne dass dies vom Gründungsvertrag gedeckt wäre.[1769]

V. Gegenseitige Beeinflussung über Gerichtsentscheidungen

Die Umsetzung des Rechts verschiedener Vertragsordnungen kann verein-heitlicht werden, wenn die für die Umsetzung verantwortlichen Organe dieselben gerichtlichen Auslegungen berücksichtigen. Eine ähnliche Wir-kung hat die Beeinflussung der gerichtlichen Entscheidungen eines Regimes durch die Verwaltungsorgane einer anderen Ordnung. Beide For-men finden sich für die EFTA-Überwachungsbehörde bzw. die EU-Kom-mission, deren Zusammenarbeit die einheitliche Anwendung des EWRA gewährleisten soll.

1766 Für das Verhältnis zwischen multilateralen Umweltübereinkommen und der WTO MEINHARD HILF, Freiheit des Welthandels contra Umweltschutz?, in: *NVwZ* 19 (2000), S. 481–490, 484.

1767 Vgl. die Kritiken an der Rechtsprechung des EuG und des EuGH in der Rechts-sache *Kadi* bei CANNIZZARO (Fn. 1715), S. 216 ff. und BÚRCA (Fn. 29), S. 40 ff.

1768 MATZ (Fn. 25), S. 273.

1769 YOUNG (Fn. 35), S. 91 mahnt an, es könnte sich bei solchen Regeln um unzuläs-sige *inter se*-Modifikationen handeln.

1. Inhalt

a. Bindung der Durchsetzungsorgane an ordnungsfremde Gerichtsentscheidungen

Vertragsordnungen können die Entscheidungen gerichtlicher Organe anderer Regime für bindend erklären und damit diesem jeweiligen Regime die Auslegung und Umsetzung ihres Rechts angleichen. So ist beispielsweise das EWRA, soweit mit dem EU-Recht im Wesentlichen identisch, bei seiner Durchführung und Anwendung im Einklang mit den Entscheidungen des EuGH auszulegen, die vor der Unterzeichnung des EWRA ergangen sind, Art. 6 EWRA.[1770] Die Entscheidungen des EuGH, die dieser nach der Unterzeichnung erlässt, sind dagegen ihren Grundsätzen nach zu berücksichtigen.[1771] In der Praxis geht der EFTA-Gerichtshof über diese Maßgaben hinaus und stützt grundsätzlich seine Entscheidungen auf die EuGH-Rechtsprechung.[1772] Damit wird die Anwendung des EWRA durch die EFTA-Überwachungsbehörde vom EuGH-Fallrecht beeinflusst. Da die EuGH-Rechtsprechung die Anwendung des EU-Rechts durch die EU-Kommission beeinflusst, unterliegen die beiden Exekutivorgane (in unterschiedlichem Grade) denselben Vorgaben.

1770 Die Vorschrift bestimmt: „Unbeschadet der künftigen Entwicklungen der Rechtsprechung werden die Bestimmungen dieses Abkommens, soweit sie mit den entsprechenden Bestimmungen des Vertrags zur Gründung der Europäischen Wirtschaftsgemeinschaft und des Vertrags über die Gründung der Europäischen Gemeinschaft für Kohle und Stahl sowie der aufgrund dieser beiden Verträge erlassenen Rechtsakte in ihrem wesentlichen Gehalt identisch sind, bei ihrer Durchführung und Anwendung im Einklang mit den einschlägigen Entscheidungen ausgelegt, die der Gerichtshof der Europäischen Gemeinschaften vor dem Zeitpunkt der Unterzeichnung dieses Abkommens erlassen hat." Vgl. Art. 3 Abs. 1 Abkommen zwischen den EFTA-Staaten zur Errichtung einer Überwachungsbehörde und eines Gerichtshofs, 2. Mai 1992.

1771 Art. 3 Abs. 2 Abkommen zwischen den EFTA-Staaten zur Errichtung einer Überwachungsbehörde und eines Gerichtshofs, 2. Mai 1992.

1772 CARL BAUDENBACHER, *EFTA Court. Legal framework and case law*, 2008, S. 16.

b. Mitwirkung exekutiver Organe an Gerichtsverfahren der anderen Vertragsordnung

Exekutivorgane können in die gerichtliche Auslegung anderer Vertragsordnungen mit eingebunden werden und damit auf die Auslegung und Anwendung von deren Recht Einfluss nehmen. So gewährt die Satzung des EuGH der EFTA-Überwachungsbehörde die Möglichkeit, schriftliche Stellungnahmen einzureichen und Rechtsstreiten beizutreten, soweit diese in den Anwendungsbereich des EWRA fallen.[1773] Gleiches gilt für die EU-Kommission in Verfahren des EFTA-Gerichtshofs.[1774] Die EU-Kommission macht von diesem Recht beharrlich Gebrauch und leistet damit einen wichtigen Beitrag zur homogenen Entwicklung der EWR.[1775]

2. Koordinierungsgehalt

Je nach Umfang der gerichtlichen Tätigkeit einer Vertragsordnung bietet die Koordinierung von Exekutivorganen mittels der Streitbeilegungsorgane ein mehr oder minder wirksames Mittel, eine einheitliche Umsetzung zu gewährleisten. Allerdings kann sich eine derart intensive Zusammenarbeit nur auf Grundlage einer engen Verwandtschaft der Vertragsordnung sowie einer hohen institutionellen Vernetzung entwickeln. Denn eine einheitliche Auslegung hat nur Sinn, wenn die Ziele und das Recht der beiden betroffenen Regime sich weitgehend decken. Dies ist nur in Ausnahmefällen denkbar. Einer soweit gehenden gegenseitigen Durchdringung stehen zudem Bedenken hinsichtlich der Legitimität entgegen. Insofern ist die primärrechtliche Regelung dieser Form der Koordinierung erforderlich.

1773 Art. 23 Abs. 3, Art. 40 Abs. 3 EuGH-Satzung.
1774 Art. 20 und Art. 36 Abs. 1 der Satzung des EFTA-Gerichtshofs
1775 BAUDENBACHER (Fn. 1772), S. 15.

VI. Anerkennung regimeexterner Entscheidungen

1. Inhalt

Vertragsordnungen können die Rechtsakte anderer Regime anerkennen und umsetzen. Im Unterschied zur Regelübernahme eignet sich hier die anerkennende Vertragsordnung die Norm nicht durch Verweis oder Inkorporation an, sondern erklärt sie lediglich für anwendbar. Insofern ähnelt das Prozedere der Anwendung von Normen anderer Rechtsordnungen im Internationalen Privatrecht. Entsprechend nimmt die umsetzende Vertragsordnung im Regelfall eine Prüfung vor, ob gewisse Mindestbedingungen von der umzusetzenden Norm bzw. dem Rechtsakt erfüllt werden. Nach welchen Kriterien eine solche Anerkennung erteilt wird, kann einseitig bestimmt werden oder durch einen völkerrechtlichen Vertrag. Im letzten Fall werden oft die gegenseitige Anerkennung und Durchsetzung sowie gemeinsame Standards vereinbart.[1776]

Für die Umsetzung ordnungsfremder Rechtsakte bildet das Abkommen zwischen mehreren Banken ein Beispiel, das die Durchsetzung von Ausschlussentscheidungen durch alle teilnehmenden Institutionen zum Gegenstand hat, und mit Bezug auf den Einheitlichen Rahmen zur Verhinderung und Bekämpfung von Betrug und Korruption[1777] vereinbart wurde.[1778] Das Übereinkommen definiert für die Ausschlussentscheidungen einige begriffliche und prozedurale Anforderungen und legt so einen harmonisierten Mindeststandard fest,[1779] lässt dabei der jeweilig entscheidenden

---

1776 Nach NEUMANN (Fn. 32), S. 556 kommt die Übernahme der Entscheidungen fremder Ordnungen nur in Betracht, wenn sie mit den eigenen Grundwertungen übereinstimmen.

1777 Uniform Framework for Preventing and Combating Fraud and Corruption, September 2006.

1778 Agreement for Mutual Enforcement of Debarment Decisions, vom 9. April 2010, vereinbart zwischen der Gruppe der Afrikanischen Entwicklungsbank, der Asiatischen Entwicklungsbank, der Europäischen Bank für Wiederaufbau und Entwicklung (EBRD), der Gruppe der Interamerikanischen Bank und der Weltbankgruppe. Einige teilnehmenden Banken, bspw. die Afrikanische Entwicklungsbank, sind intergouvernementale internationale Organisationen. Das Herzstück des Abkommen bildet Ziffer 1: „Each Participating Institution will enforce debarment decisions made by another Participating Institution, in accordance with the terms and conditions of this Agreement."

1779 Ziffer 2.

Bank aber noch einen erheblichen Entscheidungsspielraum.[1780] Die Durchsetzungspflicht wird durch die Notifizierung einer Ausschlussentscheidung für den Einzelfall ausgelöst. Sie steht unter dem Vorbehalt, dass die Durchsetzung für die teilnehmenden Banken jeweils nicht unvereinbar mit deren rechtlichen und institutionellen Anforderungen ist.[1781]

2. Koordinierungsgehalt

Die Anerkennung und Durchsetzung ordnungsfremder Rechtsakte erweitert in erster Linie deren Anwendungsbereich und erhöht deren Wirksamkeit. Gleichzeitig wenden so mehrere Vertragsordnungen eine einheitliche Lösung auf einen Einzelfall an, harmonisieren mithin ihr Vorgehen hinsichtlich dieses Falls. Das heißt für die ggf. betroffenen gemeinsamen Mitgliedstaaten, dass widersprüchliche Rechte und Pflichten vermieden werden.

Bedenken hinsichtlich der Legitimität der Anerkennung regimeexterner Entscheidungen können insofern bestehen, als für die Vertragsparteien oder Mitgliedstaaten einer Vertragsordnung bei Abgabe ihrer Zustimmung bzw. bei ihrem Beitritt die Möglichkeit der Durchsetzung durch andere Regime nicht ersichtlich war. Denn die Intensität der Durchsetzungsmechanismen muss vom mitgliedstaatlichen Konsens (genauso wie das materielle Recht) erfasst werden. Geht die Anerkennung regimeexterner Entscheidungen mit einer signifikanten Steigerung der Qualität der Durchsetzung einher, erfordert dies den Konsens des derart verschärft gebundenen Mitgliedstaates.

1780 Ziffer 5 hebt etwa hervor, dass allein die sanktionierende Institution die Ausschlussdauer und deren eventuelle Modifikation bestimmt.
1781 Ziffer 7. Eine Nicht-Durchsetzung verlangt die Benachrichtigung der anderen teilnehmenden Institutionen.

C. Gerichtliche Durchsetzung

Mit der Vermehrung völkerrechtlicher Vertragsordnungen ist auch die Anzahl der Gerichtshöfe und Streitbeilegungsmechanismen drastisch gestiegen.[1782] Denn viele Vertragsordnungen geben sich spezifische Durchsetzungs- bzw. Streitbeilegungsmechanismen. Diese haben sowohl Einfluss auf die Regelung konkreter Streitfälle und die Konkretisierung eventuell widersprüchlicher Rechte und Pflichten einer Streitpartei als auch auf die längerfristige Rechtsentwicklung. Denn trotz der grundsätzlichen Beschränkung der Entscheidungswirkung auf die Streitparteien[1783] orientieren sich die Rechtssubjekte an den gerichtlichen Entscheidungen und erhoffen sich von diesen Vorhersehbarkeit und Rechtssicherheit.[1784] Die stetig wachsende Zahl von Gerichten wird damit als ein wichtiger Faktor für die Fragmentierung des Völkerrechts gesehen, insbesondere soweit sie dieselben Normen abweichend auslegen.[1785] Entsprechend kann

---

1782 Als völkerrechtliche Gerichte werden üblicherweise permanente Institutionen bezeichnet, die durch völkerrechtliche Rechtsakte errichtet wurden und Streitigkeiten durch die Anwendung von Recht verbindlich lösen, siehe etwa YUVAL SHANY, Dédoublement fonctionnel and the Mixed Loyalties of National and International Judges, in: *Shaping rule of law through dialogue. International and supranational experiences*, hg. von FILIPPO FONTANELLI, GIUSEPPE MARTINICO und PAOLO CARROZZA, Groningen 2010, S. 27–44, 29. Im Folgenden soll der Begriff „Gericht" alle Arten völkerrechtlich verbindlicher Streitbelegung erfassen, also auch durch nicht-ständige Organe wie Schiedsgerichte bzw. durch Organe, deren Entscheidungen der Annahme durch ein politisches Organe bedürfen wie das WTO-Streitbeilegungsorgan.

1783 Vgl. Art. 59 IGH-Statut: „Die Entscheidung des Gerichtshofs ist nur für die Streitparteien und nur in Bezug auf die Sache bindend, in der entschieden wurde."

1784 Vgl. für die WTO Appellate Body, Report vom 4. Oktober 1996, WTO-Dok. WT/DS8/AB/R, WT/DS10/AB/R, WT/DS11/AB/R - *Alcoholic Beverages II*, S. 14: „Adopted panel reports are an important part of the GATT *acquis*. They are often considered by subsequent panels. They create legitimate expectations among WTO Members, and, therefore, should be taken into account where they are relevant to any dispute."

1785 PIERRE-MARIE DUPUY, L'unité de l'ordre juridique international. Cours général de droit international public, in: *Recueil des Cours* 297 (2002), S. 470 ff. und ILC STUDY GROUP (Fn. 1655), Rn. 49 ff.

die Lösung von Zuständigkeitskonflikten wie auch die inhaltliche Abstimmung völkerrechtlicher Gerichte maßgeblich zur Defragmentierung und zur Vermeidung von Normkonflikten beitragen.[1786]

Traditionell gelten völkerrechtliche Gerichtsorgane als genauso unabhängig voneinander wie die Vertragsordnungen, deren Recht sie auslegen und überwachen. Das bedeutet, dass sie nach eigenem Ermessen auf die Entscheidungen anderer Gerichtsorgane zurückgreifen; nur in Ausnahmefällen ist ein Gericht an die Rechtsprechung eines anderen gebunden bzw. wird an der Ausübung seiner Gerichtsbarkeit wegen der Entscheidung, Anrufung oder Zuständigkeit eines anderen Gerichts gehindert. In den letzten Jahren setzen sich allerdings, vor allem unter dem Schlagwort der *judicial comity,* mehr und mehr Stimmen für eine Pflicht zur gerichtlichen Koordinierung ein. Dabei werden sowohl Argumente angeführt, die auch für die Koordinierung völkerrechtlicher Vertragsordnungen bei der Rechtssetzung und der Anwendung gelten,[1787] als auch rechtsprechungsspezifische Argumente. Im Folgenden sollen ausschließlich letztere aufgegriffen werden.[1788] Danach sollen zwischen-gerichtliche Koordinierungsmechanismen dargestellt werden, die teilweise schon Inhalt des Verfahrensrechts einiger völkerrechtlicher Gerichte, teilweise aber auch lediglich Gegenstand von Diskussionen sind.

I. Ansätze für eine Koordinierungspflicht konkurrierender Gerichte

Obwohl eine Pflicht, die Zuständigkeiten und Entscheidungen anderer Gerichte zu beachten, nur vereinzelt gefordert und nicht allgemein anerkannt wird, gibt es gute Gründe für die Annahme einer Koordinierungspflicht.

1786 Zuständigkeitskonflikte sollen hier nur insoweit betrachtet werden, als sie das Risiko paralleler Befassung und damit von Rechtsprechungs- und Normkonflikten bergen.

1787 So sieht SAUER (Fn. 5), S. 411 die zwischen-gerichtlichen Loyalitätspflichten nur als Ausformung der zwischen allen Rechtsebenen eines Mehrebenensystems bestehenden Loyalitätspflichten

1788 Siehe zu zwischen völkerrechtlichen Regimen bestehenden Koordinierungspflichten im Allgemeinen Teil IV Kapitel 1.

1. Begründung

Die Frage, welcher Stellenwert den Auslegungen anderer Gerichte zukommt, ist eng mit der des anwendbaren Rechts verbunden.[1789] In allen völkerrechtlichen Vertragsordnungen kommt das allgemeine Völkerrecht, insbesondere die in der WVK kodifizierten Auslegungsregeln, subsidiär zur Anwendung.[1790] Dieser Bereich gemeinsamen Rechts muss aus Gründen der Rechtssicherheit und Wirksamkeit einheitlich ausgelegt und weiterentwickelt werden. Insofern ist hier die gegenseitige Beobachtung der Gerichte unentbehrlich. Aber auch das besondere Völkervertragsrecht ist – eben nach den gewohnheitsrechtlichen Auslegungsregeln – im Lichte aller zwischen den (Streit-)Parteien anwendbarer, völkerrechtlicher Normen, also ggf. auch spezifischen Völkervertragsrechts, zu interpretieren.[1791] Darüber hinaus kann Völkervertragsrecht oder allgemeines Völkerrecht kraft Inkorporation in Vertragsordnungen zur Anwendung kommen. Bei der Auslegung externen Völkervertragsrechts versprechen die Gerichtsentscheidungen, insbesondere der jeweils betroffenen Vertragsordnung, Orientierung. Die Pflicht, die regime-eigenen Gerichtsentscheidungen heranzuziehen, lässt sich auf das (im Entstehen befindliche) Störungsverbot stützen.[1792] Schließlich sprechen wie bei Gerichtsentscheidungen zu Fragen des allgemeinen Völkerrechts sowohl rechtsimmanente Legitimitätserfordernisse, insbesondere der Anspruch der Wirksamkeit von Rechtsnormen, als auch Anforderungen an die richterliche Legitimität[1793] für eine gegenseitige Beobachtung.

Auch die Beachtung der Gerichtsbarkeit bzw. Befassung anderer Gerichte wird unter Hinweis auf die gerichtliche Legitimität und das Gerechtigkeitsprinzip gefordert, dem Richter genüge tun sollen.[1794] Unter

---

1789 Nur soweit aus gerichtlichen Entscheidungen Expertise hervorgeht, soweit sich also Richter auf ihrem jeweiligen Spezialgebiet bewegen, können Gerichtsentscheidungen als Hilfsmittel zur Feststellung von Rechtsnormen herangezogen werden, vgl. Art. 38 Abs. 1 lit. d IGH-Statut.

1790 *Self-contained regimes* im Sinne von absolut abgeschotteten Sub-Systemen gibt es nicht, ILC STUDY GROUP (Fn. 1655), Rn. 192 f.

1791 Art. 31 Abs. 3 lit. c WVK. Siehe dazu Teil IV Kapitel 3 B III.1.b.

1792 Siehe zum Störungsverbot Teil IV Kapitel 1 B II.

1793 MARTINEZ (Fn. 1544), S. 468 ff.

1794 NIKOLAOS LAVRANOS, Regulating Competing Jurisdictions Among International Courts and Tribunals, in: *Zeitschrift für ausländisches öffentliches Recht und Völkerrecht* 68 (2008), S. 575–621, 612 ff. unter Hinweis auf ERNST-ULRICH

dem dem Common law entlehnten Begriff der *(judicial) comity*[1795] werden daher verschiedene Formen prozeduraler Rücksichtnahme gegenüber ordnungsfremden Gerichten diskutiert.

2. Inhalt

Eine Kooperationspflicht zwischen Gerichten wird selten von internationalen Gerichten[1796] und weit häufiger in der Literatur angenommen.[1797] Daher sind die Konturen noch unscharf. Man könnte grob die Pflichten unterscheiden, die Entscheidungen inhaltlich und die Zuständigkeit bzw. Befassung anderer Gerichte prozedural zu berücksichtigen.

PETERSMANN, Do Judges Meet their Constitutional Obligation to Settle Disputes in Conformity with 'Principles of Justice and International Law'?, in: *European Journal of Legal Studies* 1 (2007), S. 1–38. Siehe auch Schiedsgericht, konstituiert gemäß Art. 287 und Art. 1 Annex VII Seerechtsübereinkommen der Vereinten Nationen, Beschluss Nr. 3 v. 24. Juni 2003 – *MOX Plant*, Rn. 28: „[...] bearing in mind considerations of mutual respect and comity which should prevail between judicial institutions both of which may be called upon to determine rights and obligations as between the two States, the Tribunals considers that it would be inappropriate for it to proceed further with hearing the Parties on the merits of the dispute in the absence of a resolution of the problem referred to. Moreover, a procedure that might result in two conflicting decisions on the same issue would not be helpful to the resolution of the dispute between the parties".

1795 ANNE-MARIE SLAUGHTER, A Global Community of Courts, in: *Harvard International Law Journal* 44 (2003), S. 191–219, 205 ff. Die Definition die YUVAL SHANY, *The competing jurisdictions of international courts and tribunals*, Oxford, New York 2003, S. 260 gibt, deckt auch die materielle wie prozedurale Berücksichtigung anderer Gerichtsentscheidungen und Gerichtsbarkeiten ab: „According to this principle, which is found in many countries (mostly from common law systems) courts in one jurisdiction should respect and demonstrate a degree of deference to the law of other jurisdictions, including the decisions of judicial bodies operating in the jurisdictions."

1796 Der wohl bekannteste Fall ist das *Mox Plant* – Schiedsverfahren. Schiedsgericht, nach Art. 287 und Art. 1 Annex VII Seerechtsübereinkommen der Vereinten Nationen konstituiert, Beschluss Nr. 3, 24. Juni 2003 – *MOX Plant*, Rn. 28.

1797 Am ausführlichsten begründet wohl SAUER (Fn. 5), S. 412 ff. die Annahme von Loyalitätspflichten zwischen Gerichten von Mehrebenensystemen.

a. Materielle Bindung: Stare decisis-Prinzip

Es ist für Gerichte und Streitbeilegungsorgane gang und gäbe, auf die Entscheidungen anderer Gerichtsorgane zurückzugreifen, wenn sie dies auch nicht konsequent tun.[1798] Dabei grenzen Gerichte nur äußerst selten ihre Entscheidungen von denen anderer Gerichte ab bzw. verwerfen letztere (*distinguishing*). In der großen Mehrzahl der Fälle sollen die Argumente anderer Gerichte die eigene Entscheidung stützen, manchmal werden die anderswo etablierten Kriterien zur Entscheidungsfindung genutzt.[1799] Letztlich werden richterliche Entscheidungen entsprechend Art. 38 Abs. 1 lit. d IGH-Statut als Hilfsmittel zur Feststellung von Rechtsnormen herangezogen – wenn auch nicht systematisch.[1800]

Eine zwischengerichtliche Kooprationspflicht könnte eine systematische Heranziehung der völkerrechtlichen Rechtsprechung erfordern. Dann bänden die Entscheidungen eines Gerichts auch andere völkerrechtliche Gerichte. Das hieße, dass der Entscheidungstenor wie die Entscheidungsgründe derart zu beachten wären, dass später entscheidende Gerichte die herausgearbeiteten Kriterien in ähnlich gelagerten Fällen anwenden und in vergleichbaren Situationen genauso entscheiden würden wie das Ausgangsgericht (*stare decisis*), sofern sie nicht gewichtige Gründe hätten, davon abzuweichen. Bisher ist im Völkerrecht eine solche Bindung inner-

---

1798 JONATHAN I. CHARNEY, Is International Law Threatened By Multiple International Tribunals?, in: *Recueil des Cours* (1998), S. 101–382, 347 ff. und NATHAN MILLER, An International Jurisprudence? The Operation of "Precedent" Across International Tribunals, in: *Leiden Journal of International Law* 15 (2002), S. 483–526. Siehe auch die Kritik an Gerichten, insbesondere dem IGH, die nur ihre eigenen Entscheidungen zitieren, THOMAS BUERGENTHAL, Proliferation of International Courts and Tribunals: Is It Good or Bad?, in: *Leiden Journal of International Law* 14 (2001), S. 267–275, 274.

1799 MILLER (Fn. 1798), S. 490 ff. Daraus lässt sich nicht nur, wie Miller es tut, auf die überwiegende Einheitlichkeit der Auslegung von Normen schließen, sondern auch Buergenthals Kritik bestätigen, dass die Gerichte nur dann andere Gerichte zitieren, wenn es ihnen opportun erscheint, BUERGENTHAL (Fn. 1798), S. 274. So sparen sie sich die Mühe, ihre Entscheidungen abzugrenzen.

1800 Vgl. Appellate Body, Report vom 12. September 2005, WTO-Dok. WT/DS269/AB/R, WT/DS286/AB/R, *EC – Chicken Cuts,* Rn. 326 ff., der EuGH-Entscheidungen unter Verweis auf Art. 32 WVK als zusätzliche Auslegungsmittel bzw. Umstände eines Vertragsschlusses, die die Feststellung der Intention der Vertragsparteien erleichtern, für zu berücksichtigen hält.

halb derselben Ordnungen[1801] und erst recht ordnungsübergreifend nicht anerkannt.[1802] Eine Kooperationspflicht könnte aber zur Annahme der Vermutung führen, dass einschlägige völkergerichtliche Entscheidungen Präzedenzentscheidungen bilden; Gerichte müssten die Argumentationen anderer Gerichte sorgfältig daraufhin prüfen, ob sie auf den aktuellen Fall übertragbar bzw. für ihn fruchtbar zu machen sind.[1803] Eine solche Prüfung kann auch zu dem Ergebnis führen, dass die Lösung wie auch die Kriterien auf den jeweiligen Fall nicht übertragbar sind.[1804] Die Gerichte dürften aber nur mit gewichtigen Gründen von der Argumentation anderer internationaler Gerichte abweichen.

1801 Vgl. etwa für den IGH Art. 59 IGH-Satzung. Allerdings zitieren internationale Gerichte häufig ihre eigenen Entscheidungen und legen sich einen erhöhten Argumentationsaufwand auf, um von diesen abzuweichen, MARTINEZ (Fn. 1544), S. 483. Vgl. Art. 21 Abs. 2 IStrGH-Statut: „Der Gerichtshof kann Rechtsgrundsätze und Rechtsnormen entsprechend seiner Auslegung in früheren Entscheidungen anwenden."

1802 MARTINEZ (Fn. 1544), S. 482 ff. Siehe die Appeals Chamber of the International Criminal Tribunal for the former Yugoslavia (ICTY), Entscheidung vom 25. Mai 2001 – Rs. *Zoran Zigic*, Rn. 17 f.: „No legal basis exists for suggesting that the International Tribunal must defer to the International Court of Justice such that the former would be legally bound by decisions of the latter."

1803 MARTINEZ (Fn. 1544), S. 487 und ANDREAS FISCHER-LESCANO und GUNTHER TEUBNER (Fn. 25), S. 1044. Nach Martinez ist die Vermutung der Präzedenzentscheidung umso stärker, soweit in der Entscheidung die spezifische Expertise des Gerichts zum Tragen kommt. Das heißt, der IGH sollte für Fragen des allgemeinen Völkerrechts eine große Autorität genießen, genauso wie die Gerichte spezieller Regime in den ihnen eigenen Rechtsgebieten.

1804 Vgl. Appeals Chamber of the ICTY, Urteil vom 20. Februar 2001, ICTY-Dok. IT-96-21-A, , Rn. 24 - *Prosecutor v. Zejnil Delalic et al*: „Although the Appeals Chamber will necessarily take into consideration other decisions of international courts, it may, after careful consideration, come to a different conclusion." TULLIO TREVES, Judicial Lawmaking in an Era of "Proliferation" of International Courts and Tribunals: Development of Fragmentation of International Law?, in: *Developments of international law in treaty making*, hg. von RÜDIGER WOLFRUM und VOLKER RÖBEN, Berlin, New York 2005, S. 607 f. sieht darin für völkerrechtliche Gerichte die Bestimmung einer ausgewogenen Position zwischen Autonomie und Vorhersehbarkeit.

b. Prozedurale Bindung auf Grundlage der forum non conveniens-Doktrin

Im nationalen Recht wie im Völkerrecht gibt es Verfahrensgrundsätze, die konfligierende Gerichtsentscheidungen bereits dadurch verhindern sollen, dass ein mehrmaliges Prozessieren zwischen denselben Parteien und in derselben Streitsache ausgeschlossen wird: Die Grundsätze der materiellen Rechtskraft von Urteilen (*res judicata*) bzw. der Rechtshängigkeit (*lis pendens*).[1805] Beide sichern dem erstbefassten Gericht prozedural Vorrang zu und stehen der Befassung eines anderen Gerichts mit demselben Fall entgegen.

Allerdings zeitigen diese Grundsätze für Streitigkeiten vor Gerichten verschiedener Vertragsordnungen im Regelfall keine Wirkung. Denn meist werden vor Gerichten verschiedener Vertragsordnungen, selbst wenn es sich um denselben Sachverhalt und dieselben Parteien handelt, unterschiedliche Ansprüche geltend gemacht.[1806] Die *forum non conveniens*-Doktrin wird als weiterer Ansatz diskutiert, um Zuständigkeitskonflikte zu lösen, insbesondere da er nicht die Zuständigkeit der involvierten Gerichte für alle in den konkurrierenden Verfahren vorgebrachten Ansprüche erfordert. Er ist aber im Völkerrecht nicht allgemein anerkannt.[1807] Nichtsdestotrotz wird er in der neuen Literatur als Ausgangspunkt für die

---

1805   Siehe zum Begriff des *res judicata* - und des *lis pendens* - Prinzips, den Anforderungen sowie zur Anerkennung für das Verhältnis völkerrechtlicher Streitbeilegungsorgane AUGUST REINISCH, The Use and Limits of Res Judicata and Lis Pendens as Procedural Tools to Avoid Conflicting Dispute Settlement Outcomes, in: *The Law and Practice of International Courts and Tribunals* 3 (2004), S. 37–77, der beide Prinzipien als allgemeine Rechtsgrundsätze einordnet. JOOST PAUWELYN und LUIZ EDUARDO SALLES, Forum Shopping before International Tribunals. (Real) Concerns, (Im)Possible Solutions, in: *Shaping rule of law through dialogue. International and supranational experiences*, hg. von FILIPPO FONTANELLI, GIUSEPPE MARTINICO und PAOLO CARROZZA, Groningen 2010, S. 45–88, 69 ff. erkennen dagegen mit der Mehrheit der Autoren nur das *res judicata*-, nicht aber das *lis pendens*-Prinzip für das Völkerrecht an.

1806   MARCEAU (Fn. 1274), S. 1113. Dies liegt daran, dass die meisten völkerrechtlichen Gerichte zur Durchsetzung eines bestimmten Vertrags geschaffen werden, mithin Gerichtsbarkeit und Anspruchsgrundlage eng verknüpft sind, PAUWELYN und SALLES (Fn. 1805), S. 70 f.: „In the current context of international law, where jurisdiction and cause of action are intimately linked, applying *res judicata* to deal with overlaps between *different* international tribunals will, therefore, mostly be a waste of time."

1807   ebd., S. 77.

Bestimmung des „sachnächsten"[1808] oder „natürlichen"[1809] Richters genutzt. Als Rechtsfolgen werden eine ganze Reihe von Maßnahmen diskutiert, darunter die Einschränkung des Prüfungsumfangs[1810], die Aussetzung des Verfahrens[1811] oder die Ablehnung der eigenen Zuständigkeit[1812].

II. Informationsaustausch

1. Inhalt

a. Gutachten

Internationale Gerichte können Informationen, etwa in Form von Gutachten, bei anderen Vertragsordnungen, und insbesondere bei deren jeweiligem Streitbeilegungsorgan, einholen.[1813] Damit können sie um Auslegungen des Rechts der anderen Ordnung bitten. So kann etwa der IGH nach Art. 34 Abs. 2 seiner Satzung internationale Organisationen um Auskünfte rechtlicher oder tatsächlicher Art zu anhängigen Rechtssachen ersuchen.[1814] Für die Mehrzahl völkerrechtlicher Gerichte steht die Einholung

---

1808 SAUER (Fn. 5), S. 526.

1809 PAUWELYN und SALLES (Fn. 1805), S. 80 ff.

1810 LAVRANOS (Fn. 1794), S. 606 ff.

1811 CAROLINE HENCKELS, Overcoming Jurisdictional Isolationism at the WTO-FTA Nexus: A Potential Approach for the WTO, in: *European Journal of International Law* 19 (2008), S. 571–599 585.

1812 ebd., S. 585. SAUER (Fn. 5), S. 455 spricht von einem endgültigen Rückzug aus der Entscheidungsbefugnis. Dagegen YUVAL SHANY, *Regulating jurisdictional relations between national and international courts*, Oxford, New York 2007, S. 176: „[The] application of judicial comity normally cannot justify total abdication of jurisdiction by the comity-affording court because such an act would exceed that court's scope of authority."

1813 Es ist auch denkbar, dass andere Vertragsorgane, etwa die Versammlung der Vertragsstaaten oder das Sekretariat, ein Gutachten erstellen. Welches Organ mit dem Gutachten zu betrauen ist, liegt an der jeweiligen Gestaltung der Organkompetenzen sowie an deren praktischer Erreichbarkeit, NEUMANN (Fn. 32), S. 614 ff.

1814 Vgl. Art. 69 Abs. 1 IGH-Verfahrensordnung, angenommen am 14. April 1978 und am 1. Juli 1978 in Kraft getreten. Für die WTO-Streitbeilegungsorgane umfasst Art. 13 DSU das Recht, bei internationalen Organisationen Informationen einzuholen. Für eine obligatorische Konsultation des IWF durch die WTO-

von Gutachten in ihren Ermessen; eine Ausnahme davon bildet Art. 2015 NAFTA, nach dem das Gericht auf Antrag einer Partei verpflichtet ist, Gutachten einzuholen. Während einige internationale Organisationen sich in Kooperationsabkommen zur Auskunftserteilung verpflichten, insbesondere die VN-Sonderorganisationen gegenüber den VN,[1815] sind Regime grundsätzlich frei, dem Gutachtenantrag nachzukommen.

Hinsichtlich der (Bindungs-)Wirkung eingeholter Gutachten ist zu unterscheiden: Im Regelfall wird das befasste Gericht der Auslegung des ordnungsfremden Rechts folgen.[1816] Welche Konsequenzen das Gutachten für die Entscheidung hat, insbesondere bei der harmonisierenden Auslegung, bewertet aber allein das befasste Gericht.[1817]

b. Stellungnahmen Unbeteiligter

Internationale Organisationen können von sich aus im Rahmen sog. *amicus-curiae*-Schriftsätze Stellungnahmen vor den Streitbeilegungsorganen anderer Vertragsordnungen abgeben, um deren Rechtsfindung zu beeinflussen.[1818] So wird gemäß Art. 34 IGH-Statut eine internationale Organisation, deren Gründungsvertrag voraussichtlich in einer vor dem IGH anhängigen Rechtssache ausgelegt wird, benachrichtigt[1819] und darf dem

---

Streitbeilegungsorgane im Anwendungsbereich des Art. XV Abs. 2 GATT Siegel (Fn. 1484), S. 592 ff. Ein Beispiel für die Anforderungen von Informationen bei anderen internationalen Organisationen bildet der Panel-Bericht vom 29. September 2006, WTO-Dok. WT/DS291/R, WT/DS292/R, WT/DS293/R, Rn. 7.31, 7.96 – *EC Biotech.*

1815 Siehe bspw. Art. IX Abs. 1 VN-ILO-Abkommen.

1816 Neumann (Fn. 32), S. 619 bewertet die Bitte um ein Gutachten als Anerkennung der überlegenen Auslegungskompetenz des konsultierten Organs.

1817 ebd., S. 619 m.w.N.

1818 Vgl. Art. 84 Abs. 2 ISGH-Verfahrensordnung, vom 28. Oktober 1997, Stand: 17 März 2009. Für WTO-Panel ergibt sich das Recht, solche Eingaben zu berücksichtigen, aus Art. 13 DSU und für den Appellate Body aus Art. 17 Abs. 9 DSU. Appellate Body, Bericht vom 12. Oktober 1998, WTO-Dok. WT/DS58/AB/R, Rn. 108 – *US - Shrimp* und Appellate Body, Bericht vom 10. Mai 2000, WTO-Dok. WT/DS138/AB/R, Rn. 39 – *US - Steel.*

1819 Ein weiteres Beispiel bietet Art. 106 EWRA, das die Übermittlung von Gerichtsurteilen, inklusive Übersetzungen und Zusammenfassungen, zwischen dem EFTA-Gerichtshofs und den EU-Gerichten vorsieht.

IGH von sich aus Informationen erteilen. Damit haben internationale Organisationen ein Mittel, um der eventuellen Heranziehung ihres Rechts vorzugreifen und ihre Auslegung darzulegen.[1820]

Ob das jeweilige Gericht die Stellungnahmen berücksichtigt, steht in seinem Ermessen.[1821]

2. Koordinierungsgehalt

Die gegenseitige Information über parallele Verfahren sowie Rechtsprechung ist Voraussetzung für eine gerichtliche Berücksichtigung der Zuständigkeit oder Rechtsprechung eines anderen Gerichts. Je eher Gerichte den Eingaben und Stellungnahmen anderer Rechtsordnungen folgen, umso größer wird die Vereinheitlichungswirkung sein. Dabei ist auch wichtig, dass Vertragsordnungen, die wegen der Berührung ihres Rechts ein Interesse an einer eigenen Stellungnahme haben, rechtzeitig benachrichtigt werden, um Stellungnahmen vorbereiten zu können.

III. Kompetenzabgrenzung

1. Inhalt

Ein Gericht prüft grundsätzlich einseitig seine Zuständigkeiten und grenzt sie ggf. von der anderer Gerichte ab. Es kann die Abgrenzung aber auch auf Grund einer vertraglichen bzw. gegenseitigen Regelung vornehmen. Daneben ist auch die Bestimmung des zuständigen Gerichtes durch eine externe Institution wie insbesondere ein *Tribunal des conflits* denkbar. Da

---

1820 Nach Art. 34 Abs. 3 IGH-Satzung sind internationale Organisationen zu informieren, wird ihr Gründungsvertrag eventuell in einer vor dem IGH anhängigen Rechtssache ausgelegt.

1821 Vgl. für WTO-Panel Appellate Body, Bericht vom 12. Oktober 1998, WTO-Dok. WT/DS58/AB/R, Rn. 101, 108 – *US - Shrimp.* NEUMANN (Fn. 32), S. 631 fordert, die Stellungnahmen anderer internationaler Organisationen bzw. Regime sollten wie Gutachten von Generalanwälten behandelt werden.

Gerichte grundsätzlich nicht durch konkurrierende Zuständigkeitsbestimmungen gebunden werden,[1822] verspricht die Abgrenzung von Zuständigkeiten aufgrund einer gemeinsamen Regelung, an die die jeweils betroffenen Gerichte gebunden sind, bzw. durch eine ordnungsfremde Institution, wie ein *Tribunal des conflits* mehr Erfolg als die einseitige Zuständigkeitsabgrenzung.

Soweit ein Gericht entscheidet, die Zuständigkeit eines anderen Gerichts zu berücksichtigen, kann es die Prüfung aussetzen, um die Klärung einer durch das Recht einer anderen Vertragsordnung bedingten Frage durch das bereits befasste Gericht dieser Ordnung abzuwarten.[1823] Dies kommt insbesondere in Betracht, wenn andernfalls mit hoher Wahrscheinlichkeit Entscheidungen ergingen, die für die Streitparteien widersprüchliche Rechte und Pflichten zur Folge hätten. Denn dann kann die Funktion der Rechtsprechung, die Rechte und Pflichten der Parteien derart zu konkretisieren, dass der jeweilige Fall gerecht gelöst wird, und Rechtssicherheit zu gewähren, nicht anders erfüllt werden.[1824] Die Aussetzung darf aber weder zu einer unverhältnismäßigen Verzögerung noch zur Verweigerung effektiven Rechtsschutzes führen.[1825] Teilweise wird sogar gefordert, dass Gerichte sich „aus ihren Entscheidungsbefugnissen zurück-

---

1822 Vgl. Neumann (Fn. 32), S. 542. Eine harmonisierende Auslegung der eigenen Zuständigkeitbestimmungen gemäß Art. 31 Abs. 3 lit. c WVK ist wegen des Erfordernis der Bindung aller Vertragsparteien bzw. Mitglieder an das heranzuziehende Recht schwer vorstellbar (siehe zur harmonisierenden Auslegung Teil IV Kapitel 3 B III 1 b). Pauwelyn und Salles (Fn. 1805), S. 56 sehen dagegen Gerichtsstandklauseln als guten Ansatz an, Zuständigkeits- (und Rechtsprechungs-)konflikte zu vermeiden. Insofern hoffen sie auf die Beachtung dieser Klauseln auch durch Gerichte, die nicht durch sie gebunden werden.

1823 So auch Henckels (Fn. 1811), S. 585 und Pauwelyn und Salles (Fn. 1805), S. 84 f.

1824 Lavranos (Fn. 1794), S. 614 ff. sieht *comity*, und damit verbunden die eventuelle Aussetzung von Verfahren, als Teil des Gerechtigkeitsprinzips an, an das alle Gerichte gebunden sind. Er stützt sich dabei auf Petersmann (Fn. 1794).

1825 Volker Röben, The Order of the UNCLOS Annex VII Arbitral Tribunal to Suspend Proceedings in the Case of the MOX Plant at Sella field: How Much Jurisdictional Subsidiarity?, in: *Nordic Journal of International Law* 73 (2004), S. 223–245, 244 f. Vgl. StIGH, Entscheidung vom 26. Juli 1927, 1927 Ser. A, S. 30 – *Chorzów Factory*, in der die StIGH eine Beschränkung seiner Kompetenz zu Gunsten eines Schiedsgerichts nur dann für möglich hält, wenn die Zuständigkeit des anderen Gerichts hinreichend klar und ein negativer Zuständigkeitskonflikt bzw. die Justizverweigerung auszuschließen seien.

ziehen"[1826] oder als unzuständig für Fälle erklären, die eng mit einem anderen Verfahren verbunden sind und in denen sich daher das Verhalten der Parteien als rechtsmissbräuchlich darstellt.[1827] Mögliche Anwendungsfälle werden im Verhältnis zwischen den Gerichten regionaler Handelsabkommen und dem WTO-Streitbeilegungsorgan gesehen.[1828] Die genauen Voraussetzungen sind jedoch relativ vage. Eine gerichtliche Ablehnung der eigenen Zuständigkeit zugunsten eines anderen Gerichts ist daher nur in sehr seltenen Ausnahmefällen denkbar, darf sie doch nicht zur Verweigerung von Rechtsschutz führen und setzt bei schwach begründeter Anwendung die gerichtliche Legitimität aufs Spiel.

a. Einseitig

Gerichte völkerrechtlicher Vertragsordnungen können einseitig prüfen, ob die ihnen vorgelegten Fragen in die (ausschließliche) Zuständigkeit eines anderen internationalen Gerichts fallen. Dies wird meist auf Anregung einer Streitpartei geschehen. Da sich das Gericht einer Vertragsordnung aber im Regelfall nicht durch die Zuständigkeitsbestimmungen anderer Regime gebunden, sondern vielmehr selbst verpflichtet sieht, seine Gerichtsbarkeit auszuüben,[1829] wird eine einseitige Prüfung der Zuständigkeit nur ausnahmsweise dazu führen, dass sich ein Gericht für unzuständig

---

1826 Der bei Sauer (Fn. 5), S. 455 vertretene Ansatz „postuliert [...] mit der Kompetenzausübungsschranke als letztem Schritt die Pflicht des nachrangigen Gerichts, sich aus der Entscheidungsbefugnis *endgültig* zurückzuziehen."

1827 Henckels (Fn. 1811), S. 595 für das WTO-Streitbeilegungsorgan: „... examining the conduct and assumed intentions of the parties and the history of the dispute may shed some light on whether it is appropriate for a tribunal to decline to exercise jurisdiction in favour of another tribunal".

1828 ebd., S. 595: „At the WTO-FTA nexus, the threshold at which one tribunal could apply comity is suited to situations where there is an inextricable connection to an antecedent or concurrent dispute under another trade instrument, such that it would [be] more reasonable and appropriate for another tribunal to exercise jurisdiction, bearing in mind the need to ensure stability and predictability in the international trading system by way of effective resolution of disputes."

1829 Siehe beispielsweise den Bericht des Panels v. 30.05.2005, WT/DS269/R, Rn. 7.53 ff. - *EC Chicken Cuts*, in dem das Panel die Verweisung des Streits an die Weltzollorganisation ablehnte, weil es nach Art. 11 DSU zur Entscheidung verpflichtet sei. Im Übrigen verweist das Panel auf die Zustimmung aller Parteien zu dem bei ihm anhängigen Verfahren.

erklärt oder das Verfahren aussetzt, um die Entscheidung eines anderen Gerichts abzuwarten und konfligierende Entscheidungen zu vermeiden. In diesem Zusammenhang hat die Entscheidung des Schiedsgerichts im *Mox Plant*-Fall, das Verfahren auszusetzen, um dem EuGH Gelegenheit zu geben, zu entscheiden, ob die Fragen, die die Bestimmungen des Seerechtsübereinkommens der Vereinten Nationen zum Gegenstand haben, auf die Irland seine Klage gegen das Vereinigte Königreich stützte, in die ausschließliche Zuständigkeit der EU fallen, besondere Aufmerksamkeit erfahren.[1830] Das Schiedsgericht hatte seinen Aussetzungsbeschluss damit begründet, dass die Frage der ausschließlichen Kompetenz der EU entscheidend für die Beurteilung seiner gerichtlichen Zuständigkeit sei und dass es diese Vorfrage nicht selber beurteilen könne.[1831] Während dieser Beschluss teilweise als kohärenzförderlicher Koordinierungsansatz für internationale Gerichte begrüßt worden ist,[1832] führte er letztlich dazu, dass über die von Irland vorgebrachte Vertragsverletzung überhaupt nicht entschieden und damit effektiver Rechtsschutz versagt wurde.

In der Literatur wird zunehmend gefordert, dass internationale Gerichte die ihnen gegenüber anderen Gerichten obliegenden Loyalitäts- und Kooperationspflichten erfüllen, indem sie ihre Gerichtsbarkeit unter Berücksichtigung der Zuständigkeiten anderer Gerichte prüfen und gegebenenfalls auszuüben ablehnen. So soll das befasste Gericht nach Sauer u.a. nach Kriterien der Kompetenzverteilung, der Sachkunde, der Akzeptanz und des effektiven Rechtsschutzes abwägen, ob es das sachnächste ist.[1833]

1830 Schiedsgericht, nach Art. 287 und Art. 1 Annex VII Seerechtsübereinkommen der Vereinten Nationen konstituiert, Beschluss Nr. 3, 24. Juni 2003 – *MOX Plant*.

1831 Schiedsgericht, nach Art. 287 und Art. 1 Annex VII Seerechtsübereinkommen der Vereinten Nationen konstituiert, Beschluss Nr. 3, 24. Juni 2003 – *MOX Plant*, Rn. 23, 26.

1832 YUVAL SHANY, The First MOX Plant Award: The Need to Harmonize Competing Environmental Regimes and Dispute Settlement Procedures, in: *Leiden Journal of International Law* 17 (2004), S. 815–827, S. 826 f. und PETERSMANN (Fn. 1794), S. 32 f.

1833 SAUER (Fn. 5), S. 415 ff. Siehe auch PAUWELYN und SALLES (Fn. 1805), S. 85: „Any notion of the *juge naturel* or natural forum should focus [...] on material criteria, such as connections of the case with a tribunal's jurisdiction, the history, prior procedures, substantive content or core issues in dispute as well as the institutional context, expertise and legitimacy of the respective tribunals."

b. Gegenseitig

Die Zuständigkeiten verschiedener internationaler Gerichte können in einem einheitlichen Übereinkommen abgegrenzt werden. Dies ist insbesondere denkbar, wenn zwei Vertragsordnungen bzw. internationale Organisationen ein gemeinsames Regime begründen. So bestimmt das EWRA die Kompetenzen des EFTA-Gerichtshofs[1834] und weist dem EuGH Kompetenzen zu.[1835] Abkommen zwischen internationalen Gerichten, in denen deren Gerichtsbarkeit abgegrenzt werden, sind dagegen ohne Rückkopplung mit dem Gründungsvertrag und dem darauf fußenden Satzungs-Rechtsakt der betroffenen Gerichte mangels Kompetenz-Kompetenz nicht zulässig.

c. Durch externe Institutionen, beispielsweise ein Tribunal des Conflits

In der Literatur wird vorgeschlagen, ein *Tribunal des Conflits* nach französischem Vorbild einzurichten, das aus Richtern der wichtigsten internationalen Gerichte, also insbesondere des IGH und dazu beispielsweise jeweils ein Mitglied des ISGH, des IStGH und des Appellate Bodys, besteht. Ein solches Organ könnte, sobald sich mehrere Gerichte für einen Streitfall zuständig erklären, entscheiden, welches Gericht sich mit der Rechtssache befassen darf.[1836] Allerdings könnte ein Zuständigkeitskonflikt mit Blick auf die Parteien bzw. den Klagegegenstand und die Rechtsgrundlage selten anzunehmen sein,[1837] auch wenn sich letztlich Parteien mit widersprüchlichen Rechten und Pflichten konfrontiert sehen oder Normen unterschiedlich ausgelegt werden. Derzeit kommt der IGH wegen der umfassenden Bestimmung des von ihm anwendbaren Rechts

---

1834 Art. 108 Abs. 2 EWRA.
1835 Beispielsweise in Art. 107 EWRA.
1836 Nikolaos Lavranos, Concurrence of Jurisdiction between the ECJ and other International Courts and Tribunals, in: *European Environmental Law Review* (2005), S. 240–251, 248.
1837 Insofern ergeben sich ähnliche Probleme wie bei der Anwendung der *res judicata*- und der *lis pendens*-Prinzipien, siehe diesen Teil C I 2 b.

(Art. 38 IGHSt) am ehesten als *Tribunal des Conflits* in Betracht.[1838] Zwar ist er nicht automatisch für eine Entscheidung über Zuständigkeitskonkurrenzen zuständig, kann aber mit solchen Fragen befasst werden.[1839]

2. Koordinierungsgehalt

Da sich die Streitparteien vor verschiedenen internationalen Gerichten meist auf verschiedene Rechtsgrundlagen beziehen, ist eine Kompetenzabgrenzung im Sinne der Bezeichnung eines ausschließlich für einen bestimmten Themenkomplex zuständigen Gerichts, insbesondere durch ein *Tribunal des conflits*, wenig aussichtsreich. Denn es bestehen viele völkerrechtliche Regime nebeneinander, die sich überschneidende Sachfragen regeln, die nicht immer klar abgegrenzt werden können. Zumal derselbe Sachverhalt vor verschiedenen Gerichten durch teilweise unterschiedliche Parteien vorgetragen werden kann.

Dagegen erscheint eine Kompetenzabgrenzung, die ggf. zur Überweisung von Teilfragen eines Streits an das Gericht der für die Klärung der Teilfrage ausschließlich zuständigen Vertragsordnung verweist, praxistauglicher.

Allerdings sind mit der eventuell exzessiven Verfahrensverzögerung[1840] oder der besonderen Eilbedürftigkeit bestimmter Verfahren Aspekte zu berücksichtigen, die eng mit der Funktions- und Leistungsfähigkeit und der Legitimität von Gerichten zusammenhängen. Daher kann im Einzelfall eine Verfahrensaussetzung zur Beachtung einer regime-externen gerichtlichen Zuständigkeit ausgeschlossen sein.[1841] Soweit die Achtung der Gerichtsbarkeit regime-externer Gerichte nicht ausdrücklich bestimmt wird, können Zweifel hinsichtlich der Legitimität von gerichtlichen Ermessensentscheidungen über die Verfahrensaussetzung oder sogar Unzuständigkeitserklärung aufkommen. Sofern das jeweilige Gericht aber

---

1838 NEUMANN (Fn. 32), S. 591 m.w.N.

1839 SHABTAI ROSENNE, *The Law and Practice of the International Court. Volume One*, Leyden 1965, S. 297 f. Nach Art. 119 Abs. 2 Statut des Internationalen Strafgerichtshofs (IStGHSt) kann die Versammlung der IStGHSt-Parteien empfehlen, Streitigkeiten über die Auslegung des Statuts dem IGH zur Klärung vorzulegen.

1840 Eine ungebührliche Verzögerung kann sich auch wegen der strengen Regelung der Dauer von Verfahrensschritten ergeben, beispielsweise durch Art. 20 DSU.

1841 SHANY (Fn. 1812), S. 178 f.

die Risiken eventueller Rechtsschutzverweigerung und übermäßiger Verfahrensdauer im Blick hat, überwiegt wohl der legitimitätsstiftende Aspekt, eine einheitliche Lösung für einen Fall zu ermöglichen. Denn es ist fraglich, ob strikte Regeln zur Abgrenzung bzw. Berücksichtigung von Kompetenzen eine bessere Abstimmung zwischen Gerichten erlauben würden.[1842]

IV. Anerkennung: Prüfungseinschränkung wegen Äquivalenz

Die Gerichte völkerrechtlicher Regime können ihre Überprüfung anderer Regime auf Grundlage einer Äquivalenzvermutung auf das Vorliegen der diese Vermutung begründenden Voraussetzungen beschränken.

1. Inhalt

Internationale Gerichte können zu Gunsten anderer Vertragsordnungen ihre Prüfung einschränken, soweit diese die zu überprüfenden Standards gewährleisten. Dies erfordert einerseits die Angleichung der jeweiligen materiell-rechtlichen Standards, und andererseits Durchsetzungsmechanismen, die die durchgängige Anwendung dieser Standards sicherstellen. So hat der Europäische Gerichtshof für Menschenrechte (EGMR) seine eigene Kompetenz, Rechtsakte auf ihre Vereinbarkeit mit der Europäischen Menschenrechtskonvention (EMRK) zu überprüfen, eingeschränkt, soweit es sich um die Umsetzung von EU-Recht handelt und die EU einen äquivalenten Grundrechtsschutz gewährleistet.[1843] Dabei erkennt der EGMR das Erfordernis, EU-Recht umzusetzen, als legitimes Ziel des All-

---

1842 ebd., S. 170: „[...] the question remains as to whether an alternative rule prohibiting any deference or requiring automatic compliance would produce better judicial decisions or greater compliance. To my mind, the modest degree of mutual influence facilitated by comity is preferable to the total normative detachment that a bar on comity, or an excessively rigid jurisdiction-regulation rule, would entail (this is because such imposition will likely be bypassed): Under present conditions, judicial comity might also represent the most far-reaching yet still politically palatable framework for cooperation just because it balances mutual respect with distrust."

1843 EGMR, Entscheidung vom 30. Juni 2005, Beschwerde-Nr. 45036/98, Rn. 150 ff. - *Bosphorus*.

gemeininteresses an und vermutet, dass ein Umsetzungsakt Einschränkungen der EMRK-Rechte rechtfertige. Die Vermutung wird nur dann widerlegt, wenn der Grundrechtsschutz im Einzelfall offensichtlich ungenügend ist. Dieser Ansatz geht auf eine Serie von Entscheidungen des Bundesverfassungsgerichts zurück, die sog. *Solange*-Urteile, mit denen dieses seine Beziehungen zum EuGH, d.h. den Umfang seiner Überprüfung von EU-Recht und damit den Grad der Einmischung in EuGH-Domäne, bestimmte.[1844]

In der Literatur setzten sich verschiedene Stimmen für eine Übertragbarkeit der Lösung auf das Verhältnis zwischen völkerrechtlichen Gerichten ein. So wird angeführt, eine solche Prüfungseinschränkung könne dazu beitragen, dass Streitfälle gerecht gelöst würden, da sie nicht widersprüchlichen Lösungen zugeführt würden, das Völkerrecht kohärent entwickelt und die Rechtssicherheit verstärkt würde.[1845]

1844 Die Entscheidungen weist insbesondere Parallelen zur Solange II-Entscheidung auf, BVerfGE 73, 339, ANDREAS HARATSCH, Die Solange-Rechtsprechung des Europäischen Gerichtshofs für Menschenrechte. Das Kooperationsverhältnis zwischen EGMR und EuGH, in: *Zeitschrift für ausländisches öffentliches Recht und Völkerrecht* 66 (2006), S. 927–947, 928. In diesem Beschluss verneint das BVerfG allerdings bereits die Zulässigkeit der Verfassungsbeschwerde. Siehe für eine Zusammenfassung der verschiedenen *Solange*-Urteile des BVerfG PETERSMANN (Fn. 1794), S. 22 ff. Das BVerfG hat seinen Prüfungsumfang über die Jahre flexibel gehandhabt und den Entwicklungen der EuGH-Rechtsprechung bzw. der europäischen Politik angepasst, LAVRANOS (Fn. 17944), S. 612.

1845 PETERSMANN (Fn. 1794), S. 32 ff. und LAVRANOS (Fn. 1794), S. 612 ff. führen die *Solange*-Methode als Teil der gerichtlichen *comity* unter Hinweis auf Art. 1 Abs 1 VNC auf die (schieds-)richterliche Pflicht zurück, Gerechtigkeit zu gewähren. LAVRANOS (Fn. 1794), S. 616: „[...] applying comity is part of the inherent power of the judiciary and more specifically inherent obligation of every judge or arbitrator. In other words, all international courts and tribunals are obliged to apply the *Solange* method when confronted with competing jurisdictions".

Wann genau und mit welchen Rechtsfolgen[1846] ein Gericht seine Prüfungskompetenz zurück nehmen sollte, geht aus der Literatur allerdings nicht hervor. Aus dem Verhältnis des Europarats zur EU lassen sich folgende Voraussetzungen ableiten: Ein gleichwertiger Standard zum Schutz bestimmter Rechtsgüter, der die grundlegend harmonische Ausrichtung der betroffenen Vertragsordnungen spiegelt, äquivalente Durchsetzungsmechanismen[1847] und die gleichzeitige Zuständigkeit für den konkreten Streitfall. Unklar ist, ob das Streitbeilegungsorgan, zu dessen Gunsten die Prüfung eingeschränkt wird, eine ausschließliche Zuständigkeit für den konkreten Fall genießen muss[1848], ob es bereits mit dem Fall befasst sein muss und ob es auch dieselben Normen wie das eigentlich befasste Gericht durchsetzen muss.[1849]

1846 LAVRANOS (Fn. 1794), S. 616 ff. nennt Beispiele, in denen die Befolgung des *Solange*-Ansatzes zur Ablehnung der eigenen Zuständigkeit, zur Überzeugung der Parteien, zu einem anderen Gericht zurückzukehren, zur harmonisierenden Auslegung bzw. zur Übernahme der Rechtsprechung eines anderen Gericht geführt hätte. Insofern wird ein buntes Konglomerat von Methoden, die auf die Vereinbarkeit von Vertragsordnungen zielen, als Ergebnis des Solange-Ansatz' präsentiert. Auch PETERSMANN (Fn. 1794), S. 32 ff. konkretisiert weder den Anwendungsbereich noch die Rechtsfolgen der *Solange*-Methode.

1847 Vgl. EGMR, Entscheidung vom 30. Juni 2005, Beschwerde-Nr. 45036/98, Rn. 155 – *Bosphorus*. Zu den Defiziten des Grundrechtsschutzes der EU HARATSCH (Fn. 1844), S. 936 ff.

1848 Der EuGH ist nach Art. 344 AEUV (ex-Art. 292 EGV) ausschließlich zuständig.

1849 Der EuGH gewährleistet die Beachtung der EMRK als Teil seines Prüfungsmaßstabs. HARATSCH (Fn. 1844), S. 933 f.: "Die[..] gemeinschaftsrechtsfreundliche Auslegung der Konvention durch den Europäischen Gerichtshof für Menschenrechte korrespondiert mit der EMRK-konformen Auslegung des Europäischen Gemeinschaftsrechts durch den Europäischen Gerichtshof. Die Grundrechte, die in der Gemeinschaftsrechtsordnung als ungeschriebene allgemeine Rechtsgrundsätze Geltung erlangen, speisen sich nach jahrzehntelanger ständiger Rechtsprechung der Gemeinschaftsgerichte maßgeblich aus der EMRK. [...] Während also der EuGH eine Auslegung des Europäischen Gemeinschaftsrechts im Lichte der EMRK vornimmt, legt der EGMR nun seinerseits die EMRK im Lichte des Europäischen Gemeinschaftsrechts aus". Vgl. EGMR, Entscheidung vom 30. Juni 2005, Beschwerde-Nr. 45036/98, Rn. 159 ff. - *Bosphorus*.

2. Koordinierungsgehalt

Die Einschränkung der eigenen Prüfungskompetenz verhindert, dass gemeinsame Mitgliedstaaten zweier Vertragsordnungen im Rahmen von gerichtlichen Verfahren ihre Pflichten und Rechte widersprüchlich konkretisiert sehen. Da eine solche Auslagerung der Prüfungskompetenz bzw. Immunisierung einer Vertragsordnung nur im Kontext vergleichbaren Rechtsschutzes vorstellbar ist, setzt sie eine Harmonisierung voraus. Die Prüfungseinschränkung erlaubt, den konkurrierenden Regelungsansprüchen zweier Vertragsordnungen Genüge zu tun, ohne eine Vertragsordnung der anderen unterzuordnen bzw. sich aller Kontroll- und damit Einflussmittel zu entledigen. Damit wird die lose Verknüpfung verschiedener Vertragsordnungen unter der Bedingung einer Mindestharmonisierung ermöglicht. Mithin dient der Ansatz der Bildung von Netzwerkstrukturen und wirkt auf die Kompatibilität der betreffenden Vertragsordnungen hin.

V. Gemeinsame Streitbeilegung

Vertragsordnungen können konfligierende Gerichtsentscheidungen verhindern, indem sie Verfahren oder Institutionen einführen, die eine gemeinsame Rechtsprechung bei Streitigkeiten mit regimeübergreifender Wirkung gewährleisten. Die gemeinsame Streitbeilegung kann wie bei Vorabentscheidungsverfahren auch lediglich die regimeübergreifenden Aspekte, und nicht den gesamten Rechtsstreit, betreffen.

1. Inhalt

a. Anrufung des Gerichts einer anderen Vertragsordnung

Vertragsordnungen können Gerichten anderer Vertragsordnungen Zuständigkeiten übertragen, sofern deren Verfahrensrecht dies erlaubt. Das derart herangezogene Gericht muss insbesondere die Zuständigkeit haben, das Recht der heranziehenden Vertragsordnung anwenden zu dürfen. Der IGH kommt wegen der weiten Bestimmung seiner Zuständigkeit sowie des anwendbaren Rechts[1850] besonders für die Übertragung gerichtlicher Kompetenzen in Betracht. Das ILOÜ erlaubt beispielsweise den Vertragsstaaten, den IGH anzurufen, damit dieser über eventuelle Verletzungen einer ILO-Konvention befinde.[1851] Einige Kooperationsabkommen, die die VN mit ihren Sonderorganisationen geschlossen haben, ermächtigen letztere, dem IGH Rechtsfragen zur Begutachten vorzulegen.[1852] Das EWRA erlaubt dagegen auf Betreiben der Streitparteien bzw. eines Gerichts der EFTA-Mitgliedstaaten, den EuGH um die Auslegung einer mit dem EU-Recht identischen Bestimmung zu ersuchen.[1853]

b. Vorlageverfahren

Vorlageverfahren kommen in verschiedenen Konstellationen in Betracht. Einerseits können sie in einer hierarchischen Konzeption internationaler Gerichte zur Befassung des übergeordneten Gerichts dienen. So wurde ein Vorabentscheidungsverfahren für den IGH im Verhältnis zu spezielleren Gerichten ins Gespräch gebracht. Ein solches Verfahren kann aber auch den Dialog zwischen Gerichten erlauben, die gleichgeordnet sind.[1854] Dafür müssten die Bereiche, in denen die Möglichkeit einer Inanspruchnahme besteht, für jedes Gericht abgesteckt werden. Ein Gericht wird zumindest das Recht der eigenen Vertragsordnung auch für andere Streitbeilegungsorgane auslegen. Wenn sich etwa, wie in der Rechtssache *Mox Plant,* die Frage stellt, wieweit die Kompetenzen einer internationalen Organisation reichen, könnte deren Gericht dies im Rahmen eines Vorabentscheidungsverfahrens verbindlich klären. Bisher bestehen Vorlageverfahren allerdings nicht zwischen verschiedenen völkerrechtlichen Gerichten, sondern nur zwischen nationalen Gerichten und dem Gericht der internationalen Organisation.[1855]

1850 Art. 36 und 38 IGHSt.
1851 Art. 26 ff., Art. 29 Abs. 2 ILOÜ.
1852 Siehe bspw. Art. IX Abs. 2 VN-ILO-Abkommen. Vgl. Art. 65 Abs. 1 IGHSt.
1853 Art. 111 Abs. 3 und Art. 107 EWRA i.V.m. Protokoll 34.
1854 In diesem Sinne könnte auch der IGH Rechtsfragen des besonderen Völkerrechts dem jeweilig speziellen Gericht vorlegen, LAVRANOS (Fn. 1836), S. 248.
1855 Bekanntestes Beispiel ist die Art. 267 AEUV.

c. Ein übergeordnetes Gerichtsorgan

Im Zusammenhang mit dem IGH werden in Abständen Forderungen laut, diesen zu einem wahren Weltgericht zu machen, das, allen anderen speziellen Gerichten übergeordnet, die Einheit des Völkerrechts sichert.[1856] Dies könnte bedeuten, dass der IGH als Revisionsinstanz oder nach dem Vorbild des EuGH als Gericht fungiert, dem Vorlagefragen unterbreitet werden.[1857] Weiterhin wäre auch eine zweistufige Struktur vorstellbar, in der es mehrere übergeordnete Gerichte für die verschiedenen Rechtsgebiete bzw. Regime gibt, die wiederum allgemeine Rechtsfragen dem IGH vorlegen können.[1858]

Bereits jetzt und ohne Rechtsänderungen könnte eine Art Vorlageverfahren in Gang gesetzt werden, nutzten die VN-Generalversammlung und der Sicherheitsrat ihre Antragsbefugnis und würden den IGH mit Rechtsfragen betrauen, die klärungsbedürftig und für das allgemeine Völkerrecht von Bedeutung sind.[1859] Damit der IGH konsequent zu allen wichtigen Rechtsfragen konsultiert werden kann, die widersprüchlich entschieden zu werden drohen, sind Reformen der VN-Charta bzw. des IGH-Verfahrensrechts erforderlich. Die Erweiterung des Kreises antragsberechtigter Institutionen im Gutachtenverfahren, etwa um den VN-Generalsekretär, andere

---

1856 Siehe etwa CHRISTIAN LEATHLEY, An Institutional Hierarchy to Combat the Fragmentation of International Law: Has the ILC Missed an Opportunity?, in: *International Law and Politics* 40 (2007), S. 259–306.

1857 Vgl. Art. 267 AEUV. Dazu DUPUY (Fn. 25), S. 798 ff.

1858 KARIN OELLERS-FRAHM, Multiplication of International Courts and Tribunals and Conflicting Jurisdiction - Problems and Possible Solutions, in: *Max Planck Yearbook of United Nations Law* 5 (2001), S. 67–104, 103. Dies würde eine Überlastung des IGH verhindern und regime-spezifischen Streitbeilegungsorganen mehr Autonomie garantieren. Oellers-Frahm führt als Beispiel den Appellate Body der WTO an, der für den Bereich Handel als übergeordnetes Gericht fungieren könnte.

1859 Art. 96 CVN i.V.m. Art. 65 IGH-Satzung. Dies ist wohl der Weg, auf dem der ehemalige IGH-Präsident Schwebel kurzfristig Risiken widersprüchlicher Auslegungen minimieren will. Siehe zu Schwebels Rede vor der VN-Generalversammlung IGH-Pressemitteilung 1999/46 vom 26. Oktober 1999. Das Vorlageverfahren hat den Vorteil, auf Rechtsfragen begrenzt zu sein und keine Sachverhaltsermittlung zu erfordern. Die Idee, ein Vorlageverfahren nach europäischem Vorbild einzuführen, wird schon seit Langem diskutiert, siehe etwa LOUIS B. SOHN, Broadening the Advisory Jurisdiction of the International Court of Justice, in: *American Journal of International Law* 77 (1983), S. 124–129. Dazu auch OELLERS-FRAHM (Fn. 1858), S. 92 ff.

internationale Organisationen oder gar Streitbeilegungsorgane, ist dabei von besonderer Bedeutung.[1860] Politisch sind solche Vorschläge schwer durchsetzbar.[1861]

d. Gemeinsames Streitbeilegungsorgan

Potentiell konfligierende Vertragsordnungen könnten ein gemeinsames Streitbeilegungsorgan errichten, das übergreifende Streitfälle beurteilt und das Recht aller teilnehmenden Vertragsordnungen anwenden darf, insbesondere im Rahmen einer harmonisierenden Auslegung. Wie der Gemeinsame Senat oberster Gerichte würde ein solches Gremium nur Fälle verhandeln, die mehrere Vertragsordnungen betreffen und die von besonderem Interesse sind, weil entweder zu der jeweiligen Frage noch keine gefestigte Rechtsprechung des gemeinsamen Organs besteht oder weil das Gericht einer Vertragsordnung von dieser Rechtsprechung abweichen möchte.[1862] Für ein gemeinsames Streitbeilegungsorgan kommen wie für ein übergeordnetes Gericht verschiedene Verfahren in Betracht, um die Einheitlichkeit der Rechtsprechung zu wahren: die Entscheidung an Stelle des zuständigen Streitbeilegungsorgans, die Revision und die Vorlagefrage.[1863]

2. Koordinierungsgehalt

Der gemeinsamen Streitbeilegung kommt ein hoher Abstimmungsfaktor zu, weil sie durch eine einheitliche Konkretisierung der Rechte und Pflichten von Streitparteien, die gegebenenfalls Vertragsparteien bzw. Mitglieder potentiell konfligierender Regime sind, Normkonflikte vermeidet. Beim Vorabentscheidungsverfahren ist von großer Bedeutung, welche Gerichte befugt und wann verpflichtet sind, eine Rechtsfrage vorzulegen, und wie weit die Bindungswirkung der Entscheidung reicht. Für die Ein-

---

1860 Zu Vorschlägen, den Kreis der Antragsberechtigten zu erweitern, bereits Sohn (Fn. 1859).
1861 Dupuy (Fn. 25), S. 800 f.
1862 Neumann (Fn. 32), S. 594.
1863 ebd., S. 595 ff.

heitlichkeit der Auslegung wäre einerseits die Vorlagepflicht für bestimmte Bereiche und andererseits eine grundsätzliche Bindungswirkung auch über das Verfahren hinaus zuträglich.[1864]

Je zentralisierter und hierarchisierter Gerichtsentscheidungen getroffen werden, umso stärker stellt sich die Frage nach deren Legitimation. Insofern ist sowohl beim übergeordneten als auch bei einem gemeinsamen Streitbeilegungsorgan für mehrere Regime das Vorabentscheidungsverfahren zu bevorzugen, da damit die Autonomie und Autorität der Gerichte der beteiligten Vertragsordnungen gewahrt und deren Zuständigkeiten möglichst wenig beschnitten werden.[1865]

Kapitel 4 Lösungsansätze in Westafrika

Im Folgenden soll untersucht werden, welche Koordinierungsansätze zwischen den für die wirtschaftliche Integration Westafrikas relevanten Vertragsordnungen verfolgt werden, deren Recht konfligiert.

A. Koordinierung der regionalen Organisationen ECOWAS und UEMOA

Die ECOWAS und UEMOA bemühen sich wegen ihrer ähnlichen Ausrichtung und dem entsprechend großen Konflikt- aber auch Koordinierungspotential schon seit Jahrzehnten um eine Abstimmung. Seit dem Abschluss eines Kooperations- und Partnerschaftsabkommens 2004 zeitigen die Koordinierungsbemühungen mehr und mehr Erfolge.[1866] Sie neh-

---

1864 Vgl. Ulrich Ehricke, Art. 267, in: *EUV/AEUV. Vertrag über die Europäische Union und Vertrag über die Arbeitsweise der Europäischen Union*, hg. von Rudolf Streinz und Tobias Kruis, München, 2. Aufl. 2012, Rn. 69 ff., der mit dem EuGH eine Ausnahme von der Bindungswirkung von Vorabentscheidungen nur dann annimmt, wenn der Gerichtshof die Gültigkeit von Organhandlungen feststellt.

1865 Vgl. Neumann (Fn. 32), S. 599 f. und Lavranos (Fn. 1836), S. 248.

1866 Die EU hat die Koordinierung zwischen der ECOWAS und der UEMOA insofern befördert, als sie einerseits durch die WPA-Verhandlungen und dem damit einhergehenden Risiko der westafrikanischen Desintegration Druck ausübt und die Koordinierung dringlicher macht und andererseits das *Programme Indicatif Régional* finanziert, das die regionale Integration u.a. durch eine stärkere Koordinierung fördern soll.

men verschiedene Formen an und betreffen vor allem die Rechtssetzung. In diesem Bereich stimmen sich die beiden Organisationen einerseits durch Regelübernahmen, andererseits durch gemeinsame Rechtssetzungsaktivitäten sowie durch die Mitwirkung an der Rechtssetzung der jeweils anderen Organisation ab. Dabei ist zu beobachten, dass der Einfluss der UEMOA auf das ECOWAS-Recht größer ist als der der ECOWAS auf das Recht der UEMOA.

I. Allgemeines

Aus dem Recht der ECOWAS und UEMOA ergeben sich mehrere Rechtsgrundlagen für die Pflicht zur gegenseitigen Koordinierung. Entsprechend dauern die Koordinierungsbemühungen auch schon einige Jahrzehnte an.

1. Geschichte der Rationalisierungs- und Koordinierungsbemühungen

Unter dem Schlagwort der Rationalisierung wird seit Jahrzehnten einerseits die Fusion sich überschneidender afrikanischer Wirtschaftsgemeinschaften und andererseits deren Abstimmung gefordert.[1867] Die UNECA hat bereits in den 1980er Jahren mehrere Studien zur Rationalisierung der drei Wirtschaftsgemeinschaften und 30 anderer internationaler Organisationen Westafrikas verfasst und empfohlen, die ECOWAS als einzige Wirtschaftsgemeinschaft der Region zu etablieren und alle anderen Organisationen in Sonderorganisationen umzuformen.[1868] Die ECOWAS hatte sich mit dem Problem unvereinbarer Vertragsordnungen seit Beginn des Jahrzehnts in verschiedenen Entscheidungen auseinandergesetzt. So trägt eine Entscheidung von 1981 dem ECOWAS-Sekretariat auf, Studien zu erstellen, wie die Handelsliberalisierungsprogramme der ECOWAS, der CEAO (der Vorgängerorganisation der UEMOA) und der Mano River

---

1867 Vgl. zum Begriff der Rationalisierung UNECA, *Assessing Regional Integration in Africa II - Rationalizing Regional Economic Communities,* 2006, S. 50.
1868 ebd., S. 51 f.

Union harmonisiert werden könnten.[1869] 1983 hat die ECOWAS zwei Entscheidungen verabschiedet, die die Berücksichtigung der Ergebnisse der gemeinsam mit der UNECA ausgeführten Studie anmahnen und die CEAO zur Fusion mit der ECOWAS auffordern.[1870] Nachdem diesen Initiativen wenig Erfolg beschieden war,[1871] wurden die Koordinierungsaufforderungen, die die Hohe Behörde der ECOWAS ab 1990, in der Zeit also eines erneuten kontinentalen wie regionalen Integrationselans,[1872] an ihre Mitgliedstaaten und die konkurrierenden Organisationen richtete, dringlicher: Die ECOWAS wird nicht nur als die einzige westafrikanische regionale Wirtschaftsgemeinschaft bestätigt, die Entscheidungsorgane der anderen westafrikanischen Organisationen werden aufgefordert, ihrer Verpflichtung gegenüber der ECOWAS als einziger Wirtschaftsgemeinschaft Ausdruck zu verleihen und in diesem Sinne mit dem ECOWAS-Sekretariat zusammenzuarbeiten.[1873] Dieses wird gleichzeitig ermächtigt, die

---

1869 ECOWAS-Ministerrat, Decision relating to Studies to be Undertaken in respect of Trade Liberalisation Mechanisms in CEAO, MRU, ECOWAS and the Implementation of Customs and Statistical Policy Measures of ECOWAS, 26. November 1981, ECOWAS-Dok. C/DEC.3/11/81.

1870 Hohe Behörde der ECOWAS, Decision relating to the Adoption and the Implementation of a Single Trade Liberalisation Scheme for industrial Products Originating From Member States of the Community, 30. Mai 1983, ECOWAS-Dok. A/DEC.1/5/83. Artikel 1 der Entscheidung bestimmt: „An appeal is made to the Authorities of CEAO to merge the aims, aspirations and programmes of CEAO with those of ECOWAS with a view to avoiding duplication of efforts and facilitating total solidarity towards creation of the Customs Union and economic integration under the ECOWAS Treaty.". Siehe auch Hohe Behörde der ECOWAS, Decision relating to the Rationalisation of Cooperation Efforts within the West African Sub-region, 30. Mai 1983, ECOWAS-Dok. A/DEC. 8/5/83.

1871 Als bescheidener Erfolg lässt sich beispielsweise die Zusammenführung der Westafrikanischen Gesundheitsorganisation mit der Organisation für die Koordinierung und Kooperation im Kampf gegen Schwere Endemien nennen, siehe Art. II Protocol on the Establishment of a West African Health Organisation, 9. Juli 1987, ECOWAS-Dok. A/P.2/7/87.

1872 Siehe zur Geschichte der afrikanischen Integration Teil I Kapitel 1 C.

1873 Decision relating to the Rationalisation of Institutional Arrangements Governing West African Integration, 30. Mai 1990, ECOWAS-Dok. A/DEC.5/5/90. Artikel 1 Abs. 1 der Entscheidung bestimmt: „1. There shall be a single economic community in West Africa for the purpose of sub-regional integration and as the basis for the eventual establishment of the African Economic Community envisaged in the Lagos Plan of Action. 2. In order to achieve, in the quickest possible time, the objective in Paragraph I of this Article, every Member State hereby

anderen internationalen Organisationen zu den Modalitäten und insbesondere dem Zeitplan der Rationalisierung zu konsultieren.[1874] Entsprechend werden die Mitgliedstaaten verpflichtet, in Übereinstimmung mit dem zu erstellenden Rationalisierungsplan nach und nach darauf zu verzichten, Integrationsziele im Rahmen anderer Wirtschaftsgemeinschaften zu verfolgen.[1875] Auch diese Initiativen waren nicht von Erfolg gekrönt.

Da offensichtlich eine Auflösung der UEMOA (wie auch der MRU und der CEN-SAD) politisch nicht durchsetzbar war, konzentrieren sich die Rationalisierungsbemühungen seit Ende der 1990er Jahre auf die Koordinierung der konkurrierenden regionalen Wirtschaftsgemeinschaften.[1876] So hat die ECOWAS 1998 die Harmonisierung bzw. Komplementarität ihrer Integrationspolitiken mit denen der UEMOA und MRU vereinbart.[1877] 2004 hat sie mit der UEMOA ein Kooperationsabkommen abge-

---

undertakes to adopt and implement all necessary measures to strengthen and consolidate ECOWAS in order to make it the only economic community in West Africa." Vgl. Decision relating to the Implementation of the Rationalisation of Institutional Arrangements Governing West African Integration, 6. Juli 1991, ECOWAS-Dok. A/DEC.12/7/91. Deren Art. 4 bestimmt: „The highest decision-making body of each IGO in the sub-region is hereby requested to reaffirm the commitment of its membership to ECOWAS as the single economic community for the sub-region, and to direct their respective Chief Executives to work in close collaboration with ECOWAS Secretariat to achieve the objective of the rationalisation exercise."

1874 Art. 3 Decision relating to the Rationalisation of Institutional Arrangements Governing West African Integration, 30. Mai 1990, ECOWAS-Dok. A/DEC. 5/5/90. Vgl. Art. 5 Decision relating to the Implementation of the Rationalisation of Institutional Arrangements Governing West African Integration, 6. Juli 1991, ECOWAS-Dok. A/DEC.12/7/91.

1875 Art. 3 Abs. 1 Decision relating to the Implementation of the Rationalisation of Institutional Arrangements Governing West African Integration, 6. Juli 1991, ECOWAS-Dok. A/DEC.12/7/91: „Member States hereby agree to progressively renounce, in accordance with a pre-established plan of rationalisation, the pursuit of the realisation of the economic community objectives within any other West African Inter-governmental Organisation (IGOs). Member States solemnly undertake to employ all measures necessary within such IGOs to give substance and practical meaning to this renunciation."

1876 Zu dem neuen Ansatz UNECA, *Assessing Regional Integration in Africa II - Rationalizing Regional Economic Communities,* 2006, S. 53 f.

1877 Hohe Behörde der ECOWAS, Decision relating to the Rationalisation of West African Intergovernmental Organisations, 31. Oktober 1998, ECOWAS-Dok. A/DEC.7/10/98. Für die internationalen Organisationen, die keine Wirtschaftsgemeinschaften sind, hält die Entscheidung aber an der Rationalisierung durch

schlossen, kraft dessen sich die beiden Organisationen vor allem mittels eines Gemeinsamen Technischen Sekretariats abstimmen.[1878] Dieses soll bei seinen zwei jährlichen Sitzungen Berichte über konfligierende Aktivitäten und Normen vorlegen, Vorschläge zur Koordinierung unterbreiten und die Umsetzung seiner bisherigen Vorschläge bewerten.[1879] Dabei entscheiden die zuständigen Kommissare bzw. die Kommissionspräsidenten über die Annahme der Vorschläge.[1880]

Die ECOWAS und UEMAO sind weiterhin Parteien des im Juni 2013 vereinbarten Abstimmungs-, Kooperations- und Partnerschaftsabkommens der westafrikanischen intergouvernementalen Organisationen.[1881] Dort sind neben einem Ständigen Sekretariat, dessen Aufgaben von dem

---

Fusion, Auflösung und Restrukturierung fest. Das Ziel, ihre Handels- und Wirtschaftspolitiken mit denen der UEMOA zu harmonisieren wurde vielfach in der Entscheidung der Hohen Behörde vom 10. Dezember 1999, Decision adopting the Strategy to Accelerate the Regional Integration Process, ECOWAS-Dok. A/ DEC.2/12/99, bekräftigt. Siehe Rn. 18, 23, 40, 41, 44 des Strategieplans im Anhang zur Entscheidung.

1878 Accord de coopération et de parténariat entre l'Union Economique et Monétaire Ouest Africaine et la Communauté Economique des Etats de l'Afrique de l'Ouest, 5. Mai 2004 [im Folgenden: ECOWAS-UEMOA-Kooperationsabkommen]. Das Abkommen wurde im zum Jahresende 2012 überarbeitet, Programme Indicatif Régionale pour l'Afrique de l'Ouest (PIR), 9 e réunion du STC: De nouveaux jalons dans la coopération UEMOA-CEDEAO, 4.12.2012, verfügbar unter http://www.pir-rip.ecowas.int/non-classe/9eme-reunion-du-stc-de-nouveaux-jalons-dans-la-cooperation-uemoa-cedeao-2/, eingesehen am 21.12.2013.

1879 Art. 3 Abs. 2 ECOWAS-UEMOA-Kooperationsabkommen.

1880 Dies geht nicht aus dem Kooperationsabkommen hervor, das in seinem Art. 4 Abs. 1 lediglich vorsieht, dass die Sitzungen des Gemeinsamen Technischen Sekretariats den Abstimmungssitzungen der Verantwortlichen beider Organisationen vorausgehen. In der Praxis treten nach dem Gemeinsamen Technischen Sekretariat erst die zuständigen Kommissare und dann die Kommissionspräsidenten zusammen.

1881 Protocole d'Accord portant création du cadre de concertation, de coopération et de partenariat entre les organisations intergouvernementales de l'Afrique de l'Ouest [im Folgenden: Westafrikanisches Kooperationsabkommen], unterzeichnet und in Kraft getreten am 14. Juni 2013. Vertragsparteien sind neben der ECOWAS und der UEMOA, die Autorité de Développement de la région du Liptako Gourma (ALG), das Comité permanent Inter- États de Lutte contre la Sécheresse dans le Sahel (CILSS), die Autorité du Bassin du Niger (ABN) und das African Center of Meteorological Applications for Development (ACMAD). Weitere westafrikanische intergouvernementale Organisationen können gemäß Art. 14 Parteien werden.

Gemeinsamen Technischen Sekretariat der ECOWAS und UEMOA aus-
geübt werden sollen,[1882] ein Hoher Rat der regionalen Integration und ein
Regionaler Integrationsausschuss vorgesehen. Diese Organe scheinen den
faktisch bestehenden Abstimmungsrunden der jeweils durch Koordinie-
rungsmaßnahmen betroffenen Kommissare bzw. der Kommissionspräsidenten, die im Anschluss an die Sitzungen des Gemeinsamen Technischen
Sekretariats zusammentreten, zu entsprechen.

2. Rechtsgrundlage der Koordinierung

a. Gründungsverträge

Mehrere Bestimmungen des UEMOAV beziehen sich – ausdrücklich oder
implizit – auf das Erfordernis, die Union mit der ECOWAS zu koordinieren. Bereits in der Präambel bekennt sich die UEMOA zu den Zielen der
ECOWAS.[1883] Gemäß Art. 13 UEMOAV geht die Union jegliche zweckdienliche Kooperationen mit regionalen Organisationen ein, insbesondere
durch den Abschluss von Kooperationsabkommen.[1884] Artikel 14 sieht
dagegen vor, dass die Union alle erforderlichen Maßnahmen ergreift, um
Unvereinbarkeiten bzw. Dopplungen des Rechts sowie der Kompetenzen
der Union im Verhältnis zu anderen von Mitgliedstaaten geschlossenen
Abkommen, und insbesondere zu Wirtschaftsgemeinschaften, auszuräumen.[1885]

1882 Art. 9 Abs. 2 Westafrikanisches Kooperationsabkommen.

1883 Abs. 2 der Präambel: „Fidèles aux objectifs de la CEDEAO [...]".

1884 „L'union établit toute coopération utile avec les organisations régionales ou
       sous-régionales existantes... Des accords de coopération peuvent être conclus
       avec des [...] organisations internationales, selon les modalités prévues à l'arti-
       cle 84 du présent Traité."

1885 „ [...] les États membres se concertent au sein du Conseil afin de prendre toutes
       mesures destinées à éliminer les incompatibilités ou les doubles emplois entre le
       droit et les compétences de l'Union d'une part, et les conventions conclues par
       un ou plusieurs États membres d'autre part, en particulier celles instituant des
       organisations économiques internationales spécialisées."

Auch die Pflicht, die von anderen, dieselben Ziele verfolgenden Organisationen erreichten Integrationsfortschritte zu berücksichtigen,[1886] lässt auf eine Koordinierungspflicht schließen.

Der ECOWASV umfasst ungleich weniger Bestimmungen, die eine Koordinierung mit der UEMOA verlangen. So ermächtigt der Vertrag die Gemeinschaft lediglich, mit Blick auf die Verwirklichung ihrer Ziele Kooperationsabkommen mit anderen regionalen Wirtschaftsgemeinschaften zu schließen.[1887] Daneben legt Art. 2 Abs. 1 ECOWASV Zeugnis von dem Bewusstsein der Vertragsparteien ab, in einem Konkurrenzverhältnis zu anderen regionalen Wirtschaftsgemeinschaften zu stehen. Danach soll die ECOWAS langfristig die einzige Gemeinschaft der Region werden, die auf die wirtschaftliche Integration und die Verwirklichung der Ziele der AEC hinwirkt.[1888] Da jedoch die ECOWAS ihre Ziele letztlich nur erreichen kann, wenn sie sich mit der UEMOA koordiniert, kann auch aus den Zielen der ECOWAS auf eine Koordinierungspflicht geschlossen werden. Des Weiteren kann auch die gegenüber ihren Mitgliedstaaten bestehende Loyalitätspflicht die Koordinierung mit der UEMOA erfordern.[1889] Beide Gründungsverträge verpflichten mithin die beiden Organisationen, sich mit der jeweils anderen zu koordinieren, um die Effektivität ihres Rechts und ihrer Aufgabenerfüllung zu gewährleisten und Normkonflikte im Interesse ihrer Mitgliedstaaten zu vermeiden.

1886 Art. 60 Abs. 2 UEMOAV bezieht sich auf die Harmonisierung der Gesetzgebung: "Dans l'exercice de ces fonctions, la Conférence tient compte des progrès réalisés en matière de rapprochement des législations des États de la région, dans le cadre d'organismes poursuivant les mêmes objectifs que l'Union." Art. 100 UEMOAV bestimmt dagegen mit Blick auf die Schaffung der Zollunion: „Pour la réalisation des objectifs définis à l'article 76 du présent Traité, l'Union prend en compte les acquis des organisations sous-régionales africaines auxquelles participent ses États membres.".

1887 Art. 79 Abs. 1 ECOWASV: „In the context of realizing its regional objectives, the Community may enter into cooperation agreements with other regional Communities."

1888 „The High Contracting Parties [...] decide that it [the ECOWAS] shall ultimately be the sole economic community in the region for the purpose of economic integration and the realization of the objectives of the African Economic Community."

1889 Siehe zu den aus der Aufgabenzuweisung wie den zwischen internationalen Organisationen und ihren Mitgliedern bestehenden Loyalitätspflichten resultierenden Koordinierungspflichten Teil IV Kapitel 1 A I 1 c.

b. ECOWAS-Sekundärrecht

Die ECOWAS hat seit den 1980er Jahren Entscheidungen zur Rationalisierung der westafrikanischen Wirtschaftsgemeinschaften getroffen. Dabei hat sie sich in erster Linie an ihre Mitgliedstaaten,[1890] aber auch direkt an die UEMOA und MRU gerichtet.[1891] Grundsätzlich werden internationale Organisationen nicht durch die Entscheidungen anderer internationaler Organisationen, deren Mitglied sie nicht sind, gebunden. Soweit (all) ihre Mitgliedstaaten aber Adressaten einer solchen Entscheidung sind, kann allerdings die zwischen der jeweiligen Organisation und ihren Mitgliedstaaten bestehende Treuepflicht erfordern, dass sie die Anforderungen des Rechts einer anderer Organisation erfüllen.[1892] Das ECOWAS-Sekundärrecht gebietet mithin sowohl der ECOWAS als auch der UEMOA, mit der jeweils anderen Organisation zusammenzuarbeiten.

c. Kooperationsabkommen

In ihrem Kooperationsabkommen von 2004 vereinbaren die ECOWAS und die UEMOA partnerschaftliche Beziehungen, die die Koordinierung und Harmonisierung ihrer Tätigkeiten auf dem Gebiet der Integration

---

1890 Siehe insbesondere Art. 3 Abs. 1 Decision relating to the Implementation of the Rationalisation of Institutional Arrangements Governing West African Integration, 6. Juli 1991, ECOWAS-Dok. A/DEC.12/7/91: „Member States hereby agree to progressively renounce, in accordance with a pre-established plan of rationalisation, the pursuit of the realisation of the economic community objectives within any other West African Inter-governmental Organisation (IGOs). Member States solemnly undertake to employ all measures necessary within such IGOs to give substance and practical meaning to this renunciation."

1891 Siehe insbesondere Art. 4 Decision relating to the Implementation of the Rationalisation of Institutional Arrangements Governing West African Integration, 6. Juli 1991, ECOWAS-Dok. A/DEC.12/7/91: „The highest decision-making body of each IGO in the sub-region is hereby requested to reaffirm the commitment of its membership to ECOWAS as the single economic community for the sub-region, and to direct their respective Chief Executives to work in close collaboration with ECOWAS Secretariat to achieve the objective of the rationalisation exercise."

1892 Vgl. Teil IV Kapitel 1 A I 1 c.

ermöglichen sollen.[1893] Das Abkommen wird überlagert und ergänzt durch das westafrikanische Kooperationsabkommen.[1894] Während das Kooperationsabkommen zwischen der ECOWAS und UEMOA seinen Anwendungsbereich lediglich anhand des gemeinsamen Interesses eingrenzt, wird der Anwendungsbereich der Vereinbarung von 2013 durch eine – nicht abschließende – Aufzählung von Aufgabengebieten, auf denen sich die Parteien abstimmen wollen, bestimmt. Wegen der langen Liste von Abstimmungsthemen deckt sich der Anwendungsbereich aber weitgehend.[1895] Auf institutioneller Ebene berücksichtigt das westafrikanische Kooperationsabkommen das ECOWAS-UEMOA-Kooperationsabkommen, indem es dessen Koordinierungsorgan, dem Gemeinsamen Technischen Sekretariat, die Aufgaben des Ständigen Sekretariats überträgt.[1896] Insofern soll es also das ECOWAS-UEMOA-Kooperationsabkommen nicht ersetzen, sondern ergänzen. Auf den ersten Blick scheint das westafrikanische Kooperationsabkommen den Schwachpunkt des ECOWAS-UEMOA-Kooperationsabkommen zu kompensieren, jegliche Koordinierung über das Gemeinsame Technische Sekretariat laufen zu lassen, da es mit dem Hohen Rat der regionalen Integration und dem Regionalen Integrationsausschuss zwei weitere Institutionen schafft, die für eine Vernetzung der Kommissions- und Sekretariatsverantwortlichen verschiedener Grade sorgen. Angesichts der seltenen Treffen dieser Organe[1897] und für den Fall, dass die Zusammensetzung des Regionalen Integrationsausschusses nicht von der der bereits inoffiziell bestehenden Abstimmungsrunde der Kommissare abweicht, ist allerdings zu befürchten, dass das

---

1893 Art. 1 des Abkommens bestimmt: „L'UEMOA et la CEDEAO décident, par le présent Accord, d'instituer entre elles des rapports étroits de coopération et de partenariat, en vue de favoriser la coordination et l'harmonisation de leurs actions respectives de développement pour le renforcement de l'intégration en Afrique de l'Ouest."

1894 Protocole d'Accord portant création du cadre de concertation, de coopération et de partenariat entre les organisations intergouvernementales de l'Afrique de l'Ouest, unterzeichnet und in Kraft getreten am 14. Juni 2013.

1895 Gemäß Art. 4 Westafrikanisches Kooperationsabkommen sollen sich die Vertragsparteien u.a. mit Blick auf die Politiken im Bereich der Wirtschaft, des Handel, von Industrie, Umwelt, Infrastruktur, Gesundheit, Bildung, Kultur sowie Frieden und Sicherheit koordinieren.

1896 Art. 9 Abs. 2 Westafrikanisches Kooperationsabkommen.

1897 Die beiden Organe treten lediglich einmal bzw. zweimal jährlich zu ordentlichen Sitzungen zusammen, Art. 7 Abs. 6 und Art. 8 Abs. 3 Westafrikanisches Kooperationsabkommen.

Westafrikanische Kooperationsabkommen nicht zu einer umfassenderen Abstimmung führen wird. Mit den beiden Kooperationsabkommen bestehen, losgelöst von der Auslegung des Primär- und Sekundärrechts der UEMOA und ECOWAS, zwei einheitliche Rechtsgrundlagen für die Koordinierung der beiden Organisationen.

d. AU-Recht, insbesondere AU-RWG-Beziehungsprotokoll

Das Protokoll, das die Beziehungen zwischen der AU und den von ihr anerkannten regionalen Wirtschaftsgemeinschaften (RWG) regelt, beinhaltet nicht nur Kooperationspflichten im Verhältnis zur AU, sondern auch zwischen den RWG. So finden die allgemeinen Kooperationsvorschriften des Art. 4 zwischen den Vertragsparteien, also auch zwischen den beteiligten RWG, Anwendung.[1898] Zudem sieht das Protokoll in Art. 16 spezielle Koordinationspflichten zwischen RWG vor, etwa die Einladung zur Teilnahme an Sitzungen.[1899] Dass sich die RWG abstimmen müssen, ergibt auch die Zusammenschau mit dem AECV, dessen Ziele durch das Protokoll anerkannt werden:[1900] Die Errichtung der Afrikanischen Wirtschaftsgemeinschaft erfordert (insbesondere während der vierten Phase) die Koordinierung der regionalen Wirtschaftsgemeinschaften, Art. 6 Abs. 2 lit. d AECV.[1901]

1898 Art. 4 Abs. 1 Beziehungsprotokoll: „The Parties undertake in conformity with the Constitutive Act, the Treaty and this Protocol to co-ordinate their policies, measures, programmes and activities with a view to avoiding duplication thereof. To this end, the Parties shall: [...] (b) exchange at all appropriate levels, information and experiences on programmes and activities [...] (c) promote inter-regional projects in all fields; and (d) support each other in their respective integration endeavours and agree to attend and participate effectively in all meeting of each other and in the activities required to be implemented under this Protocol."
1899 Vgl. auch Art. 15 Abs. 1 Beziehungsprotokoll: „RECs may enter into cooperation arrangements under which they undertake joint programmes or activities or more closely co-ordinate their policies, measures and programmes."
1900 Art. 3 lit. b Beziehungsprotokoll.
1901 Art. 6 Abs. 2 AECV bestimmt: „At each such stage, specific activities shall be assigned and implemented concurrently as follows [...] (d) Fourth Stage: Within a period not exceeding two (2) years, co-ordination and harmonisation of tariff and non-tariff systems among the various regional economic communities with a view to establishing a Customs Union at the continental level by means of

Die UEMOA ist nicht Partei des Beziehungsprotokolls. Insofern wird sie nicht durch das Protokoll gebunden[1902] und bestimmt das Protokoll nicht ihre Beziehung zur ECOWAS. Eine Koordinierungspflicht könnte sich für die UEMOA jedoch wiederum aus der ihr gebotenen Treue und Loyalität gegenüber ihren Mitgliedern ergeben, die alle AU-Mitglieder sind. Als solche sind sie verpflichtet, auf die Verwirklichung der Ziele der AU hinzuwirken.[1903] Dies erfordert nach Art. 6 AECV die Koordinierung der RWG. Die AEC-Mitgliedstaaten werden ausdrücklich verpflichtet, mittels der RWG, denen sie angehören, deren Koordinierung zu veranlassen.[1904] Über ihre Mitgliedstaaten ist die UEMOA also zur Koordinierung mit der ECOWAS verpflichtet.

II. Rechtssetzung

1. Informationsaustausch

Der Austausch von Informationen und Dokumenten ist die Grundlage jeglicher Zusammenarbeit. Entsprechend gebietet das AU-Recht den RWG, untereinander Information zur Verfügung zu stellen.[1905] Das ECOWAS-UEMOA-Kooperationsabkommen enthält allerdings erstaunlich vage

---

adopting a common external tariff. Vgl. Art. 32 Abs. 2 AECV: „During the fourth stage, regional economic communities shall, in accordance with a programme drawn up by them, eliminate differences between their respective external customs tariffs."

1902 Auf eine Selbstbindung durch ihr Recht weist nichts hin. So enthält der Gründungsvertrag keinen Bezug auf die AU oder AEC. Die UEMOA berücksichtigt lediglich gemäß Art. 83 UEMOAV das Erfordernis, zur harmonischen Entwicklung des intra-afrikanischen Handels beizutragen.

1903 So bestimmt Art. 5 Abs. 1 AECV: „Member States undertake to create favourable conditions for the development of the Community and the attainment of its objectives, particularly by harmonising their strategies and policies."

1904 Art. 88 Abs. 4 AECV: „Member States undertake, through their respective regional economic communities, to coordinate and harmonize the activities of their sub-regional organisations, with a view to rationalising the integration process at the level of each region." Vgl. auch Art. 28 Abs. 2 AECV: „Member States shall take all necessary measures aimed at progressively promoting increasingly closer co-operation among the communities, particularly through co-ordination and harmonisation of their activities in all fields or sectors in order to ensure the realisation of the objectives of the Community."

1905 Art. 16 Abs. 3 Beziehungsprotokoll.

Bestimmungen zu dieser Frage. Der Erfahrungsaustausch ist Teil der 2004 institutionalisierten Zusammenarbeit und Informationen wie Standpunkte sollen regelmäßig und systematisch ausgetauscht werden.[1906] Jegliche Zusammenarbeit soll aber über das Gemeinsame Technische Sekretariat (STC) laufen, das durch das Kooperationsabkommen geschaffen wurde, und ist damit theoretisch auf dieses begrenzt.[1907] In der Praxis müssen sich die wenigen STC-Mitarbeiter die Informationen selber zusammensuchen.[1908] Dabei können sie zwar die anderen Mitarbeiter der ECOWAS- und UEMOA-Kommissionen um Auskunft ersuchen.[1909] Diese sind aber nicht verpflichtet, auf eigene Initiative relevante Informationen zu liefern. Tatsächlich informieren die Fachabteilungen der Kommissionen das STC oft nicht rechtzeitig, um eine Koordinierung von Projekten und Rechtssetzungsinitiativen zu erlauben.[1910]

Das westafrikanische Kooperationsabkommen sieht eine Informationspflicht der Parteien zugunsten des Ständigen Sekretariats vor, dem die Aufgabe übertragen wird, den Informations- und Erfahrungsaustausch zu erleichtern.[1911]

1906 Art. 2 Abs. 2 und Art. 4 Abs. 4 Kooperationsabkommen.
1907 Art. 3 Abs. 1:"Il est mis en place un Secrétariat Technique Conjoint (STC) pour l'exécution du présent Accord aux différents niveaux de coordination et d'animation."
1908 Das STC besteht aus den Kommissionspräsidenten, einem Koordinator, seinem Stellvertreter und einem Experten pro Organisation. Da die Koordinatoren und ihre Stellvertreter wie auch die Kommissionspräsidenten in erster Linie jeweils eine andere wichtige Position begleiten, der Koordinator der ECOWAS ist derzeit etwa der Leiter des Direktorats Außenbeziehungen, bei der UEMOA der Leiter der Abteilung Multilaterale Überwachung, verantworten in der Praxis zwei Personen, die Experten, die Koordinierung.
1909 Art. 4 Abs. 3: „Le Secrétariat Technique Conjoint peut faire appel, en cas de besoin, à toute personne ressource pouvant contribuer à la bonne exécution de ses missions."
1910 Aurel-Omer A. Favi, ECOWAS-Mitarbeiter des Gemeinsamen Technischen Sekretariats, Interview mit der Autorin, 10. Mai 2012, Abuja.
1911 Art. 12 Abs. 2 und Art. 9 Abs. 1 lit. f Westafrikanisches Kooperationsabkommen.

2. Kompetenzabgrenzung

Die ECOWAS und UEMOA verfolgen dieselben Ziele, insbesondere die Verwirklichung einer Wirtschafts- und Währungsunion, und haben entsprechend fast deckungsgleiche Kompetenzen. Einige Ziel- und Kompetenzbestimmungen werden deutlicher im UEMOAV formuliert als im ECOWASV. So verfolgt die UEMOA ausdrücklich das Ziel, soweit erforderlich, die mitgliedstaatliche Gesetzgebung zu harmonisieren, während dieses Ziel im ECOWASV mehr oder weniger impliziert wird.[1912] Außerdem hat lediglich die UEMOA eine ausdrückliche Kompetenz zur Regelung der Gemeinsamen Außenhandelspolitik.[1913] Letztlich implizieren aber die ambitionierten Ziele beider Gemeinschaften, die jeweils nicht mit den vage definierten Kompetenzkatalogen korrespondieren, ähnlich weit gehende Kompetenzen auf wirtschaftlichem Gebiet.

Zwar ist ein Ziel der mit dem Abkommen von 2004 institutionalisierten Kooperation die Erarbeitung komplementärer Projekte zu ermöglichen; allerdings nimmt das Kooperationsabkommen keine Kompetenzabgrenzung vor. Auch das westafrikanische Kooperationsabkommen strebt die komplementäre Ausrichtung seiner Parteien an und verlangt in diesem Zusammenhang eine Abgrenzung der gegenseitigen Kompetenzen anhand des Subsidiaritätsprinzips.[1914] Im Verhältnis zwischen der ECOWAS und UEMOA ist dieses Prinzip aber schwerlich fruchtbar zu machen. Einige wenige ECOWAS-Sekundärrechtsakte beinhalten auch Bestimmungen zur Aufgabenverteilung zwischen den beiden Organisationen. So ist die

---

1912 Art. 4 lit. e UEMOAV, Art. 3 Abs. 2 lit. h ECOWASV. Artikel 57 ECWOASV sieht außerdem eine Kooperation der Mitgliedstaaten mit Blick auf die Angleichung der nationalen Rechtssysteme vor.

1913 Art. 84 UEMOAV.

1914 Art. 3 Westafrikanisches Kooperationsabkommen beginnt: „Le cadre de coopération vise à titre prioritaire les objectifs ci-après: a) créer la synergie et la complémentarité entre les Parties et faire prévaloir le principe de subsidiarité[...]." Art. 1 definiert das Subsidiaritätsprinzips folgendermaßen: "le principe qui permet de déterminer parmi les Parties, celle qui est à même d'exécuter le plus efficacement possible, un programme dans l'intérêt des populations".

ECOWAS etwa dafür zuständig erklärt worden, die WPA-Verhandlungen mit der EU für die Region zu leiten. Die UEMOA-Kommission unterstützt die ECOWAS bei dieser Mission.[1915]

3. Expertise

Gemäß dem ECOWAS-UEMOA-Kooperationsabkommen soll die Zusammenarbeit der beiden Organisationen den Erfahrungsaustausch erleichtern.[1916] Dies ist von besonderem Interesse, da die UEMOA auf zahlreichen Gebieten einen großen Vorsprung bei der Regulierung, Umsetzung und Überwachung von Projekten hat. Allerdings sind wenig spezielle Mittel zur Vermittlung von Expertise vorgesehen. Im Kooperationsabkommen sind außerhalb der Sitzungen des STC keine regelmäßige Treffen des Personals vorgesehen. Genauso wenig werden Berichte und Gutachten auf Anfrage erwähnt. Das Westafrikanische Kooperationsabkommen befördert zwar durch die Schaffung des zweimal jährlich zusammentretenden Regionalen Integrationsausschusses den Erfahrungsaustausch,[1917] sieht aber auch keine detaillierten Regeln dazu vor. In der Praxis arbeiten die ECOWAS und UEMOA aber in vielen Bereichen informell zusammen. So machen auch ECOWAS-Rechtsakte explizit, dass sich die ECOWAS auf die Erfahrung bzw. die Expertise der UEMOA stützt.[1918] Soweit die

---

1915 Hohe Behörde, Decision relating to the strengthening of partnership ties between ECOWAS and the European Union, 10. Dezember 1999, ECOWAS-Dok. A/DEC.8/12/99. Artikel 1 der Entscheidung lautet: „ECOWAS shall be the regional framework for the coordination of the relationship between West African States and the European Union." Siehe auch Hohe Behörde, Decision relating to the negotiation of a Regional Economic Partnership Agreement between West African ACP States and the European Union (EU), 21. Dezember 2001, ECOWAS-Dok. A/DEC.11/12/01, dessen Art. 2 Abs. 1 bestimmt: „The ECOWAS Executive Secretariat shall, in collaboration with the UEMOA Commission and appropriate authorities in each Member State, take all necessary measures to ensure the successful conclusion of the said regional economic partnership agreement."

1916 Art. 2 Abs. 2 Kooperationsabkommen.

1917 Art. 8 Abs. 3 Westafrikanisches Kooperationsabkommen.

1918 Siehe etwa Hohe Behörde, Supplementary Act adopting the West-African Common Industrial Policy (WACIP) and its Plan of action, 2. Juli 2010, ECOWAS-Dok. A/SA.2/7/10, ECOWAS-Amtsblatt Vol. 57, S. 50: „The ECOWAS pro-

ECOWAS und die UEMOA also in konkreten Bereichen eng zusammenarbeiten, etwa im Gemeinsamen GAZ-Ausschuss, können sie auf die Expertise beider Organisationen zurückgreifen.[1919]

4. Abgestimmte Rechtssetzung

Die ECOWAS und UEMOA stimmen sich mittels der üblichen interorganisationellen Koordinierungsmethoden, insbesondere Konsultationen, schriftliche Stellungnahmen und der Repräsentation durch Beobachter, bei der Rechtssetzung ab. In welchem Umfang die Organe der beiden Organisationen der jeweils anderen Organisation einen Beobachterstatus einräumen und inwieweit tatsächlich Beobachter gesendet werden, ist unklar. Fest steht, dass der Präsident der UEMOA-Kommission regelmäßig an den ordentlichen Sitzungen der Hohen Behörde als Beobachter teilnimmt.[1920] Zudem zeigen einige Rechtsakte in ihren Erwägungsgründen den Beitrag der UEMOA bei ihrer Erarbeitung an.[1921] Das STC hat für einzelne Bereiche die Empfehlung verabschiedet, die Stellungnahmen der

---

gramme for upgrading industry and related services will capitalize on the experience of the UEMOA programme and be implemented in coherence and harmony with this programme [...]".

1919 Vgl. Art. 2 Abs. 2 Kooperationsabkommen, das auch gemeinsame Projekte vorsieht.

1920 Siehe etwa die Abschlusserklärung zur 33. ordentlichen Sitzung Hohen Behörde, 18. Januar 2008, ECOWAS-Amtsblatt Vol. 52, S. 145.

1921 Bsp. Regulation on Harmonization of the Rules governing Pesticicides Registration in ECOWAS Region, 18. Mai 2008, ECOWAS-Dok. C/REG.3/05/2008: „Welcoming the active involvement and positive contribution of other subregional organizations, notably CILSS and UEMOA, in the formulation of this Regulation". Regulation on Harmonization of the Rules governing Quality control, Certification and Marketing og plant seeds and seedlings in ECOWAS Region, 18. Mai 2008, ECOWAS-Dok. C/REG.4/05/2008: „Expressing satisfaction at the active involvement and positive contribution of other subregional organisations such as CILSS and UEMOA in the formulation, improvement and finalisation of this draft Regulation".

UEMOA bei Gesetzgebungsvorhaben der ECOWAS zu berücksichtigen. Weiterhin sollen alle künftigen Regulierungsentwürfe das einschlägige Recht der jeweils anderen Organisation einbeziehen.[1922]

5. Nachvollziehende Rechtssetzung durch Regelübernahme

Sowohl die UEMOA wie auch die ECOWAS inkorporieren hin und wieder Regelungen der jeweils anderen Organisation. Dabei übernimmt die ECOWAS häufiger Regelungen der UEMOA, weil diese auf vielen Gebieten eine Vorreiterrolle und einen erheblichen Erfahrungsvorsprung hat.

Die ECOWAS hat beispielsweise ihre Ursprungsregeln 2003 (mit wenigen Ausnahmen) denen der UEMOA angepasst.[1923] Auch ihre Landwirtschaftspolitik hat die ECOWAS der entsprechenden UEMOA-Politik angeglichen.[1924] Dabei hat sie sorgfältig analysiert, welche Bereiche die UEMOA bereits geregelt hat und ob deren Regelungen von der ECOWAS

1922 Abdel Kader Sanankoua, Les Présidents Soumare et Ouedraogo gravent une visison commune pour l'UEMOA et la CEDEAO, 18. Juni 2013, verfügbar unter http://www.pir-rip.ecowas.int/non-classe/les-presidents-soumare-et-oue-draogo-gravent-une-vision-commune-pour-l%E2%80%99uemoa-et-la-cedeao/, eingesehen am 26.11.2013.

1923 Die Präambel des Protokolls vom 31. Januar 2003, ECOWAS-Dok. A/P1/1/03 enthält den Erwägungsgrund „Recognising the pressing need to harmonise the integration programmes of the Economic Community of West African States with those of the West African Economic and Monetary Union, with a view to creating a single economic zone in West Africa". Zu den verbleibenden Unterschieden zur UEMOA-Regelung siehe oben Teil III Kapitel 2 A I 1 a.

1924 Hohe Behörde der ECOWAS, Decision adoping an Agricultural Policy for the Economic Community of West African States – ECOWAS, 19. Januar 2005, ECOWAS-Dok. A/DEC.11/01/05. Bereits in der Erwägungsgründen geht die ECOWAS auf die Harmonisierung mit der UEMOA ein: „Considering the dynamics of cooperation between ECOWAS, UEMOA and CILSS; which seek to fully harmonize their strategies and policies in the sector, in order to integrate all ECOWAS member States". Auch im Anhang zur Entscheidung, der die detaillierten Vorgaben enthält, wird in Ziffer 1 ausgeführt: „ECOWAP should constitute an instrument for harmonizing and integrating targeted objectives, via diverse strategies and programmes, of the countries and inter-governmental organizations of the sub-region. This includes in particular, the agricultural policy of UEMOA (the PAU), which concerns its eight member countries who are all also members of ECOWAS [...] This gradual integration will make it possible to avoid duplication of efforts in the pursuit of common objectives."

übernommen werden können.[1925] Im Recht der UEMOA finden sich ungleich weniger Inkorporationen von ECOWAS-Bestimmungen. Ein kurioses Beispiel bildet die Zolltarif- und Statistiknomenklatur der UEMOA „auf Grundlage" der entsprechenden ECOWAS-Regelung. Denn die UEMOA nimmt die ECOWAS-Regelung nur als Ausgangspunkt für Verfeinerungen, modifiziert sie ohne Abstimmung mit der ECOWAS.[1926] Zudem hatte die ECOWAS die Regelung von der UEMOA-Vorgängerorganisation CEAO übernommen.[1927]

6. Gemeinsame Gesetzgebung

Eine gemeinsame Gesetzgebung kann sowohl durch die gemeinsame Verabschiedung von Rechtsakten als auch durch deren gemeinsame Erarbeitung bei paralleler Annahme verwirklicht werden. In der Praxis hat die ECOWAS bisher Rechtsakte erlassen, die beide Organisationen durch gemeinsame Organe ausgearbeitet haben. Das Gemeinsame Technische Sekretariat sucht mit einem Gemeinsamen Fachausschuss einen institutionalisierten Rahmen für die gemeinsame Gesetzgebung einzuführen, hat aber bisher noch keinen von den Kommissionspräsidenten akzeptierten Vorschlag vorlegen können.[1928]

1925 Siehe etwa Ziffer 7.1.2.2 des Anhangs zur Entscheidung vom 19. Januar 2005, ECOWAS-Dok. A/DEC.11/01/05 zur Harmonisierung sanitärer und phytosanitärer Normen und Standards: „For veterinary products, UEMOA has in place a harmonized system for authorizing market entrance (AMM) and has invested in the establishment of a regional regulatory agency that will manage the AMM in a centralized way. This agency could widen its area of competence to all of ECOWAS."

1926 Art. 4 Verordnung vom 28. November 1998, UEMOA-Dok. 02/97/CM/ UEMOA. Vgl. Art. 2 Règlement portant définition de la liste composant les catégories des marchandises figurant dans la nomenclature tarifaire et statistique de l'UEMOA, 3. Juli 1998, UEMOA-Dok. 5/98/CM/UEMOA.

1927 DIARRA (Fn. 395), S. 7.

1928 Gemeinsames Technisches Sekretariat, Rapport de la 11ème Réunion du Secrétariat Technique Conjoint CEDEAO-UEMOA, 9.-11. Dezember 2013, S. 6:"Un projet de texte portant création du Comité technique conjoint, élaboré par les services juridiques des deux Commissions, a été examiné. Ce Comité proposera des mécanismes appropriés et des modalités idoines pour prévenir et corriger les conflits de normes. La réunion recommande la validation du document et la mise à disposition du Comité, dès 2014, des moyens humains et financiers nécessaires pour son fonctionnement." Siehe auch Réunion des Chefs

a. Gemeinsame Verabschiedung

Die Entscheidungsorgane der ECOWAS und UEMOA, also die jeweiligen Ministerräte sowie die Hohe Behörde und die Konferenz der Staats- und Regierungschefs, könnten in gemeinsamen Sitzungen Rechtsakte verabschieden, die bindender Bestandteil des Rechts beider Organisationen würden. Das Gemeinsame Technische Sekretariat hat diese Option von den juristischen Diensten der ECOWAS und UEMOA prüfen lassen. Letztere haben sich wegen des unterschiedlichen Kompetenzzuschnitts der Entscheidungsorgane und der abweichenden Regelung ihrer Entscheidungsprozesse gegen eine gemeinsame Verabschiedung von Rechtsakten ausgesprochen.[1929]

b. Gemeinsame Erarbeitung und parallele Verabschiedung

Die beiden Organisationen könnten gemeinsame Rechtsakte erarbeiten und sie dann parallel von den jeweiligen Entscheidungsorganen verabschieden lassen. Diese Möglichkeit halten die juristischen Dienste der ECOWAS und UEMOA für eine realistische und effiziente Art der Koordinierung.[1930] Sie erfordert die frühzeitige Information über Gesetzgebungsinitiativen, einschließlich der Lieferung aller relevanter Dokumentation, und die frühzeitige Mitwirkung der hinzugezogenen Organisation. Wie die ECOWAS- und UEMOA-Juristen anmerken, können die im Ergebnis angenommenen Texte voneinander abweichen, da sie separate Beratungs- und Entscheidungsprozesse durchlaufen.[1931] Insofern sind alle

---

d'Institution CEDEAO-UEMOA, Relevé de conclusions, 30. Juni 2014, S. 2: " [Les Chefs d'institution] ont pris note du fait que le protocole portant cadre de coopération juridique leur sera soumis lors de la prochaine réunion interinstitutionnelle prévue en novembre 2014 à Abuja."

1929 Gemeinsames Technisches Sekretariat, Rapport de la quatrième réunion du Secrétariat Technique Conjoint CEDEAO-UEMOA, 2.-4. Juni 2009, S. 3 f. i.V.m. Anhang.

1930 Gemeinsames Technisches Sekretariat der ECOWAS und UEMOA, Rapport de la quatrième réunion du Secrétariat Technique Conjoint CEDEAO-UEMOA, 2.-4. Juni 2009, S. 3 f. i.V.m. Anhang.

1931 Gemeinsames Technisches Sekretariat der ECOWAS und UEMOA, Rapport de la quatrième réunion du Secrétariat Technique Conjoint CEDEAO-UEMOA, 2.-4. Juni 2009, S. 3 f. i.V.m. Anhang.

Änderungen der parallelen Entwürfe prompt mitzuteilen. Mit Blick auf das Koordinierungsziel ist wichtig, dass die Regelungen im Wesentlichen einen identischen Gehalt haben. Damit Rechtsakte systematisch gemeinsam ausgearbeitet und parallel verabschiedet werden können, ist es erforderlich, das Verfahren in einem interorganisationellen Übereinkommen zu regeln. Entsprechenden Vorschlägen des Gemeinsamen Technischen Sekretariats[1932] sind die ECOWAS und UEMOA allerdings nicht nachgekommen.

c. Erarbeitung durch gemeinsame Organe und Verabschiedung durch die ECOWAS

Die ECOWAS und die UEMOA haben bereits gemeinsam Rechtsakte erarbeitet, ohne sie allerdings gemeinsam zu verabschieden. Vielmehr hat die ECOWAS als alle UEMOA-Mitglieder umfassende Organisation Rechtsakte auf Grundlage der Vorarbeit gemeinsamer Organe verabschiedet, die ausdrücklich ein gemeinsames Projekt zum Gegenstand haben. So enthält die Entscheidung, mit der die ECOWAS ein Programm zum Ausbau der Energieversorgung in ländlichen und stadtnahen Gebieten verabschiedet hat, im Titel und in der Präambel Bezüge zur UEMOA, aus denen hervorgeht, dass die UEMOA an ihrer Erstellung mitgewirkt hat und sich durch sie gebunden sieht.[1933] Ein anderes Beispiel bildet die Festlegung eines gemeinsamen Außenzollsatzes auf Empfehlung des entsprechenden Gemeinsamen Ausschusses.[1934]

1932 Gemeinsames Technisches Sekretariat der ECOWAS und UEMOA, Rapport de la quatrième réunion du Secrétariat technique conjoint CEDEAO-UEMOA, 2.-4. Juni 2009, S. 3 f. i.V.m. Anhang.

1933 Hohe Behörde der ECOWAS, Decision adopting an ECOWAS/UEMOA Regional Policy on Access to Energy Services for Populations in rural and peri-urban areas for poverty reduction in line with achieving the MDGs in ECOWAS Member States, 12. Januar 2006, ECOWAS-Dok. A/DEC.24/1/06. Aus den Erwägungsgründen geht hervor, dass die UEMOA und ECOWAS ein Abkommen zur Gemeinsamen Umsetzung von Projekten im Energiesektor vom 22. August 2005 geschlossen haben und dass der Rechtsakt auf Empfehlungen von Verhandlungsgruppen während ECOWAS-UEMOA-Foren im Mai und Oktober 2005 zurückgehen.

1934 Entscheidungen der Hohen Behörde der ECOWAS beruhen, wenn sie den Gemeinsamen Außenzoll betreffen, auf den Empfehlungen des Gemeinsamen Ausschuss' für die GAZ-Festlegung, siehe bspw. Hohe Behörde, Supplementary

509

Da die UEMOA formell allerdings nicht Partei an diesen Rechtsakten ist, fragt sich, ob sie Teil der UEMOA-Rechtsordnung werden und inwiefern die UEMOA ihre Umsetzung überwachen kann. Eventuell können solche Rechtsakte lediglich bedeuten, dass die UEMOA selbst in dem Gebiet nicht mehr aktiv wird, sondern die Regelungen der ECOWAS anerkennt. Mithin könnte ein solcher Rechtsakt einerseits nach Treu und Glauben der abweichenden Regelung durch die UEMOA entgegen stehen, und andererseits Vorrang vor widersprüchlichen Regelungen durch die UEMOA genießen. Bei einem anderen derart durch die ECOWAS angenommenen Projekt gibt es in einem STC-Bericht aber Hinweise darauf, dass es sowohl die ECOWAS als auch die UEMOA durch einen Ausschuss umzusetzen suchen.[1935]

III. Umsetzung

Die Zusammenarbeit der ECOWAS und UEMOA umfasst nach dem Kooperationsabkommen auch die Umsetzung gemeinsamer oder komplementärer Projekte.[1936] Dabei ist jedoch zu beachten, dass das Kooperationsabkommen eine koordinierte Umsetzung nur insofern vorsieht, als es sich um gemeinsame oder komplementäre Projekte handelt, die also

---

Act amending Decision A/DEC.17/04/06 of 12 January 2006 adopting the ECOWAS Common External Tariff, ECOWAS-Dok. A/SA.01/06/09. Siehe auch Hohe Behörde, Extraordinary Session of the ECOWAS Authority of Heads of State and Government, Final Communique, 25. Oktober 2013, das mit Bezug auf die Gemeinschaftssteuern, die die ECOWAS bzw. die UEMOA erheben, regelt: "Authority decides to maintain the existing Community Levy in ECOWAS and UEMOA for a transitional period of five years."

1935 Die Hohe Behörde hat mit ihrer Abschlusserklärung zur Sitzung vom 18. Mai 2008 eine Regionale Strategie zur Armutsverringerung verabschiedet, die vom ECOWAS-Sekretariat und der UEMOA-Kommission erarbeitet wurde, Intégration régionale, croissance et réduction de la pauvreté en Afrique de l'ouest: Stratégies et plan d'action, Abuja et Ouagadougou Dezember 2006. Siehe zur Verabschiedung Hohe Behörde, Final Communiqué zur 33. ordentliche Sitzung, 18. Mai 2008, ECOWAS-Amtsblatt Vol. 52, S. 146. Zu Umsetzungsproblemen wegen paralleler Tätigkeit der Kommissionen bei fehlender Koordinierung Gemeinsames Technisches Sekretariat der ECOWAS und UEMOA, Rapport de la quatrième rénunion du Secrétariat technique conjoint CEDEAO-UEMOA, 2.-4. Juni 2009, S. 7 f.

1936 Art. 2 Abs. 2 Kooperationsabkommen.

bereits auf Ebene der Rechtssetzung abgestimmt wurden. Damit wird etwa die Umsetzung inhaltsgleicher, da aus dem Recht einer der beiden Organisationen von der anderen Organisation übernommener Regelungen nicht erfasst. Zudem läuft auch die Koordinierung bei der Umsetzung ausschließlich über das Gemeinsame Technische Sekretariat.[1937] D.h. eine direkte Zusammenarbeit der mit der Umsetzung betrauten Organe, also insbesondere der Kommissionen, ist nicht vorgesehen, obwohl sie wohl in der Praxis vorkommt.

Insgesamt regelt das Kooperationsabkommen nur ungenügend die Koordinierung auf Ebene der Umsetzung. Im Recht der ECOWAS und UEMOA finden sich entsprechend nur vereinzelt Beispiele für eine koordinierte Umsetzung, darunter auch schwer zu kategorisierende, wie das des *Observatoire des pratiques anormales*. Dabei handelt es sich um eine von der UEMOA gegründete Institution, die Berichte über korrupte Praktiken auf den Straßen der Region erstellt, um einen Überblick über eine der schwerwiegendsten Barrieren des Warenverkehrs zu geben und dessen Durchsetzung zu erleichtern. Die ECOWAS sucht sich diese Institution für die Überwachung ihrer Industriepolitik nutzbar zu machen, indem sie auf die Ausdehnung ihres Untersuchungsbereichs hinwirkt.[1938]

1. Informationsaustausch und Expertise

Für den Austausch von Informationen und Expertise gilt das mit Blick auf die Rechtssetzung Gesagte: Die in der Praxis meist respektierte Zentralisierung führt zu Zeit- und Qualitätsverlusten, zumal das STC chronisch

---

1937 Art. 3 Abs. 2 Kooperationsabkommen: „Le Secrétariat technique conjoint est chargé: [...] de coordonner et de suivre, au sein des deux organisations, la mise en œuvre des projets et programmes susceptibles d'accélérer le processus de convergence".

1938 Hohe Behörde, Supplementary Act adopting the West-African Common Industrial Policy (WACIP) and its Plan of action, 2. Juli 2010, ECOWAS-Dok. A/SA.2/7/10, ECOWAS-Amtsblatt Vol. 57, S. 52: „ECOWAS will work with all the stakeholders in strengthening the UEMOA Observatory on abnormal practices (involving the 8 Member States of the sub-region and Ghana) and in the extension of its scope of intervention to the observation of industry and competitiveness. The Industry and Competitiveness Observatory will enable ECOWAS to apply penalities to countries that impede the legal movement of goods.".

unterbesetzt ist.[1939] Einige Rechtsakte bestimmen, dass die ECOWAS die von der UEMOA in dem jeweiligen Bereich gesammelten Erfahrungen berücksichtigen und das Programm in Übereinstimmung mit dem entsprechenden UEMOA-Programm durchführen soll, ohne nähere Modalitäten zu regeln.[1940]

2. Kompetenzabgrenzung

Nur in wenigen Rechtsakten werden die Kompetenzen der Organisationen mit Blick auf die Umsetzung angesprochen, geschweige denn abgegrenzt. Die Wettbewerbsbehörde der ECOWAS soll beispielsweise mit der der UEMOA bei der Umsetzung des Wettbewerbsrechts zusammenarbeiten.[1941] Welche Gestalt diese Kooperation annehmen soll, welches Organ wann zuständig ist und wie es die jeweils andere Organisation einzubeziehen hat, wird nicht festgelegt.[1942] Das Gemeinsame Technische Sekretariat verlangt daher, die Modalitäten der Abstimmung jedenfalls in der Satzung der ECOWAS-Wettbewerbsbehörde zu regeln.[1943] Das UEMOA-Recht,

---

1939 Salifou Tiemtoré, Leiter des ECOWAS-Zolldirektorats, Interview mit der Autorin, 10. Mai 2012, Abuja.

1940 Siehe etwa Hohe Behörde, Supplementary Act adopting the West-African Common Industrial Policy (WACIP) and its Plan of action, 2. Juli 2010, ECOWAS-Dok. A/SA.2/7/10, ECOWAS-Amtsblatt Vol. 57, S. 50: „The ECOWAS programme for upgrading industry and related services will capitalize on the experience of the UEMOA programme and be implemented in coherence and harmony with this programme [...]".

1941 Hohe Behörde, Supplementary Act adopting Community competition rules and the modalities of their implementation within ECOWAS, ECOWAS-Dok. A/SA.1/06/08, Art. 13 Abs. 3: „In the implementation of the Community Competition Rules, the Regional Authority shall collaborate with other existing competition agencies. (UEMOA)".

1942 Die ECOWAS-Kommission schlägt Konsultationen zur Koordinierung vor, siehe ECOWAS-Kommission, Regional Competition Policy framework, undatiert, S. 15 : „[... to avoid the conflict of functions or competence that may arise as a result of the existence and application of the UEMOA Community Competition legislation, a mechanism should be put in place for consultations between the ECOWAS Competition authority and the competent UEMOA authority."

1943 Gemeinsames Technisches Sekretariat, 12ème Réunion du Secrétariat Technique Conjoint CEDEAO-UEMOA – Projet de Rapport, Ouagadougou, 24.-26. Juni 2014, S. 4 f.

vor den entsprechenden ECOWAS-Bestimmungen erlassen, enthält noch nicht einmal die Pflicht, mit der zuständigen Behörde der ECOWAS zusammenzuarbeiten.[1944]

Ähnlich oberflächlich ist auch die Regelung der Westafrikanischen Wasserressourcenpolitik, die ausdrücklich von der ECOWAS, der UEMOA und dem Comité permanent Inter-Etats de Lutte contre la Sécheresse au Sahel (CILSS) umgesetzt werden soll.[1945] Aus der Regelung geht lediglich hervor, dass die ECOWAS-Kommission die Umsetzung leiten soll.[1946]

3. Vorrang

Die UEMOA setzt sich aus den frankophonen Mitgliedern der ECOWAS zusammen. Insofern könnte man den UEMOAV als *inter partes*-Modifikation des ECOWASV sehen, die entsprechend den Anforderungen des Art. 41 WVK genügen muss. Dafür spricht auch, dass Art. 84 ECOWASV den Abschluss von Abkommen nur insofern zulässt, als diese mit den Zielen der ECOWAS vereinbar sind. Weiterhin zielt die Bestimmung darauf, dass die Mitgliedstaaten die erforderlichen Maßnahmen treffen, um

---

1944 UEMOA-Ministerrat, Directive 02/2002/CM/UEMOA relative à la coopération entre la Commission et les structures nationales de concurrences des États Membres pour l'application des articles 88, 89 et 90 du Traité de l'UEMOA, 23. Mai 2002, und Règlement 02/2002/CM/UEMOA sur les pratiques commerciales anti-concurrentielles, 23. Mai 2002, und Règlement 03/2002/CM/UEMOA relatif aux procédures applicables aux ententes et abus de positions dominantes à l'intérieur de l'UEMOA, 23. Mai 2002.

1945 Hohe Behörde, Supplementary Act adopting the West African Water resources policy, 19. Dezember 2008, ECOWAS-Dok. A/SA.5/06/08, Art. 9: „ Actors involved in the implementation of the regional policy are as follows: - ECOWAS, UEMOA, CILSS, - National and local governments [...]" Art. 10: „The institutional framework of implementation, monitoring and evaluation of the regional policy shall be based on an ECOWAS – UEMOA – CILSS coordination. ECOWAS will be the process leader.". Art. 11: „ECOWAS with UEMOA and CILSS shall define an action plan for the implementation of this policy, in particular through the updating of the Regional Action plan for integrated water resources management."

1946 Hohe Behörde, Supplementary Act adopting the West African Water resources policy, 19. Dezember 2008, ECOWAS-Dok. A/SA.5/06/08, Ziffern 17.2, 17.3, 17.4, 18, 21 des Dokuments im Anhang bestimmen: „The ECOWAS, in collaboration with UEMOA and CILSS, shall ..."

Unvereinbarkeiten mit anderen Abkommen, deren Parteien sie sind, aus-zuräumen.[1947] Allerdings löst Art. 84 UEMOAV genausowenig wie Art. 41 WVK einen Anwendungsvorrang des ECOWAS-Rechts aus. Viel-mehr unterliegen die Mitglieder, die auch UEMOA-Mitglieder sind, der Pflicht, ihre UEMOA-Pflichten und Rechte mit denen der ECOWAS ver-einbar zu machen. Theoretisch könnten die UEMOA-Mitgliedstaaten also wegen der Vertragsverletzung vor dem ECOWAS-Gerichtshof belangt werden. Die UEMOA bekennt sich in der Präambel des Gründungsver-trags zu den Zielen der ECOWAS.[1948] Daraus könnte man zumindest das Erfordernis der ECOWAS-konformen Auslegung ableiten. Es ist jedoch unwahrscheinlich, dass die Vertragsparteien im Falle von Normkonflikten mit dieser Klausel das ECOWAS-Recht als vorrangig anwendbar bestim-men wollten. Denn dies wäre mit dem Charakter einer Wirtschafts- und Währungsunion, die die durchgängige und kohärente Anwendung des Unionsrechts erfordert, unvereinbar.

Ibriga schlägt vor, Normenkollisionen zwischen dem Recht der ECOWAS und der UEMOA durch den Anwendungsvorrang der jeweils integrationsfreundlicheren Regel zu lösen.[1949] Bisher ist eine solche Lösung nicht positiv-rechtlich verankert. Ob sie *de lege feranda* zur Lösung von Normkonflikten beitragen kann, ist zweifelhaft. Denn viele Regelungen sind nicht *per se* integrationszuträglicher als andere. Finden

---

1947 Art. 84 ECOWASV bestimmt: „1. Member States may conclude agreements among themselves and with non-Member States, regional organizations or any other international organization, provided that economic agreements are not incompatible with the provisions of this Treaty. They shall, at the request of the Executive Secretary, transmit copies of such economic agreements to the Executive Secretary who shall inform the Council thereof. 2. In the event that agreements concluded before the entry into force of this Treaty between Mem-ber States or between Member States and non-Member States, regional organi-zations or any other international organizations are incompatible with the provi-sions of this Treaty, the Member State or the Member States concerned shall take the appropriate measures to eliminate such incompatibility. Member States shall, where necessary, assist each other to this end and adopt a common pos-ition.“

1948 „Fidèles aux objectifs de la Communauté Economique Africaine et de la Com-munauté Economique des Etats de l'Afrique de l'Ouest (CEDEAO)“.

1949 Ibriga (Fn. 1352), S. 227 spricht von der „norme la plus porteuse de l'idéal d'intégration“.

etwa die Ursprungsregeln der ECOWAS und der UEMOA Anwendung, wird es unmöglich sein, anhand dieses Kriteriums die vorrangig anwendbare Regel zu bestimmen.

IV. Gerichtliche Durchsetzung

Die Koordinierung zwischen dem UEMOA-Gerichtshof und dem der ECOWAS ist schwer zu fassen, weil der ECOWAS-GH bisher weder Gutachten noch Urteile zu Fragen der Wirtschaftsintegration verfasst hat und der UEMOA-GH nicht für Fragen der Verletzung von Menschenrechten zuständig ist, die den Schwerpunkt der Arbeit des ECOWAS-GH ausmachen. Beide Gerichtshöfe nutzen die Urteile anderer internationaler Gerichte, insbesondere des EuGH und des EGMR, als Argumentations- und Erkenntnishilfe. Insofern ist es wahrscheinlich, dass sie, böte sich ihnen die Gelegenheit, auf die Rechtsprechung des jeweils anderen Gerichtshofs Bezug nähmen.

Die Satzungen und Verfahrensordnungen der beiden Gerichte treffen keine Vorkehrungen für eine Koordination. Insbesondere ist das Vorentscheidungsverfahren nationalen Gerichten (bzw. in der ECOWAS auch Streitparteien und in der UEMOA auch Behörden mit richterlichen Funktionen) vorbehalten.[1950] Allerdings ist die Heranziehung der jeweils anderen Organisation als Expertin, und damit auch eine Information über deren Rechtsprechung, insbesondere zur Auslegung von deren Recht, denk-

---

1950 Siehe für die ECOWAS Art. 10 lit. f) Protocole A/P/17/91, modifiziert durch das Protocole Additionnel A/SP.1/01/05 und für die UEMOA Art. 12 Protocole Additionnel n° 1, Art. 11 Abs. 6 Règlement 1/96/CM. So hat der UEMOA-GH in Zusammenhang mit einem Entwurf für die Verabschiedung eines Rechtsrahmens für Investitionen in seinem Gutachten 01/2000 vom 2. Februar 2000 die Zulässigkeit der Vorlage einer Rechtsfrage durch das Gericht einer anderen internationalen Organisation, der Organisation pour l'Harmonisation du Droit des Affaires en Afrique (OHADA), verneint. YAWOVI BATCHASSI, *Note sur l'avis 1/2000 du 2 février 2000*, undatiert, Ohadata-Dok. J-02-02, S. 22 schlägt eine Ausweitung des Kreises der Vorlageberechtigten auch auf das OHADA-Gericht vor, damit dieses Gericht auch UEMOA-Recht berücksichtigen kann, ohne dessen einheitliche Auslegung zu gefährden.

bar.[1951] Trotz der fehlenden Institutionalisierung kommt es auf informeller Ebene seit einigen Jahren zu zwischengerichtlichen Treffen des UEMOA-GH mit dem ECOWAS-GH.[1952]

V. Bewertung der Koordinierung zwischen ECOWAS und UEMOA

Die ECOWAS und UEMOA verwirklichen unterschiedliche Methoden der Koordinierung und haben auch schon beachtliche Koordinierungserfolge erzielt, wie insbesondere die Erarbeitung eines Gemeinsamen Außenzollsatzes und die gemeinsamen WPA-Verhandlungen. In beiden Fällen haben die Organisationen sich außerhalb des von ihrem Kooperationsabkommen vorgegebenen Rahmens koordiniert. Damit geht die Praxis über das im Kooperationsabkommen Vereinbarte hinaus. Dieses versäumt zahlreiche wichtige Aspekte zu regeln, wie die Modalitäten für die Vermittlung von Expertise, die gemeinsame Rechtssetzung, Koordinierungsmethoden für die Umsetzung und für die Streitbeilegung. Zudem zentralisiert und monopolisiert es die Koordinierung kontraproduktiv, indem es ausschließlich das Gemeinsame Technische Sekretariat zu Koordinierungsaktivitäten anhält. Dieses ist schwach an Personal und Befugnissen ausgestattet.

1951 Die beiden Gerichtshöfe können um Auskünfte und Gutachten bei Personen und Institutionen ihrer Wahl ersuchen. Artikel 13 Protokoll A/P/17/91 erlaubt dem ECOWAS-GH die Heranziehung von Experten: „La Cour [peut] en tout état de cause et conformément à son Règlement intérieur, ordonner toutes mesures d'instruction, requérir toute personne ou institution ou tout organisme à l'effet de diligenter une enquête ou d'émettre un avis d'expert." Vgl. Art. 45 Verfahrensordnung des ECOWAS-GH vom 3. Juni 2002. Die Verfahrensordnung des UEMOA-Gerichtshofs bestimmt in Art. 42: „La Cour peut ailleurs ordonner et confier une expertise à toute personne, corps, organe, commission ou bureau de son choix et ce, dans les conditions déterminées par le règlement de procédure." Artikel 41 derselben Verfahrensordnung bestimmt weiterhin: „La Cour peut également demander aux États membres et aux institutions qui ne sont pas parties au procès tous renseignements quelle estime nécessaires aux fins du procès."

1952 Siehe etwa UEMOA-GH und ECOWAS-GH, Communiqué final sur la Visite de travail des membres de la Cour de Justice de la CEDEAO à la Cour de Justice de l'UEMOA, 4.-5. Mai 2004, UEMOA-GH, Deuxième rencontre interjuridictionnelle des Cours communautaires de l'UEMOA, de la CEDEAO, de la CCJA-OHADA et de la CEMAC, 9.-13. Februar 2009.

Grundsätzlich konzentrieren sich die Koordinierungsbemühungen der ECOWAS und UEMOA auf die Rechtssetzungsebene. Dies ist sicher der wichtigste Ansatzpunkt, weil alle im vorigen Teil festgestellten Normkonflikte durch die Rechtssetzung und nicht erst durch die Anwendung bedingt sind. Das Kooperationsabkommen sieht den Informationsaustausch vor, kanalisiert ihn aber wie alle Koordinierungsbemühungen über das Gemeinsame Technische Sekretariat, was wegen dessen Unterbesetzung und der fehlenden Berichtspflicht für die Abteilungen der beiden Organisation in der Praxis dazu führt, dass die ECOWAS- bzw. UEMOA-Kommission nicht systematisch über die Tätigkeiten der jeweils anderen Kommission informiert ist.[1953]

Der Versuch einer Kompetenzabgrenzung wird praktisch nicht unternommen. Dies mag angesichts der Überschneidungen der beiden Organisationsmandate auch als aussichtsloses Unterfangen anmuten. Allerdings weiten die beiden Organisationen sogar ihre Aktivitäten auf von ihnen bisher nicht „beackerte" Felder aus. Dies mag für die ECOWAS sinnvoll sein, weil sie mehr Mitgliedstaaten als die UEMOA umfasst. Dass aber die UEMOA derzeit eine eigene Friedens- und Sicherheitspolitik erarbeitet,[1954] macht selbst die bisher faktische Spezialisierung der ECOWAS im Bereich Menschenrechte und Sicherheitspolitik hinfällig.

Die Vermittlung von Expertise ist in der Praxis ein wichtiger Aspekt der Zusammenarbeit, weil die UEMOA in wirtschaftspolitischen Fragen einen großen Wissens- und Erfahrungsvorsprung hat, den sich die ECOWAS zunutze macht. Das Kooperationsabkommen regelt leider nicht, wie der Austausch von Wissen geschehen soll.

Ein wichtiger Koordinierungsaspekt ist die nachvollziehende und gemeinsame Rechtssetzung. Die ECOWAS hat auf zahlreichen Feldern UEMOA-Regelungen übernommen, insbesondere bei den Sektorpolitiken. In einigen Bereichen erarbeiten die Organisationen gemeinsam neue Regelungen. Dies geschieht nicht durch die gemeinsame Verabschiedung durch die rechtssetzenden Organe beider Organisationen, da dies nach Einschätzung der ECOWAS und UEMOA wegen deren unterschiedlich zugeschnittenen Kompetenzen und Entscheidungsprozessen mit den Ver-

---

1953 Salifou Tiemtoré, Leiter des ECOWAS-Zolldirektorats, Interview mit der Autorin, 10. Mai 2012, Abuja.

1954 UEMOA-Konferenz, Acte additionnel n° 4/2013/CCEG/UEMOA instituant une politique commune de l'UEMOA dans le domaine de la paix et la sécurité, Oktober 2013.

trägen der Organisationen nicht vereinbar wäre. Vielmehr verabschiedet allein die ECOWAS die für beide Organisationen relevanten Rechtsakte. Da alle UEMOA-Mitglieder auch in der ECOWAS vertreten sind, stellen sich in dieser Hinsicht wenig Bedenken hinsichtlich der Legitimität der einheitlichen Regelung durch die ECOWAS. Denn auch ein allmählicher Rückzug der UEMOA aus ihrem Mandat scheint insofern von ihrem Gründungsvertrag gedeckt, als dieser an verschiedenen Stellen die Koordinierung mit der ECOWAS und die Komplementarität der beiden Organisationen verlangt. Mit Blick auf die ECOWAS-Regelungen mit faktischer Bindungswirkung für die UEMOA ist eine Formalisierung dieser Bindungswirkung, insbesondere im UEMOAV, wünschenswert. Außerhalb des Bereichs gemeinsamer Rechtssetzung scheint die ECOWAS weniger Einfluss auf die UEMOA-Rechtssetzung auszuüben als die UEMOA umgekehrt auf die ECOWAS-Rechtssetzung. Dies spiegelt sich in der Beobachterpraxis. Während der UEMOA-Kommissionspräsident regelmäßig an den Sitzungen der Hohen Behörde teilnimmt, ist eine entsprechende Teilnahme des ECOWAS-Kommissionspräsidenten in sehr seltenen Fällen bezeugt.

Das Kooperationsabkommen regelt nur ungenügend die Koordinierung auf Ebene der Umsetzung. Erforderlich ist insbesondere für *de facto* gemeinsame Rechtsakte zu bestimmen, welche Kommission bzw. Behörden die Umsetzung verantworten, mithin die Umsetzungskompetenzen abzugrenzen. Weiterhin sind detailliertere Regelungen zum Informations- und Expertiseaustausch, etwa hinsichtlich des gegenseitigen Beobachterstatus und obligatorischer Konsultationen, für eine effektivere Umsetzungskoordinierung wünschenswert. Vorrangregeln kommen zwischen den beiden Organisationen nicht zum Tragen. Zwar spricht sowohl die erklärte Treue der UEMOA gegenüber den ECOWAS-Zielen als auch die Tatsache, dass die ECOWAS mehr Mitgliedstaaten umfasst für deren normative Überordnung und dafür, Normkonflikte vor allem durch die Anpassung des UEMOA-Rechts an das der ECOWAS zu lösen. Allerdings wäre ein Vorrang des ECOWAS-Rechts nicht mit dem Ziel der UEMOA, eine Wirtschafts- und Währungsunion zu errichten, vereinbar. Zudem ist die UEMOA in vielen Bereichen weiter als die ECOWAS und hat insbesondere Jahre vor der ECOWAS eine Zollunion verwirklicht.

Die Koordinierung der ECOWAS- und UEMOA-Gerichtshöfe scheitert bislang vor allem an deren chronischer Unterbeschäftigung. Obwohl der Koordinierungsbedarf daher gering ist, haben die beiden Gerichtshöfe schon informelle Treffen abgehalten. Künftig könnte die gerichtliche Koordinierung formalisiert werden.

B. Die kontinentale und regionale Organisationen

Die Afrikanische Union hat sich zum Ziel gesetzt, die verschiedenen regionalen Wirtschaftsgemeinschaften zu koordinieren und zu Grundsteinen für die panafrikanische Wirtschaftsgemeinschaft zu machen. Da es in Afrika zahlreiche mehr oder weniger effektive Wirtschaftsgemeinschaften gibt, unterhält die AU nur mit einigen, von ihr anerkannten RWG formelle Beziehungen. Da unter den nicht-anerkannten RWG auch durchaus effiziente Organisationen sind, stellt sich die Frage nach deren Koordinierung mit der AU. Einleitend soll die Rechtsgrundlage der Koordinierung untersucht werden.

I. Die Rechtsgrundlagen der Koordinierung

1. AEC- und AU-Gründungsverträge

Die Afrikanische Wirtschaftsgemeinschaft soll durch die Koordinierung und letztlich Fusion der bestehenden regionalen Wirtschaftsgemeinschaften verwirklicht werden.[1955] Entsprechend nimmt die Koordinierung der RWG in den Zielbestimmungen[1956] sowie dem Aufgabenkatalog der AEC und ihrer Organe eine zentrale Rolle ein. Der AU obliegt mithin die Koordinierung der RWG.[1957] Dazu können ihre Organe Rechtsakte erlassen,

---

1955 Art. 6 AECV.
1956 Siehe Art. 4 Abs. 1 lit. d, Abs. 2 lit. b AECV. Auch die Zielbestimmungen des AUV umfassen die Koordinierung und Harmonisierung bestehender und künftiger RWG, Art. 3 lit. l AUV.
1957 Art. 88 Abs. 3 bestimmt: „[...] the Community shall be entrusted with the coordination, harmonisation and evaluation of the activities of existing and future regional economic communities."

die die RWG binden.[1958] Der AECV bezieht sich dabei nicht nur auf die von der kontinentalen Organisation anerkannten RWG, sondern auf alle in Afrika existierenden und sogar künftigen RWG. Tatsächlich hat die AU acht RWG anerkannt, vorerst die Anerkennung weiterer RWG ausgeschlossen[1959] und ihre Beziehungen mit sieben der acht privilegierten RWG in einem Protokoll geregelt.[1960] Folglich pflegt die AU mittels der in Übereinstimmung mit dem Beziehungsprotokoll gebildeten Organe nur mit diesen sieben RWG regelmäßigen Kontakt. Die anderen RWG werden lediglich mittelbar über ihre Mitgliedstaaten und die anerkannten RWG mit der AU koordiniert.[1961]

2. Das Beziehungsprotokoll

2008 hat die Afrikanische Union mit sieben der acht von ihr anerkannten RWG ein Protokoll über die wechselseitigen Beziehungen abgeschlossen. Es ersetzt das noch von der AEC vereinbarte Beziehungsprotokoll von 1998.[1962] Dessen Koordinierungsorgane, insbesondere der Koordinierungsausschuss, galten als ineffizient.[1963] Das neue Beziehungsprotokoll sucht einige der Schwachpunkte auszumerzen, indem die beiden Koordinierungsorgane nun zweimal jährlich zusammentreten, die AU ermächtigt wird, RWG bei Abweichungen vom kontinentalen Integrationszeitplan zu

---

1958 Siehe für die Versammlung der Staats- und Regierungschefs Art. 8 Abs. 3 lit. h, Art. 10 Abs. 2 AECV und für den Ministerrat Art. 13 Abs. 2 AECV.

1959 AU-Versammlung, Décision relative au moratoire sur la reconnaissance des Communautés Economique Régionales (CER), 1. Juli 2006, AU-Dok. Assmebly/AU/Dec.112 (VII)

1960 AU-Versammlung, Decision on the Protocol on Relations between the African Union and the Regional Economic Communities (RECs), Sitzung vom 1.-3. Juli 2007, AU-Dok. Assembly/AU/Dec.166 (IX). Die Arab Maghreb Union (UMA) hatte zwar an den Verhandlungen teilgenommen, das Protokoll aber letztlich nicht unterzeichnet.

1961 Festus Fajana, ehemaliger AU-Berater für Handelspolitik und Mitarbeiter des African Trade Policy Center (ATPC) der UNECA, E-Mail-Austausch vom 10.12.2013.

1962 Art. 34 AU-RWG-Beziehungsprotokoll. Das Protokoll über die Beziehungen der AEC zu den regionalen Wirtschaftsgemeinschaften vom 25. Februar 1998 hatten die AEC mit der IGAD, der ECOWAS, der SADC, der COMESA und die CEEAC unterzeichnet.

1963 UNECA (Fn. 1867), S. 105 ff.

sanktionieren, und Vorkehrungen zur Streitbeilegung getroffen werden.[1964] Bei den durch das Protokoll mit der AU verbundenen RWG handelt es sich um die CEN-SAD, die COMESA, die EAC, die ECCAS, die ECOWAS, die IGAD und die SADC. Auch zwischen diesen RWG kommt es zu Überschneidungen hinsichtlich der Mitgliedstaaten. So sind etwa einige ECOWAS-Mitglieder auch Mitglieder der CEN-SAD. Die ECOWAS ist im Übrigen die einzige Regionalgemeinschaft, die ausschließlich die Länder einer von der OAU definierten Region umfasst und sich damit in den noch von der OAU konzipierten Rahmen fügt.[1965]

Inwiefern das Beziehungsprotokoll von 2008 einen effizienten Rahmen für die kontinentale Koordinierung der RWG bildet, kann hier mangels verlässlicher Daten nicht evaluiert werden. Mitarbeiter der ECOWAS-Kommission wie auch ein ehemaliger Mitarbeiter der AU-Kommission schätzen die Koordinierung auf AU-Ebene positiv ein.[1966] Auffällig ist allerdings, dass in den letzten Jahren vor allem die 2006 institutionalisierte Konferenz der Afrikanischen Integrationsminister (COMAI), an der die RWG als Beobachter teilnehmen, wichtige Impulse für die regionale und kontinentale Integration gegeben hat.

1964 ebd., S. 106 f. Siehe Art. 8 Abs. 1, Art. 10, Art. 22, Art. 32 Beziehungsprotokoll.

1965 AU-Kommission, Rapport de la Réunion Consultative sur la Rationalisation des Communautés Economiques Régionales (CER) pour les Régions d'Afrique du Centre, du Nord et de l'Ouest, 27.-28. Oktober 2005, S. 3. Die Resolution des OAU-Ministerrats 464 hatte Afrika in fünf Regionen unterteilt und damit einerseits nachhaltige Integrationsprojekte fördern, andererseits eine ausgeglichene Repräsentation des Kontinents in den VN und den VN-Sonderorganisationen anregen wollen. Die fünf Regionen sind der Norden, Westen, Osten, Süden und Zentralafrika. Resolution on the division of Africa into five regions, 26. ordentliche Sitzung des OAU-Ministerrats vom 23. Februar zum 1. März 1976, OAU-Dok. CM/Res.464 (XXVI). Das Regionalkriterium wurde allerdings bei der Anerkennung der RWG nicht konsequent beachtet.

1966 Gbenga Obideyi, Leiter des ECOWAS-Handelsdirektorats, Interview mit der Autorin, 16. Mai 2012, Abuja, und Festus Fajana, ehemaliger AU-Berater für Handelspolitik und Mitarbeiter des African Trade Policy Center (ATPC) der UNECA, E-Mail-Austausch mit der Autorin vom 10.12.2013.

II. Die AU und die von ihr anerkannten RWG am Beispiel der ECOWAS

Die AU koordiniert die von ihr anerkannten regionalen Wirtschaftsgemeinschaften bisher vor allem durch die Vorgabe und kontinuierliche Konkretisierung einer Integrationsagenda. Damit diese verwirklicht wird, bietet die AU Foren zum Austausch von Informationen und Expertise.

1. Rechtssetzung

a. Informationsaustausch

Das Beziehungsprotokoll sieht den Austausch von Informationen auf den verschiedenen Ebenen vor.[1967] Die Modalitäten des Informationsaustauschs zwischen der AU und den RWG sind allerdings nicht geregelt. Ein Informationsaustausch kann in den Koordinierungsorganen stattfinden, dem Koordinierungsausschuss und dem Ausschuss der Sekretariatsverantwortlichen, die allerdings lediglich zweimal jährlich zusammentreten.[1968] Weiterhin können Beobachter, die die AU in die Sitzungen von Organen der RWG entsendet, bzw. Beobachter der RWG in den Sitzungen der AU-Organe, in beide Richtungen Informationen vermitteln.[1969] In der Praxis machen die RWG von dem Recht, Beobachter zu entsenden, Gebrauch.[1970] Auch die jährlich tagende Konferenz der Afrikanischen Integrationsminister bietet Gelegenheit zum Austausch. Wenn die AU-

---

1967 Art. 4 lit. b.
1968 Nach Angaben von Festus Fajana, ehemaliger AU-Berater für Handelspolitik und Mitarbeiter des African Trade Policy Center (ATPC) der UNECA, 10.12.2013, treten der Koordinierungsausschuss und der Ausschuss der Sekretatiatsverantwortlichen tatsächlich regelmäßig zusammen. Der Informationsaustausch wird zusätzlich durch Verbindungsbeamte erleichtert, E-Mail-Austausch vom 10.12.2013.
1969 Zu den RWG als Beobachter bei der AU Art. 17, 18 und der AU als Beobachter bei den RWG Art. 19, 20 Beziehungsprotokoll.
1970 Festus Fajana, ehemaliger AU-Berater für Handelspolitik und Mitarbeiter des African Trade Policy Center (ATPC) der UNECA, E-Mail-Austausch vom 10.12.2013.

Kommission die Integrationsfortschritte der RWG evaluiert, nutzt sie vor allem Fragebögen und Konsultationen, um die relevanten Informationen zu erhalten.[1971]

b. Kompetenzabgrenzung

Das Beziehungsprotokoll nimmt keine explizite Kompetenzabgrenzung vor. Diese ergibt sich aber bereits aus der Konzeption des AECV. Aus ihm erschließt sich, dass bestimmte Fragen, etwa die Binnenliberalisierung und die Zollunion, zuerst auf Ebene der regionalen Wirtschaftsgemeinschaften einheitlich geregelt werden, um später Gegenstand einer kontinentalen Regelung zu werden. Insofern werden die Regionalgemeinschaften nicht von der Regelung bestimmter Materien ausgeschlossen, sondern vielmehr zu ihrer Regelung verpflichtet. Ihre Regelungsbefugnis ist aber zeitlich begrenzt, da die regionalen Regelungen durch kontinentale abgelöst werden sollen. Eine der ungelösten Fragen ist der rechtliche Status der RWG nach der Verwirklichung einer panafrikanischen Zoll- oder sogar Wirtschafts- und Währungsunion. In der Literatur werden die Eigenschaft als Untergliederung der AU bzw. die Fusion mit dieser und die RWG-Auflösung diskutiert.[1972] In jedem Falle wird sich die Kompetenzverteilung zwischen den RWG und der AU einschneidend zugunsten der AU ändern.

Auch wenn die Regionalgemeinschaften bisher noch allein regelungsbefugt sind, kann die AEC bzw. AU ihre Tätigkeiten koordinieren und harmonisieren. Diese Aufgabenverteilung und Kompetenzabgrenzung erkennen die Vertragsparteien an dem Beziehungsprotokoll mit den in Art. 6 Abs. 2 AECV niedergelegten Zielen an: Neben der Präambel verweist Art. 5 Abs. 1 Beziehungsprotokoll auf das spätere Aufgehen der Regionalgemeinschaften in der kontinentalen Wirtschafts- und Währungsgemeinschaft.[1973] In der Präambel und Art. 5 Abs. 2 wird die Rolle der AEC bzw. AU als Koordinatorin der Regionalgemeinschaften bekräftigt.

1971 Siehe bspw. AU-Kommission, Etat de l'intégration en Afrique, Juli 2011, Punkt 2.2
1972 OPPONG (Fn. 825), S. 93 ff.
1973 Das AEC-RWG-Protokoll von 1998 verwies in seiner Präambel und seinem Art. 3 lit. b noch expliziter auf Art. 6 Abs. 2 AECV.

(1) Kompetenz und Pflicht der RWG für ihr jeweiliges
    Integrationsprojekt

Da die AEC auf die Integration der verschiedenen Regionen aufbaut,
hängt die Erreichung ihrer Vertragsziele wesentlich von der Tätigkeit der
Regionalgemeinschaften ab. So kann die AEC gemäß
Art. 6 Abs. 2 u. 4 AECV nur dann die vierte, fünfte und sechste Phase ein-
läuten, um etwa einen gemeinsamen Außenzoll sowie eine Handelspolitik
festzulegen oder die Freizügigkeit kontinentweit zu verwirklichen, wenn
zuvor innerhalb der regionalen Wirtschaftsgemeinschaften die Handelsbarrieren abgebaut, die Wirtschaftsfreiheiten gewährt und eine Zollunion
realisiert worden sind. Daraus ergibt sich, dass die AU sichergehen muss,
dass die RWG bestimmte Integrationsfortschritte verwirklichen.

Das Beziehungsprotokoll ruft in seiner Präambel das Erfordernis in
Erinnerung, die sozioökonomische Integration des Kontinents durch die
Integrationsprozesse in den regionalen Wirtschaftsgemeinschaften zu
beschleunigen. Weiterhin äußern die Parteien des Protokolls in der Präambel die Absicht, die Rollen der AU und der Regionalgemeinschaften unter
Berücksichtigung des Subsidiaritätsprinzips zu bestimmen. Insofern gehen
die Vertragsparteien von der Kompetenz der RWG zur Regelung ihrer
internen Integrationsprozesse aus.[1974]

Dass die regionalen Wirtschaftsgemeinschaften nicht nur kompetent
sind, ihre Integrationsziele zu verfolgen, sondern dazu auch verpflichtet
sind, geht aus Art. 22 Abs. 1 Beziehungsprotokoll hervor: Die AU kann
nach dieser Vorschrift Maßnahmen gegen Regionalgemeinschaften einleiten, wenn deren Tätigkeit mit der der AU unvereinbar ist oder wenn sie
bei der Verwirklichung der Integrationsziele hinter dem in
Art. 6 Abs. 2 AECV festgelegten Zeitplan zurückbleiben. Gemäß
Art. 22 Abs. 3 Beziehungsprotokoll können diese Maßnahmen auch Sank-
tionen umfassen.

1974 Für die Außenbeziehungen bestätigt dies Art. 28 Abs. 1 Beziehungsprotokoll.
Danach dürfen die Regionalgemeinschaften zur Verwirklichung ihrer Integrationsziele – mit dem AUV und dem AECV vereinbare – Kooperationsabkommen
mit anderen internationalen Organisationen oder Drittstaaten schließen.

(2) Zeitliche Begrenzung der Regelungsbefugnis der RWG

Während der sechs Phasen, in denen die kontinentale Wirtschafts- und
Währungsunion verwirklicht werden soll, verlagert sich der Schwerpunkt
der rechtssetzenden Tätigkeit. Bis zur dritten Phase sollen die Regionalgemeinschaften die Schaffung regionaler Zollunionen gewährleisten, ab der
vierten Stufe kann dagegen die kontinentale Integration nur durch die
Rechtssetzungstätigkeit der AU realisiert werden, Art. 6 Abs. 2 AECV.[1975]
Entsprechend werden die Zollunionen auf regionaler Ebene lediglich für
eine „Übergangszeit" errichtet.[1976] Damit sieht der Vertrag also eine Art
Befristung der Regelungsbefugnis der regionalen Wirtschaftsgemeinschaften vor.

(3) Kompetenz der AU, die RWG zu koordinieren und zu harmonisieren

Während der ersten vier Phasen obliegt es der AU gemäß
Art. 88 Abs. 3 AECV, die Regionalgemeinschaften zu koordinieren. Das
heißt, dass auch in der Zeit, in der die regionalen Wirtschaftsgemeinschaften jeweils die Fragen der Binnenliberalisierung und der Zollunion regeln,
die AEC bereits zuständig ist, Maßnahmen zur Koordinierung und Angleichung zu verabschieden. Dies bestimmt Art. 30 Abs. 3 AECV ausdrücklich für den Abbau von Zöllen und dürfte damit nur eine Ausformung der
allgemeinen Koordinierungs- und Harmonisierungsbefugnis der AU nach
Art. 88 Abs. 3 AECV sein.

Fraglich ist, ob diese Koordinierung ausschließlich der AU zukommt
oder ob sich die Regionalgemeinschaften auch untereinander und ohne
Einbeziehung der AU koordinieren dürfen. Weder der AECV noch das
AU-RWG-Protokoll sehen ausdrücklich eine ausschließliche Zuständigkeit der AEC bzw. AU vor. Die AU soll ihre Vertragsziele im Wesentlichen verwirklichen, indem sie die Integration innerhalb der verschiedenen
afrikanischen Regionen fördert und dann auf kontinentaler Ebene
angleicht und vervollständigt, Art. 88 Abs. 1 AECV. Mithin kommt der
Koordinierung und Harmonisierung der Regionalgemeinschaften eine

---

1975 Siehe auch Art. 29, 30 Abs. 1 u. 2, Art. 31 Abs. 1 u. 2, Art. 32 Abs. 1 u. 2 AECV.
1976 Art. 29 AECV lautet: „Member States of each regional economic community
     agree to progressively establish among them during a transitional period speci-
     fied in Article 6 of this Treaty, a Customs Union [...]."

grundlegende Rolle zu. Das kommt im Vertrag auch dadurch zum Ausdruck, dass die Koordinierungsbefugnis der AEC mehrmals, und explizit in Art. 88 Abs. 3 AECV, herausgestellt wird. Zudem verpflichtet das Beziehungsprotokoll die RWG, enge Beziehungen zur AU zu pflegen und ihre Tätigkeiten an deren Programmen, Politiken und Strategien auszurichten.[1977] Die Parteien am AECV wollten mithin nicht nur dafür sorgen, dass die Regionalgemeinschaften überhaupt koordiniert werden, sondern behalten der AEC bzw. AU die Koordinierung und die dadurch bedingte inhaltliche Ausrichtung vor. Dies kann allerdings nicht gegen die Einrichtung von Koordinierungsverfahren innerhalb einer Region sprechen, etwa zwischen der ECOWAS und der UEMOA in Westafrika oder der COMESA und der EAC in Ostafrika. Die Koordinierung der Regionalgemeinschaften verschiedener bzw. aller afrikanischer Regionen bleibt aber der AU vorbehalten.

c. Expertise

In den ersten Phasen des Integrationskalenders sucht die AEC bzw. AU in erster Linie sicherzustellen, dass alle RWG bestimmte Integrationsziele verwirklichen. Soweit RWG dabei eine Vorreiterrolle einnehmen und Integrationsziele besonders rasch bzw. besonders gut erfüllen, kommt das der AU entgegen,[1978] sollen die RWG doch gegenseitig von ihren Erfahrungen profitieren. So nennt das Beziehungsprotokoll den Erfahrungsaustausch als Ziel und Pflicht zugleich.[1979] Dazu sollen die RWG Informationen austauschen und einander Expertise vermitteln, indem sie die Dienste ihres Personals zur Verfügung stellen.[1980]

1977 Art. 5 Abs. 1 lit. a u. b Protokoll über die Beziehungen der AU zu den regionalen Wirtschaftsgemeinschaften.

1978 Siehe Art. 13 Abs. 4 Beziehungsprotokoll: „Any REC may accelerate the process of integration and achieve the objectives set for each stage in advance of the time limits set out in Article 6 of the Treaty."

1979 Art. 3 lit. h, Art. 4 lit. b Beziehungsprotokoll. Dies steht auch im engen Zusammenhang mit dem Gebot, einander bei den jeweiligen Integrationsprojekten zu unterstützen, Art. 4 lit. d Beziehungsprotokoll.

1980 Art. 16 Abs. 3, 2 Beziehungsprotokoll.

Der Koordinierungsausschuss der AU und die AU-Kommission evaluieren kontinuierlich die Integrationsfortschritte der RWG.[1981] Dabei vergleichen sie die im Einzelnen unternommenen Maßnahmen. Dies kann und soll dazu führen, dass sich die RWG ein Beispiel an vorbildlichen Strategien und Maßnahmen (*best practices*) nehmen. So hat die ECOWAS im Bereich des Investitionsschutzes von der COMESA, der CEMAC und ECCAS lernen können, während wiederum das westafrikanische WPA-Entwicklungsprogramm (PAPED) als Modell für andere Regionen dient.[1982] Expertise kann auch durch Beobachter vermittelt werden – zwischen den RWG[1983] wie auch zwischen der AU und den RWG[1984] – und durch Konsultationen.

d. Abgestimmte Rechtssetzung

In den ersten Phasen auf dem Weg zur panafrikanischen Wirtschafts- und Währungsunion obliegt es der AU, die regionalen Wirtschaftsgemeinschaften zu koordinieren und zu harmonisieren.[1985] Dabei kommt der Harmonisierung, d.h. der Festlegung von konkreten Zielen, die die RWG erreichen sollen, mit fortschreitender Zeit ein immer größeres Gewicht zu.[1986] Der AECV und die AU machen in allen Phasen Zielvorgaben,[1987] beispielsweise die Verwirklichung der Niederlassungsfreiheit. Während die AECV-Vorgaben oft recht grob definiert sind und den RWG einen erheblichen Gestaltungsspielraum lassen, macht das AU-Sekundärrecht auch sehr konkrete Vorgaben, wie etwa die Einführung eines beschleunig-

---

1981 Der Koordinierungsausschuss stützt sich dabei auf die Berichte des Ausschusses der Verantwortlichen der Sekretariate (Committee of Secretariat Officials), Art. 7 Abs. 2 lit. c, Art. 9 Abs. 2 lit. a) iii) Beziehungsprotokoll. Siehe für die Evaluierungen durch die AU-Kommission Art. 11 Abs. 1 lit. a, Abs. 3 Beziehungsprotokoll.

1982 Gbenga Obideyi, Leiter des ECOWAS-Handelsdirektorats, Interview mit der Autorin, 16. Mai 2012, Abuja.

1983 Gemäß Art. 16 Abs. 1 Beziehungsprotokoll laden die RWG einander zu Sitzungen ein, bei denen Angelegenheiten von gemeinsamen Interesse besprochen werden.

1984 Art. 17-20 Beziehungsprotokoll.

1985 Art. 88 Abs. 1, 3, Art. 4 Abs. 2 lit. b, Art. 6 Abs. 2 lit. b) iii) AECV.

1986 Mahiou (Fn. 43), S. 812 f. In der Praxis unterscheidet die AU nicht nach Koordinierung und Harmonisierung.

1987 Art. 12, 13 AECV.

ten Visum- und Einreiseverfahrens für Geschäftsleute[1988]. Damit wird die Rechtssetzung der RWG in erheblichem Maße harmonisiert. Die AU regt die Regionalgemeinschaften zu gemeinsamen Programmen an.[1989] Weiterhin bietet sie einen Rahmen, um Verhandlungspositionen und damit auch potentiell Regelungen abzustimmen.[1990] So hat die AU ein Modell für die in Verhandlung befindlichen WPA mit der EU entwickelt.[1991]

In späteren Integrationsphasen soll die AU alle Fragen des Gemeinsamen Marktes regeln und insbesondere gemeinsame Sektorpolitiken verabschieden.[1992] Das heißt, perspektivisch wird die abgestimmte durch eine gemeinsame Rechtssetzung abgelöst.

2. Umsetzung, insbesondere Frage nach dem Anwendungsvorrang

Die Koordinierung der Umsetzung des AU-Rechts weist im Vergleich zur Rechtssetzung wenig Besonderheiten auf. So gelten die für den Austausch von Informationen und Expertise auf Ebene der Rechtssetzung gemachten Ausführungen entsprechend, da die im Rahmen der AU weitergegebenen Informationen und Erfahrungen auch Umsetzungsfragen betreffen. Wie bei der Rechtssetzung hat die AU bisher praktisch keine Umsetzungskompetenzen übertragen bekommen, sondern überprüft die von den RWG ergriffenen Umsetzungsmaßnahmen.

Sofern der AECV bzw. das AU-Sekundärrecht weitergehende Rechte vorsieht als die jeweilige RWG, könnte sich die Frage stellen, in welchem Verhältnis das AEC-Recht zum Recht der regionalen Wirtschaftsgemein-

---

1988 AU-Kommission, Action Plan for Boosting Intra-African Trade, S. 17.

1989 Art. 15 Abs. 1 Beziehungsprotokoll.

1990 Art. 94 AECV bestimmt: „1. Members States undertake to formulate and adopt common positions within the Community on issues relating to international negotiations in order to promote and safeguard the interests of Africa. 2. To this end, the Community shall prepare studies and reports designed to help Member States to better harmonize their positions on the said issues."

1991 Gbenga Obideyi, Leiter des ECOWAS-Handelsdirektorats, Interview mit der Autorin, 16. Mai 2012, Abuja.

1992 Art. 6 Abs. 2 lit. e (i), lit. f AECV.

schaften steht und ob ersteres vor letzterem Vorrang genießt. Mangels expliziter Bestimmungen[1993] und Rechtsprechung gilt die Frage in der Literatur als ungeklärt.[1994]

Es ist bereits fraglich, ob die kontinentale Rechtsordnung Rechte für Einzelne begründet und unmittelbar anwendbar ist. Einige Autoren vertreten[1995] bzw. fordern[1996] eine unmittelbare Anwendbarkeit und den Vorrang des AEC-Rechts. Dafür spricht das ambitionierte Ziel, einen panafrikanischen Gemeinsamen Markt zu errichten, das unstreitig effizienter durch eine unmittelbare Anwendbarkeit verwirklicht werden könnte. Auch das Ziel der Harmonisierung der RWG, Art. 88 Abs. 3 AECV könnte so leichter erreicht werden. Überwiegend spricht die Konzeption des AECV jedoch gegen eine solche Annahme: Bereits die Präambel betont die intergouvernementale Konzeption des Vertrags.[1997] Dies gilt umso mehr, als der AECV ein integraler Bestandteil des AUV ist[1998] und die AU stark intergouvernemental ausgerichtet ist. Der AECV selber enthält auffallend wenig hinreichend klare substantielle Vorschriften.[1999] Entsprechend kann der im AECV konzipierte Gerichtshof nicht mittels Vorlageverfahren mit nationalen Gerichten in Dialog treten und für die wirksame Anwendung des AEC-Rechts sorgen. Mithin ist das Recht der AU nicht unmittelbar anwendbar. Die eben genannten Indizien sowie die Tatsache, dass die AU

1993 Der ECOWASV bezieht sich zwar auf den AECV, ohne aber dessen Vorrang oder auch nur die eigene Übereinstimmung mit dem AECV vorzusehen. Der AECV beinhaltet genauso wenig wie der AUV eine Konfliktklausel.

1994 Siehe etwa OPPONG (Fn. 777), S. 76.

1995 NALDI (Fn. 817), S. 616 ff. und mit schwachen Argumenten RURIHOSE (Fn. 817), S. 303 ff.

1996 OPPONG (Fn. 777), S. 96 ff., 99.

1997 Der erste Erwägungsgrund lautet: „Mindful of the principles of international law governing relations between States".

1998 Art. 99 AECV und Art. 33 Abs. 2 AUV.

1999 MAHIOU (Fn. 43), S. 817 f. sieht insofern ein Ungleichgewicht zwischen den ausführlichen institutionellen und den vagen substantiellen Bestimmungen. Er fasst die Feststellung des geringen normativen Gehalts substantieller AECV-Bestimmungen folgendermaßen zusammen: „[...] les règles et procédures de l'intégration sont élastiques ou à l'état d'ébauche et il incombe aux États, aux communautés régionales et à la communauté continentale de les préciser pour les rendre opérationnelles si le contexte économique s'y prête."

nur in geringem Maße mit Hoheitsrechten ausgestattet ist,[2000] sprechen gegen einen Vorrang des AU-Rechts gegenüber eventuell widersprüchlichem RWG-Recht.

III. Die AU und die nicht-anerkannten RWG am Beispiel der UEMOA

Der AU obliegt nach dem AECV die Koordinierung aller afrikanischer RWG. Die AU bzw. ihre Vorgängerorganisation hat jedoch acht Regionalgemeinschaften anerkannt und vorläufig die Anerkennung weiterer RWG ausgeschlossen. Dabei sind keine Kriterien für diese Anerkennung erkennbar. Weder entsprechen alle von ihr anerkannten RWG ihrer Definition der afrikanischen Regionen[2001], noch handelt es sich bei ihnen um die effizientesten Integrationsgemeinschaften.[2002] Zudem hat die AU nicht erkennen lassen, was genau Folge der Anerkennung einer RWG ist.[2003] Teilweise wird vorgeschlagen, die Loyalitätspflicht der AEC-Mitgliedstaaten des Art. 5 Abs. 1 AECV dahingehend zu konkretisieren, die AEC-Mitgliedstaaten zu verpflichten, sich von nicht-anerkannten RWG loszusagen.[2004] Obwohl unterschiedliche Ansätze für die Rationalisierung der afrikanischen RWG regelmäßig in der AU diskutiert werden,[2005] zeichnet sich die Einführung einer solchen Pflicht nicht ab.

2000 Vgl. für die EWG EuGH, Urteil vom 15. Juli 1964, Rs. C-6/64, Slg. 1964, 1253, 1269 ff. - *Costa vs. E.N.E.L.*

2001 Art. 1 lit. d AECV verweist für den Regionenbegriff auf die Resolution 464 des OAU-Ministerrats, OAU-Dok. CM/Res.464 (XXVI).

2002 Sowohl die IGAD als auch die CEN-SAD gelten als ineffizient. Die UEMOA arbeitet wiederum vergleichsweise wirksam, wurde aber nicht anerkannt.

2003 Die Entscheidungen zur Anerkennung von RWG sind in dieser Hinsicht lapidar, siehe etwa AU-Versammlung, Decision on Granting Accreditation to the East African Community (EAC) as one of the Regional Economic Communities of the African Union, Sitzung vom 30.-31. Januar 2005, AU-Dok. Assembly/AU/Dec.58 (IV).

2004 OPPONG (Fn. 777), S. 77 ff.

2005 Siehe etwa AU, Etude pour la quantification des scénarios de la rationslisation des Communautés Economiques Régionales (CER), Mai 2011 und AU, Rapport de la Réunion Consultative sur la Rationalisation des Communautés Régionales (CER) pour les Régions d'Afrique du Centre, du Nord et de l'Ouest, 27.-28. Oktober 2005.

Die AU unterhält allein mit den von ihr anerkannten RWG formelle Beziehungen. Das Beziehungsprotokoll steht allerdings theoretisch auch bisher nicht-anerkannten RWG offen.[2006] Denn dass die fehlende Anerkennung durch die AU die Unterzeichnung verbiete, wird nirgends geregelt. Grundsätzlich werden die nicht-anerkannten RWG nur mittels ihrer Mitgliedstaaten bzw. der anerkannten RWG, bei denen ihre Mitgliedstaaten Mitglieder sind, mit der AU koordiniert.[2007] Die AU hat jedoch auch außerhalb des von dem Beziehungsprotokoll vorgegeben Rahmens informelle Kontakte mit nicht-anerkannten RWG. So haben AU-Vertreter die UEMOA-Kommission besucht, um sich über bestimmte Programme zu erkundigen.[2008] Der UEMOAV bekennt sich zwar zu den AEC-Zielen, trifft aber keine besonderen Vorkehrungen für eine Koordinierung mit der AEC bzw. AU. Im Sekundärrecht der UEMOA finden sich keine Bezüge auf die kontinentale Organisation.

IV. Bewertung der Koordinierung der AU mit den regionalen Wirtschaftsgemeinschaften

Auf Grundlage des AECV und des mit den von ihr anerkannten Regionalgemeinschaften abgeschlossenen Beziehungsprotokolls koordiniert die AU deren Aktivitäten. Dabei stehen bisher der Austausch von Informationen und Expertise in den AU-Foren wie insbesondere dem Koordinierungsausschuss und der Konferenz afrikanischer Integrationsminister im Vordergrund. Daneben wirkt die AU durch ihre Integrationsagenda, die der AECV umreißt und die die Konferenz afrikanischer Integrationsminister und die AU-Versammlung konkretisieren, auf eine Vereinheitlichung der Rechtssetzung zwischen den RWG hin. Einzigartig ist die Kompetenzverteilung zwischen der AU und den Regionalgemeinschaften, die aus dem AECV und dem Beziehungsprotokoll hervorgeht: Nachdem in den ersten Phasen die AU praktisch nur Rahmenregelungen zum Integrations-

---

2006 Art. 33 Abs. 3 Beziehungsprotokoll bestimmt: „Any REC which is not a Party to this Protocol on the date of its entry into force may accede to it."

2007 Festus Fajana, ehemaliger AU-Berater für Handelspolitik und Mitarbeiter des African Trade Policy Center (ATPC) der UNECA, E-Mail-Austausch vom 10.12.2013.

2008 Interview mit Guidado Sow, Direktor der Abteilung Regulierung und internationale Zusammenarbeit der senegalesischen Oberzolldirektion und ehemaliger Leiter des Zolldirektorats der UEMOA-Kommission, 5. April 2012, Dakar.

kalender kraft ihrer Harmonisierungs- und Koordinierungskompetenz verabschieden darf, verschieben sich mit der Zeit die Kompetenzen von den regionalen Wirtschaftsgemeinschaften zur AU, bis dieser schließlich die Kompetenzen zur Regelung aller zur Errichtung einer kontinentalen Wirtschafts- und Währungsunion erforderlichen Fragen zustehen werden. Eine solche Mandatsverschiebung erscheint legitim, insoweit sich die das Beziehungsprotokoll unterzeichnenden RWG in ihren Gründungsverträgen explizit den Zielen der AU bzw. AEC verpflichtet erklären. Allerdings sind die genauen Modalitäten einer fortschreitenden Auflösung oder Fusion der betreffenden RWG noch ungeregelt und werden entsprechend in den Gründungsverträgen nicht explizit gemacht.[2009] Sowohl die Verträge der AU als auch der betreffenden RWG bedürfen in diesem Punkt späterer Konkretisierung. Dem AU-Recht kommt wegen der intergouvernementalen Konzeption des AECV und AUV kein Vorrang vor dem Recht der RWG zu. Im Hinblick auf die künftige Kompetenzverschiebung wird eine Reform des AU-Primärrechts erforderlich werden, die auch unmittelbar anwendbare und vorrangige AU-Regelungen mit sich bringen könnte.

Die zahlreichen nicht von der AU anerkannten RWG werden nicht in den durch das Beziehungsprotokoll errichteten Koordinierungsrahmen eingebunden und haben auch sonst keine institutionellen Beziehungen zur AU. Allerdings hat beispielsweise die UEMOA informelle Kontakte und Treffen mit AU-Vertretern, um ihre Erfahrungen weiterzugeben.

2009 Der ECOWASV bezieht sich beispielsweise in seiner Präambel auf die zu errichtende Afrikanische Wirtschaftsgemeinschaft (*„Bearing in mind also* the Lagos Plan of Action and the Final Act of Lagos of April 1980 stipulating the establishment, by the year 2000, of an African Economic Community based on existing and future regional economic communities; *Mindful of* the Treaty establishing the African Economic Community signed in Abuja on 3 June 1991"), bindet die ECOWAS in Art. 2 Abs. 1 ECOWASV an deren Ziele und sieht die Koordinierung und Harmonisierung mit den Politiken der AEC bzw. AU in Art. 78 vor: „The integration of the region shall constitute an essential component of the integration of the African continent. Member States undertake to facilitate the coordination and harmonization of the policies and programmes of the Community with those of the African Economic Community."

C. Die Koordinierung mit anderen Handelspartnern am Beispiel der EU

Die mit der EU vereinbarten Wirtschaftspartnerschaftsabkommen bedeuten unabhängig davon, ob sie mit einzelnen Ländern wie Ghana und der Elfenbeinküste oder allen ECOWAS-Mitgliedern abgeschlossen wurden, eine weitreichende handelspolitische Entscheidung. Entsprechend groß ist das Konfliktpotential zwischen dem regionalen Gemeinsamen Außenzollsatz und den WPA.[2010]

Im Verhältnis zur AU ist das Konfliktpotential geringer, da sie bisher weder einen Gemeinsamen Außenzoll noch eine Gemeinsame Handelspolitik verabschiedet hat. Ein Koordinierungserfordernis ergibt sich auch auf kontinentaler Ebene dadurch, dass sich die verschiedenen regionalen WPA-Verhandlungsgruppen überschneiden.[2011] Im Übrigen sollen durch den koordinierten Ansatz die Verhandlungspositionen der afrikanischen Unterhändler gestärkt werden.

Im Folgenden wird der Frage nachgegangen, welche Koordinierungsmittel die UEMOA, ECOWAS und AU eingesetzt haben, um die Vereinbarkeit der WPA mit den regionalen und kontinentalen Regimen sicherzustellen.

I. Koordinierung durch die ECOWAS und die UEMOA

Die UEMOA und ECOWAS haben sich bemüht, die von der Elfenbeinküste und Ghana abgeschlossenen IWPA mit ihrem Recht abzustimmen. Mit Blick auf den die IWPA ersetzenden regionalen WPA haben sich die beiden regionalen Organisationen untereinander koordiniert.

2010 Siehe Teil III Kapitel 2 C.

2011 Siehe die Erklärung der AU-Kommissarin für Handel und Industrie, Fatima Haram Acyl, anlässlich der 8. Konferenz der Afrikanischen Handelsminister vom 21.-25. Oktober 2013, verfügbar unter http://ti.au.int/en/sites/default/files/Statement%20-%208th%20CAMoT1%20latesTTM-1.pdf, eingesehen am 6.11.2013: „The EPA negotiating configurations are not in line with the membership of the Regional Economic Communities which is why we se potential fragmentation of the Regional Economic Communities and thereby posing a real threat to the continental economic integration agenda." Siehe auch FRANCIS MANGENI und STEPHEN N. KARINGI, *Towards the African Template For Economic Partnership Agreements*, 2008, S. 3.

1. Koordinierung der IWPA

Der Abschluss der IWPA ist auf den ersten Blick Ausdruck der fehlenden Koordinierung zwischen der UEMOA bzw. ECOWAS und der Außenhandelspolitik ihrer Mitgliedstaaten. Denn zumindest die Kompetenzzuweisung gegenüber der UEMOA lässt den Abschluss des IWPA zwischen der Elfenbeinküste und der EU unzulässig erscheinen. Die UEMOA hat aber einerseits den Verstoß gegen ihre ausschließliche Kompetenz, den Außenhandel zu regeln, durch eine Genehmigung gerechtfertigt und andererseits bei der Aushandlung des IWPA durch ihre Expertise Einfluss zu nehmen gesucht. Bei der Umsetzung der IWPA können sich die ECOWAS und UEMOA im IWPA-Ausschuss als Beobachter einbringen.

a. Rechtssetzung

(1) Kompetenzabgrenzung

Die regionalen Wirtschaftsgemeinschaften könnten die Gefahr widersprüchlicher Handelsabkommen mit dritten Handelspartnern dadurch vermeiden, dass ihre Mitgliedstaaten ihnen die Kompetenz für diesen Bereich übertragen und damit verpflichtet sind, den Abschluss von Handelsabkommen zu unterlassen. Eine konkurrierende Kompetenzen ausschließende Außenhandelskompetenz wird zumindest für die UEMOA angenommen.[2012] Da sie nach der Rechtsprechung des UEMOA-GH die ausschließliche Kompetenz für den Abschluss von Handelsabkommen hat, dürfen ihre Mitglieder grundsätzlich keine Übereinkommen eingehen, die ausschließlich handelspolitische Regelungen zum Gegenstand haben.[2013] Hätte die Elfenbeinküste das Verbot, Handelsabkommen abzuschließen, berücksichtigt, bestünde die Gefahr widersprüchlicher Regelungen im IWPA nicht. Allerdings hat die UEMOA den Verstoß gegen ihre ausschließliche Kompetenz nach dem Abschluss des IWPAs der Elfenbein-

---

2012 Siehe dazu Teil I Kapitel 2 C II.

2013 Der UEMOA stützt sich dabei auf die aus Art- 7 UEMOAV resultierende Loyalitätspflicht. UEMOA-GH, Gutachten n° 2/2000 vom 2. Februar 2000, CJ-UEMOA, Recueil de la Jurisprudence de la Cour, 01 – 2002, S. 111 ff.

küste genehmigt.[2014] Ob eine nachträgliche Genehmigung bzw. Kompetenzübertragung mit dem UEMOAV vereinbar ist, ist zweifelhaft. Die UEMOA hat damit zumindest ihre Einflussnahme auf die IWPA-Verhandlungen der Elfenbeinküste mit der EU gesichert.

(2) Expertise

Die UEMOA hat der Elfenbeinküste bei den Verhandlungen beratend zur Seite gestanden.[2015] Ziel dieser Beratung war nicht nur, der Elfenbeinküste ihre Expertise zur Verfügung zu stellen und damit ihre Verhandlungsposition zu stärken, sondern vor allem dafür zu sorgen, dass die Verpflichtungen der Elfenbeinküste zumindest in den ersten Jahren nur minimal vom angewandten UEMOA-Außenzollsatz abweichen.[2016] Dieses Ziel sehen die Verantwortlichen der UEMOA auch erreicht.[2017]

(3) Neuverhandlungsklausel

Die IWPA der Elfenbeinküste bzw. Ghanas mit der EU hätten die Vereinbarkeit mit den regionalen Wirtschaftsgemeinschaften durch Klauseln sicherstellen können, die für den Fall einer Modifikation des UEMOA-

---

2014 Dr. Alain Faustin Bocco, Kabinettsdirektor des für die Entwicklung des privaten Sektors, der Telekommunikation und der Energie zuständigen Kommissars, zuvor Direktor des Außenhandels im Kommissariat für den Regionalmarkt, den Handel, die Konkurrenz und die Kooperation, Interview mit der Autorin, 26. April 2012, Ouagadougou. Siehe auch Bilaterals.org, L'UEMOA menacé d'éclatement, 29. Dezember 2007, verfügbar unter http://www.bilaterals.org/ spip.php?article10824&lang=en, zuletzt eingesehen am 4.7.2014.

2015 Francois-Xavier Bambara, Leiter des Direktorats für Regionalmarkt und Zollunion der UEMOA-Kommission, Interview mit der Autorin, 27. April 2012.

2016 Der UEMOA-Ministerrat hatte der Kommission ausdrücklich aufgegeben, mit der Elfenbeinküste zusammenzuarbeiten, um eine Abstimmung des IWPA mit dem künftigen regionalen WPA zu erreichen. Bilaterals.org, Négociations sur les APE: les ministres de l'UEMOA recommandent une mise en cohérence avec la Côte d'Ivoire, 15. Dezember 2007, verfügbar unter http://www.bilaterals.org/ spip.php?article10697&lang=en, zuletzt eingesehen am 6.11.2013.

2017 Guidado Sow, Direktor der Abteilung Regulierung und internationale Zusammenarbeit der senegalesischen Oberzolldirektion und ehemaliger Leiter des Zolldirektorats der UEMOA-Kommission, Interview mit der Autorin, 5. April 2012, Dakar.

GAZ bzw. der Einführung des ECOWAS-GAZ Neuverhandlungen vorsehen.[2018] Eine ähnliche, aber wesentlich engere Regelung enthält Art. 15 Abs. 2 IWPA. Er stellt der Elfenbeinküste bzw. Ghana anheim, bis zum Ende des Jahres 2011 ihre Zollzugeständnisse für europäische Importe zu modifizieren, sofern die allgemeine Wirkung des ECOWAS-Außenzolles nicht restriktiver ist als die im jeweiligen IWPA gemachten Zollzugeständnisse. Offensichtlich ist diese Klausel zeitlich nicht mehr anwendbar. Im Übrigen ist nicht nur ihr zeitlicher, sondern auch ihr sachlicher Anwendungsbereich restriktiv, angesichts der Tatsache, dass die ECOWAS überwiegend aus LDCs besteht, die eines höheren Zollschutzes bedürfen als die Elfenbeinküste und Ghana. Damit ist diese Klausel nicht geeignet, Konflikte der IWPA mit dem Recht der UEMOA bzw. der ECOWAS zu vermeiden.

b. Anwendung

Abgesehen von einer Absichtserklärung[2019] beachtet nur eine weitere IWPA-Klausel den Integrationskontext und erlaubt die Einladung der UEMOA- und ECOWAS-Kommissionen zu Sitzungen des WPA-Ausschusses.[2020] Dieser Ausschuss zeichnet sich jeweils für die Verwaltung der IWPA verantwortlich und entscheidet beispielsweise über die Aufrechterhaltung bilateraler Schutzmaßnahmen.[2021] Welche Rechte genau mit der Einladung zu den Sitzungen des Ausschusses verbunden sind, wird nicht geregelt. Sitzungsteilnahmen können aber zumindest durch den direkten Informationsaustausch und die Unterstützung der ivorischen bzw. ghanaischen Regierungsvertreter durch die Expertise der Kommissionen koordinierende Effekte haben.

2018 Mangeni und Karingi (Fn. 2011), S. 3.
2019 Art. 32 lautet: „The Parties agree to push forward customs reforms aimed at facilitating trade in the region of West Africa."
2020 Art. 73 Abs. 5 IWPA: „The EPA Committee meetings may be open to third parties. The West African Economic and Monetary Union (WAEMU) and ECOWAS Commissions may be invited to the EPA Committee meetings, in accordance with their internal procedures."
2021 Siehe Art. 75 Abs. 3, Art. 25 Abs. 6 lit. d IWPA.

In der Literatur wird vereinzelt vorgeschlagen die Vereinbarkeit der IWPA mit dem GAZ der ECOWAS bzw. UEMOA, und künftig dem der AU, durch eine Klausel zu gewährleisten, die bei widersprüchlichen Regelungen dem regionalen bzw. kontinentalen Recht Vorrang einräumt.[2022] Eine solche Regelung wäre mit hoher Sicherheit für die EU nicht tragbar.

2. Koordinierung der regionalen WPA-Verhandlungen

Die Verhandlungen zu einem gesamtregionalen WPA implizieren die gesamtregionale Verhandlungsführung und damit die regionale Koordinierung. Da die UEMOA wie auch die ECOWAS Anspruch auf die handelspolitische Vertretung ihrer Mitgliedstaaten erheben, machten die WPA-Verhandlungen eine Abstimmung der beiden regionalen Organisationen erforderlich. Eine Abstimmung ist bisher nur hinsichtlich der Verhandlungsführung und der damit verbundenen Rechtssetzung erfolgt, nicht aber für die Umsetzung des WPAs.

a. Kompetenzabgrenzung

Im Vorfeld zu den WPA-Verhandlungen hat die ECOWAS in mehreren Entscheidungen festgelegt, dass sie für die Beziehungen zur EU zuständig ist und die Verhandlungen leiten wird.[2023] Dabei wurde die Zusammensetzung der auf den verschiedenen Ebenen intervenierenden WPA-Verhand-

---

2022 MANGENI und KARINGI (Fn. 2011), S. 3.

2023 Hohe Behörde, Decision relating to the strengthening of partnership ties between ECOWAS and the European Union, 10. Dezember 1999, ECOWAS-Dok. A/DEC.8/12/99. Artikel 1 der Entscheidung lautet: „ECOWAS shall be the regional framework for the coordination of the relationship between West African States and the European Union." Siehe auch Hohe Behörde, Decision relating to the negotiation of a Regioal Economic Partership Agremment between West African ACP States and the European Union (EU), 21. Dezember 2001, ECOWAS-Dok. A/DEC.11/12/01, dessen Art. 2 Abs. 1 bestimmt: „The ECOWAS Executive Secretariat shall, in collaboration with the UEMOA Commission and appropriate authorities in each Member State, take all necessary measures to ensure the successful conclusion of the said regional economic partnership agreement." Siehe auch Art. 1 Hohe Behörde, Decision on West Africa's preparations for negotiations with the European Union on the Economic Partnership Agreements, ECOWAS-Dok. A/DEC.8/01/03, 31. Januar 2003.

lungsgruppen bestimmt: Sie bestehen aus Vertretern der Mitgliedstaaten, der Privatwirtschaft und der Zivilgesellschaft und gleichermaßen der beiden Kommissionen.[2024] Insofern werden die beiden Kommissionen gleichberechtigt beteiligt. Die Leitungsfunktion der ECOWAS kommt lediglich darin zum Ausdruck, dass der ECOWAS-Ministerrat und der Begleitende Ministerausschuss die politischen Richtlinien und das Verhandlungsmandat des Regionalen Verhandlungsausschusses festlegen, fachliche Vorgaben machen und die Verhandlungen überwachen.[2025]

Bei den Entscheidungen zu den WPA-Verhandlungen handelt es sich um ein Beispiel für ECOWAS-Rechtsakte, die faktisch auch die UEMOA binden[2026] – und um einen der raren Fälle von Kompetenzabgrenzung. Das hat allerdings die UEMOA nicht davon abgehalten, angesichts festgefahrener (gesamt-regionaler) Verhandlungen mit der EU zu sondieren, ob diese ein WPA mit den UEMOA-Mitgliedern abschließen würde.[2027] Diese Initiative ist im Sande verlaufen, und die UEMOA verhandelt nun Seite an Seite mit der ECOWAS und den Mitgliedstaaten.[2028]

2024 Art. 3-7 Hohe Behörde, Decision on West Africa's preparations for negotiations with the European Union on the Economic Partnership Agreements, ECOWAS-Dok. A/DEC.8/01/03, 31. Januar 2003.

2025 Kurz vor Verhandlungsbeginn im Herbst 2003 hat der Ministerrat eine Ministerielle Adhoc- Unterstützungsgruppe gebildet, die zwischen den Sitzungen des Ministerrats die Verhandlungen vorbereitet, die Umsetzung des westafrikanischen Verhandlungsplans sowie die Umsetzung der den Kommissionen übertragenen Aufgaben überwacht und dem Begleitenden Ministerausschuss berichtet. Sie besteht aus Vertretern einiger ECOWAS-Mitgliedstaaten. Art. 2 ECOWAS-Ministerrat, Regulation on the launching of negotiations on the Economic partnership agreement (EPA) between West Africa and the European Union, ECOWAS-Dok. C/REG.2/09/03, 2. September 2003.

2026 Siehe Teil IV Kapitel 4 A II 6 c.

2027 Salifou Tiemtoré Leiter des ECOWAS-Zolldirektorats, Interview mit der Autorin, 10. Mai 2012, Abuja.

2028 Es ist fraglich, ob das regionale WPA von der ECOWAS alleine oder auch der UEMOA und den Mitgliedstaaten bzw. ausschließlich von den Mitgliedstaaten abgeschlossen wird. Denn bisher ist der ECOWAS noch nicht klar durch den ECOWASV die Kompetenz für die Handelspolitik zugewiesen worden. Auch wenn man von der Zuständigkeit der ECOWAS für Handelsfragen ausgeht, deuten die Bestimmungen zur Entwicklungshilfe für Westafrika ein gemischtes Abkommen hin.

b. Gemeinsame Verhandlung und Rechtssetzung

In die auf den verschiedenen Ebenen agierenden Verhandlungsgruppen entsenden die Kommissionen der ECOWAS und der UEMOA Vertreter, etwa in das Überwachende Ministerkomitee und den Regionalen Verhandlungsausschuss. Der ECOWAS-Kommission obliegt zudem, in Zusammenarbeit mit der UEMOA, die Koordinierung aller regionalen Verhandlungsgruppen.[2029]

Parallel zu den WPA-Verhandlungen hat die ECOWAS, unter Mitwirkung der UEMOA, seit Jahren an der Verabschiedung des Gemeinsamen Außenzolls gearbeitet und ihn im Oktober 2013 schlussendlich finalisiert.[2030] Insofern haben die beiden Organisationen gemeinsam die Voraussetzung für den Abschluss eines WPA geschaffen.

II. Koordinierung durch die AU

Die AU verhandelt keine Wirtschaftspartnerschaftsabkommen mit der EU. Sie sucht allerdings die Strategien der AKP-Verhandlungsgruppen abzustimmen, um die Kohärenz mit den AU-Zielen zu gewährleisten.[2031] Dafür soll die AU-Kommission einen Kooperations- und Koordinierungsmechanismus einrichten, der nicht nur die Verhandlung, sondern auch die Umsetzung der mit den WPA verbundenen Entwicklungsprogramme unterstützt. Die AU-Kommission organisiert zu diesem Zweck einerseits Diskussionsrunden für die Afrikanischen Botschafter in Brüssel und bereitet andererseits gemeinsame Standpunkte für die AU-Konferenz der Han-

---

2029 Hohe Behörde der ECOWAS, Decision relating to the negotiation of a Regional Economic Partership Agremment between West African ACP States and the European Union, 21. Dezember 2001, ECOWAS-Dok. A/DEC.11/12/01, und Decision relating to preparation for negotiations between West Africa and the European Union on Economic Partnership Agreements, 31. Januar 2003, ECOWAS-Dok. A/DEC.8/01/03. Siehe auch ECOWAS-Ministerrat, Regulation on the launching of negotiations between West Africa and the European Union on the Economic Partnership Agreement, 2. September 2003, ECOWAS-Dok. C/REG.2/09/03.

2030 Rn. 8, 9 Final Communiqué of the Extraordinary Session of the ECOWAS Authority of Heads of State and Government, 25. Oktober 2013.

2031 AU-Versammlung, Declaration on the Economic Partnership Agreement (EPA) Negotiations, Sitzung vom 10.-12. Juli 2003, AU-Dok. Assembly/AU/Decl. 5 (II), Rn. 10.

delsminister vor.[2032] Die AU dient in diesem Sinne in erster Linie als Forum für den Informationsaustausch sowie für die Vermittlung von Expertise. Beispielsweise hat sie den regionalen Verhandlungsgruppen ein WPA-Modell zur Verfügung gestellt.[2033] Sie wirkt damit auch auf eine Annäherung der WPA hin.

III. Bewertung der Koordinierung mit der EU

Obwohl der Abschluss der IWPA auf ein Versagen der Koordinierung durch die UEMOA und ECOWAS schließen lassen könnte, hat zumindest die UEMOA durch Genehmigung des Abschlusses und Beratung der Elfenbeinküste gesucht, Einfluss auf den Inhalt des Abkommens zu nehmen. Ziel war zumindest für die ersten Jahre und damit bis zum voraussichtlichen Abschluss eines regionalen WPA Abweichungen zum angewandten GAZ der UEMOA zu vermeiden. In den IWPA selber ist eine Abstimmung mit den regionalen Organisationen nur unzureichend vorgesehen. So ist die Klausel, die eine Neuverhandlung der ghanaischen bzw. ivorischen Zugeständnisse anlässlich der Einführung des ECOWAS-GAZ erlaubt, wegen ihrer Befristung bis zum Jahresende 2011 bereits nicht mehr anwendbar. Die UEMOA und ECOWAS können jedoch zu Sitzungen des jeweiligen IWPA-Ausschusses eingeladen werden, der für die Umsetzung des IWPA verantwortlich zeichnet, und damit über dieses Forum Informationen austauschen und ihre Expertise einbringen.

Im Vorfeld zu den regionalen WPA-Verhandlungen haben die beiden Organisationen – durch ECOWAS-Entscheidungen – gemeinsame Verhandlungsgruppen gebildet und deren Überwachung dem ECOWAS-Ministerrat übertragen. Die WPA-Verhandlungen werden wegen der

---

2032 Festus Fajana, ehemaliger AU-Berater für Handelspolitik und Mitarbeiter des African Trade Policy Center (ATPC) der UNECA, E-Mail-Austausch vom 10.12.2013.

2033 Gbenga Obideyi, Direktor des ECOWAS-Handelsdirektorats, Interview mit der Autorin, 16. Mai 2012, Abuja. Die Erarbeitung eines solches WPA-Modells hat der Rat der Handelsminister bei seiner Sitzung vom 1.-3. April 2008 beschlossen, AU Conference of Ministers of Trade and of Finance, Addis Ababa Declaration on EPA Negotiations, AU-Dok. AU/EXP/CAMTF/Decl. (I).

gemeinsamen Durchführung und der damit verbundenen gemeinsamen Rechtssetzung innerhalb der ECOWAS- und UEMOA-Kommissionen als Koordinierungserfolg gesehen.[2034]

Auf kontinentaler Ebene werden die WPA-Verhandlungen durch Entschließungen und Diskussionen im Rahmen der AU begleitet. Diese Koordinierung ist wegen der damit verbundenen Angleichung der Verhandlungspositionen für solche Regionen von gesteigertem Interesse, deren Mitgliedstaaten, bedingt durch die sich überschneidenden Mitgliedschaften in regionalen Wirtschaftsgemeinschaften, an mehreren WPA-Verhandlungsgruppen teilnehmen. Die westafrikanischen Staaten profitieren vor allem vom Erfahrungsaustausch, den die AU ermöglicht.

D. Die Koordinierung mit der WTO

Die ECOWAS und UEMOA haben das Ziel, eine gemeinsame Handelspolitik zu verabschieden. Dies erfordert die Abstimmung der in der WTO verfolgten Politiken ihrer Mitgliedstaaten. Da das WTO-Recht explizit Anforderungen an Handelsabkommen stellt und damit einen übergeordneten Ordnungsrahmen bildet, müssen die ECOWAS und die UEMOA außerdem gewährleisten, diesen Vorgaben zu entsprechen. Die im Verhältnis zur WTO verwirklichten Koordinierungsmethoden dienen dementsprechend in erster Linie dazu, die WTO-Kompatibilität der Regionalorganisationen sicherzustellen und zu überprüfen. Auch die AU stimmt ihre Mitglieder mit der WTO ab. Wegen ihrer lediglich rudimentären Kompetenzen im Bereich der Handelspolitik setzt sie im Verhältnis zur WTO nur wenige Koordinierungsmethoden ein.

2034 Francois-Xavier Bambara, Leiter des UEMOA-Direktorats Regionalmarkt und Zollunion, Interview mit der Autorin, 27. April 2012, Ouagadougou, und Aurel-Omer A. Favi, ECOWAS-Mitarbeiter des Gemeinsamen Technischen Sekretariats, Interview mit der Autorin, 10. Mai 2012, Abuja.

I. Koordinierung der ECOWAS und UEMOA

Weder die UEMOA noch die ECOWAS sind WTO-Mitglieder.[2035] Ihre Gründungsverträge sehen aber jeweils die Abstimmung der Verhandlungspositionen ihrer Mitgliedstaaten vor.[2036] Für die UEMOA-Mitglieder vertritt sie der Staat, der gerade den Vorsitz des Ministerrats inne hat.[2037] Zudem haben die beiden Organisationen im WTO-Ausschuss für Handel und Entwicklung Beobachterstatus.[2038] Die UEMOA hat zusätzlich eine ständige Vertretung am WTO-Sitz in Genf.[2039]

2035 Keine der beiden Organisationen strebt derzeit einen Beitritt an, Francois-Xavier Bambara, Leiter des UEMOA-Direktorats Regionalmarkt und Zollunion, Interview mit der Autorin, 27. April 2012, Ouagadougou, und Salifou Tiemtore, Leiter des ECOWAS-Zolldirektorats, Interview mit der Autorin, 10. Mai 2012, Abuja. Für die ECOWAS spricht gegen seinen solchen Beitritt auch die Tatsache, dass nicht alle ihre Mitglieder WTO-Mitglieder sind.

2036 Art. 85 UEMOAV lautet: „Si les accords [internationaux dans le cadre de la politique commerciale commune] sont négociés au sein d'organisations internationales au sein desquelles l'Union ne dispose pas de représentation propre, les États membres conforment leurs positions de négociation aux orientations définies par le Conseil à la majorité de deux tiers (2/3) de ses membres et sur proposition de la Commission. Lorsque des négociations en cours au sein d'organisations internationales à caractère économique sont susceptibles d'avoir une incidence sur le fonctionnement du marché commun, sans pour autant relever des compétences de l'Union, les Etats membres coordonnent leurs positions de négociations." Art. 85 ECOWAS bestimmt: „1. Member States undertake to formulate and adopt common positions within the Community on issues relating to international negotiations with third parties in order to promote and safeguard the interests of the region. 2. To this end, the Community shall prepare studies and reports designed to help Member States to harmonize better their positions on the said issues."

2037 Siehe beispielsweise UEMOA-Ministerrat, Directive relative aux positions communes de négociation des États membres de l'UEMOA pour la cinquième Conférence ministérielle de l'OMC à Cancun, 26. Juni 2003, UEMOA-Dok. 6/2003/CM/UEMOA.

2038 Die UEMOA und ECOWAS sind dort *Ad hoc*-Beobachter, WTO-Homepage, Organisations internationales intergouvernementales ayant le statut d'observateur auprès des organes de l'OMC, 2013, eingesehen am 7.11.2013.

2039 WTO Trade Policy Review Body (TPRB), Report by the Secretariat – Côte d'Ivoire, 25. Mai 2012, WTO-Dok. WT/TPR/S/266, S 7 f. verweist auf eine UEMOA-Entscheidung vom 14. Januar 2011, UEMOA-Dok. 09/2011/PCOM/UEMOA.

1. Informationsaustausch

Regionale Handelsabkommen, die von der allgemeinen Meistbegünstigung abweichende Präferenzen für den Waren- bzw. Dienstleistungshandel zum Gegenstand haben, sind der WTO anzuzeigen.[2040] Diese Notifizierungspflicht soll allen WTO-Mitgliedern Aufschluss über die zwischen dritten Handelspartnern vereinbarten Zugeständnisse verschaffen und eine Überprüfung der Abkommen erlauben. Sie trifft genau genommen die WTO-Mitglieder, und nicht die ECOWAS oder UEMOA, kann aber von den beiden Organisationen wegen der gegenüber ihren Mitgliedstaaten bestehenden Loyalitätspflicht erfüllt werden.

Die beiden regionalen Organisationen stehen durch ihren *Ad hoc*-Beobachterstatus in direktem Kontakt mit der WTO.

2. Expertise

Durch ihre Beobachter können die UEMOA und die ECOWAS von der Expertise der Mitglieder des Ausschusses für Handel und Entwicklung profitieren. Wenn die Handelspolitiken ihrer Mitgliedstaaten überprüft werden,[2041] bekommt insbesondere die UEMOA indirekt eine Rückmeldung über ihre Handelspolitik.[2042]

2040 Abs. 4 lit. a Ermächtigungsklausel, Art. XXIV Abs. 7 GATT, Art. V Abs. 7 GATS.
2041 Art. III Abs. 4 WTOÜ i.V.m. Anlage 3.
2042 Siehe etwa WTO Trade Policy Review Body (TPRB), Report by the Secretariat – Côte d'Ivoire, 25. Mai 2012, WTO-Dok. WT/TPR/S/266.

3. Regelübernahme

Es gibt im Recht der westafrikanischen Regionalgemeinschaften Beispiele für eine Übernahme von WTO-Regelungen. So hat die UEMOA das WTO-Übereinkommen über den Zollwert[2043] wortwörtlich und eine WTO-Entscheidung[2044] in der Substanz übernommen.[2045]

4. Vorrang

Obwohl das WTOÜ einen globalen Ordnungsrahmen für den internationalen Handel bildet und die regionalen Handelsabkommen dazu als *inter partes*-Modifikationen gesehen werden können,[2046] genießt es keinen Anwendungsvorrang. Wegen des globalen Ordnungsanspruchs des WTO-Rechts können Konflikte zwischen dem WTO-Recht und dem Recht regionaler Wirtschaftsgemeinschaften allerdings in erster Linie dadurch vermieden werden, dass die Regionalgemeinschaften die WTO-rechtlichen Vorgaben beachten. So sehen sich die UEMOA- und ECOWAS-Kommissionen verpflichtet, die Zollzugeständnisse ihrer Mitgliedstaaten im Auge zu behalten, und ihre Mitgliedstaaten ggf. bei der Neuverhandlung der auf niedrigem Niveau konsolidierten Zölle zu unterstützen.[2047] Der UEMOAV erkennt des Weiteren ausdrücklich die Grundsätze des

---

2043 Übereinkommen zur Durchführung des Artikels VII des Allgemeinen Zoll- und Handelsabkommens 1994, 15. April 1994.

2044 WTO-Ausschuss für Handelsgespräche, Decision Regarding Cases where Customs Administrations have Reasons to Doubt the Truth or Accuracy of the Declared Value, 15. Dezember 1993 und 14. April 1994. Der Ausschuss hat die Entscheidung auf Einladung der Ministerkonferenz verabschiedet.

2045 UEMOA-Ministerrat, Règlement portant valeur en douane des marchandises, UEMOA-Dok. 5/99/CM/UEMOA, 6. August 1999. WTO-TPRB, Report by the Secretariat – Niger and Senegal, 7. Oktober 2009, WTO-Dok. WT/TPR/S/223, S. 21.

2046 Cottier und Foltea (Fn. 1300).

2047 Francois-Xavier Bambara, Leiter des Direktorats für Regionalmarkt und Zollunion der UEMOA-Kommission, Interview mit der Autorin, 27. April 2012 und Salifou Tiemtoré, Leiter des ECOWAS-Zolldirektorats, Interview mit der Autorin, 10. Mai 2012, Abuja.

GATT an.[2048] Einen Anwendungsvorrang bedeutet dies jedoch nicht. Denn angesichts der detaillierten Regelungen des regionalen Handels und der supranationalen, auf eine hohe Wirksamkeit zielenden Konzeption des UEMOAV liefe es der Intention der Vertragsparteien zuwider, wenn die Bestimmungen des UEMOAV im Konfliktfall durch die (vagen) WTO-Regelungen verdrängt würden. Soweit dies möglich ist, ist das UEMOA-Recht aber so auszulegen, dass es nicht im Widerspruch zum WTO-Recht steht.

II. Koordinierung der AU

Ähnlich wie viele afrikanische Regionalgemeinschaften ist die AU kein WTO-Mitglied, verabschiedet aber im Vorfeld zu WTO-Verhandlungen gemeinsame Positionen ihrer Mitgliedstaaten.[2049] Dazu tritt einerseits die AU-Konferenz der Handelsminister zusammen und treffen sich andererseits die afrikanischen Botschafter in Genf.[2050] Die AU hat den Status eines *Ad hoc*-Beobachters im Ausschuss für Handel und Entwicklung.[2051]

2048 Art. 83 UEMOAV: „Dans la réalisation des objecitfs définis à l'article 76 du présent Traité, l'Union respecte les principes de l'Accord Géneral sur les Tarifs Douaniers et le Commerce (GATT) en matière de régime commercial préférentiel."

2049 Siehe etwa AU-Handelsministerkonferenz, Addis Ababa Declration on WTO Issues, 25. Oktober 2013, AU-Dok. AU/TI/TD/CAMoT-8/WTO.DECL.FINAL. Art. 94 AECV bestimmt: „1. Member States undertake to formulate and adopt common positions within the Community on issues relating to international negotiations in order ro promote and safeguard the interests of Africa. 2. To this end, the Community shall prepare studies and reports designed to help Member States to better harmonize their positions on the said issues." Vgl. Art. 42 Abs. 1lit. c) ii) AECV.

2050 Festus Fajana, ehemaliger AU-Berater für Handelspolitik und Mitarbeiter des African Trade Policy Center (ATPC) der UNECA, E-Mail-Austausch vom 10.12.2013.

2051 WTO-Homepage, Organisations internationales intergouvernementales ayant le statut d'observateur auprès des organes de l'OMC, 2013, eingesehen am 7.11.2013.

III. Bewertung der Koordinierung mit der WTO

Die ECOWAS und UEMOA haben keine Kooperationsabkommen mit der WTO abgeschlossen. Ihre Koordinierung mit der WTO ist – entsprechend der Konzeption der WTO als übergeordnetem Ordnungsrahmen – eher einseitig auf die WTO-Konformität des ECOWAS- und UEMOA-Rechts ausgerichtet. Beide Organisationen sind Beobachter im Ausschuss für Handel und Entwicklung. Die UEMOA als Zollunion geht über die Koordinierungsansätze der ECOWAS hinaus und legt eine gemeinsame Position ihrer Mitglieder vor WTO-Verhandlungen fest und hat eine ständige Vertretung in Genf. Auch die AU sucht die Position ihrer Mitglieder im Vorfeld zu WTO-Verhandlungen durch gemeinsame Positionen abzustimmen und ist *Ad hoc*-Beobachterin im Ausschuss für Handel und Entwicklung.

Fazit zum vierten Teil

Die im Verhältnis zwischen völkerrechtlichen Vertragsordnungen bzw. internationalen Organisationen auftretenden Normkonflikte können durch Koordinierungsmechanismen vermieden bzw. ausgeräumt werden. Darunter soll jede Form der Abstimmung von völkerrechtlichen Regimen verstanden werden. Rechtsgrundlage für Koordinierungsbemühungen bilden nicht nur ausdrückliche Regelungen im Recht der einzelnen Regime bzw. interorganisationelle Kooperationsabkommen, sondern auch die Aufgabenbestimmungen des jeweiligen Gründungsvertrags bzw. die gegenüber den Vertragsparteien oder Mitgliedern bestehende Loyalitätspflicht. Daneben ist ein Rückgriff auf das in der Entwicklung befindliche Störungsverbot nur selten erforderlich.

Koordinierungsmechanismen müssen geeignet sein, eine Abstimmungswirkung zu zeitigen, insbesondere indem sie zur Komplementarität, Harmonisierung, Bestimmung einer Konfliktlösungsregel oder zur Vernetzung der betroffenen Regime führen. Dabei müssen sie gleichzeitig Legitimitätsanforderungen genügen. Folglich dürfen sie nicht zur Folge haben, dass internationale Organisationen sich von ihrem primärrechtlich definierten Mandat und Entscheidungsverfahren lösen, weil sie sonst die mitgliedstaatlich vermittelte Legitimationskette unterbrächen, und sie müssen bei ihrer Arbeit Legitimationserfordernisse wie Transparenz und öffentlichen Informationszugang sowie die Repräsentativität der beteiligten Interessengruppen beachten.

Die einzelnen Koordinierungsmechanismen können danach unterteilt werden, auf welcher Ebene des rechtlichen Prozesses sie ansetzen, ob auf der der Rechtssetzung, der Anwendung oder der gerichtlichen Überprüfung. Dabei kommen einige Methoden auf mehreren Ebenen zum Tragen, wie etwa der Informationsaustausch und die Kompetenzabgrenzung. Sofern die zu koordinierenden Regime Teile des Rechtsprozesses gemeinsam durchführen, also etwa gemeinsam Recht setzen, kommt einer solchen Koordinierung eine hohe Wirksamkeit zu, sie weckt aber auch starke Legitimationsbedenken.

Innerhalb des Rechts der westafrikanischen Wirtschaftsintegration koordinieren sich die ECOWAS und UEMOA als konfliktträchtigste Konstellation am intensivsten. Sie haben 2004 ein Kooperationsabkommen abgeschlossen; der sichtbarste Teil der Koordinierung geschieht aber außerhalb des dort vorgesehenen Rahmens. Dabei steht die Abstimmung auf Ebene der Rechtssetzung im Vordergrund. Die beiden Organisationen haben mit der Verabschiedung von durch gemeinsame Organe erarbeiteten Regelungen im Rahmen der ECOWAS eine eigene Form der gemeinsamen Rechtssetzung gefunden. Inwiefern die UEMOA förmlich an diese Entscheidungen der ECOWAS gebunden ist, ist unklar. Hinsichtlich der Legitimität dieser Vorgehensweise bestehen keine Bedenken, weil alle UEMOA-Mitglieder auch solche der ECOWAS sind und der UEMOAV sowohl die Bindung an die Ziele der ECOWAS als auch die Komplementarität zur ECOWAS vorsieht. Für eine koordinierte Anwendung ihres Rechts fehlen trotz der durch Regelübernahmen der ECOWAS bedingten Parallelität vieler Programme und Vorgaben detaillierte Bestimmungen im Kooperationsabkommen. Insofern scheint die Praxis auch nicht über das ungenügende Kooperationsabkommen hinauszugehen.

Die AU verfolgt mit dem Beziehungsprotokoll einen originellen Ansatz, um die von ihr anerkannten regionalen Wirtschaftsgemeinschaften zu koordinieren. Darin bindet sie die RWG an die Integrationsvorgaben des AECV, einschließlich der dort vorgesehenen kontinuierlichen Kompetenzverlagerung von den RWG zur AU. Bisher wirkt die AU durch ihre Integrationsagenda, die von der Konferenz afrikanischer Integrationsminister und der AU-Versammlung konkretisiert und aktualisiert wird, vor allem auf die Vereinheitlichung der Rechtssetzung der RWG im Sinne eines minimalen Integrationsstandards hin. Dabei misst sie dem Austausch von Informationen und Expertise in den AU-Foren ein großes Gewicht bei.

Die ECOWAS, UEMOA und AU haben in unterschiedlichem Maße auf die (I)WPA-Verhandlungen mit der EU Einfluss zu nehmen gesucht. So hat die UEMOA den Abschluss eines IWPAs durch die Elfenbeinküste trotz ihrer ausschließlichen Zuständigkeit für die gemeinsame Handelspolitik genehmigt, um im Gegenzug die Elfenbeinküste während der Verhandlungen zu beraten. Die IWPA, die Ghana und die Elfenbeinküste mit der EU abgeschlossen haben, erlauben aber nur unzureichend eine Koordinierung mit der ECOWAS und UEMOA. Letztlich werden aber die IWPA aller Voraussicht nach durch das gesamtregionale WPA verdrängt, sollten dieses eine ausreichende Zahl westafrikanischer Staaten ratifizieren. Dieses Wirtschaftspartnerschaftsabkommen wurde in Abstimmung mit der UEMOA unter Leitung der ECOWAS von gemeinsamen Verhandlungsgruppen ausgehandelt. Die AU fördert durch Diskussionen, den Erfahrungsaustausch und die Verabschiedung gemeinsamer Positionen die Einheitlichkeit der innerhalb der verschiedenen afrikanischen Verhandlungsgruppen gewählten Vorgehensweise und Forderungen.

Im Verhältnis zur WTO verfolgen die ECOWAS und UEMOA zurückhaltende Koordinierungsansätze, wie die Entsendung von Beobachtern in den Ausschuss für Handel und Entwicklung, und im Fall der UEMOA auch die Verabschiedung gemeinsamer Positionen sowie eine Vertretung am Sitz der WTO. Dabei ist die Koordinierung – entsprechend der Konzeption der WTO als übergeordnetem Ordnungsrahmen – vor allem auf die WTO-Konformität des ECOWAS- und UEMOA-Rechts ausgerichtet. Die AU sucht ebenfalls die Position ihrer Mitglieder im Vorfeld zu WTO-Verhandlungen durch gemeinsame Positionen abzustimmen und hat den Status einer *Ad hoc*-Beobachterin im Ausschuss für Handel und Entwicklung.

Zusammenfassung

Die Arbeit untersucht, inwiefern zwischen den verschiedenen Schichten des Rechts der westafrikanischen Wirtschaftsintegration Normkonflikte auftreten, welche Methoden sich im Völkerrecht zur Koordinierung von Vertragsordnungen und internationalen Organisationen herausgebildet haben und welche Koordinierungsmechanismen im Verhältnis der das Recht der westafrikanischen Wirtschaftsintegration bildenden Regime Anwendung finden. Dabei liegt der Untersuchung die Überlegung zu Grunde, dass alle völkerrechtlichen Regime ein vitales Interesse an der Wirksamkeit ihres Rechts haben, und damit einhergehend an der Widerspruchsfreiheit des jeweiligen Mehrebenensystems, und dass Normkonflikte durch eine alle Phasen des Rechtsprozesses erfassende Abstimmung vermieden bzw. gelöst werden können.

Die Untersuchung gliedert sich in vier Teile. Der erste Teil widmet sich mit der UEMOA, der ECOWAS und der AU den spezifisch (west-)afrikanischen Regimen. Die weitgehende Parallelität der Ziele, des Mandats und der Rechtsformen der UEMOA und der ECOWAS lässt bereits auf ein großes Konfliktpotential schließen. Beide zielen auf die Errichtung einer Wirtschafts- und Währungsunion, suchen den Handel durch den Abbau der Handelsbarrieren zu liberalisieren und mittels Sektorpolitiken die Konkurrenzfähigkeit der regionalen Wirtschaft zu steigern. Dabei ist die UEMOA der mitgliedstärkeren und heterogeneren ECOWAS insofern voraus, als sie bereits seit Jahren die historische Währungs- durch eine Zollunion ergänzt hat, während die ECOWAS mit mäßigem Erfolg den Binnenhandel liberalisiert hat und der 2015 schlussendlich eingeführte Gemeinsame Außenzoll noch nicht von allen Mitgliedstaaten angewandt wird. Das Ziel einer Währungsunion bleibt für die ECOWAS mangels Einhaltung der Konvergenzkriterien durch ihre Mitgliedstaaten in weiter Ferne. Bei beiden internationalen Organisationen weist die Binnenliberalisierung eine geringere Intensität auf, als ein Leser mit europarechtlicher Vorbildung erwarten würde; beispielsweise ist der freie Warenverkehr jeweils auf zertifizierte Ursprungswaren beschränkt. Auf kontinentaler Ebene ist die ECOWAS Teil des von der AU verfolgten Integrationsprojekts, das zur Bildung einer panafrikanischen Wirtschafts- und Währungsunion führen soll. Dabei konzentriert sich die AU in der derzeitigen Phase noch auf die Harmonisierung der von ihr anerkannten regionalen Wirtschaftsgemeinschaften, indem sie diesen Mindestintegrationsziele vorgibt. Insofern erlässt sie Rahmenregelungen, die ihre Mitgliedstaaten und die RWG adressieren und diese zur Rechtssetzung rechtssetzenden verpflichten, ohne Sachfragen derart zu regeln, dass für den Einzelnen unmittelbar Rechte begründet würden.

Im Anschluss an die Darstellung der regionalen und kontinentalen Regime befasst sich der zweite Teil mit den im Verhältnis zur EU anwendbaren Regimen und der WTO, die das Recht der westafrikanischen Wirtschaftsintegration in bilateraler wie multilateraler Perspektive vervollständigen.

Der Handel mit der EU wird einerseits durch das Allgemeine Präferenzsystem, andererseits durch die (Interim-)Wirtschaftspartnerschaftsabkommen bestimmt. Da das APS die auf die begünstigten Länder anwendbaren Präferenzen nach deren Entwicklungsstand und Förderungswürdigkeit abstuft, finden auf westafrikanische Exporte in die EU insgesamt vier unterschiedliche Regelungen Anwendung: Exporte aus Nigeria werden durch das APS, Exporte aus Cap Verde durch das sog. APS-plus, Exporte aus Ghana und der Elfenbeinküste durch das jeweilige IWPA und Exporte aus allen anderen ECOWAS-Mitgliedsländern durch die EBA-Regelung geregelt. Bisher besteht das größte Konfliktpotential im Verhältnis des ivorischen IWPA zum bereits effektiven UEMOA-GAZ, denn beide Regime regeln die Warenimporte aus der EU abweichend. Das Inkrafttreten des bereits unterzeichneten gesamtregionalen WPA, dessen Ratifizierung durch einige westafrikanische Staaten noch aussteht, wird allerdings die im Verhältnis zur EU anwendbaren Regeln für ganz Westafrika vereinheitlichen.

Die WTO reguliert den multilateralen Handel und unterwirft die vom Gebot der allgemeinen Meistbegünstigung abweichenden regionalen und bilateralen Handelspräferenzen spezifischen Anforderungen, die in Art. XXIV GATT, Art. V GATS und der Ermächtigungsklausel geregelt sind. Mithin sind die ECOWAS, UEMOA, das potentiell mit der EU abzuschließende WPA und die einseitig zu Gunsten der westafrikanischen (wie auch anderer Entwicklungsländer) gewährten europäischen Präferenzen an diesen Vorgaben zu messen. Wie diese zu konkretisieren sind, ist allerdings für Abkommen zwischen Industrie- und Entwicklungsländern wie auch für Abkommen zwischen Entwicklungsländern umstritten. Insofern nimmt die Arbeit Stellung zur Frage der entwicklungsförderlichen Auslegung des Art. XXIV GATT im Zusammenhang mit sog. Nord-Süd-

Abkommen und zur Frage der Anwendbarkeit des Art. XXIV GATT oder des Abs. 2 lit. c Ermächtigungsklausel auf Wirtschaftsgemeinschaften zwischen Entwicklungsländern, die einen hohen Integrationsgrad verwirklichen, etwa eine Zollunion. Bei dieser letzten Frage folgt die Arbeit Pellens' Vorschlag einer konkordanten Anwendung von Art. XXIV GATT und der Ermächtigungsklausel, bei der Defizite der Binnenliberalisierung durch entwicklungsförderliche Politiken der Integrationsgemeinschaften kompensiert werden können. Weiterhin vertritt die Arbeit die Ansicht, dass bei der Auslegung des Art. XXIV GATT der Entwicklungsstand der jeweiligen Vertragspartner zu berücksichtigen ist und daraus für sog. Nord-Süd-Abkommen asymmetrische Anforderungen folgen. Denn das WTO-Recht bezieht sich an vielen Stellen auf das Entwicklungsprinzip und greift es insbesondere in der Präambel des WTOÜ, und damit an prominenter Stelle, auf.

Nachdem die ersten zwei Teile die auf den westafrikanischen Handel anwendbaren Regelungen darstellen und damit das Mehrebenensystem auffächern, konzentriert sich der dritte Teil darauf, die Beziehungen zwischen den verschiedenen Regulierungsebenen auf Normkonflikte zu überprüfen. Dafür wird eingangs der Normkonflikt definiert und eine Unterscheidung zwischen vertikalen und horizontalen Konflikten eingeführt. Der Begriff des Normkonflikts wird weit bestimmt und umfasst mithin die (potentielle) Verletzung eines Gebots durch ein Verbot und die Verletzung einer Erlaubnis durch ein Gebot bzw. Verbot. Innerhalb des Rechts der westafrikanischen Wirtschaftsintegration bestehen im Verhältnis zwischen ECOWAS und UEMOA die meisten Normkonflikte. Weiterhin konfligiert das ECOWAS- und UEMOA-Recht mit den IWPA und mit der WTO.

Im Verhältnis zwischen ECOWAS und UEMOA treten vor allem hinsichtlich der Regelung des Warenverkehrs, etwa bei den Ursprungsregeln, und der Bestimmungen zu Mehrwert- und Verbrauchssteuern Normkonflikte auf. Das Recht der beiden Regionalorganisationen steht auch mit den im Verhältnis zur EU anwendbaren Regelungen der IWPA im Konflikt; denn das jeweils von der Elfenbeinküste bzw. Ghana abgeschlossene IWPA sieht vom UEMOA-GAZ abweichende Zollsätze für EU-Waren vor und regelt das Recht, handelspolitische Schutzmaßnahmen einzuführen, restriktiver als die UEMOA und ECOWAS. Im Verhältnis zwischen ECOWAS und AU kommt es dagegen nicht zu Normkonflikten, obwohl die ECOWAS nicht alle AU-Vorgaben erfüllt und es beispielsweise versäumt hat, das Wirtschaftsrecht ihrer Mitgliedstaaten zu harmonisieren.

Das ist darauf zurückzuführen, dass die AU noch keine substantiellen Regelungen erlassen hat, sondern bisher vor allem Regelungsaufträge erteilt.

Mit Blick auf die WTO ist festzustellen, dass die ECOWAS zwar *de iure* den Binnenhandel umfassend liberalisiert hat, die Mitgliedstaaten aber weiterhin teilweise tarifäre, überwiegend aber nicht-tarifäre Handelsbarrieren aufrechterhalten, ohne dass es der ECOWAS gelänge, ihr Recht durchzusetzen. Unter Berücksichtigung des Entwicklungslandstatus' der ECOWAS-Mitglieder und der geringeren Anforderungen an die Binnenliberalisierung nach der Ermächtigungsklausel kann der ECOWAS-Freihandel dennoch als WTO-konform gelten, da die ECOWAS mit umfangreichen Sektorpolitiken die wirtschaftliche Entwicklung ihrer Mitglieder fördert. Dagegen ist zweifelhaft, ob ihre zögerlichen Versuche, den regionalen Dienstleistungshandel zu liberalisieren, den Anforderungen des Art. V GATS entsprechen.

In der UEMOA stellen sich hinsichtlich der WTO-Konformität ähnliche Probleme wie in der ECOWAS, insbesondere das faktische Fortbestehen zahlreicher nicht-tarifärer Handelsschranken. Allerdings ist einerseits das Recht der UEMOA effektiver als das der ECOWAS, d.h. die Mitgliedstaaten weichen weniger stark davon ab als in der ECOWAS; andererseits investiert auch die UEMOA mit Sektorpolitiken in die Wettbewerbsfähigkeit der regionalen Wirtschaft und leistet damit einen wichtigen Beitrag zur Entwicklung ihrer Mitgliedstaaten. Dies spricht für die WTO-Konformität des regionalen Warenhandels. Mit der regionalen Liberalisierung des Dienstleistungshandels verstößt die UEMOA zwar zumindest gegen das Notifizierungserfordernis des Art. V GATS. Da die Rechtfertigungswirkung der Art. XXIV GATT bzw. Art. V GATS aber nicht durch die Notifizierung des jeweiligen Abkommens bedingt wird, besteht insofern kein Normkonflikt.

Der vierte Teil widmet sich der Koordinierung völkerrechtlicher Regime allgemein und der des westafrikanischen Mehrebenensystems im Besonderen. Dafür werden mögliche Rechtsgrundlagen für Koordinierungspflichten analysiert und Anforderungen an die Wirkung und Legitimität von Koordinierungsmechanismen formuliert.

Für internationale Organisationen kann sich die Pflicht zur Koordinierung mit anderen Regimen (auch implizit) aus ihrem Gründungsvertrag, der Loyalitätspflicht gegenüber ihren Mitgliedstaaten oder auch aus dem im Entstehen befindlichen völkergewohnheitsrechtlichen Störungsverbot ergeben. Unter der Koordinierung völkerrechtlicher Regime sollen alle

Formen der Abstimmung von Vertragsinhalten mit dem Ziel der Konfliktvermeidung verstanden werden. Mögliche Koordinierungswirkung kann
die Komplementarität, Harmonisierung oder minimale Kompatibilität
potentiell konfligierender Regelungsinhalte oder die Bestimmung des vorrangig anwendbaren Regimes durch Konfliktlösungsregeln sein. Mithin
handelt es sich nur dann um Koordinierungsmechanismen, wenn diese
eine der eben genannten Wirkungen zu zeitigen geeignet sind. Neben der
Anforderung möglichst hoher Wirksamkeit sind an Koordinierungsmechanismen – teilweise gegenläufige – Legitimitätsanforderungen zu richten,
die verlangen, dass Koordinierungsmechanismen nicht die mitgliedstaatlich vermittelte Legitimationskette unterbrechen und transparent und unter
Einbeziehung der relevanten Interessengruppen arbeiten. Die einzelnen
Koordinierungsmethoden können bei den verschiedenen Stadien des
Rechtsprozesses ansetzen, d.h. bei der Rechtssetzung, der Umsetzung und
der gerichtlichen Überprüfung, wobei einige Methoden gleichermaßen in
den verschiedenen rechtlichen Stadien Anwendung finden können.

Die intensivsten Koordinierungsbemühungen sind im konfliktträchtigen
Verhältnis der UEMOA zur ECOWAS festzustellen. Auch die Afrikanische Union misst der Koordinierung der von ihr anerkannten RWG einen
hohen Stellenwert bei. Weiterhin koordinieren sich die ECOWAS und
UEMOA mit Blick auf den Abschluss eines regionalen IWPA. Deutlich
weniger Koordinierungsmechanismen kommen im Verhältnis der beiden
Regionalorganisationen und der AU zur WTO zum Tragen.

Die ECOWAS und die UEMOA verwirklichen verschiedene Koordinierungsmethoden, insbesondere die gemeinsame Rechtssetzung. Ihr 2004
abgeschlossenes Kooperationsabkommen spiegelt allerdings nicht die
gesamte Bandbreite der Koordinierung und spart die Regelung wichtiger
Fragen aus, wie insbesondere die Wirkung von ECOWAS-Rechtsakten für
die UEMOA und die Umsetzung gemeinsamer Rechtsakte.

Ein einzigartiges Koordinierungsmodell haben die AU und die von ihr
anerkannten RWG in ihrem Beziehungsprotokoll gewählt. Mit diesem bindet die AU die unterzeichnenden RWG an den im AECV umrissenen Plan
für die Errichtung einer panafrikanischen Wirtschafts- und Währungsunion und unterwirft die RWG ihren Entscheidungen. Dabei geht aus dem
AECV und dem Beziehungsprotokoll eine evolutive Kompetenzabgrenzung hervor: Während die AU in den ersten Phasen des kontinentalen
Integrationsplans nur eine Rahmenkompetenz zur Rechtssetzung hat und
die Kompetenz, aber auch die Pflicht, Sachfragen zu regeln, bei den RWG
liegt, zieht sie mit der Zeit immer mehr Kompetenzen an sich, zentralisiert

also allmählich die Rechtssetzungskompetenzen. Bisher zielt die AU durch die kontinuierliche Konkretisierung ihrer Integrationsagenda vorrangig auf die Harmonisierung der Rechtssetzung der RWG im Sinne eines minimalen Integrationsstandards. Dabei spielt der Austausch von Informationen und Expertise zwischen den RWG in den AU-Foren eine wichtige Rolle.

Während die IWPA nur in geringem Maße mit der UEMOA und nicht mit der ECOWAS koordiniert worden sind und deren Recht verletzen, wenn sie auch bisher nicht angewandt werden, haben die ECOWAS und die UEMOA gemeinsam ein regionales WPA verhandelt, das mit dem künftigen ECOWAS-GAZ kompatibel ist. Die UEMOA, ECOWAS und auch die AU suchen schließlich die Positionen ihrer Mitglieder für die WTO-Verhandlungen zu harmonisieren und somit, im Fall der ersten beiden Organisationen, Widersprüche mit der Gemeinsamen Handelspolitik zu vermeiden.

Das Phänomen sich überschneidender Mitgliedschaften in verschiedenen regionalen Organisationen und der Überlagerung durch kontinentale, bilaterale und multilaterale Regime ist nicht nur für die westafrikanische Wirtschaftsintegration zu beobachten, sondern auch in anderen afrikanischen Regionen und auf anderen Gebieten des Völkerrechts. Insofern stellt sich die Frage, ob die Koordinierung im westafrikanischen Mehrebenensystem ein Modell für die Koordinierung völkerrechtlicher Regime bilden könnte.

Alles in allem haben die kollidierenden Regime des Rechts der (west-)afrikanischen Wirtschaftsintegration auf das diesem innewohnende hohe Konfliktpotential mit der – durch Abkommen, Protokolle und die Gründungsverträge der betroffenen internationalen Organisationen – formalisierten Koordinierung reagiert. Damit wurden einerseits ausdrücklich gegenseitige Koordinierungspflichten vorgesehen, andererseits auch Koordinierungsorgane errichtet und Koordinierungsmethoden bestimmt. Allerdings werden nicht alle in der Praxis verwirklichten und noch weniger alle erforderlichen Koordinierungsmechanismen geregelt.

Insbesondere im besonders konflikträchtigen Verhältnis der UEMOA zur ECOWAS haben die beiden Organisationen wichtige Koordinierungserfolge erzielt, insbesondere die gemeinsame Erarbeitung eines durch die ECOWAS verabschiedeten GAZ und die gemeinsame Verhandlung des regionalen WPA. Auf diese Weise wurde durch die Zusammenarbeit bei der Rechtssetzung Normkonflikte ausgeräumt bzw. vermieden. Allerdings weist die Koordinierung der beiden Organisationen auch Defizite auf:

Inwieweit die UEMOA formell durch die in Abstimmung mit ihr erarbeiteten, von der ECOWAS verabschiedeten Rechtsakte gebunden wird, ist ungeregelt, ebenfalls die Aufgabenteilung zwischen den beiden Organisation bei der Anwendung und Überwachung dieser Rechtsakte. Das liegt daran, dass die Koordinierungsansätze sich auf Ebene der Rechtssetzung konzentrieren, die Anwendung und gerichtliche Durchsetzung des gemeinsam erarbeiteten Rechts aber nicht umfassen. Ob daraus wegen abweichender Auslegungen Normkonflikte resultieren, kann noch nicht eingeschätzt werden. Es steht allerdings zu vermuten, dass aufgrund des Risikos abweichender Anwendungspraxis und Auslegung, die Koordinierung, um umfassend wirksam zu sein, auch die Ebene der Anwendung und der gerichtlichen Durchsetzung betreffen muss.

Das originelle Koordinierungsmodell im Verhältnis der AU zu den von ihr anerkannten RWG hat insbesondere durch einen regen Informations- und Expertiseaustausch und durch Rahmenvorgaben der AU zu einer Annäherung der Rechtsetzung zwischen den betreffenden RWG geführt. Ob die im AECV skizzierte Kompetenz- und Mandatsverschiebung, die eine fortschreitende (Teil-)Auflösung bzw. -Fusion der RWG bedeutet, realisiert wird, ist offen. Denn dafür stehen der AU weder detaillierte Regelungen zu den Modalitäten noch rechtliche Mittel zur Verfügung. Zwar kann sie theoretisch gegenüber den RWG bindende Entscheidungen erlassen, um diese zur Erfüllung der Integrationsagenda zu bewegen. Dass diese bisher – trotz Zurückliegens vieler RWG hinter dem vorgegebenen Integrationskalender – nicht in Anspruch genommene Befugnis allerdings auch die Aufforderung zur (teilweisen) Selbstauflösung bzw. Fusion umfasst, ist wegen ihrer Unschärfe zweifelhaft.

Ein abgeschlossenes Modell für eine erfolgreiche Koordinierung bietet das Recht (west-)afrikanischer Wirtschaftsintegration daher nicht, wohl aber einen Experimentierraum für vielgestaltige und teilweise innovative Koordinierungsmethoden. Hier ist nicht nur die Koordinierung der von ihr anerkannten RWG durch die AU zu nennen, sondern auch das sog. Tripartite FTA im süd-östlichen Afrika, das auf Grundlage der Koordinierung dreier RWG, der COMESA, der EAC und der SADC, errichtet werden soll.[2052] Es bleibt abzuwarten, ob die bisher noch bestehenden Normkon-

---

2052 Siehe das Memorandum of Understanding On Inter Regional Cooperation and Integration Amongst Common Market for Eastern and Southern Africa (COMESA), East African Community (EAC) and Southern African Development Community (SADC), 22. Oktober 2008. GERHARD ERASMUS und TRUDI

flikte in naher Zukunft dank der mittlerweile etablierten Koordinierungsmechanismen und deren Verfeinerung ausgeräumt und neue Normkonflikte vermieden werden können, sodass das Recht westafrikanischer Wirtschaftsintegration zu einem konfliktfreien oder zumindest -armen Mehrebenensystem wird.

HARTZENBERG, The Tripartite Free Trade Area: What Will t Be, and How Will It
Come About?, in: *Euopean Yearbook of International Economic Law* 5 (2014),
S. 345–353, 349 befürchten, dass das Tripartite FTA, statt es zu lösen, das Prob-
lem sich überschneidender RWG verstärkt.

Literaturverzeichnis

ADERANTI ADEPOJU, Fostering Free Movement of Persons in West Africa: Achievements, Constraints, and Prospects for Intraregional Migration, in: *International Migration 40* (2002).

VICTOR A.O ADETULA, *Regional Integration in Africa: Prospect for closer cooperation between West, East and Southern Africa*, Johannesburg, Südafrika 2004.

AFRICAN DEVELOPMENT FUND und AFRICAN DEVELOPMENT BANK, *Regional Integration Strategy Paper for West Africa 2011-2015*, 2011.

C.T.A. AGRITRADE, *EPA negotiation issues between West Africa and the EU*, 2010.

SUNDAY BABALOLA AJULO, Sources of the Law of the Economic Community Of West African States (ECOWAS), in: *Journal of African Law* 45 (2001), S. 73-96.

O. AKANLE, The Legal and Institutional Framework of the African Economic Community, in: *African Economic Community Treaty. Issues, Problems and Prospects*, hg. von M.A AJOMO und OMOBOLAJI ADEWALE, Lagos 1993, S. 1–33.

AKIN AKINBOTE, *The ECOWAS Treaty as a legal tool for the adoption of OHADA treaty and laws by anglophone ECOWAS States*, Université d'Orléans 2008.

IWA AKINRINSOLA, Legal and Institutional Requirements for West African Economic Integration, in: *Law and Business Review of the Americas Vol. 10* (2004), S. 493–514.

JOHN K. AKOKPARI, The AU, NEPAD and the Promotion of Good Governance in Africa, in: *Nordic Journal of African Studies* 13 (2004), S. 243–263.

ROBERT ALEXY, *Theorie der Grundrechte*, Baden-Baden 1985.

ERNEST ARYEETEY, *Regional Integration in West Africa*, 2001.

SAMUEL K. B. ASANTE, *African development. Adebayo Adedeji's alternative strategies*, London, New York 1991.

SAMUEL K. B. ASANTE, *Regionalism and Africa's development. Expectations, reality, and challenges*, New York 1997.

SAMUEL K. B. ASANTE, Towards an African Economic Community, in: *Towards an African Economic Community*, hg. von SAMUEL K. B. ASANTE und FRANCIS O. C. NWONWU, Pretoria 2001.

CHRYSANTUS AYANGAFAC und KENNETH MPYISI, *The proposed AU Authority: Hybridisation, balancing intergovernmentalism and supranationalism*, 2009.

OLUFEMI A. BABARINDE, *Analysing the proposed African Economic Community: Lessons from the experience of the European Union*, Bruxelles 1996.

ADEWALE BANJO, The ECOWAS Court and the Politics of Access to Justice in West Africa, in: *Africa Development, Vol. XXXII* (2007), S. 69-87.

LORAND BARTELS, Legal constraints on the EU's ability to withdraw EPA preferences, in: *Trade Negotiations Insights*, hg. von International Centre for Trade and Sustainable Development und European Centre for Development Policy Managment, Volume 10 Number 8 (2011), S. 1–3.

LORAND BARTELS, The legal status of the initialled EPAs, in: *Trade Negotiations Insights*, hg. von International Centre for Trade and Sustainable Development und European Centre for Development Policy Managment, Volume 7 Number 3 (2008), S. 4–5.

LORAND BARTELS, The WTO Enabling Clause and Positive Conditionality in the European Community's GSP Program, in: *Journal of International Economic Law* 6 (2003), S. 507–532.

LORAND BARTELS, The WTO legality of the EU's GSP + arrangement, in: *Journal of International Economic Law* 10 (2007), S. 869–886.

YAWOVI BATCHASSI, *Note sur l'avis 1/2000 du 2 février 2000*, Ohadata-Dok. J-02-62, 2000.

CARL BAUDENBACHER, *EFTA Court. Legal framework and case law,* 2008.

TOBIAS BENDER, GATT 1994, in: *WTO-Recht. Rechtsordnung des Welthandels*, hg. von STEFAN OETER und MEINHARD HILF, Baden-Baden, 2. Aufl. 2010, S. 229–260.

TOBIAS BENDER und MARTIN MICHAELIS, Handelsrelevante Aspekte des geistigen Eigentums (TRIPS), in: *WTO-Recht. Rechtsordnung des Welthandels*, hg. von STEFAN OETER und MEINHARD HILF, Baden-Baden, 2. Aufl. 2010, S. 479–512.

WOLFGANG BENEDEK, *Die Rechtsordnung des GATT aus völkerrechtlicher Sicht*, Berlin, Heidelberg 1990.

JEREMY BENTHAM und H. L. A. HART, *Of laws in general*, London 1970.

RUDOLF BERNHARDT, Article 103, in: *The Charter of the United Nations. A commentary*, hg. von BRUNO SIMMA ET AL.Oxford, 2. Aufl. 2002.

JACQUES BERTHELOT, Pertes de recettes douanières liées à l'APE Afrique de l'Ouest, 6. September 2014, verfügbar unter https://blogs.mediapart.fr/j-berthelot/ blog/090914/pertes-de-recettes-douanieres-en-perspective-en-afrique-de-louest, zuletzt eingesehen am 18.12.2015.

SANOUSSI BILAL, *Economic partnership agreements (EPAs): the ACP regions and their relations with the EU,* 2005.

SANOUSSI BILAL und CHRISTOPHER STEVENS, *The Interim Economic Partnership Agreements between the EU and African States: Contents, challenges and prospects,* 2009.

SANOUSSI BILAL, DAN LUI und JESKE VAN SETERS, *The EU Commitment to Deliver Aid for Trade in West Africa and Support the EPA Development Programme (PAPED),* 2010.

AMICHIA BILEY, *Wirtschafts- und Währungsintegration im westafrikanischen Raum unter Berücksichtigung der Besonderheiten informeller Aktivitäten.* Dissertation. Göttingen 2001.

BLAIR COMMISSION FOR AFRICA, *Our Common Interest,* 2005.

ALBERT BLECKMANN, Zur Wandlung der Strukturen der Völkerrechtsverträge – Theorie des multipolaren Vertrages -, in: *Archiv des Völkerrechts* 34 (1996), S. 218–236.

ALAIN FAUSTIN BOCCO, *Politique commerciale commune et rôle de l'UEMOA dans les négociations commerciales*, Bamako 2007.

LAURENCE DE BOISSON CHAZOURNES, Les relations entre organisations régionales et organisations universelles, in: *Recueil des Cours* (2011), S. 79–406.

CHRISTOPHER BORGEN, Resolving Treaty Conflicts, in: *George Washington International Law Review* 37 (2005), S. 573–648.

HÉLÈNE BOUSSARD, La coordination des organisations internationales: L'exemple du Comité interinstitutions des Nations Unies sur la bioéthique, in: *Revue francaise d'administration publique* (2008), S. 373–385.

SIGRID BOYSEN, Regionale Handelsabkommen, in: *WTO-Recht. Rechtsordnung des Welthandels*, hg. von STEFAN OETER und MEINHARD HILF, Baden-Baden, 2. Aufl. 2010, S. 662–686.

LORI BROCK, OMETERE OMOLUABI und NATE VAN DUSEN, *Gap Analysis ECOWAS Free Trade Area*, 2009.

LORI BROCK, OMETERE OMOLUABI und NATE VAN DUSEN, *Nigeria Gap Analysis. ECOWAS Free Trade Area*, 2010.

LORI BROCK, OMETERE OMOLUABI und NATE VAN DUSEN, *Mali Gap Analysis. ECOWAS Free Trade Area*, 2011.

LORI BROCK, OMETERE OMOLUABI und NATE VAN DUSEN, *Togo Gap Analysis. ECOWAS Free Trade Area*, 2011.

IAN BROWNLIE, *Principles of public international law*. Oxford, New York, 7. Aufl. 2008.

ALLEN BUCHANAN und ROBERT O. KEOHANE, The Legitimacy of Global Governance Institutions, in: *Legitimacy in international law*, hg. von RÜDIGER WOLFRUM und VOLKER RÖBEN, Berlin, New York 2008, S. 25–62.

THOMAS BUERGENTHAL, Proliferation of International Courts and Tribunals: Is It Good or Bad?, in: *Leiden Journal of International Law* 14 (2001), S. 267–275.

ABASS BUNDU, Chapter 2. ECOWAS and the Future of Regional Integration in West Africa, in: *Regional Integration and Cooperation in West Africa. A Multidimensional Perspective*, hg. von RÉAL LAVERGNE, Ottawa 1997, S. 29–48.

GRÁINNE DE BÚRCA, The European Court of Justice and the International Legal Order After Kadi, in: *Harvard International Law Journal* 51 (2010), S. 1–49.

LAURENCE BURGORGUE-LARSEN, Prendre les droits communautaires au sérieux ou la force d'attraction de l'expérience européenne en Afrique et en Amérique latine, in: *Dynamiques du droit européen en début de siècle. Études en l'honneur de Jean-Claude Gautron*, hg. von PEDONE, Paris 2004, S. 563–580.

WILLIAM W. BURKE-WHITE, International Legal Pluralism, in: *Minnesota Journal of International Law* 25 (2004), S. 963–979.

ENZO CANNIZZARO, A Machiavellian Moment? The UN Security Councill and the Rule of Law, in: *International Organizations Law Review* 3 (2006), S. 189-224.

DOMINIQUE CARREAU und PATRICK JUILLARD, *Droit international économique*, Paris, 5. Aufl. 2013.

JAN CERNICKY, *Regionale Integration in Westafrika. Eine Analyse der Funktionsweise von ECOWAS und UEMOA*, Bonn 2008.

JONATHAN I. CHARNEY, Is International Law Threatened By Multiple International Tribunals?, in: *Recueil des Cours* 1998, S. 101–382.

GUY CHARRIER und ABOU SAÏB COULIBALY, *Examen collégial volontaire des politiques de concurrence de l'UEMOA, du Bénin et du Sénégal*. UN-Dok. UNCTAD/ CITC/CLP/2007/1 2007.

EMILIE CHEVALIER, La déclinaison du principe de primauté dans les ordres communautaires l'exemple de l'Union Économique et Monétaire Ouest Africaine, in: *Cahiers de Droit Européen* 2007, S. 343–362.

WON-MOG CHOI, Legal Problems of Making Regional Trade Agreements with Non-WTO-Member States, in: *Journal of International Economic Law* 8 (2005), S. 825–860.

ANNE-SOPHIE CLAEYS und ALICE SINDZINGRE, *Regional integration as a transfer of rules. The case of the relationship between the European Union and the West African Economic and Monetary Union (WAEMU)*, 2003.

JOSHUA COHEN, Deliberation and Democratic Legitimacy, in: *The Good Polity*, hg. von ALAN HAMLIT and PHILIP PETITT, Oxford 1989.

CONCORD, The EPA between the EU and West Africa: Who benefits?, Spotlight Report 2015, verfügbar unter http://www.euractiv.com/sites/default/files/spotlight_2015_trade_epa_april_2015_en_1.pdf, zuletzt eingesehen am 25.12.2015.

COOPÉRATION AUTRICHIENNE POUR LE DÉVELOPPEMENT, *Guide on the free movement of people and goods in Southern Senegambia*, 2009.

THOMAS COTTIER und MARINA FOLTEA, Constitutional Functions of the WTO and Regional Trade Agreements, in: *Regional trade agreements and the WTO legal system*, hg. von LORAND BARTELS und FEDERICO ORTINO, Oxford, New York 2006, S. 43–76.

ABOU SAÏB COULIBALY, Le droit de la concurrence de l'Union Economique et monétaire Ouest Africaine, in: *Revue burkinabé de droit* 43-44 (2003).

MASSA COULIBALY und DANIEL J. PLUNKETT, *Lessons from the Implementation of the WAEMU/UEMOA Common External Tariff since 2000 for the Implementation of the ECOWAS Common External Tariff by the end of 2007*, 2006.

EUGENE DANIEL CROSS, Pre-emption of Member State Law in the European Economic Community: A framework for Analysis, in: *Common Market Law Review* 29 (1992), S. 447–472.

W. CZAPLINSKI und G. DANILENKO, Conflicts of Norms in International Law, in: *Netherlands Yearbook of International Law* 21 (1990), S. 3–42.

PATRICK DAILLIER, MATHIAS FORTEAU und ALAIN PELLET, *Droit International Public*, Paris, 8. Aufl. 2009.

CHAD DAMRO, The Political Economy of Regional Trade Agreements, in: *Regional trade agreements and the WTO legal system*, hg. von LORAND BARTELS und FEDERICO ORTINO, Oxford, New York 2006, S. 23–42.

Jost Delbrück, Rüdiger Wolfrum und Georg Dahm, *Völkerrecht,* Berlin, New York, 2. Aufl. 2002.

Eloi Diarra, Coopération ou intégration fiscale au sein de l'Union Economique et Monétaire Ouest-Africaine (UEMOA), in: *Revue burkinabé de droit* 45 (2004), S. 35–58.

El Hadji A. Diouf, *Quête de Cohérence dans l'élaboration des Politiques commerciales en Afrique de l'Ouest. OMC, APE et Intégration Régionale,* 2010.

Jean-Baptiste Diouf, *Douanes&Échanges. Un conseilller à vos cotés!,* Dakar 2009.

Alberto do Amaral Júnior, Le "dialogue" des sources: Fragmentation et cohérence dans le droit international contemporain, in: *Regards d'une génération de juristes sur le droit international,* hg. von Emmanuelle Jouannet, Paris 2008, S. 7–33.

Louis Dubouis, Les rapports du droit régional et du droit universel, in: *Régionalisme et universalisme dans le droit international contemporain,* Paris, S. 263–287.

Stéphanie Dujardin, La Cour africaine de justice et des droits de l'homme. un projet de fusion opportun et progressiste des juridictions panafricaines par l'Union africaine, in: *Revue juridique et politique des états francophones* 61 (2007), S. 511–533.

Jeffrey L. Dunoff, A New Approach to Regime Interaction, in: *Regime interaction in international law. Facing fragmentation,* hg. von Margaret A. Young, Cambridge 2012, S. 136–174.

Pierre-Marie Dupuy, The Danger of Fragmentation or Unification of the International Legal System and the International Court of Justice, in: *International Law and Politics* 31 (1999), S. 791–807.

Pierre-Marie Dupuy, L'unité de l'ordre juridique international. Cours général de droit international public, in: *Recueil des Cours* 297 (2002), S. 1–489.

René-Jean Dupuy, Le droit des relations entre organisations internationales, in: *Recueil des Cours 100 (1960),* S. 461–589.

Eureopan Centre for Development Policy, *Overview of the regional EPA negotiations. West-Africa-EU Economic Partnership Agreement,* 2006.

Constantin Economides und Alexandros Kolliopoulos, La clause de déconnexion en faveur du droit communautaire. Une pratique critiquable, in: *Revue Générale de Droit International Public* 110 (2006), S. 273–302.

Ulrich Ehricke, Art. 267, in: *EUV/AEUV. Vertrag über die Europäische Union und Vertrag über die Arbeitsweise der Europäischen Union,* hg. von Rudolf Streinz und Tobias Kruis, München, 2. Aufl. 2012.

Karl Engisch, *Die Einheit der Rechtsordnung,* Heidelberg 1935.

Volker Epping, 7. Kapitel: Internationale Organisationen, in: *Völkerrecht. Ein Studienbuch,* hg. von Knut Ipsen und Eberhard Menzel, München, 5. Aufl. 2004, S. 444–552.

Gerhard Erasmus und Trudi Hartzenberg, The Tripartite Free Trade Area: What Will t Be, and How Will It Come About?, in: *Euopean Yearbook of International Economic Law* 5 (2014), S. 345–353.

GERRIT FABER und JAN ORBIE, The Least Developed Countries, International Trade and the European Union: what about "Everything but Arms"?, in: *European Union Trade Politics and Development. 'Everything But Arms' Unravelled,* hg. von G. J. FABER und JAN ORBIE, London, New York 2007.

ULRICH FASTENRATH, *Lücken im Völkerrecht. Rechtscharakter, Quellen, Systemzusammenhang, Methodenlehre und Funktionen im Völkerrecht,* Berlin 1991.

CHRISTOPHER FINDLAY, SHERRY STEPHENSON und FRANCISCO JAVIER PRIETO, Services in Regional Trade Agreements, in: *The World Trade Organization: Legal Economic and Political Analysis,* hg. von PATRICK F.J MACRORY, ARTHUR E. APPLETON und MICHAEL G. PLUMMER, New York 2005, S. 293–311.

ANDREAS FISCHER-LESCANO und GUNTHER TEUBNER, Regime-Collisions: The Vain Search for Legal Unity in the Fragmentation of Global Law, in: *Michigan Journal of International Law* 25 (2004), S. 999–1046.

JAMES FLETT, Importing Other International Regimes into World Trade Organization Litigation, in: *Regime interaction in international law. Facing fragmentation,* hg. von MARGARET A. YOUNG, Cambridge 2012, S. 261–304.

UWE FLICK, *Qualitative Sozialforschung. Eine Einführung,* Reinbek bei Hamburg, 4. Aufl. 2006.

JOHN FORMAN, The EEA Agreement Five Years On: Dynamic Homogeneity in Practice and its Implementation by the Two EEA Courts, in: *Common Market Law Review* 36 (1999), S. 751–781.

CHRISTIANE GANS, *Die ECOWAS. Wirtschaftsintegration in Westafrika,* Münster 2006.

JAMES THUO GATHII, *African regional trade agreements as legal regimes,* Cambridge 2011.

ANGELA T. GOBBI ESTRELLA und GARY N. HORLICK, Mandatory Abolition of Anti-Dumping Countervailing Duties and Safeguards in Customs Unions and Free Trade Areas Constituted between WTO Members: Revisting a Lng-Standing Discussion in Light of the Appellate Body's Turkey – Textiles Ruling, in: *Regional trade agreements and the WTO legal system,* hg. von LORAND BARTELS und FEDERICO ORTINO, Oxford, New York 2006, S. 109–148.

P. F. GONIDEC, *Les organisations internationales africaines. Étude comparative,* Paris 1987.

CHRISTINE GRAY, *International Law and the Use of Force,* Oxford, 2. Aufl. 2004.

SVEN GRIMM, Institutional change in the West African Economic and Monetary Union (WAEMU) since 1994: A fresh start after the devaluation shock?, in: *afrika spectrum 34* (1999), S. 5–32.

GENE M. GROSSMAN und ALAN O. SYKES, A Preference for Development: The Law and Economics of GSP, in: *WTO law and developing countries,* hg. von GEORGE A. BERMANN und PETROS C. MAVROIDIS, New York 2007, S. 255–282.

JÜRGEN HABERMAS, *Der gespaltene Westen,* Frankfurt am Main 2004.

ARND HALLER, *Mercosur. Rechtliche Würdigung der außenwirtschaftlichen Beziehungen und Vereinbarkeit mit dem Welthandelssystem,* Münster, Köln 2001.

PATRICIA ISELA HANSEN, Transparency, Standards of Review, and the Use of Trade Measures to Protect the Global Environment, in: *Virginia Journal of International Law Association* 39 (1999), S. 1017–1068.

ANDREAS HARATSCH, Die Solange-Rechtsprechung des Europäischen Gerichtshofs für Menschenrechte. Das Kooperationsverhältnis zwischen EGMR und EuGH, in: *Zeitschrift für ausländisches öffentliches Recht und Völkerrecht* 66 (2006), S. 927–947.

DAVID HELD, Democracy and the Global Order, Cambridge 1995.

FABIAN HEMKER, Handelspolitik und Menschenrechte: Das Allgemeine Präferenzsystem Plus (APSplus) der Europäischen Union, in: *MenschenRechtsMagazin* (2006), S. 281–291.

CAROLINE HENCKELS, Overcoming Jurisdictional Isolationism at the WTO-FTA Nexus: A Potential Approach for the WTO, in: *European Journal of International Law* 19 (2008), S. 571–599.

MATTHIAS HERDEGEN, *Europarecht*, München, 15. Aufl. 2013.

BÉNÉDICTE HERMELIN, *La politique agricole de l'UEMOA: aspects institutionnels et politiques,* 2003.

ROSALYN HIGGINS, *Problems and process. International law and how we use it.* Oxford, New York 1995.

MEINHARD HILF, Freiheit des Welthandels contra Umweltschutz?, in: *Neue Zeitschrift für Verwaltungsrecht* 19 (2000), S. 481–490.

MEINHARD HILF, Power, rules and principles - which orientation for WTO/GATT law?, in: *Journal of International Economic Law* 4 (2001), S. 111–130.

MEINHARD HILF und SASKIA HÖRMANN, Effektivität - ein Rechtsprinzip?, in: *Völkerrecht als Wertordnung. Festschrift für Christian Tomuschat,* hg. von PIERRE-MARIE DUPUY, BARDO FASSBENDER, MALCOLM N. SHAW und KARL-PETER SOMMERMANN, Kehl 2006, S. 913–945.

MEINHARD HILF und MATTHIAS REUSS, Verfassungsfragen lebensmittelrechtlicher Normierung, in *Zeitschrift für das gesamte Lebensmittelrecht* (24) 1997, S. 289-302.

RISTO HILPINEN, Normative Conflicts and Legal Reasoning, in: *Man, Law and Modern Forms of Life,* hg. von EUGENIO BULYGIN, JEAN-LOUIS GARDIES und ILKKA NIINILUOTO, Dordrecht 1985, S. 191–208.

PETER HILPOLD, Regional Integration Agreements According to Art. XXIV GATT - Between Law and Politics, in: *Max Planck Yearbook of United Nations Law* (2003), S. 219–260.

YENKONG NGANGJOH HODU, Regionalism in the WTO and the Legal Status of a Development Agenda in the EU/ACP Economic Partnership Agreement, in: *Nordic Journal of International Law* 78 (2009), S. 225–248.

MOMBERT HOPPE und FRANCIS AIDOO, *Removing Barriers to Trade between Ghana and Nigeria: Strengthening Regional Integration by Implementing ECOWAS Commitments,* 2012.

CHRISTOPHER HOVIUS und JEAN-RENÉ OETTLI, Measuring the Challenge: The Most Favoured Treatment Clause in the Economic Partnership Agreements between the European Community and African, Caribbean and Pacific Countries, in: *Journal of World Trade* 45 (2011), S. 553–576.

ROBERT HOWSE, *The Use and Abuse of "Other Relevant Rules of International Law" in Treaty Interpretation: Insights from WTOTrade/Environment Litigation.*, 2007.

LELIO IAPADRE, PHILIPPE DE LOMBAERDE und GIOVANNI MASTRONARDI, Measuring Trade Regionalisation in Africa: The Case of ECOWAS, in: *Regional Trade and Monetary Integration in West Africa and Europe*, hg. von RIKE SOHN und AMA KONADU OPPONG, 2013, S. 57–86.

LUC MARIUS IBRIGA, Le problème de la compatibilité entre l'UEMOA et la CEDEAO, in: *La libéralisation de l'economie dans le cadre de l'intégration régionale: Le cas de l'UEMOA*, hg. von PIERRE MEYER, Ouagadougou 1999, S. 197–227.

LUC MARIUS IBRIGA, SAIB ABOU COULIBALY und DRAMANE SANOU, *Droit communautaire ouest-africain*, Ouagadougou 2008.

ILC STUDY GROUP, *Fragmentation of International Law: Difficulties Arising from the Diversification and Expansion of International Law. Report of the Study Group of the International Law Commission, finalized by Martti Koskenniemi*, 2006, VN-Dok. A/CN.4/L.682 und Corr.1.

ILC STUDY GROUP, *Fragmentation of International Law: Difficulties arising from the Diversification and Expansion of International Law. Conclusions of the work of the Study Group* 2006, VN-Dok. A/CN.4/L.702.

INTERNATIONAL LAWYERS AND ECONOMISTS AGAINST POVERTY, *Evaluation de la situation actuelle des concessions tarifaires des Etats de l'UEMOA auprès de l'OMC. Guide de Négociation N° 17*, 2007.

STEFANO INAMA, The Reform of the EC GSP Rules of Origin: Per aspera ad astra?, in: *Journal of World Trade (32)* (2011), S. 577–603.

INTERNATIONAL ORGANIZATION FOR IMMIGRATION (IOM), *La libre circulation, le droit de résidence et d'établissement dans l'espace CEDEAO : acquis communautaire, effectivité et enjeux*, 2007.

MD RIZWANUL ISLAM und SHAWKAT ALAM, Preferential Trade Agreements and the Scope of the GATT Article XXIV, GATS Article V and the Enabling Clause: An Appraisal of GATT/WTO Jurisprudence, in: *Netherlands International Law Review 56* (2009), S. 1–34.

JOSEPH ISSA-SAYEGH, L'ordre juridique de l'UEMOA et l'intégration juridique africaine, in: *Dynamiques du droit européen en début de siècle. Études en l'honneur de Jean-Claude Gautron*, hg. von JOËL ANDRIANTSIMBAZOVINA ET AL., Paris 2004, S. 663–679.

JOSEPH ISSA-SAYEG und MICHEL FILIGA SAWADOGO, *Observations sur l'avis n°3/2000*, Ohadata-Dok. J-02-32, undatiert.

JOHN H. JACKSON, *The world trading system. Law and policy of international economic relations*, Cambridge, 2. Aufl. 1997.

SHIRIFU BALIMO JALLOH, *Die Bestrebungen der westafrikanischen Staaten zur wirtschaftlichen Integration unter besonderer Berücksichtigung der Währungsintegration.* Dissertation. Köln 1983.

PHILIPP JEHLE, *Harmonisierung im Welthandelsrecht durch Verweis auf internationale Standards. Eine Analyse anhand des SPS-Abkommens der WTO*, Baden-Baden 2008.

WILFRED JENKS, Co-Ordination: A New Problem of International Organization. A preliminary Survey of the Law and Practice of Inter-organizational Relationships, in: *Recueil des Cours,* 77 (1950), S. 151–301.

WILFRED JENKS, Co-ordination in International Organization: An Introductor Survey, in: *British Yearbook of International Law* 28 (1951), S. 29–89.

WILFRED JENKS, The Conflict of Law-Making Treaties, in: *British Yearbook of International Law* (1953), S. 401–453.

HENNING JESSEN, "GSP plus" - Zur WTO-Konformität des zukünftigen Zollpräferenzsystems der EG, 2004.

HENNING JESSEN, Zollpräferenzen für Entwicklungsländer: WTO-rechtliche Anforderungen an Selektivität und Konditionalität - Die GSP-Entscheidung des WTO Panel und Appellate Body, 2004.

HENNING JESSEN, *WTO-Recht und "Entwicklungsländer". "Special and Differential Treatment for Developing Countries" im multidimensionalen Wandel des Wirtschaftsvölkerrechts,* Berlin 2006.

HENNING JESSEN, WTO und Entwicklung, in: *WTO-Recht. Rechtsordnung des Welthandels*, hg. von STEFAN OETER und MEINHARD HILF, Baden-Baden, 2. Aufl. 2010, S. 575–595.

MELISSA JULIAN, EPA Update, in: *Trade Negotiations Insights*, hg. von International Centre for Trade and Sustainable Development und European Centre for Development Policy Managment, Volume 7 Number 3 (2008), S. 13–15.

LAMA KABBANJI, *Politiques migratoires et intégration régionale en Afrique de l'Ouest,* 2005.

MEHMET KARLI, The Development friendliness of dispute settlement mechanisms in the EPAs, in: *Trade Negotiations Insights*, hg. von International Centre for Trade and Sustainable Development und European Centre for Development Policy Managment, Volume 8 Number 9, 2009.

WOLFRAM KARL, *Vertrag und spätere Praxis im Völkerrecht. Zum Einfluss der Praxis auf Inhalt und Bestand völkerrechtlicher Verträge*, Berlin, New York 1983.

WOLFRAM KARL, Conflicts between Treaties, in: *Encyclopedia of Public International Law. History of International Law. Foundations and Principles of International Law. Sources of International Law. Law of Treaties,* Amsterdam: North-Holland 1984, S. 467–473.

ULRICH KARPENSTEIN, *Praxis des EU-Rechts. Anwendung und Durchsetzung des Unionsrechts in der Bundesrepublik Deutschland,* München, 2. Aufl. 2013.

HANS KELSEN, *Allgemeine Theorie der Normen,* Wien 1979.

JEFFREY KENNERS, The Remodeled European Community GSP+: A Positive Response to the WTO Ruling? Comment on Grossman and Sykes' "A Preferences for Development: The Law and Economics of GSP", in: *WTO law and developing countries,* hg. von GEORGE A. BERMANN und PETROS C. MAVROIDIS, New York 2007, S. 292–305.

EDWINI KESSIE, Trade Liberalisation under ECOWAS. Prospects, Challenges and WTO Compatbility, in: *African Yearbook of International Law* 7 (1999), S. 31–59.

ALEXANDRE KISS, Abuse of Rights, in: *The Max Planck encyclopedia of public international law*, hg. von RÜDIGER WOLFRUM, Oxford u.a. 2012.

FRIEDRICH KLEIN, Vertragskonkurrenz, in: *Wörterbuch des Völkerrechts*, hg. von HANS-JÜRGEN SCHLOCHAUER, Berlin, 2. Aufl. 1962, S. 555–560.

THOMAS KLEINKLEIN, Judicial Lawmaking by Judicial Restraint? The Potential of Balancing in International Economic Law, in: *International judicial lawmaking. On public authority and democratic legitimation in global governance*, hg. von ARMIN von BOGDANDY und INGO VENZKE, Berlin, New York 2012, S. 251–292.

BERNHARD KNOLL, Rights Without Remedies: The European Court's Failure to Close the Human Rights Gap in Kosovo, in: *Zeitschrift für ausländisches öffentliches Recht und Völkerrecht* 68 (2008), S. 431–451.

DIRK KOHNERT, Die UEMOA und die CFA-Zone - Eine neue Kooperationskultur im frankophonen Afrika?, in: *Regionale Integration - neue Dynamiken in Afrika, Asien und Lateinamerika*, hg. von DIRK NABERS, Hamburg 2005, S. 115–136.

MARTTI KOSKENNIEMI und PÄIVI LEINO, Fragmentation of International Law? Postmodern Anxities, in: *Leiden Journal of International Law* 15 (2002), S. 553–579.

MARTTI KOSKENNIEMI, Constitutionalism as Mindset: Reflections on Kantian Themes about International Law and Globalization, in: *Theoretical Inquiries in Law* 8 (2007), S. 9–36.

MARTTI KOSKENNIEMI, Hegemonic Regimes, in: *Regime interaction in international law. Facing fragmentation*, hg. von MARGARET A. YOUNG, Cambridge 2012, S. 305–324.

MARKUS KRAJEWSKI, *Wirtschaftsvölkerrecht,* Heidelberg u.a., 3. Aufl. 2012.

STEPHEN D. KRASNER, Structural causes and regime consequences: regimes as intervening variables, in: *International regimes*, hg. von STEPHEN D. KRASNER, Ithaca 1983.

NICO KRISCH, The Pluralism of Global Administrative Law, in: *European Journal of International Law* 17 (2006), S. 247–278.

KOFI OTENG KUFUOR, Securing Compliance with the Judgements of the ECOWAS Court of Justice, in: *African Journal of International and Comparative Law 8* (1996), S. 1–11.

KOFI OTENG KUFUOR, *The Institutional Transformation of the Economic Community of West African States,* Hampshire 2006.

ANDREA KUPFER SCHNEIDER, Getting along: The Evolution of Dispute Resolution Regimes in International Trade Organizations, in: *Michigan Journal of International Law* 20 (1998-1999), S. 697-773.

AILEEN KWA, *African Countries and the EPAs: Do Agriculture Safeguards Afford Adequate Protection?,* 2008.

L'OFFICE DE COOPÉRATION EUROPEAID ET. AL., *Evaluation de la Stratégie Régionale de la CE en Afrique de l'Ouest. Rapport final de Synthèse. Volume 2,* 2008.

RÉMI LANG, *Renegotiating GATT Article XXIV – a priority for African countries engaged in North-South trade agreements,* 2006.

NIKOLAOS LAVRANOS, Concurrence of Jurisdiction between the ECJ and other International Courts and Tribunals, in: *European Environmental Law Review* (2005), S. 240–251.

NIKOLAOS LAVRANOS, Regulating Competing Jurisdictions Among International Courts and Tribunals, in: *Zeitschrift für ausländisches öffentliches Recht und Völkerrecht* 68 (2008), S. 575–621.

CHRISTIAN LEATHLEY, An Institutional Hierarchy to Combat the Fragmentation of International Law: Has the ILC Missed an Opportunity?, in: *International Law and Politics* 40 (2007), S. 259–306.

BLAISE LEENHARDT, *Le poids de l'informel en UEMOA, premières leçons en termes de comptabilité nationale des enquêtes 1-2-3 de 2001-2003,* 2005.

DAVID LUFF, *Le droit de l'organisation mondiale du commerce. Analyse critique,* Bruxelles, 1. Aufl. 2004.

PATRICK F.J MACRORY, ARTHUR E. APPLETON und MICHAEL G. PLUMMER, *The World Trade Organization: Legal Economic and Political Analysis,* New York 2005.

KONSTANTINOS D. MAGLIVERAS und GINO J. NALDI, The African Union - A New Dawn for Africa, in: *International and Comparative Law Quarterly* 51 (2002), S. 415–426.

KONSTANTINOS D. MAGLIVERAS und GINO J. NALDI, The Pan-African Parliament of the African Union: An overview, in: *African Human Rights Law Journal* 3 (2003), S. 222–234.

AHMED MAHIOU, La Communauté Economique Africaine, in: *Annuaire français de droit international* 39 (1993), S. 798–819.

AHMED MAHIOU, Le Cadre Juridique de la Coopération Sud-Sud. Quelques Expériences ou Tentatives d'Intégration, in: *Recueil des Cours* 77 (1993), S. 9–194.

AHMED MAHIOU, Le droit international ou la dialéctique de la rigueur et de la fléxibilité. Cours général de droit international public, in: *Recueil des Cours* 337 (2008), S. 9–516.

FRANCIS MANGENI und STEPHEN N. KARINGI, *Towards the African Template For Economic Partnership Agreements,* 2008.

GABRIELLE MARCEAU, A Call for Coherence in International Law. Praises for the Prohibition Against "Clinical Isolation ' in WTO Dispute Settlement, in: *Journal of World Trade* 33 (1999), S. 87–152.

GABRIELLE MARCEAU, Conflicts of Norms and Conflicts of Jurisdictions: The Relationship between the WTO Agreement and MEAs and Other Treaties, in: *Journal of World Trade* (2001), S. 1081–1131.

GABRIELLE MARCEAU und CORNELIS REIMAN, When and How is a Regional Trade Agreement Compatible with the WTO?, in: *Legal Issues of Economic Integration* 28 (2001), S. 297–336.

JENNY S. MARTINEZ, Towards an International Judicial System, in: *Stanford Law Review* 56 (2003), S. 429–529.

MITSUO MATUSHITA, THOMAS J. SCHOENBAUM und PETROS C. MAVROIDIS, *The World Trade Organization. Law, Practice, and Policy,* Oxford, 1. Aufl. 2003.

NELE MATZ-LÜCK, Norm Interpretation across International Regimes: Competences and Legitimacy, in: *Regime interaction in international law. Facing fragmentation*, hg. von MARGARET A. YOUNG, Cambridge 2012, S. 201–234.

NELE MATZ, *Wege zur Koordinierung völkerrechtlicher Verträge. Völkervertragsrechtliche und institutionelle Ansätze*, Berlin, Heidelberg 2005.

FRANZ C. MAYER, *Kompetenzüberschreitung und Letztentscheidung. Das Maastricht-Urteil des Bundesverfassungsgerichts und die Letztentscheidung über Ultra vires-Akte in Mehrebenensystemen eine rechtsvergleichende Betrachtung von Konflikten zwischen Gerichten am Beispiel der EU und der USA*, München 2000.

COLIN MCCARTHY, African Regional Economic Integration: Is the Paradigm Relevant and Appropriate?, in: *European Yearbook of International Economic Law* 2 (2011), S. 345–368.

CAMPBELL MCLACHLAN, The principle of systemic integration and article 31 (3) (c) of the Vienna Convention, in: *International and Comparative Law Quarterly* 51 (2005), S. 279–320.

PIERRE MEYER und LUC MARIUS IBRIGA, La place du droit communautaire UEMOA dans le droit interne des Etats membres, in: *Revue burkinabé de droit* 37 (2000), S. 28–46.

PETER MEYNS, Die "Afrikanische Union" - Afrikas neuer Anlauf zu kontinentaler Einheit und globaler Anerkennung, in: *Afrika-Jahrbuch 2001. Politik, Wirtschaft und Gesellschaft in Afrika südlich der Sahara*, hg. von ROLF HOFMEIER und ANDREAS MEHLER, Opladen 2002, S. 51–67.

NATHAN MILLER, An International Jurisprudence? The Operation of "Precedent" Across International Tribunals, in: *Leiden Journal of International Law* 15 (2002), S. 483–526.

LOUISE EVA MOSSNER, The WTO and Regional Trade: a family business? The WTO compatibility of regional trade agreements with non-WTO-members, in: *World Trade Review* 13 (2014), S. 633–649.

STEPHEN MUNZER, Validity and Legal Conflicts, in: *The Yale Law Journal* 82 (1973), S. 1140–1174.

GINO J. NALDI und KONSTANTINOS D. MAGLIVERAS, The African Economic Community: Emancipation for African States or Yet Another Glorious Failure?, in: *North Carolina Journal of International Law & Commercial Regulation* 24 (1999), S. 601-631.

ECKART NAUMANN, *Rules of Origin in EU-ACP Economic Partnership Agreements,* 2010.

NETTESHEIM, Kompetenzen, in: *Europäisches Verfassungsrecht. Theoretische und dogmatische Grundzüge*, hg. von ARMIN von BOGDANDY, Dordrecht u.a., 2. Aufl. 2009, S. 389–439.

JAN NEUMANN, Die materielle und prozessuale Koordination völkerrechtlicher Ordnungen am Beispiel des Schwertfisch-Falls. Die Problematik paralleler Streitbeilegungsverfahren, in: *Zeitschrift für ausländisches öffentliches Recht und Völkerrecht* 61 (2001), S. 529–576.

JAN NEUMANN, *Die Koordination des WTO-Rechts mit anderen völkerrechtlichen Ordnungen. Konflikte des materiellen Rechts und Konkurrenzen der Streitbeilegung*, Berlin 2002.

JAN NEUMANN, Die Koordination des WTO-Rechts mit anderen Verträgen, in: *WTO-Recht und Globalisierung*, hg. von MARTIN/SANDER GERALD G. NETTESHEIM, Berlin 2003.

GEORG NOLTE, Restoring Peace by Restoring Peace by Regional Action: International Legal Aspects of the Liberian Conflicts, in: *Zeitschrift für ausländisches öffentliches Recht und Völkerrecht* 53 (1993), S. 603–637.

KARSTEN NOWROT, § 2 Steuerungssubjekte und -mechanismen im Internationalen Wirtschaftsrecht (einschließlich regionale Wirtschaftsintegration), in: *Internationales Wirtschaftsrecht*, hg. von CHRISTIAN TIETJE und HORST-PETER GÖTTING, Berlin, 1. Aufl. 2009.

COSMAS OCHIENG, The EU/ACP Economic Partnership Agreements and the „Development Question“: Contraints and Opportunities Posed by Article XXIV ans Special and Differential Treatment Provisions of the WTO, in: *Journal of International Economic Law* 10 (2007), S. 363–395.

COSMAS OCHIENG, *Legal and Systemic Contested issues in Economic Partnership Agreements (EPAs) and WTO Rules. Which Way Now?*, 2009.

KARIN OELLERS-FRAHM, Multiplication of International Courts and Tribunals and Conflicting Jurisdiction - Problems and Possible Solutions, in: *Max Planck Yearbook of United Nations Law* 5 (2001), S. 67–104.

C.A OGAN, *The International Personality of the African Economic Community (AEC)*, 1993.

MICHAEL OJO, Regional currency areas and use of foreign currencies: the experience of West Africa, *BIS Papers No. 17* (2003), S. 140–144.

JULIUS EMEKA OKOLO, Integrative and cooperative regionalism: the Economic Community of West African States, in: *International Organization* 39 (1985), S. 121–153.

YINKA OMOROGBE, The legal framework for economic integration in the ECOWAS region: An analysis of the trade liberalisation scheme, in: *African Journal of International and Comparative Law* 5 (1993), S. 355–370.

BONAPAS ONGUGLO, Issues regarding Notification to the WTO of a Regional Trade Agreement, in: *Multilateralism and regionalism. The new Interface*, hg. von MINA MASHAYEKHI UND TAISUKE ITO , New York, Geneva 2005, S. 33–49.

BONAPAS ONGUGLO und TAISUKE ITO, *How to make EPAs WTO compatible? Reforming the rules on regional trade agreements*, Discussion Paper No. 40, 2003.

THOMAS OPPERMANN, CLAUS DIETER CLASSEN und MARTIN NETTESHEIM, *Europarecht*, München, 5. Aufl. 2011.

R. F. OPPONG, The AU, African Economic Community and Africa's Regional Economic Communities: Untangling a Complex Web of Legal Relations, in: *African Journal of International and Comparative Law* 17 (2010), S. 92–103.

RICHARD FRIMPONG OPPONG, *Relational Issues of Law and Economic Integration in Africa. Perspectives from Constitutional, Public and Private International Law*, Dissertation 2009.

JAN ORBIE und GERRIT FABER, "Everything But Arms" or all about nothing?, in: *European Union Trade Politics and Development. 'Everything But Arms'*, hg. von G. J. FABER und JAN ORBIE, London, New York 2007.

O. ANUKPE OVRAWAH, Harmonisation of laws within the ECOWAS, in: *African Journal of International and Comparative Law* 6 (1994), S. 76–92.

GEORGE OWUSU, Factors Shaping Economic Integration and Regional Trade in West Africa, in: *Regional Trade and Monetary Integration in West Africa and Europe*, hg. von RIKE SOHN und AMA KONADU OPPONG, 2013, S. 9–32.

CORINNE A. A. PACKER und DONALD RUKARE, The new African Union and its constitutive act, in: *American Journal of International Law* 96 (2002), S. 365–379.

JOOST PAUWELYN, The Role of Public International Law in the WTO: How Far Can We Go, in: *American Journal of International Law* 95 (2001), S. 535-578.

JOOST PAUWELYN, Bridging Fragmentation and Unity: International Law as Universe of Inter-connected Island, in: *Michigan Journal of International Law* 25 (2003-2004), S. 903–916.

JOOST PAUWELYN, *Conflict of Norms in Public International Law. How WTO Law Relates to other Rules of International Law*. Cambridge 2003.

JOOST PAUWELYN, The Puzzle of WTO Safeguards and Regional Trade Agreements, in: *Journal of International Economic Law* 7 (2004), S. 109–142.

JOOST PAUWELYN und LUIZ EDUARDO SALLES, Forum Shopping before International Tribunals. (Real) Concerns, (Im)Possible Solutions, in: *Shaping rule of law through dialogue. International and supranational experiences*, hg. von FILIPPO FONTANELLI, GIUSEPPE MARTINICO und PAOLO CARROZZA, Groningen 2010, S. 45–88.

SABINE PELLENS, *Entwicklungsgemeinschaften in der WTO. Die internen Rechtsordnungen der regionalen Integrationsgemeinschaften zwischen Entwicklungsländern und ihre Stellung im Recht der Welthandelsorganisation*, Berlin 2008.

ANNE PETERS, Compensatory Constitutionalism: The Function and Potential of Fundamental International Norms and Structures, in: *Leiden Journal of International Law* 19 (2006), S. 579–610.

ERNST-ULRICH PETERSMANN, Do Judges Meet their Constitutional Obligation to Settle Disputes in Conformity with 'Principles of Justice and International Law'?, in: *European Journal of Legal Studies* 1 (2007), S. 1–38.

ERNST-ULRICH PETERSMANN, De-Fragmentation of International Economic Law Through Constitutional Interpretation and Adjudication with due Respect for Reasonable Disagreement, in: *Loyola University Chicago International Law Review* 6 (2008), S. 209–247.

ERNST-ULRICH PETERSMANN und CHRISTOPH SPENNEMANN, Art. 307 EVG, in: *Kommentar zum Vertrag über die Europäische Union und zur Gründung der Europäischen Gemeinschaft*, hg. von HANS von der GROEBEN und JÜRGEN SCHWARZE, Baden-Baden, 6. Aufl. 2003.

ISABELLE PINGEL-LENUZZA, *Commentaire article par article des traités UE et CE*. Bâle, 2. Aufl. 2010.

CHRISTIAN PITSCHAS, *Special Safeguard Mechanisms in Agriculture. Drawing Inspiration from the TDCA and the CARIFORUM EPA?*, 2008.

CONCETTA MARIA PONTECORVO, Interdependence between Global Environmental Regimes: The Kyoto Protocol on Climate Change and Forest Protection, in: *Zeitschrift für ausländisches öffentliches Recht und Völkerrecht* 59 (1999), S. 709–748.

DENISE PRÉVOST, *Sanitary, Phytosanitary and Technical Barriers to Trade in the Economic Partnership Agreements between the European Union and the ACP Countries*, 2010.

SAMUEL PRISO-ESSAWE, L'Inamovibilité de l'exécutif dans les Communautés économiques d'Afrique francophone: De la maitrise politique au respect du droit, in: *Revue trimestrielle de droit africain* 2008, S. 317–339.

ASIF H. QURESHI, *Interpreting WTO Agreements. Problems and Perspectives,* Cambridge, 1. Aufl. 2006.

AUGUST REINISCH, The Use and Limits of Res Judicata and Lis Pendens as Procedural Tools to Avoid Conflicting Dispute Settlement Outcomes, in: *The Law and Practice of International Courts and Tribunals* 3 (2004), S. 37–77.

JOHN P. RENNINGER, *Multinational cooperation for development in West Africa*, New York 1979.

VOLKER RÖBEN, The Order of the UNCLOS Annex VII Arbitral Tribunal to Suspend Proceedings in the Case of the MOX Plant at Sella field: How Much Jurisdictional Subsidiarity?, in: *Nordic Journal of International Law* 73 (2004), S. 223–245.

SHABTAI ROSENNE, *The Law and Practice of the International Court. Volume One,* Leyden 1965.

MATTHIAS RUFFERT, Zuständigkeitsgrenzen internationaler Organisationen im institutionellen Rahmen der internationalen Gemeinschaft, in: *Archiv des Völkerrechts* 38 (2000), S. 129–168.

MATTHIAS RUFFERT und CHRISTIAN WALTER, *Institutionalisiertes Völkerrecht. Das Recht der Internationalen Organisationen und seine wichtigsten Anwendungsfelder*, München, 1. Aufl. 2009.

OSWALD NDESHYO RURIHOSE, *Manuel de Droit Communautaire Africain,* 2011.

ALIOUNE SALL, Aspects institutionnels de l'intégration en Afrique de l'Ouest, in: *Regards croisés sur les intégrations régionales. Europe, Amériques, Afrique*, hg. von CATHERINE FLAESCH-MOUGIN und JOËL LEBULLENGER, Bruxelles 2010, S. 158–183.

ALIOUNE SALL, *La justice de l'intégration. Réflexions sur les institutions judiciaires de la CEDEAO et de l'UEMOA,* 2011.

PHILIPPE SANDS, Treaty, Custom and the Cross-fertilization of International Law, in: *Yale Human Rights and Development Law Journal* 1 (1998), S. 85–106.

HEIKO SAUER, *Jurisdiktionskonflikte in Mehrebenensystemen. Die Entwicklung eines Modells zur Lösung von Konflikten zwischen Gerichten unterschiedlicher Ebenen in vernetzten Rechtsordnungen*, Berlin, Heidelberg 2008.

MICHEL FILIGA SAWADOGO und LUC MARIUS IBRIGA, *L'application des droits communautaires UEMOA et OHADA par le juge national,* 2003.

HENRY G. SCHERMERS und NIELS BLOKKER, *International institutional law. Unity within diversity*. Leiden, Boston, 4. Aufl. 2003.

PAUL SCHIFF BERMAN, A Pluralist Approach to International Law, in: *Yale Journal of International Law* 32 (2007), S. 301–329.

THEODOR J. SCHILLING, *Rang und Geltung von Normen in gestuften Rechtsordnungen*, Berlin 1994.

STEFANIE SCHMAHL, „Enabling Clause" versus Meistbegünstigungsprinzip. Die EG-Zollpräferenzen auf dem Prüfstand des Dispute Settlement Body der WTO, in: *Archiv des Völkerrechts* 42 (2004), S. 389–410.

SIEGMAR SCHMIDT, Prinzipien, Ziele und Institutionen der Afrikanischen Union, in: *Aus Politik und Zeitgeschichte 4* (2005), S. 25-32.

JAN SCHUBERT, *Die Handelskooperation zwischen der Europäischen Union und den AKP-Staaten und deren Vereinbarkeit mit dem GATT*, Frankfurt am Main u.a. 2012.

IGNAZ SEIDL-HOHENVELDERN und GERHARD LOIBL, *Das Recht der Internationalen Organisationen einschließlich der supranationalen Gemeinschaften*, Köln, Berlin, 7. Aufl. 2000.

JEGGAN SENGHOR, The Treaty Establishing the African Economic Community: An Introductory Essay, in: *African Yearbook of International Law* 3 (1995), S. 183–193.

RICHARD SENTI, *WTO. System und Funktionsweise der Welthandelsordnung.* Zürich u.a. 2000.

YUVAL SHANY, *The competing jurisdictions of international courts and tribunals*, (International courts and tribunals series). Oxford, New York 2003.

YUVAL SHANY, The First MOX Plant Award: The Need to Harmonize Competing Environmental Regimes and Dispute Settlement Procedures, in: *Leiden Journal of International Law* 17 (2004), S. 815–827.

YUVAL SHANY, *Regulating jurisdictional relations between national and international courts*, Oxford, New York 2007.

YUVAL SHANY, Dédoublement fonctionnel and the Mixed Loyalties of National and International Judges, in: *Shaping rule of law through dialogue. International and supranational experiences*, hg. von FILIPPO FONTANELLI, GIUSEPPE MARTINICO und PAOLO CARROZZA, Groningen 2010, S. 27–44.

MALCOLM N. SHAW, *International Law.* Cambridge, UK, New York, 6. Aufl. 2008.

DEBORAH E. SIEGEL, Legal Aspects of the IMF/WTO Relationship: The Fund's Articles of Agreement and the WTO Agreements, in: *American Journal of International Law* 96 (2002), S. 561–599.

BRUNO SIMMA, From Bilateralism to Community Interest in International Law, in: *Recueil des Cours* 250 (1994), S. 217-384.

ANNE-MARIE SLAUGHTER, A Global Community of Courts, in: *Harvard International Law Journal* 44 (2003), S. 191–219.

ROBERTO SOCINI, *Rapports et conflits entre organisations européennes,* Leyden 1960.

LOUIS B. SOHN, Broadening the Advisory Jurisdiction of the International Court of Justice, in: *American Journal of International Law* 77 (1983), S. 124–129.

KARL-PETER SOMMERMANN, Demokratie als Herausforderung des Völkerrechts, in: *Völkerrecht als Wertordnung. Festschrift für Christian Tomuschat*, hg. von PIERRE-MARIE DUPUY, BARDO FASSBENDER, MALCOLM N. SHAW und KARL-PETER SOMMERMANN, Kehl 2006, S. 1051–1065.

HELMUT STEINBERGER, *GATT und regionale Wirtschaftszusammenschlüsse. Eine Untersuchung der Rechtsgrundsätze des Allgemeinen Zoll- und Handelsabkommens vom 30. Oktober 1947 (GATT) über die Bildung regionaler Wirtschaftszusammenschlüsse*, Köln, Berlin 1963.

BANKOLE THOMPSON, Economic Integration Efforts in Africa: A Milestone - The Abuja Treaty, in: *African Journal of International and Comparative Law* 5 (1993), S. 743-767.

TERESA THORP, The Rule of Law and the Implementation of an Economic Acquis Communautaire in Sub Saharan Africa: Legal Challenges for the East African Community, in: *European Yearbook of International Economic Law* 3 (2012), S. 485–546.

CHRISTIAN TIETJE, The Duty to Cooperate in International Economic Law and Related Areas, in: *International law of cooperation and state sovereignty. Proceedings of an international symposium of the Kiel Walther-Schücking-Institute of International Law, May 23 - 26, 2001*, hg. von JOST DELBRÜCK und URSULA E. HEINZ, Berlin 2002, S. 45–65.

CHRISTIAN TOMUSCHAT, Obligations Arising for States Without or Against their Will, in: *Recueil des Cours* 241 (1993), S. 195–374.

TULLIO TREVES, Judicial Lawmaking in an Era of "Proliferation" of International Courts and Tribunals: Development of Fragmentation of International Law?, in: *Developments of international law in treaty making*, hg. von RÜDIGER WOLFRUM und VOLKER RÖBEN, Berlin, New York 2005.

UMUT TURKSEN, The WTO Law and the EC's GSP+ Arrangement, in: *Journal of World Trade* 43 (2009), S. 927–968.

CHIBUIKE UCHE, *The European Union and Monetary Integration in West Africa*, Bonn 2011.

CHIBUIKE U. UCHE, *The Politics of Monetary Sector Cooperation Among the Economic Community of West African States Members*, 2001.

NSONGURUA J. UDOMBANA, The institutional structure of the African Union: A legal analysis, in: *California Western International Law Journal* 33 (2002), S. 69-135.

ROBERT UERPMANN-WITTZACK, Völkerrechtliche Verfassungselemente, in: *Europäisches Verfassungsrecht. Theoretische und dogmatische Grundzüge*, hg. von ARMIN von BOGDANDY, Dordrecht u.a., 2. Aufl. 2009, S. 177–225.

UNITED NATIONS CONFERENCE ON TRADE AND DEVELOPMENT, *Economic Development in Africa Report 2009. Strengthening Regional Economic Integration for Africa's Development*, 2009.

UNITED NATIONS ECONOMIC COMMISSION FOR AFRICA, *Assessing Regional Integration in Africa II - Rationalizing Regional Economic Communities*, 2006.

UNITED NATIONS CONFERENCE ON TRADE AND DEVELOPMENT, *Trade and Development Report 2007*, New York, Geneva 2007.

UNITED NATIONS CONFERENCE ON TRADE AND DEVELOPMENT, *The Least Developed Countries Report 2013. Growth with employment for inclusive and sustainable development*, New York, Geneva 2013.

ANNE VAN AAKEN, Defragmentation of Public International Law Through Interpretation: A Methodological Proposal, in: *Indiana Journal of Global Legal Studies* 16 (2009), S. 483–512.

ISABELLE VAN DAMME, What Role is there for Regional International Law in the Interpretation of the WTO Agreements?, in: *Regional trade agreements and the WTO legal system*, hg. von LORAND BARTELS und FEDERICO ORTINO, Oxford, New York 2006, S. 553–575.

DIRK VAN DEN BOOM, Die "Economic Community of West African States" - Regionale Integration unter schlechten Rahmenbedingungen, in: *Regionale Integration - neue Dynamiken in Afrika, Asien und Lateinamerika*, hg. von DIRK NABERS, Hamburg 2005, S. 95–113.

DIRK VAN DEN BOOM, *ECOWAS. How regional integration works in West Africa. A handbook for journalists*, 2009.

ROBIN VAN DER HOUT, *Die völkerrechtliche Stellung der Internationalen Organisationen unter besonderer Berücksichtigung der Europäischen Union. Rechtspersönlichkeit, Handlungsfähigkeit und Autonomie*, Baden-Baden 2006.

GUGLIELMO VERDIRAME, The Definition of Developing Countries under GATT and other International Law, in: *German Yearbook of International Law* 39 (1996), S. 164–197.

J. VERHOEVEN, Concurrence et contradictions, in: *A handbook on international organizations. Manuel sur les organisations internationales*, hg. von RENÉ-JEAN DUPUY, The Hague, 2. Aufl. 1998, S. 438–441.

PIERRE VIAUD, Union Européenne et Union Économique et Monétaire de l'Ouest Africain: Une symétrie raisonnée, in: *Revue du Marché commun et de l'Union européenne* (1998), S. 15–24.

ERICH VRANES, Lex Superior, Lex specialis, Lex Posterior - Zur Rechtsnatur der "Konfliktlösungsregeln", in: *Zeitschrift für ausländisches öffentliches Recht und Völkerrecht* 65 (2005), S. 391–405.

ERICH VRANES, The Definition of "Norm Conflict" in International Law and Legal Theory, in: *European Journal of International Law* 17 (2006), S. 395-418.

NEIL WALKER, *Making a World of Difference? Habermas, Cosmopolitanism and the Constitutionalization of International Law*, 2005.

ERIKA DE WET, The International Constitutional Order, in: *International and Comparative Law Quarterly* 55 (2006), S. 51–76.

EWALD WIEDERIN, Was ist und welche Konsequenzen hat ein Normenkonflikt?, in: *Rechtstheorie* 21 (1990), S. 311–333.

RÜDIGER WOLFRUM, Legitimacy of International Law from a Legal Perspective: Some Introductory Considerations, in: *Legitimacy in international law*, hg. von RÜDIGER WOLFRUM und VOLKER RÖBEN, Berlin, New York 2008, S. 1–24.

WORLD TRADE ORGANIZATION, *World Trade Report 2011. The WTO and preferential trade agreements: From co-existence to coherence*, 2011.

JAN WOUTERS und BART DE MEESTER, Safeguarding Coherence in Global Policy-Making on Trade and Health. The EU-WHO-WTO Triangle, in: *International Organizations Law Review* 2 (2005), S. 295–335.

JAN WOUTERS und CEDRIC RYNGAERT, *Naar een Sterkere Juridische en Institutionele Omkadering van de Globalisering,* 2003.

ROBERT YOUGBARE, De la nature juridique de l'acte aditionnel dans le système juridique de l'UEMOA à la lumière de l'affaire "Yaï, in: *Revue trimestrielle de droit africain* (2008), S. 340–362.

MARGARET A. YOUNG, *Trading fish, saving fish. The interaction between regimes in international law*, Cambridge, UK, New York 2011.

MARGARET A. YOUNG, Regime Interaction in creating, implementing and enforcing international law, in: *Regime interaction in international law. Facing fragmentation*, hg. von MARGARET A. YOUNG, Cambridge 2012, S. 85–110.

MARGARET A. YOUNG, *Regime interaction in international law. Facing fragmentation.* Cambridge 2012.

ABDULQAWI A. YUSUF, Differential and More Favourable Treatment of Developing Countries in International Trade: The GATT Enabling Clause, in: *Journal of World Trade Law* 14 (1980), S. 488–507.

ANDREAS ZIMMERMANN, Die neuen Wirtschaftspartnerschaftsabkommen der EU: WTO-Konformität versus Entwicklungsorientierung?, in: *Europäische Zeitschrift für Wirtschaftsrecht* 20 (2009), S. 1–6.

MICHAEL ZÜRN, Democratic Governance Beyond the Nation-State: The EU and Other International Institutions, in: *European Journal of International Relations* 6 (2000), S. 183-221.

Anhang 1: Übersicht über die Mitgliedschaften der westafrikanischen Staaten

Staat	UEMOA	ECOWAS	AU	WTO	EBA-Regelung	IWPA	APS	APS-plus
Benin	X	X	X	X	X			
Burkina Faso	X	X	X	X	X			
Elfenbein-küste	X	X	X	X		X		
Gambia		X	X	X	X			
Ghana		X	X	X		X		
Guinea	X	X	X	X	X			
Guinea-Bissau	X	X	X	X	X			
Kap Verde		X	X	X				X
Liberia		X	X		X			
Mali	X	X	X	X	X			
Niger	X	X	X	X	X			
Nigeria		X	X	X			X	
Senegal	X	X	X	X	X			
Sierra Leone		X	X	X	X			
Togo	X	X	X	X	X			

Stand: 03.01.2016

Anhang 2: Kooperations- und Partnerschaftsvertrag der UEMOA und ECOWAS vom 5. Mai 2004

Accord de Coopération et de Parténariat entre l'Union Economique et Monétaire Ouest Africaine et la Communauté Economique des Etats de l'Afrique de l'Ouest

La Communauté Économique des États de l'Afrique de l'Ouest [...], ci après désignée «la CEDEAO»

Et

L'Union Économique et Monétaire Ouest Africaine [...], ci après désignée «UEMOA» d'autre part;

La CEDEAO et l'UEMOA étant collectivement désignées les «Parties».
– Vu le Traité en date du 24 juillet 1993 instituant la Communauté Économique des États de l'Afrique de l'Ouest;
– Vu le Traité de l'UEMOA, en date du 10 janvier 1994, instituant l'Union Économique et Monétaire Ouest Africaine ;
– Considérant les objectifs visés par les deux organisations;
– Considérant la décision des Chefs d'État et de Gouvernement réunis à Lomé en décembre 1999 sur l'harmonisation des programmes d'intégration en Afrique de l'Ouest;
– Considérant les conclusions de la réunion ministérielle tenue à Bamako, les 28 et 29 janvier 2000 sur l'accélération du processus d'intégration en Afrique de l'Ouest;
– Considérant les conclusions de la réunion de concertation CEDEAO-UEMOA, en date du 24 mars 2003, à Ouagadougou;
– Convaincues de la nécessité de travailler en concertation et de rechercher ensemble des synergies dans l'élaboration et la mise en œuvre de leurs politiques, programmes et projets;
– Soucieuses de rationaliser leurs activités et d'en accroître l'efficacité et l'efficience;
– Désireuses de consolider et de crédibiliser davantage le processus d'intégration;

Sont convenues de ce qui suit:

Article premier: **Objet de l'Accord**

L'UEMOA et la CEDEAO décident, par le présent Accord, d'instituer entre elles des rapports étroits de coopération et de partenariat, en vue de favoriser la coordination et l'harmonisation de leurs actions respectives de développement pour le renforcement de l'intégration en Afrique de l'Ouest.

Article 2: **Domaines de coopération**

1. L'UEMOA et la CEDEAO s'engagent à coopérer et à se consulter régulièrement dans tous les domaines d'intérêt commun.
2. La coopération entre les deux institutions portera principalement sur les domaines de convergence permettant:
   - d'échanger leurs expériences respectives, afin d'en capitaliser les acquis;
   - d'élaborer et de mettre en œuvre des programmes et projets conjoints ou complémentaires;
   - de recherche[r] ensemble, dans la mesure du possible, les ressources nécessaires au financement de ces programmes ou d'y contribuer;
   - de définir des positions communes sur les questions essentielles
   - de coordonner leur relation avec les pays tiers.
3. Les activités liées aux questions spécifiques d'intérêt commun aux deux institutions feront l'objet de conventions séparées entre les Parties, au cas par cas.

Article 3: **Mécanismes de coopération**

1. Il est mis en place un Secrétariat Technique Conjoint (STC) pour l'exécution du présent Accord aux différents niveaux de coordination et d'animation.
2. Le Secrétariat Technique Conjoint est chargé:
   - d'assurer une synergie entre les actions entreprises par la Commission de l'UEMOA et celles entreprises par la CEDEAO en vue d'harmoniser les programmes des deux organisations;
   - de coordonner et de suivre au sein des deux organisation, la mise en œuvre des projets et programmes susceptibles d'accélérer le processus de convergence;

- de faire le point de la coopération entre les deux organisations et de proposer aux premiers responsables, toute mesure ou suggestion de nature à rendre cette coopération plus efficace;
- de préparer les rencontres institutionnelles semestrielles et les réunions ad hoc ainsi que les rapports y afférents;
- de produire un rapport semestriel sur l'état d'avancement de la mise en œuvre des chantiers communs;
- d'assurer le suivi opérationnel des décisions issues des réunions des responsables des deux organisation, en vue de la poursuite de la réalisation et de l'accélération de la convergence entre la CEDEAO et l'UEMOA.
3. Chacune des deux organisations est représentée par un Coordonnateur, ou son suppléant, qui joue le rôle d'animateur, en son sein.

Article 4: **Modalités de fonctionnement du STC**

1. Le Secrétariat Technique Conjoint se réunit, au moins, une fois par semestre, avant les rencontres de concertation prévues par les Responsables des deux organisations, ou chaque fois que de besoin, sur invitation de l'organisation qui organise la réunion.
2. L'ordre du jour et les documents préparatoires sont communiqués aux deux organisations au moins une semaine avant la date des réunions.
3. Le Secrétariat Technique Conjoint peut faire appel, en cas de besoin, à toute personne ressource pouvant contribuer à la bonne exécution de ses missions.
4. Les Parties se consulteront et échangeront des points de vue et des informations de façon systématique et continue.
5. Les deux Parties mettront à la disposition du Secrétariat Technique Conjoint les ressources nécessaires pour son fonctionnement, dans le cadre de leurs budgets respectifs, de lignes spécifiques ou de tout autre appui.

Article 5: **Confidentialité**

1. Les Parties s'engagent à considérer comme confidentiels, les documents, informations et données marqués comme tel, quel qu'en soit le support, qu'elles s'échangent à l'occasion du présent Accord.

2. Les Parties prendront toutes mesures appropriées pour ne pas communiquer ou divulguer à des tiers, pour quelque raison que ce soit, et sans l'accord préalable et écrit de la partie concernée, les documents, informations et données visées au paragraphe 1 du présent article.
3. L'obligation de confidentialité mentionnée au présent article n'est pas applicable aux informations tombées dans le domaine public, ni à celles qui étaient antérieurement connues des Parties, à la date de signature du présent Accord, ni enfin à celles communiquées ou obtenues d'un tiers par des moyens légaux.

Article 6: **Non-exclusivité**

Le présent Accord n'empêche aucune Partie de conclure d'autres accords avec des organisations ou institutions poursuivant l'objectif de renforcement de l'intégration régionale en Afrique

Article 7: **Amendements – dénonciation**

1. Le présent Accord pourra être modifié par les deux Parties.
2. Il pourra, par ailleurs, être dénoncé par l'une ou l'autre Partie, sous réserve du respect d'un préavis d'au moins (03) mois, notifié à l'autre Partie, sans préjudice de la poursuite des actions en cours.

Article 8: **Règlement des litiges**

Tout litige né de l'interprétation et/ou de l'application du présent Accord sera réglé à l'amiable.

Article 9: **Entrée en vigueur**

Le présent Accord entre en vigueur à compter de sa signature par les Parties. Il est rédigé en double exemplaire, en langue française et anglaise, les deux textes faisant foi.

Anhang 3: Übersicht über die Interviewpartner

1) A.M. Abubakar, Stellvertretender Direktor der Abteilung für WTO-Verhandlungen des nigerianischen Handels- und Investitionsministeriums, Abuja.

2) John-Hawkins Asiedu, leitender Ökonom des ghanaischen Handels- und Industrieministeriums, Accra.

3) Francois-Xavier Bambara, Leiter des Direktorats für Regionalmarkt und Zollunion der UEMOA-Kommission, Ouagadougou.

4) Mambila Banse, Stellvertretender Direktor der Handelskooperation im Handelsministerium von Burkina Faso, Ouagadougou

5) Dr. Alain Faustin Bocco, Kabinettsdirektor des UEMOA-Kommissars für die Entwicklung des privaten Sektors, Energie und Telekommunikation, zuvor Direktor des Außenhandels im UEMOA-Kommissariat für den Regionalmarkt, den Handel, die Konkurrenz und die Kooperation, Ouagadougou.

6) Jean-Baptiste Diouf, Chefinspekteur der senegalesischen Zollbehörde, Dakar.

7) Perpetua Dufu, stellvertretende Direktorin der Abteilung Regionale Integration, Ghanaisches Außenministerium, Accra.

8) Aurel-Omer A. Favi, ECOWAS-Mitarbeiter des Gemeinsamen Technischen Sekretariats, Abuja.

9) Nicole Gakou, Präsidentin der Fédération des Femmes Entrepreneurs et Affaires de la CEDEAO (FEFA) Senegal, und der Union des Femmes Chefs d'Entreprise du Sénégal, Dakar.

10) Anani Honliasso, UEMOA-Mitarbeiter des Gemeinsamen Technischen Sekretariats, Ouagadougou.

11) Dr. Luc Marius Ibriga, Jura-Dozent an der Universität Ouagadougou, Ouagadougou.

12) Roger Laloupo, Leiter des Juristischen Dienstes der ECOWAS-Kommission, Abuja.

13) Issouf Oumar Maiga, Jurist im Juristischen Dienst der UEMOA, Ouagadougou.

14) Pietro Mona, Berater in der Direktorat Freizügigkeit und Tourismus der ECOWAS-Kommission, Abuja.

15) Badara Ndiaye, Berater der ECOWAS-Kommission zu Fragen der Freizügigkeit und Migrationspolitik, Abuja.

16) Oumar Ndongo, Vorsitzender des West African Civil Society Organization Forum, Dakar.

17) Gbenga Obideyi, Leiter des Handelsdirektorats der ECOWAS-Kommission, Abuja.

18) Sunday Oghayei, Mitarbeiter für Fragen der regionalen Integration, nigerianisches Handels- und Investitionsministerium, Abuja.

19) Edmund Opoku-Agyeman, Koordinator der ghanaischen Services Export Support Initiative (SESI), Accra.

20) Jean-Pierre Ouedraogo, Regionalberater für Handelsfragen bei der UEMOA, Ouagadougou.

21) Prof. Dr. Alioune Sall, Professor für Öffentliches Recht an der Universität Cheikh Anta Diop, Dakar.

22) N'Faly Sanoh, Leiter des ECOWAS-Direktorats für Freizügigkeit und Tourismus, Abuja.

23) Cheikh Saadbouh Seck, Direktor der Abteilung Außenhandel des senegalesischen Wirtschaftsministeriums, Dakar.

24) Babacar Sembène, Verantwortlicher der Sektorpolitiken in der Abteilung Außenhandel im senegalesischen Handelsministerium, Dakar.

25) Abdou Aziz Sow, Ehemaliger senegalesischer Minister für NEPAD, Gute Regierungsführung und Afrikanische Wirtschaftsintegration, Dakar.

26) Guidado Sow, Direktor der Abteilung Regulierung und internationale Zusammenarbeit der senegalesischen Oberzolldirektion und ehemaliger Leiter des Zolldirektorats der UEMOA-Kommission, Dakar.

27) Salifou Tiemtore, Leiter des ECOWAS-Zolldirektorats, Abuja.

28) Ken Ukaoha, Präsident der National Association of Nigerian Traders (NANTS), Abuja.